# 易經明解

丁酉崔…書

# 易经明解

温海明 ◎ 主编

## 第三辑

孔學堂書局

山东省泰山学者、孔子研究院特聘专家温海明教授项目成果

**图书在版编目（CIP）数据**

易经明解. 第三辑 / 温海明主编. — 贵阳 : 孔学
堂书局, 2024.5

ISBN 978-7-80770-514-7

Ⅰ.①易… Ⅱ.①温… Ⅲ.①《周易》—研究 Ⅳ.
①B221.5

中国国家版本馆CIP数据核字(2024)第071134号

# 易经明解　第三辑 温海明 / 主编
YIJING MINGJIE　　DISANJI

**图书监制：祁定江**

**责任编辑：张发贤　周亿豪**

**出版发行：贵州日报当代融媒体集团**
　　　　　　**孔学堂书局**

地　　址：贵阳市乌当区大坡路26号

印　　制：宝蕾元仁浩（天津）印刷有限公司

开　　本：710mm×1000mm　1/16

字　　数：629千字

印　　张：31.25

版　　次：2024年5月第1版

印　　次：2024年5月第1次印刷

书　　号：ISBN 978-7-80770-514-7

定　　价：59.00元

# 学术顾问

# 学术委员会

# 编辑委员会

# 新时代易学

## （代序）

海明回国任教十多年来，尤其是最近几年作为国际易学联合会秘书长兼学术部部长，为推动《周易》的学理研究、普及易学知识、推动《周易》国际化做了很多工作。如今面世的《易经明解》一书三卷本，就是他多年来从事易学研究与普及工作的见证和结晶。

过去十多年中，海明在中国人民大学哲学院一直从事与《周易》和比较哲学有关的教学与研究工作，在易学和比较哲学研究方面硕果累累，是同辈当中的佼佼者。他在取得当代哲学研究前沿性成就的同时，没有忘记自己早年弘扬易道的志向，坚持通过研读《周易》来传播中国哲学与文化。过去几年，他用现代科技手段带领当代中青年易学家解读《周易》卦爻辞，形成了一个蔚为大观的易学研究团体，并主编完成了这部《易经明解》。此书在相当程度上代表当代易学研究的水准和风貌，是这个时代研究《周易》经传文的重要记录，所以希望海内外《周易》研究者都关注和留意此书。

《易经明解》一书的出版，对推动《周易》学术研究和在促进《周易》研究国际化方面有重要意义，可以后天八卦来说明八方面的意义。

首先，震惊百里——《周易》是绵延三千多年的古老学问，《易经明解》博采众长，可谓老树新枝，既是《周易》魅力经久不衰的证明，又说明江山代有人才出，如今这个时代《周易》研究后继有人。该书出版不仅标志着当代中国《周易》研究人才济济，而且标志着当代中青年易学家共同研究易学、弘扬易道的共同体已然成型，这个学术共同体基本上由国内高校和科研院所从事《周易》教学和研究的专家们组成，包括研究《周易》多年，造诣精湛、很有成就的学者们。相信这个易学共同体将继续以开放的态度研讨《周易》，继承中国文化之道，推动中国哲学国际化。

其次，巽风化俗——《周易》研究在当代开启了全天候共同研究的新模式。在微信学习群出现之前，全球同一时间几百学者共同研究同一问题并不容易，但微信学习群开启了研究学术问题的新模式。2015年10月，海明组建并运行至今的"周易明解——易学与哲学"微信群，自创立之初就是一个共同学习《周易》经传、研讨卦爻辞的学习交流群，群内学者和专家们的讨论在相当程度上致力于破解卦爻辞言象意之间的千古之谜。如今这些研讨的主要成果都记录在《易经明解》一书当中，不仅值得当代研究者重视，而且作为这个时代的易学研究记录，可为后世研究新时代易学提供非常宝贵的历史记录。

第三，离日光辉——《易经明解》对于当代参差不齐的《周易》研究起到了正本清源的作用。该书内容主要是微信学习群的研讨记录，从2015年10月12日开始，每周一卦，每日一爻，每周的主讲人都是海内外易学名家，他们同时同台串讲卦爻辞精义，并为群内师友们答疑解惑，碰撞出了很多灵感火花。整部书以卦爻辞为主线，以传统注释为正统，参照古今多种不同注释，如新时代的易学明灯，指引着当代《周易》研究前进的方向。

第四，坤德兼容——《易经明解》继承并发扬了义理象数兼顾、兼容并包的研易学风。"周易明解"微信学习群团结海内外几百位易学研究者，加上几个分群，前后参与学习者达千余人。就本书记录而言，一年多下来，在群里讲解卦爻辞的易学专家有三十多位，几乎占据当代易学界半壁江山，他们各自贡献出原创性的易学见解，或言义理，或谈象数，各展所长，精彩纷呈。2017年1月8日，在64卦384爻解读结束之际，该群在国际易学联合会的支持下，以群内导读专家为主，在中国人民大学举办了"明解《周易》的当代意义"学术研讨会，与会专家们为《周易》的当代研究和普及工作贡献了很多智慧，其兼容并包、厚德载物的学风取得了良好的社会影响。

第五，悦言正脉——《易经明解》对于鱼龙混杂的《周易》研究界，相当程度上起到了统一思想、加强周易研究的现代价值、增进文化自信的功能。几年来，海明与海内外易学同行对于传播《周易》哲学思想，弘扬《周易》文化，增进文化自信，起到了相当的推动作用。通过长期的公益讲学活动，《易经明解》的成果记录表明该群师友们的共同努力实现了最初定的目标，即通过解读卦爻辞，明易理，推人事。师友们立足经传互证，明白解读《周易》，深化易学基础，找回易学正脉，领悟易道哲理，提升人生境界。可见，《易经明解》所形成的易学团队是当代易学界的一股清流，协同着《周易》研究各门各派的不同说法，抓住古今易学正宗，海纳百川，有容乃大，其重易理、偏学术的易学正脉倾向在相当程度上引导着当代易学界向健康有序的方向发展。

第六，乾行古今——《易经明解》在这个时代有着经世致用的重要价值，对于推动易学国际化，为中华文明的世界化，为中国经典在国际舞台上焕发光彩作好了铺垫。虽然历代《周易》著作很多，但自唐太宗敕令孔颖达主编《五经正义》迄今，已近一千五百年了，这中间鲜有汇集当世易学家一同相与论学及攻坚克难的易学著作，几个时代很少有共同研读易学并为后世铭记的学术团体。当今之世，得益于信息传播技术，"周易明解"学术研讨群能够汇集全国乃至世界的易学家一同研讨许多易学千古之谜，以共同实化易学智慧的精神努力取得了如此丰硕的成果，实在可喜可贺。

第七，坎水洗心——《周易》是洗心之学，海明第一篇发表的论文就是研究阳明易学的，对于阳明洗心研易有自己独到的体会。这些年他与易学学术共同体和当代主要易学研究者读易研易，其状态犹如王阳明《玩易窝记》所载："此古之君子所以甘囚奴，忘拘幽，而不知其老之将至也。夫吾知所以终吾身矣。"在《易经明解》一书中，海明与师友们在导读卦爻辞之时，常常流露出享受读易、参透人生甚至超尘脱俗的情怀。过去几年中，他在离阳明悟道的龙场不远的贵阳孔学堂书局（《孔学堂》杂志）挂职期间，坚持引领当代师友们学易悟道。他在洗心炼志、退藏于密之时，不忘感而遂通，与师友们以忘我投入的精神研易学，可以说再现了从孔子到阳明那种"斯文"在兹、传承绝学的努力和担当。

第八，艮止成德——《易经明解》一书中很多见解有明确的当下性和新时代性，发前人未发之处不少。海明带领他的研究生们不间断地收集讲课记录并加以整理编辑，又经导读易学家们多次修订。如今这部讲稿《易经明解》能够出版，对于推动新时代《易经》研究，可谓功莫大焉。海明早年在北京大学攻读硕士学位期间，除跟朱伯崑、陈来、余敦康、刘大钧、李中华、王博等教授学习《周易》之外，还得马恒君教授《周易正宗》之传，多位易学前辈对海明引领易学研究团体，打造《易经明解》的抱负、视野和方法等都产生过重要影响，为其成德树人打下坚实基础。山东大学周易研究中心和孔学堂书局的领导们眼光长远，都意识到这部书具有新时代价值和历史价值，对该书编辑出版工作给予巨大支持。作为国际易学联合会会长，我也非常乐意看到这部具有新时代意义的巨著编辑出版，希望海明继续协同海内外师友们和易学爱好者们共同推进易学的国际化事业，推广传播中华文化之道。

国际易学联合会第四届理事会会长

中国社会科学院哲学研究所研究员

2018年6月22日

# 甲辰再序

甲辰早春，杏花春雨，与恩师安乐哲先生同游江南绍兴，此地自古地灵人杰、文脉流长。幸得丁青君接引，来到兰亭花街洪溪鲜虾山南麓阳明先生墓前，门口安静清幽，流水潺潺，山上林木郁郁葱葱。烟雨蒙蒙之中，于山麓间诵读《玩易窝记》全文，其中有：

阳明子之居夷也，穴山麓之窝而读《易》，其间，始其未得也，仰而思焉，俯而疑焉，函六合，入无微，茫乎其无所指，子乎其若株。其或得之也，沛兮其若决，联兮其若彻，涵淤出焉，精华入焉，若有相者而莫知其所以然。其得而玩之也，优然其休焉，充然其喜焉，油然其春生焉；精粗一，外内翕，视险若夷，而不知其夷之为厄也。于是阳明子抚几而叹曰："嗟乎！此古之君子所以甘因奴，忘拘幽，而不知其老之将至也夫！吾知所以终吾身矣。"

正德三年（1508年）春，阳明先生三十七岁，初抵龙场，居夷处困，忽一夜大悟圣人之道，存乎一念之间而已，后人称此为"龙场悟道"。阳明先生悟道、成就心学，跟其研读《易经》的经验有很大关系。阳明先生因玩易、读易、悟易，打通了内心与世界，把艰险视作坦途，领悟古代圣人在生死关头视死如归、杀身成仁、舍生取义、乐天知命的精神，从此勘破生死，顿悟"心即理"，提出"格物致知"新说，进而创立"知行合一"的划时代新见。感慨阳明心学通于易学之时，眼前似乎浮现阳明先生在绍兴的讲学场景。

弘治十五年（1502年）八月，阳明先生告病归越，筑室会稽山阳明洞天，自号"阳明子"，闭门读书，默坐深思，自此离却早年出佛入老、避世成仙的意识倾向，洞彻儒家人性本自天良之善，形成心学建构之基础。自嘉靖元年（1522年）至嘉靖六年（1527年），阳明先生在绍兴阳明书院与稽山书院等处系统讲授心学理论，期间修复稽山书院建尊经阁，阳明先生应南大吉之邀撰写《稽山书院尊经阁记》，文中有言"故《易》也者，志吾心之阴阳消息者也"，明确说明其心学有易学根基。在嘉靖六年（1527年）出征广西前夜，阳明先生在会稽山上天泉证道，四句教留给后人无尽遐思。

阳明先生在贵州修文读易悟道，但归葬绍兴，以此纪念他生命中重要的讲学时光和传播心学的重要基地。阳明心学发轫自易学，五百年来，在其墓前读《玩易窝记》者，估计不多。我曾多次带学生们去参访"玩易窝"，体悟阳明先生悟道时通于易道之心意，记得学生韩盟参悟之后，即改微信名为"心即是易"。《周易明意》开篇"易本心易"，亦承阳明先生之教。该书《庚子再序》以"阳明龙场读《易》"开篇：

阳明龙场读《易》，悟通"心即理"之道，而后造心学。他悟道之后，感叹易道淆乱，自古已然。《传习录上》提到孔子不得已删述"六经"，并举孔子赞《易》为例……孔子颂赞文王周公之说以成《易传》，而后天下读《易经》者才知宗旨和入道门径。自孔子《易传》出世，后世学习《易经》当从《易传》入门。

本书是当代研易者讲读卦爻辞的汇编，读者阅读本书可以体会当代易学家们对易学的不同观点，如果希望从中揣摩共识，或许当试图理解接下来的这段话：

在阳明时代，易道恐怕尚未有如今之乱象，当时读书人至少要先读《易传》再解《易经》，此不易之论无须特别强调，可如今情形完全不同。百年以来，《周易》早已从五经之首、大道之源的神坛上被拉下来，而"孔家店"也被打倒多次，若谓孔子其人其学以"丧家狗"的姿态在现代化潮流中被边缘化亦不为过。其影响所及，连不明阴阳和八卦本意者都敢对《易传》乃至卦爻辞评头论足，一种浮泛空疏的学易之风，泛滥久矣。

这本书的缘起，其实也是希望对治几十年来空泛的研易学风。从2016年开始，我担任国际易学联合会第四届秘书长兼学术部部长，正是在此期间，我组织易学同道通过微信群线上共论卦爻辞，并由学生们对讲课者的记录加以整理修订。

时过境迁，没想到当时经常聚会、高谈阔论的学术顾问朱高正先生，如今已天人永隔。公元2023年10月10日上午10时（癸卯年壬戌月辛丑日），我在洛阳朱高正先生墓前的部分祭文如下：

朱熹世孙，宝岛云林，台大法学，负笈波恩；周易康德，融烩一炉，造诣精深，世罕其匹。高中时代，易兴复华，留德期间，偶读卫著；德译周易，深感震撼，融通经传，开悟易道。卫译回汉，本期指点，斯人已逝，阴阳分途。礼贤绝学，朱生洞见，学缘难续，惶恐离道。

周易大家，屈指可数，太极思维，通达易道。大衍筮法，少阴少阳，新见迭出，影响深远。孔子易传，人文传统，象辞一体，主旨穿贯。汇通中西，融铸今古，为前民用，开物成务。学兼汉宋，务求本旨，析疑释滞，深入浅出。得其要领，继承圣学，伸张易道，从未怠惰。直解经文，严守经传，求通为要，精髓透悟。振兴易学，再造文脉，我辈学人，自当继承。

弘扬圣道，著述宏富，通解系列，阐发哲思。圣人之道，孔朱夫子，造次颠沛，允执厥中。国际易联，厥功至伟，作序明意，游学四方。周易经传，倒背如流，博闻强识，信手拈来。人文国学，篔簹书院，文化传播，不遗余力。复造传统，重建文脉，阐扬道统，传播全球。

夜幕篔簹，天光乍现，先生英灵，显化世间。音容笑貌，永不消逝，呜呼痛哉，哀思永致：

成性存存，易道圣统，绝代华章，两岸皆伤；

行天健健，玉帛干戈，醒世豪雄，山河同悲。

朱先生遽然离世，令人感伤，而那些年曾一同导读的林文钦先生，如今也已羽化。师友仙逝，加上人世沧桑，更加感慨易道之传弱如游丝，回首这些年传播易道的艰辛，感通历代圣道行世的苦痛，更觉千言万语，无以名状。谨以此小序，纪念人更三圣世历三古之下，历代先辈披肝沥胆、舍生忘死传播易道的努力。

感谢张发贤兄和周亿豪兄为此书再印付出辛劳。龙年春节前后，学生韩盟、秦凯丽、鲁龙胜、邹紫玲、徐萃、唐军、庞子文、刘科迪、胡继月、赵宇男、边玉姝、高小慧、刘熳淳、陈建军帮忙校对，修正了初版时的一些问题。感谢师友们多年的理解和支持，让这套书有幸成为新时代读易研易的记录。

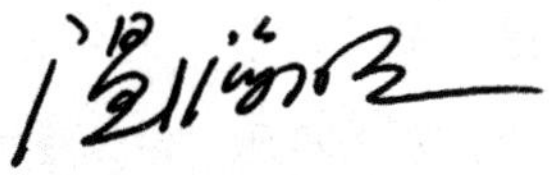

中国人民大学哲学院教授

尼山世界儒学中心副主任

山东大学兼职特聘教授

山东省泰山学者、孔子研究院易学研究中心主任

2024年5月4日

# 戊戌自序

  2015年9月，在我主持的"中国哲学与文化复兴"微信学术交流群中，多位学友问学并讨论关涉《周易》的相关问题，我一一作答后，很多学友强烈建议一起成立一个专门研习传播《周易》的微信学术交流群。2015年国庆假期期间，"周易明解——易学与哲学"学术研讨群（以下简称"周易明解"群）正式创立，邀请国内高校正在开设《周易》课程的学者们每天在群内举办一场易学讲座，从2015年10月12日开始正式与学友们一起互动研学。该群从建立伊始，就以共同学习《周易》经传、打通卦爻辞言象意之间千古难解之谜为研习目标，持续至今已成为中国当代研习易学颇有影响力的学术共同体。学术群内授课的学习进度是每日一爻，每周一卦，每晚十点至十一点（半年后改为九点半开始）由众多海内外易学家同台串讲卦爻精义，并为群内师友答疑解惑。群内聚集近五百位易学家及易学爱好者，在中国人民大学中国哲学专业诸位同学的精心筹备和热心易学人士的支持下，很快开设了"南方""北方"和"海外"等学术研习分群。

  近两载春秋，先后在群内相与论学讲解卦爻辞的易学家有三十多位，参与六十四卦讲解的导读老师有：林文钦（台湾高雄师范大学）、章伟文（北京师范大学）、孙福万（国家开放大学）、李尚信（山东大学）、曾凡朝（齐鲁师范学院）、余治平（上海交通大学）、谢金良（复旦大学）、何善蒙（浙江大学）、冯国栋（浙江大学）、郑朝晖（广西大学）、史少博（西安电子科技大学）、梅珍生（湖北省社会科学院）、黄忠天（台湾高雄师范大学）、刘震（中国政法大学）、赵建功（华中科技大学）、张国明（沈阳大学）、辛亚民（中国人民大学）、于闽梅（中国社会科学院大学）、张文智（山东大学）、张克宾（山东大学）、张丰乾

（中山大学）、翟奎凤（山东大学）、刘增光（中国人民大学）、谷继明（同济大学）、宋锡同（华东师范大学）、刘正平（杭州师范大学）、孙铁骑（吉林师范大学）、孙钦香（江苏社会科学院）、吴宁（中山大学）、寇方墀、尚旭等（课表详见附录二）。可以说，学者们在授课中一起贡献了这个时代兼具学术性和原创性的易学见解。

经过466日不间断的努力，在2017年1月8日，64卦384爻导读讲解结束之际，"周易明解"群基本实现了最初研学目标：通过解读卦爻辞，推天道以明人事。该群也基本兑现了其宗旨：明白解读《周易》，立足经传互证，深化易学基础，找回易学正脉，领悟易道哲理，提升生命境界。同时也升华了本学术团体的求道追求：积金千两，不如明解《周易》；救人以易，胜造七级浮屠。2017年1月后，"周易明解"群继续讲解学习《易传》。本书是对2017年1月之前64卦384爻研习内容的整理和加工。

这次聚会前后，师友们都逐步意识到，自唐太宗敕令孔颖达编纂《五经正义》近1500年来，易学著作多单独成书，或编辑拼接，鲜有汇集当世易学家一同相与论学及攻坚克难研读易学的学术团体。当今之世，得益于信息传播技术，"周易明解"群汇集了中国乃至世界各地的顶级易学家一同研讨许多易学千古之谜，并取得了丰硕成果。当代易学界的学者们聚在一起，本着和而不同，求同存异的原则，不盲目遵从古往今来任何一家一派的说法，尽力取长补短，折中百家之说。不少师友认为，本书经过热心同学们不间断收集讲课记录并加以整理编辑，又经导读易学家们修订，具有易学研习传播的崭新历史价值。在易学专家和师友们的要求下，在我挂职任副总编辑的孔学堂书局（《孔学堂》杂志）领导和我任兼职教授的山东大学易学与中国古代哲学研究中心相关领导和老师们的支持下，在中国人民大学哲学院二三十位研究生同学们长期不懈的艰苦努力下，本群的研讨记录经过多轮整理修改，终于成书。下面特把此书的成型过程，也就是本群研讨记录的整理修改过程略述一二。

本群建立之初，由于师友们在导读和论辩当中常有新见，提出一些历代易学家们没有注意到或者没有深入讨论的问题，师友们很快意识到本群研学成果有无可替代的珍贵价值，希望保存下来，以便其学术价值和历史价值为现世学人及后世学人所了解。在同学们的努力下，从建群第一天开始的研讨记录都原原本本地保存下来，并由当天研学的学生秘书（中国人民大学哲学院中国哲学专业的硕士研究生和博士研究生）及时整理，经过我校对修改之后，在周易明解微信公众号上发表出来，并在搜狐、头条等网站上推送，取得一定的学术影响和社会影响。第一遍的记录稿有每次发言的时间（精确到秒），有师友们讨论的表情、很多语气词和较为随意的内容，为了使本书简洁而凸显研学成果，这些有趣的内容在后来的修订过程中都没有保留，这是学生们对聊天记录的第一遍整理，庞大的工作量可想而知。参与这遍整理的研究生有：孙世柳、李芙馥、黄仕坤、周俊勇、陈志雄、李占科、黄桢、王璇、秦凯丽、贡哲、张馨月、王雨萧、赵晨等。他们是本书稿件的最早记录者和整理者。第一批整理研学内容的同学还兼任了课程秘书，在每天晚上开课之前把当天的预习资料准备好发进群里，他们往往需要选择几部经典和当代的《周易》注释，供大家参考。非常感谢以上同学的支持和配合，他们使得书稿能够完整地保存下来。

我多年来在中国人民大学哲学院给研究生开设易学专题研究课程。2016年秋季，在选课的多位研究生同学的热心帮助下，我们重新设计编排了讲稿的体例，把原先每天一爻的内容合并成一卦的内容，修改讲稿为"明解文本""讲课内容"和"讨论内容"三大部分，并加了小标题。学生们对讲稿做了三四次整理，到期末基本成形。参与这一轮讲稿整理的研究生有：孙世柳、陈志雄、裴建智、秦凯丽、贡哲、孙纯明、王鑫、刘杨、袁征、廖浩、赵敏、龚莲伊、董禹辛、张云飞、曹海洋等，是大家的辛勤付出让书稿具备出版的可能性。

2017年春季，我把同学们修改之后的稿子分别发给每卦的两位导读老师，大部分导读老师都进行了精心修改和整理，修改之后的稿子基本定型，可读性明显增强。这段时期稿子收发和整理的工作主要是由孙世柳同学完成的。

书稿经过学者们修改后，学术味道彰显，但老师们整理之后的稿子还有不少问题需要处理，尤其是诸多引文需要校对、文字和格式等细节需要统稿。2017年7月和8月，我带领孙世柳、秦凯丽、赵晨、周俊勇、黄仕坤、李占科、韩盟等研究生来到贵阳孔学堂，集中精力把一千多页的稿子又修改校对了五六遍。我们基本按照《周易研究》副主编李尚信教授提供的校稿范本，对全书进行整理修改，以震卦为例，校改包括：多处"《震》卦卦辞"改为"震卦卦辞"或"《震》卦辞"，震加书名号时应指书而言，是书就不是卦；"《震》卦初九"改为"《震》初九"，"《震》卦六二"改为"《震》六二"等；对讲授和讨论有误或不准确的地方，直接进行修改。本书384爻的小题目是对各爻哲理意义的概括，几乎每爻的题目都经过我和学生们交流讨论，也经老师们审定，尽量与导读和讨论主题相关，这也是本书的特色之一。

我和研究生们整理了大部分卦的体例并进一步修改文稿。导读老师们的讲法大多都有古代注本做依据，可是每天的研习记录内容实在太多，整理之后每卦有二三十页，为了减少书整体的厚度，只好删去大部分直接引用的古代注本内容，因为这些内容现在都很容易查到。直到8月底，经过五六轮反复修改后的稿子才算真正成型。书稿基本保留了"周易明解"群授课的特色，即当代学界正在教授《周易》课程的易学家们对每卦每爻的研读和心得体会。广大师友们研习时的积极参与和交流，碰撞出了很多易学史上前所未有的思想火花。

全书最大的特点当然是运用现代通信网络汇聚当代易学家一起交流讨论，发挥出微信群讲课的诸多特色：即时性，群内师友们可以随时把最新见解贡献出来与所有人研习讨论；全球性，全世界各地的学者和学生都可以不受时区和空间的限制一起交流讨论，很多导读老师在欧美研修和访学期间都坚持给大家导读，学友们的即时研学反馈也来自五洲四海；全面性，本群的研学讨论包容了各家视角，基本继承着古今各门各派的解读，加上不同地区不同背景的老师们轮流配合一起导读，常常新见迭出，令人振奋。群里学术讨论编辑成书之后，虽然算不上系统的理论建构和严格的学术论著，但对于解读恍若天书一般的卦爻辞来说，却显得既有学术性，又不失轻松活泼的气氛，对学习者深入了解易学知识，体悟玩索卦爻辞，有很好的参考价值。从最终的讲稿中，大家仍然能够欣赏到老师们深入浅出、娓娓道来的讲解，以及群友们生动活泼、有时甚至群情激昂的讨论。应该说，本书对于初学《周易》的学生和对《周易》感兴趣的各界人士，都不失为既通俗易懂，又生动有趣的入门读物。本书既有历代前贤的真知灼见，又有当代易学家们千锤百炼的智慧之思，更有各行各业群友们提出的千奇百怪的问题和师友们活泼动情的交流研讨，可以说本书因其独特性已经成为易学史上一片独特的风景。

易学自古门派众多，古有两派六宗之说，学易不可囿于一曲之见，要能够采众家之长。本着这种精神，"周易明解"群尽可能兼容并包，有容乃大，所以本书基本涵盖古今易学研究的各门各派：如义理派和象数派，包括术数派有道理的见解；学院派和实践派，包括生命实践派和实战运用实践派等。其他具体门派就不一一列举，师友们的见解都具体深入地体现在对卦爻辞解释的字里行间。此书可能还是两岸易学家历史上首次同时同台解释卦爻辞的记录。之前的两岸易学交流多为论文研讨形式，成果也以论文集为主，对于易学的文字、体例以及相关细节内容，还缺乏深入细致的同时性探讨。借助微信的形式，台湾地区的朱高正、杜保瑞等老师作为顾问时常对大家如何学易做指导，导读老师林文钦、黄忠天教授和台湾地区的其他师友一起贡献出非常精致细密的研究和心得体会，让此书成为这个时代两岸易学深入交流的见证。

解读各卦的学者们学养各异，授课风格不同，对易经的把握和理解也互不相同，所以本书可谓一部多角度研究卦爻辞的汇编。不仅每位学者解卦的角度有别，而且每位学者在跟其他学者一起配合授课的时候，又表现出风格上的变化，所以本书可以说是一部师友们在即时沟通基础上共同创造的著作。全书内容深入浅出，可读性强，本来就是讲课稿，内容还比较活泼灵动，互动性强，值得初学者和爱好者认真阅读和研习。

这本书是集体智慧的结晶，这个交流群在一个微信迅速普及的历史性机缘中诞生，聚集了这个时代热心的老师和学生们来解读这部中国历史上最神秘莫测的伟大著作，所有的解读者都本着继往开来的精神，力图解读出新意，这可以说是《周易》在21世纪微信时代的新意，也是《周易》三千多年解读史上不曾发生过的。师友们在世界各地，跨越时空限制，北京时间每晚定时借助微信聊天工具，开启对经典活生生的当下解读。其中虽有相当艰辛的阶段，但大家同舟共济，一起坚持下来了。因为坚持，我们站到了这个时代《周易》解读的前沿，既继承着传统经典注疏的解读，又消化并读出了很多史无前例的崭新意义，而这里记录下来的导读时师友们思想火花的碰撞，终将穿透《周易》解读史的时空，到达未来那些跟我们一样关注、解读、体悟《周易》的人们的心灵深处。

现在选取一些导读和讨论的片段，或能帮助大家一窥本群明解《周易》的特色。如2015年11月1日，在解读屯卦上六的时候，正好是"周易明解"群创建满月，大家心情激动，感到有幸来到这个学习乐园，天南海北，四海一家，着实难得。大家感谢导读老师们精彩而且辛苦的导读，有时老师们在喝过酒略有醉意的情况下都不忘参与导读，甚至因此解读出很多精彩的智慧火花，也感谢秘书们每天及时整理资料，感恩志愿者们维护群的日常运作，为群的宣传和推广付出努力，这样的感恩气氛一直维持着群讲课的始终。

自从曾凡朝老师2015年10月5日作了关于《周易》之"感"的专题讲座之后，一年多当中，师友们通过群构筑了一个感通的场域，彼此感通的能量越来越强，加上天时与形势的配合，很多外应事件对群内师友们来说，都有非同寻常的感应力和巧合意义，这也可以作为一个感通型"同人"集体的外应之象。本群讲解过程中，有一些时机点比较巧合，如学泰卦初九的那一天是冬至之时；2016年3月7日惊蛰过后，电闪雷鸣，风雨交加，卦象和气象正好配合；讲解复卦的那一周（2016年3月28日开始）正好是西方的复活节，等等。虽然这些可能只是偶然的巧合，但时机的选择，尤其是卦爻辞与时机的对应关系，有时候让师友们感觉到，学易就要去体会在世界和时间开始之前那种无法言传、深沉至极的感应关系。2016年4月4日正是清明节，师友们引用了叶采《暮春即事》等与读易有关的诗词，而清明节正好是物皆洁齐而清明之时，我们讲解无妄卦，体会心志干净洁诚感通的状态，确有神通之妙。4月18日导读颐卦的时候，正是雷出山中，春暖之际，谷雨时分，颐养万物之时。2016年12月31日讲解《既济》九五爻的时候，提到跨年之时，正好应该簿祭一下，爻辞提到"福"，而导读老师孙福万给大家带来万福。类似这样导读的内容和天时吻合的精妙时机，都一再让参与的师友们惊奇和感慨。

所有这些，都让大家从理智和实践上感知：易本天人之学，读易可见天心，学易就是参与天道的阐发过程。学习大壮卦的时候，师友们觉得，有《周易》桥梁在，鬼神人可相互感应沟通。似乎学易可以帮助大家开天眼，天眼自己开，天网自己看，心网自己能明结又能明解，收放自如。正如张文智老师所言，借助群的感应和交流，大家可以互相帮助开天眼。《周易》本推天道以明人事，师友们探讨出了其莫测之玄机。

这样似乎正好应了何善蒙老师对咸卦的讲解：天地万物之情，本来就是无心地感来感去，结果人非要给天地安一个心上去，是自己的心被感动了，加给天地。天地无心人有心，人用真心诚心正心去感，天地之心和我心同心同德。张载言："为天地立心"，实在是人太有心了。人心立时天地立，如果《周易》作者无心，这看起来没心的咸卦，怎么能够写到这个份上，读起来这么让人感动。当然，最后还是落在心如自在、通天通地的无心之境。

还有多处解读，虽带有戏说成分，但是幽默风趣。如解读屯卦和坎九二时都提到宫廷大戏，明夷六二时提到英雄救美，虽然有演义成分，但画面感很强。比如一对亡命天涯的男女在极度危险之中上演的情爱浪漫故事，女的比男的更危险，更没救，虽然自己都不行了，但临死前还舍命拉了男的一把，让男的终于有希望脱离险境，令人潸然泪下。解读大壮卦和贲卦时，也有类似的画面感。解读坎六三依"枕"待时之时，其实开出了履险如夷的新处险之道，相比之前的解读有新意。大家在群策群力，众志成城的状态下，对很多爻的解读有所突破，常有灵机乍现、别有洞天之感。

在师友们灵感迭出的解读当中，开发出来很有新意的解读内容，虽然未必合乎学术传统，但对于理解卦爻辞和爻象之意还是有帮助的。比如张国明、于闽梅一起解读贲九三"永贞吉"的时候，大家讨论道：坚贞不渝的爱情可以感天动地，超越时空，彼此精神之间的融合所带来的融汇天地的吉祥和幸福，最终甚至可以战胜世间一切沧海桑田的变迁。恋人之间心意相通的状态，好像彼此都是对方生命存在的前提一般。"永贞吉"的爱情，是人间爱的天堂、爱的绝唱，所以世间永流传。此爻阴阳相和，相濡以沫，表达出了感天动地之境界，好像《魂断蓝桥》那种动人心魄、坚贞不渝的爱情故事一般百转千回。

解读贲六四时，提到两段荡气回肠的爱情故事，最后以舍比从应，情投意合，皆大欢喜作为结局。九三爻下有六二，刚柔已经合为一体，不会成为人家婚姻道路上的羁绊，四爻看到三爻二爻如此恩爱，因自己身处坎险之中而对远方之应爻有所怀疑。最终疑心解除，四与初也是情投意合。一个"舍车而徒"志趣高洁，一个"白马翰如"贞洁自守，终成眷属。情感起伏如过山车，但结局圆满，皆大欢喜，如欢喜冤家，有莎士比亚戏剧的感觉。虽千年之后，也不禁为之喜也。古往今来讴歌不息的伟大的爱情故事不过如此。那天的解读解决了爻辞中的疑难，突破了王孔之论而有创新，又欣赏了两段伟大的爱情故事，参与者们都好有成就感，感受到历史性的大突破。

在解读贲卦上九的时候，突出了儒道合一的境界。一个表面看起来只是文饰和搞装修的卦，到顶之后，其实是经纶天地、与天地精神相往来、一种白茫茫与天地同体的弘逸境界。用儒家的进路解，是一路搞装修上来，境界越来越高，最后到了山顶，实现了极致的状态，才有点道家的气象出来。路上还闹出了两场令人魂牵梦绕的爱情史诗，这带有儒家入世的情怀。在山顶上搞顶层设计，达到儒道合一的境界，不但脚痛会忘，什么痛苦都可以放下，那种心通天地的自我实现境界，让人感到有点悟道的意味。整个过程合乎儒家从正心诚意到治国平天下的修身过程。

"周易明解"群的授课和讨论常有很多如此妙解，虽然有演绎的成分，学术的含量也不够，但可能因此在易学解读史上开创出新的意义。经典之权威性历经时空的磨砺而成，学者在老师的引领下打开思路，安心潜读，不断有新的体验和收获。总的来说，《易经》卦辞、象辞的取象基本没有超出《说卦》的范围，解爻不能顺通，是象上未通，如果象上不通，理上努力，以理述理，以字解字，反有离题之嫌。有很多时候，我们会感叹古人取象之玄妙，深感自己智慧灵感有限。解卦的路子很多，何者更有道理，是可以在尝试中探讨的。要从看卦象入手，上下卦观象，再解释各爻，中间乘承比应，互卦取象等都有帮助。随着自己的感悟加深，会触类旁通，加上点滴浸润，深思熟虑，逐渐就会茅塞顿开，别有洞天。

"周易明解"群帮助大家意识到：圣人作易取象，费尽周折，时间跨度应该超越千年。乘承比应之间，除了看得见的联系，还有很多看不见的联系，对应万物之间的联系都是客观存在的，不可陷入机械论中。易学的博大在于，好像没有关系的两爻，却又存在着千丝万缕的联系，如同现实的生活。圣人仁爱天授，心天合一，要认真琢磨易学智慧超越人的维度，仁只是儒家的思想基础，如仅以仁说易，易的气象就小了很多。

"周易明解"群希望通过当代易学家同台解读《周易》，继承前辈易学家的志向，延续传统易学的生机，希望传统易学的正宗路向能够为更多的学者们接受与传播，开启传统易学研究和推广的新阶段，进而开创以《周易》新释奠基的中国新哲学思想时代。在传统社会，四书五经是公共话语，好的经典解释足以改变时代，但今天互联网时代，经典诠释已很少进入公共话语系统，连边缘话语的位置都岌岌可危。本书不求进入当代话语的核心，但求继承传统易学正路，并将之发扬光大。

杜甫说"转益多师是汝师"，金庸小说里的那些武功超群者都是遍学天下奇功的人，"周易明解"群这个平台把五湖四海的学者和求学者都聚集起来，共同学习、参悟、交流，为这个时代培养了一批根底较为扎实的易学爱好者。到一周年的时候，在热心群友们的支持下，本群与国际易学联合会和中国人民大学孔子研究院合作，组织了一场线下聚会的庆典（见附录三）。后来在圣境尼山书院的支持下又搞了几次线下讲座和聚会活动，逐步把"周易明解"群落地，进一步推进线上的易学交流与研究工作。

本群除了需要感谢讲课老师和参与整理的同学们，还要感谢一些热心的群友和志愿者。感谢热心群友王力飞，因为他积极学易才有最初"周易明解"群的建立，感谢本群最初的组建者徐治道、尚旭等。感谢随后郑静坚持值守一年多，引导主持人和志愿者们积极参与，为本群聚集人气和活跃气氛付出了大量心血；感谢很多积极的群友自始至终热情高涨地参与学习讨论，如元融、张吉华、丰铭、姚利民、闫睿颖、瞿华英、刘久红、倪木兰、罗仕平、王昌乐、崔圣、叶秀娥、李伟东、靖芬、刘娜、陈鹏飞、汤兆宁、郑强、姜江等，他们发表了很多独具特色的见解，在一定程度上该群培育了一支当代认真研习《周易》的队伍。本群的日常维系和线下聚会与很多热心师友和志愿者的帮助分不开，如赵薇、黄胜得、萧金奇、程姝、侯川、林正焕、傅爱臣、陶安军、王眉涵、虞彬等。正是在热心群友的慷慨支持下，本群的线下聚会才得以成功举办，他们也通过自己的实际支持来表达对诸位学者公益讲学的诚挚谢意。

虽然稿子经历了五六次完整的修改和统稿，但毕竟是从微信群的聊天记录转化过来的，还有很多不尽如人意的地方，尤其是本书为了编辑成著作体例，不得已删除了一半以上的聊天记录，包括师友们引用的很多文献，一方面因为现在查文献较方便，另一方面因为很占篇幅。还有些师友虽然说了很有意思的评论，但因要以学术为本，不紧扣主题，即使非常精彩，也不得不忍痛割爱。所以编辑委员会全体成员要对那些积极参与并发言，但最后的书稿却不能充分体现其活跃度和参与度的师友们，谨致以非常诚挚的歉意。

不同老师讲课风格不同，形式各异，整理之后，虽经老师们亲自校对，仍然不可能把所有格式完全统一，所以适当保持不同老师的讲课风格和授课状态。如卦爻辞和象辞的断句，基本按照各个导读老师的倾向，以保留老师的讲述风格，体例也就不尽相同。考虑到讲稿基本都经过老师们仔细修改，一些具体的体例就不再强求整齐划一，比如既然讲课时老师们引述经典、转述观点之时的体例不同，最后也就不强求一致。

当然编辑们对聊天记录尽量编辑完善，比如加了很多书名号和引号，但总体来说，还是做了省略处理，只要不影响阅读理解，原稿状态就尽量保留。由于原稿是微信学习群的聊天记录，有大量口语化内容，虽然编辑们做了很多修改和辨正，但把两百多万字的原稿删到一百多万字，肯定还会有不少问题，请海内外同行和师友们包涵。本书各爻标题虽多次修改，但因概括能力与语言锤炼能力均有限，可能表达仍不够准确到位，有请读者提出意见，批评赐正。

本书能够成书，孙世柳（本书副主编）等研究生整理老师们的讲稿和连续两年不间断的编辑修改是基础。2018年年中，孔学堂书局的编辑们对书稿几乎每段每行都做了认真的修订，从六月到八月，孙世柳博士每天早晨五点从位于贵阳花溪区孔学堂教授宾舍出发，坐两个小时的车到位于贵阳乌当区的孔学堂书局编辑部与窦玥声编辑一起对着电脑校对修改，常常加班到晚上九点再坐两个小时车回到花溪，工作量可谓极其细密和繁重，他们都为书稿的编辑付出了巨大的辛劳。2018年秋季，校对好的书稿分别发给每位主讲老师进行最后的修订，老师们都予以非常及时的配合，从而使得书稿得以最终定型。

该书出版得到国际易学联合会会长孙晶教授、副会长朱高正先生等的热情支持；得到山东大学易学与中国古代哲学研究中心刘大钧教授、副主任李尚信教授（本书副主编）、刘震、张文智、张克宾等的热情支持，他们让本书成为"教育部人文社会科学重点研究基地山东大学易学与中国古代哲学研究中心资助成果"，刘大钧教授还专门为本书题写了书名；得到贵阳孔学堂书局负责人李筑先生和张忠兰女士、张发贤先生、窦玥声女士、陈真先生等的大力支持和帮助，他们让本书成为"孔学堂驻会学者"研究成果。本成果受到中国人民大学2019年度"中央高校建设世界一流大学（学科）和特色发展引导专项资金"支持，在此一并致谢。最后也要感谢我的家人的长期理解、支持和帮助，这使我得以付出大量的时间和精力完成这部书的组织和编辑工作。

中国人民大学哲学院教授

山东大学易学与中国古代哲学研究中心兼职教授

国际易学联合会秘书长、学术部部长

孔学堂书局、《孔学堂》杂志副总编辑

"周易明解——易学与哲学"微信读书会发起者兼主持人

2018年8月13日

# 目 录

时　　间：2016年08月15日21：30 — 22：56
导读老师：何善蒙（浙江大学人文学院教授）
　　　　　辛亚民（中国人民大学国学院讲师）
课程秘书：黄仕坤（中国人民大学哲学院硕士生）

## 阴长阳衰　难以久持

### ——姤卦卦辞明解

## 44 姤卦

**巽下乾上**

## 【明解文本】

姤：女壮，勿用取女。

《彖》曰：姤，遇也，柔遇刚也。"勿用取女"，不可与长也。天地相遇，品物咸章也。刚遇中正，天下大行也。姤之时义大矣哉！

《象》曰：天下有风，姤；后以施命诰四方。

## 【讲课内容】

**辛亚民：**先说卦名，卦名姤，《彖传》释作遇，也就是邂逅的意思，本字作媾。尤其特指阴阳、男女之间的邂逅，这个卦名典型体现了卦象，阴遇阳。帛书《周易》卦名作狗，显然是假借。正是因为一阴上承五阳，所以卦辞说，女壮，勿用取女。这一卦的这个特点很有意义。从承乘的角度讲，《周易》卦名卦象卦辞之间有如此明确联系的卦不算多。首先从姤卦我们可以确定，至少这一卦的卦辞是作者因卦象所作，这是考察象数易学起源的一个有力证据。其次，肯定了卦爻辞具有阳尊阴卑的观念，一阴承五阳，直接否定了一阴。再次，确定卦爻辞中有乘承的爻位体例。最后，这一卦也典型体现了卦爻辞的占筮性质，针对嫁娶进行的一次占筮，很典型。

## 【讨论内容】
### 【"姤"】

裴健智：郑注："遘，遇也。一阴承五阳。一女当五男，苟相遇耳，非礼之正，故谓之遘。女壮如是，壮健似淫，故不可取。妇人以婉娩为其德也。"古文和郑本作"遘"。

张吉华：这个卦名典型体现了卦象，阴遇阳。

辛亚民：所以这一卦从卦名、卦象、卦辞都是比较清楚明白。

裴健智：柔爻为初爻，为何是强势呢？主要是看发展趋势吧，而不是现实的状态。现实中，初爻虽弱小，不过有蓬勃的生命力。崇阳的观念，卦辞中有崇阳的倾向就比较早了，一般认为《易传》中崇阳的观念开始明显显现。

何善蒙："二般"的人认为父系开始就是崇阳。

姚利民：初六欢天喜地地迎接五阳，她以为可以好好挑选下众阳，殊不知她却是五阳口中菜而已，慢慢消化，结果好悲。

张吉华：姤，本字作媾，婚媾。

何善蒙：《象传》主正遇，意思延续卦辞。《象传》意思跟卦辞有差异，只讲遇，不讲男女之事，而讲天下之事。

张吉华：姤，以女从后，最后一女之象。《说文解字》释姤，"偶也"。《象传》《序传》释为"遇"。

### 【风行天下】

何善蒙：风行天下即是上天下风，取风行天下之象，所以《象传》说风行天下，万物无不遇，君王传诰命于天下亦如此。跟娶女没什么关系。

裴健智：《象传》的风行天下主要是指上下卦，上卦为乾为天，下卦为巽为风，故为风行天下。通过风行天下来比喻君王应该做的事情。

元　融：天地相遇，品物咸章，姤卦，来自于乾，阳极阴生，夏至之时，万物茂盛，一阴始生之象。

王昌乐：刚遇中正，没有说柔遇刚。勿用娶女，是指忧患增加。

裴健智：《朱子语类》就提到：不是说阴渐长为"女壮"，乃是一阴遇五阳。朱子不是从柔爻发展的趋势来讲的。

元　融：姤，为丰收的时刻，品物咸章，一片丰收的景象。

（整理者：王璇 中国人民大学哲学院硕士生）

# 牵于未发 防范未然
## ——姤卦初六明解

时间：2016年08月16日21：30 — 22：49

## 【明解文本】

初六：系于金柅，贞吉。有攸往，见凶，羸豕孚踟躅。

《象》曰："系于金柅"，柔道牵也。

## 【讲课内容】

**何善蒙：** 从爻位来说，首先这个是初的位置。初难知，所以爻辞有吉凶两种说法。系于金柅，指与四有应，从了四就好了。如果有其他想法呢，那就麻烦了。初、四相应，表面虽吉，但是，在这里其实不吉，一是因为初、四都不当位；二是应不了，中间诱惑太多。

**辛亚民：**《彖传》可分为两部分，前半部分对卦名、卦象及卦辞的解释是符合本意的，用高亨先生的话说，与经意同。后半部分是《彖传》自己的发挥，具有一定的哲学意义。主要是对"阴阳相遇"的发挥，阐发出阴阳相合生万物的思想，天地相遇，品物咸章。即姤卦是体现阴阳相遇而生万物思想的典范，代表了这一"时义"。《彖传》的这一赞美显然和卦辞"勿用取女"相去甚远，是从另一角度对姤卦的阐发。《象传》又是从另一个角度出发。以风喻政教，天下有风，象征政教公布于天下，对应人事施命告四方。《彖传》《象传》不同角度的阐释也说明二传并非出自一人之手。初爻是唯一的阴爻，和九四正应。按照王弼的体例，初爻为一卦之主。但是这一爻爻辞并不容易理解。系于金柅，是象征。金柅是金属短棍，用来缠绕丝线。用象数讲，初爻系于九四，相当于刹车。阴阳相应，故得吉。但这一爻不利出行。也用象征手法，似羸弱之猪踟躅而行。这里有两个有争议的问题，一、"金柅"为何物？二、"孚"字何解？金柅常见有两说，一为王弼说，为车之制动装置；二为高亨说，用于缠绕丝线之短棍。二说均通，不知采何解。孚字一般训"信"，但此处孚训信很难讲通。高亨训"捊"，意为牵扯。不利出行，如猪牵绊而行，勉强能通。这是这一爻的两个难点，供大家讨论。

## 【讨论内容】

裴健智：　姤卦初六就像遛狗，得套绳子，不然容易出事。王弼把孚解释为"务躁"。

何善蒙：　王弼更合适，从理从象都是。

温海明：　信可解为确实，但一说"羸"为缠缚。

元　融：　姤卦，初六，阴始生，志在灭阳。在阴的力量比较弱小的时候，加以控制是必要的！即使拿绳子捆住，阴爻虽弱，也要挣扎！

何善蒙：　其实解释成"信""确实"的意思比较好理解。这个猪本来就很踯躅，不知道去哪好，诱惑太多。

温海明：　初六情心大动，不动太难，止住情心谈何容易。

何善蒙：　另外，有孚一般就是有应，这里也有应，所以肯定是孚。只是诱惑太多。

裴健智：　有应就要前往，而被牵着走才能吉，前往凶，所以要踯躅才能平衡一下。踯躅就是介于吉凶之间的行为。

## 【阴阳"止"】

裴健智：　王弼："柅者，制动之主，谓九四也。"

叶秀娥：　初六，系于金柅，初六地位卑微，易被忽视，要有智慧而事先制止，以免扩大，见微知著，防范未然。柅，有一解释为刹车器，意为使车子停止不前。《象传》曰："系于金柅，柔道牵也。"柔道牵也，另一解释可以解为把柔道（初六）牵住，不使它继续发展。或说拉回来，不让它继续前进。

裴健智：　姤卦为阴长的最初时期，虽然微小，一定要及时制止，不然阴爻形势不断上涨。

叶秀娥：　主动止住。

裴健智：　感觉应该是阳爻止住阴爻，而不是阴爻主动止住。

叶秀娥：　牵于柔道，也可以想成牵制于未发生之前。

温海明：　未发之前。

叶秀娥：　对，是阳爻主动止住阴爻。阴，柔之爻，有未明、未显现之意。

裴健智：　柔爻要止于柔道。

叶秀娥：　所以牵于"柔道"，我把他作两层解释，一是牵住阴爻，二是牵位未形成之前。

温海明：　这样的"柔道"高手让五个阳爻更加心旌摇荡，按捺不住。

何善蒙：　如要解释成未发之前，那么，金柅指的是初的位置，阳的属性。但是这个解释的麻烦在于，如果止于未发之前，就不用谈吉凶和踯躅了。

叶秀娥：　《姤》所以次《夬》，小人虽然去，不能终无相遇的时候。夬，是决去，很明确。但世间事，循回反复，正当以为心头大患已除，其实另一波又起。从卦象言，就是五阳遇一阴。遇这一阴，如何对待，就是姤卦的象意。一阳初生，圣人不敢为君子喜，必曰朋来无咎。因为一阳未必胜五阴，当一阴初生，圣人已为君子忧，遵诫五阳勿以一阴甚微就轻视或亲昵。如周幽王得褒氏，唐高宗立武昭仪，此为圣人作戒辞。在夬卦之后，特别有深意。所以初爻是姤卦的成卦主，我的解释就是如何处理这一个初生之阴。要能洞察，防范未然。

温海明：是阳防阴长，对于初六来说，就是被动的，被牵制的，如果初六主动制心，当然最好不过。

叶秀娥：是的。姤卦是治阴之道，如果阴能自治，这个卦的前提就没有了。

（整理者：张馨月 中国人民大学哲学院硕士生）

# 擅人之物 不利宾客
## ——姤卦九二明解

时间：2016年08月17日21：30——22：41

## 【明解文本】

九二：包有鱼，无咎，不利宾。

《象》曰："包有鱼"，义不及宾也。

## 【讲课内容】

辛亚民："包有鱼，无咎，不利宾"可以分为两部分，从无咎之后断开。"包有鱼"是卦爻辞中不止一次出现的语辞，包就是庖，厨房有鱼，显然是一个较为吉利的象征，所以占断辞为无咎。另外，在其他卦中也出现过"包无鱼"的语辞。后半部分说"不利宾"，意思也比较明白，占得此爻不利于做宾客或接待宾客。古注联系包有鱼，认为不利宾即是不利于用庖中之鱼款待宾客。联系卦爻辞中其他地方出现的利宾的语辞，似乎解释为不利出去做宾客更为合理。如观卦六四爻辞云："利用宾于王"，意即利于去王廷做宾客。《小象传》解释道，"义不及宾"，认为是此庖厨之鱼不宜用于款待宾客，故后世注家袭用此说。

从象数角度说，古人以鱼为阴物，故以初六阴爻为鱼。九二阳爻乘初六，故孔颖达以九二为庖厨。初与二又构成比的关系，似初爻主动投入九二，但九二以初六之鱼为非己之物，不专擅，遵循了义的原则，故不为宾。这是王弼的解释思路。王弼以为初六之鱼为他人之物，当是认为初六与九四正应，故此处之鱼当属九四。《程氏易传》以阴阳相遇专一为要解释这一爻辞，不利宾即不可更及外人，遵循专一之德。

## 【讨论内容】
### 【九二待初六】

裴健智：　九二很正直，遵循了义的原则。王弼的解释：初六主动投入九二的怀抱，而九二认为初六应该跟九四，所以拒绝了。初六更喜欢九二。

何善蒙：　鱼就是初六，金柅就是九二，所以九四家没有鱼了。

裴健智：　乾为金，九二应该是金夫。

何善蒙：　九二不当位，金柅差不多了。

裴健智：　按照王弼的讲法，九二义不为，不和初六，为何九四包无鱼呢？立可能还是，九二抵不住诱惑，初六和九二好上了。

何善蒙：　初六上承九二，九二阳居阴位，本来就是动的，所以初六上不去，九四干着急。

裴健智：　反正九四是被九二占得先机。

温海明：　所以初六还是就近，九四有心无力。

元　融：　姤卦，九二的意义在于，面对诱惑，内部纷争难免。内部的不和谐，恰好说明阴爻的力量。初爻要控制，初爻不控制，后面费力是难免的。

温海明：　初六对九二动心，超过正应九四？

裴健智：　程颐的解释就是两爻诚心相应啊！两爻互相有诚心，不可让给宾客。

元　融：　这正是阴爻的可怕之处。一个弱小的阴爻，如何动乱五阳的团结，姤卦很好地展现了这一点。

秦凯丽：　初六这一阴爻是从夬卦上六来的，很不简单，对群阳都有诱惑力。

叶秀娥：　姤卦可以有很多解释，我对姤卦比较浅显的理解是如何处理、对待阴柔之道。"包"是"包容"，"宾"是"客气"。鱼是阴物，巽为鱼，故云。对于阴物的包容自古小人为乱，往往君子所激。另一说法，包有鱼的大意，是不把小人当作刺目的东西，而能大度包容，那便无过错。若把他当作宾客一般的敬而远之，与他客套，让他以为被疏离，那就会如孔子所说的远之则怨。所以不利宾，我把他解释成不要当作宾客一般，过分客气。小人本多心，越客气，越多疑。所以我认为《象传》所言，"包有鱼，义不及宾也"，就如孔子所言的"小人难养也，远之则怨"。对于阴险小人，应包容他，不要让他感受到外待，或是应付敷衍的感觉，这是从初爻到九二而言。

裴健智：　"唯女子与小人为难养也，近之则不孙，远之则怨。"

叶秀娥： 至少我学会了两种对待阴柔小人的原则：一、防范未然，二、包容处之，不要激化对立。小人也是人，人心是肉作的。就像夬卦一样，要决而和。所讲的都展现出中华文化里强烈的温柔敦厚，有教化可能的德性之淳美。九二与初六，阳上阴下，压得住，要采取容阴之道。九二居中位，可以理解为中道、可包容、可控制初六。女人不是罪人，此爻中对女性有贬义，《易》之时义大矣哉，我觉得解《易》可以用更符合现代的两性观来评论。

裴健智： 老师给了我一个不同的视角看待初六和九二，利用《论语》中对于女子和小人"近之则不孙，远之则怨"来理解。

（整理者：黄仕坤 中国人民大学哲学院硕士生）

# 不遇其时 不得安适
## ——姤卦九三明解

时间：2016年08月18日21：30—22：43

**【明解文本】**

九三：臀无肤，其行次且。厉，无大咎。

《象》曰："其行次且"，行未牵也。

**【讲课内容】**

辛亚民： 爻辞开始说："臀无肤"。肤，现代汉语中是皮肤的意思，古代的肤既指皮肤，也指肉，如噬嗑卦："六二，噬肤灭鼻，无咎。"肤偏指肉。臀无肤，指一个人屁股皮开肉绽，显然是凶险之象。既然屁股都被打开花儿了，当然行动不便，所以后面说其行次且。

次且就是趑趄，行动艰难，这一象征意向自然是凶多吉少，所以后面占断辞说厉——很凶险。虽然处在危险境地，但最终也不至于彻底败亡，最终的结果是无大咎——没有太大的灾祸。这是爻辞的基本意思。《小象传》解释为什么会行动艰难？即"行未牵也"，是因为行动缺少牵引、扶助。

整体来看，意思较为明白。还是卦爻辞一贯的特点，以象征性的意象事物来指示吉凶。古代占卜的语言与诗歌的起源是一致的，所以卦爻辞中好多内容可以当作歌谣看，形式上最突出、最明显的一个特点就是押韵。臀无肤、行次且，古音是押韵的，有些方言中现在读起来应该还能感受到。

另外，这句爻辞在《易经》中也是不止一次出现，夬卦九四爻也有"臀无肤，其行次且"的辞句；另外，这一爻的占断之辞大家可能也觉得似曾相识。"厉，无大咎。"让人立刻想到乾卦九三爻辞"君子终日乾乾，夕惕若，厉，无咎"。危险却最终没有灾祸，源于终日乾乾，夜不松懈，由此阐发出了居安思危的忧患意识。我们也可以这样理解这一爻，正因为处在臀无肤的忧患境地，所以能够吸取教训，谨小慎微，从而避免了大的灾祸。

王弼、孔颖达从爻位角度加以解释，认为九三之所以有臀无肤的危险，是因为想与初六亲近，但初六和九二相亲比，所以不能安行。但又因为九三以阳处阳，得正位，所以虽危无咎。《系辞传》就爻位有过总结："三多凶，五多功。"姤卦九三虽然不至于凶，但也不算吉利。一种说法，三爻处在上下卦过渡之地，故多凶险。这也是后来《易传》十分重视的人道教训，易道教人，以此为贵，故孔子云："学《易》可以无大过。"

## 【讨论内容】
### 【三之境遇】

**王力飞：** 知厉则无咎。

**闫睿颖：** 吓出一身冷汗，屁股被打了，夜不松懈，总算虎口逃生。比躺着睡大觉，被老虎一口吃掉幸运。

**姚利民：** 只是老虎在车外，他们在车内，隔层车皮睡，踏实。

**裴健智：** 初六是关键，主爻。九二就算拥有初六也只是无咎，也不算吉。九三就程度更不好了，九四最差。

**温海明：** 是不是九二、九四为了争夺初六大打出手，不择手段打击九三，不然九三被谁打板子呢？

**裴健智：** 九三夹在中间，拉架被九二、九四同时打了。不过九三可能也有想要得到初六的意思。

**闫睿颖：** 本来九三正位，为争初六，九二、九四联合起来打九三。

**裴健智：** 九三虽然当位，可是同处于两个不当位的中间，也就不当位了，遇到九二、九四的时机不好。

**元　融：** 姤卦，总体是一阴乱五阳之象。初爻描述的是阴爻的力量，需要有效控制，才可以无忧，即使捆住，还在那里挣扎之象；二爻，包有鱼，即使明知道初爻和四爻有应，也要挺身而出，无咎，不利四爻之宾，为了整体的利益，牺牲自己，也要面对初六的诱惑；九三，位置离初爻尚远，下位巽，为股，为臀，因为二爻在拼死抵抗，还没有被同化，二爻同化，即为艮，为肤，故臀无肤，整体完好，其行次且，已经动摇了根本，虽无大咎，厉象已生。

张国明：九三为巽之上爻。大腿的上方是臀部。前后皆失比相敌，难免被前后夹攻。

裴健智：为何无肤呢？

张国明：被打的。决上方之阴，阳爻自可齐心对外。遇下方之柔，阳爻难免相互内争！

温海明：阳爻争勇斗狠好像跟夬不同。

叶秀娥：九三，从位置而言，刚爻刚位，但不中。此爻以处理阴柔小人的前提而言，不遇初爻，因毫无牵连，自然也没有被阴邪所伤的机会，所以厉无大咎。孔子所说的，近君子而远小人。换句话说，本性过刚，不中，行止决而不安，就是冲动。冲动的个性，还好没有与小人接触，不然后果难以收拾。以对待阴而言，只能智取，不能力擒。又学到一个对待阴柔小人的方式。

## 【姤之遇】

叶秀娥：前两个说法，都是以大家认定五阳如何处理一阴的前提来考虑九三冲动的后果。如此以"其行次且"之语来看九三，似乎以上解释又说不过去。姤卦——因卦辞是"女壮，勿用娶女"，所以很多解释，都会朝怎么对付这日渐长大的阴险之人与事物的方向。但《象传》作"遇"，以遇来解释此卦，显然更能解释每爻不同处境。早期姤卦作遘或逅，传说王弼改为姤，以东汉《说文》中，无姤可推。

前两爻，是指阳遇阴，阴初萌，要怎么处置？有能力应对阴时，又怎么处置？而九三的遇，可以想成遇的另一种境况——遇合。这卦把姤作遇，就可以想成，各种不同的遇如何处置。把姤当作遇的题来发论，三阳，下不遇初，上无正应，就是与谁都没有应，人生际遇无遇合之事，顾影自怜，失去目标，所以行动不能安适。九三无遇合，无可以努力的生活重心，所以说"臀无肤，其行次且"。"知止而后有定"，"止"可视为目标，终点。九三没有遇合之物，就是没有可奋斗可努力的目标。《象传》所言，是指上下无牵连，反而有徘徊观望，独行踽踽的孤独和落寞。这是以无遇之观点来说的。

人生有各种际遇，每一种际遇因情况不同，因应智慧手段就不同。找不到值得遇合，为其努力奉献的对象。《象传》的"姤之时义大矣哉"，天地不相遇合，万物不生，君臣不相遇合，政治不兴，圣贤不相遇合，道德不亨。遇合，正确的遇合，互助互补的遇合，正是最好的成事。这是姤遇的道理，姤作遇解，充满了美好和人生启示。

【人之遇】

温海明：　如何处理"遇"是《周易》指导人生的根本智慧所在。

张吉华：　姤卦为遇，总是要阴阳相交的，只是各爻时位不同，情况各一而已。九三想
　　　　　遇而不得遇，纠结徘徊在那里。九三之行，未有人牵，这人是九二，即是说
　　　　　不该九三主动去遇初六之阴。一柔遇多刚，此女不可娶，不可与之长。而正
　　　　　题是：天地相遇，讲个般配合理，这就是时之大义。

叶秀娥：　这么好的一个卦，却有很多的解释都朝向如何处理、防范小人，有点……

张吉华：　不过在《易》是阳动阴静，阴爻不出门的。

叶秀娥：　所以说以姤解为遇，来看待各种遇，生各种智慧来处应，如此，方能符合
　　　　　《系辞》所说的，易道变动不居。

　　　　　　以遇来看待，夬为三月卦，决去一阴，变为乾，为四月卦，五月一阴生
　　　　于下，为姤，因久不见阴，突然相遇，故为姤。依此，姤卦作遇解。如此，
　　　　《彖传》中"天地相遇，品物咸章"就能解释为：五月阴阳和畅之遇，万物
　　　　长养茂盛，所以，姤卦是品物咸章的美丽遇合。

（整理者：李芙馥　中国人民大学哲学院博士生）

# 远民不姤　争则趋凶
## ——姤卦九四明解

时间：2016年08月19日21：30 — 22：31

【明解文本】

九四：包无鱼，起凶。

《象》曰："无鱼之凶"，远民也。

【讲课内容】

辛亚民：　厨房里没鱼，采取行动就会导致凶祸。古注"起为动"，义为采取行动。所以这

一爻是在告诫占问者，条件不足，时机不成熟，如果贸然采取行动，只能是凶。《小象传》解释这一爻说，"无鱼之凶，远民也"。《易传》以初爻为民，因为处在最底层，按理说，九四与初六阴阳相应，当吉，但九四却是凶，《象传》认为这是九四爻处上卦，初六爻处下卦初位，相隔遥远，九四有脱离群众的嫌疑，故导致凶。《小象传》通过爻位的观念，阐发了一定的政治思想，远民而导致凶，可以说和孟子提倡的民本思想，主张君王与民同乐的观念是一致的，可惜受体例的限制没有更加深入、丰富地展开。

这里也涉及象数解易的一个问题，就是爻位体例不见得普遍适用。如九四和初六阴阳相应，符合应位得吉的体例，但在这里却不是这样。这种情况也屡屡受义理派易学家的批评。王弼对于象数有一个批评，一针见血："义苟在健，何必马乎？类苟在顺，何必牛乎？爻苟合顺，何必坤乃为牛？义苟应健，何必乾乃为马？而或者定马于乾，案文责卦，有马无乾，则伪说滋漫，难可纪矣。互体不足，遂及卦变，变又不足，推致五行。一失其源，巧愈弥甚。纵复或值，而义无所取。"对于这种一种体例不能普遍适用的问题，孔颖达也曾有过评论，他不像王弼那么绝对，只是认为"易含万象，不可一例求之，不可一例取之"。

王弼的《周易略例》，孔颖达《周易正义·序》以及正文中至少有两次提及。古注为了弥补这一缺陷，认为初六和九二相比，故不能和九四相应，这是认为相比的体例较之应位的体例具有优先性。


## 【讨论内容】
### 【体例之辨】

裴健智： 程颐认为，九四不够中正，自己失道，导致民离心离德。初六从了九二，不只是初六的过错，而是九四失道，导致初六离心。按照王弼的说法，起就是动的意思，应该是"无民而动，失应而作"。程颐则把"起"解释为"将生"。

张吉华： 看来初六之阴也不是九四的目标，故九四起而动之有凶？

裴健智： 大体是一个意思，失去民心，不能正应，所以会有难。当位和相应确实已经遇到好几例不符合的了。之前也遇到过，大部分适用，不是全部适用。

何善蒙： 我认为孔颖达的这个说法不能成立，越想调和，越无法调和。其实王弼的系统挺自洽的。

赵　薇： 关于当位和正应的问题确实值得讨论。

张吉华： 长久以来，象数派与义理派剪不断理还乱。

裴健智： 《朱子语类》："'包无鱼'又去这里见得个君民底道理。阳在上为君，阴在下为民。"

张弛弘弢：姤，整个卦就是一阴由下而长，是阴长阳消之开始。

孙福万：　或许从象数的角度讲，九四和初六虽为正应，但中间隔三个阳爻，距离太远了。这就像搓麻将，被人"截和"了。

元　融：　王弼的观点，使得易学有倒车之嫌。易学之玄妙，象数理占，理性和感性并重之学，不谈象数，偏于义理，为后世学子带来了大麻烦。越是高深之学，越是形象，没有象，一堆理论，陷入义理的海洋，反失根本。

何善蒙：　从形象到抽象，恰恰是思维的进步。参考孔夫子与《易》的关系。

元　融：　感性到理性，理性到感性，一体无二之学。同样一幅图画，不同时期品读会有不同的意义，把图画去掉，只余下理论，时代变化了，理论有时没有了根本。姤卦，九四"包无鱼，起凶"可以和九二"包有鱼，无咎，不利宾"互参。初六和九四有应，初六"有攸往，见凶"。初六阴爻志在灭阳，如果让阴爻发展，凶象就显现了。九四，前面虽有二、三爻的努力抵抗，还是能够感应到阵阵寒意，四爻居高位，是在提醒高位之人，对初六保持足够的警醒。起凶，也可作"凶起"。姤卦，初六虽然柔弱，却是履霜之始，岂能不慎重！

（整理者：秦凯丽　中国人民大学哲学院硕士生）

# 中正有美　不可倾陨
## ——姤卦九五明解

时间：2016年08月20日21：30 — 22：17

【明解文本】

九五：以杞包瓜，含章，有陨自天。

《象》曰：九五"含章"，中正也。"有陨自天"，志不舍命也。

【讲课内容】

辛亚民：　这一爻可能是整卦最难理解的一爻。"以杞包瓜，含章，有陨自天。"先说"以杞包瓜", 杞字解释颇多。一为杞柳, 一种树木。《孟子》中孟子和告子辩论人性时举过例子, 杞柳是一种较为柔韧的树枝, 可以编作盛东西的器物。沿着这个意思, "以杞包瓜"意为瓜蔓附着、缠绕在杞树上。但这种解释与"包"字不相容。于是有另一种解释, 用杞树叶子包住瓜。但这两种解释都有些窒塞难通。还有一种对杞的解释, 即枸杞, 也是一种植物。以杞包瓜即枸杞盖住了瓜。这种解释还是不太通畅。再看一种解释, 王弼、孔颖达并没有将"包"如字读, 而是认为"包"通"匏", "包"瓜即《论语》中孔子说过的"系而不食"的匏瓜。又说杞所生长的地方土地肥沃, 故种匏瓜。这种解释更加曲折难通了。高亨将杞解释为一种嘉谷, 用嘉谷包裹甜瓜, 也不通。所以这四个字真的是太难解了。我有一个不成熟的想法请大家指正。我认为这里的"杞"是"杷"字之讹。杷即耒耜之"耜", 本是铲土、翻地用的农具, 这里用作动作, 铲土、翻地之意。

**何善蒙**: 翻地之象跟九五的特点关联在哪里呢?

**辛亚民**: 包瓜即匏瓜, 以耜匏瓜, 即占得此爻适于为匏瓜地铲土、翻地。此外, "含章"在卦爻辞中也是多次出现, 古注中没有异议, 含章即内含章美。

**何善蒙**: 九五中正之位, 若以翻地来释之, 可能会有一些问题吧?

**辛亚民**: 至高亨, 释含为今戈, 章为商, 含章即为伐商。含章姑且从古注, 即内含章美, 此处用作占卜术语, 表明九五爻具有内含章美的性质和特点, 也许是和九五爻得中得正有关。最后一句, "有陨自天", 也是很难理解。陨, 坠也, 落也。《左传》: "十有六年春, 王正月戊申朔, 陨石于宋五。"有陨自天, 意即天上有落物。这和前面以杞包瓜的关联很难找到, 有人说指瓜熟蒂落, 但我们认为可能与前句无关, 是讲另一件事。看看《象传》的理解, "有陨自天", 志不舍命。《小象传》的说法也不大容易理解, 似乎意思为虽遭遇天罚, 但仍然坚守志向, 不放弃使命。高亨为解通志不舍命, 释不为否, 即心志否塞不通, 故舍命求通。太曲折。

这一爻还有一个特点, 即没有吉凶悔吝之类的占断之词, 其他版本也没有, 说明不大可能是脱文。这就说明在爻辞作者看来, 吉凶已经在爻辞中体现得很明确了。总之, 这一爻虽然没有太生僻的字词, 但整体意思确实很难理解。

## 【讨论内容】
### 【"杞""包""瓜"】

**何善蒙**: 含章是因为前文的包瓜, 为什么可以包瓜? 因为是杞, 所以前人非常强调是大木, 是肥地, 这实际上都是和九五中正的爻位特点相关。充分体现出九五的中正之德, 以至德覆下, 即是包瓜之象。然而, 九五在此卦无应, 此无应更加凸显出九五本身的德行。所以, 在我看来, "有陨自天"的意思, 实际上就是自天佑之的意思，这是对于中正之德的肯定，也就是说，虽然卦象无遇，但有此德，必有遇，而且是正遇。

温海明：　内心中正，文采章美，必有正遇。

何善蒙：　这个遇是天给予的，或者天注定的。

何善蒙：　其实所有的爻对于九五来说都是瓜。

王力飞：　枸杞树的叶子太小了，包不住瓜。

张弛弘弨：朱熹："瓜，阴物之在下者，甘美而善溃。（当指初六）杞，高大结实之木。（九五）"杞包瓜，九五包容初六。整个卦一阴由下而长，虽被九二"截和"，但并不消停。至九五，有含章之德，包之，使其不再蔓延。

王力飞：　夏天瓜长大能吃的时候，经常丢，就找一片瓜叶子把瓜盖起来。

元　融：　姤卦，九五，"以杞包瓜，含章，有陨自天。"卦象，上乾下巽，巽为木，为杞柳，乾为圆，为瓜。姤卦，整体为一阴乱五阳之卦；初爻："系于金柅，贞吉"，对阴爻要控制；九二："包有鱼，无咎，不利宾"，对于整体而言，二爻位置最为关键，包字很妙，包住柔爻，柔爻柔弱，此处着力，可无咎；九三："臀无肤，其行次且，厉，无大咎。"三爻要协助二爻坚决抵制不正之风的蔓延；九四："包无鱼，起凶"，位居高位的领导对于趋势的反转需要足够警醒。到了九五，需要在鼎盛之时，落袋为安，此时是收获最大，故含章；有陨自天，天道循环，盛极而衰，为人君者，不可不察，顺道而行，才是正选！

温海明：　得把几个竞争对手全包了，用足够的肥料都养起来，听自己的，才能包到初六。九五包初六谈何容易！不仅内心有德，还得有位有实力才行。

（整理者：孙世柳　中国人民大学哲学院硕士生）

# 近之于极　无所复遇
## ——姤卦上九明解

时间：2016年08月21日21：30 — 22：25

**【明解文本】**

上九：姤其角，吝，无咎。

《象》曰："姤其角"，上穷吝也。

**【讲课内容】**

**辛亚民**：这一爻很简短，但"姤其角"其实不太好理解。一般解释姤其角即遇其角，角处体之顶，象征上九爻为本卦最高一爻。这一象征意象其实也是挺奇特的，遇到牛角还是羊角？正因为这种解释不大顺畅，所以黄寿祺先生释"角"为角落。古汉语中角落一般作隅，角本义就是牛角、羊角之角。"x其角"在卦爻辞中也是多次出现，晋卦上九爻辞"晋其角"，大壮卦九三爻辞"羝羊触藩，羸其角。"我倾向于将角如字读，姤字不作遇解，应该是通假其他字，但具体通假哪个字还没考虑好。从爻位角度讲，角象为顶端，故在上爻，晋卦也是出现在上爻。但大壮卦出现在九三爻，勉强算作下卦上爻。《小象传》解释说"上穷吝也"，也是从爻位的角度出发，认为上爻已经是发展到了极致了，有穷途末路之象，故吝。这一思路和"亢龙有悔"是一致的。

**【讨论内容】**

何善蒙：　本来就是角落啊，躲角落里所以才无咎。

温海明：　阳爻斗得太狠了，躲在角落安全。

姜　江：　我总觉得姤卦怪怪的，勿用取女，但是还要交往，那不是始乱终弃吗？

温海明：　"姤其角"也有说遇到硬角顶触的，大家看看怎么理解合适。

何善蒙：　明显不是，顶触必然是有咎。

姚利民：　个人感觉，心里明白，敬而保持距离。

温海明：　阳爻都想要跟初六交往，好像难以避免吧。

何善蒙：　其实上九主不遇，不是主遇，这个卦太麻烦。

闫睿颖：　能控制住顶触不容易。好在无咎，也算平安了。

姜　江：　那么夬卦的阳爻就不想和阴爻交往了？

温海明：　上九是遇不到什么了。

张弛弘弢：《姤》，上卦为乾，上九为首上，故为角。上九一刚爻居最上，与初六之阴
爻无应比，无法姤（遇）。

姜　江：　我总觉得夬卦是阳爻与阴爻决裂，而姤卦是阳爻与阴爻缠绵。

张弛弘弢：王弼："进之于极，无所复遇，遇角而已。"

元　融：　上九："姤其角，吝，无咎。"本卦为大家展示了一阴来遇的最终的外在表
现；即使有角，有坚硬的外在，内心一旦动摇，也无力抵抗，故有吝象；整
体五阳一阴，阳的能量足够，故无咎。

姜　江：　姤卦"施命诰四方"，复卦"至日闭关"，太有趣了。姤卦一阴在下却很有
力，复卦一阳在下却需温箱保养，说明阴爻在下很有力，夬卦一阴在上很无
力。为何？阴气下沉也，初六是所有阴气中最有力量的，故卦辞说，女壮。

元　融：　阴性的力量，要早作防御；阳性力量需要善加护养。

姜　江：　自下而上的阴气，防不胜防，故君王要效法初六阴气的渗透力，施命诰四方。

（整理者：贡哲　浙江大学哲学系本科生）

（本卦校对：曹海洋　中国人民大学哲学院硕士生）

时　　间：2016年08月22日21：30—22：35
导读老师：章伟文（北京师范大学哲学与社会学院教授）
　　　　　孙钦香（江苏省社科院助理研究员）
课程秘书：李芙馥（中国人民大学哲学院博士生）

萃聚心诚　润物造福
——萃卦卦辞明解

## 45 萃卦

坤下兑上

## 【明解文本】

萃：亨，王假有庙。利见大人，亨，利贞。用大牲吉，利有攸往。

《彖》曰："萃"，聚也。顺以说，刚中而应，故聚也。"王假有庙"，致孝享也。"利见大人亨"，聚以正也。"用大牲吉，利有攸往"，顺天命也。观其所聚，而天地万物之情可见矣。

《象》曰：泽上于地，萃。君子以除戎器，戒不虞。

## 【讲课内容】

**章伟文**：萃卦居姤卦后，姤有遇意，人与物相遇则聚，故萃者，聚也！兑泽聚于坤地，颇能体现聚意。萃聚的一个重要方面，是要萃聚人心，欲成此功，当如王者入太庙祭祀，诚心为之。萃九五有王者之象；二、三、四互艮，有庙之象；三、四、五互巽，有入之象。王者入太庙，行祭祀之礼。亨，通享，有祭祀之意。王谓九五。假，作至之之意，音格。可备一说。

　　利见大人，指德行高尚之大人，可行萃聚人心之功，犹如王者、天子方可有祭天的权力。萃聚当以其正，犹如本卦六二与九五居中得正，阴阳相应。故卦辞"言亨，利贞"。贞可训作正。

　　坤顺而兑说，故言萃有顺以说之意。王者萃聚天下人心，当顺民之心，以天下百姓之心为心！以天下之乐为乐！然在此过程中，不能有乡愿之为，只是顺其所好而乐之，还当如

六二、九五之处中而应，方为正萃之道。《萃》与《比》可以参照学习。比九五一阳亲和五阴；萃九五、九四二阳与四阴相萃聚。

## 【讨论内容】

### 【"亨"】

裴健智：有两个"亨"字。

章伟文：程朱认为两个亨字中，有一个是衍文。萃卦下坤为牛，大牲指全牛。用大牲喻指以至诚之心祭祀，而这也是萃聚人心所当为者。故曰"利有攸往"。

### 【"王假有庙"】

章伟文：时代不同了，形式和内容都要变易，但精神是可以相通的。王至太庙祭祀，重在心诚，若孝子祀祖一般。欲得民心而聚之，也应该如此！

裴健智：仔细想想，艮象确实有庙之象。

元　融：中国人过年拜年，一家老少，团聚一堂，拜祖宗、拜长者，似是得萃卦之魂。

裴健智：聚集人心的方法有很多，宗庙是最能聚集人心的，宗庙是非常关键的。在宗庙面前人人都至诚至敬。

郑　静：在宗庙面前没有我，唯有敬，所以诚。

温海明：庙是诚心实意聚集人心的地方，也是象征。

元　融：皇帝有皇帝的宗庙，百姓有百姓的祠庙；王假有庙，祭享用大牲；百姓有祠堂，祭享用小牲，萃之情无二无别；聚以正也，天子用萃卦感召天下；百姓用祭祖感召族人；观其所聚，天地万物之情可现矣！千古之言。

张吉华：庙设前人之位，在人之头顶上，祭而承之，承而更有力量行之，故易曰元亨利贞。萃卦之精点就在这聚于上爻位之庙堂，聚而方能继续向前进。这样说来，完全否定传统可不是好事情。

元　融：过去天子多用庙，氏族用祠堂，今日所聚，多用理想使命和愿景。

温海明：读《周易》建心庙，中国哲学经典应该是中华民族永恒的心庙，国人心庙不可让给西方文化。

（整理者：王璇　中国人民大学哲学院硕士生）

# 谦以自牧 干戈玉帛
## ——萃卦初六明解

时间：2016年08月23日21：30 — 22：27

**【明解文本】**

初六：有孚不终，乃乱乃萃。若号，一握为笑，勿恤，往无咎。

《象》曰："乃乱乃萃"，其志乱也。

**【讲课内容】**

**章伟文：** 《易》以忧患之心，思忧患之故！于萃聚之时，既明其萃聚之正，亦防萃聚之不正。《萃》初六、六三以阴居阳，九四以阳居阴，皆不当位，萃聚之不正者。故于萃聚之时，亦要防其聚之不正。除为修治之意，虞为度料，不虞即不易度料的意外之患。君子于萃聚之时，通过修治戎器，以备意外之患。泽上于地而萃聚，若不以其正，则可能横行暴溢，君子当预为之备，所谓除戎器、戒不虞。初六上应九四，本为正应，故云有孚；然初六以阴居阳，其位不当，其孚难终，原因有二：一是四、五皆阳，初皆欲与之萃；二是三承四，初以三为己之竞争对手，故初与四之孚不易有终。初六与二、三同为阴类互比，弃九四之正应，其萃乃乱。初六若能以至诚之心往与四相应，则九四必来与之应，初六若号，必得九四一握为笑。虽前有二、三相妨，初六勿恤之，往与四应，必得无咎。无咎，善补过也！初六有孚而不终，乃乱乃萃，本当有过，喜其终能与九四相应，一握为笑，化干戈为玉帛，故能得无咎。"乃乱乃萃"，指初六与九四有孚而不终，盲从六二、六三同类之阴，故言其志乱也。

**【讨论内容】**

**【"一握为笑"】**

裴健智：　孔颖达发挥说，初六自比一握之笑，把一握当成谦卑的比喻了。程颐："一握，俗语一团也，谓众以为笑也。"

姚利民：　萃卦初六，预示我们千里之行，始于足下，走正路，方有好结果，哪怕一开始位置不对，心怀诚意，必有正应。

　　　　　这个一握是上面善知识对初六一握。善知识已经张手对我们慈悲一握，很多人视而不见。

张吉华：　本卦为萃之聚义，故有握之所言，一握而聚，合其卦义，故言之为笑，未言吉也是吉。

## 【往无咎】

裴健智：　人心最终都到九四了，九五反而没有了。六三又把九四抢了？

章伟文：　是的！九四下据坤之三阴，虽属大吉，因其位不当，与五敌比，故言其无咎。

裴健智：　把九五的民心都抢了，臣下的权力过重，影响到了君权。

章伟文：　初往应四，为二、三所笑，然其为初之正应，故初勿恤其笑，往应而无咎。

姚利民：　初六若能以至诚之心往与四相应，则九四必来与之应，必得无咎。

裴健智：　"往，无咎。"必须与九四相应才能无咎。

章伟文：　因九四乃初六之正应。前乃为虚词，后乃作你，指初六。

裴健智：　王弼："若安夫卑退，谦以自牧，则'勿恤'而'往无咎也'。"王弼似乎更强调谦卑。

（整理者：张馨月　中国人民大学哲学院硕士生）

# 居中行忠　有信于神
## ——萃卦六二明解

时间：2016年08月24日21：30 — 22：25

## 【明解文本】

六二：引吉，无咎，孚乃利用禴。

《象》曰："引吉无咎"，中未变也。

## 【讲课内容】

章伟文：　六二居坤之中，初六"乃乱乃萃"，六三"萃如嗟如"，六二陷于其中，必待九五正应牵引，方可得吉！六二以阴居阴，得中处正，有中正之德，且与九五有应；九五为本卦卦主，阳刚中正。六二以诚求萃于九五，"孚乃利用禴"，即以很薄的祭品即可相通，与神灵相格。因九五下应六二，使六二能得以诚心与九五相孚，故言引吉。无咎之说，在于六二善补其过，不与初、三相比，而上应九五，因之而得无咎。六二之德，既中且正，因能持中不变，故与九五相孚之意，不为周围环境所干扰，这是二与五相孚的重要原因。"禴"，王弼解作"殷春祭名"；也有解作夏祭之礼者。不过，四季之礼一般皆薄祭。高亨认为"禴"乃饭菜之祭，与大牲之祭不同。正因六二与九五以诚相通，故行薄祭之礼即可；若非如此，大牲之祭也无用！从象上看，二、三、四互艮，有手之象；三、四、五互巽，有绳之象；合而观之，则有引之象！引六二与九五相孚，吉而无咎。上卦兑象有悦之意，可证实之。

## 【讨论内容】

郑　静：　无咎之说，在于六二善补其过，不与初、三相比，而上应九五，因而得无咎。

章伟文：　是的！但六二之所以孚信九五，源于其本有之初心，故言其中未变也。非见风使舵、趋利之辈所可比拟。

秦凯丽：　手牵着绳引着同类共投九五，共通天道，美呀！

章伟文：　二与五应，关键在心与心相孚，如此，则薄祭即可，何劳其礼祭之隆！

姚利民：　受章老师启发：六二不忘初心，动爻阴变为阳为互坎，为不忘记初心，前面互离为光明为眼为看到光明，九五是在彼岸的善知识，九五正慈悲引导六二。

秦凯丽：　根据互卦，六二既不忘初心，还积极向往光明，自身素质良好。

（整理者：黄仕坤　中国人民大学哲学院硕士生）

# 萃聚不正 忧危思援
## ——萃卦六三明解

时间：2016年08月25日21：30 — 22：19

**【明解文本】**

六三：萃如嗟如，无攸利。往无咎，小吝。

《象》曰："往无咎"，上巽也。

**【讲课内容】**

**章伟文**：六三处坤之上，三阴相萃而心不齐，初与四应，二与五应，三虽居上，但属以阴居阳，不能很好地与初、二相萃。三与本卦卦主九五非应非比，欲萃而不得；下萃初、二，其心各异，故"萃如嗟如"！"如"是语气词，为虚词、无实义。然三与四阴阳相比，若三往依四，可往而无咎！

**温海明**：三、四、五互巽。

**章伟文**：不过，王弼和程朱皆以三应上为往无咎之义，也就是说，六三与上六虽同为阴，然于萃之时，二者物以类聚！

**温海明**：心不齐就聚不起来。

**章伟文**：《象》曰六三"往无咎"的原因在于上巽，如海明兄所说，三、四、五恰好互巽！所以，元代大儒吴澄、俞琰皆认为六三上承九四为往无咎之义。

**温海明**：巽为顺所以无咎。

**章伟文**：王弼和程朱之说也非常合理，六三以阴居阳，处不得其位；九四以阳居阴，处境相同，二者相萃，也有不正之嫌。且六三比于九四，又可能为初所嫌。因四乃初之正应。上六乘于九五之上，无应无比，求萃之心迫切；上六以阴居阴，阴有巽顺之义，大概从这个角度说三与上萃。故上巽大概有二义：一义即海明兄所言三、四、五互巽，三承四为萃；另一义即王弼和程朱之说，言三与上应，上六以阴居阴，与六三巽顺而应。当然，三与上同阴，本属敌应，即不应；然易随时变化以从道，于萃之时，二者物以类聚，也有可能。何言小吝？悔吝者，言其小疵也。三近比四，本属天作之合，然皆不当位，故有小吝。

【讨论内容】

【"上巽"】

张吉华： 可否理解为：二阳与六三为下巽，二阳与上六为上巽。毕竟巽为风之象。

姚利民： 泽入地，六三最先受益。

郑　静： 六三坤德，柔顺。兑，优乐。

张吉华： 《子夏易传》："下皆上萃，己无应焉。萃如，嗟如也，何所利哉。奉于四刚，刚巽而与，故往而无咎。不能下己而从人，位之失矣，可小惜也。"《子夏易传》是释解经传文辞的讲义稿，挺有意思。

（整理者：李芙馥　中国人民大学哲学院博士生）

# 下聚上顺　大吉无咎
## ——萃卦九四明解

时间：2016年08月26日21：30 — 22：45

【明解文本】

九四：大吉，无咎。

《象》曰："大吉无咎"，位不当也。

【讲课内容】

孙钦香： 今晚进行到萃卦九四爻，爻辞"大吉，无咎"，明显有个转折，按常理说"大吉"，基本上不会再说个"无咎"，为什么这一爻会有转折？就在于阳处阴位，所谓"不当位"。为什么"大吉"？原因在于"九四"这一爻上承九五，下应初六，而且是"下据三阴"（王弼注），所以是"大吉"。此言九四当"聚"之时，下乘三阴，至获所据，故"大吉"；但其位不正，本有"咎"，唯"大吉"而建树伟功，然后得免其咎。"履非其位，而下据三阴；得其所据，失其所处。处'聚'之时，不正而据，故必大吉，立夫大功，然后无咎也。"（《王弼注》）由此可证，"九四"这一爻的状况如不是处在"萃"卦，还是不能免咎的，萃卦决定阴阳相交、合群的大体方向。本爻阳刚中正、未居尊位，却广聚下卦三阴，故先须"大吉"，然后"无咎"，实含以吉补咎之义。项安世曰："无尊位而得众，故必'大吉'而后可以'无咎'。如《益》之初九，在下位而任'厚事'，亦必'元吉'而后可以'无咎'也。"（《周易玩辞》）只有"大吉"然后才能"无咎"；如果不能有所建树，创立功业，就会有"咎"，原因在于九四"不当位"，且下据三阴。关于"无咎"，孔颖达《周易正义》是这样解释的，"诸称无咎者，若不有善应，则有咎；若有善应，此亦不定言吉凶也。"认为"无咎"所指示的占卜者的吉凶不确定，要看具体的情景才能作出明确的判断。

## 【讨论内容】
## 【何以"大吉无咎"】

王力飞：　大吉，还没有咎害，多好啊！原因居然是位不当也。

张吉华：　解易辞，有三层涵义，一是字词之义，这个有工具书，谁都可以做。二是语法辞理，这个后人解易创造了不少，如以象释辞、爻位说义等。三是从易辞中引申义理，这个诸子百家做得很好了。现在的问题是语法辞理问题还很多。萃卦九四爻辞，字义简单，不必反复释解，但其义总觉得有点怪，这就是文辞的语法问题了，即易法问题。从直觉而言，爻辞既言大吉，还言无咎，说得够清楚了，但《小象》就要说爻辞这样下断语的原因是位不当。我们应该相信《小象》是有依据且对的，但这依据是什么呢？

裴健智：　九四这一爻很关键。九四下面有三个阴爻，也就象征着有民众，能聚集民心，故大吉。又因为九四不当位，把九五的民心聚到自己身上，有点臣下权力过重威胁君主的地位，故无咎。

郑　静：　九四，阳履阴，失位。咎。1. 然近九五正位，臣在君侧，民仰重，非正有吉。2. 萃，以位以刚，下三阴以上二阳为萃之地，以九五为正。九四系上下，代君宣抚，率之以萃于王，介萃上萃下之枢机，有功。吉：功，利。3. 吉：士＋口。九四兑之初，士之口赞叹所悦服者是吉。

姜　江：　《易经》五处出现了大吉。

张吉华：　《子夏易传》释曰："承上于地，以刚处之而下据其众，非其至公，奉上之心大吉则咎也。"

姜　江：　九四爻与初六相应，其间就没有干系吗？

汤兆宁：　吉，善也，大吉，至善也。

温海明：　九四泽地之间，虽然不当位，但还能聚集人气而大吉。

姚利民：　下坤为众为民，九四有众多粉丝。

张吉华： "履非其位，而下据三阴；得其所据，失其所处。处'聚'之时，不正而据，故必大吉，立夫大功，然后无咎也。"（《王弼注》）《子夏易传》释曰："承上于地，以刚处之而下据其众，非其至公，奉上之心大吉则咎也。"比较一下二者，似有相同之处。

姚利民： 关于"无咎"，在孔颖达《周易正义》是这样解释的，"诸称无咎者，若不有善应，则有咎；若有善应，此亦不定言吉凶也"。认为"无咎"所指示的占卜者的吉凶，是不确定的，要看具体的情景才能做出明确的判断。

张吉华： 重点在于据于三阴之事。

姚利民： 三阴为九四建功之本，无咎之源。

张吉华： 王弼是言履而据之，但据而失之也；故处萃之时，不正之据，应先有大之吉，然后才是据而无咎也。子夏是言据其众而非至于公，故有咎。

裴健智： 大吉主要就是因为能够聚三阴爻。但又因臣下权力过重，威胁到了君主，所以无咎。

张吉华： 王弼与子夏都是在据下之三阴问题上说事。只是王说要先有大之吉，而子夏却说所据之事非至公也。

王庆东： 大吉然后无咎，那么是不是可以认为，有大功可以掩过。如果可以这么推理，那么岂不是过在前，而功在后，相当于戴罪立功！功大而掩饰过错。

孙钦香： 这个还不是以功抵罪的问题，只是说处的位置不对，或者说处境不好，要努力建功业，才能"大吉"而后"无咎"。

张吉华： 综合王弼与子夏之说来看，九四之辞应是言九四与九五上巽而萃吉。大为阳，小为阴，阳爻之吉。有了上体卦之三个阳爻会萃之吉，才能向下据于下体卦之三阴。

姚利民： 按理说，阴往下走，阳往上走，三阴为地，为坤，厚德载物，大德为大吉。

张吉华： 所以王弼才说在有上六之阴的萃卦之时，九四阳爻就急急忙忙地向下据，是"履非其位"，（履为动词，向下而行之义）故定之为"不正而据"，怎么"正"呢？当然是"大吉"也，即"王假有庙"后形成的三阳居上之势，萃聚三阳也是立大功之事。只有这样才能无咎。

元　融： 萃卦，是聚合之卦。王假有庙，用精神和信仰来凝聚人心；整体卦象，二阳聚四阴之象；今日的四爻，正是臣率众聚九五之象；四五相邻，两阳相聚，互卦正反兑，喜悦之象；互卦正反巽，进退之象，丰收之象；故大吉；整体是二阳聚五阴，阳居阴位，紧紧聚合在九五身边是正选，也是无咎之象。事情是吉的，能量又不够。吉而无咎，就不错了！方向对，听领导话，干吧。卦从《小过》而来，九三上位九五，故王；下巽为观，故有庙。

张吉华： 王弼与子夏都在依据"王假有庙"这个"萃"之前提在释辞。

姚利民：　九四只是位不当，就算有小过失，也发生在从前，早翻了这一页。

张吉华：　"王假有庙"者，于象数是指"上巽也"。"萃"应是指"王假有庙"之事，而非指"据"于三阴。

元　融：　以祭祀来凝聚天下之心。

姚利民：　小过争鸣引来萃聚。

王钰琦：　用精神和信仰来凝聚人心。

（整理者：秦凯丽　中国人民大学哲学院研究生）

# 虽有盛位　信德未行
## ——萃卦九五明解

时间：2016年08月27日21：30 — 22：27

## 【明解文本】

九五：萃有位，无咎。匪孚，元永贞，悔亡。

《象》曰："萃有位"，志未光也。

## 【讲课内容】

孙钦香：　九四，其时已据擅三阴，九五"己德未能广孚于众，故只能自守刚正以免咎。"《程氏易传》："元永贞者，君之德，民所归也。"总的来说，就是"九五当天下'大聚'之时，高居尊位，但其时九四已擅聚三阴，己德未能广孚于民，故只能自守刚正以免咎。但九五既禀阳刚尊长之德，则永久守持正固，必能免'匪孚'之'咎'而'悔亡'。"九五之所以是"无咎"，在于《象传》"'萃有位'，志未光也"，说明九五汇聚天下的心志尚未广大。

　　朱子弟子曾经发问："九五阳刚居尊，为何'匪孚'？"朱子的回答是："此言有位而无德，则虽萃而不能使人信，故人有不信，当修其'元永贞'之德，而后'悔亡'。"（《朱子语类》）翻译如下：九五，汇集之时高居尊位，不致咎害，但还未能广泛取信于众；作为有德君长应当永久不渝地守持正固，则悔恨必将消亡。

　　萃卦是一卦中四阴主于求聚于人，其中初六位卑不可妄聚，当专一孚诚求应；六二柔顺中正，利于受尊者牵引得聚；六三失正无应，能近比阳刚亦可往聚；惟上六穷居"萃"极，欲聚无门。至于四、五两阳并主于获人来聚，但四不当位而获三阴之聚，须"大吉"然后"无咎"；五虽居尊而尚未取信于众，当修"元永贞"之德然后"悔亡"。

　　萃卦，还有一点特别，六爻一律都有"无咎"之辞，"无咎，非全美之辞"（《尚氏学》），"无咎者，善补过也"（《系辞传》）。可见，《周易》作者认为，"会聚"之时稍一失正即生变乱，故极力强调要长存戒防咎患之心。

　　《周易译注》认为萃卦每一爻都要警惕修德，才能无咎，可见聚众之时，艰难相随，必须克己修德，警惕谨慎，才能免祸。俗话说"人多是非多"，唯有君子才能聚人且免祸。在众人之中，时刻保持"危惧"之态才能"无咎"。萃卦，"泽上于地"，有水在地上横流之惧，这也正是《大象》所说"君子除戎器"，为的是"戒不虞"。君子"危惧"，顺天应人，才好成就大业。

## 【讨论内容】
### 【"萃有位"】

　姚利民：　九五的无咎与九四的无咎应该有区别，有德之人，配据尊位。

　张　策：　居其位，还要有其德，才能无咎。

　温海明：　五虽有位，但众人聚于九四，九四虽然大吉，但仅得无咎，因为有望高震主的过要补，九五还要继续取信于民。缘分聚得很辛苦，一念之差，缘分可能就散。君子善于保持正念，聚集缘分。水聚得太多要流出来，人聚得太多心思就要变乱，所以要不断统一思想。

　裴健智：　有位也要有德。

　温海明：　担心人多心思就出偏差，不能聚众闹事。

　裴健智：　关键是要管好九四，九四不听话。

　孙钦香：　群众被九四捷足先登了，九五形单影只，只好加紧修炼内功，才会有好结果。

### 【"匪孚"】

　张弛弘弢：九五：位实而德虚，立德又无方，且只信任自己的亲信，不能聚合天下之心。

　温海明：　九五信任哪个自己人？

　裴健智：　九五好像有点孤立。只能自守其德。

　闫睿颖：　哪个是九五的亲信？都被九四吸引走了？

　张弛弘弢：亲信为孚。（项安世。匪孚：不能只信任自己的亲信。）

元　融：萃卦九五居上卦中位，得位，无咎，也即是无吉；四阴二阳，肯定是非孚，
　　　　配不上对的；在大家萃聚的喜庆时分，九五保持清醒，只有恒守正道，上下
　　　　一心，做好艰苦的准备，才能无忧悔。生于忧患，死于安乐，和当下国情相
　　　　应。萃卦，九五有位，志未光，很形象。乾为大明，整体只有二阳，所以未
　　　　光，瘸着腿呢。好事情，君子居高位，志在破阴；坏消息，力量需要积累，
　　　　阴柔的能量不散。坚守正义，团结伙伴，光明在前。
张弛弘弢：匪孚二解：1.未信——程朱（德广）；2.亲信——项氏（义深）；各取所需。

（整理者：孙世柳　中国人民大学哲学院硕士生）

# 处上独立　如履薄冰
## ——萃卦上六明解

时间：2016年08月28日21：30 — 22：37

**【明解文本】**

上六：赍咨涕洟，无咎。

《象》曰："赍咨涕洟"，未安上也。

**【讲课内容】**

孙钦香：上六这一爻明显有两种解读，一是虞翻的解释，二是王弼的解释。前者认为：赍，
持。资，赙也。货财丧称赙。自目曰"涕"，自鼻称"洟"。坤为财，巽为进，故"赍资"
也。三之四，体离坎。艮为鼻，涕泪流鼻目，故"涕洟"。得位应三，故"无咎"。上体大
过，死象，故有"赍资滋洟"之哀。王弼：处聚之时，居于上极，五非所乘，内无应援。处
上独立，近远无助，危莫甚焉。赍咨，嗟叹之辞也。若能知危之至，惧祸之深，忧病之甚，
至于涕洟，不敢自安，亦无所害，故得"无咎"也。可以看出，虞翻的解释中关于前两个
字的解释就和王弼、孔颖达等后人不同，后人都解为"悲叹声"，而他解为"持赙"。由

此虞翻解"无咎"是说上六"得位应三",而后代的解释认为是上六悲且哀叹,知道后悔反省,才得"无咎"。

虞翻的解释后继者无几,基本上继续王弼的理解。但从《象传》辞看,所谓"未安上",在上位而能"不安"。似乎是说上六唯有兢兢业业,如履薄冰,如此才免咎。王弼注所谓"若能知危之至,惧祸之深,忧病之深,至于涕洟,不敢自安,亦众所不害,故得无咎"。王弼注一直坚持认为,上六是"五非所乘,内无应援",是"处上独立,近远无助",这就与虞翻所说上六"得位应三"正相对。顺着王弼解的思路就是说,上六是"欲聚无门",是孤立无援,但能悲叹哀苦,才能"无咎"。

## 【讨论内容】
### 【"赍咨涕洟"】

温海明: 聚到最后怎么这么可怜!天下没有不散的宴席。

裴健智: 离人民越来越远,得不到民心了,没法聚了。

元　融: 阳聚四阴,不当家不知柴米贵。

何善蒙: 我觉得因为上六是当位有应,所以无咎。

元　融: 萃卦,三、四、五、六爻为正反兑,上下皆口,有赍咨之象,嗟叹的样子;互兑皆泽,眼泪鼻涕齐飞,涕洟之象!九五,志未光,上六,未安上;身居上位,在聚合的喜悦中,居安思危,保持对形势的清醒判断,兑为折损之象,厉兵秣马,完善自己,为上两爻的提示。

裴健智: 从九四到九五到上六,应该越来越远离下面的三个阴爻,应该是越来越孤立。

姚利民: 三、四五、六爻其实为坎,为泪,为伤心。

元　融: 大坎之象不若互兑,上下都有泽,上面是眼泪,下面是鼻涕。

裴健智: 上六是最孤立无援的,离民太远了。

元　融: 上六乘刚,也是苦。

### 【"无咎"】

秦凯丽: 为什么上六能"无咎"?

何善蒙: 当位就可以无咎啊!

孙钦香: 上六为什么"无咎"?有两种解释,一是说上六"得位应三",一是说上六了解自己的孤立处境,痛哭流涕,而"无咎"。

元　融: 全卦是无咎,萃则无咎。无咎即无吉,非萃即咎。

裴健智: 九四、九五、上六都是无咎,这三个无咎好有意思。

孙钦香: 所谓"得位"是说上六,阴爻据阴位,且与六三相应,才是"无咎"。

元　融: 任务艰险,越是困难,越是强调统一的重要性。

裴健智：　整体萃的形势是无咎，虽然九四、九五、上六各自的情况稍微不同，但是大形势都一样。

元　融：　二阳四阴，艰险无比。上下一心，萃意为先。

秦凯丽：　为什么萃则无咎呢？

孙钦香：　没说"萃则无咎"，全卦都是在说，处于"萃聚"之时，每爻应该保有什么样的姿态才会"无咎"。

元　融：　萃卦整体二阳四阴，虽然九五居上卦尊位，整体形势不容有失。萃为聚合，只要聚合即是无咎，九四聚九五，相邻比肩，九五居尊位，能量自然非凡！萃卦，整体就是在严峻的形势下，向九五聚合，无咎也是无吉，保持萃的状态，保持统一的态势，才可无咎！

秦凯丽：　那上六以后怎么办呀？

元　融：　上六，克服一切困难，向九五聚合呗。

姚利民：　如没有积极修行得正果，又进入轮回。

元　融：　萃卦，上六，写绝了。

孙钦香：　关于上六的命运，还有一说，是上六处"萃"极将反之时，欲聚无门，遂生怨艾之情，痛哭不已，所以"终得萃而无咎"。转引自《周易折中》引黄淳耀的说法。

闫睿颖：　这哭得是真哀痛真后悔了，不再犯之前的错了，就无咎了。

孙钦香：　这一周都在讲"相聚时之难"，希望大家在人群中能时刻保持独立、自省和主动积极地认错，这样无论是什么样的相聚，我相信都可以做到"无咎"。

（整理者：贡哲　中国人民大学哲学院硕士生）

（本卦校对：廖浩　中国人民大学哲学院硕士生）

时　　间：2016年08月29日21：30 — 22：43
导读老师：林文钦（台湾高雄师范大学国文系教授、台湾周易养生协会会长）
　　　　　余治平（上海社会科学院哲学研究所研究员）
课程秘书：秦凯丽（中国人民大学哲学院硕士生）

积小成大 以时而升
—— 升卦卦辞明解

## 46 升卦

巽下坤上

## 【明解文本】

升：元亨，用见大人，勿恤，南征吉。

《彖》曰：柔以时升，巽而顺，刚中而应，是以大亨。用见大人，勿恤，有庆也。南征吉，志行也。

《象》曰：地中生木，升；君子以顺德，积小以高大。

## 【讲课内容】

**林文钦**："升"，卦名，下巽上坤，与《萃》互为综卦。坤为地，为柔顺；巽为木，为和逊。树木生长于地，日渐成材，比喻事业上升。升，向上前进的意思。升卦是攸关大家锦绣前程的一个卦。"用"，宜的意思。"南征"，南是进的意思，也是光明的意思。南征就是向光明前进。升是晋升、升进的意思，本卦讲升和进的道理。从卦象来看，升卦上卦为坤，代表地；下卦为巽，代表木，木在地下必然生根发芽而渐次增高，象征事业日益增进，地位步步高升。树木深深地扎根在土壤中，比喻只有奠定了良好的基础，晋升的道路才极为亨通。升原本是计量的单位，后以日出引申为逐渐上升的意思，升卦即是采用此义，所以《序卦传》说："聚而上者谓之升，故受之以升。"帛书作登，登与升本就互通，在汉代许多典籍中经常通用，例如《仪礼》郑注就说："升字当为登。登，成也。今之《礼》皆以登为升，俗误已行久矣。"再如《礼记》说"年谷不登"，《论语·阳货》则说"新谷既升"。登同升，解释为成、收成。五谷丰登即五谷丰收。

欲求晋升，需满足一定的条件。首先自己必须具备一定的才和德，"巽而顺，刚中而应"，才德是晋升的基础；其次是有人提携，"用见大人"就是要将自己的才德充分展示给身居上位的大人物，得到他们的认可继而被委以重任；最后要选择合适的晋升方向。

"用见大人"是上进之必要条件，而"利见大人"则是辅助条件。换言之欲求上进"不见大人"则凶，机会渺茫。八卦中南方为坤卦。坤代表平夷之地，又引申为顺，故卦辞曰"南征吉"，比喻在晋升中选择一个顺利通畅而光明的方向。"南征吉"，南方者，光明之方也。

《礼记·王制》："天子命之教，然后为学。小学在公宫南之左，大学在郊。天子曰辟雍，诸侯曰泮宫。"古代"小学"建在君王宫室南面的左边，以君王宫殿之方位言，小学在其东南方向。东南，明之始也；正南，明之至也；西南，明之消也。

《礼记·乡饮酒义》："南方者夏，夏之为言假也，养之、长之、假之，仁也。""养之，长之，假之"是"升"也。古人以南方为光明之方，养育之力。

"南征"比作君子推行教化，教育民众。"南征"可以使人民上进，礼义盛行，即民众与君子之道皆"升"，故"吉"。南征也可引申为勇敢前进，因古时以南方为前。坤和巽分属西南和东南方，两者都属南方之卦，因此曰"南征吉"。

卦象下巽为渐入、逐渐进入，这也代表升的成长与上升过程是渐进式的，而不是跳跃式的。升，急不得也。姜子牙、孔明是也。"柔以时升"，"柔"，升应具备之德。无论任何名位之上进或成果不可一蹴而就，如草木之春生、夏长、秋实，拔苗助长则欲速而不达。"巽而顺"，"巽"，谦逊。"顺"，顺从。升应具备之行为条件，或作为一个领导者要化民成俗，要使民众顺从教化，也应以"巽而顺"的处事方法，如此民风才能"升"。"刚中而应"。即遵从上级或长辈之教导，行于正道。"刚中而应"即敬顺，内心诚服，此为"升"之基础，能以此为基石，作为待人处事之准则，必然吉祥，故曰"元亨"。"元亨"为"大亨"。"有庆"，以"巽而顺"，又"刚中而应"，去"见大人"，如此修为可以保证必得到大人资助与提拔，如此其人终能有成，故曰"有庆"。"志行也"，理想之实现需要名位之辅助，这也就是外王之实现，是君子之志，"南征"向光明行，由巽而离至坤，君子由始而成以行志，故曰"志行也"。"地"，坤之德为顺。"木"，巽为木，其道为曲直，其行进为渐升。"生木"比喻君子无论在为理想之实现或进德修业之培育。君子，宜顺应客观规律，作为为人处事理想实现之体认，如此方为"升"之精神所在。"以顺德，积小以高大"，君子根据现实条件，顺应客观规律，无论成就自己德业或事功，必须扎实以求成长，由浅薄到高深，由小德到大德。清代刘一明《周易阐真》："承上姤卦而来。姤者，巽入于健，阳极阴生，邪气日进，正气日退，习染成性，渐入下愚不移之地矣。所以者何？因其阳失其健，阴亦不顺耳。"升，和很重要。阳失其健，阴亦不顺，需保合太和。

## 【讨论内容】
### 【升】

瞿华英：　"升，和很重要"怎么讲？

林文钦：　金丹大道，未复其阳，先顺其阴，阴若一顺，则人欲不生，正念常存，循序渐进，可以自无而至有，自虚而至实，下学上达，明善复初而无难，故升有元亨之道也。

瞿华英：　大人，即完成大道之圣人。盖大人成己成物，一言一语，俱有道理。如风之无物不入，能开人之智慧；如地之无物不长，能救人之灾殃。

林文钦：　升之义在开智慧，无智慧安能升。无智慧之升必有咎也。见大人而后用之，则药物得真，火候有准，可以勿恤，向明远行，一步有一步之益，一日有一日之功，自卑登高，由浅及深，终必进于圣贤之域，其吉为何如乎？

余治平：　升，《诗经·小雅·天保》曰："如月之恒，如日之升。"日出之势，大气磅礴。升卦出自震宫，质性偏阳；上升、提高、进取的趋势，十分明显，不可阻挡。但因巽上有土覆盖，又不可能瞬间速成，还须尊重大道，把握火候，顺理顺时，循序渐进，当然，也离不开上位大人的理解和提携。

林文钦：　升卦上坤下巽，坤为地，巽为风（能量），地风升。其象为风（能量）在地下，此也暗示道家接地气的养生之法，从某个角度观察，似由低向高上升一样。《升》的卦辞分析的就是"升"的条件。第一，是"时"，无论内圣外王必须得时。其次，是"用见大人"即受到大人（领导者）的重用和提拔，要有长辈、贵人拉拔、点拨。最后，是机遇，但尤其重要的是身段要放"柔"。

余治平：　《序卦传》曰："萃者，聚也。聚而上者谓之升，故受之以升。"由聚而上，不得不升。所以，萃卦之后，即为升卦。升的卦辞以及《彖传》《象传》之辞，每一个字都有卦、爻之象的根据。不可不察，不可不究！

林文钦：　"柔以时升，巽而顺，刚中而应，是以大亨。"柔是为人处世最重要的品行之一，只有认真做到了柔，才能和而不忤（逆），徐（缓慢）而善藏，胸怀雅量适时而进。"升"，绝非一蹴而就，它有一个逐渐积累、成长和发育的过程。《象传》曰："地中生木，升。君子以顺德，积小以高大。"这是自然界的基本规律，万物万事无不如此。《老子》六十四章："合抱之木，生于毫末；九层之台，起于垒土；千里之行，始于足下。"微末、细小的一颗种子可以成长为参天的大树。

靖　芬：升不只是期望自我的提升，君子志行，也要朝向民风（众人）提升而努力。因此也希望有大人提携，姜子牙、孔明是也。在施展抱负之前，培德的工作与实力累积的过程是很重要的，这是坤巽之德。

【"地中生木"】

林文钦：　"地中生木"的这种精神值得认真地去效法与体会，无论做事或做学问。

靖　芬：修行到底修什么？有人曾总结：1. 修格局；2. 修智慧；3. 修悟性；4. 修人生观念；5. 修定性；6. 修创造力；7. 修无为之心。从这七点入门，从个人影响力和大方向着手，以点带面，先有我，而后有家，而后有国，而后国泰方能自安，先有夫妇，而后有父子，有君臣，而后和美美。

林文钦：宏伟的事业没有不是从小处积累、发展起来的。

余治平：元，大也。亨，或可作享，与祭有关。用见，一作"利见"，《经典释文》、帛书《易》皆有此解。大人，六五之君。勿恤，九三爻之意。南征，巽东南之卦，过离而至坤，是巽升于坤。柔，也有根据。升卦仅有两阳爻，其余皆阴爻，为柔。

刘　云："用见大人"与"用涉大川"（谦谦君子，用涉大川）的"用"，含义相同吗？

何京东：邵雍曰："合抱之木，由卑微以基之也。"邵雍所言即积小以成高大之象。

叶秀娥：宜，指升要能善用辅助力量。老师有提到欲求晋升，需满足一定的条件，此条件即为态度和基础，人要往上爬，能力要够，人缘要广，助力要多。

余治平：林老师刚才讲升卦，重视了"风"，很好的。可惜，这一点经常被许多经典解释所忽略。升卦，上坤下巽。风的作用，不可忽视。风，即气，气可以流动。因为风气流动，才可以发于下，而扬乎上，否则这一卦就是死的，没有了生机。

瞿华英：《周易证释》："而风最易见。故卦取巽风。自下而上升。以明其为物之四散也。"

余治平：来知德的解释还是很值得我们认真体会的。以卦综释卦名，以卦德、卦体释卦辞。柔者，坤土也。本卦综萃，二卦同体，文王综为一卦，故《杂卦传》曰："萃聚而升不来也。"柔以时升者，萃下卦之坤，升而为升之上卦也。柔本不能升，故以时升，所以名升。内巽外顺，则心不躁妄，行不悖理。

瞿华英：王弼《周易略例》："柔以其时，乃得升。"

刘　云："用"蕴含主动采取行动的成分吧？可以这么理解吗？

叶秀娥： 卦象初六上有二阳爻，面对此一局势，不顺势，取得上面阳爻的助力和配合，如何顺力而升？所以升的原则，初升之际，力量最弱，一定要先柔，以求保全自己，也免树敌，给自己制造阻碍，再求外在最有利自己之势。

余治平： 从卦德、卦体分析卦辞和后面的爻辞，可以相互印证。

瞿华英： 柔和风成为林老师和余老师帮助我们理解升卦要义的两个窍门。

余治平： 柔，也可以从外卦《坤》得解。

何京东： 此"用"也可以作"斋"解。

叶秀娥： 升与萃相反，萃是聚集是消极的结合力量，升是积极的结合力量，力量的发挥，合作的最高境界，成功不必在我。助攻，展现在二、三爻的辅助之意。"柔以时升"，有一种升，顺势而为，叫作水到渠成，叫作庖丁解牛，无阻，有阻用强，升必有折伤。老子说，戒刚强，柔不是弱，柔是顺势而转，藤柔顺树，随树而高长。所以升之道，以树木而喻，柔根软条，破土而出，要找到最易出芽处，先弯曲后挺出，接触到阳光后挺实了，逐步往上长。松土爬土，对于植物的生长有不同意义。

## 【泽上于水】

何京东： 泽上于水，也是一个好现象，升如果没有空间也是危险的。卦无好无坏之分，卦有悔咎吝凶吉之象，相互可以变化。

瞿华英： 此"用见大人"，帛书为"利见大人"，根据丁四新《楚竹书与汉帛书周易校注》，今本"用"字为误文，或本作"利见"。

刘　云： 您的意思初六是升卦的卦主吗？"用见大人，勿恤"是讲的九二爻吧？以刚中之德以应六五之大人。

余治平： 升卦出自震宫，乃四世变所得。震为动，为起，孕育着升的可能条件。坤为土，为地，质性柔弱，这就为木的生长引导了方向，是往上而不可能向下。

叶秀娥： 是的，初六是成卦主，刚中之应，是指九二和六五。

刘　云： 那谦卦的卦辞"用涉大川"有误吗？

瞿华英： "用涉大川"暂没有争议，"用"楚简本作"甬"，"用见大人"今本升卦只有一例，楚简本、帛本、阜本均无其例。

何京东： 古文中的用，有时并非我们现在理解的用，可以以斋祭来理解。

瞿华英： 为木的生长引导了方向，是往上，从这个角度也可以区别《晋》《渐》的不同。

## 【"用"以上升】

余治平： 刚中而应，指九二、六五。九二有刚中之德，而六五则居上顺应之，这样，便可以顺势上升。

何京东： "虚其心，实其腹。"虚地之心，实风（木）之腹。升卦可以有虚实相互生成的变化。

刘　云：卦爻辞中"利""用""利用"，我一直没有理解其明确的区别。

瞿华英：升有虚升和实升，虚实相升？

余治平：有庆，指六五爻之"大得志"。

瞿华英：利见大人，有两种解释：利于出现大人或见到大人有利。

余治平：志行，心想事成，理想兑现。

瞿华英：托余老师吉言，见之者心想事成，理想兑现。

何京东：利，义之和也。用，一般指用牲祭祀活动之用。

余治平：关于用见大人、利见大人，来知德的解释：不曰"利见"而曰"用见"者，九二虽大人，乃臣位，六五之君欲用九二则见之也。似乎是在讲君臣关系，君召见臣，为用，不计利，无条件服从而已。九二爻就与祭祀有关。

刘　云：爻辞"小人用壮""用拯马壮""执用黄牛之革""利用刑人""利用侵伐"祭祀是"用"的一种含义吧？爻辞有"利用刑人""利用侵伐""利用钥""用享"。

（整理者：王璇　中国人民大学哲学院硕士生）

# 谦柔得提　因信而升
## ——升卦初六明解

时间：2016年08月30日21：30 — 22：36

【明解文本】

初六：允升，大吉。

《象》曰："允升大吉"，上合志也。

【讲课内容】

**林文钦：**初六，柔顺居下，恰如树木的根部，可以长成为大树。不过，单凭着个人的力量不足以成功。"允"：信任，应当，宜于。升卦吉道在有人提携，初六为有人提携者，因此可顺利上升。升卦"升"的意义来自于下面的巽卦，巽为木，为"渐进"，此木在地中往上生长，逐渐钻出地面。初六是巽卦的卦主，原本就应当向上生长，因此说"允升"。但初六柔顺而谦逊之极，又不当位，因此自己难以上升。因承九二（柔承刚，顺），与九二相合，因而能受到九二的提携而一起上升。"鸟随鸾凤飞腾远，人伴贤良品自高。"人际交往的层次，直接决定一个人的事业发展和素质高低。有道德，有知识，有经济实力和管理能力者，贵人也，勤交；酒肉朋友、狐朋狗友者，少交；为非作歹者，不交。

"允"，《说文》释为"信"。"允升"，众人信服且力行君子之道，如此积极上进称之为"允升"。"大吉"，使民众主动积极上进，乃君子教化成功之根本途径，是教化之至善，故曰"大吉"。此爻明使民众自觉积极上进是"升"之根本动力。《象传》曰："允升，大吉"上合志也。"上合志"，"上"通"尚"，"合志"即使民众志于君子之道。君子教育民众，应以感化其心志为上，使其自发向道为上，故曰"上合志也"。允，当也。巽卦三爻皆升者也。虽无其应，处升之初，与九二、九三合志俱升。当升之时，升必大得，是以大吉。初六爻居全卦的最下方，是整个升卦的基础，如果将整个下卦《巽》视为树木，那么初六就是整棵树的根系，只有根系牢固整棵树木才能茁壮成长。于人事而言，只有踏实了基础，事业才宜于增进，地位才宜于晋升。若没有坚实的基础，事业和地位都会成为无根之木和空中楼阁，因此不断培养道德和能力基础对个人的升进无疑是大吉大利的。

刘一明《周易阐真》："性柔志刚，虚心自下，亲近有道之士，而高明者，未有不允其升，不授其真者。此柔而顺刚之升也。"（阴阳交感）刘一明此话点出求道者应学之道。道业跃升不从此爻，欲从何处？

## 【讨论内容】
### 【言行必诚】

靖　芬：　修行所有的根基在"言行必诚"。简单点、纯粹点，心思没那么杂，就是诚，思想在前，行动跟上，久而久之，自有光明发耀，必有真师寻光来度。

林文钦：　升卦爻辞分别从诚实之心与层次之提升、信仰与层次之提升、修道层次之提升对乡里人的影响、层次提升过程中的刻苦钻研、信念的坚定与层次的提升以及昏暗中提升层次之利等方面予以论述。

何京东：　至诚可以自明。

林文钦：　修道者以诚实之心境体会出道的真理而获得了层次的升迁，谓之"允升"。允，诚实之意。诚心与真心相近，故以诚心为基础的境界变化，是非常好的事，所以称之为"大吉"。

## 【"允升"】

林文钦： 初六爻动变得《周易》第11卦：地天泰。这个卦是否卦（下乾上坤）相
迭，乾为天，为阳；坤为地，为阴，阴阳交感，上下互通，天地相交，万物
纷纭。反之则凶，万事万物，皆对立、转化，盛极必衰，衰而转盛，故应时
而变者泰（通）。"允"是信、诚。"初六"阴爻柔顺，在最下位，是下卦
《巽》的主爻。巽卦是顺，在上升时，柔顺的"初六"，靠自己的力量，不
能上升，只能追随上面近接的两个阳爻，就能跟着上升，非常吉祥。《象
传》所说的"上"，即指上方的这两个阳爻，与"初六"志同道合，可追随
上进。这一爻，说明在升进中，应追随志同道合的前辈，才会顺利，才会有
成就。允升是因信而升的意思，初六对于其上的两个阳爻（九二和九三）
讲究信义。初六性格柔顺，甘居于下，犹如树木之根，此时虽不见其"头
角"，但前途无量。他以谨慎、柔顺的质量，自谦、自抑的性格，取得其上
二阳爻的信任和提拔，前途势必广大，可以成长为栋梁之材，以实现和履行
个人的宏伟志向，所以大吉大利。初六的突出优势在于和顺、谦卑和温柔。
他上承顺二阳，受到他们的提携，共同前进，初六毫无个人野心；一心追随
二阳，甘为人梯，乐于奉献，且与二阳志同道合，心志一致，彼此做到心有
灵犀一点通。于是，众志成城，共同前进。总之，他们三爻之间有着共同上
进的"合志"。人际关系之间同样如此。大多数的人都是属于"初六"式的
芸芸众生，即普通的老百姓。由于各种条件的限制，他们不可能一开始就成
为领袖式的人物。但是，只要具有初六的品德，依旧是有前途的。领袖与民
众的真诚合作，彼此以诚相交，是各项事业成功的关键和基础。相反，愚弄
民众，视民众为"群氓"的领袖，最终必将为民众所唾弃。

余治平： 升卦初六，巽之初爻，起源同于坤之初六，皆纯柔不刚，位正谦逊，非常本
分，值得赞许。但因为九二、九三在上，蕴藏有被异性所承诺的因缘、获得
提携而共同进步的可能，上面有人，刚强坚挺，颇善于倾心呼应，志同道
合，紧跟追随，不抛弃，不放弃；又因为初六位置贴近刚健之实力派，总会
近水楼台，雨露先沾，所以其境遇、前程又不同于坤之初六，甚至远非后者
能比，终归可以大吉大利。

## 【有根而升】

余治平： 杨万里和金景芳，从木、树根解初六，似乎牵强。

林文钦： 此爻正如你初到一个单位，积极向上，希望得到提升和重用。可是单位的主
要领导根本没有发现你。而你的顶头上司，发现你是个德才兼备的人，他逐
渐地信任你，并希望你能得到提升，会为你的升迁说好话，铺好路。现在时
机已经成熟，升职的条件已经具备，可以随顺九二前进。

靖　芬：　昨天说过，升，和很重要。初六比于九二，如女之以身许夫，是谓之贞。贞德孚于信，贞以相与，信以相从，刚柔相谐则着其生成之功。大吉由此得。初六与九二互相答应，有个信约，一起升。领袖与民众也该建立在这种基础上的。

【初升之难】

叶秀娥：　综合老师所言：初升为难，克服此难，原则一，要有贵人提携，柔是自然谦下，得贵人助之必备条件；原则二，有能力又能被用，被贤用，与贤合志，若与小人合志，此升必危机暗伏，上比九二，就是与贤人君子合志。总归要升，内在因素：柔、谦；外在因素：贵人、贤人相携。而所升的必定是合于正道，不是歪理。（九二，阳位得中——刚中）

靖　芬：　老子："不失其所者久。"老子说的"所"，可以指人生的根基。有了人生的根基就会有人生的目的，有了人生的目的就会坚定不移地走自己的路，因此能够在人生的路上走得长久。此时"升"的立足点就很重要了。

林文钦：　前贤诠说可见一事多义。

叶秀娥：　以升之初六言，抓住机会，运用时势，但机会是给有准备的人。站在巨人的肩膀上往上爬。《庄子·逍遥游》的大鹏鸟"鹏之徙于南冥也，水击三千里，抟扶摇而上者九万里，去以六月息者也""若夫乘天地之正，而御六气之辩，以游无穷者"，按借飓风而升。

余治平：　独阴不生，独阳不长。初六柔弱，本不自升，唯有随刚、从阳，承诺找到自己的合法归宿，大吉大利。合志，很重要，你得找到人、找对人。没有九二那样的承诺和信义，不要轻易交出自己。升卦中的初六与九二，很好地诠释了《易传》一阴一阳之道。

叶秀娥：　"柔以时升"，看时机而升，一步一步来。怀才不求自表，见利不与人争。老子之哲学，不争而无人与之争，初六是也。

【有应而升】

林文钦：　修道层次的提升，谓之"升"。升，意为晋升或提升。按后世道家内丹理论的划分，修道分为"炼精化气""炼气化神""炼神还虚"与"炼虚合道"四个层次。本卦中只谈及了层次提升的基本条件以及有关的利弊、注意事项等内容。

姚利民：　对于修行者来说，眼光独到之处，诚心正意善念修行会发现周围一定有很多九二。

余治平：　"允"的解释，见仁见智。高亨解释成"进"，来知德说是"信"。高亨从九二、九三解，来知德则从初六、九二、九三关系解，但都含有上升之义。

林文钦：　其实治学做人做事与修道完全一样，而且我阅读道家解易有更深刻的体悟。希望从不同观点来给《易经》赋予更丰富的内涵，使我们传统文化精髓得以生生不息。

余治平：　《象传》言"上合志"，非常强调应，但大家注意没有：初六虽可以与九二、九三正应，但也与六四敌应。许多经典忽略敌应，而只看到正应，是不全面的，没有估计到初六上升的曲折性和渐进性，上升并不是那么一帆风顺的。

张弛弘弢：内卦三爻皆升，初六不仅为巽主，又有地气滋养。德，又顺九二以同升，所以"大吉"。

【正心顺升】

瞿华英：　初六作为巽之主，只有柔顺才可得大吉，同时，在升之初，为阴爻，力量还是比较弱。

余治平：　初六，卦变为《泰》，小往大来，吉也，亨也。初九也能够得六五正应，有允、有许、有信在上，也是征吉。所以，占得此爻，必定吉利顺畅。爻变。但邵雍却说初六为平。平：得此爻者，常人有喜，病者安，谋事可成。做官的有升迁之机。仍需要谋，需要做工作，然后才能获得成功。

瞿华英：　初六，阴爻居阳位，需要发奋图强，需要谦逊柔顺，以塑造良好的"情境"，为自己好，也是为了整个集体共同升华。

余治平：　"上合志"，当你还处于柔弱之势，就应该善于揣摩上司的心思和意图，提高情商，定位准确，不盲目越位，呼应领导，干好本职工作。虽说在商言商、不想当将军的士兵不是好士兵，但也不能功利心太强，目的性太盛，一根筋似的暴露自己，而要做好配合、辅助工作，韬光养晦，时机不成熟，绝不超越本分。跟上级把关系搞好，就是为自己营造良好工作氛围。初六持正心，上升有空间。

崔　圣：　坚持柔顺、合道，会有好的结果！

余治平：　初六，居内卦之初，六四居外卦之下，都很柔弱，都想借助于外力而获得提升，谁不要上进呢？慢慢来吧，机会会有的。这也是一种"上合志"。

（整理者：张馨月　中国人民大学哲学院硕士生）

# 闲邪存诚 志在大业
## ——升卦九二明解

时间：2016年08月31日21：30 — 22：39

**【明解文本】**

九二：孚乃利用禴，无咎。

《象》曰：九二之孚，有喜也。

**【讲课内容】**

**林文钦**：九二性格刚中，柔顺，中正，上应刚健的六五，有着一种人与神相感应之象。九二刚健得中，胜任工作而有余。所谓"上升则为君所任，荐约则为神所享"。

"孚"，诚心，虔诚。"孚"，心中有信念，办事有准则。

"禴"，音"月"，春天简单的祭祀。禴原本为夏季的祭祀，另有一说认为禴是殷商的春天之祭，引申指的是简便、从简的祭礼。

**孚乃利用禴**

"孚乃利用禴"，此人对如何完成他的工作，心里有一套正确的准则和好办法，所以，可以用很少的资源，干成很重要的事。表现如此出色，当然有望能升上去。

**无咎**

"无咎"，这样的人做事情有板有眼，用很少的资源即能成就大事。他升上去，领导也放心，群众也高兴，所以不会出什么不利的状况。"无咎"言外之意，增固民众对于道义之信孚，于治"升"而言尤为重要，不能增固民信，则为行教者之"咎"。此处亦可说明"见大人"为"升"必要之条件。君子效法禴祭之义治"升"，重在增固民信。以嘉奖增固民众之信。

**有喜也**

《象》曰："九二之孚，有喜也。""有喜也"，九二心中有做事的准则，可喜可贺。"有喜也"，是说君子有喜也，一面表彰先进，一面激励后进，以增固民众之信，无信则无以立。能用信以立威德，便能促进民众积极上进，君子之志则能大行，故"有喜也"。

九二虽不当位，但居中，下有初六相承，外又与六五相应，原本应当为吉，何以只能无咎？升卦之吉，贵在有比自己强的人相助，九二本身阳刚，是能够帮助别人者，却反而无人能够提携九二，因此仅得无咎。九二白手起家者也。

**初六**

初六与九二相邻，相应的六五居尊亦属阴柔，两爻都是得九二相助者。所以初六与六五皆吉，但九二反为无咎，因九二正是助人者，非为人所助者。

**《象》**

《象》曰："九二之孚，有喜也。"二能以孚诚事上，则不唯为臣之道无咎而已，可以行刚中之道，泽及天下，是有喜也。凡《象》言有庆者，如是，则有庆福及于物也。言有喜者，事既善而又有可喜也，如《大畜》六四："童牛之牿，元吉。"《象》云："有喜。"盖牿于童则易，又免强制之难，是有可喜也。

**［九二释义］**九二爻以阳爻居下卦中位，既不失阳刚的气质，能中和而谦卑。在上位者提拔人才最看重的是才干和道德修养，因此欲求得升迁，才和德缺一不可，然而二者相比较，德比才更为重要。在个人的道德修养中，内心诚实守信是最重要的因素，就如同祭祀一样，只要内心充满诚敬，简单的祭祀活动也足以免除灾祸。相反，如果那些只会做表面文章，而心术不正、欺上瞒下的人得到升迁，于国于民都将是灾难。

**［道家解义］**修道者具有信仰，对层次的提升就有利，谓之"孚，乃利"。本爻与萃卦六二的"孚，乃利，用禴"之内容相一致，重在说明信仰及庄重对待的诚敬心情与层次提升的密切关系。

**六二**

萃卦的"六二"，柔顺中庸，与刚健中庸的"九五"相应；这一卦，刚中的"九二"与柔中的"六五"相应，也同样的与人神相互感应的情形相似。对神祇要诚心诚意，简单的祭祀，也能获得保佑，不会有灾难。

**地山《谦》**

九二爻动变得《周易》第15卦：地山《谦》。这个卦是异卦（下艮上坤）相叠，艮为山，坤为地。地面有山，地卑（低）而山高，是为内高外低，比喻功高不自居，名高不自誉，位高不自傲。这就是谦。

**［综论］**"孚乃利用禴"，这里指只要有诚信，即使薄祭也可受福。九二反映的是中华民族自古以来，重视实际内容而轻视表面形式的作风。这种不事文饰，视繁文缛节为草芥的务实精神是极其难能可贵的。祭祀不在于形式和内容的隆重和丰盛，而在于内心是否有诚意。九二是以诚且信感动了九五，犹如祭祀神灵在诚不在物，虔诚的精神自可感动神灵。这

一爻的要旨在于以祭祀神喻人事。人世间也是同样的道理。九二内心诚信，自然可以取得六五之君的充分信任。因此，九二的晋升只是个时间早晚的问题。所以，《象》曰："有喜也。"九二的晋升完全靠着自己的诚信和实意，而不是凭着其他的手段，尤其不是靠旁门左道。

### 九二之孚

《象》："九二之孚，有喜也。"这里指出：九二这一爻内心虔诚仁厚，一心成人之美，深得众人信服，必定会给自身带来喜庆。人若想得到提升，可以怀着积极向上的热情和，升气的精髓在"和"，九二这一爻内心虔诚仁厚，一心成人之美（拉拔初六、辅佐六五），深得上下众人之信服，必定会给自身带来喜庆。宇宙间总有一种力量，会让这个世界更加有序、美丽。对于生命来说，这种力量具有十分积极的规律，往往有助于生命的产生和繁荣。于是我们叫它"和气"。和气体现在社会中，就是正气。

### 正气

什么是正气？有助于社会发展的风气和力量，有助于形成良好秩序的风气和力量，而不是明里暗里阻碍、破坏这一趋势的风气和力量。中华民族都讨厌暗地里捣鬼、使阴谋这样的事情，而喜爱光明正大、积极向上的精神，这也是整个社会需要和气、呼唤正气的交流与转换。中华民族自古以来推崇一个"和"字，和平、和谐、和美。但这种和谐的前提，是一种堂堂正正的气节，而不是苟且偷生，也就是先要突出"阳"的本色。在这个前提下，再想办法让各种力量达成一个"协议"，这才是"阴阳平衡"的真正意思，才是"扶阳"的精髓。西方进化论认为，万物之间，就是弱肉强食、适者生存。现代生态学、生物学却证实，在同一个物种内部，以及在不同物种之间，普遍存在着共生共存的关系。比如，在正常的人体肠道中，有多达五千多种的肠道细菌发挥着重要作用：它们帮助人体分解食物、微调免疫系统、分泌维生素k等营养物质、"吞"掉食物残渣……如果按照"斗争"思维，滥用抗生素，大量杀死体内的有益细菌，破坏了我们肠道内的这个复杂而微妙的"生态系统"，我们的身体能好得了吗？不仅是自然界，社会也是如此，各个阶层之间是互相依存的关系，无论是做大生意的还是开小店铺的，无论是学者还是工人，或者不同地区不同民族，少了哪个部分都不行，要共存共生，需要"和"。

### 和

对于任何组织来说，人体，社会，自然等等，只满足局部、部分的利益可不是"和"。如果只分得部分一点利益，甚至不仅不分得利益，还要被剥夺利益，还被要求不得"闹事"，维持表面上的"和"的局面，那么这种"和"是维持不了多久的。好像刚打完抗生素，表面看起来烧是退了，把病治好了，其实后面有更大的病等着你呢！所以，增长阳气，不能简单地维持表面上的和平与安定景象，而是要想法协调好各部分的关系（与阴和谐交感），升卦九二与初六、六五的关系，用"利用禴"来譬喻很有启示。只有这样的和气的阳气，才是稳固的，才能让整个组织越来越好，达到真正的"和"与"升"。

## 【讨论内容】

### 【无升】

瞿华英： 治标不治本，没有真和，所以无升。

靖　芬： 同样"以阴阳和而论"大于"升之正用为刚柔同升"，今夫以率妇，家道已齐，德已成，有喜也（初六孚之始，九二孚之成）。

叶秀娥： 初六之升，因能力尚弱，处低下谦卑，求与上合志。但九二为阳的升，老师有另类之解。

### 【升之道】

叶秀娥： 老师特别强调九二正是助人者，非为人所助者。对升而言，诚心助人，助人以诚为贵，助人者，人必助之、辅之、信之，这也是升之道。九二之生特别重诚，因为刚中应阳，部属是刚，长官是柔，所以要诚信，六五君为柔，九二臣为刚，臣强势，要诚信，才能无咎，

瞿华英： 杨简《杨氏易传》重视"以诚至"："明夫九二之能待上之见孚乃用禴，殊为难得可喜也，知其不能待者多也。禴，通诚于上也，禴祭物薄而诚至。待孚而用禴者，《易》之道也。不待见孚而冒进者，失《易》之道也。"

叶秀娥： 以升之意义来解九二之处境，就是面对柔顺的君、上司，以诚信是最好的升迁，不是外在的送礼。

### 【升之和】

瞿华英： 今晚上终于等到了"升之和"。

叶秀娥： 呼应老师前面所提，九二：性格刚中，柔顺，中正，上应刚健的六五，有着一种人与神相感应之象。刚中之德上应六五，以升而言，九二的刚中，有利于六五，对于处臣位之升，是有利的。有德有能之人，易遭忌，唯一之道，就是诚信获用。无能力的人靠人助升，有能力的人，以诚信之心，用其能力助人，亦是另一种升。

靖　芬： 九二以刚中之德，与六五匹和，故直曰孚。此刚中之性得人行之合，中行之谓也。又二、三、四爻互兑有喜悦之象，又中互成归妹卦，阴爻在上，阳爻在下，是以夫妇相得而有喜悦之情。所以老师说："九二这一爻内心虔诚仁厚，一心成人之美（拉拔初六、辅佐六五），深得上下众人之信服，必定会给自身带来喜庆。"此之谓也。

【援应】

叶秀娥： 九二上有援应，或说助人升者，自己亦提升，约略同于增上缘，逆增上缘之义，或说，施比受更有福。但以升之观点而言，阳刚者是使自家力，不知借势用势，非生存之最高智慧，不是庖丁解牛的那把刀，因此容易伤痕累累。以德之观点而言，助人者，是聚自己之德力阴功，也是助升自己的一种方式。

（整理者：黄仕坤 中国人民大学哲学院硕士生）

# 果敢刚毅 升迁无阻
## ——升卦九三明解

时间：2016年09月01日21：30 — 22：41

【明解文本】

九三：升虚邑。

《象》曰："升虚邑"，无所疑也。

【讲课内容】

林文钦： 九三性格阳刚，一心升进，居下卦之上，应于上六。"虚邑"：虚是空的意思，虚邑指无人居住的村镇，比喻畅通无阻，行动不受阻碍。九三将进入上卦《坤》，坤属阴，为虚，故说"升虚邑"。

［说文］ "虚"《说文》："古者九夫为井，四井为邑，四邑为丘，丘谓之虚。" 徐灏《段玉裁注笺》："人所聚居谓之丘虚。" "邑"《说文》："国也。"即国家。"升虚邑"即君子行教化由小渐大，一家齐，一国治而后天下平。由"虚"扩至"邑"，教化渐"升"也，化民成俗由小渐大为事理之必然。此爻说明面对"升"进的现实种种现象，宜循序渐进，由小渐大。

《象》曰："升虚邑"，无所疑也。"无所疑"，家齐为国治之基础，国治为平天下之基础。能齐家者人不疑其治国之德才，能治国者人不疑其平天下之德才。"父子，兄弟"之义通于"君臣，朋友"之义。故孝敬父母者，必忠敬君王。爱兄弟者，必友朋友，推而广之而已，故人"不疑"。《尚书·君陈》："君陈，惟尔令德孝恭，惟孝友于兄弟，克施有政。"意思是说："君陈啊！你具有孝恭之美德，孝敬父母、友爱兄弟，这种品德可以推广用以政事。"周成王看到君陈具有孝恭之美德，所以赋予重责，信任其执政。是升而"无所疑也"。

[**另一种解释**] "虚邑"，没有人占的位置。"邑"，一块地盘。《孙子兵法·虚实篇》："行千里而不劳者，行于无人之地也。攻而必取者，攻其所不守也。""升虚邑"，做人家不愿做的工作，要人家不愿要的位置。取人所不取，自己的升并不妨碍他人。进入空虚的城邑，如入无人之境，无人可挡。象征晋升顺利。

坤

坤为土地、邦国，有城邑之象。巽为进升主体，九三为巽卦最上一爻，能够直驱而入外面的坤地，上又与上六相应，毫无阻碍，此爻又有得到土地之象（拥有地盘）。《象》曰："升虚邑"，无所疑也。"无所疑也"，如果是升入别人不争或不能争的位置，则不必有什么疑虑。换句话说，一个职位空着，找不到合适的干部，而你升上去是为了做工作，填补这个需要。在这种情况下，就不必疑惑这个职位会不会是个陷阱，是否有陷害你的目的。反过来说，某个职位并不缺人，并不想请你去做，就不要强出头去争抢，抢到了可能就是悲剧的开始。现实人生中，能有"无所疑"的环境，君当知有多少！所以要有能"和而升"的智慧。

[**体悟**] 烦恼常来于比较，是非都缘于计较。有觉悟的人，既不比较也不计较，常在安详里观我心。魔考只因贪念，困扰但由执着。通达的人，能远离贪念而淡化执着，却于平常里悟道。世间万化（名利）皆是虚妄，一旦着相了，就是自己给自己找烦恼。心放下来了就是归处，智慧何须向外去寻！

[**九三释义**] 九三以阳爻居下卦最高位，阳刚气盛，行事果敢刚毅，他凭借超凡的能力顺利得到升迁，一路畅通无阻，如入无人之境。在常人看来，顺利升迁无疑是大吉大利的事，但九三却无判断吉凶之辞，这说明《周易》对升迁之事是持保留态度的。位高权重者固然能充分发挥个人的才能为民造福，受万人景仰，一时风光无限，但同时也有"高处不胜寒"的凄凉。以及无法抗拒的种种诱惑，同时也将面对黑暗之箭，稍不留神就将中箭身亡，身败名裂。唉！江渚渔樵，惯看春风秋月，"夜来风雨声，花落知多少？"是非成败转头空，争什么？君不见，多少千古英雄豪杰，回首，只有泪纵横。奉劝好友，无论在江湖或庙堂，好

好读《易》去。

[**道家解义**] 刘一明《周易阐真》"予圣自雄，不知寻师访友，妄猜私议，贸然前进，欲向其前，反落于后，如升于虚邑，何能进于高明之地？此不知求师之升也。"刘一明之说很有启示。

也可别解：修道层次的提升，使乡里人获得了清静的心境（能弘法布道，造福乡梓），谓之"升，虚邑"。虚，指修道的清虚心境；邑，指邑人，即乡里人。修道者境界的提升，或可为乡里人结缘说法，或其不凡的修道事迹在乡间有所传说而乡人受到影响，从而心灵受到洗涤净化。所谓"化民成俗"，虽然和本爻所言的意思有些不同，但一个升入高一层次的修道者，当会使乡人（周遭的人）得到莫大的益处。

[**综论**] 九三爻动变得《周易》第7卦：地水《师》。这个卦是异卦（下坎上坤）相迭。"师"指军队。坎为水、为险；坤为地、为顺，喻寓兵于农。兵凶战危，用兵乃圣人不得已而为之，但它可以顺利无阻碍地解决彼此之矛盾，因为顺乎形势，师出有名，故能化凶为吉。

**虚邑**

"虚邑"，是无人的村落。阳爻的中央充实，阴爻的中央空虚，上卦"坤"全部是阴爻，所以空虚；坤卦又是地，因而用空虚无人的村落比拟。"九三"刚毅，一心升进，前方又是空虚无人的村落，没有任何疑虑，可以放心大胆地前进。说明这一爻，应当勇往直前。九三自身具备晋升的条件和能力，可以顺利地前进，而且仕途非常地顺利，犹如入无人之境。所以能够出现这种现象，根本原因可从两个方面进行分析。一是九三自身性格刚毅、果断，前进中没有丝毫的犹豫和动摇；一心想的是如何更好地前进。这也就是通常说的甩掉包袱，轻装上阵。二是九三晋升的外部环境十分良好，没有他人的竞争，更无他人的阻碍，相当顺利。晋升的过程中，出现无争的现象是正常的，但最为可怕的是阴性小人的暗中捣乱、中伤和陷害。所幸者九三不曾遇到这种现象。

[**阐真**] 《象》曰："无所疑也。"这是晋升、进步的关键。"疑"是大忌。对于自己没有正确的评估，怀疑自己的能力，怀疑自己的方方面面，遇到事情缩手缩脚，不敢放手去干，尤其是在人生道路的关键时刻，缺乏"临门一脚"的勇气。许多事情也就毁在这个时候。对于领导者来说，对待下级能否做到"无所疑"，同样也是很重要的。所谓"用人不疑，疑人不用"就是这个道理。《孙子兵法》明确提出，"将能君不御"的思想，对统兵在外作战的将领真正做到"信而不疑"。九三便是处在了这样一种良好的环境之中，他的周围没有嫉妒的小人，上面也没有猜疑的领导者。于是，他可以大展宏图，顺利升迁。"无所疑"是事业成功的保证和关键。

[**疑问**] 相反，由于"疑"而败坏了许多的事业，古人已经认识到了这点。春秋五霸

之首齐桓公在向管仲讨教如何确立"霸业"的策略时，管仲直率地向他指出妨碍树立霸业的有"四害"，其中的"三害"都与"疑"有关。他说，"知而不能任"，"任而不能信"，"既信而又使小人参之"，都是"害霸也"。可见对于领导者来说必须努力实践"用人而不疑"的"善任"原则。因此许多明智的领导者，都在千方百计地"去疑"。秦国大将王翦奉命出征伐楚之前，向秦王"请美田宅园池甚众"，目的就在于消除"秦王坐而疑我"（《史记·白起王翦列传》）。清朝名臣曾国藩在这方面做得更绝妙，连私人家书里也在大讲务农、种菜之类的鸡毛蒜皮的小事，无非不过在于消除朝廷西太后对自己的"疑"。历史上的无数事例，都从正反两个方面证明了九三所阐述的"无所疑"的真理性和重要性。

## 【讨论内容】

黄靖芬：　九三阳爻，合九二以进于四、五之位，犹反风地《观》之象。《观》如日月之照临大地，而《升》是由内向外观，前面空虚，无物为阻。无所疑即无所阻碍，以人道既济，还有何疑呢？

瞿华英：　邵雍《河洛理数》爻辞解释："平，得此爻者，营谋遂意。"做官的会身居要位，读书人可成名。

张吉华：　本来本卦文辞简单，义理也很明显，但林老师硬是挖掘出这么多好的义理，让人感动与敬佩！虚为阴实为阳，邑之国为阴，邑之人为阳。九三为本卦主爻，也是本卦的阳动爻，九三回蓄而升之，上六应之而转阳，这是本卦的爻动数理所在，系从本卦去向数理角度说义，故从主观而言应是无所疑，从客观而言也是无所挡。

（整理者：李芙馥　中国人民大学哲学院博士生）

# 柔以时升 顺事顺民
## ——升卦六四明解

时间：2016年09月02日21：30 — 22：37

【明解文本】

六四：王用亨于岐山，吉，无咎。

《象》曰："王用亨于岐山"，顺事也。

【讲课内容】

林文钦：[前言]六四以阴居阴极为诚实、柔顺，得正，前程十分顺利。

"王"，周王，泛指诸侯。

"亨"即"享"，祭品。祭祀的意思。

"岐山"，周国封地之名山，岐山在今陕西省岐山县东北。周人在古公亶父率领下迁居到周原即岐山。"王用亨于岐山"，周王祭祀岐山。

《礼记·王制》："天子祭天地，诸侯祭社稷……天子祭天下名山大川……诸侯祭名山大川之在其地者。"

《礼记·祭法》："山林、川谷、丘陵、能出云为风雨。""山林、川谷、丘陵，民所取财用也。"君王祭祀山林，是感其风雨、财用之恩泽，故敬享之。周王祭祀岐山，意在以祭祀之行为教化民众。通过祭祀可以使民众明事奉鬼神之道，明君臣之义，父子之伦，贵贱之等，亲疏之差，可以明奖赏之道，夫归之别，可以明政治平等之道，可以明长幼之序，可以明精神与物质之结合。故古人以祭祀为教化主要手段之一。《礼记·祭统》："夫祭之为物大矣，其兴物备矣，顺以备者也，其教之本与！"即通过祭祀可以贯彻道义于社会各个方面。祭祀是全面提升民众道德的手段。此处言"王用亨于岐山"，而不言君王祭祀天地或其他，原因在于古制天地必须由天子祭祀，诸侯在其封地之内祭祀山川，即是最高规格之祭祀。此处意在表明掌握国家教化者，皆可运用祭祀来教化国人，来提升国人道德，此即"神道设教"也。

**吉，无咎**

"吉，无咎"，吉祥，没有祸患。"吉，无咎"，君子利用祭祀来行教化之提"升"，使民众在各个方面上进于道义。如此方能无论文治武功全面有成，可获致吉祥，否则将为"有咎"。此爻明治"升"当使道义全面贯穿于民众社会生活之中，使民众人伦教化全面提升与进步。

**[象]**《象》曰："王用亨于岐山"，顺事也。"顺事"之"顺"，《尔雅》："陈也。"陈列之意，此处解作"展示、告示"。君子以祭祀展示诸多教义，使民众能效法以行事。"顺事也"，祭祀是国家重典，因办理祭祀需要人手，顺应这个需求，在办理祭祀活动中升迁和培养了一批人才。

**用亨**

王"用亨"，也可以说是合理地利用资源，人尽其才、物尽其用、地尽其利。"王用亨于岐山"，周王在岐山用"亨术"，必然要提拔、任用一批人，所以和"升"有关系。《封神演义》第六十七回"姜子牙登台拜将"，描述了周武王在岐山拜姜子牙为将的故事。"王用亨于岐山"帛书作"王用芳于西山"，帛书中享皆作芳，与"元亨"的亨有别。上博简作"王用甹于西山"，甹即享。享字在古经典中多解释作祭祀，古文中也通飨、乡、卿、甹，其原义都是聚餐、飨宴的意思，引申之，敬献食物给神明亦为享（甹），即享祀。

**亨**

朱熹："亨，亦当作祭享之享。自周而言，岐山在西，凡筮祭山川者得之。"程颐与朱震则认为，这讲的是周太王古公亶父的故事。

**岐山**

"岐山"是周人发展壮大之地，"王用亨于岐山"指周朝君王回到岐山祭祀祖先，这是一件极为严肃而盛大的国事。六四之人品行端正，为人谦和，深得君王信赖，因此被委以操办"王用亨于岐山"之事，顺利完成如此重任无疑是一个绝佳的晋升机会，这当然是吉利的，没有灾祸。

**[黄寿祺《周易译注》]** "王用亨于岐山"一句，《易》家说法不同，今举三例以备参考：

一、王弼谓此句言"岐山之会，顺事之情，无不纳也"（《周易注》），孔颖达疏曰："事同文王岐山之会，故曰'王用亨于岐山'也。"（《周易正义》）

二、马其昶谓此句用殷王帝乙与西伯王季的典故，比喻"五以四有顺德而使之主祭，所以吉无咎也"（《周易费氏学》）。

三、尚先生认为此句体现周文王服事殷之本旨，"王"指殷纣王，比喻六四"望二升五，四得承阳，阴顺阳，犹臣事君，望二升五，犹望王至岐山，而有所亨献也。"（《周易尚氏学》）诸说对"王"之喻象的解说虽不同，但关于六四应当柔顺事上的主旨却颇一致。

[变爻释义] 六四爻动变得《周易》第32卦：雷风《恒》。这个卦是异卦（下巽上震）相叠。震为男、为雷；巽为女、为风。震刚在上，巽柔在下。刚上柔下，造化有常，相互助长。阴阳相应，常情，故称为恒。

[六四释义] "六四"柔顺得正，可以顺利地升进，就像君王升岐山祭祀，吉祥，没有灾难。因为祭祀必然诚心诚意，只要诚心诚意，任何事都可以成功；所以，在升卦中也以祭祀比喻。

[象传]《象传》说：祭祀是应当的事，顺着应当做的事去做，必然吉祥，没有灾难。这一爻，说明应顺从正当的途径升进。"顺事"是本爻重点所在，也是升卦的为人处事原则。六四旨在告诫人们，对于事业首先要有一种诚心诚意的心志，务必尽心尽力地去做，这就犹如祭祀神明那样。同时，还必须看到所从事的是否符合"天意"，也就是"顺应自然"，与事物的发展趋势相一致；顺事则成，逆事则败。

[老子]《老子》发挥了这种重要的观点，提出"道法自然"的理论。宇宙间的万事万物都必须顺其本然，任其自生自成，依据客观的规律去行事。一句话，效法自然，顺应自然规律，听其自然而然，因物而为，诸事可以成功。否则，便是逆天行事，自取灭亡。

[道家解义] 刘一明《周易阐真》："柔而守正，顺时进步，炼己持心，自卑登高，渐入佳境，如王用亨于岐山，未有不升于上者。"此吉而无咎之升也。此言修道要扎实，自卑以登高，必然有成。修道者应像文王于岐山弄通《易》的作用原理一样，刻苦研究实践，谓之"王用亨于岐山"。

[综论] 六四通过周人迁徙的史实，说明从事任何事业成功的关键在于"顺事"——"顺物之情而立功立事"（孔颖达《周易正义》）的道理。

随卦"上六"中有"拘系之，乃从，维之。王用亨于西山"，所谓的"西山"，概指本爻中的"岐山"。修道者由于人为或自然因素而暂时处于困境，没有马上脱困的办法，暂时就得屈从，只能暂时困顿隐隐于角落里，称为"乃从，维之"。乃从，意为就从。从，有屈从之意。维之，意为使之维。维，有角落之意。《广雅》："维，隅也。"隅，角落。《淮南子·天文》："东北为报德之维也。"又如：四维（四角）。

《史记·太史公自序》记载："昔西伯拘羑里演《周易》"，所传文王在被囚期间潜于八卦的研究，推演出八八六十四卦，并作卦爻辞，即据此而来。文王演《周易》作卦爻辞，把《易》的作用原理弄懂弄通，绝非短时间内可以完成之事，必用其毕生的精力来参研体悟。故八卦的推演以及卦爻辞古经文的完成，其主体当在西山，而非仅仅是羑里。在此，《易》作者引用了"王用亨于西山"这一事例，暗示修道者在处于困境的情况下，应学习文王那种安于困境、潜心研究、励精图治的可贵精神。总之，无论层次是否有提升的修道者，只要潜心于生命的大道，刻苦钻研，其前程与成就莫不美好，或许不在声名之提升，而在生命内涵之成就，故言"吉，无咎"。

周部族是居住在渭水中游黄土高原上的一支古老部落，主要从事农业生产。在古公亶父时期，因受到游牧部落戎狄的压迫，从原来居住地幽移居到岐山下的周原。他们在这里营造城郭，建筑房屋，居民组织在一种称作"邑"的地域性组织中，"以邑别居之"。这时的周族社会开始向国家过渡。由于这种变化是符合社会发展规律的，顺应了历史的趋势，因此，周人日渐强盛，打退了来自西北游牧部落的进犯，巩固了自己在渭水中游一带的地位。《周易》通过上述的历史事实，总结出周族社会迅速发展的根本原因在于"顺事"。"王用亨于岐山"是对周人社会进步的形象描述，通过虔诚的祭祀活动，感动了神灵。因此不仅诸事顺利，没有灾难发生，而且事业能够顺利地成功。"顺事"的关键最为重要的是在于心诚。总之，在面对茫茫人生，除了"顺事"之外，人还要有信仰，才能掌握升之道。


## 【讨论内容】

### 【柔以时升】

叶秀娥： 柔以时升，六四一直维持这个原则。升卦——前进方式的取舍，不同的位置，要有不同的前进方式。最重要的是取舍之道的抉择，六四，就是一种升的抉择。六四以阴居阴，近君又乘九三，处境堪忧。但得位正，柔顺之才，可以顺君之进，也可以顺九三之升。六四得柔道，受六五之信，故岐山之祭交给他办理（有一解如是说）。六四处危而用柔，因受信任而受委以重任。对六四而言，是一种暗升。此时更要柔。与初六不一样，初六处下初升，要谦，要求要低，要与上合志。比之初六，六四之升，虽有更好的位置，却是更为危险。


### 【顺　事】

张吉华： 亨为祭祀，对祖上的祭祀。于易卦而言，还是指阳爻向上回蓄积阳。即本卦之升义。

瞿华英： 根据丁四新《楚竹书与汉帛书周易校注》，帛本作枝山，枝通岐，西山当谓岐山。

叶秀娥： 《易经证释》提到，"祭岐山"为报本返始之旨。人生有本始，如木之有根，六四为坤之始。

张吉华： 六四在九三爻时回蓄的范围内，故《小象》于六四言之顺事，意即三个阴爻都是九三爻时内一并要解决的事。

叶秀娥：此为《易经释证》所提，供参考："六四为坤卦之始，坤德厚载，万物资生。资生之本，如木之根、水之源、由上而下、自近而远、一本而万系。莫不共尊亲于所生，人为万物之灵，必敦报本之义，溯其本始，尊其所宗，则祭祀必诚，敬享必至。"

（整理者：秦凯丽　中国人民大学哲学院硕士生）

# 柔居尊位　保尊守贵

## ——升卦六五明解

时间：2016年09月03日21：30 — 22：40

【明解文本】

六五：贞吉，升阶。

《象》曰："贞吉升阶"，大得志也。

【讲课内容】

林文钦：六五阴爻阳位，以阴居阳，下与九二相应。

### 贞吉

"贞吉"，保持贞正而"升"，方能致吉，失"贞"必致凶。阶：意思是沿着台阶上升。"阶"，《说文》："陛也。"台阶，凡以渐而升皆曰阶。"升阶"，分阶段上升。此爻说明治"升"的两条原则，首先保持"贞正"此为致吉之保障，反之则凶。其次要分阶段上升，即"积小以高大"。

[象]《象》曰："'贞吉升阶'，大得志也。""大得志"，以九五至尊秉持中正之道，则道义不失，民风逐渐进化，则教化有成可期。如此可利济众生，弘道化民有成，故曰"大得志也"。此爻要人行事正定为吉，然后逐步登阶而坐上主位。此爻也可说在祭天之

礼上，天子登阶而踏上主座，也就是践阼之礼。升阶，登阶而上，指天子行祭天之礼登上主位。阶，阶梯。升卦帛书作登，登字甲骨文画的就是双手捧豆（装祭品的容器）登阶而上。此亦有上与天通、直达天听之义。孔颖达疏："保其尊贵而践阼矣，故曰贞吉升阶也。"升阶有治理天下之意，因可践阼而为祭天之主者当是天子。然天子之位虽非一般人所能取。但当一方之领导则可为。

因此，此爻也可讲一般人升官的两大注意事项。第一，要"贞吉"；第二，要"升阶"。

[升阶]"贞吉"，当官要注意周围环境和发展趋势，周围的情境吉祥，才能考虑升官。如果情境不利，不要说升官，则避之唯恐不及。例如，秦末起义的上将军宋义和楚王心（义帝）先后被项羽杀害。他们的能力弱，势力也弱，位居项羽之上，所以他们被杀几乎是必然的。在这种情况下，官做得越大越危险。"升阶"，要按部就班地，像上阶梯一样，一级一级升上去。历史上一步登上高位者，不是当傀儡无所用事，就是最后下场凄凉，令人不胜欷歔。

[九五爻释义] 六五爻动变得《周易》第48卦：水风《井》。这个卦是异卦（下巽上坎）相叠。坎为水；巽为木。树木得水而蓬勃生长。人靠水井生活，水井由人挖掘而成。相互为养，并以水养人，经久不竭，人应取此德而勤劳自勉。六五爻以阴爻居尊位，行事中和，又不失君王之威严。晋升如同拾阶而上，缓慢而又艰难。六五之所以能升到至尊的高位并非平步青云，而是通过辛勤努力，凭借自己的才能和道德修养，脚踏实地沿着台阶一步步缓慢上升而来的。对于这种稳健的晋升，《周易》是极为推崇的，故断之以"吉"，但同时也告诫身居高位者务必坚守正道，如有失正道，不仅晋升无望，反而会引起祸端。"六五"阴爻阳位，本来并不适当，但与下方的"九二"相应，得到刚毅有力的人辅助，就能登上君位。不过"六五"本身柔弱，必须坚守正道，才能吉祥。阶梯便于攀登，所以"六五"能够顺利登上王座。这一爻，说明用贤，得到有力的辅助，就可以顺利升进。

[道家解义] 清代刘一明《周易阐真》："虚人心而求道心，虚心即能实腹，所谓一念回机，如同本得，其增益道德，如升阶之易，此柔而虚心之升也。"修道者要保持信念的坚定，如此是正确的，谓之"贞，吉"。

[综论] 六五阐述的是"升"的又一种形式，即纯正地顺着阶级步步上升，最终实现个人的愿望和理想。六五成功的原因来自两个方面。首先，六五自身具备升迁的条件。他虽然性格柔顺，却能够以纯正的心灵实施仁政，一心坚持中正、公允的原则，无偏袒自私之心，专心致力于治政。这样，虽然他个人的能力不是很强，却由于始终坚持纯正的心地，因此便可以循序渐进，积小而大，如同登台阶一样，缓缓上升。"升阶"也就是拾阶而上，不慌不忙，不超越事物的规矩，顺应时势而上升，最终达到至尊的地位。其次，六五的成功在于他

得到刚毅有力的人（九二）的辅助。九二固然具备诚信的道德，但六五的坚守正道、能够诚心用贤也发挥了关键的作用。他具有诚心任用下贤而不自专、不擅权的品德，虚心地采纳贤臣的建议，能够很好地做到"纳而不拒，任而不专"。因此，在贤德的九二的辅佐之下，顺利地、一步步地上升，最终成就了事业，实现了自己的志愿——"大得志也"。升进从性格特质上讲，柔为升，顺为进。柔顺，可以得到上升的机会；《易经》可并没有说聪明的人会得到上升的机会。聪明不一定会上升，经常聪明反被聪明误。《易经》认为，柔顺能和，可以见到伟大人物，得到援引，所以逐步升进实现理想与愿望。

## 【讨论内容】
### 【能和而升的体悟】

林文钦：信心十足，又能吃苦，这是升进的本钱。

元　融：升卦，可与萃卦互参！萃卦，是二阳聚四阴之象，用宗庙的祭祀来凝聚人心。刚爻相邻，九五居中，二阳爻具有时位的优势，萃卦九五，"萃有位无咎！匪孚，元永贞匪孚"，二阳四阴的格局，始终保持中正，才可悔亡；升卦，二阳居下位，初六，"允升"，柔爻上升，二阳当道，自然凶险现前；九二，保持中正，心怀诚信，得到六五之应，自然无咎；九三，下卦之上，下巽外坤，巽为进退，不果，亦有丰收之象，过好自己的日子是没有问题的；面对前面三阴的虚邑，前进价值不大，依赖九二之中正，守护自己地盘要紧；六四，上卦之下，初、二、三、四，互巽互兑，下卦丰收的果实与其共享，酒食充足，满心欢喜，何乐不为？到了六五，四阴格局已定，二阳为自己所用，二五正应，二爻下位居中，丰收和平景象，六五享受太平盛世，

林文钦：保持格局不变，自然大得志也！

平地总是熙攘，高处就呈静穆。越往高处走，越往前头赶，前方的人就越少，如入无人的村落。先进，总是少有阻碍。不需要缩手缩脚。但到了高

元　融：处，就应当正当，不可胡作非为。如果高处得意，头昏目眩，就会摇摇欲坠。

升卦，二阳爻，齐心协力，心怀孚诚，不容有失；团结一切可以团结的力量，面对四阴初六、六四、六五、上六，采用相邻、相应，下卦、互卦，利

林文钦：益共存，目标只有一个，保存自己，静待天时！

升进，在前面说得比较多的是"援引"。其实，升进只要有坚实的基础，即便没有援引，有梯子也一样能够攀升。

（整理者：孙世柳　中国人民大学哲学院硕士生）

# 坚守正道　升进有节
## ——升卦上六明解

时间：2016年09月04日21：30 — 22：45

**【明解内容】**

上六：冥升，利于不息之贞。

《象》曰："冥升"在上，消不富也。

**【讲课内容】**

**林文钦：** 上六阴爻柔弱却居升卦的极位。

冥：昏暗，愚昧的意思。"冥"，《说文》："幽也。"此处解作愚昧。

"冥升"，使愚昧者进步于道义。

**利不息之贞**

"利不息之贞"，对于愚昧者应当持续、深入以正道教导之，熏陶之。此爻明君子应当对愚昧、不开化者，持续、深入教化之，此为君子之义务。

[**象**]《象》曰："冥升"在上，消不富也。"在上"，"在"解作"在于、决定于"。《荀子·劝学》："驽马十驾，功在不舍。"使愚昧者上进，在于君子教化不息，故曰"在上"。

**不富**

"消不富"，"不富"指民众之德寡者。"消"，减也。"消不富"，消除愚昧者，使臻于文明之列。《说文》："冥，幽也。"又："幽，隐也。""冥升"，上六的位高，但能力不强，却得到提升，其中的原因自己也不知道，一定是另有隐情。（不同解法）"利于不息之贞"，在这种情况下，也许暗含着危险，不可掉以轻心。要不停地调查研究，不停地揣摩，摸清升官的真正原因，想出正确的对策。《象》曰"冥升"在上，消不富也。"在上"，指上六的位高。"消"，减少，消灭，损失。

《说文》："消，尽也。""富"，增加，得到。《说文》："富，备也，一曰厚也。""消，不富也"，原因不明的升，其结果不是得，而是失；不是福，倒有可能是祸。

**升卦上六释义**

上六爻动变得《周易》第18卦：山风蛊。这个卦是异卦（下巽上艮）相叠，与随卦互为综卦。

蛊本意为事，引申为多事、混乱。器皿久不用而生虫称"蛊"，喻天下久安而因循、腐败，必须革新创造，治理整顿，挽救危机，重振事业。"冥"是昏昧的意思。"上六"阴爻，柔弱无力，又上升到了极点，已经头昏目眩，摇摇欲坠。所以，必须始终坚持正道，才会有利。《象传》说：盲目上升到极点，消耗过度，力量已经不足。这一爻，告诫升进必须有节制，否则后力不继。

[体悟]在黑暗环境中上升，有利于不松懈而能坚定到底的人。上六是升卦的最顶点，一方面已是升无可升之处，另一方面又与九三相应，得九三之助，所以仍有继续往上升之助力，因此有"升升不息"之象。这种坚持如果用在好事是非常好的，反之，若用在坏事就很糟糕。最忌被权位冲昏了头，耽溺于荣华富贵而停不下来。冥有二种解释，一是北冥（《庄子·逍遥游》）的冥，意谓幽冥，比喻"无止尽"，冥升则指此升无止尽。二是昏冥，昏昧的意思，意指一味上升，完全为了上升而冲昏了头。因上六处升卦的最上方，因此这两个意思都可通。不息，即不停止。贞，正也，指节操；贞也可指德性，或坚定。冥升可参阅《庄子·逍遥游》中"鲲化为鹏"的寓言境界提升之启示。北冥就是极北之地，是一片混沌，属于精神的黑暗之地。我们所谓的无知、无觉的这么一个状态。只有黑暗，没有光明，因为没有知觉，所以称作北冥。

虽然这里没有知觉，但并非一潭死水！"北冥"里"有鱼"（有生命力），就有一个最初的因在其中，有因就有果。鲲"化而为鸟，其名为鹏。"一段时间后，这个鲲就要变化了。"化"，在道家学说里是一个非常深刻的概念，是质的一种改变。这个鲲从鲲鱼变成了鸟，一只大鹏鸟，向南冥飞去。南冥，南明也，化升也。"鲲化为鹏"的寓言境界就是由"冥化为明"的境界，喻示人从愚昧无知到智慧开窍，从黑暗到光明，从有待到自由。

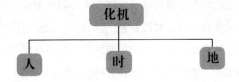

### 昏冥

第二种昏冥的解释上六以阴爻居全卦的最高位，表示已经晋升到了尽头，无位再升了。上六本来能力不足，却只知进，不知退，其地位已经超过了其能力可以担当的范围，使自己处于一种昏昧的状态，这是极为凶险的。爻辞再次强调在晋升时务必坚守正道，一刻也不能停歇，身正是得以晋升的前提，万不可违之。

### 升之为道

升之为道，以刚道而行柔道也。卦德巽而顺行，外柔内刚，循序渐进，不急不缓。深造自得，未有不升于圣贤之堂奥者。然火候之秘，总要真师口传心授。《象》曰："用见大人，勿恤，南征吉。"可以知矣。虽昏暗但有志提升修道层次，如此是有利的，谓之"冥升，利"。冥，意为昏暗。道之境非明，亦非暗，而是恍恍惚惚的暗昧。修道者若能做到"知其白，守其黑"（《老子》第二十八章）迟早会得到层次的提升。至于"不息之贞"，为言修道信念的持续，为层次提升的保障。不息，意为不停息，不熄灭，指信念的持续性。

**靖　芬**：道家最重要的两个概念：老子的"反"、庄子的"化"。陈抟曾说过："故修玄无别法，只须冥心太无，体认生身受命之处，而培养之、扶植之、保护之而已。故曰归根、曰复命，要不出冥心凝神四字。所以必欲冥心凝神者，盖观法于天地而自得也。"是以冥心凝神为修道之要，他的《无极图》中之"炼精化气""炼气化神""炼神还虚""五气朝元""取坎填离"也是人道之修炼，意即人如何超凡入圣，端赖"化"之工夫。陈抟在《胎息诀》中说：夫道化少，少化老，老化病，病化死，死化神。神化万物，气化成灵，精化成形。神气精三化，炼成真仙。透过精气神三种药物的化合，方得逆反无极大道。这个炼神还虚，复归无极的过程，乃一切归于虚空，融为圆明，复归于最初也最终的本源状态，《周易》原始反终之奥义也在于此，表与道合真，天人合一。鲲化为鹏之寓言，虽暗示修道已成，但尚未合道，要能由化而反，返璞归真才是真正的逍遥游。

### ［综论］

**林文钦**：上六自身柔弱，能力有限，却上升到了极点。这对于他是很不利的，由于过度地追求升进，达到了如痴似狂的地步，已经成为了一种"妄求"，以致把自己搞得头昏目眩，昏昏沉沉，摇摇欲坠，大有随时会垮下来的态势。这里，在升进的过程上，又一次表现出了《周易》中正、适度的原则。一个人的能力有大有小，只要心地纯正、善良，在事业方面有一种孜孜以求、不断上进的精神也就可以了，完全不必追求形式上的"高位"。这就是"利于不息之贞"，以如此精神和心态去对待事业一定有利。此爻还告诫人们在追求升进的道路上，务必要有节制，注意劳逸结合，力量不可使尽，精神不可耗尽，以避免后劲不足，中途夭折。可是，如果鬼迷心窍，痴迷于形式上的升进，即谋取高位，就像上六那样，自不量力，强行追求，超越了自身的承受能力，以致精神状态达到了崩溃的边缘，到头来必然会落得悲惨的结局。尤其对于大多数的人来讲，才能毕竟有限，根本不适于进入"高位"。但是，他们中间总有那么一部分人缺乏自知之明，一味地削尖了脑袋向上钻营，必然会走向反面，搞垮自己，"消不富也"（《象》），获得个鸡飞蛋打的可悲下场。从而告诫人们务必具有自知之明，不可为"利"而孜孜以求，在升进的途中，一定得保持中正、纯正、圣洁的心灵。

**靖　芬**：乾卦九四"或跃在渊"，蕴含着乾之内卦能量积累足够时即能飞龙在天，能量不足又回到潜龙之意。在渊之鲲，待其能量与条件具足时，即可抟扶摇而上九万里。通过一个修炼的过程，终于成道，得到智慧，这就是鲲"化"为鹏之寓意所在。

### 上六之冥

**叶秀娥：** 上六之冥有两种升到顶：1. 自然要知退、物极必反；2. 转换，从头开始升无止尽，百尺竿头，更进一步。从头开始，另一个境界阶段的开始，德不可止，善。第二种所言，正是鲲化鹏的意涵，呼应老师对《升》的诠释，生生不息。

**靖　芬：** "消不富"可从两方面来看：1. 从修道角度看：白玉蟾《道法九要·守分第三》："人生天地之间，衣食自然分定，诚宜守之。常生惭愧之心，勿起贪恋之想。富者自富，贫者自贫，都缘夙世根基，不得心怀嫉妒。学道惟一，温饱足矣。若不守分外求，则祸患必至。"2. 从境界看：庄子超越时空的自由境界，逍遥游之"道"就是人生往"消"的路上走，对于人的有限性我们要去消解，要"销尽有为累，远见无为理"。"遥"，是"引而远"，故逍遥指的是行动的自由。"逍"是功夫，"遥"是境界。

### 【讨论内容】

**靖　芬：** 老师透过《庄子·逍遥游》来说解升卦，在老师看来《逍遥游》主旨在于通过远大的视野获得精神之提升，从而拓宽心灵的自由度，这种视野也可以叫做"道"。从道的高度看世界，我们就可以超越日常的思维，深入到自己的内心，感受最真实的自己，最终进入圆融自在、无牵无挂的自由境界。

**元　融：** 升卦，最后一爻，上六，"冥升"；关键在于不息和消的联系。消，一般为阴长阳退；息，一般指阳长阴退。上六，"冥升"，到了上六，是容易出现昏昧的情况，爻辞，"利于不息之贞"，作为上六，和九三有应，这个时候不可任由阳进，四阴二阳，是阴爻的底线，故言，"利不息之贞"。《象传》又从反面做了强调，九三阳消的情况出现，下卦巽象消失，巽为近利市三倍，故不富。

升卦，结合六五，"贞吉升阶，大得志也"。升卦，难得太平景象，萃卦如果看作阳爻得时位，凝聚群阴，那么升卦可以看作阳爻下位得中，守中忍耐，静待天时之象。上六提示在上位的阴爻，不可被胜利冲昏头脑，保持能量的决定态势为好。

（整理者：贡哲　中国人民大学哲学院硕士生）
（本卦校对：张云飞　中国人民大学艺术学院硕士生）

时　　间：2016年09月05日21：30 — 22：43
导读老师：于闽梅（中国青年政治学院副教授）
导读老师：寇方墀（独立学者，师从余敦康先生学易多年）
课程秘书：孙世柳（中国人民大学哲学院硕士生）

豪饮寂寞　如饮美酒

——困卦卦辞明解

## 47 困卦

坎下兑上

【明解文本】

困：亨，贞，大人吉，无咎。有言不信。

《彖》曰："困"，刚掩也。险以说，困而不失其所，亨，其唯君子乎！"贞，大人吉"，以刚中也。"有言不信"，尚口乃穷也。

《象》曰：泽无水，困。君子以致命遂志。

【讲课内容】

**寇方墀：**困卦为《周易》第47卦，承接升卦而来。在解读卦义之前，我们还是先来对卦名稍作一下分析。"困"字，大家都很熟悉，困乏、困顿、困穷、受困等等，此字给人总的印象是没力气、受拘束、不自由，然而造成这些结果的原因是什么，尚需用心分析，而我们汉字的奇妙之处就在于越分析越有滋味，对于"困"字的理解将有助于对卦中各爻的理解。

　　"困"字甲骨文的写法是：。清代段玉裁《说文解字注》解释"困"字："故庐也。庐者二亩半一家之居，居必有木"，意思是"困"是指住了有些年月的家园房舍，称"故庐"。房舍的主人在周围四面墙下种上桑树，"自有旧田庐令子孙勤力其中也"，让子孙守住祖业，勤力于其中。这样说来，"困"就有保守、守成的意思在其中了。细体味"困"

字，有所守，就会有所困。有外来之"困"，有内在之"困"，外来之"困"易知，内在之"困"难解。

我们来看一下"困"字的引申义。《说文解字注》云："困之本义为止而不过，引伸之为极尽。"因此，"困"的一种异体字写法为：朱。

从字形上来看，是止于木，或为木所止。后来，"困"引申为极尽。例如《论语·尧曰》中有一段尧对舜说的话："天之历数在尔躬，允执其中，四海困穷，天禄永终。""四海困穷"，是指君德充塞宇宙，与横被四表之义略同。包注曰："言为政信执其中，则能穷极四海，天禄所以长终也。"凡言困勉、困苦皆极尽之义。（参见《说文解字注》卷六口部）这个解释，在刘宝楠《论语正义》中可以看到，"包曰：'允，信也；困，极也；永，长也。言为政信执其中，则能穷极四海，天禄所以长终。'"朱熹《四书章句集注》则解释此句为："四海之人困穷，则君禄亦永绝矣"。可见，"困"既可解为囊括穷极，亦可解为困穷无路；"终"既可解为"长终"，亦可解为"永绝"。汉字字义这种正反一体的特征蕴含着易道思维：事物的阴阳两面总是相伴相随，祸福相因，吉凶相循，极而必反。明白了这个道理，就能预判趋势，立身决策。把握了这个规律，面对外在境遇的变化，就会有"得之何欢，失之何悲"的超拔心态，则"困"而何惧哉？在对六十四卦的解读中，我给每个卦起了一个小标题，困卦的标题是"困：豪饮寂寞当美酒"。

在分析过卦名之后，我们来看卦象。困卦的卦象是坎下兑上，水在下，泽在上，为什么这样的卦象被称作困？我们来看《序卦传》的解释：

**升而不已必困，故受之以困**

[译文]《序卦传》说："上升不已必然受困，所以在升卦之后是困卦。"

[解读]事物上升是由下向上行进，由下向上是要消耗气力的，如果一直上升不已，终会有力竭气乏的时候，以致疲惫不堪，所以在升卦之后是困卦。困有疲惫、困乏、穷极、困顿之意。从卦象看：坎为水，兑为泽，水本来应该在泽中，现在却落到了泽下，说明泽中已经枯竭无水，因而有困乏之象。从爻象看：上卦两阳爻被一阴爻所掩蔽，下卦一阳爻被两阴爻所围困，是君子被小人所困之象。从卦德看：坎为险，兑为悦，意指虽陷于坎险之中，却仍以欣悦面对，象征着君子纵然在穷困之中，仍然能够保持乐观积极的心态。

下面再来看卦辞、《彖传》：

**困：亨**

既然是困，如何会亨？

朱熹："处险而说，是身虽困而道则亨也。"意思是，如果能像困卦所示"险以说"，那么就算身困，但道仍然可以通达。

孔颖达："小人遭困，则'穷斯滥矣'。君子遇之，则不改其操。君子处困而不失，其自通之道，故曰'困，亨'也。"意思是说："君子固穷，小人穷斯滥矣。"君子可以固守困穷而不失其操守，小人处穷就会胡作非为。能处困而不失的是君子，最终必有自通之道。程颐："如卦之才，则困而能亨。"意思是若如卦才所示"险而悦，刚中而应"，那么即便处困也必能亨通。李光地："'困亨'者，非谓处困而能亨也。盖困穷者，所以动人之心，忍人之性，因屈以致伸，有必通之理也。"李光地的意思是，不是说处于困穷而能亨通，而是说困穷中的人能够动心忍性，增益其所不能，屈久而致伸，最终有其通达的道理。

不再多举例。综上几位《易》学家所言，处困之时，亦可致"亨"。"亨"有两种结果：道亨、人亨。同时，无论人是否能亨，皆不可失其道，"道亨"是卦之深义，能"道亨"者为"大人"。

**大人吉，无咎**

孔颖达："处困而能自通，必是履正体大之人，能济于困，然后得吉而'无咎'。"朱熹："二五刚中，又有大人之象，占者处困能亨，则得其正矣。非大人其孰能之？故曰贞。又曰大人者，明不正之小人不能当也。"程颐："且得贞正，乃大人处困之道也，故能吉而无咎。大人处困，不惟其道自吉，乐天安命，乃不失其吉也。"

综上所言，大人之所以吉而无咎，是因为大人能够履正体大、刚中而正、贞正不失，因而不失其吉。

**有言不信**

孔颖达："处困求济，在于正身修德。若巧言饰辞，人所不信，则其道弥穷。"朱熹："戒以当务晦默，不可尚口，益取困穷。"程颐："当困而言，人谁信之？"李光地："夫子以'尚口乃穷'解之，以'信'字对'穷'字，则'信'字当为'屈伸'之'伸'。"

综上几位易学家所言，处困穷之时，最好少说话，因为，处在困穷的时候，没有人会相信，因此少说为好，免得惹下更多麻烦。或者说，即便发出声音来申辩，毕竟处于困穷，得不到伸张。

卦辞译文如下：

[译文] 困：亨通。守正，大人吉祥，没有咎害。说出来的话未必有人相信。

《彖传》说：困，阳刚被掩蔽。危险之中仍能心存喜悦，困顿之时依然不失操守，"亨通"，大概只有君子才能做到这样吧！"守正，大人吉祥"，是因为阳刚之德存于心中。"说出来的话未必有人相信"，此时崇尚言辞争辩就会导致更严重的困厄。

[解读] 阳刚被欺压、掩蔽，君子处于困境之中，处困而能"亨"，才算得上是真正的"大人"。宝剑锋从磨砺出，困境是对人格信念的磨炼与考验，君子"险以说"，在险

难之中信念坚定，乐天知命，不悲观丧志，不怨天尤人，以刚中的德行贞守正道，坚忍性情，以待转机。在处于困境中时，言行要警惕谨慎，尽量少发表意见和言论，因为在困顿之时的言论不但不会有人相信，有时还会给自己带来更大的厄运。要懂得随时善处，等待脱困之日。

[例解] 唐代诗人罗隐在其《筹笔驿》一诗中写道："抛掷南阳为主忧，北征东讨尽良筹。时来天地皆同力，运去英雄不自由。千里山河轻孺子，两朝冠剑恨谯周。惟余岩下多情水，犹解年年傍驿流。"这首诗描写了诸葛亮的一生，其中"时来天地皆同力，运去英雄不自由"描述了时运来时风云际会、诸事顺利，而当运势去时，英雄被困，无法施展抱负，表达了对诸葛亮功业未成的遗憾。

那么，处于"困"的时势下，英雄当如何自处呢？我们来看《象传》。

[译文]《象传》说：泽中无水，象征着困穷；君子看到这样的卦象，于是在人生处于困穷之时，以有限的生命去追求崇高的理想，实现自己的志向。

[解读] 泽中无水，是困乏之象。自古以来，受困而不能脱身的君子，在患难之中，不会动摇内心坚守的原则和志向，将良知、道义、责任作为自己价值追求的终极目标，将生死置之度外，以有限的生命去完成自己的使命与责任，虽身困而志亨，以追求内心崇高的理想，实现自己的志向。

何谓"致命遂志"？

来知德援史证曰："患难之来，论是非不论利害，论轻重不论死生。杀身成仁，舍生取义，幸而此身存，则名固在；不幸而此身死，则名亦不朽：岂不身'困'而志'亨'乎？身存者，张良之椎，苏武之节是也；身死者，比干、文天祥、陆秀夫、张世杰是也。"读来氏的这段文字，有一股悲壮之气，这正是历史上的英雄志士用生命所追求的气节，身虽困而志亨，"时穷节乃现，一一垂丹青"，他们是"贞，大人吉"。

我们处在和平年代，遇到的"困"往往不会是性命攸关的生死困境，那么又如何理解和践行"致命遂志"呢？

《说卦传》中言"穷理尽性以至于命"。命，是人与天地万物共有的本体，是道德修养所追求的最高目标。就本原意义而言，人莫不有命、有本体，但基本处于不自觉的蒙昧状态。

穷理尽性若能做到极处，则至于命。向外穷理以求自己的智慧通达睿智，有如天之高明；向内尽性以求自己的人格气象恢宏，有如地之博厚，这就达到了天人合一的最高境界，是人性的完满实现。

**【讨论内容】**

秦凯丽：　困，君子开开心心地、坚强地、坚守正道地度过困难之时。

姚利民：　这让我想起王阳明屡次处于困境，最终成就心学。

温海明：　再困也要自得其乐，别人不信自己也无所谓。越困越要天人合一。

郑　静：　"日用而不知"，困于蒙昧，因而必须在穷理与尽性两方面下功夫，通过一番向外穷理、向内尽性的修养功夫，才能回到自己精神的本原，以合内外之道。

温海明：　越困越要悟合内外之道。

裴健智：　越困越淡定。寇方墀老师，致命就是至于命？

寇方墀：　"致命遂志"有多种解释，有授命、舍命之说，而对于和平时期的大众来说，致命当为达至天命，修德为要，现代社会不轻言舍命。

（整理者：王璇　中国人民大学哲学院硕士生）

# 困于幽谷　隐遁难出
## ——困卦初六明解

时间：2016年09月06日21：30 — 22：42

**【明解文本】**

初六：臀困于株木，入于幽谷，三岁不觌。

《象》曰："入于幽谷"，幽不明也。

**【讲课内容】**

寇方墀：　昨天我们讲了困卦的卦名、卦辞、《彖传》和《大象传》，了解到困卦的卦时为困穷之时，并看到卦辞中一句掷地有声的话"困而不失其所，亨，其唯君子乎"。君子处困，不会失掉他的气节和操守，无论自身境遇和结局如何，必能使"道亨"，是谓"困：亨。"

君子若能以刚中自守，正而不失其则，且能脱困而亨通，就称得上是"大人"，可获吉祥。这里能够看到中国古人对修身次第的理解，普通人不断修身进德可成君子，君子进德修业到更高的境界可望成为大人。

接下来，进入对六爻的解读，困卦各爻围绕不同的位分和不同形式的困局来讨论在相应情况下如何自处的问题。

我们来讨论困卦初六爻。先看爻象：初六阴爻居于困卦之下，是阴柔无能力、无地位者，柔弱卑下，且在坎卦之初，坎为险陷，说明初六处境凶险。同时，从初六自身角度来看，居坎之初，初六本身也带有危险性。初六向上可与九四相应，但在困卦之时，各爻均被各种原因所困，九四居位不正，失位亦困，不能拯救初六。初六本可就近与九二相比，但由于初六自身的原因，没有形成良好的互助。

接下来我们看爻辞，并对上述判断作进一步阐述：

**臀困于株木**

王弼《周易注》："最处底下，沉滞卑困，居无所安，故曰'臀困于株木也'。"

孔颖达《周易正义》："初六处困之时，以阴爻最居穷下，沉滞卑困，居不获安，若臀之困于株木，故曰'臀困于株木'也。"

朱熹《周易本义》："臀，物之底也。困于株木，伤而不能安也。"初六以阴柔处困之底，居暗之甚，故其象占如此。

黄寿祺《周易译注》："臀部困在株木下不能安处，只得退入幽深的山谷，三年不见露出面目。"

以上几种说法，没有太大的差别，认为初六的处境阴柔处于最卑下之地，如同臀部困在株木下。

什么是"株木"？

程颐《程氏易传》云："无枝叶之木也"。初六坐在没有枝叶的秃木桩下，得不到荫庇和保护。

那为什么说到初六会用到"臀"这个象呢？

其他的卦，往往在最下边的是足（剥卦）、拇（咸卦）、趾（鼎卦），很少以"臀"象之。夬卦九四和姤卦九三曾有"臀无肤，其行次且"之辞。

李简《学易记》："居则臀在下，故《困》初六言臀，行则臀在中，故《夬》《姤》三、四言臀。"

李光地《周易折中》引张清子的话说："人之体行则趾为下，坐则臀为下。初六困而不行，此坐困之象也。"

可见，困卦取象，是一个坐着的人，夬卦和姤卦虽然走路趑趄难行，但至少在走，困卦则坐在那里连迁移挪动都困难。

### 入于幽谷，三岁不觌

（帛书《周易》在"不觌"下有"凶"字）

王弼《周易注》："进不获拯，必隐遁者也，故曰'入于幽谷'也。困之为道，不过数岁者也，以困而藏，困解乃出，故曰'三岁不觌'也。" 王弼的解释是说初六得不到拯救，于是主动隐遁，知道受困终有时日，数岁后时势变迁，终有脱困之日，于是自藏于幽谷之中，不出世，待困境缓解再出来。

孔颖达《周易正义》："'入于幽谷'者，有应在四，而二隔之，居则困株，进不获拯，势必隐遁者也，故曰'入于幽谷也'。"孔颖达的意思是说，初六进不能获得拯救，居又困于株木，只好隐遁不出。

再看一条李光地《周易折中》的解释："《诗》云'出于幽谷，迁于乔木'。初不能自迁于乔木，而惟坐困株木之下，则有愈入于幽谷而已。阴柔处困之最下，故其象如此。在人则卑暗不能自拔者。言'臀'者，况其坐而不迁也。" 李光地的意思是说：《诗》中有"出于幽谷，迁于乔木"的句子，鸟儿能从幽谷中飞出，迁到高高的大树上。然而初六自身卑暗不能自拔，没有能力或是根本就没有意识迁出困境。 那这个"三岁不觌"，就是别人三年不见初六露面了，表示其受困之深。《象》中的"幽不明也"，是描述初六的处境幽暗不明，或者说是初六的处所幽暗不明。

那么，初六被困，难道只是由于外在原因吗？

程颐《程氏易传》："阴柔之人，非能安其所遇，既不能免于困，则益迷暗妄动，入于深困。"

马振彪《周易学说》引李光地曰："卦以刚掩为义。唯刚者能处困，柔者不能也。盖君子之困，为时之穷，小人则往往自取之而已。"

应该说，有时人之受困是迫于外在境遇，但往往也因自身对于大道的理解、判断、选择能力欠缺，见识短浅、迷暗不明所致，因而不但使自身受困，有时还会因阴柔卑暗而困缚他人，遂使自身陷入更深的困境之中。

初六爻辞、《象传》翻译如下。

[译文]初六：臀部困在没有枝叶的树木之下，入于幽深的山谷，多年不见露出面目。《象传》说："进入幽深的山谷"，那里幽暗不明。

[解读]株木：没有枝叶的树木。"臀困于株木"是坐在没有枝叶的树下，得不到荫护和援助，这里指初六阴爻居于困卦最下，又在下体坎险之下，如同入于幽谷一般困顿不能出。初六本可以与九四相应，而九四在困卦上体，被上六所遮掩，不能够为初六提供庇护。

阴柔处下的初六没有能力从困顿中解脱，多年见不到天日，没有人发现。在卦象中，初六得不到九四援助，还可以上承于阳刚的九二，但在困境中，九二被初六和六三所困，这也是初六不能守正，不明事理所致，竟意欲与六三围困九二，这样反而使自己在困境中越陷越深。

[例解]《论语·宪问》中记载：公伯寮在季孙面前毁谤子路。子服景伯把这件事告诉孔子，并且说："季孙虽然已被公伯寮迷惑了，但我的力量还可以把公伯寮杀了陈尸街头示众。"孔子说："大道如果将会实行，这是天命；大道如果将被废止，这也是天命。公伯寮能把天命怎么样呢！"公伯寮是孔子的弟子，他在季孙面前毁谤同学子路，鲁国大夫子服景伯因此打抱不平，要帮助孔子除掉这个害群之马。可孔子却不同意。孔子的意思是说，我们所奉行的是治国平天下的大道，能不能行得通，自有天命主宰。这里的天命实际上就是事物发展的规律，至于公伯寮个人的捣乱，是起不了什么作用的。所以，孔子并不同意对公伯寮采取过激的行动。这个公伯寮在暗地里做这样毁谤害人的事，说明他自身也困在卑暗中，竟欲围困阳刚君子，自身的处境就如同困卦初六"幽不明也"。

## 【讨论内容】

### 【所待之困】

寇方墀： 卢梭说："人生而自由，却无处不在枷锁之中。"每个人都困于某种东西，我们依赖于什么，往往就受困于什么。庄子所说的逍遥游，是无所待的自由。

闫睿颖： 越在乎什么，就越被什么所伤。

寇方墀： 列子御风而行，他依然要依赖于风。我们所依赖的，甚至是所借以自豪的，往往是我们受困最深的，受困而不自知，是为真困。

温海明： 在乎什么，就被什么困住。

姚利民： 执着什么，就受到什么困惑。

温海明： 无处不在枷锁中，如幽闭在深谷之中，困于枯木林里。

闫睿颖： 走出枯木林，还得耐心等待。

寇方墀： 今天的初六受困很深，一来是处境低下，二来是自身阴暗而不能明理。自困而又困人，入于幽谷，三岁不觌。有的人，一生不觌。明天，我们看看地位和处境都大不一样的九二，它又困于什么？

陈鹏飞： 初六脱困不易，只能依靠自己，慢慢提升。

于闽梅： 三岁不觌，困于幽谷，多年见不着一个人，被迫做隐士。这就是初六的困境。

### 【臀之喻】

孙世柳： 《困》的初爻对应人体部位的解释很有意思，以前没注意到这个解法的差异。困的关键还是内在于己，俗话说，自助者天助。

王力飞： 困境很多都是自己进入的。

裴健智： 臀一般不出现在初爻。

温海明： 四位为臀。

王力飞： 三位有时也为臀。再往上，腰，背，头。

裴健智： 因为三位或四位为臀，同时互巽为木（三爻到五爻），所以在初爻的时候臀是被困于木之中的。

孙世柳： 咸卦明显。

裴健智： 三年在这里是哪三爻？

王力飞： 围，是爻的范围，不是周长。

裴健智： 没有固定位置，大体是三爻、四爻。三年是指初六到六三的三爻吗？

于闽梅： 臀部象征着虽然被困的不是头或脚那么重要，但导致整体被卡住了。

## 【"三岁"】

王力飞： 三为众，为多。

温海明： 否变困，上九经三爻到二位，三年。

王力飞： 初六，起始即掉坑里了。

孙世柳： 古文在计数上，总会有虚指的用法。

王力飞： 阴爻有虚的意味。

于闽梅： 多年，但《周易》占卦时有时解卦时可为实指。

孙世柳： 泛指一段时间如何区分？

王力飞： 指相对较长的一段时间。

裴健智： 我觉得这应该是两句话，"臀困于株木"，从爻位上讲，六三、九四为木所困，所以在初六有臀为木所困之象。然后讲到初六到六三为坎象，坎为幽谷，坎卦就在三爻之间，故为三年。《象传》"幽不明也"，就是处于幽谷之中，暗无天日，有坎象没有离象。

（整理者：张馨月 中国人民大学哲学院硕士生）

# 体刚济险 处困用谦
## ——困卦九二明解

时间：2016年09月07日21：30 —— 22：30

## 【明解文本】

**九二：困于酒食，朱绂方来。利用享祀。征凶，无咎。**

《象》曰："困于酒食"，中有庆也。

## 【讲课内容】

**于闽梅**：九二，朱绂（fú），也叫蔽膝，指祭祀用的红围裙。顾不上吃吃喝喝，就等这个，只有把它送来，才能举行祭祀。此行虽然凶险，但好在无大患。"三年"虽然在古汉语中为"多年"之意，但《周易》中有时是不按规则的，三年可能就是三年。现在讲个跟本卦九二有关的事。清朝江慎修写的《河洛精蕴》记述了一件事：有个书生想知道科举考试结果，自占一卦，"困"之九二。九二既说"征凶"，又说"无咎"，真是吉凶难料。最后考试结果出来，排名在他前面的是"朱绂"，而跟他后面的是"方来"，两个姓名都在九二爻辞中，让人叹息"《周易》之巧应竟然如此"。

**寇方墀**：我们先来看爻象：九二爻以阳居阴，处于下卦坎体中位，向上与九五不应，向下虽与初六有相比的条件，但初六困于幽谷，九二亦心无所私。以阳居阴，说明九二质刚而用柔，居困之时，有阳刚健进的品质，有济险出困的能力，处事不急进，有柔和的态度，这种态度是适宜的；居于中位，说明九二处事中道，行事谦和；无应无私，说明九二无所依傍，也无所牵系。这些都使得九二看上去没那么"困"，那么，困住九二的是什么呢？

我们看爻辞：

"困于酒食"，从象上解，尚氏言："坎为酒食，需九五需于酒食是也，二居坎中，故困于酒食。"坎为水，为血，亦可为酒，比如前面所学需卦的九五爻居于坎体之中，爻辞为"需于酒食"，与需卦九五相类，困卦九二亦居于坎体之中，可得出九二"困于酒食"之象。

从义理上来解：孔颖达《周易正义》："困于酒食"者，九二体刚居阴，处中无应。体刚则健，能济险也。居阴则谦，物所归也。处中则不失其宜，无应则心无私党。处困以斯，物莫不至，不胜丰衍，故曰'困于酒食'也。"孔颖达的意思是说，九二自身条件很好，因此前来归附九二的人很多，所获得的物资也很丰富，酒食不在话下，然而这恰恰成为困住九二的"酒食"之困。

朱熹《周易本义》："酒食，人之所欲，然醉饱过宜，则是反为所困矣。"朱熹说，酒食吃喝太多了，反而被这些优厚的物质条件给困住了。就像当今社会，物质极大丰富，人们却容易陷入过度的物质消费，大吃大喝，既对身体有害，也容易使人变得不思进取，贪图享乐。

李光地《周易折中》："小人以身穷为困，君子以道穷为困。卦之三阳，所谓君子也。所困者，非身之穷，乃道之穷也。"李光地的意思是说：小人为饮食发愁，以身穷为困，一旦生活条件变好，就满足于酒食之欲，没有更高的追求，甘心困在物质层面。君子之困，是以道穷为困，箪食瓢饮，不能失其乐，酒食丰盛，不能改其忧。九二是君子，酒食丰盈，反而消磨了意志，成为困住他的枷锁。

"朱绂方来"，朱绂是古代作祭服的蔽膝，缝于长衣之前，为祭服的服饰，周制帝王、诸侯及诸国的上卿皆着朱绂。这里代指得到爵禄。

九二为何会得到朱绂？朱绂由哪来？诸家各有解释：孔颖达《周易正义》："绂，祭服也。坎，北方之卦也。朱绂，南方之物也。处困以斯，能招异方者也。故曰'朱绂方来'也。"

《周易本义》："朱绂方来，上应之也。"《诚斋易传》："坎为赤，故为'朱绂'。""朱绂方来"，言自来，非往求也。《来氏易注》："九二以刚中之德，当困之时，甘贫以守中德，而为人君之举用，故有'困于酒食，朱绂方来'之象。"

综上，表达了这样几个信息：（1）孔颖达认为，由于九二有良好的品质和德行，因此能召来异方的响应，居于北方而能得到南方的朱绂；（2）朱熹认为，朱绂是九五送来的爵禄；（3）杨诚斋认为，爵禄自来，不是九二求得的；（4）来知德认为，九二处困穷之时，因守中德，所以得到人君的举用，与朱子之解大体一致。可见，九二是一位刚中守柔的君子，不求爵禄，而爵禄自来。

"利用享祀"，各家的解释不再列举，意义相近，从字面义便可得知，得到朱绂不可独自享用，要用于祭祀，祭则受福，程颐更强调了至诚之德，当以之感通于上。《周易折中》说："用此酒食以享之，喻所得之爵禄，不敢以之自奉，而以为竭诚尽职之具也。《书》曰：'予不敢宿，则禋于文王武王。'"

分歧出在接下来"征凶，无咎"这句话。这句话可解为：向前进取有凶险，但没有咎害。（朱熹、来氏）也可解为：居困之时，不安其所，失刚中之德，向前进取而遇到凶险，这又能怪谁呢？（王弼、程颐）还可解为：是求是往，都是我自愿的，即便是凶，我也不怪谁。（杨诚斋）大家可以自己判断一下，哪种说法更符合语境。杨诚斋还有更提气的话："君子病不困尔，困何病哉？"君子就怕没有机会受困，困又有什么可怕的呢？真是豪气干云！

再来看《象传》：困于酒食，因为有中德，所以会有福庆。各家无异义。《周易折中》中的一段话摘录于此，供大家参考："所困者，非身之穷，乃道之穷也。故二、五则'绂'服荣于躬，四则'金车'宠于行。然而道之不通，则其荣宠也，适以为困而已矣。然荣宠亦非无故而来，神明之意，必有在焉。惟竭诚以求当神明之意，则终有通时矣。故虽当困之时，'征'行必'凶'，而其要'无咎'也。"

我们来对爻辞、《象传》进行一下白话翻译。

[译文] 九二：困在酒食之中，朱红色的官服刚刚送来，利于用来进行祭献，进取就会凶险，没有咎害。《象传》说："困在酒食之中"，守中道就会有福庆。

[解读] 朱绂：古代礼服上的红色蔽膝，指官服。九二刚爻困于初六和六三之中，陷入了困境。小人是以潦倒贫穷或自身利益得不到伸张为穷困，而君子无论身体是在什么境况下，是以道义不能伸张为穷困。九二居大臣之位，并非衣食缺乏，而是因报效天下苍生的志向得不到实现而深觉困顿，丰厚的酒食成为了麻痹和捆束志向的绳索。九二以阳刚中道坚守赤诚，得到同样有刚中之德的九五的赏识，"朱绂方来"，任命刚到，九二不敢以自养，而是用在尽职尽责上。九二能够在受困之时，安守自处，没有妄动失节，终于等来了九五的任命相求，因而不会有咎害，君子之道得以亨通，保持中道就有福庆。

[例解] 晋国的公子重耳因遭骊姬陷害而流亡各国，当重耳流亡到了齐国，齐桓公厚礼招待他，把家族中的一个少女齐姜嫁给他，并送他车马居所。重耳因此感到很满足，在齐国过上了安逸的生活。后来，齐桓公去世，易牙等人发起内乱，齐国内忧外患失去了霸权。这时重耳已经在齐国住了五年，爱恋在齐国娶的妻子，慢慢放弃了恢复君位的愿望，也没有离开齐国的意思。有一天重耳的随从赵衰、狐偃在一棵桑树下商量离开齐国的事。齐姜的侍女在桑树上听到他们的密谈，回去后偷偷告诉了齐姜。齐姜竟把侍女杀死，劝告重耳赶快走，重耳贪恋齐国的生活不肯离去，齐姜就设计用酒灌醉了重耳，让赵衰等人用车载着他离开了齐国，等重耳醒来已经离开齐国很远了，已不可能回齐国去，于是忍痛割爱，脱离了酒食安居的困境，踏上了归国图强的道路。

《来氏易注》也举了一个例子，即孔明之事。"困酒食"者，卧南阳也；"朱绂方来"者，刘备三顾也；"利用亨祀"者，应聘也；"征凶"者，死而后已也；"无咎"者，君臣之义无咎也。


【讨论内容】
【"征凶"】
　裴健智：　困卦从否卦变来，否卦的上九移动到困卦的九二，故为"方来"。这是一个卦变的体系。这样解释的话也是从外而来。

**寇方墀：** 用这种卦变的方法也是解《易》的一个路径。

**裴健智：** "征凶，无咎。"征凶就是指前面的困于酒食。无咎，指前面的利用亨祀。个人的一些想法。

**于闽梅：** 红围裙这个祭祀用的东西很重要，困卦九五再次提到了这个意象。如果是庄子，他会回答说：你俩都不是鸟，怎能知道鸟在想什么。每爻都是"困于……"的句式，心总是悬在半空中。吃鱼时卡到刺时，就是"困于酒食"。

**裴健智：** 《尚书》里面有周王朝拿商朝饮酒的事情来告诫诸侯，不要耽于饮酒，可以用于祭祀。

**姚利民：** 明白了，酒食为甘露，迷途中，酒食为火宅。

**裴健智：** 跟这里可以吻合。不能过度饮酒作乐，但可用于祭祀。

**于闽梅：** 喝酒喝到吐血挂瓶，吃得太多到医院开消化药，都是"困于酒食"。

## 【征　吉】

**于闽梅：** 困卦，在升卦的后面，正如《序卦传》所言："升而不已必困，故受之以困"。升得过度，就是有六大困：屁股太大被树枝挂住、吃得太多要抢救、高处山石太凶险、马车太笨重、削鼻截足不得志、最后是被藤蔓拖住。因为升卦讲的是不断进取、攀登，越来越高，高处不胜寒，困卦就讲如何被困，

**裴健智：** 不利前进。

**于闽梅：** 这一卦都是困。是的，困卦就是一个悬着的心。好在最后还算顺利（无咎，有终），最后由九二的"征凶"走向上六的"征吉"，终于让人松了一口气。每一爻都比上一爻被困得更厉害、严重，最后则是被野葛的藤蔓缠绕，动一下都很危险，要多难受有多难受，好在以"征吉"这两个字告终，悬着的一颗心终于放下来了。解的办法说是兵来将挡，水来土掩，戒攻，以守为主。

（整理者：黄仕坤　中国人民大学哲学院硕士生）

# 自身遭困 亲族罹难
## ——困卦六三明解

时间：2016年09月08日21：30 — 22：30

【明解文本】

六三：困于石，据于蒺藜，入于其宫，不见其妻，凶。

《象》曰："据于蒺藜"，乘刚也。"入于其宫，不见其妻"，不详也。

【讲课内容】

**于闽梅：** 《左传》中记载了一个跟六三有关的很有名的故事。权臣崔武子看到齐棠公的妻子棠姜很美，当时棠姜刚刚新寡，崔武子为此占筮，得到困卦之大过卦，就是变爻是困卦的六三变成大过卦的九三。占卜的史官都说还算"吉利"。但陈文子说："为石头所困，前去不能成功。守在蒺藜中，会被刺伤。走进屋，不见妻，凶，这意味无所归宿。丈夫跟从风，风坠落妻子，不能娶的。"崔武子说："她是寡妇，有什么妨碍？死去的丈夫已经承担过这凶兆了。"于是崔武子就娶了棠姜。但还是面对一种"入门不见妻"的状况，原来棠姜跟齐庄公还有奸情。崔武子最后的结局很惨，犯下弑君的重罪。这是《左传》中较有名的一个卦。

**寇方墀：** 这爻是困卦中最惨的，六十四卦三百八十四爻中，论惨的程度，这爻数得上一二。

《周易》有四大难卦：《屯》《坎》《蹇》《困》。一、《屯》之难，在于初生之难，"刚柔始交而难生"，天造草昧，阳气微动于险难之中，力量太弱，前途未卜，一切刚刚开始，需要内强素质，建立秩序，要经历成长的艰难。二、《坎》之难，在于前行道路上的重重险阻，沧海横流，险难迭至，需要有坚定的信念，至诚向前，不断习练本领，德才兼备，勇于实践，渴望脱离险境，最终渡过险难。三、《蹇》之难，在于前有大河挡住去路，后有山峦崎岖难行，处境艰难，打不开局面，可谓进退维艰，而自身又是一个跛脚，行路的能力明显不足。因此，此卦与坎卦不同之处是"见险而能止"，行动就会遇到蹇难，"往蹇"，不如回来反身修德，培养德能，安于守内，则有"来誉""来反""来连""朋来""来硕"之吉。四、《困》之难，在于外在事物的束缚，不能自由施展志向抱负，不能立身弘道。身体被困，是显在的困，道仍可在心志中亨通，若心志被困，则困而难解。因此，困卦《象传》言"君子以致命遂志"，志者，心之所之。心能解除束缚，脱离困境，则"遂志"

为亨。四大难卦各有所难，遍观四卦二十四爻，其凶难程度几无出于困卦六三之右者。屯上六"乘马班如，泣血涟如"、坎卦上六"系用徽墨，置于丛棘，三岁不得，凶"、蹇卦六二"王臣蹇蹇，非躬之故"这几个卦中最难的一爻，也只是该爻本身遭遇艰难，而困卦六三除自身境遇困难，还颇有些连累亲族罹难的意味。

我们来看爻象：六三以阴柔之质居于阳位，质柔而用刚，在困之时，这是最不应采取的行为方式。处在下卦坎体之极，说明处于险极。前有九四阳刚之爻，挡住前行的道路。后有九二之阳，六三自身有乘刚之险。向上与上六无应，说明外无救援。前进不得，后退不能，内无能力，外无应援，六三的处境可谓凶险困穷之极了。

我们来看六三爻辞的描述，很有画面感。

[**译文**] 六三：被前方的巨石困住，后面又踩在蒺藜丛棘之中。退回到家里，见不到他的妻子，凶险。《象传》说："后面踩在蒺藜丛棘之中"，是因为凌乘在阳刚之上。"回到家里，见不到他的妻子"，是不祥之兆。

我们来看看各家对爻辞的解释。

以象解。《周易尚氏学》："巽为石，坎为蒺藜。三前临巽，故困于石。下据坎，故据于蒺藜。石坚刚不可入，蒺藜刺人，不可践也。巽为入，坎为宫，故入于其宫。巽为齐，妻者齐也。巽为伏，又上无应，故入宫而不见妻也，象而如是，凶可知也。巽石象，宋邵雍用之，后儒怪骇，岂知焦氏易林，同人之小畜云：'戴石上山，步趹不前。'小畜上巽为石，下乾为山为首，石在首上，故曰戴石。"以象解的重点在解释爻辞中的事物是从什么卦象得来，上面的解释很形象地说明了这一特点。对于石的解释，将巽解为石，取《焦氏易林》中的林辞作为依据，小畜卦下乾上巽，以"戴石上山（山上面顶着块石头）"，乾为山为首，那么巽即是山头上的那块石头了。石、蒺藜、妻、宫，分别在象中找到了着落，说明了各物象的来由，以此体现"天垂象，见吉凶"，证明爻辞的合理性和权威性。

以义理解则大异其趣。

《周易正义》："'困于石，据于蒺藜'者，石之为物，坚刚而不可入也。蒺藜之草，有刺而不可践也。六三以阴居阳，志怀刚武，己又无应，欲上附于四，四自纳于初，不受己者也，故曰'困于石'也。下欲比二，二又刚阳，非己所据，故曰'据于蒺藜'也。'入于其宫，不见其妻凶'者，无应而入，难得配偶，譬于入宫，不见其妻，处困以斯，凶其宜也，故曰'入于其宫，不见其妻，凶'也。"

《程氏易传》："六三以阴柔不中正之质，处险极而用刚，居阳用刚也，不善处困之甚者也……进退既皆益困，欲安其所，益不能矣。宫，其居所安也。妻，所安之主也。知进退之不可，而欲安其居，则失其所安矣。"

上述两解更多关注于六三本身的时位德行，困是其时，三是其位，自身阴柔，行为却很刚强，向前得不到九四的庇护，向下又凌乘九二，外无应与，居无所安。这些后果既有外因，也有内因，外因是环境恶劣，进退失据，内因是质柔用刚，不善处困。

《系辞传》解释："非所困而困焉，名必辱。非所据而据焉，身必危。既辱且危，死期将至，妻其可得见邪？"说明六三自身行为不慎，立身行事错误，竟将自身走到了如此绝境，不该居处的地居处之，不该据有的事物而据有之，导致了凶险的结果。这就提醒人们，用舍行藏，知时进退，关乎身家性命，不可不慎。以象解和以义理解正好可以形成互补。

[解读] 六三以阴居阳，所居不正，虽质柔却有刚武的作风，在下体坎卦的极位，欲铤险冒进，但向上与上六无应，想要比附于九四，九四已经与初六相应，不但不提供帮助，反而成了挡在前方的巨石，坚硬难攀。求前进而不能的六三回身退拒，却凌乘于九二之上，形成了阴乘阳的危险局面，如同踩入了蒺藜丛棘之中，难以迈步；在这样穷困险恶的处境中，六三被牢牢困住，进退不能，只好回到家中，却见不到妻子，凶险。

[例解] 战国时期的赵武灵王原本是一位有胆识、魄力和作为的君主，在他的治理下，赵国迅速成为战国七雄中的强国。他宠爱一个叫吴娃的女子，为了让吴娃的儿子何继位，他废掉了二十岁的太子章，让年幼的何继位，即赵惠文王。他壮年退位后，称为主父。后来，又对太子章有了怜悯爱惜之心，欲请封太子章为代王，导致两个儿子开始明争暗斗，不断升级，最终在沙丘宫发生武装政变，太子章及其亲信被杀，宫人们纷纷逃离王宫以求活命，只剩下赵武灵王一个人被困在空荡荡的宫中，最终被饿死在了沙丘宫。

困卦六爻，皆处于困境，六三当为最困的一爻，达到了困的极致，每卦到了三爻至四爻间，便是局面开始转换之时，最困时，也就是走向脱困之时，正所谓当处于最低谷时，往哪里走都是向上。

**于闽梅：** 在外部环境极困的情况下，要尽可能地采取正确的处困方式，应谦柔处事，坚守待时，不应以柔犯刚，以身犯险。寇老师讲出了应对六三之困的好方法。

## 【讨论内容】
### 【"不见其妻"】

孙世柳： 《周易正义》讲，"无应而入，难得配偶，譬于入宫，不见其妻。"为何是凶，偶尔回家见不到夫人也是情理之中。"无应而入，难得配偶"可否继续深究义理呢？

于闽梅： 这里"不见妻"的意思，不是简单的回家看不到老婆，而是妻子跟别人在一起的一种委婉说法。

寇方墀：三多凶，比卦六三时，就有"比之匪人，不亦伤乎"，"伤"充满了感情，可见《周易》的作者也有一颗大慈悲心。朱熹解释："阴柔而不中正，故有此象，而其占则凶。"石，指四；蒺藜，指二；宫，谓三；而妻，则六也。

孙世柳：朱熹解很少用象，这一爻很难得清楚。

张　策：从象讲，坎为蒺藜，巽为石头。

于闽梅：尚秉和《周易古筮考》：纪晓岚先生幼时乡举，其师为筮，得《困》之六三。师曰："不吉。"先生曰："不然。《困》六三云：'困于石，据于蒺藜，入于其宫，不见其妻，凶。'见（现）吾尚未娶，何妻之可见，'不见其妻'者，莫之与偶也，恐中解元也。'困于石者'，或第二名姓名有石字或石旁也。"榜发，果第一，亚元则石姓也，第三名姓米，米字形象蒺藜。其神验如此。这也是"不见其妻"的一解。但有学者查了纪氏全集，没有看到相关记载，所以可能是尚秉和先生以讹传讹。

（整理者：李芙馥　中国人民大学哲学院博士生）

# 唯精唯勤　穷则通矣
## ——困卦九四明解

时间：2016年09月09日21：30 — 22：30

## 【明解文本】

九四：来徐徐，困于金车，吝，有终。

《象》曰："来徐徐"，志在下也。虽不当位，有与也。

## 【讲课内容】

寇方墀：昨天我们学习了困卦六三爻，今天可以松口气，由下卦走到上卦中来了。今天我就在想，我们一百年前的近代中国就好比昨天的六三，救亡图存是整个时代的主题，我们的传统文化在强大的冲击下几乎窒息。经过近几十年的奋发图强，国力强大了，文化开始有了复兴的势头，然而中国传统文化的真正复兴还面临着很多困难，"困于金车"，需要返本开新，解脱困境。今天是2016年9月9日，是当代哲学家汤一介先生逝世两周年的日子，记得2011年北大第一届严复学术讲座，汤先生作第一讲，题目是《启蒙在中国的艰难历程》，在对中国的启蒙历程进行梳理之后，汤先生说如果"解放自我"是第一次启蒙的特征，那么以"关心他人""尊重差别"为特征的启蒙将成为未来要走的路，中国文化将为人类作出贡献，是人类得以多元共存的必然方向。当时汤先生的一句话深深触动了我，他说："中国文化的复兴，不是复古，是前沿！"这句话，给了我很大的自信和激励。这就叫作"文化自信"。在今天这个特殊的日子里，向汤先生及那些前辈学者们表示心中的崇敬与感恩。下面我们进入今天的讲读，今天我们来学习和讨论困卦九四爻。

先分析爻象：九四已脱离下体坎卦，进入上体兑卦，说明已经从最危险的困境中脱离出来，进入喜悦的兑体。九四阳刚居于阴位，说明他质刚用柔，有阳刚之才且行事柔和，这种处困的态度是适宜的。四爻位是近君大臣之高位，是有权位者，九四除自解其困外，还有救民脱困之责。九四阳刚，本该速往救助，然而九四的弱点是不中不正，即未得其正位，未行于中道。

接下来看爻辞、《象传》。

看到"来徐徐"这句话，不由想到孔夫子的一句感叹，夫子叹而言曰："赐，汝来何迟也！"赐啊，你怎么来得这么晚呢！话语中满含着盼望。

下面我们分析一下爻辞：

**来徐徐，困于金车**

九四前来，走得很慢，是因为有金车阻隔。我们知道，在爻辞中，往是向外、向上，来是向内、向下。九四前来，是冲着谁来的呢？九四下面只有两个阴爻：初六、六三。初六与九四相应，六三与九四相比。与九四相应的初六，是等待九四前去营救的底层民众；与九四正比的六三，是处境危困的内部事务。两阴爻都处在困顿危厄之中，九四来救谁呢？"金车"又是指谁呢？

第一个问题：九四来救谁？

1. 初六。大部分注家认为九四是前来解救初六的。

《周易注》："徐徐者，疑惧之辞也。志在于初，而隔于二，履不当位，威命不行。"王弼的意思是说：九四心有疑惧，想去救初六，但中间隔着九二。九四自身由于不得正位，所以怕去的路上被九二阻拦，于是犹犹豫豫，走得很慢。

《周易本义》："初六、九四之正应，九四处位不当，不能济物，而初六方困于下，又为九二所隔，故其象如此。"朱子的意思与王弼相类。

《周易正义》："九四爻以阳居阴，居非其位，当困之时，与初为正应，然九二在下，上无其应，欲其比之，固塞己路，使不得以相会遇，是以九四不可决然而行。"

李光《读易详说》："解纷济难以速往为吉，故解卦言有攸往，夙吉。困之初六最处卦下，至困者也，其望在外有力之援甚于倒悬之求解也，九四为正应宜亟往赴之，而其来反徐徐者，以久处坎之中，疑其深险而不敢进也。况四居多惧之地，以有强敌不敢轻犯，其虑患深矣。"

以上两解说得更为细致形象，九四欲救初六，因心怀疑惧而不敢轻进。孔颖达、程颐、苏东坡、黄寿祺等皆持此说。

2. 六三。也有注家认为，九四应先救六三。

王夫之："内难未靖，不可图外。志在靖六三之难，待其定而后足以进，处困之善术也。"

在船山先生看来：六三所处最为危难，对于整体困卦来说，六三之困象征着内部事务出现乱局，岌岌可危，应抓大放小，六三事大，先平定了内部乱局，才可以放心地去处理外部的事务。为政者谋，这个方案有其深入的考虑。这就是我们常说的"攘外必先安内"。船山先生与大多数易学家的观点不一样。还有一位更不一样的，认为九四前来，不是为了初六，也不是六三，而是为了九二。

3. 九二。《诚斋易传》："气同则从，声比则应，各从其类也。易之相应，岂必以位哉？四与初应者，位也。《困》之九四，其应不在初六，而在九二，类也。九四为上六所掩，其望九二之应，如乞师于邻国，以解入郢之围也。"

杨诚斋的意思是：九四不是来救人的，是来求救的，九四被上六所困，于是来找九二帮忙，希望刚中有权、酒食充裕的九二出手相助。而这"来徐徐"者，是九二。不得不说，杨诚斋的解释与诸体例不符，九二前去救九四，就不能说"来"。

况且九四与九二既无应也无比，单凭都是阳爻就认定是同类，那九四何不就近求助于九五呢？若言是九二去救助九四，那"金车"为谁？就只能是六三了。他也果然说六三是"金车"，但能起到横亘阻隔作用的，在其他卦例中为阳爻，而非阴爻。综上，杨诚斋此解牵强。

第二个问题："金车"何指？

"金车"是个物象，若以象数解，"二坎为车，离色黄外坚，故曰金车"（尚氏）。而对应于上述各家对"来徐徐"的不同观点，"金车"也有不同的指向：

1. 认为九四是来救初六者，"金车"就是指九二。九四与初六应，九二与初六比，两阳争阴，九二成为九四道路上的阻隔。

2. 认为九四是来救六三者，"金车"则为九五。王夫之说："金，刚。车，所以行者，谓五也。九四以刚居柔，而为退爻，不急于求伸，故与上六远，即不为其所掩。五欲进而困。五不能行，则亦与之俱止，而所行吝也。"意思是说：九四回身来救内乱，九五这辆"金车"欲向上行进，却被上六所困，九四也就连带着受困了。

3. 认为九四是来找九二救援的，前面已谈到，只好把六三看作"金车"。

**吝，有终**

无论"金车"是谁，总之，九四的行动受到了阻碍，前行不畅，有所憾惜。但由于九四所居位置已过困卦最难关口，本身有阳刚之质，行为做事柔和谦让，处困态度总体正确，所以得到了好的结果。

《周易注》："然以阳居阴，履谦之道，量力而处，不与二争，虽不当位，物终与之，故曰'有终'也。"

**有与也**

有人与他相应。谁与他"有与"呢？按照上述分析，初六、九二、六三、九五都可能是他救人脱困的支持者。

李光《读易详说》："九四以阳刚而处阴位，然卒无咎悔者，困之志为众所与也，孔子所谓困以寡怨者也。"

《系辞下》："损以远害，益以兴利，困以寡怨。"韩康伯注："困而不滥，无怨于物。"孔颖达疏："遇困守节不移，不怨天不尤人，是无怨于物，故寡怨也。"

九四为整体脱离困境所做的努力，得到了相应的支持。居于困境，不怨天尤人，立身行事，尽己之责。所以，最终有好的结果。

综上所述，九四在困卦兑体之初，以"险而悦"的态度，采取柔和缓行的方式开始解困行动，最终获得了支持，得到了好的结果。

爻辞、《象传》的译文、解读如下。

[译文]九四：缓缓而来，被金车所阻困，有憾惜，但结果挺好。《小象传》说："缓缓而来"，志向在下边。虽然居位不当，但有人与他相应。

[解读]九四进入了困卦的上体兑卦，已经从下体坎险中脱离出来，渐渐具备解困的条件，但由于居位不正，虽有阳刚之质，但情况险峻，欲与初六相应，帮助初六脱困，内心不免戒慎恐惧，只得柔和处事，行走非常缓慢。由于两者之间隔着九二，如同被金车所阻困。坎体有弓轮之象，九二如车轴，阻挡了九四的道路，所以以九四行动迟缓，并为此深感憾惜。九四解决这个问题没有用武力，而是以"险以悦"的态度，质刚用柔，履行谦和之道，以求扶危济困。九四与初六是正应，初六如同寒士的妻儿、弱国的臣子，苦苦等待，九四的行动得到了各方的支持，在九四的拯救下，终于都得到了好的结果。

## 【讨论内容】

### 【"金车"】

温海明：　质刚用柔，化解危局。

张弛弘弢：九二横过来，就是车轴啊。下坎整体为金车。李光地说："古者车服以庸，
　　　　　四位愈高，而居坎体车轮之上，故取此象。"

寇方墀：　金，在古代一般指铜，象征坚硬，车是车子，或车轴。也有把金解为金色，
　　　　　比如尚氏。坎为轮。

裴健智：　以前有"金夫"。

寇方墀：　"见金夫，不有躬。"金车、宝马，就是这个用途，与酒食、赤绂差不多，从象
　　　　　上来看，是九二居坎中，成车象，从义理上讲，就是困住九四的宝马金车。

裴健智：　来徐徐，为九二所阻止，因为居于坎卦为险，所以比较困难。

### 【刚柔】

寇方墀：　在读卦的过程中，可能有些学友会产生疑惑，阴是好，还是坏？既然阴困
　　　　　阳，阳为什么还要救阴？既然阳皆为君子，为什么当二阳或多阳对一阴时，
　　　　　就会有争夺阴的情况？刚、柔的优缺点是什么？崇刚抑柔、崇阳抑阴，这
　　　　　个说法，对还是不对？下面摘录一段王夫之《周易外传·困》中关于刚柔
　　　　　关系的一段话，供大家品味思考："刚以柔掩，则是柔困刚矣。乃刚困而柔与
　　　　　俱困，何也？刚任求，柔任与。柔之欲与，不缓于刚之欲求，特刚以性动而情
　　　　　速，遂先蒙夫求之实。蒙其实，不得辞其名。而柔之一若前，一若却，县与以
　　　　　召刚之求，其应刚者以是，其困刚者亦以是而已矣。故未得而见可欲，既得而
　　　　　予以利，阖户而致悦，虚往而实归，皆柔才之所优也。因才为用，乃以网罗生
　　　　　死乎刚于胶饴之中。'酒食'也，'金车'也，'赤绂'也，不待操戈矛，固
　　　　　塞树垒以绝阳之去来，而刚以困矣。然而揆诸得失名实之间，而阴已先困。"

### 【阴阳平衡】

寇方墀：　"夫隆人者先自隆也，污人者先自污也，逸人者先自逸也，劳人者先自劳
　　　　　也。阴之德专，其性则静。专且静，贞随乾行而顺代天工，则以配阳而利
　　　　　往。德之不专，散处以相感，性不能静，畜机以制。幸而阳之不觉也。借
　　　　　其不然，岂复有阴之余地哉？"（《周易外传·困》）
　　　　　　大体意思是说：推高别人的人就已先推高了自己，污蔑别人的人就已先
　　　　　污蔑了自己，让别人安闲的人自己先安闲了，劳苦别人的人自己先已劳苦。
　　　　　阴的德行专一，本性安静。专一安静，守正随顺阳刚前行就能够代行上天的
　　　　　工作，以阴配阳利于前往。如果阴的德行不专，到处去与外面相感应，本性
　　　　　不能安静，寻找机会控制阳。幸而阳没有察觉，不然的话，哪里还有阴的余

地？这一段说明如果阴专一安静，就是阳的佳配，可以共同完成自然之道。如果阴盛而制阳，则阴又成了阳的祸害。

"当困世而不觉，则阳或过也。守其道之所应享，知而处之以愚，光大而济之以诚，索诸明，索诸幽，洋洋乎有对天质祖之诚，则阳不觉而非不觉也，而阴之术亦穷矣。"（《周易外传·困》）

这一段对阳自身也提出了要求，阳应该能够察觉自身以及与阴的消长关系，阳如果本身能做到光明磊落，无论在明处暗处，都无愧于天地祖先，不被私欲控制，那么阴也就没招儿了。这样，阳也就不会被困住，并且还能够主动去拯救阴，从而平衡阴阳的关系，共同营造新的和谐局面。

闫睿颖：阴丽华就是刘秀的佳配，褒姒就是幽王的祸害。

温海明：阴柔胜刚强之道。

寇方墀：可见，阳刚阴柔是配合的关系，阴阳平则佳。

温海明：阳刚无论光明与黑暗都不被私欲牵绊。

寇方墀：最后，从外围对困卦来一个全面的观照。在《系辞下传》中，作者对九个卦的卦德从不同角度阐释了三次，可见对这九个卦的重视，陈抟的《龙图序》曾经提及，称为"夫子三陈九卦之义"，这九个卦中就包括困卦。

除了前面我们提到的"困以寡怨"，还有"困，德之辨也""困，穷而通"。"困，德之辨也"：困境是检验和辨别道德操守的试金石。"困以寡怨"：困卦强调处于困穷而不失操守，重点是减少怨尤。"困，穷而通"：困卦教人在困境中磨炼意志，中正不邪而求得通达。

（整理者：秦凯丽 中国人民大学哲学院硕士生）

# 刚猛速暴 徐徐有应
## ——困卦九五明解

时间：2016年09月10日21：30 — 22：21

## 【明解文本】

九五：劓刖，困于赤绂，乃徐有说，利用祭祀。

《象》曰："劓刖"，志未得也。"乃徐有说"，以中直也。"利用祭祀"，受福也。

## 【讲课内容】

**于闽梅：** 现在快走出困境了，当然还是很艰难困苦。九五：削鼻截足的样子，被赤色祭服所困；将会逐渐脱离困境，适宜主持祭祀上天大典。《象传》说：削鼻截足的样子，说明九五的心志没有实现；将会逐渐脱离困境，因为守持中正之道，适宜主持祭祀大典，可接受上天的赐福。区别一下九二的朱绂与九五的赤绂。《周易乾凿度》（郑玄注）曰："孔子曰：绂者，所以别尊卑、彰有德也。故朱赤者盛色也。（南方阳盛之时）是以圣人法以为绂服，欲百世不易也。故困九五，文王为纣三公，故言困于赤绂也。至于九二，周将王，故言朱绂方来，不易之法也。"

天子、三公、九卿朱绂，诸侯赤绂。（朱、赤虽同，而有深浅之差。）劓刖，本为五刑。劓，削鼻之刑。刖，截足之刑。九五体兑中，兑为毁折。兑反巽，巽为鼻，故曰"劓"；九五变卦为《震》，震为足，故曰"刖"。九五无应无比，处困之时，故曰"志未得"。《周礼·秋官·司寇》："凡有爵者，与王之同族，奉而适甸师氏，以待刑杀。"《礼记·曲礼》："刑不上大夫"。九五为君位，所以"劓刖"在这里是指五刑的引申义：极其不安的样子，如同受了刑，与"臲卼"通用。

但由于九五有中正之德，故可逐渐脱离困境，所谓"乃徐有说，以中直也"。体兑为享献，故曰"利用祭祀，受福也。"王应麟说："九五利用祭祀。"孔子曰："知我者其天乎！"韩子云："唯乖于时乃与天通，不求人知而求天知，处困之道也。"李公晦曰："明虽困于人，而幽可感于神。"文王为大夫时困于商都，只有祭拜上天，慢慢脱身；孔子受困，如同受刑的样子，喊出了："知我者其天乎！"其后也是祭拜上天，等待机会慢慢脱身。

因此，九五虽困，但利用祭祀。认识到天命在身，不离不弃，恢复信心。"乃徐有说"，说通"脱"，慢慢解脱出困境。

刚才对比了九二的朱绂与九五的赤绂，现在继续对比九二的"享祀"和九五的"祭祀"。朱绂比赤绂在祭服中地位高，朱绂是天子、三公九卿所用，而赤绂为诸侯所用。如文王在九二困境中感受到天子使命"朱绂"。朱绂方来。而在九五中，文王受困于原先作为诸侯的"赤绂"之祭服。但通过祭祀回应天命，最终从赤绂中脱身。

现在来说九二的"享祀"与九五中"祭祀"的不同。程颐曰："二云享祀，五云祭祀，大意则宜用至诚，乃受福也。祭与祀、享三者泛言之可通，分而言之祭天神、祀地祇、享人鬼。五君位言祭，二在下言享，各用其所当学也。"有的学者认为九二、九五只是泛言祭祀，并没有本质不同。但程颐作了区别。上博本《周易》可以支持程颐作的区别。也就是九二是祭人鬼和地。而九五至尊，由困于赤绂到徐徐脱于赤绂，所以可以祭天和地了。

但马王堆本帛书《周易》并没有支持程颐的区别，"利用芳祀"，芳通"享"，如果按这个本，九二与九五都一样，都只是祭祀人鬼和地，不包括祭祀天。

再讲最后一点。困卦共三个阳爻，刚才一直在讲九二与九五，现在连上昨天的九四一起对比着讲。阳爻喻君子。九二君子处坎中爻，三至上互大坎，九四、九五处大坎中爻，坎得乾中爻，乾为君、为大赤、为金，故坎为朱绂、赤绂、为金车——所以分别是：九二"困于酒食，朱绂方来"，坎为酒，九四"困于金车"，九五"困于赤绂"。《论语·卫灵公》："君子谋道不谋食。……君子忧道不忧贫。"君子这三困，正如李光地所辨析的："小人以身穷为困，君子以道穷为困。卦之三阳，所谓君子也。所困者，非身之穷，乃道之穷也，故（九）二、（九）五则'绂'服荣于躬，四则'金车'宠于行。然而道之不通，则其荣宠也，适以为困而已矣。"所以，无论是"困于酒食"，还是"困于金车"，还是"困于赤绂"，均指君子的理想不能实现，处在富贵之位而心不安宁。九二以守中而得"利用亨祀"祭祖之职，九四虽困于"金车"，但与下应而"志在下"，"来徐徐"潜心为民众造福，九五慢慢从"赤绂"脱身，既中且正而得"利用祭祀"祭天之职。九二"方来"，九四"徐徐"，九五"徐有说"（兑为说，脱也），说明君子处困以自守，渐习而得亨之道也，故《象》曰"险以说，困而不失其所亨，其唯君子乎！"

**寇方墀：**

[译文]九五：施用削鼻、截脚的酷刑，被困于权力的傲慢之中，后来缓慢有所解脱，改为利用祭祀来归拢民心。

《象传》说："施用削鼻截脚的酷刑"，不能实现心中的志向。"缓慢有所解脱"，用的是刚中正直之道。"利用祭祀来归拢民心"，这样就会受到福祐。

[解读]"劓"是割鼻的酷刑，"刖"是截脚的酷刑。绂：古代作祭服的蔽膝，缝于长

衣之前，为祭服的服饰。周制帝王、诸侯及诸国的上卿皆着朱绂。"赤绂"在这里代表九五的尊位和权力。说，通"脱"。从整个卦象来看：在困之时，九五刚居阳位，有行事刚猛之象，施用刑法以治理天下，使得众叛亲离。初爻和上爻皆变为阴，是九五因小刑而失大柄之象，这正是由于九五居于尊位滥用权力却反而困于权力所致。在以刑治国出现严重后果后，九五有所醒悟，改正刚猛行为，发挥中道之德，渐渐摆脱了困境，并利用祭祀来归拢人心，祭祀代表着九五的敬畏之心和诚信之意，以此广泛地取信于民，这种中正刚直的表现终于使社稷重新获得了福佑。

[**例解**] 汉武帝中后期，由于汉武帝穷兵黩武、连年征战和肆意挥霍，吏治腐败，国力耗竭，接连爆发起义，然而汉武帝却能够"有亡秦之失而免亡秦之祸"（《资治通鉴》司马光），其原因是什么？很重要的一条，是他最后能够反省自己的错误，摆脱了滥用权力和武力的困缚，悬崖勒马，调整了政策。

公元前89年（武帝去世前两年），桑弘羊等人上奏建议派士卒到西域轮台去屯垦戍边，对此武帝下诏说："朕即位以来，所为狂悖，使天下愁苦，不可追悔。自今事有伤百姓，靡费天下者，悉罢之！"，"前有司奏欲益民赋三十（每口增加30钱税收），助边用，是重困老弱孤独也。而今又请遣卒田轮台。轮台西于车师千余里，前开陵侯击车师时，虽胜，降其王，以辽远乏食，道死者尚数千人，况益西乎！"，"当今务在禁苛暴，止擅赋，力本农，修马复令（因养马而免徭赋），以补缺，毋乏武备而已。"这就是历史上有名的《轮台罪己诏》。至此汉朝的统治方针发生转变，回到了与民休息、重视发展经济的轨道，从而避免了像秦朝那样迅速败亡的结局。

**【讨论内容】**

元　融：　本爻祭祀之语和萃卦"王假有庙"可有关联？困，除了君子有困，阴爻也有困意吧？《萃》《升》《困》，都提到祭祀，在受困之时，祭祀不失凝聚人心的方法，这样理解，可以吗？

姚利民：　君子从困卦中，从困境中看到光明，有悦感（互兑），小人从困境中只想到毁折（兑为折）。

（整理者：孙世柳　中国人民大学哲学院硕士生）

# 困则谋通 险处求生

## ——困卦上六明解

时间：2016年09月11日21：30 — 22：17

## 【明解文本】

上六：困于葛藟，于臲卼，曰动悔有悔，征吉。

《象》曰："困于葛藟"，未当也。"动悔有悔"，吉行也。

## 【讲课内容】

**于闽梅：**上六，"困于葛藟（gě lěi），于臲卼（niè wù），曰动悔有悔，征吉。""葛藟"，马王堆本作"褐"，即野葡萄，藤蔓多。"于臲卼"，高亨认为此处有脱文，应少一个"困"或"据"字。但马王堆本证明没有脱文，写成"于贰椽"，说明与劓刖是同一个词。"动悔有悔"：动辄得咎，悔上加悔。《象传》所引同，上博本写作"逐悔又悔"，马王堆本作"悔夷有悔"。与豫卦六三"悔迟（夷）有悔"有关。上六大意是说：被葛藤等困住，处于动摇不安的高危处。曰："动也后悔，不动也后悔"；果断征伐，会取得吉祥。处在上六，也是最困之时：想挣脱藤蔓，反而会被掣肘，越挣扎捆得越紧，于是你会悔于行动；但如果按兵不动，敌人又将像藤萝一样，越长越多，慢慢缠死你。动也后悔，不动也后悔。最后就是换一种思路，拔出刀子，斩断藤蔓，剪除它们，于最危险处解脱困境，诉诸武力。逃跑、回避都会被困死。

**寇方墀：**

[译文] 上六：困在葛藟的缠绕之中，在那里危动不安，自我思量为什么行动就会有悔恨，对此有所悔悟。向前征进会有吉祥。

《象传》说："困在葛藟的缠绕之中"，居位不妥当。"行动就会有悔恨，对此有所悔悟"，这样前行就会吉祥。

[解读] 葛藟：一种藤类植物，纷繁缠绕，不能理断。臲卼：危动不安的样子。上六处于困卦之极，凌乘于二刚爻之上，又与六三无应，本质柔弱，向前没有前行的余地，向后如同困于葛藟之中，所以上六危惧不安。兑有"尚口"之象，上六居于兑的上爻，正是开口处，话多而缭绕不清，牢骚申辩太多，致使困扰不断，于是上六自我思量在这样的困境下动

辄生悔，是否因为自己"尚口乃穷"的原因？于是吸取教训，及时悔悟，以喜悦的心态争取解脱困境。因上六已居于困之极，物极则反，加之上六采取了正确的行动，将会获吉。

[例解]魏明帝信任侍中刘晔，而刘晔是个聪明而精于计算的人。有一次魏明帝曹叡打算攻伐蜀汉，朝臣都说"不可"。但刘晔入宫议事却对曹叡说"可伐"，然后出来和朝臣讨论又说"不可"，因为刘晔的胆识，说时都好像是真心的，曹叡和各大臣都没有怀疑。当时的中领军杨暨很敬重刘晔，他是最为反对曹叡伐蜀的大臣。在和明帝讨论攻伐蜀汉之时，杨暨恳切地进谏反对。明帝指责他是儒生出身，不通军事，杨暨因而搬出一直反对伐蜀的重臣刘晔的话去劝告明帝。但明帝却一直听刘晔说可以攻伐，于是找来与杨暨对质，但召见时刘晔却闭口一言不发。等到刘晔再私下见到明帝，刘晔对明帝说不应将伐蜀大计随意告诉其他人，更称怀疑蜀汉已得悉明帝要来攻的情报，明帝更是感谢刘晔。刘晔后见杨暨又指责道："钓大鱼都得放长线，等大鱼力竭才能收线。君王之威更非大鱼可比。你虽然是正直的大臣，可是方法仍需要改进。"杨暨亦感谢他。

但他这一套用久了就出问题了，有人向明帝诋毁刘晔，更建议明帝召见刘晔时特地以与自己相反的意见来问他，如果每样他都表示同意，就表示刘晔是揣摩上意了。后来明帝一试，果然如此，因此疏远刘晔。刘晔因而发狂，因病改任太中大夫，不久出任大鸿胪。两年后再任太中大夫，及后死去。

晋朝的傅玄在《傅子》这本书里议论刘晔这个人时说："巧诈不如拙诚，信矣。"这真是一个"尚口乃穷"的绝好范例。

【讨论内容】
【征、动】

郑　强：上六应三，三互巽为草，葛藤也，动则有悔，然而动虽有悔，舍三可以脱困，故又当动以出困，而征吉矣。

王力飞：上六处于最远的"穴地"，一般都很危险。

姚利民：越危险的地方，越安全，反而求生。

于闽梅：上六最艰险，但险处求生。动和征不同，动只是想摆脱，征是诉诸暴力和武力，征是拼命。王弼曰："上六居困之极而乘于刚，下无其应，行则愈绕着也。行则缠绕，居不获安，困之至也。凡物穷则思变，困则谋通。处至困之地，用谋之时也。曰者，思谋之辞也。谋之所行，有隙则获。言将何以通至困乎？曰动悔令生有悔，以征则济矣。"

【"曰"】

于闽梅："曰"字很重要，是主体在设想如何行动。马振彪曰："曰者，思谋之辞也。"《孟子·梁惠王上》："王曰'何以利吾国'？大夫曰'何以利吾家'？士庶人曰'何以利吾身'？"曰字皆思谋之辞也。以前有学者以为"曰"为逸字。但现在出土资料，楚简《周易》、帛书《易》、熹平石经《周易》皆有"曰"字，证明这个字非常重要，不是逸字。

元　融：困，刚掩也，柔掩刚也，刚爻受困，阴爻也是不好过。

郑　强：谋之所行，有隙则获。谋划脱困之道，虽动有悔，不可妄动，又不可不动，抓住机会、缝隙，征吉。

## 【阴爻之困】

于闽梅：昨天总结了困卦的三个阳爻，都是君子之象。今天来总结一下阴爻。困字今古文皆从木，体卦、互卦也有草木之象。《易》以阴爻为小人（庶民），古今皆以草木、草莽、草野、草民、草根喻庶民，是以困卦的三个阴爻爻辞皆有草木，初六"臀困于株木"，六三"据于蒺藜"，上六"困于葛藟"。兑秋木衰，蔓藤尤生。郑东卿曰："兑正秋，坎正北。兑一阴始得秋气，蔓草未杀，为葛藟。六三，秋冬之交，叶脱刺存，为蒺藜。初六，大冬之时，蔓草霜杀，所存者株木。三阴皆象草木。"

王力飞：阴爻都是被"困"之象，有"穴"象。

元　融：于老师昨日讲解了刚爻受困，今日讲解了阴爻之困，功德圆满。

## 【总结】

王力飞：困卦，被困不可怕，要有脱困的想法和行动。

于闽梅：是的，脱离困境很重要，主体通过最后拼命走出了困境，更成熟了。

寇方墀：我们把困卦六爻总结一下吧。本卦阐明了如何处困、脱困的道理。卦辞首先阐释了要持守正固、洁身自守、谨慎行动的原则；要坚守"困而不失其所，亨"的信念，在困穷之时所言不能被人们所相信，因而处困尽量少言语，免得使处境更糟。卦中六爻分别通过困于株木、困于酒食、困于石、困于金车、困于朱绂、困于葛藟等比喻，揭示了具体情况下如何应付困境的原则。陷入困境而又力量薄弱时，必须隐忍等待转机；酒食富足、条件优越时，不可荒废了志向，当及时警醒，秉持阳刚中道，切勿困于享乐而丧失志向；当陷入极端困境，进退均危险时，要有勇于面对最坏情况的思想准备，不能泯灭希望，在艰难中待时脱困；自身处于困境又要去解救同道时，面对阻碍要谦谨缓行，不可太过急切；领导使团队处于困境中时首先当自省，不可依赖酷刑解决问题，而应亲贤远佞，以中直诚敬换取民众的信任，必会带领团队慢慢走出困境；困极之时，也是将通之时，不能怨天尤人，应以"险以说"的心态调整自己的行为，看准时机采取正确行动，以脱离困境。

王力飞：　想法和行动要适时、得法。

元　融：　刚爻，君子道困；阴爻，暗喻小人，小人身困！

郑　强：　困极之时，也是将通之时，不能怨天尤人，应以"险以说"的心态调整自己的行为，看准时机采取正确行动，以脱离困境。"君子固穷，小人穷斯滥矣"。

元　融：　《困》，无论阴爻、阳爻，均是受困之象；大人吉，以刚中也，心怀理想，前进道路遇到困难是肯定的；刚掩也，正义的事业也会遇到困难；困卦，全卦六爻为大家展示了困的不同形态，从初爻到上六，学习困卦，对困难有全面的认识，不畏艰险，心怀正义，对困难有客观的认识，险而悦，每一个困难的解决，都是向着目标迈进一大步；困而不失其所，困境中不忘记自己的初心，面对困难的态度，正是君子与小人的分水岭；"亨，其唯君子乎"，对于君子而言，保持心意的亨通很关键。

（整理者：贡哲　中国人民大学哲学院硕士生）

（本卦校对：赵敏　中国人民大学哲学院硕士生）

时　　间：2016年09月12日21：30 — 23：10
导读老师：张克宾（山东大学易学与中国古代哲学研究中心副教授）
　　　　　孙铁骑（白城师范学院副教授）
课程秘书：王　璇（中国人民大学哲学院硕士生）

立德修业 劳民劝相
——井卦卦辞明解

## 48 井卦

巽下坎上

**【明解文本】**

井：改邑不改井，无丧无得。往来井井。汔至，亦未繘井，羸其瓶，凶。

《彖》曰：巽乎水而上水，井。井，养而不穷也。"改邑不改井"乃以刚中也。"汔至，亦未繘井"，未有功也。"羸其瓶"，是以凶也。

《象》曰：木上有水，井。君子以劳民劝相。

**【讲课内容】**

**孙铁骑：**井，出水以养群生而无己私，为生命之源。君子怀明德而兼善天下，济物利人，如井之出水，源源不绝，方有人类大群生命得以生生不息。故"井"卦，济物利人之卦也，实乃《大学》"明明德"之义也，君子将已明之德再明之于天下，故能由"明明德"而至"亲民"，而"止于至善"也。

"改邑不改井"，井可比于身，井中之水可比于身中之德，井中出水可比于以身育德，以身行道。"改邑不改井"喻无论人生境遇如何变化，君子都不能改变以身育德之志。

"无丧无得"，君子以身育德，根于生命内在，生命外在之得不足以增益内在之德性，生命外在之失亦不足以减损内在之德性，故言"无言丧无得"。

"往来井井"，井之出水，滋养万物，而君子立德行事，不只是利己而已，更是为了济世利人，故言"往来井井"。

"汔至，亦未繘井，羸其瓶，凶。"喻君子虽内修性德，如果不能济物利人，终是缺憾，而济物利人亦有其道，非其道而行，则可能反而害之。

通常认为《彖》辞是孔子对卦辞的解释。

"巽乎水而上水，井"，以象解卦，井卦下巽上坎，下风上水。

"井，养而不穷也"，直言井之功用，引申而言之，则人之有德，可以养而不穷也。而此养非只养己之谓也，更是养人之谓也。

"改邑不改井，乃以刚中也"是孔子对卦辞"改邑不改井"的解释，村落可以搬迁，而井却不能从一地搬至另一地。于人而言，则是无论外界如何变化，内心的德性要坚定不移，如康德所言之"头顶的灿烂星空与心中永恒的道德律"，孔子对之的解释就是"乃以刚中也"，井卦上巽下坎的中爻都是刚爻，如人之内在德性坚定不移。

"汔至亦未繘井，未有功也"，井无井绳而不能出水，当然"未有功也"，于人而言，如山林退隐之士，虽有德性在身，却避世远人，与世无济，己虽有德，却无以用之，故孔子言"未有功也"。而中国人之三不朽即为"太上有立德，其次有立功，其次有立言"。修德而无功，终为人生之憾事。

"羸其瓶，是以凶也。"瓶为提水之器，以瓶提水，如以身行道也，"羸其瓶"则不能提水，如人修身不以其道则无法育德，是以有凶。于人而言，君子育德，不只要成己而已，还要济物利人，但济物利人必以其道，如提水需用瓶，如不得其道，虽意在利人，却可能反而害人害己，则如"羸其瓶"一样，意在出水，却反伤瓶身。

**张克宾：**井卦，我理解就是讲如何"井养而不穷"的问题。引申而言，就是包括立德和修业两个方面。改邑不改井，是说城邑聚落虽然可以改移，但井却不可以改移。井是邑落生养之源，无论在何地建城邑聚落，都离不开井。以此而凸显井的重要意义。无丧无得：井水取而用之不见其少，不用也不见其多，其德之厚可见一斑。正因为井养之德厚，能够显发其利物之用，人皆来取用之，所以成"往来井井"之景象。井养物之用虽然无穷，但并不可轻忽之，如何取用是有其道的，违背之则羸其瓶，凶也。但因为井太普通了，所以往往大家会轻忽它，以至于陷入凶境。

**孙铁骑：**先明井卦宗旨，根据《象传》井出水济人之象，井卦乃济物利人之卦。井，出水以养群生而无己私，为生命之源。君子取其象，内怀明德而兼善天下，济物利人，如井之出水，源源不绝，方有人类大群生命得以生生不息。可以通于《大学》"明明德"之义，君子将已明之德再明之于天下，故能由"明明德"而至"亲民"，而"止于至善"也。德性如水，出而明之于他人，济物利人。君子怀明德而济世利人，非为外有所求，而是君子内在之生命本性自然发光于外也，从而能择善固执，不受外在变化之影响。人生所处之外在条件与境遇随时都在变迁之中，但君子济世人之志不变，故卦辞言"改邑不改井"。君子欲济物利人，必有其本，故君子要内修明德，才能外而刚健有为，以行济物利人之事，"发于中而形于外"，皆为自然之事。故《彖》言"改邑不改井，乃以刚中也"。

而君子济物利人，乃内修性德，自然而成，非强而为之，故君子济物利人，发于本心，见于本性，而不是考量于外在之得失，故卦辞言"无丧无得"。君子之人生有限，但济物利人之志无穷，而能使所接民物皆受其利，人类大群亦因君子之德而能长久，故卦辞言"往来井井"。如果君子虽有德能，却不能行济世利人之事，则几乎同于无德无能，使人生狭窄，生命有缺，甚至会有凶咎。故卦辞言"汔至，亦未繘井，羸其瓶，凶"。

君子藏器待时，修己以安人，方为儒家情怀。而在道家看来，举世皆浊，世人昏昏，已不可救，故而老子骑青牛而去，庄子要"曳尾于涂中"。而以儒家情怀观道家，虽可保性命，却未能将生命光大，犹如井虽有水，却宁可干涸也不备井绳以让人提水济世，则有水同于无水，故《象》言"汔至亦未繘井，未有功也"。深层的问题在于，当世道大乱，道家又如何能独善其身？故《象》言"羸其瓶，是以凶也"。

故从卦辞而言，井卦就是讲如何修德以济人，完全符合儒家内圣外王之道。君子修身以内圣为前提，内圣有成，方能行外王之事。故《彖》言"巽乎水而上水，井"，内圣之事也；"井，养而不穷也"，外王之事也。

以《象》辞论，"木上有水，井。"水性本自下流，但井中之水却借木器而能上行，以养群生。君子观此"木上有水"之象，而思君子之明德本为修身自养，如能得位而行，"明明德"于天下，就可由内圣而外王，兼善天下人，何乐而不为！故《象》言"木上有水，井，君子以劳民劝相"。


## 【讨论内容】
### 【"井井"】

张弛弘弢：古时井田制，八家为一井，四井为一邑，一邑三十二户人家，聚成一个村落，共饮一井水。"井井"，第一个井字作动词，即从井中取水。第二井名词。井井有道是重点。

元　融：小到一个村落，大到一个城市，一口井，意味着甚多。

张克宾：修井和用井，是井卦的重要内容。明儒邱富国说："改邑不改井，井之体；无丧无得，井之德；往来井井，井之用；此三句言井之事。汔至，亦未繘井，未及于用；羸其瓶，失其用，此二句言汲井之事。"我认为，邱氏的解析是理解井卦大义的重要线索。

张弛弘弢：张师引邱氏借用佛家概念讲"井"，妙啊！

## 【井之德】

张克宾： 《象传》说"改邑不改井，以刚中也"，这是凸显阳刚的作用。养物养德，用的是阳刚之道，而不是阴柔之道。有古人指出，井卦以三阳爻为泉，以三阴爻为井，正是阳实阴虚之象。

张弛弘弢：井水养人没错，如何提上来，才是要点。

张克宾： 井之德在养而不穷。大概井卦意在引人思考，什么是立德和成物养而不穷的东西，又当如何对待这个养德成物之根本，使之真正发挥效用，养而不穷。

王昌乐： 体用一源，心井自流，上善若水，润泽万民，井之何来，我为心开，民道涵养。

（整理者：王璇　中国人民大学哲学院硕士生）

# 修身济物 利人之始
## ——井卦初六明解

时间：2016年09月13日21：30 — 22：00

## 【明解文本】

初六：井泥不食，旧井无禽。

《象》曰："井泥不食"，下也。"旧井无禽"，时舍也。

## 【讲课内容】

张克宾：初爻为"动"爻，"其初难知"，在《乾》为"潜龙勿用"，故初爻必有警戒之义。

"井泥不食"，井中有泥，水不可食用，则井失其功。在人而言，就是人而无德，则为无用之人，无可取之处，故孔子在《小象》中以"井泥不食，下也"解释之，做人而无德，不能利于他人，利于社会，则为中人以下了。

"旧井无禽"，旧井无水或水浊，则无鸟来喝水。在人而言，就是为人而不知修德，如旧井之不修，则德性日衰，渐取无用，而不为人喜了。故孔子以"旧井无禽，时舍也"解释之，也就是人不修德，则如井之日旧，逐渐就被人舍弃了。

初爻为动，皆得奉行乾卦初爻潜龙勿用的原则。其初难知，其上易知，初爻之动必须谨慎。所以井卦初爻为君子修身以济物利人之始。其始易危，故须谨慎。

井为德之喻，水为性之喻，不修井则水混，不修德则性乱。故初爻警以慎始修德，不可妄动。妄动乱德，则如井有泥而水不可食。故初爻言"井泥不食"，喻无德能也；"旧井无禽"，喻不能济众也。"井泥不食，下也"，人无德能，斯为中人以下矣；"旧井无禽，时舍也"，不能济众，只能庸碌一生，必为时代所弃也。各卦初爻都有警醒之义，需要注意。

**张克宾：** 通观井卦六爻可以发现，是以阳刚为泉的，初六阴浊，所以说"井泥"。井而有泥，浑浊不堪，非但不能为人所取用，甚至禽兽都不饮用其水。《象传》说："旧井无禽，时舍也。"井之有泥，污浊不能食用，原因在于久未修治，以至一时被舍弃。为什么会"井泥不食，旧井无禽"？阴柔而居下位，是一个原因，更重要的原因是疏于修治。所以九三、六四才会讲修治的问题。如加以引申，进德修业之本还在于自身之修养，如不加修养之功则德业自会败坏。所以王弼说："久井不见渫治，禽所不乡，而况人乎？一时所共弃也。"

井卦由下而上，六爻的层次还是很分明的。卦辞表达井养不穷之厚德。六爻辞则是在说井之各种状态。初六即说"井泥不食"，意在强调修治对井的重要意义。

**张弛弘弢：** 一说：禽，古擒字，犹获也。废旧之井，无水可获以养人。

**张克宾：** 似乎不能这么说。就人而言，这个井就是"人"之德，不能当作一个对象。

## 【讨论内容】
### 【修治】

温海明：旧井连禽兽都不来了，修养跟修井一样，德自修好了自然有人来。

陈志雄：初六处下位，故有淤泥。

温海明：要修得清明透亮，心底无私天地宽。

张克宾：这里还不是"枯井"，没有干涸尽，还是有湿泥的，可以修治好。真枯了，恐怕就真废了。

温海明：这口老井，要好好修一修，才会有新生机。

裴健智：从泰卦变来，泰卦的上坤为地为土，入于井卦的坎水之下，变为污泥。虽然为泥，还是有水的，还是有修治的可能。

张克宾：好井下面好像是没有污泥的。井卦爻辞，不是阐述井水之养物如何如何，而是讲述如何修治井本身，这是一种修德意识，也是一种忧患意识吧。爻辞意思很清楚，义理大家尽可体会，关键是把卦爻辞都贯通起来。

温海明：自己要修得有如清澈的井水，汩汩流出，不被淤泥搞浑，不容易啊。

秦凯丽：感觉修治水井就像通过教育手段开发人的善性和智慧。

元　融：井卦，核心不是谁把它荒废了，而是如何焕发新的活力。

郑　静：反思一下自己的井，现实的井可看可摸，我们的心井在哪？

元　融：井卦，延续了困的局面，百废待兴，是维持旧井无禽的局面，还是化腐朽为神奇呢？君子从心内的畏难情绪扫起，为大家展开了一场轰轰烈烈的"旧井再造"工程。井卦，现实的参印作用很强，大家用心参与，定有所得。

王昌乐：切己为学，躬行为人。枯井难自养，也难养人，于人于己都不利。

元　融：井卦，上坎下巽；如何把身边的资源拢住呢？老祖宗给了一个非常实际的答案，挖一口井。虽然艰难，虽然费事，一口井可以从根本上解决问题，这个思路，和现代的管道理论结合下，相信会有感悟。

（整理者：张馨月 中国人民大学哲学院硕士研究生）

# 井而下注 失井之道
## ——井卦九二明解

时间：2016年09月14日21：30 — 22：36

【明解文本】

九二：井谷射鲋，瓮敝漏。

《象》曰："井谷射鲋"，无与也。

【讲课内容】

张克宾：二爻为"齐"爻，在乾卦为"见龙在田"，于井卦之济物利人而言，则是君子有德却不可大行之时。

"井谷射鲋"，井中有小鱼，则说明井水清澈，可以济物利人，但只能育小鱼，则说明其功未得全用。

井卦九二爻，"井谷射鲋。""井谷"，井中出水之窍，也就是泉眼。"射"，为射取。"鲋"，小鱼，我认为这是比较可靠的解释，但古人多有歧说。王弼注似乎是将井谷当作一种比喻，人概是说谷为溪谷，溪谷之水从上注下，井谷则是说井水如溪谷之水般也下注。所以孔颖达疏说"井而似谷，不上出而下注"云云。井水本在井底，如何再下"射鲋"，令人费解。

"鲋"，一般说是小鱼之类。清人王引之考证说，古有射鱼之礼。"射鲋"就是射取小鱼。《子夏易传》中说，井中虾蟆，呼为鲋鱼。虾蟆就是蛤蟆。程颐注说，鲋或以为虾，或以为蟆，他错解了《子夏易传》。我理解，"井谷射鲋"，还是应解为在井底水洼中射取小鱼。王弼下注之说，太屈曲。

"瓮敝漏"，意思无争议。瓮就是盛水之器。瓮敝坏破漏，不能盛水了。初六爻是"井泥不食，旧井无禽"。九二好一些，井谷中有小鱼了。九二之井，依然没有彻底修治好，井中仅有少量的水，而且有小鱼滋生，说明也难以为人所用。再者，取水之器也已经毁坏，不能取水。引申发挥其义理的话，井谷射鲋，大概是说用非其道，不能好好修治使其发挥养物之用，仅仅因其井底水洼中有小鱼，而射去之，大才小用了。俗语说，开发得不够。

"瓮敝漏"，则是说取水之器毁坏，是人不能去用，也说明取用之途径被破坏了。譬如举贤任能，进贤之路被毁，贤人不能为世所用了。也就说，一方面对井修治不足，开发不够，一方面也无汲取之物，内外条件都不够。


## 【讨论内容】

张弛弘弢：九二不是枯井，已有水，但与九五不应，无人、物（瓮敝漏）汲取以养人。井水里有鱼？谁放生的？同意张老师引子夏的"虾蟆"说，井泥中微物耳。九二上不能应九五，只好与初六比而就下。

张克宾：　井长期无人修治取用，井底有一洼水，时间长了是可能有小鱼的。古代的井一般很浅，水多的时候可以直接用瓢舀，不像现在。

孙铁骑：　井中有鱼，说明修德有小成，有能力济物利人。"瓮壁漏"说明君子无位，德无所施。故大德必得其位，才能行济物利人之志。

张弛弘弢：强为之喻：上无汲者。井有水穴（眼）非泥井，水可出。打水器具不行，原因何在？答：爻象所定啊！九二与九五，两刚不应，只能与初六成比呀！

孙铁骑：　二多誉，四多惧，二爻多言一卦之理，为巽齐之位；初爻动，二爻齐，要用乾卦二爻"见龙在田"理解之。

姚利民：　故大德必得其位，才能行济物利人之志。

张弛弘弢：现在南方水位高的地方，还有这种非常浅的井。不过里面有鱼，鲜见。

孙铁骑：　初爻修德，二爻修德有成，但只能"见龙在田"，能有可用，却未必能必有所用。这是现实存在的生命问题，有德之人未必会被社会认可，这就是"瓮敝漏"，井中有水也提不去。故只能继续修德，以待飞龙在天之时，才能大行其道，济物利人。

孙铁骑：　一卦六爻为事物发展之六个阶段，一体解读才能一以贯之。

张弛弘弢：九二已见水，虽不能汲上以养人，但能就下以济物，也堪称功德啦！

（整理者：黄仕坤　中国人民大学哲学院硕士生）

# 君子修德　待时而动
## ——井卦九三明解

时间：2016年09月15日21：30—22：35

## 【明解文本】

九三：井渫不食，为我心恻。可用汲，王明并受其福。

象曰："井渫不食"，行恻也。求"王明"，受福也。

## 【讲课内容】

孙铁骑：三爻为"见"爻，在乾卦为"君子终日乾乾"，在井卦就是君子忧于"德之不修，学之不讲"，求为可用。

三爻接二爻而来，二爻君子已经有德却不能大用，故三爻继之而言"井渫不食，为我心恻"，也就是井水可食却不能被人食用。在人而言，就是君子有德，可以济物利人，却怀才而不遇，不能发挥自己的能力，故"为我心恻"。而孔子则以"井渫不食，行恻也"解释之。

"可用汲"，井水可用是其能够被用的前提，在人而言，就是君子必为可用之才，方能有济物利人之可能，故君子怀明德而不被用，也不应消极自弃，而是要藏器待时，求为可用也。

"王明并受其福"，君子待时而动，如千里马得遇伯乐之时，必能成其大用，此乃于己于人共同之福报也。故爻辞言"王明并受其福"，而孔子释之以"求'王明'，受福也"。

## 【讨论内容】

**孙铁骑：** 初爻为动，二爻为齐，三爻为见，也就是有所表现了。故初爻修德，二爻修德有成，不求必有所用，只求能有其用，故继续修德。三爻为见，则为求用德于世以济物利人。但三多凶，五多功，急于用世必有潜在危险。故以乾卦九三爻解之，君子须"终日乾乾，夕惕若厉"，方能无咎。以此原理理解爻辞。

**陈志雄：** 九三与九五互为离卦。所谓"王明"，王就是九五。三现在是被闲置不用，有点可惜。九三是上临坎水，下在巽卦，巽为大腿，大腿入水中，淘井。

**孙铁骑：** "井渫不食"，也就是君子有德，却不为所用。而君子于三爻阶段意在用世，故"为我心恻"但不为所用，却并不妨碍君子之有德，故言"可用汲"，即为孔子所言之"不患无位，患所以立，不患莫己知，求为可知也"，如果君子得其际遇，得其位，自可大行其道，利于家国。故言"王明并受其福"。故三爻之时，君子当夕惕若厉，待时而动，等待明王出现，仍然是不能急于用世，只有到五爻之时才可以大动。故三多凶，五多功。

**秦凯丽：** 九三已经是个有德有才的君子了吧，应该如何得到上爻的赏识呢？等待吗？

**陈志雄：** 孔子就是一辈子得不到机遇的，无可无不可的大智慧。

**孙铁骑：** 孔子是圣之时者，时止则止，时行则行。三爻实际表达了君子修德的二种际遇，一是不遇明王，虽然心中不快，但也要不丧其志，仍然要做到"可用汲"，也就是随时可用。二是得遇明王，则可使自己与明王并受其福，德泽天下。总结：君子以济世利人为己任，故以怀才不遇为心忧，故三爻言"井渫不食，为我心恻"；但君子亦知命之所限，只能求为可用，却不能必保被用，只能努力寻求在位之伯乐，借之以行己志，以使天下人兼受其福，如孔子周游列国，孟子传食诸侯，皆非为富贵也，乃为铁肩担道义也，故言"可用汲，王明并受其福"。君子心忧天下，故释以"井渫不食，行恻也"；君子求为可用，兼善天下，故释以"求'明王'，受福也"。

**张克宾：** 我感觉，九三爻的王明并受其福，大概是井卦的文眼。似乎是点明了井卦的主题，君子修德与君王求贤。其他爻都就井说事，九三爻点题了。就补充这一点。《系辞传》中"三陈九卦"中有井卦，井者德之地也。这确实是有其原因啊。

**温海明：** 修成君子，还要等待明王，不然怀才不遇。

（整理者：李芙馥 中国人民大学哲学院博士生）

# 德以养人 甘露自来

## ——井卦六四明解

时间：2016年09月16日21：30 — 22：33

## 【明解文本】

六四：井甃，无咎。

《象》曰："井甃无咎"，修井也。

## 【讲课内容】

**孙铁骑：** 四爻为"悦"爻，在乾卦为"或跃在渊"，在井卦之济物利人就是退而修己。

"井甃，无咎"。井甃，修井之义，只有经常修井，才可保井出水之用，当然无错，故"无咎"。在人而言，就是有德君子亦要时常警醒，如曾子之"吾日三省吾身"，不断修德，才能永不失德而能济物利人。故孔子以"井甃无咎"的解释是"修井也"。

四爻效用为悦，悦之以道则可，不以道则危。故二多誉，四多惧。故一卦之中四爻多警语。井卦言修德以济物利人，初爻动以修德，二爻齐以内修之理，不论外在条件如何，三爻见以德济世，或有遇与不遇之可能，皆不应变己之志。四爻则是警告当以德济世之时，不可居功自大，自以为是，沾沾自喜，虽有利于世，亦当仍然谨慎修身，继续培育自己的德行，用乾卦九四爻解之就是"或跃在渊"。故四爻辞"井甃，无咎"，即为及时修井才能永保出水之用。井已出水，但如不经常修井，仍然会受污染，这就是一个修德之人有小成之后，如果沾沾自喜，自视极高，居功自傲，必然复丧其德，甚至堕落。如许多贪官当初也是人民公仆。

只有及时修井方可有长远之用，人只有时时修德，才能保此生无虞，故言"井甃无咎，修井也。"卦爻辞多是比喻，不可执象泥文，理解爻辞，主要以《小象传》为据。

**张克宾：** 孙老师以乾卦六爻对应井卦的思路是非常相应的。学《易》就是对治自我的不足和缺陷，让自己更清楚地发现自己的不足，以提升自己的能力。象语言，真是言有尽而意无穷。在《易》中每个人都能发现自我，提升自我。六四爻意思很简单，关键就在于学习者如何对治自我。不能切入自己的心性，变化气质，道理说得再好，都是空言。

## 【讨论内容】

### 【"井甃"】

张弛弘弢：井甃，其基本功用是保水质洁。"永保出水"之意似可商。一说，"井甃"的发明者是舜。一说，是其改进，使百姓喝上了清洁不苦涩的水，皋陶赞之。

张克宾：我理解，井卦六爻的层次还是很清楚的，阳爻为井之水，阴爻为井体。

温海明：修理井壁保持水质清洁，相当于心意清纯干净。

张克宾：初爻井泥无从取用，二爻可以射鲋了，三爻可食了，但还不够，四爻继续修治，把井壁也修治好，所以才有五爻的"井洌，寒泉食"。井卦大义，结合个人修德和君主用贤两方面理解更好。

元　融：井甃，井壁修理好之意；从象上讲，井卦从泰卦变化而得，初九和六五换位，上坎，水入土中，三、四、五爻互卦为离，有火象，泥被火烤，为砖象，故有以砖砌井壁之象。故无咎，修井之意。井壁修理好，下一步就可以打井水了，在喝到水之前，必要的后期工作还是很必要的。

王昌乐：井壁对于个人来讲，应该是什么？

姚利民：个人认为还是修身。

张弛弘弢：井甃，正是泥火之陶器。井甃之用，御其污也。悟得义理，不入迷途。

姚利民：自己位置逐渐提高，德行也应该相应提高。

温海明：修身养性就是经常烤砖修井，把自己烤干才能把身之井修好。

元　融：修德，从初爻开始，从内心的污染开始，逐级而升。

张克宾：井壁的修治，我理解就是让自己更光彩，更让人接受，更让人喜欢。三爻已经有水了，所以四爻是让人喜欢自己，来取水。就像一个饭馆，饭菜做得很好，就是环境太差，也不行啊。

王昌乐：井水不出，身心有苦；井水不养，内外不长。

（整理者：秦凯丽　中国人民大学哲学院硕士生）

# 行洁才高　而后乃用

## ——井卦九五明解

时间：2016年09月17日21：30 — 22：30

## 【明解文本】

九五：井洌，寒泉食。

《象》曰："寒泉之食"，中正也。

## 【讲课内容】

张克宾：　五爻为"劳"爻，乃是君子在位，大行其道之时。在乾卦是"飞龙在天"，在井卦就是君子得志，可以大行其济物利人之道。

"井洌，寒泉食"。井水甘洌，正可饮食，滋养万物。在人而言，就是君子之德性圆满，必得其位，则可以大行其志，济物利人，使个体与社会并受其福。故孔子以"寒泉之食，中正也"解释之，君子之大行其道，不但内在德性中正以行之，外在之各种条件亦要中正以行之，方能真得济物利人之良效。

九五"井洌，寒泉食"。水清为洌。清凉甘甜的井水，可以食用。

## 【讨论内容】

温海明：　井修好了，水可以喝了。

张克宾：　九三爻井虽修治好，但不得食。五爻终于可以食了。从初爻到五爻，不断修治的过程是很明显的。初爻井有泥，近乎废井。二爻井谷可射鲋，但亦无大用。三爻修治好了，但不被取用。四爻继续修治。五爻终于寒泉食了，德位兼具，可以养物了。初爻不成才，无可用。二爻有小才，但不足用。三爻虽有才，但不被用。四爻自修以待用。五爻得逢其时，才能得以施展了。这是从个人修德应世的角度解读。当然还有其他的角度。五爻居中得正，犹如圣贤之人，有刚明中正之德可以为天下之法则，育养万民。

王昌乐：　是的，一番彻骨寒，橘井泉林香。

张克宾：　杨万里则以井水喻君主，井水清凉甘甜，世上人才都来取用，人君只有刚健中正，贤人才来辅佐。此又一说。

张克宾： 易者象也。其所寓之意，大家尽可自己体会。

孙铁骑： 五爻是尊位，其尊恰来自前四爻之积累。所以人生是一过程，六爻亦是一过程。五爻为劳爻，三与五同功而异位，其同在于都开始做事了，不同在于三爻为见，有基础不牢却乐于表现之凶，而五爻则积累成熟，故三多凶，五多功。

井卦五爻经过前四爻之修德过程，到五爻就可以济世利人了，即使不能像三爻一样逢明王，也能以自身之修为影响世人。其初难知，其上易知。五爻言"井洌寒泉食"，释以"寒泉之食，以中正也"。故君子修身有成，纵不能为在位者所用而大行其志，也能修身齐家，中正而行，教化一方民众，即《大学》所言"君子不出家而成教于国"。六爻成效是鞠曦易学的重要原则，不是我的原创。

（整理者：孙世柳 中国人民大学哲学院硕士生）

# 生生日新 修德济世

## ——井卦上六明解

时间：2016年09月18日21：30—22：32

**【明解文本】**

上六：井收勿幕，有孚元吉。

《象》曰："元吉"在"上"，大成也。

**【讲课内容】**

张克宾： 上爻是"成终成始"之爻，一个循环结束，另一个循环开始，在乾卦为"亢龙有悔"，在井卦则是不懈其济物利人之心，持之以恒，方为大成。

"井收勿幕"，当提水完成时也不要覆盖井口，应当敞开井口，等待继续为他人所用。

"有孚元吉"，如此坚定信念，不改初衷，方得生命之大圆满而为大吉。故孔子以"元吉在上，大成也"解释之。

　　"井收勿幕"虞翻注："收谓以辘轳收绠也。"程颐直接解收为汲水也。更有解之为成者。总之是从井中取水之事，已然大功告成了。幕者盖也，覆也。勿幕，不要覆盖井口。"有孚，元吉"。孚者信也，实也。言井水清凉甘甜，养物之德信实不虚也，所以元吉。对比卦辞来看，井收勿幕，使人人可汲，方能成"往来井井"之势；"有孚"，井泉源源不穷，方能"无丧无得"；"井养而不穷"，所以元吉。

## 【讨论内容】

### 【"井收"】

温海明：　"井收"一说为收拢井口。

张弛弘弢：何物收拢至井口？

温海明：　可能是修井的时候把井口收小，落叶不容易进去。

陈　鑫：　根据《说文》："收，捕也。捕，取也。"我认为"井收"意为通过井来取水，收拢说不成立，汲取说合乎本义。

林正焕：　将井口收小，主要是方便汲水，井口小汲水时水桶不会碰到井壁。井口一般有井围高出地面就不盖，井口见天才好，平井有时就会有盖，活动的。

张弛弘弢：井，一旦幕（加盖）之，它宣示的是归属权、使用权的问题，相当于私善其美、专其利、自掩覆，不与众共享，井之功用不得发挥是小，失众信是大。井，水也；水，生命之源也。古今中外，为争水源而战者，庶矣。再看古之刑字：井+刀=刑（古字"刑"，左边就是一"井"字，不是"开"。）为争夺水源动了刀，而获"刑"。如果问题扩大化为群体、民族、国家，那就是战争的问题了。井后正好是革卦。所以，井不可加盖儿。

乔　蓓：　加了盖子，由公变私，祸患之源了。

### 【"勿幕"】

张克宾：　也有道理。勿幕就是不盖井盖。

张弛弘弢：叶不落井，幕就可以了，何言勿幕？

元　融：　老井，都有井盖的。

张弛弘弢："勿幕就是不盖井盖。"

陈　鑫：　井的功能在于"汲取"。

姚利民：　勿幕为不要死，方便后人打开。

王力飞：　把井盖起来不让人汲水，则无孚。有孚，指公用之德。井水是取之不尽的，用了还会有。所以，井没有盖起来的必要。

张弛弘弢：井台皆高，脏物鲜入，故井勿（无）盖，多有井亭是焉。

张克宾：　程颐指出，多数卦到上爻就极则生变，只有井卦和鼎卦上爻为成功。

陈　鑫：　程颐认为，井以上出为用。居井之上，井道之成也。收，汲取也。

元　融：　勿幕，此处可以理解成不要把井当成自己家的。

张克宾：　总之是井功大成。

【井卦要义】

张克宾：　从养物的角度说，井卦主养民，鼎卦主养贤。古人有此一说。井卦是焕发新机的过程。易学往往不是简单地描述事物前后的发展过程，而是从危机或问题处讲起，一步步解决问题。单纯讲如何一步步挖井，就不如讲修治井，更给人启发。

元　融：　修井，脱困。

张克宾：　所以说：物有本末，事有终始。中国哲学向来讲终始，终则有始。如果说始终，始而终之，就结束了。这就是生生日新。井卦从修德的角度说，就是自新的过程。

王力飞：　自新，日新。

王昌乐：　日新之谓盛德，圣人作以养万民。

张克宾：　由此也可以看出，《系辞传》讲的一些哲理，是有经文根据的。不能简单说，经文没什么哲学性，到了《易传》才有哲学性。

【修德以济世】

孙铁骑：　上爻为成终成始之位，在卦为艮，有止义，到上爻必须知止才能无咎。

　　　　　五爻为劳位，君子大行其志，在乾卦九五为"飞龙在天"，但志不可过，故乾卦上爻为"亢龙有悔"，因不知止也。以井卦言，五爻"井冽寒泉食"，君子修德已成，飞龙在天，可以济物利人，上爻则止于此境界不可易其志。君子济物利人之心不可穷，故"井收勿幕"，己德已成，就当济世，而不应自得之，此为儒家之情怀。

　　　　　修井而有水是为了养育万物，此为井之德，幕则有隘。故言勿幕而元吉，因其济物利人之志无穷也。对人而言，修德而济世，乃大成也，故孔子为大成至圣先师，因其济世之心。故言"元吉在上，大成也"。

温海明：　修成正果就开放而且包容了。

郑智力：　是啊，到上爻井才修成。修成而不独占，功德无量。成人成物，成人：认识自己的不足弥补自己的漏洞，终于苦尽甜来德行光辉。

王昌乐：　成物：找出问题所在，改善外在环境、寻求治理道路。

（整理者：贡哲　中国人民大学哲学院硕士生）

（本卦校对：袁征　中国人民大学哲学院硕士生）

时　　间：2016年09月19日21：30 — 22：30
导读老师：赵建功（华中科技大学哲学系副教授）
　　　　　吴　宁（中山大学博雅学院讲师）
课程秘书：王　璇（中国人民大学哲学院硕士生）

顺天应人　弃朽立新
——革卦卦辞明解

## 49 革卦

离下兑上

【明解文本】

革：巳日乃孚，元亨，利贞，悔亡。

《彖》曰：革，水火相息，二女同居，其志不相得，曰革。"巳日乃孚"，革而信之。文明以说，大亨以正，革而当，其悔乃亡。天地革而四时成，汤武革命，顺乎天而应乎人。革之时大矣哉！

《象》曰：泽中有火，革；君子以治历明时。

【讲课内容】

**赵建功**："巳"字各本差异很大，或作"戊己"的"己"，或作"巳午"的"巳"，上博楚简作"改"（原本左边作"巳"，此从李零先生）。古文字"巳""巳"无别，而与"己"完全不同。

　　《四库全书》经部易类所有书籍皆作"巳日乃孚"。《周易注》曰："夫民可与习常，难与适变，可与乐成，难与虑始，故革之为道，即日不孚，巳日乃孚也，然后乃得。元亨利贞悔亡也，巳日而不孚，革不当也。"胡一桂《易附录纂注》："蔡氏曰：革不可遽，必巳日而后革。巳日，二日也。"熊良辅《周易本义集成》："苏氏曰：巳日乃孚，不信于革之日，而信于已革之日也。"龙仁夫《周易集传》："已日乃孚，日离象，已日，终日也。"李简《学易记》："已日者，已可革之时也。"何楷《古周易订诂》："已日即六二所谓已日也，乃孚即九三、九四、九五所谓有孚也，悔亡即九四所谓悔亡也。所以云已日者，变革天下之事不当轻遽，乃能孚信于人。乃，难辞也。"因而《周易折中》认为"李氏何氏之说长。"钱一本《像象管见》："己，音纪。天有十日，甲至戊为前五日，己至癸为后五日。己后庚，庚因己，故曰己日乃孚。"毛奇龄《推易始末》、尚秉和《周易尚氏学》亦作"己"，高亨《周易大传今注》则作"巳"，曰："巳借为祀……巳日乃孚，谓祭祀之日捉得俘虏，可用为人牲，举行大享之祭。"翟均廉《周易章句证异》曰："巳，朱震作戊己之己，云庚更革也。自庚至己，十日浃矣。胡一桂曰：昙莹云'作巳亦可，十二辰自子至巳，六阳极变，午巳日乃孚也'。是知好奇因各有说，但于庚更革义无取。虞翻、干宝诸儒作巳事之巳。谨案：《周易述义》作己。"惠栋《周易述》："二体离为日，晦夕朔旦，坎象就戊，日中则离，离象就己，故为己日。"

据马王堆帛书整理小组《马王堆帛书六十四卦释文》，原字模糊不可识，释文补作"己日"，而张立文先生相关书中则作"巳日"。楚竹书《周易》作"改日乃孚""改日乃革之"。高亨之前有作"巳"字者，然而无人以"祭祀"之义为解。又楚竹书《周易》与帛书《周易》皆有"祀"字（如困卦九五爻辞，楚竹书《周易》作"利用祭祀"，帛书《周易》作"利用芳祀"），不以"巳"通"祀"。据此，应该据通行本作"已"字。参见郭彧先生《北京四海文化传播中心编读本〈周易〉注音复查结果报告》一文。

王弼读为"已"，解释说："夫民，可与习常，难与适变；可与乐成，难与虑始。故革之为道，即日不孚，'已日乃孚'也"。

金景芳、吕绍纲二先生的《周易全解》认为：读作"已经"的"已"是对的；"已日"就是"浃日"，"浃日"就是十日；古人用天干地支纪日，天干共十个，叫作日；地支共十二个，叫作辰，天干循环一周共十日，叫"浃日"，地支循环一周共十二辰，叫"浃辰"，"浃日""浃辰"都是一周的意思。但是这里用"已日"，只是个象征性的说法，不是说仅仅十天，而是说一个周期、一个历史阶段。已日乃孚：革命或者改革要得到人们的理解和拥护，需要经过一段时间，甚至是一段历史时期，绝对不可以把革命或改革看作一朝一夕即可告成的事情。

革卦："水火相息。"王弼曰："'息'者，生变之谓也，火欲上而泽欲下，水火相战，而后生变者也。"孔颖达曰："息，生也。火本干燥，泽本润湿，燥湿殊性，不可共处；若其共处，必相侵克；既相侵克，其变乃生，变生则本性改矣，水热而成汤，火灭而气冷，是谓'革'也。"

革卦下离上兑，离为中女，兑为少女，女子长大，志向不同，会有变革，故曰"二女同居，其志不相得，曰'革'"。

"'已日乃孚'，革而信之"：革命或者改革需要经过一段时间，才能得到人们的理解和信任。革卦下离上兑，离为火，为明，兑为泽，为悦，变革光明正大，使人心悦诚服，变革亨通吉利，因其举措得当，故曰"文明以说，大'亨'以正"。

"革而当，其悔乃亡"：变革得当，所以其"悔"乃消亡。天地革而四时成，汤武革命，顺乎天而应乎人，天地变革而四时各有所成，商汤和周武王以武力革命，顺应天理而应合人心。

革卦之时，大矣哉，变革适时，意义重大啊！

《象》曰："泽中有火，革；君子以治历明时。"崔觐曰："火就燥，泽资湿，二物不相得，终宜易之，故曰'泽中有火，革'也。"虞翻曰："君子，遁乾也。历象谓日月星辰也。离为明，坎为月，离为日，蒙艮为星，四动成坎离，日月得正，天地革而四时成，故'君子以治历明时'也。"

## 【讨论内容】
### 【已、己、巳】

赵建功：　革命很难！要革命，就得改变积习。可是江山易改，习性难移，所以革命起始，极少人能够真正理解。

温海明：　有说"己日"。闹革命很重要的就是争取人们理解。

元　融：　确实，有"己日"之说。

赵建功：　此中问题很大。"已"字，有人读作"已经"的"已"，有人读作"戊己"的"己"，有人读作"巳午"的"巳"，上博楚简作"改"（原本左边作"巳"，此从李零先生）。

王力飞：　"己"应该是合理的，属于天干范畴。蛊卦有"先甲三日，后甲三日。"

赵建功：　革命之初，人未信服，所以"即日不孚，已日乃孚"也。无论是个人，还是社会，革命乃新生，是谓革新！天地革而四时成，天地尚且如此，何况是人呢？革命要掌握时机，不然就会出大乱子。

温海明：　去旧鼎新，既然天地都要革新，那么人事该变革就应该变革。变革最主要的就是时机，乱中取胜。

赵建功：　乱上添乱那就惨了，所以"革之时大矣哉"。

温海明：　所以要顺天应人，其实也应该是不得不闹革命才闹，能不革命还是尽量不要革命，实在不得已才出手，不断革命是不合理的。

赵建功：　关键是要"顺天应人"。干宝曰："已日，天命已至之日也。乃孚，大信著也。武王陈兵孟津之上，诸侯不期而会者八百国，皆曰'纣可伐矣'。武王曰：'尔未知天命，未可也。'还归。二年，纣杀比干，囚箕子，乃伐之。所谓'己日乃孚，革而信'也。"

尚　旭：《易经》用天干较多。

温海明："己"合理些吗？

尚　旭："己"更合理。

王昌乐："孚"是应人良策。

赵建功：革命要顺乎天意又合乎民心，所以时机很难把握！《象》曰："泽中有火，革；君子以治历明时。"所以"治历明时"很重要。中国历来非常重视历法的制定和时机的选择，王朝更替要"改正朔"，每位皇帝即位时要改年号、纪年，做事要选择黄道吉日，因此，中国的历法达到了极高的水平，择日（选日子，择吉）术也极为发达。汉族地区使用的农历又称夏历，是一种阴阳合历，以月相定月份，以太阳定年周期，把太阳和月亮的运行规则合为一体，比纯粹的阴历或西方普遍使用的阳历更为实用和科学。这是中华古人为了掌握农时而长期观察天文积累的伟大成果。

尚　旭：庚处先天阳尽阴始之地，从己就要进庚开始改变了，故而有己日革之。

何京东：泽上火下，以火改变泽的状态，庚为七，七为复吧。

王力飞：己时，象征日已过午，太阳刚刚偏西，革命要发端于未始，尽早进行。己日，也有这个考量。所以有自己不主动革命，就只能等着别人革自己的命，也是劝早的意思。

王昌乐：曹操与袁绍打仗之时，就是利用了日已过午。

李永红：陈胜、吴广大泽起义，刘邦砀山斩蛇也是没办法了，不革命就革头。

何京东：依虞翻所言，火的志向上，泽的志向下，其性质不一，故两者需要磨合才使事物达到同一条件。

赵建功：虞翻曰："离火志上，兑水志下，故'其志不相得'。"

尚　旭：如何闹革命？把房子上的瓦捅下来一片？

赵建功：等待时机。

元　融：己，十天干中间，革命，是需要时日的，不能等闲看待！"革命不是请客吃饭。"

温海明：革命一定要沉得住气，日子不到，坚决不闹；合适的日子到了才可以闹。

赵建功：革命要顺天应人，很不容易。

何京东：《系辞传》曰："水火不相射。"革的目的并非不要原有的基础，而是在本原的基础上进行"述而不作"。革命之前要有足够耐心和充分准备。

温海明：请客吃饭随时可以，革命是拎着脑袋闹的，闹不好脑袋就搬家了。

元　融：革卦，是四阳革两阴，力量已经过半，所以言"己日乃孚"。

何京东：水、火是两种自然现象，在生活中不断更替运用。

## 【"革而当"】

赵建功：　虞翻曰："文明谓离。说，兑也。大亨谓乾。四动成既济定，故大亨以正，革而当位，故悔乃亡也。"由此可见，四爻是革卦主爻，四爻一变，"顺天应人"，顺九五之天，应九三之人。

何京东：　《说文》："巳也。四月，阳气巳出，阴气巳藏，万物见，成文章，故巳为蛇，象形。"

姚利民：　革卦天时重要，人和也重要。

元　融：　革卦，元亨利贞，四德皆备，悔亡。该革命还是要革命的，等待时机，义无反顾，直捣黄龙！

何京东：　"革"的基础是"井"的一个事态发展趋势，"改邑不改井"的时中的变化。周人重在人革，殷人以前重在天地之革。

王昌乐：　时，是到了什么程度革。孚，是用什么来革。

温海明：　看来革命"人和"最难。

王昌乐：　取信于民是革之必备，还有就是用什么方法革呢？

元　融：　革卦，水火相息，能量是相对等的，不是水浇灭烈火，就是烈火烧干大泽之水，水火最无情，烈焰、大泽很壮观。

温海明：　赌人民的信心，靠民心向背来革命。取信于民需要隐忍待时。

元　融：　二女同居，上兑，少女，下离，中女，水向下，火炎上，革势形成。

何京东：　能悦民心之革，亦合天性之命，乃革之根本。

姚利民：　革命成功后需要建设、需要包容。革命过程很艰辛啊，水深火热，意志不坚定者，受不了啊。

温海明：　少女、中女心志不同，最后只好闹革命了。

何京东：　革乃一种合乎情理之革，非无德之革，故"元亨，利贞，悔亡"。

元　融：　"己日乃孚"，只要事业是正义的事业，初爻为阳爻，整体为四阳革二阴，力量反转之时，高举义旗，文明以说，深挖洞，广积粮，缓称王。革而当，天道荡荡，顺之者昌，革命事业成功在前！

姚利民：　革已经在我们从小受的教育中，以及我们各自生活中打下烙印了。

元　融：　汤武革命只是改制不害民，故有以治历明时之人天之德。

何京东：　汤武革命，顺乎天而应乎人，天有所召，人有所应。阳爻革阴，去掉身心的负能量，培植内在浩然之气，也是革的大义。革卦，"己日乃孚"，己日的内涵很丰富，革命是需要能量的积累的，不是想起来革命就革命的。

何京东：　革者诚己亦诚于人，诚于人者必畏敬于天，故有"乃孚"之象。

温海明：　革是用浩然之气来取信于人，汇集正能量，进而改革天命。

（整理者：王璇　中国人民大学哲学院硕士生）

# 心有革志 不可动摇

## ——革卦初九明解

时间：2016年09月20日21：30 — 22：28

### 【明解文本】

初九：巩用黄牛之革。

《象》曰："巩用黄牛"，不可以有为也。

### 【讲课内容】

吴　宁：《说文》："巩，以韦束也。"巩，有固的意思。"巩用黄牛之革"，意即以黄牛之革捆束东西。《说文》："革，兽皮治去其毛革更之。"所以"革"有两个意思。孔颖达说："'革'之为义，变改之名，而名皮为革者，以禽兽之皮，皆可'从革'，故以喻焉。"高亨认为，由于除去毛之后余下的兽皮被称作为"革"，而除去毛的过程也是一个动作，可引申出改革、变革之义。初九、上六的爻辞用"革"字，取"革"的本义，六二、九三用"革"字，为其引申义。《杂卦传》谓："革，去故也。"郑玄："革，改也。"用的都是"革"的引申义，而非本义。"黄"为吉祥之色，而"革"有韧性，所以知此爻又有吉祥坚固之义。革命动力不足之处，就渐渐体现出来了。根据干宝的说法，"离为牝牛，离爻本坤，黄牛之象也"。初九在革之初，四无正应，不能乱动，这就决定了象传所说"巩用黄牛，不可以有为也"。王弼说："在革之始，革道未成，守夫常中，未能应变者也。此可以守成，不可以有为也。巩，固也。黄，中也。牛之革，坚韧不可变也。固之所用常中，坚韧不肯变也。"孔颖达认为："初九在革之始，革道未成，守夫常中，未能应变，施之于事，有似用牛皮以自固，未肯造次以从变者也。"

　　合观王弼和孔颖达的说法：革道自有其条件，初爻之时，阳气微弱，是"革"的起步阶段。

### 【讨论内容】

元　融：我们已经明白"巳日乃孚，革而信之"，而今到初九，革命的信心永远不动
　　　　摇之爻，我们期待！

姜　江：初九，革命的动力不小，但是顾虑太多，属于革命队伍中的右倾分子。九三

是革命队伍中的"左"倾机会主义。从爻辞上看，右倾好于"左"倾。

刘久红：初九在革之初爻，四无正应，不能乱动。

吴　宁：正是，注家多从此义出发进行解释。初九力量既不足以引发变革，也不能够因应变革所带来的后果，可能是天下大乱的后果。所以这时更要韬光养晦、蓄势待发。其实，革之初爻更适合守成，即要坚固其中，而不能在仓促间轻举妄动，如此则必能守住。

姚利民：如同乾卦初九。

吴　宁：初心还是要革，但条件还不成熟。

刘久红：也是"潜龙勿用"之象。

吴　宁：干宝从史实的角度解说："此喻文王虽有圣德，天下归周，三分有二而服事殷，其义也。"说明革命绝非一蹴而就、想干就能干成的。朱熹的解释也可琢磨："居初无应，未可有为，故为此象。巩，固也；黄，中色；牛，顺物。革，所以固物。……其占为当坚确固守，而不可以有为，圣人之于变革，其谨如此。"

吴　宁：感觉这爻好像在暗示着要下一盘很大的棋了。

元　融：初爻，为革命之志，也有树立坚不可摧之志的含义。

温海明：干革命之前要先把自己牢牢捆住，其实是冒险之前要先把心控制住。

元　融：用黄牛皮条子来巩固。

温海明：好大一盘棋，要押上身家性命。

吴　宁：革是分阶段的，根据金景芳、吕绍纲的解释，下卦三爻为革命前的问题，上卦三爻讲革命后的问题。此说亦有参考之处。

元　融：初爻，只是心有革志，一是潜龙之位，不可妄动；二是全卦之魂，不可动摇。

吴　宁：根据程颐的说法，此卦固然处于革之时，但初九却不可以革，因为革有几个条件：要在其位、当其时、有其才。而此时初九居下，不在其位；居初，不当其时；阳刚而在离之下，躁动而无革之才，所以如此。此外，遁卦也有类似的爻辞："执之用黄牛之革，莫之胜说。"虽然遁卦此爻有应，但因为被黄牛皮革牢牢捆住，想遁也遁不了；而革卦初九在下无应，当革而不能革，这就很考验隐忍的功夫了。

## 【去　妄】

王昌乐：初九阳爻阳位，得位不应，性急愿革，是可以为之用的，但看要如何用，能潜下心来、巩固其志、积蓄力量，才能刚猛不减、利剑出鞘啊。这里的得位多指向其心与卦吻合，虽是初，不过是革命队伍中的（经过磨练的）可靠分子。

吴　宁：单从这一爻看，关键词似应为"巩"，"革"在此只是作为器物用的工具，此爻目的不在于"革"；但从全卦看，"巩用黄牛之革"又隐隐指向"革"，队伍里的可靠分子坚守初心。

张弛弘弢：下非可革之位，初非可革之时，要在固守中顺之道。

元　融：革卦之"黄牛之革"和遯卦稍有不同。一个是阴爻遯阳，一个是四阳革二阴，态势有所不同。一个是巩，一个用执，有不同。

张弛弘弢：初九阳刚，进取之象，然时位不备，动则为妄。故用黄牛之革缚其心，以待时位。

王昌乐：初九的心妄动是有的，其性决定，可革心是有的，是迫切的，也是由其性决定的。去的不是革心，而是妄动心，去心火，但不去革命之火。

元　融：离为能革，兑为所革。而初九居下，上无应与，此不可以有为者也。但用黄牛之革以自巩固可耳。（《周易禅解》）

张弛弘弢：对的。妄动，要不得。

元　融：离为牛，二爻自坤，坤为黄色。三、四、五爻为乾，初爻用力，不可以使得六二之爻逃脱，四阳一阴，歼灭、聚歼之格局，奈何初爻力弱，身单影孤，所以要固志。初爻只要固志，胜利是大概率！初爻力弱，志坚，革势乃成。

刘久红：初爻固志。

姚利民：时机未到，只能隐忍。

刘久红：初爻固心，就是铁了心要革命。

姚利民：看初九，就是看历史，历历在目，不忘初心，继续前进。

（整理者：张馨月 中国人民大学哲学院硕士生）

# 阴阳相应 往必合志
## ——革卦六二明解

时间：2016年09月21日21：30 — 22：28

**【明解文本】**

六二：巳日乃革之，征吉，无咎。

《象》曰："巳日革之"，行有嘉也。

**【讲课内容】**

**吴　宁：**昨天我们考察了初爻，发现好像已经擦出了革命的火花，但形势似乎还不明朗。这是因为初九未在其位、不当其时、没有其才，所以还不适合革命，初九仍需持志自固。今天接着看六二爻。前天讨论了卦辞"巳日乃孚，元亨，利贞，悔亡"，卦辞的第一个字共有三种读法。由于六二爻辞与卦辞关系密切，在这里再强调一下。若将之读作"己"，则是视之为天干第六位，那么从天干序列上看，"己"在此有"转变"之义。由此，可将六二爻辞解释为：在形势转变之日，需要革，此时往前进发则吉祥，不致咎害。《周易集解》大抵取此解。若读作"巳"，那么一般认为，这里的"巳"通"祀"，"巳日"指祭祀之日。高亨认为："巳借为祀。革之，谓改巳日也。祭者祀日，遇此爻，则改筮它日，故曰：'巳日乃革之'。又筮遇此爻，征伐则吉而无咎，故曰：'征吉，无咎'。"这个看法跟朱熹有些接近，但更加重视考据。由此，可将爻辞解释为：祭祀之日须变更，征伐则吉祥，没有灾患。若读作"已"，那么"已日"意为终日，也就是成功之日。

由此，可将爻辞解释为：在成功之日进行变革，征伐则吉祥，没有灾患。这种理解应该比较符合王弼的意思。于此，前天赵老师和大家已经讨论的很多了，我再画蛇添足一番，仅供参考。我自己比较倾向于王弼的解释。从象上看，六二所对应的"革"之时，可谓柔中得正，上应九五，又居于下离之中。既然六二柔顺而得中，为下离文明之主，且有应于上，那么就可以革了。革卦六二可与乾卦九二"见龙在田，天下文明"相对照。

**【讨论内容】**

　吴　宁：　由于六二为阴爻，且居于阴位，对革的条件也有很高的要求，所以才说"巳日乃革之"。接着说，尽管由于革卦上下卦的卦象导致了"二女同居，其志不相得"的整体态势，但由于此上、下卦正好是水火相息（或曰熄，即水火相克），而二、五爻又是阴阳相应，可见二、五爻其实是暗通款曲的。所以二、五爻之志必定相合，由此方能成就六二之革。

郑　静：　在成功之日进行变革，征伐则吉祥，没有灾患。

刘久红：　柔中得正，又有九五之正应，当无妨啦！

吴　宁：　相较于在上无应的初九，这正是六二得以革的优势所在。

## 【柔】

刘久红：　行动吉祥，可以变革。

吴　宁：　但是，仅凭柔顺得中的六二是不能独立进行变革的。所以，王弼从阳唱阴和之说的角度提出，阴在于顺，故不能先唱。因此，相对被动的六二仅凭自己，是带不了头的，它需要跟着别人闹革命。看起来，这场革命还得由一向积极主动的带头大哥来领导才行。

姚利民：　六二有九五罩着，看似柔，实则强（有后招），符合太极拳以阴受阳（曲中求直）的原理。

吴　宁：　《象》曰："已日革之，行有嘉也。"参考资料里解释得挺好，我引用朱骏声《六十四卦经解》以补充："二为离明之主，而得位，故与象同辞，配偶为嘉。易凡二五应，多称嘉。"其实也就两卦：随卦，"九五，孚于嘉，吉。《象》曰：'孚于嘉吉'，位正中也。"遯卦"九五，嘉遯，贞吉。《象》曰：'嘉遯贞吉'，以正志也。"其实我一直在猜，若一位好的太极拳师能旁通易学，是不是拳法会达到极高的境界？

刘久红：　肯定，气通了，道，触类旁通。

吴　宁：　从道理上讲该当如此，但我比较孤陋寡闻，因为我所了解的高明的太极拳师似乎多不太懂易学，研究易学的人热爱太极拳的似乎也不多，故有此惑。

姚利民：　儒、道、释与《周易》相通，练到最后的高手，心平气和，打败人家，而不伤人家，反而让对手佩服，这就是我所理解的太极拳最高境界。

刘久红：　互学互参说不定有惊喜。

## 【慎行】

张弛弘弢：六二，本卦之主，时位皆备而不能革，何也？

元　融：　革卦，六二，阴爻居中，下卦为革命的火种，二爻居中，谨慎，做好细致的规划，"己日乃革"，要好完全规划，革的时机掌握非常关键，革命不是造反，力量对比非常重要。

王昌乐：　离卦是明卦，六二居于日之中时，说明一日未完。

元　融：初爻，革命之志要巩固；六二，革命的规划要做好。革命取胜的关键在于力量的对比，"枪杆子里面出政权！"

王昌乐：六二阴性，其性在内敛柔顺，但是革命意志坚决，而所要做的就是待时而发。待什么时，爻辞说得明白，已日。

元　融：纳甲中，坎纳戊，离纳己，二爻离卦中位，故言己日。《易经》中，天干引用很多，昨日研讨，诸位老师谈起，己日为妥。

张弛弘弢：六二为主，但不轻易做主。

王昌乐：以中正之德行待时之道，自身具备革命意志与革命方法，且有自己的团队，为相为将，不为主。诸葛孔明，常待天时，领军作战，却与刘备以君臣相处。王阳明讲"诛贼易，诛心难"，革也是如此，革命易，革心难。

（整理者：黄仕坤 中国人民大学哲学院硕士生）

# 审稽众论 三就后革
## ——革卦九三明解

时间：2016年09月22日21：30 — 23：05

## 【明解文本】

九三：征凶，贞厉。革言三就，有孚。

《象》曰："革言三就"，又何之矣。

## 【讲课内容】

赵建功：闹革命辛苦，但前途光明。革命不会一帆风顺，有时会有严峻考验，大家要挺住。我们来看"九二：征凶，贞厉。革言三就，有孚。"其中"征凶，贞厉"怎么理解？

　　王弼曰："已处火极，上卦三爻，虽体水性，皆'从革'者也。自四至上，从命而变，不敢有违，故曰'革言三就'。其言实诚，故曰'有孚'。'革言三就，有孚'而犹征之，凶其宜也。"

孔颖达曰："九三阳爻刚壮，又居火极，火性炎上，处革之时，欲征之使革。征之非道，则正之危也，故曰'征凶，贞厉'。所以征凶致危者，正以水火相息之物，既处于火极上之三爻，水在火上，皆'从革'者也。'自四至上，从命而变'，不敢有违，则'从革'之言三爻并成就不虚，故曰'革言三就'；其言实诚，故曰'有孚'也。既'革言三就，有孚'，'从革'已矣，而犹征之，则凶，所以'征凶'而'贞厉'。"

荀爽曰："三应于上，欲往应之，为阴所乘故曰'征凶'。若正居三，而据二阴，则五来危之，故曰'贞厉'也。"

尚秉和曰："三临重阳，阳遇阳则窒，故征凶，卜问厉也。然三应在上，上兑为言，而兑为毁折，故曰革言。就，即也，遇也。'革言三就，有孚'者，言三虽得敌，不能应上，若上六即三，则甚顺利而'有孚'也。兑为言，乾亦为言，言多，故曰'三就'。又三在三爻，损六三云'三人行'，需上六云'三人来'，皆以在三爻取数于三。'三就'者，三遇也，谓革来之多也。'有孚'者，上孚于三也。易理失传，旧解于'征凶'之故莫有明者，岂知'征凶，贞厉'谓阳遇阳，下二句谓上应三，义不相属也。"

再看黄元御先生的解释："九三，离之上刚，而当互乾之下。在离则为多凶（三多凶），在乾则为潜龙。有征则凶，守贞则厉。乾为言，位处离三，变革之言，已经三就，就，成也。而终于不行，位不当也。然下乘离中，而应六五，则有孚信。离中为孚，革言三就，而究不能革，攸往不利，又何之矣？"

黄元御先生是医学大家，也是易学大家，讲得很通透。此句也有学者解释为：有所行动或出征不利，占问有危难，罪犯不断更改供词，经过多次审问，还是弄清了是非，执行了惩罚。

## 【讨论内容】

胥慧娟：　我特别赞同老师讲的象思维，立象尽意是中国艺术意象论的源头和发端，中国古典舞的平圆、立圆、八字圆和禹步均来自《周易》。

赵建功：　尚秉和先生是象学大家，其说可从。"革言三就"也是众说纷纭，似乎尚秉和先生所言更令人信服，象数依据充分。

元　融：　就观象、系辞角度而言，可看《周易正宗》。末学是看了40个版本后，才遇到马老师的版本，因书结缘的。被书中精妙的象传体系打动，才前往面见老师的。

赵建功：　论义理，则王弼、孔颖达所言甚好。黄寿祺先生解释为："变革既已初见成效，更须多番俯就人心，安定大局。"亦通。

## 【"革言三就"】

张弛弘弢：革卦言变革，发展到第三爻位，主客观条件已基本具备。三次讨论意见统一，说明大家都相信必须进行改革了。

赵建功：　三爻多凶，革卦亦然。革命遇到瓶颈，所幸与上爻有应，故可以先稳住脚跟，再图谋继续革命。

元　融：　革卦："九三，征凶，贞厉。"前进有凶，维持现状有危厉，进退为难之象。

王昌乐：　三次讨论这个有些不是很合适啊。

姚利民：　需要考虑建立真正的根据地，大浪淘沙三次。

赵建功："就"有多解：1. 即，遇；2. 俯就；3. 借为鞠，审问。所以"革言三就"成为理解的难点。

温海明：　干革命小有成功，进退分寸不好把握。

王昌乐："革言三就"是针对九三讲的。

元　融："革言三就"，上卦为兑，为言，三爻、六爻有应，故"革言"，革命是有理由的，理由充分。"三"，大家看卦象，三、四、五爻为互乾，力量够，下卦初九有支撑，故"有孚"。

张弛弘弢：三就三遇，属革前思想准备、动员。

刘久红：　九三处于水火不兼容的位置，进，泽水灭，不动又不允许。

王昌乐：　九三和初九对比一下，都是过刚性急躁。而九三还有互卦《乾》，更为明显，还处于火卦之上，泽卦之下。

姚利民：　此爻为腰，革命到了关键时刻。

赵建功：　九三的"凶""厉"源于其躁进，其"孚"源于其阳爻居阳位，当位得正，下乘六二，又与上六相应。

张弛弘弢：三凶四惧，没错。但一"有孚"之德串三、四，逢凶化吉，可也。

元　融：　革卦，下离上兑，水火相交之地，征凶，处在生死存亡之际，此时是不能犹豫的。

郑　静：　九三巽卦，巽进退。

刘久红：　三是小成之数，过头，就凶。

赵建功：　尚秉和先生说："兑为言，乾亦为言，言多，故曰'三就'。"

元　融：　初九，"巩固革志"；六二，做力量的评估，"己日乃孚"；九三，"革言三就"，对局势需要准确把握。

王昌乐：　九三是有位之人，有一定革命成果。对初九的办法是拴住，而九三一拴不住，二有一定带动力，故其行动会使部分革命队伍遭受损失。

温海明：　革命需要审时度势，群众要善加引导。

赵建功：《周易》通例，阳遇阳则窒，多滞碍不通。

王昌乐：　所以爻辞直接就说凶，不要干。

姚利民： 大浪淘沙，革言道，革命需要水与火的洗礼。

元　融： "征凶，贞厉"，到底干不干？征进，凶；维持现状，厉。

王昌乐： 可是直说凶，不解决问题。

温海明： 革命已经开始，骑虎难下。干革命没有回头路。

赵建功： 不是不要干，而是不要蛮干。

王昌乐： 干是一定的，不过要"革言三就"。

温海明： 这是讲解革命开始闹了就只有进行到底。

赵建功： 坚持就是胜利。

姚利民： 这和打太极拳（推手）一样，要摸清对方拳路（听劲）。

温海明： 不胜利也要坚持。

元　融： 怎么办？"革言三就"，看清局势，九三是下卦之上，又是互乾之下，上卦为兑，上六为阴，经过局势的分析，决定也就明朗了。

王昌乐： 凶，是对他直接告诫，因为九三有位，过刚，急于求成。革命牺牲在所难免，可作为九三不仅只代表自己，也不能只顾自己。

张弛弘弢：革卦，言革命，六爻集中论说的就是进行革命的过程。解爻不可离卦言，每爻只是革命中的时位、角色而已，不能乱拼象以解之。

元　融： 从卦变角度，《革》从《大壮》而来，整体卦象是四阳对二阴分割包围之势，九三是中间的脊梁，虽有艰险，但胜券在握。"征凶，贞厉"，到底干不干？征进，凶；维持现状，厉。怎么办？革言三就，看清局势，九三是下卦之上，又是互乾之下，上卦为兑，上六为阴，经过对局势的分析，决定也就明朗了。

王昌乐： 九三要以更强大的意志来革去自己的秉性，行理性之道，求智慧之法。水火是敌我之烧，更是九三内心之烧。

赵建功： 崔觐曰："虽得位以正，而未可顿革，故以言就之。夫安者有其危也。故受命之君，虽诛元恶，未改其命者，以即行改命，习俗不安，故曰'征凶'；犹以正自危，故曰'贞厉'。是以武王克纣，不即行周命，乃反商政，一就也。释箕子囚，封比干墓，式商容闾，二就也。散鹿台之财，发巨桥之粟，大赉于四海（《尚书·武成》），三就也。故曰'革言三就'。"

　　　　其中引了《尚书·武成》说明武王伐纣后的举措。因此来解释"革言三就"，值得参考。

（整理者：李芙馥 中国人民大学哲学院博士生）

# 顺天应人　信志改命
## ——革卦九四明解

时间：2016年09月23日21：30 — 22：42

【明解文本】

九四：悔亡，有孚，改命，吉。

《象》曰："改命之吉"，信志也。

【讲课内容】

**赵建功：** 革命经过艰难的九三阶段，到九四已曙光在前了。九四变革为阴而当位得正，故"其悔乃亡"。"孚"谓五也，巽为命，四变使互巽改变，而当位得正，故"改命吉"。

尚秉和曰："四失位，宜有悔，无应予则无孚，然九四居乾之中，乾为信，故无悔而有孚。"可以参考。

虞翻曰："革而当，其悔乃亡。孚谓五也。巽为命。四动，五坎改巽，故'改命吉'。四乾为君，进退无恒，在离焚弃，体大过死，传以比桀纣。汤武革命，顺天应人，故'改命吉'也。"虞翻取象复杂，失之繁琐，须仔细推敲。

看来革命要成功，首先要韬光养晦（初九），再初试锋芒（六二），后集思广益，总结经验教训（九三），于是便出现了九四曙光在前的局面。

【讨论内容】

**赵建功：** 《象》曰："改命"之"吉"，信志也。《象》容易理解，请参考孔颖达："'信志'者，信下之志而行其命也"。黄寿祺："革除旧命可获吉祥"，说明九四畅行变革之志。

**王昌乐：** 革命之志，人民信啊。革命之志其实是为了人民，然后才得信。

**郑　静：** 不为民称不上志。

**赵建功：** 是的，革命要顺天应人啊！

**李永红：** 革命都说替天行道。

【革而悔亡】

王昌乐： "悔亡"，老师更认同哪种观点？

赵建功： 皆有可取之处。

郑　静： 孚，孚于天下民之志。

王昌乐： 尚秉和先生的观点是说四失位。

赵建功： 还是请大家注意，《周易》"唯变所适"，没有唯一的标准。

王昌乐： 有悔。

赵建功： 是啊！九四阳爻居阴位啊。一革就当位了，故"悔亡"。

郑　静： 四，悔。然革讲的是变，故悔就亡。

王昌乐： 可不可以说九四阳是刚强要革，阴是柔和手段。

元　融： "悔亡"，忧悔消亡。

赵建功： 刚柔并济。

王昌乐： 因为有时阳爻阳位，我们也不说其得位，而是说其过刚性躁。


【改革天命】

元　融： 九四，从象上说，九四在互乾，互巽里，乾为天，巽为命，又在上卦兑里，兑为口，是有口宣告天命，故言"改命"。从取义上说，"改命"是建立新的王朝，废除旧的政令，施布新的政令。

王昌乐： 有时阴爻阴位也不说得位，而是指过阴。因为有时阳爻阳位，说其过刚性躁，我们也不说其得位，所以也不能说九四都是失位，这里我倾向于不失位。

郑　静： "悔亡"，九四阳处阴位。重刚失中。四多惧。革为变。故悔，亡。

张弛弘弢：命犹令也，将革而谋谓之言，革而行之谓之命。（朱骏声）这本身就是对"改命吉"的解释。改命，就是改革天命，就是改朝换代呗！人+言=信，一个"孚"字贯三爻，应当引起重视。

王昌乐： 改命就是革命啊，这样理解感觉就顺多了。

张弛弘弢：三、四、五爻，他们之间的一贯道，看到了吧？

王昌乐： 是的。前面革都是有些阻力，后面开始主动了，一革到底。

郑　静： 改变命运就靠革命了。

张弛弘弢：命运命运，这个"命"可不能乱"运"啊。

王昌乐： 九四是个转折啊。天命所归，率性而为。

张弛弘弢：严格讲，"改命"还不是革命。从改到革还有一个过程。九四：改，九五：革。

郑　静： 改革，从上至下；革命，从下至上。

王昌乐： 打江山还真需要人才，刚强不屈、意志超拔，柔和进取方法得当。

**张弛弘弢：** 九五，也只是大人革。大人革到君子，君子革到小人革（从中央到地方）。上六后才王道化成天下。

（整理者：秦凯丽 中国人民大学哲学院硕士生）

# 大人虎变 信德自著
## ——革卦九五明解

时间：2016年09月24日21：30 — 22：45

## 【明解文本】

**九五：** 大人虎变，未占有孚。

《象》曰："大人虎变"，其文炳也。

## 【讲课内容】

**赵建功：** 革命至此，已经达到高潮了，大家可以一起享受革命的成果了。

九四"悔亡，有孚，改命，吉"，九五则进一步"大人虎变，未占有孚"。大家看"大人"和"虎"取象自哪里？九五为大人，应该没有问题。九五居君位而具中正品德，九五为大人，与六二离中相应，互乾又为君。义理学派的代表孔颖达先生解释说："九五居中处尊，以大人之德为革之主，损益前王，创制立法，有文章之美，焕然可观，有似'虎变'，其文彪炳。则是汤、武革命，顺天应人，不劳占决，信德自著，故曰'大人虎变，未占有孚'也。"象数学派的代表虞翻曰："乾为大人，谓五也。蒙坤为虎变。"

## 【讨论内容】
## 【虎之象】

　　**刘久红：** 虞翻说："兑为白虎。"

　　**赵建功：** 是的。兑在西方，故为白虎。尚秉和说："乾为虎"，或说："坤为虎"。

大家觉得哪个更好？

刘久红：《周易正义》曰："五居中尊位，以大人之德为革之主。"

姚利民：兑在西方，故为白虎更有道理。

赵建功：乾为君，虎为兽王，可比类。只是乾为虎之说失传已久。

元　融：以《说卦传》为准为好。

姚利民：乾为龙，龙虎相争，为同一级别，乾为虎可以解释得通。

赵建功：虎变怎么理解？

王昌乐：虎虎生风。

刘久红：乾为马，为父，各爻为龙象。

王昌乐：巽卦为风，九五为龙，为虎。

姚利民：如果说兑为虎，九五动爻为震，震为龙，所以虎变，有孚？赵建功老师，可这样理解吗？

刘久红：九五从二位升到尊位，成一卦之主，刚爻得位，故为大人。

元　融：虎变，可参考卦变；革卦，四阳二阴之卦，从《大壮》而来，五爻二爻换位，故言变，上卦为兑，故言虎变；大人，得位之君子之谓也，从阴爻变为阳爻，为根本的转变，也是变革的高潮。

王昌乐：那是武王，不是圣王。

赵建功：九五就是一切圣王，武王是代表。

元　融：下卦为离，为龟，有占象；二五换位，有应，下从上，故言未占有孚。

赵建功：《象》曰："大人虎变"，其文炳也。

姚利民：原来圣人（九五）善易不占啊，妙。

赵建功：所以九五是文武兼备的圣王。修德立信才是关键。

王昌乐：唐尧揖让三杯酒，武王伐纣一盘棋。

赵建功：所以革卦一再强调"孚"（信）。

王昌乐：伯夷、叔齐饿死首阳山。

【中正之德】

赵建功：九五居中正之位而有中正之德，其美德如猛虎初换之斑纹，焕然一新，光彩彪炳。

王昌乐：所以这里用了虎变。

刘久红：对九五的文词溢美。

赵建功："诚于中，形于外"，外在的光彩源于内在的品德。

刘久红：内圣外王。

王昌乐：武王伐纣，伯夷、叔齐劝谏，无效啊！

姚利民："诚于中，形于外"，外在的光彩源于内在的品德。具大德才能感召天下人。

刘久红：　高德明君，一呼天下应。

赵建功：　具大德才能感召天下人，群众的眼睛是雪亮的。

王昌乐：　龟兆不吉，风暴至，群公惧，太公强之，武王于是随行。

赵建功：　崇高的革命热情，拥抱一切众生！这就是儒家仁民爱物、民胞物与的胸怀。

王昌乐：　武王将伐纣，龟兆不吉，风暴至，群公惧，太公强之，武王于是随行，这是太史公说的。

温海明：　革命热情高涨，如猛虎下山。

赵建功：　有此胸怀，革命才能成功。有此胸怀，人生才不虚度。

温海明：　革命势如破竹，成摧枯拉朽之势，革出文采来了。

王昌乐：　革命战场完了，实际工作很多，要制礼、历法、服饰等，能不神采奕奕！

温海明：　革命是在天地间书写大文章，革命成功才有文采。

赵建功：　礼乐制度日益完备，天下莫不心悦诚服，革命至此，已达化境。

（整理者：孙世柳　中国人民大学哲学院硕士生）

# 继体守成　居贞得吉
## ——革卦上六明解

时间：2016年09月25日21：30—22：35

## 【明解文本】

上六：君子豹变，小人革面；征凶，居贞吉。

《象》曰："君子豹变"，其文蔚也。"小人革面"，顺以从君也。

## 【讲课内容】

吴　宁：先看虞翻怎么解释上六的："蒙艮为君子，为豹，从乾而更，故'君子豹变'也。阴称'小人'也，'面'谓四，'革'为离，以顺承五，故'小人革面'。乘阳失正，故'征凶'。得位，故'居贞吉'，蒙艮为'居'也。"从象数上讲，可谓头头是道。另外，虞翻认为"遯上之初,与蒙旁通"。革卦变自遯卦,而且是蒙卦的旁通卦。所以他才说蒙艮为君子。上六君子较之于九五大人,显然不可同日而语。

故而《集解》解九五爻引马融之言谓:"大人虎变,虎变威德,折冲万里,望风而信。"解上六时引干宝之言:"君子大贤次圣之人,谓若太公、周、召之徒也,豹虎之属……君圣臣贤,殷之顽民,皆改志从化,故曰小人革面。"如果九五为圣人天子,那么上六则为贤人大臣。九五上六,一虎一豹。虎豹同类,虎大豹小,即阳大阴小,所以上六和九五之不同也显而易见。根据给出的材料中的说法,虎变而为豹变,上六革道已成,此时君子能成就变革之文,小人也会顺从。革道既成,所以问题的关键已经不在于革,而在于能否继体守成,居贞就显得非常重要了。

上六有守成之才,所以如果进行征伐,就不吉利,此时居正才能获致吉祥。从革命的角度看上六爻辞所说"征凶",汤武革命结果虽好,但亦不可以革命为常态,也就是说,不能一味革命、不断革命、天天革命,否则就太折腾了,所以上六爻辞认为继续进行激进变革则凶,此时唯当居贞才能得吉,也就是革命之后要安守成果。所以朱熹说:"变革之事,非得已者,不可以过,而上六之才,亦不可以有行也,故占者如之。"再看《象传》:"君子豹变",其文蔚也。"小人革面",顺以从君也。我觉得孔颖达讲得很好:"其文蔚"者,明其不能大变,故文炳而相映蔚也。"顺以从君"者,明其不能润色立制,但顺而从君也。初九"巩用黄牛",阳爻躁动故须自固守常,而不可革;六二则已日待变,不可仓促起事;九三"革言三就",需要审慎,所以初、二、三爻为革命时机还不成熟或革命尚未成功的阶段,即所谓革道未成之时。

## 【讨论内容】
### 【"革面"】

吴　宁：九四"有孚改命",虽则失位,但当存诚以革除旧命;九五"大人虎变",大人有其德,所以如猛虎般推行革命,其文炳然著见,甚至可以存神过化。上六"君子豹变,小人革面",在九五的辉映下,天下焕然一新,上六豹变,其文蔚然,助成革命,令小人也一改旧貌,革道已成,不过此时上六的重点不在于革,而在于继体守成,也就是巩固和提升革道之成。

王力飞：从整体卦画的角度看,朱熹说过,鼎卦的"初六"为足,"二、三、四"为身,"六五"为耳,"上九"为铉,其卦画为鼎形。革,象形字,金文字形,像被剖剥下来的兽皮。中间的圆形物,是被剥下的兽身皮,余下的部分是兽的头、身和尾。"革"是汉字部首之一,从"革"的字多与皮革有关。本义:去毛的兽皮。

元　融：《革》，九五为大人位，六位为君子位，虎变、豹变，都是根本的变化，豹次于虎，文炳和文蔚稍有区别！君子和小人，还是有本质的差别的，小人只是换了副嘴脸，上卦兑，六爻为阴，小人顺从九五，堆出一副笑脸，阴阳的对治，征凶，描述了阴险本质！

王力飞：其实，跟"革"字的象形字相比较，革卦的整体卦画也如此："初九"是一根皮革绳子，"六二"是革足，"三四五"是革身，"上六"是革的头部。

　　兽皮的图片看起来比较恐怖。革卦："己日乃孚。元，亨，利，贞，悔亡。"解析：要用六天时间，才能将兽皮制成皮革（孚，孵化成功）。讲革卦的初始、发展、利于、贞守等四方面。后悔消失（对于"革言三就"而言）。"初九，巩用黄牛之革"（用黄牛的皮革巩固。意思是把要杀的动物用牛皮绳子捆牢固，杀之取毛皮，做好制革的前期工作。遯卦有"执之用黄牛之革，莫之胜说"，意为"用牛皮绳子把猪腿捆起来，猪挣不脱"）。

　　"六二，己日乃革之，征吉，无咎"（经过褪毛、祛湿、鞣制等一系列程序，到第六天才能把兽皮制作成革，使用革比使用原来的兽皮好，故"征吉"，没有灾咎。言外之意，使用东西要使用成品）。

　　"九三，征凶，贞厉。革言三就，有孚"（这是一组比对句。指革制作成功后，因为不同的革有不同的功能，不能随便裁剪使用，要多听听各方面的意见，只有诚心诚意地听取各方意见，才不会后悔。"有孚"和"悔亡"应该连在一起，经文中可能断错了地方。"九三"指事前要诚心诚意地多听听不同的声音）。

　　"九四，悔亡。有孚改命，吉"（诚心诚意地听取各方意见，改变革的运命，使之物尽其用，并因此改变自己的命运，吉祥）。

　　"九五，大人虎变，未占有孚"（大人借助虎革改变自己的外在形象，使自己看起来威风凛凛，不用占卜，看起来也有诚信。这是革的具体使用。"上六"同）。虎，兽中之王。一种身份的象征。

吴　宁：古人也从革的制作过程谈过此卦。

姚利民：《艮》《蒙》为革卦的反卦，革命完成后，需要保护好革命胜利的果实，革至极点为艮止，现在有些明白了。

元　融：大人、君子、小人，面对革的态度，是有不同的！

吴　宁：虞翻在这里说的蒙艮应该是指蒙卦中的艮，有止义，正好对应征凶。

【虎豹之革】

元　融：山大王，座山雕，背后就是虎皮。

王力飞："上六：君子豹变，小人革面，征凶，居贞吉。"君子用豹革改变自己的形象，使自己看起来勇猛犀利，小人用皮革制作成面具吓唬敌人，这是打仗的征兆。这样使用"革"会凶，安于居守方吉祥。上六，指使用革的方向不当。引申理解："衣冠禽兽"，均有一定的象征意义。虎和豹，有一定的象征意义。我是从革的角度串的。

元　融：革，从革的本意做的梳理，精彩。

王力飞：跟义理不能比，比较粗浅。

吴　宁：久经革命考验，大家应该都毫无畏惧了。

元　融：革之象，扑面而来，小时候，姥爷有虎皮座椅，不让小孩子坐。

刘久红：虎皮，很形象的"革"。

王力飞：这个整体卦画可能跟龟兆有传承关系。比如季友之卜，卜出一友字，出生后手里的纹路像一友字，其父就以友字为其名。比如周文王的霸王之辅，卜到了姜尚。《周易》之前，有大量的甲骨卜辞存在，所以，个人认为其间有个整体卦画的传承关系。

元　融：己日，制造皮革，需要六日，很好的角度，开拓视野。革卦，下卦为离，有占卜之意。

元　融：革卦遵从最本质的解释，是最有启发意义的。

王昌乐：上六："征凶"，有几个意思都是有意义的。君子征凶，小人征凶，继续征凶。阴爻阴位可指：君子，小人，上六与九三应，都是征凶。

王力飞：鼎，过去是重要的餐具，用来煮肉的。

姚利民：各位吉祥革卦上六，寓意人生苦短，从初九至上六一瞬间，革与不革，我们都要多多保重自己，敬重他人。

元　融：一堆人，围着火锅，有吃有喝，氛围热烈，就是鼎卦。有人不开心，掀掉桌子，就是革卦。我以前就是这么记两卦的。革卦，"己日乃孚"，指导意义很大，关注力量的反转，不要轻举妄动，是很有现实意义的。

（整理者：贡哲 中国人民大学哲学院硕士生）

（本卦校对：刘杨 中国人民大学哲学院硕士生）

时　　间：2016年09月26日21：30 — 22：30
导读老师：谷继明（同济大学人文学院副教授）
　　　　　孙钦香（江苏省社会科学院哲学所助理研究员）
课程秘书：张馨月（中国人民大学哲学院硕士生）

鼎定新局　正位凝命

——鼎卦卦辞明解

## 50 鼎卦

**巽下离上**

【明解文本】

鼎：元吉，亨。

《彖》曰：鼎，象也。以木巽火，烹饪也。圣人亨以享上帝，而大亨以养圣贤。巽而耳目聪明，柔进而上行，得中而应乎刚，是以元亨。

《象》曰：木上有火，鼎。君子以正位凝命。

【讲课内容】

**谷继明**：我们看"鼎"这个字的意思。《说文》曰："鼎，三足两耳，和五味之宝器也。昔禹收九牧之金，铸鼎荆山之下，入山林川泽，螭魅蝄蜽，莫能逢之，以协承天休。《易》卦：巽木于下者为鼎，象析木以炊也。"鼎这个字，最初就是象形。下面是它的金文：🐾。

　　关于卦象，有两种看法：一是如朱子那样看，初爻阴为足，二、三、四阳爻为腹，五阴为耳，上阳为铉；一是从上下两体来分析，下为木，上为火，烹饪之象。当然，后面这种观法，如果更细地分析，二至四互乾，三至五互兑，乾兑皆为金，鼎亦金。

　　泽火为革，是火烧薮泽的剧烈变动；木火为鼎，是以薪传薪的稳定行动。《杂卦》说"革去故，鼎取新"。经历过一个剧烈的变动之后，自然迎来了新的时代，而新的时代，是要适当"告别革命"的。正是因此,《象传》说"君子以正位凝命"。一个新秩序的肇造,自然需要圣贤,所以鼎的烹饪,上敬天帝,下养圣贤。正位凝命,君子大居正,且知天之命后能贞定自身,中立不倚。鼎是那样正直巍然地矗立在那里的,君子观象,也要像鼎一样堂堂正正。《象传》的飨上帝和养圣贤也有意思。

卦辞说"元吉,亨",朱子以为"吉"是衍文,有改经过勇之嫌。鼎新,故大吉而亨通。凡物经过烹煮淬炼才能亨通。到《象传》说"巽而耳目聪明,柔进而上行,得中而应刚",是从爻和象的角度进行分析。下卦为巽,上卦为离。但是耳的象如何取呢?虞翻以三变互坎为耳,尚秉和径以兑为耳。

## 【讨论内容】
### 【国之重器】

王力飞: 鼎,一开始是食器,因为比陶器、石器好多了,后来慢慢成了国之重器,国之重器和祭祀结合起来,就成了国之神器。

谷继明: 的确,鼎在古代青铜器中,应该是最重要的了。鼎这个重器,上可以通天,下可以养民,就是圣人君子的写照啊。通天地人曰儒。

李永红: 鼎,代表权力。

谷继明: 鼎是"国之重器"。从这一方面看,鼎超越了厨具本身,直接关乎礼制和政权。

王力飞: 赐鼎,一有分权的意思,另外一层,也有福禄的意思。

谷继明: 对,有吃的就能安定,"无恒产而有恒心者,惟士为能"。想到鼎在商、周铸造的过程,一般常常伴随着重要的事件,比如诸侯初封,比如赐给一个家族。所以有"子子孙孙永保用"。

### 【凝定】

元 融: 鼎,三足器,也是有讲究的。

谷继明: 鼎还可以训作"定"。鼎、贞、定,古代声通,如果说"革"是一种流动,那么鼎就有一种凝定在其中。

### 【革故鼎新】

郑 静: 革变去其故,鼎变生其新。

谷继明: 当然,这个"新",还有一个取象,是经过加热烹煮之后,食材焕然一新。从不成熟到成熟,这样一个成长的过程。从血气未定到血气定而不惑。

郑 静: 变原有而易为新生。

元 融: 《革》与《鼎》,均为四阳二阴之卦,如何化解矛盾,两种方式,一种是水火不容,刀兵相见;另一种是大锅炖,不管什么材料,放到一起,用鼎锅一炖，那个混合味道就出来了。

**【天地为鼎】**

谷继明： 鼎象征人身，人身就是一个鼎器，天地也是一个大鼎，宇宙之中有缊缊不测
之神，人身之中也有缊缊之妙。这个缊缊，就如同烹饪。

王昌乐： 天地也是一个大鼎，那我们就是锤炼之物。火风是成物的关键啊！

谷继明： 当然，涉及如何进火退火，我就不懂了，这个是道家内丹之术。儒家讲义理
养心，练习无形之性情，也是需要鼎的贞定。

王力飞： 《周易参同契》里有。

谷继明： 对，《周易参同契》也据十二消息和月体消息讲。

王昌乐： "天地之间其犹橐籥乎，虚而不屈，动而愈出。"

元　融： "天地之大德曰生"，天地之大锅曰鼎。

（整理者：王璇　中国人民大学哲学院硕士生）

# 母以子贵　变故取新
## ——鼎卦初六明解

时间：2016年09月27日21：30 — 22：48

**【明解文本】**

初六：鼎颠趾，利出否。得妾以其子，无咎。

《象》曰："鼎颠趾"，未悖也。"利出否"，以从贵也。

**【讲课内容】**

孙钦香： 首先鼎这一餐具，应该是"下实而上虚"，而现在从卦象来看，初六为阴爻，为
虚，自然便有"覆鼎"之象。这便是初六爻辞所说"鼎颠趾"，鼎器颠转脚跟。这样的爻
象，进一步来看，便是爻辞中"利出否"，"否"是"不善之物"，是说卜卦得此一爻，是

有利于把不好的东西倾倒出来。

接下来，从初六应九四来看，为"得妾以其子"，所谓"母以子贵"，妾虽非正室，但有贤子，便能"继室"，所以说"无咎"。此便是《小象》所说"从贵"意思，去妾之贱名而为室主，亦从子贵也。初六一爻的译文便是：初六，鼎器颠转脚跟，利于倾倒废物，就像娶妾生子扶作正室，必无咎害。这便是注解中所说"变故取新"之意。

这一爻暗藏"变故取新"之意，有革命之象，而从卦象来看也有奉宗庙、养圣贤之象。孙星衍《周易集解》："古者铸金（铜）为此器，能调五味，变故取新，以成烹饪之用，以供宗庙，次养圣贤。天子以天下为鼎，诸侯以国为鼎，变故成新，尤须当理，故先元吉而后亨通。"

## 【讨论内容】
### 【母以子贵】

李永红：　母以子贵，鼎卦来自遘卦。

姚利民：　子出，香火传承，文化传承，吉，无咎。

孙钦香：　母以子贵，妾得升正室。从现代来看，这个说法有些令人难以接受，子女与母亲的亲情关系肯定会因这种利害关系而受到限制和破坏，这种事在史书中屡见不鲜。今天来看这一说法，我们的反思应该在哪？

王昌乐：　阴阳观，没有硬生生对应男女，它是一个相对概念。主者为阳，从者为阴，阴阳一体，相互转化。而单纯从母以子贵这个角度来看，的确不是一件好事情，应该各自归位，互不限制。

刘久红：　男尊女卑，妾位更卑下，如无子，结局悲惨，有儿子，母凭子贵，得以巩固。

孙钦香：　初六这一爻与整个鼎卦"养上帝与养圣贤"之说相距最远，但却深藏"变故取新"之革命大义。当然也有教导"母以子贵"之训，而这一经典教导成为中国几千年来母子关系的正统论述，几乎很少有儒者去质疑这一教导。

姚利民：　古人皇权至上，儒者只能顺从权贵，否则会有性命之忧。

### 【"无咎"】

元　融：　鼎卦，从遘卦变而来；遘卦为大巽，巽为股，二爻五爻换位，巽象消失，只留下初爻的趾，故言"鼎颠趾"。遘卦再向下面发展就是否卦，卦变以后，改变了发展趋势，故言"利出否"。鼎卦二爻，本为遘卦九五，初六跟随了贵人，故言以从贵也。

王昌乐：　这里比喻义较大，下是可以贵的，高以下为基。下贵的原因在于其合道，革去脏物。而妾与子刚好符合了它的象。"无咎"，指代前面含义更重，就是"利出否"。

孙钦香：　"无咎"从历代版本来看，基本是在"利出否"断句，而"无咎"是连着

"得妾以其子"，因此我也是接着讲，认为"无咎"是说"得妾以其子"。来知德便说"妾能升为正室"虽然是有悖于上下尊卑之序，"于义则无咎也"。（《周易集注》）

**张弛弘弢：** 初六，地位低下，何以可上往而无咎？答：有九四之应，上有应则必上行。翻译：朝中有人好当官。妾生子，何以贵？答：因其子之父为王公大臣，非平民之辈。上条有点消极，补一条积极的："《春秋》之义，母以子贵。鼎趾本不宜向上，以欲泻恶纳新，故不得不颠趾。"（《周易订诂》）

**王昌乐：** 古时候，就是普通家里如果有妾生子，也是很好的，最起码劳动力上是可以的，贵是有助于现实，就如这个初六，它可以帮助改革。助改革的本质就是成民意、顺民心、用民力。子是新的，虽然来自妾，来自下，但也可用。

## 【养儿防老】

**孙钦香：** 从今天来看，母亲生育教导儿子，是否有一层利害关系在内？连"养儿防老"这一说法是否也应值得去反思？子女的生养与成才是否就是为了报答父母养育之恩？除此之外，是否还有自己的成人内在诉求？也就是说，子女自身的成长与报父母之恩而外，是否也应呼应自己内在的德性或者智性的成长？

**李永红：** 子女身体流淌着母亲的血液，母亲影响着子女的未来。血缘关系无法切断。

**姚利民：** 孙老师的问题已经提升并延伸到我国现阶段的子女教育问题，并进行思考。

**孙钦香：** 从子女这边来说，对父母的感念和思慕应是终身的，但应是情感至上的思念，而非彼此利害关系层面的依附或者挂靠。

**姚利民：** 中国传统文化及孝道有可取之处，虽如此，我也不指望靠我儿子养老。

**孙钦香：** 如此父母不会把全部的宝押在子女身上，两辈之间的关系也少些计较和利害，可能更有利于生发亲子之恩情和增加融洽度。

**王昌乐：** 养儿防老不是对等的利害关系，不能认为其说是纯利害或是偏利害。

**张弛弘弢：** 鼎，国之重器，王权之象。争乱此权者，似不存养老之忧，寻的是权贵之存续永长。妾子之谓亦在此。不可以平民之局限解权贵之心理。

（整理者：张馨月 中国人民大学哲学院硕士生）

# 我仇有疾 不我能即

## ——鼎卦九二明解

时间：2016年09月28日21：30 — 22：47

**【明解文本】**

九二：鼎有实，我仇有疾，不我能即。吉。

《象》曰："鼎有实"，慎所之也。"我仇有疾"，终无尤也。

**【讲课内容】**

**谷继明：** 汉代的校书俑，两个人，一人读，一人核对。我们文献学上叫作"校雠"，雠即仇。仇，就是另一半的意思，好的另一半，比如说对象、妃等；坏的另一半，就如今天仇人的仇。《左传》："嘉偶曰妃，怨偶曰仇"。"窈窕淑女，君子好逑"，有的也写作"好仇"。孔颖达疏也以"仇"为"配偶"的意思。训"仇"字的不同，对九二爻的解读也不同。根据爻的体例，九二与六五为正应，又恰恰一阴一阳，故六五是九二的正配，也就是"我仇"。"六五是我九二的妃"。

初六"鼎颠趾"之后，把陈旧的东西清空了。这时加入了新的东西，鼎得到了充实，故鼎有实。鼎有实，才能如《彖传》所说的养上帝及圣贤。又，《易》之例，凡阴为虚，阳为实。九二以上三阳，故实。从上下来看，初为足，二至四为腹，腹而果然，亦可谓实。

你想，你做了一锅的饭菜，总是想另一半吃光。哪怕是黑暗料理，不然会伤心的。"井渫不食"，我犹心恻；更何况一锅肉呢。结果，另一半"有疾"，不能来吃，是很失望的。"不我能即"的"即"，本义就是"来吃"的意思。六五之所以有疾，是因为九二与六五之间有九三、九四，有重重的阻力，但因为他们是正应，所以最终还是能在一起（联想屯卦"女子贞不字十年乃字"），所以吉。

这是一种解释。但是汉代的虞翻以及南宋的朱子，则是把"仇"解释为仇人。仇人有应，怎么理解呢？我鼎中之物，愿与友人分享，但不愿与仇敌分一杯羹，幸好仇人有病，药不能停，所以他来不了，故吉。如果是仇人，就不是六五了。虞翻以为，仇敌是九四。

## 【讨论内容】

### 【我仇有疾】

元　融：　老师讲的是，"仇"一作配偶，一作仇敌。

谷继明：　九四想与九二抢六五，或者九二与九四共据初六，总之都是竞争关系。

郑　静：　感觉作仇敌讲有些牵强。

刘久红：　仇敌九四，同性相斥，也可以通。

谷继明：　但是这个九四呢，闯了大祸，"鼎折足，覆公𫗧"了，当然比不得九二得中。

郑　静：　六五以柔主外，有位无势，有名无权，如人身有病。

王昌乐：　"有疾"，尚秉和的说法是，阴据阳，所以得疾。如其他卦爻"贞疾"，阴居阳得疾，不合适。

谷继明：　阴据阳，乘刚，这算是尚先生的一家之言吧。另外给诸位推荐一位大学者，清末民初的曹元弼，他著有《周易集解补释》《周易郑氏注笺释》。

王昌乐：　老师所讲"我仇"可看作两讲，九三、九四一仇，乘刚之疾。其因在实，实之有物实之难入。

元　融：　"鼎有实"，为根，"我仇"与"不我"为两边，这个表述在《易经》中很普遍。

王昌乐：　"我仇"是指六五，六五有疾，其因在想救不能救，因为大局为重。加之九二也很实，六五就不一定是好事。

元　融：　六五乘三刚，故疾。

王昌乐：　六五不是病，是忧愁，不过问题不大，要柔容群臣。

姚利民：　六五上上下下都是阳爻，也挺难为她，九二责任重。

### 【鼎有实】

元　融：　九二居中，做好自己是关键。别人羡慕，也不能到锅里抢食，无尤。

谷继明：　其实如果是占卦，则看"奇中"。比如说占的内容与对手有关，则很吉祥无疑了。看这个字句和占的事正好相应。比如涉及配偶，就以匹妃来训。当然，这里的关键还是要"有实"。程颐说："中有主则实，实则外患不能入，自然无事。"

谷继明：　这里说到当位问题，九二确实是不当位的，所以要"慎所之"。

王昌乐：　如果实没事，就不用讲"我仇有疾"，还有"慎所之也"。

元　融：　鼎，九二，无论在五位尊位，还是二位卑位，"鼎有实"，是最重要的，阴爻即使占据尊位，也是无可奈何。"鼎有实。我仇有疾，不我能即"，即使别人看我不顺眼，也奈何不了。阳爻，居中，是九二的关键，互卦乾，居中，是鼎的核心。

谷继明：　居中确实很重要，程子说："中重于正。"

（整理者：黄仕坤　中国人民大学哲学院硕士生）

# 空以待物 实则行塞

## ——鼎卦九三明解

时间：2016年09月29日21：30 — 22：51

【明解文本】

九三：鼎耳革，其行塞，雉膏不食，方雨，亏悔，终吉。

《象》曰："鼎耳革"，失其义也。

【讲课内容】

**孙钦香**：今晚行至九三，"鼎耳"。首先要明确的是，"鼎耳"之用是"宜空以待铉"的。但是，九三却是"以阳居阳"，便是"以实处实"。结果就是"其行塞"，也就是说"虽有其器，而无所用"。"雉膏不食"是说上九不能应九三，也是虽有"雉膏"，而不能见食。上面便是《象传》所说"鼎器耳部变异"，说明九三有失虚中之宜。

爻辞中第二层意思是"方雨亏悔，终吉"，这两句从正面诫勉九三，认为虽阳刚太甚，有"耳革""行塞""雉膏不食"之悔，且所属下巽为阴卦，若能取阴调阳，必能出现阴阳和通之"雨"，则可消其悔，终获吉祥。

首先要明确的是，"鼎耳"之用是"宜空以待铉"的。鼎耳是虚空，才能穿插扛举移，阳为实，便是"鼎器耳部变异"之象。"方雨"才能使九三恢复虚中之宜，则鼎耳不革、其行不塞，鼎才能用于烹饪，"雉膏"之美才能可食。

"方雨，亏悔"另一说，高亨认为"雉肉尚未食，天正下雨，雨水入鼎中，美味亏毁，可谓悔矣，然雉肉可以改烹，终为吉。"（《周易大传今注》）这一说法，填词加意较多，我个人意见是不足取，第一种解释较好，下体巽为阴卦，阴阳调和，成雨，这样"鼎耳"便恢复自己本应具备的"虚中之宜"，懊悔才会消亡，最终得到吉祥。

【讨论内容】

【"鼎耳革"】

郑　静：　九三，下卦《巽》之终，《乾》之中。刚乘刚极，变。对卦如鼎之耳。

姚利民：　九三变爻为《未济》之象。

孙钦香：　这个可以结合六五"金铉"来理解，"铉"是举鼎的器具，即"鼎扛"，而九三为阳爻居阳位，是过于阳刚，为实，鼎耳没有空隙，如何让"铉"即鼎扛穿过去，移动此鼎来烹饪美食呢？九三鼎耳变异，鼎用受碍，若能调和阴阳亦终有吉。

刘久红：　鼎去耳，大坎为险，故塞。

孙钦香：　"鼎耳革"是指鼎耳不能贯杠来抬走，"其行塞"，是说鼎的抬走受到阻碍。"革"为鼎耳掉了，便是错误的，"鼎耳革"只是说明鼎耳的功效因为过于阳刚而失去了，这个功用是可以通过阴阳调和而恢复的，不是鼎耳掉了。鼎耳如果实而无孔，如何移动，不能移动的鼎如何来烹饪美食呢？与这一卦中其他爻的确定解释相比，九三一爻历来的解读是纷乱的，看古注今译，如果能觉得理顺的话，可以采取某种意见。我只是说了我自己看书后较为认同的意见，不强求各位认同的。由于对爻变、互通之卦等变化的知识储备不足，所以我很少举虞翻之说，但虞翻之说对于理解卦爻辞特别重要，这就是我的欠缺，我只能分享我能掌握的。

王昌乐：　赞成老师的观点，过刚过实，也吃不下东西啊，不虚怀就不能若谷。

姚利民：　老师将九三阳化阴，实中解虚。

孙钦香：　《程氏易传》对九三的解释，可能我们更难以接受。王船山《周易内传》对九三的解释，既有象数之学又有义理之学，值得参研体味。经典是开放的，各位读古思今，此乃经典细读之幸。

## 【"方雨亏悔"】

王昌乐：　重坎为雨，阴阳相助，实也不实。

孙钦香：　第一种解释为王弼注、孔颖达疏、黄寿祺等经典注疏之意。

王昌乐：　鼎耳有问题，这心里着急，食而不知其味。

刘久红：　坎雨不坏一鼎汤，尚可改，妙！一正途，二妙趣。

郑　静：　坎离交至，日水熏蒸，雨。有意思！

（整理者：李芙馥　中国人民大学哲学院博士生）

# 力小谋大 不当位凶
## ——鼎卦九四明解

时间: 2016年09月30日21: 30 — 22: 42

**【明解文本】**

九四: 鼎折足, 覆公𫗧, 其形渥, 凶。

《象》: "覆公𫗧", 信如何也。

**【讲课内容】**

**谷继明:** "𫗧"这个东西, 训诂家有一个大致的指向, 就是糁。糁大概是有肉的米粥。临沂市现在还有一道名吃, 叫作糁汤。

回到爻辞, 这大概是鼎卦六爻中最凶的一爻。九三爻只是"耳革", 无法动弹, 里面的食物腐败; 九四则更不好。这是因为, 《周易》里面最危的爻是三、四, 而九三尚且得正, 九四又不正。故有此凶。

从卦象来看, 九四体兑。兑为毁折。鼎的足折断了, 必然要倾倒, 一锅美食洒了一地。主公很生气, 后果很严重, 所以要被施加刑罚。"形渥", 或者作"刑剭""刑屋", 即刑之于屋中。古者刑不上大夫, 即不能在公开场合惩罚有爵位的人, 但又必须要保证正义, 故刑罚在公众看不到的地方。四为三公之位, 不能随便杀之于市。当然, 王弼、孔颖达的解释是"形渥", 用来形容粥流在地上的样子。

**【讨论内容】**

**【才不堪任】**

　孙钦香: 九四这一爻历代注家认为是"才能不够, 却担当重任, 只会招来祸害"。

　温海明: 鼎腿突然断了, 他没有料到, 结果都怪罪于他。

　孙钦香: 九四既应初, 又处上卦之下, 过于忙碌, 穷于应付, 鼎的足都折了, 美食散落出来, 弄脏鼎器自身, 招致灾害。

　温海明: 忙中出错。

　姚利民: 还是能力不够, 难堪重任。

孙钦香： 主要说的还是志大才疏，才不堪任，过于高估自己，身体吃不消，便会招来灾祸。

张丰乾： 四当鼎腹之上分，其实既满，而下应初六，则不胜其重，足云折矣，形貌能无赧汗乎，始也不自知其德薄，知小力小，妄据尊位，而谋大任重，今一旦不胜其任，此其所自信者为如何也。（藕益智旭《周易禅解》卷六）

张弛弘弢： 悲催的九四，以阳刚承六五之柔，逆而不比，却与初六有应，结果是，致鼎足折，佳肴覆。为何？因鼎以上行得卦义也。其形渥，一说其刑（剭），括号内是一个字，古代一种刑罚，诛杀大臣于屋内，不暴市。

温海明： 反正九四就是被压垮了。

张丰乾： 《春秋繁露》："以所任贤，谓之主尊国安，所任非其人，谓之主卑国危，万世必然，无所疑也。其在《易》曰：'鼎折足，覆公餗'。夫鼎折足者，任非其人也，覆公餗者，国家倾也。是故任非其人，而国家不倾者，自古至今，未尝闻也。故吾按《春秋》而观成败，乃切悁悁于前世之兴亡也，任贤臣者，国家之兴也。夫知不足以知贤，无可奈何矣；知之不能任，大者以死亡，小者以乱危，其若是何邪？以庄公不知季子贤邪？安知病将死，召而授以国政；以殇公为不知孔父贤邪？安知孔父死，己必死，趋而救之；二主知皆足以知贤，而不决，不能任，故鲁庄以危，宋殇以弑，使庄公早用季子，而宋殇素任孔父，尚将兴邻国，岂直免弑哉！此吾所悁悁而悲者也。"

谷继明： 孔子所观鼎卦四爻义之一，在于国家治理，若任非其人，则会招致隳败，鼎象征政权之凝定。鼎折足者，任非其人，政权的一极产生败坏，而整个政治会随之倾覆。从另一个方面来看，鼎注重基础的稳定性。基础有所损坏，它所承载的东西再美丽，也摆脱不了坠地的命运，终究是泡沫而已。

【"覆公餗"】

张弛弘弢： 鼎食，君王之餐也。不是咱老百姓电饭锅的粥，九四这厨子给弄洒了，罪过大了。

刘久红： 可怜九四一阳爻无甚作为遭怨怪。

温海明： 君王吃的火锅质量不好不行。

元　融： 鼎，以前发生过折足的现象，容易鼎足不稳，一大锅的好料，溅一身，"其形渥"。老家红白事，一般支起大锅，也容易发生倾斜。

姚利民： 好不容易做好美食，断足倾翻，难怪君王不满意。

温海明： 难怪君王吃火锅要全城动员，不能出错。

元　融： 只有君王，用鼎烹食。鼎，老实说可以放一头牛的，这要翻了，可以想象。

（整理者：秦凯丽 中国人民大学哲学院研究生）

# 以柔纳刚 所受不妄

## ——鼎卦六五明解

时间：2016年10月01日21：30—22：55

【明解文本】

六五：鼎黄耳金铉。利贞。

《象》曰："鼎黄耳"，中以为实也。

【讲课内容】

**谷继明：** "鼎黄耳"。黄于色属中，于五行属土。《易》辞言及黄，多是中位，如黄离、黄裳之类。由此可以看出，《易》辞基本上与爻象还是有联系的。舍象释辞的道路，基本走不通。耳，从爻位上来说，正好是鼎的上部，当耳。从卦象来说，离卦下伏坎为耳。黄耳，即中德之耳，如所谓"耳顺"者。六五阴爻，本有柔顺之德，又居于中，故愈发谦虚。谦虚巽顺之耳，所谓顺以听也。

"金铉"，铉为举鼎之器具。"金"，象征其牢固。《易》凡言金，多是牢固之意象，如言"金矢""金车"，又如"其利断金"。铉是举鼎之器，象征着能把人向上提斯。当然，从爻位分析，六五不当位，所以先儒有一部分这样分析：六五变阳之正，上九变阴之正，成《既济》。成《既济》故吉。故爻辞言"利贞"，即利于之正也。如果说九二、九三、九四，其作用是荷载美食、烹化美食，那么六五、上九的作用，便是将鼎中的美食合理安排到应有的地方，使其能馐上帝、养圣贤。就好比古代的士人有一肚子才华与学问，总是想要发为实践、举而措之天下之民。没有这个耳和铉，就好比这些才能烂在里面。即便是"藏之名山"，还是希望能传之后世。黄宗羲不甘寂寞，写了一本《明夷待访录》，也是犹有所期望。

【讨论内容】

【中以为实】

**姚利民：** 前面是基础，烹小鲜齐家，后面才是治理国家。

**谷继明：** 当然，这里面也强调了自身修德，所以"中以为实"。如果比较六五与上九，则一曰金铉，一曰玉铉。六五是鼎德之具备，上九是鼎德之成就。所谓金声玉振者也。六五是"始条理者，知之事"；上九是"终条理者，圣之事"。所以六五利贞，上九大吉。六五和上九，一个是尽美，一个是尽善尽美。

## 【黄耳】

温海明：鼎里满满的货，没有漂亮的黄耳金铉还是不行。

谷继明：干宝认为，鼎因为是飨上帝的。烹饪之象，越往上越吉利。神人尝一点气息就够了，而我们却要无肉不欢。轻清者比重浊者贵。另外，"中以为实"也可以指九二，九二曰"鼎有实"。另外，说到前面"出否"，我们强调，颠趾和折足不同，要常常颠趾，谨防折足。

## 【黄耳金铉】

张弛弘弢：黄，黄铜；黄耳，用黄铜做的鼎耳。铉，吊环；金铉，用青铜制的吊环。六五，鼎耳穿杠，可安置于堂，以养人（养贤）。

谷继明：说到耳和铉，基本上是以铉贯穿耳，然后至少两人抬着。像后母戊鼎，不知几个人抬得起来。

元　融：中间有杠子抬。

谷继明：所以鼎是一个象征众志成城的事物。

（整理者：孙世柳 中国人民大学哲学院硕士生）

# 刚柔并济 温润如玉
## ——鼎卦上九明解

时间：2016年10月02日21：30 — 23：10

**【明解文本】**

上九：鼎玉铉。大吉，无不利。

《象》曰："玉铉"在上，刚柔节也。

**【讲课内容】**

**谷继明：** 一般来说，上爻属于比较高亢、过于中的，是多悔之地。而此处却说"大吉，无不利"。这还是与时有关，卦者时也。在"鼎"这样一个情境之下，《彖传》说鼎可以飨上帝、养圣贤。那么处于宗庙位置（初为元士，二为大夫，三为诸侯，四为三公，五为君王，上为宗庙），自然是能馨享上帝之象。而玉铉之玉，也与此有关。昨晚说到鼎卦六五"金铉"，鼎卦上九"玉铉"，两者是金声玉振、始终条理。上九是玉铉，但纯玉用来作铉，似乎荷载不住。所以有人认为玉是金铉上的一部分装饰。这个观点有一定合理的地方：金铉、玉铉，终是一铉。金者刚，玉者柔。故《象》曰"刚柔节"。

**【讨论内容】**

**【"玉铉"】**

　元　融：　耳与铉，有何区别？

　谷继明：　耳是鼎的两耳，铉是用来贯串两耳的杠子。以铉贯耳，然后两个人将鼎举起来。当然，有人还认为铉即鼏，从宀从鼎，覆盖鼎的器具。玉与金相比，除了刚德，也有柔德。玉有五德：润泽以温，仁之方也；鰓理自外，可以知中，义之方也；其声舒扬，专以远闻，智之方也；不折不挠，勇之方也；锐廉而不忮，洁之方也。温润似柔，锐廉似刚。中国的玉是更柔润的，翡翠则更冷一些。

　裴健智：　有人考证，中国古代玉的信仰很早，关于金的信仰战国时期才开始兴起。玉在当时比金更加贵重。

　元　融：　玉铉，说明鼎的尊贵。

谷继明：　关于玉的信仰确实很早。比如红山文化。讲到玉与信仰，我们正好可以联系本爻位置。

裴健智：　对的，我也感觉这也是一个证据。

谷继明：　本爻处于上九，最上之位，一般如乾卦、坤卦则是很危险的，有亢龙之悔与龙战之祸。鼎卦则愈上而愈吉。因为鼎卦上飨上帝，下养圣贤。最上爻，上极而通于神明。玉，所以事天之器，所以古代礼仪，祭天以璧。良渚文化里，我们还出土了玉琮。玉只在鼎卦上爻出现了吧。

裴健智：　红山文化、良渚文化大约是什么时候？

谷继明：　五六千年前吧。玉，以及玉制成的礼器所构造的这个空间，中间的孔道，正是神气氤氲上下往来的通道。

元　融：　乾，为金，为玉，鼎卦六五、上九，金玉之言，可以佐证鼎卦从遯卦而来，二、五爻换位，乾变离，中虚为黄，离比乾软，故为玉！

王昌乐：　聚风成气，聚气成尘，聚尘成沙，聚沙成土，聚土成石，以时之薄气，刻之微念，日之稍力终成聚万钧之力，磨石成玉。玉者温润朴美也，玉者骨有大气也，玉者君子也，君子不器也，君子忠孝仁爱也，故以玉为所求，以笔为己力，力之所到，皆玉之所美也。玉本石也，平凡而朴谦也；玉本为土也，涵养万物而不耀也。玉本为沙也，可散落于任一夹缝之中也；玉本为尘也，形而无器；玉本气也，似若有无也。

谷继明：　所说不错。玉是有形质的物体中之精者，可以看作石之精。玉铉，则精气之极，通于神明者。乾五行属金，于《说卦传》中乾象有玉。乾在西北，美玉亦多出于西北。

元　融：　确实的。有《易》学知识，是古代探矿的必须。

【 "刚柔节" 】

温海明：　上乾变离，刚柔并济。

谷继明：　当然，在这里玉还主要象征刚柔中节之德。《象传》说："刚柔节也"。《易》凡言刚柔节，多是阴阳爻相间分布者。《系辞传》曰："一阴一阳之谓道"，此之谓节。

姚利民：　刚柔并济，一阳一阴分布谓节。

张弛弘弢：　"鼎玉铉"，以玉饰铉，此鼎已升格为礼器，不再煮饭用了。

谷继明：　说得对。鼎渐渐发展，礼器的意义更重要。后来的文人用鼎的意象，把茶炉茶杯也叫鼎。

元　融：　铉，本身是杠重之象，玉铉，又有软化之象，鼎象尊贵，四阳本身是势力占优，自然不用强势对人。二阴四阳，鼎卦寓意深刻。先态度谦和，备好美食，过程要谨慎，吃好喝好，六五黄耳金铉，要摆明厉害，上九玉铉，看来自己心动，被人搞定。

**【养气】**

谷继明： "修得神仙道骨"，其实鼎亦有此象。二至四三爻为阳为实。鼎往上升，则阳气自下上达。练神返虚。当然，观象玩辞，在于所观者的心境。有些人不愿意治国平天下，也不关心飞升，道家的养气没学过。儒家的就按《孟子》，后来程子也说过。在理学家看来，习礼之中，便有养气工夫。

刘　杨： 《九转灵砂大丹资圣玄经》："鼎有三足以应三才，上下二合以像二仪，足高四寸以应四时，炉深八寸以配八节，下开八门以通八风，炭分二十四斤以生二十四气。阴阳颠倒，水火交争，上水应天之清气，下火取地之浊气。天气下降，地气息上腾，天地相接交感，氤氲相媾，合成二气。二气既合，混而为一，乃名二气大丹……十二时中夺千年造化。"

元　融： 气定神闲，参研《周易》，本身也是养气。尊贵之体，需常温养。人也养玉。

谷继明： 互养太赞。

王昌乐： 精神共成长，生命同互养。

谷继明： 现在网络流行语，曰互相伤害。值此"鼓之以雷霆，润之以风雨"之夜，正合"洗鼎烹茶"。天地之间是一气流通的。

王昌乐： 《易》养天下人，鼎中有乾坤。终须人来养，正气民族魂。

（整理者：贡哲 中国人民大学哲学院硕士生）

（本卦校对：龚莲伊 中国人民大学国学院硕士生）

时　　间：2016年10月03日21：30 — 22：48
导读老师：李尚信（山东大学易学与中国古代哲学研究中心教授）
　　　　　刘正平（杭州师范大学人文学院副研究员）
课程秘书：黄仕坤（中国人民大学哲学院硕士生）

处变不惊堪大任
——震卦卦辞明解

## 51 震卦

**震下震上**

## 【明解文本】

震：亨。震来虩虩，笑言哑哑；震惊百里，不丧匕鬯。

《彖》曰：震，亨。"震来虩虩"，恐致福也。"笑言哑哑"，后有则也。"震惊百里"，惊远而惧迩也。出，可以守宗庙社稷，以为祭主也。

《象》曰：洊雷，震。君子以恐惧修省。

## 【讲课内容】

**李尚信**：六爻的震卦是由三画的震卦自身上下相重构成的卦。自身相重构成的卦，因上下卦具有相同的卦画与性质，所以，其整体的性质仍与原三画卦基本相同，故其卦名一般也与原三画卦同。所以，三画的震卦自身上下相重构成的六爻卦仍称震卦。三画的震卦具有很多取象，基本的取象有为雷、为动、为长男等；六爻震卦的基本取象仍为雷、为动、为长男等。

《程氏易传》说："震之为卦，一阳生于二阴之下，动而上者也，故为震。震，动也。不曰动者，震有动而奋发震惊之义。乾坤之交，一索而成震，生物之长也，故为长男。其象则为雷，其义则为动。雷有震奋之象，动为惊惧之义。"程颐此说，基本完整解释了震为雷、为动、为长男的取象。

　　震卦有雷之象，雷起时能霹雳振物。而从卦名来看，震正有霹雳振物、破析所历之物之意。《说文·雨部》曰："震，劈历振物者。"《释名·释天》云："震，……又曰辟历。辟，析也。所历皆破析也。"孔颖达疏《春秋·隐公九年》"大雨震电"，更曰："震是雷之劈历。"震雷既然能霹雳振物、破析所历之物，故又有威震、震慑之功，有震恐、震惧之义。

　　纵观本卦卦爻辞，其所阐释的是人面临震恐之事时所表现出的不同心态及其后果，而卦辞所赞赏的是人们面临震恐之事时临危不乱、处变不惊的沉着心态及其堪当大用的优良素质。

　　下面看卦辞。"震，亨"，意为震有亨通之义。震为何有亨通之义呢？这是因为震卦的整体卦象有威震之象，而卦辞阐释的正是威震之象（整体卦象）所代表的主体（或行为者）的行为及其结果。行为主体既然有威震之象，则自然能震慑他人、他物而又不受他人、他物之震慑，能震慑他人、他物而又不受他人、他物之震慑，则自然能得通达而无碍。

　　"震来虩虩"，形容震恐之事来势猛烈，连威猛如虎者都受到了惊吓。《广韵·麦韵》："虩，虎惊貌。"能使虎惊惧者，必乃至为惊恐之事。故"虩虩"强调的是震恐的程度，指震恐之甚。可是一般的解释，包括《说文》，都只是将"虩虩"解为"恐惧貌"，虽相差无几，但却未得其确义。

**刘正平：**朱骏声说，虩，是蝇虎，不知道是什么虎？

**李尚信：**"虩"字有两种解释，蝇虎之说可能与此处无关。本句"震来虩虩"与下句"笑言哑哑"联合起来所要表达的是，无论多么震恐的事情，都不会使本卦辞所指向的对象惊慌失措、进退失据。如果只是将"虩虩"理解为一般的恐惧貌，那么卦辞对所指对象沉着冷静、处变不惊的描述在程度上就大打折扣了。更有甚者，《象传》又进一步将其误解为是在表达"恐致福也"的观点，就离题更远了。

　　"笑言哑哑"，犹今所谓"谈笑风生""谈笑自若"。孔颖达："哑哑，笑语之声也。"程颐《程氏易传》："笑言和适之貌。"

　　"震来虩虩，笑言哑哑"，虽然震恐之事来势猛烈，但行为主体（卦辞所指对象）却能处变不惊、谈笑自若。行为主体之所以能做到处变不惊、谈笑自若，当然是其勇敢、不怕死的表现，同时也是其面临危险，成竹在胸的体现。《象传》曰："笑言哑哑，后有则也。"这是说，之所以能做到谈笑自若，是因为已经有了应对危险的办法。这是对"笑言哑哑"背后的意义作更深一层的理解。

　　"震惊百里，不丧匕鬯"，虽然震恐之事惊及百里之遥，但行为主体（此处指主祭者）却能镇定自若，举鼎实、持香酒而无闪失。王弼《周易注》曰："匕，所以载鼎实；鬯，香酒。奉宗庙之盛也。"举鼎实、持香酒，乃为"守宗庙社稷以为祭主也"（《象传》）。故举鼎实、持香酒，比喻当大任；举鼎实、持香酒而无失，比喻堪当大任；而整句"震惊百里，不丧匕鬯"则完整比喻临危不惧，堪当大任。马恒君先生《周易正宗》亦基本上是以此意来释"不丧匕鬯"的。

总结：本卦卦辞主要讲了三个要点：1. 震卦整体卦象所代表的行为者有威震之象，能震慑他人他物，故能得通达无碍；2. 由于其能震慑他人他物而成竹在胸，故能做到处变不惊；3. 成竹在胸、处变不惊，是堪当大任者必不可少的条件。

## 【讨论内容】

### 【"哑哑"】

元　融：前几年，我在福建经历一次穿越雷区，响雷在头顶连续炸响，惊恐，失色，不敢谈笑。哑哑，我觉得有失去谈笑之声之意。

李尚信：那就得考虑您是否"堪当大任"了？

元　融：魂儿被震掉了，只有经历，才会有感触。

李尚信：从来解这一卦，没有将"哑哑"解为哑巴失声的。与前后文也衔接不上。

刘正平："哑哑，笑声，不欲肆之貌。"这也是朱骏声的说法。

元　融：哑哑，有节制之意。

李尚信：如果将哑别的解释，而又能整体贯通的话，当然就值得重视了。但从前后文义看，"哑哑"应该只能作正面的解释。《象传》曰："笑言哑哑，后有则也。"这是说，之所以能做到谈笑自若，是因为已经有了应对危险的办法。这是对"笑言哑哑"背后的意义作更深一层的理解。

元　融：此处就是哑，三声，对否？

李尚信：语言的事，我不是太在行。这些细节我可能无法作确切的判断。

刘久红：哑哑，连着，似乎一声。

元　融：我只是有疑问，一直读"哑"，三声，怕出错。

李尚信：我倒也是读三声。

### 【"匕鬯"】

李尚信："震惊百里，不丧匕鬯"，虽然震恐之事惊及百里之遥，但行为主体（此处指主祭者）却能镇定自若，举鼎实、持香酒而无闪失。

刘正平：朱骏声的意思是，有节制、不放肆的笑声。跟李老师的解释是契合的。

温海明：大人物都是处变不惊的，经历再大的事也好像什么都没有发生过。倒过来，处变不惊的人就可能成就大事。

刘正平：《世说新语》："谢公与人围棋，俄而谢玄淮上信至，看书竟，默然无言，徐向局。客问淮上利害，答曰：'小儿辈大破贼。'意色举止，不异于常。"

张弛弘弢：虩虩与苏苏、索索，皆形容雷声。"震来虩虩"，即雷声初来轰轰作响。哑哑，言笑和适的样子。"笑言哑哑"，雷电袭来，主持祭祀的人却镇定自若，谈笑自如，极言思想敬诚专一也。"震惊百里，不丧匕鬯"，雷震使百里之外的人惊恐失色，而主祭者（长男）镇定如常，连匕中的酒都没洒。

李尚信：　张先生的理解与举例都很好，但说"虩虩与苏苏、索索，皆形容雷声"，值得商榷。震不一定都指雷，也可以指一般的震惊、震惧，或震惊、震惧之事等。后面我们一起再慢慢研究。

（整理者：王璇　中国人民大学哲学院硕士生）

# 临危沉着应有方
## ——震卦初九明解

时间：2016年10月04日21：30—22：38

【明解文本】

初九：震来虩虩，后笑言哑哑，吉。

《象》曰："震来虩虩"，恐致福也。"笑言哑哑"，后有则也。

【讲课内容】

李尚信：　初九爻辞与卦辞非常相似，就是都有"震来虩虩，笑言哑哑"，故初九爻辞在意义上与卦辞非常接近。但是初九爻辞与卦辞又有四点不同：一是卦辞有"震亨"而爻辞却没有；二是爻辞在"笑言哑哑"之前多了一个"后"字；三是爻辞在"笑言哑哑"之后多了一个断辞"吉"字；四是卦辞有"震惊百里，不丧匕鬯"而爻辞没有。以前的解读似不太关注这种差异，而细致地分析这种差异，恰恰是准确理解初九爻辞与卦辞异同的关键。

首先，第二点不同最为关键，所以我们先看第二点不同。与初九爻辞"震来虩虩，后笑言哑哑"相应的卦辞作"震来虩虩，笑言哑哑"。有没有"后"字，意思应该说不会完全一样。无"后"字，表明震恐之事一来，行为主体就能做到处变不惊；有"后"字，则表明震恐之事来过一段时间以后，行为主体才做出正常反应，并稳住阵脚，这说明震恐之事来临之时，行为主体因受惊而有过一段短暂的慌乱。所以初爻与整体之卦各自所代表的行为主体虽然最后都能做到临危不乱、处变不惊，但是他们在程度上是有差别的。因而它们属于面对震恐所表现出来的两种不同状态。

其次，看第四点不同。这个不同在于，卦辞有"震惊百里，不丧匕鬯"，而爻辞没有。前面我们说过，"震惊百里，不丧匕鬯"这一句，所比喻的是临危不惧、堪当大任。其实，"震惊百里，不丧匕鬯"不是简单地比喻临危不惧、堪当大任。因为这里所说的大任是守宗庙社稷的大任，是无以复加的大任，仅"震来虩虩，笑言哑哑"者，尚不足以当之，更何论"震来虩虩，后笑言哑哑"者？非"震惊百里"而无丝毫闪失者不可当，卦辞所描述的状态是非常人所能达到的。否则，大人物，甚至帝王就处处可见了。

再次，看第一点不同。初九爻为什么不像卦辞那样加上"震，亨"？这与"震来虩虩，后笑言哑哑"一句有关。初九遇震恐，不是一上来就临危不乱，那么在开始的那段慌乱时间里，就不可能通达无碍。不能做到通达无碍，当然也就不会一上来就是"震，亨"了。

最后，看第三点不同。初九爻辞中为何要加一"吉"字？其实不加也无不可，意思仍是明确的；加了当然意思更明确。我认为，这里没有太多深意。

总结一下此爻辞的基本意思：初九遇震恐，先有短暂慌乱，而后终能沉着应对。

下面从爻象上做点分析。初九之所以如此系辞，从爻象上看我认为根据在于如下几点：1. 初九乃本卦主爻，有威震之象，故有沉着应对之能力，所以遇震恐之事终能"笑言哑哑"；2. 初九又为阴爻所乘，故会在一定程度上为阴所震，所以遇震恐之事会有短暂的慌乱；3. 阴所乘之威终不如初爻震阳之威，故慌乱只是暂时的。

最后说明两点：1. 卦辞与初九爻辞相比：卦辞表达的是本卦的最佳状态；初爻乃为主爻，是本卦的次佳状态。2. 儒家有三达德：智、仁、勇。过去的儒家似对"勇"强调不够，故在解震卦时对勇的问题有所忽略，值得反省。

## 【讨论内容】
### 【初爻之雷】

元　融：　初爻，雷声刚起。

李尚信：　我认为，这里各爻之间的"雷声"可能不分先后。各爻属于不同状态，不理解为延续或发展过程更好。

元　融：　确实，尤其在惊恐时的表现。时间角度，初为始，这样理解可否？李老师，卦辞是对整体象的概括，爻辞是对具体爻的描述，这样理解可以吗？

李尚信：　可以。我也是以这种方式解读的。

元　融：　初爻，不能尽表卦辞的内涵。卦辞，蕴含初爻的状态。

王力飞：　我的理解，初九离雷尚远，故能处震不惊。

元　融：　初爻是不是雷起呢？

王力飞：　不一定为雷起，但人在低地。后有高陵，反应就不一样。

刘正平：　孔颖达专门举屯卦辞与初九爻辞的相同的例子。孔颖达说："盖卦举威震之功令物恐惧致福，爻论遇震而惧修省致福。"

李尚信：　"我的理解，初九离雷尚远，故能处震不惊。"这样讲恐怕就没有什么义理意义了吧。而且，雷在哪儿呢？

刘正平：　孔颖达认为卦辞是自震言人，爻则据人威震，说法角度不一样，其实说的是一回事儿。

## 【勇、惧】

刘正平：　李老师，您前面提到儒家对勇的问题强调不够，所以导致在解卦时有所忽略，这个倒真是一个课题。

李尚信：　这一卦也不是一味地强调勇。震卦六二爻大概就是对畏加以肯定的。

刘正平：　李老师提出了一个好思路，但我还是没想出好办法。儒家说"知耻而后勇"，把知耻和自省始终放在首位。而我们的文化里，似乎缺少"勇"。

李尚信：　"儒家强调知耻而后勇，把知耻和自省始终放在首位。"两者的确有关系，我的意思是，古经强调的是勇，各位解读者强调的是惧。从惧到勇，当然更全面，但解读者也并未全面地作这种解读，而恰恰是对勇有所忽略。另外，古经也有它的缺陷，就是古经对从惧到勇的过程强调得不够。

元　融：　惧的根源，不是外在，而是内心的不纯正，所以有"恐致福"之说。

李尚信：　惧大概有两种：一种是正面的，一种是负面的。"恐致福"说，重点放在恐；而古经的重点放在勇。我认为，侧重点是不同的：一种惧是忧患意识；一种惧是真惧，惧到无所施措。

元　融：　一种是担心内在发心的不纯正，一种是对糟糕结果的顾虑。行之果敢谓之勇，勇的根源在心，心有不正，自己觉察，恐有不查，也是功夫。

刘久红：　恐，致勇，预知后果而惧怕的勇，还有后续措施跟上来的。

元　融：　能从负面情绪读到正能量，从恐惧中体悟真常，也是功夫。

## 【"则"】

李尚信：　昨晚元融兄是否提出对《象传》"则"字的理解问题？

元　融：　《小象》的初爻也有"则"。

李尚信：　"则"是办法的意思。"后有则"是后来找到了应对的办法。"则"本义为规则、方法。

元　融：这个"则"，老师分析下。

李尚信：《小象传》因为与昨晚的《象传》如出一辙，昨晚在解卦辞时已有简单分
　　　　析，故今晚就未加以解释。关于这个"则"，您还有什么问题呢？

元　融：我的意思是，您觉得"则"具体是什么？天道循环？扶阳抑阴？还是能量均
　　　　衡？亦或其他？

李尚信：能"笑言哑哑"，沉着应对，背后一定是成竹在胸。成竹在胸，就是有很好
　　　　的应对办法，也就是有"则"。"则"就是自信的应对办法。不同的危险，
　　　　有不同的办法，没有一定之规。背后的支撑是智慧，勇的背后也有智慧在。
　　　　没有智慧，是匹夫之勇。

刘正平：刚才看了一下帛书《周易》，差别太大。仅从字面意思看，实际上看不出帛
　　　　书本有"惊惧"的意思。《卦辞》："辰，亨。辰来朔朔，芙言亚亚，辰敬
　　　　百里，不亡［钆］飺。"

元　融：这是帛书的版本。

刘正平：朔，始也。我个人觉得比今本"虩虩"要通达得多。

（整理者：张馨月 中国人民大学哲学院硕士生）

# 遇险有事莫逞强
## ——震卦六二明解

时间：2016年10月05日21：30 — 22：45

【明解文本】

六二：震来厉，亿丧贝。跻于九陵，勿逐，七日得。

《象》曰："震来厉"，乘刚也。

【讲课内容】

李尚信："震来厉"，震恐之事来势汹汹。"厉"，危厉、凶险，可译为气势汹汹。从下

文看，这里的震恐之事，当指强敌或强寇来犯。有些人总是将震仅仅理解为震雷，从这句来看，明显有误。震雷只是取象比类的一个基本取象，不能死守一象而不知贯通。

"亿丧贝"，是说可能会有财产损失。"亿"，臆测，猜度，可译为可能。"丧"，损失。"贝"，钱贝，这里指财产。

"跻于九陵"，即"跻身于九陵"，就是将自己置身于崇山峻岭之中，躲藏起来。危险来临时，生命安全最为重要，财产损失是次要的。"跻"，本义为登、升，可译为置身。"九陵"，形容山陵之高峻，可译为崇山峻岭。

"勿逐"，不要逞强争竞，即不要去与强寇争死拼命。盖己方力量明显处于劣势，硬拼损失肯定会更为惨重。"逐"，可译为逞强争竞。《左传·昭公元年》："诸侯逐进"，杜预注："逐，犹竞也。"《后汉书·冯异传》："豪杰竞逐"，李贤注："逐，争也。"

"七日得"，形容危险在经过多日后会自动解除。盖因躲藏严密，强敌围困搜捕多日无所获，便会主动撤离。《周易》古经中有多处"七日"之语，为何一定称"七日"，自古有很多解释，莫衷一是。

这一爻的意思是：强寇来犯气势汹汹，财产损失在所难免。生命安全最为重要，还是跑进深山老林躲藏起来为妙，不要无谓地去与强寇硬拼。多日后危险即会自动解除。

下面拟测一下象的依据。因为这方面并无一个参照和标准，故难免臆度猜测。

六二爻为阴爻，阴本柔弱，所以，面临强寇之时，势必处于劣势地位。故有"震来厉"。而《小象传》认为，之所以有"震来厉"，是因为此爻乘初爻之刚。但《小象传》的说法令人疑惑。六二以阴乘初阳之刚，则是六二主动去招惹对方。而招致对方来犯，错先在我，似不合义理。

此爻以阴乘阳为凶，而阳为财富，故有财产损失之虞。在敌强我弱，强寇来犯之时，财产损失在所难免，故有"亿丧贝"。又因六二居中正之位，故能作出明智选择，躲避强寇，故有"跻于九陵"。至于"勿逐"，盖因中正之爻虽能行得中正，能行正义之事，但也难免会一时头脑发热而逞匹夫之勇，故爻辞又加此一告诫之语。而"七日得"，则是在敌强我弱的情势下，作出以上选择后，自然而然出现的结果。

所以，当危险来临时，震卦虽强调要沉着冷静，处变不惊，但并不认同简单鲁莽的争强好胜，而是要求根据情势，适时进退。遇事沉着，适时进退，皆是勇。


【讨论内容】
【"七日"】
  温海明：讲复卦的时候，关于"七日来复"讲过好多种解释。

刘正平：　关于"七日"，尚秉和认为："震为复，数七，言至七日，自然来复，与震二同义也。"

温海明：　复卦：七日来复。震有复象。《小象》："乘刚"，说明不顺，危险将近，麻烦不小，跑路为上。

刘正平：　朱骏声说："七日，复之七日来复也。震阳动坤为复，震即复也。"

刘永红：　震，有一阳来复。

刘正平：　乾卦六阳爻，姤卦始消去一阳，至坤六阳尽去，至复一阳重见于下。乾阳经七变，终于由消转为复。又因乾阳取象为日，故说"七日来复"。

王昌乐：　十二消息卦中，十一月为复卦，一阳生。

张弛弘弢："震来厉"，初行奋进，故六二危厉。"亿丧贝"，失去初九。"跻于九陵"，九重山陵。"七日得"，卦爻凡六而言七日，何哉，天道好还，七日则周而复始也。

刘永红：　马恒君说："七日来复，是从剥卦到复卦，刚爻由上反下，七个位次变动。"

刘正平：　现在从剥卦到复卦，好像不大顺。

刘永红：　中医认为，气血在体内运行一周是七天，与《周易》的观念不谋而合。

温海明：　七日来复，七是成数，该得就得啦。

张吉华：　若是循环之复，则又可与卦序周期之复联系起来。

温海明：　都是惊恐万状、发抖不止的样子。

## 【帛书、竹书、传本】

刘正平：　参考一下帛书和竹简本的《周易》。

李尚信：　其中"虩虩"和"朔朔"差别稍大。"朔朔"是"愬愬"，而"虩虩"和"愬愬"应是近义词，"虩虩"和"愬愬"常互换。如履卦的"愬愬"就有版本作"虩虩"，本卦的"虩虩"也有古本作"愬愬"。正平老师昨天提到帛书与传世古经的差异，我认为主要是异体、假借或同义词的差别。

刘正平：　我们读《周易》的时候，系统梳理过帛书本和竹简本《周易》。单纯就帛书本或者竹简本来看，多少能说得通，如果和今本对照来看，就发现完全是另一个解释系统。

李尚信：　我不太同意将帛书《易》、竹书《易》与今本《易》古经当成很不同的书来读，它们差异是有的，但不大。个别爻可能会有不同的理解。

张吉华：　正平老师昨天提到帛书与传世古经的差异，我认为主要是异体、假借或同义词的差别。这个意见应稳妥一些。

刘正平：　我们自己解读很吃力。连劭名有《帛书周易疏证》，但他也是今本和帛书本混在一起阐释的。

张吉华：　今、古本有变化，但应不是两种不同的本。

李尚信：　像有的作"无咎"，而对应的它本作"不终"，就肯定有差别。

刘正平： 李老师说得对，我前面说的那个有点极端。

李尚信： 虽然个别词句的理解有些差异，但就整卦来看，应该基本没有差异。

张吉华： 我的感觉是，一般而言，古本用词要具象一些，今本用词要抽象一些，这也符合与时俱进的道理。

刘正平： 卦序有很大的差别。

李尚信： 解读各种版本时，往往是孤立地解释词句，所以解释出了不同的《周易》。如果作整体的解读，我相信不会得出这样的结论。

张吉华： 卦序有很大差异，说明卦序才是真正的有不同。应该说，《周易》之文辞是有一个发展过程的，有些词句不同是肯定的，但其易理始终是一致的，这才是问题的关键。

谷继明： 所以帛书校释如果把借字都当成本字，就会闹笑话。

刘正平： 也有舍传求经这一路的解释系统，各自自成体系。所以前几天李老师说我们是一起猜的，有时候也真是这样的。

（整理者：黄仕坤 中国人民大学哲学院硕士生）

# 警惧行事行不失
## ——震卦六三明解

时间：2016年10月06日21：30 — 22：30

【明解文本】

六三：震苏苏，震行无眚。

《象》曰："震苏苏"，位不当也。

【讲课内容】

李尚信： "震苏苏"，震恐得惶惶不安。"苏苏"，《周易正义》孔疏："苏苏，畏惧不安之貌。"多数易家所释与孔疏接近。依此释，"苏苏"可译为惶惶不安或惴惴不安。黄寿祺、张善文《周易译注》即释为"惶惶不安"。"震行无眚",震惧而行,则无过失。也就是《系辞传》所说的"震无咎者存乎悔"。此处倒是在讲"恐惧致福"。"震行",黄寿祺、张善文《周易译注》说:"震行,犹言'震惧而行'。"可从。"眚",过错。"无眚",无过错。

"震苏苏,震行无眚",震恐得惶惶不安,因惶恐震惧而谨慎行事,则无过失。六三为阴爻,又不当位。阴爻柔弱,不当位则行不正。柔弱而又行不得正,比如小人胆小,遇震必恐,故"震苏苏"。六三又上承九四,为阴能顺阳。阳为善道,顺阳为能因震惧而复行善道,顺行善道则行无过,故"震行无眚"。此爻与《彖传》"恐致福"、《象传》"恐惧修省"主题相吻合。这一爻的内容不算多,大致就这些。黄寿祺、张善文《周易译注》对此爻的注释基本是到位的。

## 【讨论内容】
### 【"苏苏"】

李尚信: 这爻中的"苏苏",虞翻释为死而复生,似也可考虑。按虞翻之释,"震苏苏"则为因受到震动而警醒。

刘正平: 关于"苏苏",我记得有个词叫"觳觫"。从象上看,六三以阴爻处阳位,不当位,所以王弼说"惧苏苏"。跟六二相比,又无乘刚之虞,所以无眚。这爻比较清晰,爻辞言"苏苏",《小象》诉之"位不当"?

王昌乐: 《小象》:"位不当也"。

李尚信: 警醒以后,当然就会谨慎行事。我在释象的依据上,已基本参照《小象》,不完全一样,但基本上差别也不大。这一爻,相对来说,对"苏苏"的理解有点难度。

刘正平: 觳觫,就是牛等祭祀的牺牲,在临死之前因恐惧而颤抖的样子。

李尚信: "苏苏"译为发抖应该也是可以的,但需要尽量与上六的"索索"区分开。"虩虩""苏苏""索索"都是恐惧,但程度有不同,而且所指对象有别。

王昌乐: 苏苏,原因有二,一是位不当、也不正,二是外部环境震动,刚远初,又上比九四,心虚相生,相由心生,外部环境双重震动,酥了,真酥了。

姚利民: 六三势将去,初九震动余音未了,一波即将结束,另一波又将起来。

王昌乐: 心神俱碎,所谓"诚于中形于外"。

李尚信: "六三势将去,初九震动余音未了,一波即将结束,另一波又将起来。"六三原来的势是什么呢?初九为什么是余音?初九本来就是强大的,比其他爻都要强大,这与初始没有关系。"震来虩虩"与"震苏苏""震索索"的句式不一样,所指对象也不完全一样。

姚利民: 单从卦象看,六三离初九较远,如果初九强大,六三受其影响因距离显得较弱。

## 【"索索"】

李尚信： 惊恐的程度不同，结果就会不一样。

王昌乐： 震行，怎么行？迈左腿还是迈右腿，是别人推着拉着，还是自主自发？恐惧修身，修身在正心，还是自主的好，不然解决不了问题。

李尚信： 九四若苏苏而下震，是无眼障之疾的，因为六三是阴爻无阻挡，但于本卦时九四不能负阴而震，故斥之"位不当"。

张吉华： "震行，怎么行？迈左腿还是迈右腿，是别人推着拉着，还是自主自发？"其六三本人恐惧而行正道。

姚利民： 个人感觉六三因势已去（力量较弱），无有很好的作为，位置又不当，不受待见，不受重视，不需要有什么作为，因无作为，故无咎。

李尚信： "恐惧修身，修身在正心，还是自主的好，不然解决不了问题。"应该说：正心与仅因恐惧而行皆与此爻吻合。

张吉华： 爻辞言"震苏苏"，应是指九四阳爻之震，六三是阴爻，无震可言。

王昌乐： 恐惧行修心之道、修身之道，并且三阳动一定是主动的。

李尚信： "个人感觉六三因势已去（力量较弱），无有很好的作为，位置又不当，不受待见，不受重视，不需要有什么作为，因无作为，故无咎。"事情也是发展的，现在的确不可能有大作为，但这不等于将来没有大作为。发展变化了，其位置也会变化。

张吉华： 震是动词，苏苏是震之一种状态。

闫睿颖： 小人胆小，"震苏苏"。因无作为，反而无咎。

王昌乐： 六三不在状态，心有所恐惧则不可得。

张吉华： 爻辞是在上下各爻关系中言义。

李尚信： 后面会讲。"索索"应该与"苏苏"相对，否则就不相应相称了。

王昌乐： 老师，我可以不可以理解六三的作为就是修心以无灾难啊？

闫睿颖： 求听索索与苏苏的故事，吓得抖抖索索了。

李尚信： "索索"应该是恐惧的一种状态。这样与六三"苏苏"才相称。字面上讲，只要是惧而慎行，应皆符合六三。

（整理者：李芙馥 中国人民大学哲学院博士生）

# 临危畏惧必失措
## ——震卦九四明解

时间：2016年10月07日21：30 — 22：42

## 【明解文本】

九四：震遂泥。

《象》曰："震遂泥"，未光也。

## 【讲课内容】

**李尚信**："遂"，于是、就之意。"遂"这个词表示后面的事情或动作是紧接着前面的事情或动作发生的，可译作"一……就……"。"泥"，《广韵·齐韵》："泥，滞陷不通。"王弼《周易注》将此爻之"泥"意译为"困难"，孔颖达疏则谓"滞溺而困难"。《论语·子张》"虽小道，必有可观者焉；致远恐泥，是以君子不为。"程颐亦释为"滞溺"。据各家之释，"泥"应指行为滞溺，或可意译为行为失措或失常。

"震遂泥"，一遇震恐（危险）之事就（因惶恐而）行为失措（失常）。据句意，说明九四在平常之时，行为尚不滞溺。

下面分析爻象。九四为上卦震之主爻，表明其本有震威之功；然因其处四阴不正之位，又陷于众阴之中，故滞溺矣。因其遇恐之时，未能将平时的能力发挥出来，故"'震遂泥'，未光也"。未发挥平时之能力，即"未光也"。三爻有"恐致福"之义，而本爻却是讲因恐而致失，是讲遇恐而不要恐。所以，这一卦讲的"恐"字也是有不同含义的。此爻也是从反面说明临危不惧、处变不惊的重要性。以上主要观点来自王弼、程颐，我作了通俗一点的解读。后面的总结是我自己的，是否比王弼、程颐和其他家通俗易懂而又能被接受？需要看大家的感受。

## 【讨论内容】

### 【"震遂泥"】

**刘正平**：一个阳陷四阴，王弼说："若其震也，遂困难矣。"即"震遂泥"。正如同孔子所说："致远恐泥"。

李尚信： 王弼说："若其震也，遂困难矣"，即"震遂泥"。正如同孔子所说，"致远恐泥"。可否解释一下？黄寿祺解"遂"为"坠"，整句释为"惊惶失措坠陷于泥泞中"。

刘正平： 我举《论语》的例子是想对"震遂泥"的"泥"作一个解释。我觉得这里的"泥"跟《论语》里的"泥"意思是一样的。

## 【"遂"和"坠"】

王力飞： "遂"和"坠"，区别还是比较大的。

王昌乐： "遂"，有老师解释为于是，这个是否有另外解？"遂"，可为不返也？陷溺其中，不知其返？

李尚信： "遂"和"坠"，区别还是比较大的。这两个字倒也是可以通假的。

姚利民： 个人感觉九四有初九相挻（初九虽敌应，但此时应该是九四争取的最好的外援），形势不至于最坏，是否这样？愿听老师指导。

李尚信： "'遂'，有老师解释为于是，这个是否有另外解？'遂'，可为不返也？"程颐是这么解的，但他好像没有进行爻辞的疏通，我不太认可。

王昌乐： 九四自身好动陷溺，自身不正又受不住震动。

张吉华： 《说文》："遂：亡也，徐醉切"？

李尚信： "个人感觉九四有初九相挻（初九虽敌应，但此时应该是九四争取的最好的外援），形势不至于最坏，是否这样？"我觉得跟外援不外援的没有关系，请先领会我对爻辞的解读。象是灵活的，不同的取象有不同的意义。古经作者只是采取一种特定的取象。

　　《说文》："遂，亡也，徐醉切。"一个字常有多种释义，不是每个意思都能用来解释同一文句。

王昌乐： 九四在于遇震失德。

李尚信： 我认为可以这么理解。

张弛弘弢：不是改字为释吧。《经典释文》："遂，荀本作队。""队"即古"坠"字。"震遂泥"，雷声刚响就落入泥土中，没发出巨大震动就销声匿迹了。也难怪，一阳处四阴之中，震则变成坎。

李尚信： 抱歉，这一卦我没查《经典释文》。但从语势来说，我觉得不如"遂"字通顺。

张弛弘弢：震字的后面多为描述震的情形的动词或形容词，解"遂"为介词（于是之类），总感觉不太合适。

张吉华： 从语句讲，"遂"作"于是"或"一……就……"讲，是可以的。

王昌乐： 一震就陷入泥中，这个可以看成主动的吗？

李尚信： 两种解释，都是被动的。（句式不是被动的，意思上是被动的）

元　融：震卦，从临卦卦变而来；二爻四爻换位，上卦坤变互坎，水入土中，有泥象；"遂"，此处可作"坠"讲；震落到泥土之中，有狼狈之象。

姚利民：九四给我们的启示：每临危险或者重大事情，不必惧怕，沉着应对；心虽震惊，但面不改色，巧妙应对，才能化被动为主动。

元　融：上卦为震，初爻为阳，也是三才地位，遂泥之象；乾为光，初爻为阳，不可言光，故《象传》曰："未光也。"遂与坠通假，李老师的解释很到位。

李尚信：两种解读都可以成立，意思也大致相仿。只是程度上可能差别较大。

王力飞：我倒感觉，震卦里的阳爻有"地"象。

张弛弘弢：物理学上讲，雷电震，大抵相当于一个巨大的电容，雷坠入泥中（大地）其实也就安全了。

元　融：坠泥，还有一解：九四如果推移到九五为光，从五爻坠落四爻，未光也，坠象可以解释。

李尚信：这完全是象的解释，但它对应的现实生活是什么呢？

张弛弘弢：中文语法不能用英语语法理解，没有被动语态。

李尚信：《周易》古经常用主动句表被动。但不知您想说的意思是什么？"辞象结合一起"我认为正确。《周易》原为观象系辞，我们解读时则不能离辞来讲象。这是一正一反的关系。

张弛弘弢：我想说的不是（被）震进泥。九四，本来就是个发物。

元　融：震，为二阳震四阴之象，九四孤军深入，本是用兵大忌，"震遂泥"，偷鸡不成反蚀把米。

张吉华：按我的理解，遂与坠皆可。或那时就是两种都有。遂亡于泥或坠落于泥，是一个问题的不同叙述。

李尚信：我原有一解：吓得瘫软在地。与"震坠泥"接近。

王力飞：李老师这一解也通，一般打雷都伴随着大雨，一瘫软在地，可不就在泥里嘛！

李尚信：但这种解释，包括坠泥的解释，可能与《小象传》有出入。所以，想来想去，我没有取这种解释。

姚利民：九四怎么一点骨气也没有，罪过。

张弛弘弢：坠、入、落，只要动词就好，总觉得解释成介词不靠谱。况且，动词还是有依据的。

王力飞："遂泥"，委身于泥。

王昌乐：庄子就喜欢待在泥里。

张弛弘弢：九四，象则，时也，命也。

张吉华：这里的关键是何为震？雷的特性是从天上打下来，又从地上把声音返震回去，这就是卦象为雷，卦义为震的含义所在。九四因震而坠入或亡于二阴泥之下，其阳之光未发耀出来也。阴下之阳为无光、未光之象。

张弛弘弢：分析得很细腻。雷震于眼睛——闪电；雷震于耳朵——声音；雷电于感觉——震动；雷电于身体——惊颤。雷电本身不分上下，雷打下来，震回去，是我们人的感觉罢了。

张吉华：我们怎样感觉是一回事，古人怎样定义又是一回事。震雷之义是理解八卦之义的一个关节点。

王昌乐：震来于天、入于地、贯通于地，古人惧怕雷是正常之事，故常以此状比喻人之遇境遇。当如何，时也，位也，最重要的是德也。

张吉华：不过，我觉得，李老师把"遂"释为"一……就……"，就语句而言还是可通的，应该说还是释得比较好的。问题是怎样把"遂"与"坠"统一起来，因为二者在古时可能都在用。"遂"字是从阴阳交变角度言的，"坠"字是单从阳爻动进角度言的，古时之《易》或有异文，往往原因在于此。

（整理者：秦凯丽 中国人民大学哲学院硕士生）

# 常历风险易忘形
## ——震卦六五明解

时间：2016年10月08日21：30—22：49

**【明解文本】**

六五：震往来厉，亿无丧，有事。

《象》曰："震往来厉"，危行也。其事在中，大无丧也。

**【讲课内容】**

**李尚信：**今天学习震卦六五爻。五爻一般吉爻居多，那么这一爻是吉是凶呢？我们一起来研究。"震往来厉"，震恐之事来来去去凶险不断。"往来"，去而又来之意，可译为来来去去。本爻六五居上卦之中，下卦之震远离六五，为一恐已去；而上卦之震（或为九四）则紧邻六五，为一恐又来，故"震往来厉"。

"亿无丧"，猜度不会有什么损失。就事上言，因为震恐之事来来往往往经历多了，早已熟悉了应对方法，自以为不大可能有闪失而导致损失，故"亿无丧"。而就象上言，六五为得中之位，得中则能行中，行中则能无失，故亦有"亿无丧"也。

"有事"，有灾祸之事（发生）。《周易》古经明夷卦初六爻有"主人有言"之语，其"有言"可释为"有责备之言"。相应地，此处则可释为"有灾祸之事（发生）"。就事上言，因为得意忘形、麻痹大意，结果导致灾祸之事发生，故"有事"。需卦的"有言"，我释为有劝告，或告诫。而就象上言，六五之阴乘九四之阳，阴乘阳为逆，逆则有凶祸，故"有事"。

总体而言，这一爻是说：震恐之事来来往往虽然凶险，但经历的次数多了，早已熟悉了应对方法。所以，当震恐之事再来，就不再把危险当回事了。如果真是这样得意忘形、麻痹大意，那么凶险的事可能就又要发生了。

下面简单解读一下这一爻的《象传》。因震恐之事来来往往经历多了，结果放松了警惕，导致了危险的事发生。故"'震往来厉'，危行也。"因为震恐之事来来往往经历多了，早已熟悉了应对方法，完全能做到行而得中、行而无失，故"其事在中"。因能做到行而得中，行而无失，故自信满满地以为再来什么危险也不会有失，故"大无丧也"。"大无丧"即完完全全无丧。

本爻总结：这一爻强调的是，常经历风险者不要因自觉经验丰富、能力超强而放松警惕、麻痹大意。

**【讨论内容】**

刘正平： 这一卦的爻辞，楼宇烈先生整理王弼注本，点断为："震往来厉，亿无丧，有事。"黄寿祺先生点断为："震往来，厉，亿无丧，有事。"

李尚信： 那两种点法都是差不多的。

**【"震往"】**

刘正平： 六二虽然没提到"震往"，但从卦象上看，往上也是阻于阴，似乎跟六五的处境没什么不同，只不过位置大异。按照《象传》提到的"出，可以守宗庙社稷，以为祭主也"，似乎六五爻辞点断为"震往，来厉，亿无丧，有事"合理一些。这样也能跟六二"震来，厉"对应起来。

李尚信： 从好的方面说，六五居上卦之中，比下卦之中要好；从不好的方面来说，因六五经历丰富（处上卦，历两震），易放松警惕。历两震也有好的方面，即经受历练。

【 "亿" 】

王力飞： 帛书本和竹简本，"亿"均作"意"。

王昌乐： "有事"如果解释为有危险之事，那是否有重复啊，"厉"就有了。

元　融： 震卦，六二有"亿丧贝"之语；六五，"亿无丧"之语；但从卦理解释，稍显费劲！如果从卦变的角度，会相对轻松些，震卦由临卦变化而来，九二和六四换位，阳变阴，损失是巨大的；相对六五，无论临卦还是震卦，自己都没有受到影响，没有巨大的丧失。六五在震卦的上震中，乘刚，受到震动是肯定的，没有大的丧失，事情是减免不了的，故言"有事"！联系生活实际，雷声阵阵，内心惶恐，却也没有损失什么，也能帮助我们很好地理解本爻！往来之语，也能说明卦变的方向。

张吉华： 谁在震，震往何方，来于何处，为何有厉？

张弛弘弢："二爻五爻的异同"，吴澄有解释："二居柔则志气馁，故逢初九之震而丧其贝；五居刚则持守坚，故逢九四之震而与丧失也。""往来主体的问题"，俞琰曰："以五视初则初之始震为震往，四之再震为复来，五盖震往而复来之时也。"

李尚信： 亿、意应可互通。亿度、思度。或者意是否也可作臆？

张弛弘弢：俞琰："亿与二之亿皆当作'噫'，中心恐惧而失声也。"


【 "震" 】

王昌乐： 往是初九，来是九四，往来就是不停下来。

李尚信： 二为阴位、五为阳位的问题可以考虑。

王昌乐： 震就是对六五讲的。

李尚信： 得中就能行中，行中则无失，无失则无丧。六五经验丰富，经历多震，"震往来"，又行得中。

张弛弘弢：二五皆为震之中，分居内、外卦中，恐惧之貌亦相同。

张吉华： "亿无丧"为"噫无丧"？则失声而无丧？

王昌乐： "中"，六五有没有刚柔相济之德？

李尚信： 《小象传》往往引经文不完整。

王昌乐： 六五如果是刚柔相济，那么没什么危险，自然可以行宗庙之事；不忘宗庙社稷，自然为君主。《小象》是点爻辞的精华啊！

李尚信： 六五也有其缺陷。《小象》是否精华、是否语焉不详，可能各人看法不同。


（整理者：孙世柳　中国人民大学哲学院硕士生）

# 胆小畏琐事无成
## ——震卦上六明解

时间：2016年10月09日21：30 — 22：31

## 【明解文本】

上六：震索索，视矍矍，征凶。震不于其躬，于其邻，无咎。婚媾有言。

《象》曰："震索索"，中未得也。虽凶无咎，畏邻戒也。

## 【讲课内容】

**李尚信**：今天我们一起学习震卦上六爻。"震索索"，恐惧得（身体）瑟瑟发抖。《别雅》卷五："索索，瑟瑟也。"陆德明《经典释文》："惧也。"据此，可释"索索"为瑟瑟发抖之意。

"视矍矍"，眼神惊恐无助。《一切经音义》卷四十二"矍然"慧琳注引顾野王曰："矍，惊惧之貌也。"王筠《说文句读·瞿部》："矍，谓人持欲逸之佳，惊顾瞿瞿也。"据此，"矍矍"可释为眼神惊恐无助。帛书《周易》本爻正作"惧惧"，证明将"矍矍"释为惊惧是正确的。"震索索，视矍矍"，形容一个人极为胆小畏琐。"征凶"，出门在外难免会有凶祸。"征"，《尔雅·释言》："征，行也。"我理解，这里指出行在外。

"震索索，视矍矍，征凶"：恐惧得（身体）瑟瑟发抖，眼神也惊恐无助，（这样胆小畏琐的人）出门在外难免会有凶祸。这里可以与旅卦初六"旅琐琐"对看，两者具有相似性。

"震不于其躬"，震恐之事不是（发生）在自己身上。"躬"，指自身。"于其邻"，而是（发生）在别人身上。邻，邻人，引申为别人。"无咎"，没有什么过错。指震恐之事如果不是发生在自己身上，而是发生在别人身上，那么，因为震恐并不会对自己造成危害，所以，前面所说"震索索，视矍矍"也并不是什么过错。

"震不于其躬，于其邻，无咎"：（如果）震恐之事不是（发生）在自己身上，而是（发生）在别人身上，那么，因为震恐并不会对自己造成危害，所以，前面所说"震索索，视矍矍"也并不是什么过错。

"婚媾有言"，（虽然震恐之事并未危害到自身，但这样胆小畏琐的人）如果想求婚的话，则难免不被人嘲弄。谁愿意嫁畏琐无能之人呢？"有言"，即有说辞，这里指受到嘲弄。

"震索索，视矍矍，征凶。震不于其躬，于其邻，无咎。婚媾有言"：恐惧得（身体）瑟瑟发抖，眼神也惊恐无助，（这样胆小畏琐的人）出门在外难免会有凶祸。震恐之事如果不是发生在自己身上，而是发生在别人身上，那么，（因为震恐并不会对自己造成危害，所以）遇到危险而恐惧畏琐也并无咎害。（不过，这样的人）如果想求婚的话，则难免不被人嘲弄。此爻是讲太过胆小畏琐之人，将一事无成。

全卦讲了面临震恐的七种情形：有遇恐而不惧者（又分两种情形）、有遇恐而明智避祸者、有遇恐而反省致福者、有遇恐而致失者、有遇恐而盲目乐观者、有别人遇恐而自己吓瘫者。

**刘正平**：这一爻相比前几爻，内容比较多。"索索"，《经典释文》引郑玄说，认为如同"缩缩"，是不正之貌。也就是走路缩手缩脚，畏首畏尾。"矍矍"，目不正，走路左顾右盼，非常不安。

"震索索，视矍矍"，是说走路缩手缩脚，目光游离，犹豫不定，内心仓皇，外表犹疑。以此而征，必遭凶险，这是不言而喻的。

王弼说："六五处震之极，是极震者。"那么处动极而复征，结果自然是凶险的。何况还是在缩手缩脚，狼顾狐疑，内心犹疑不定的情况下贸然行事。下面紧接着关于"于其邻"，就有了多种不同的理解。王弼认为是"惧邻而戒"，"若恐非已造，彼动故惧，惧邻而戒，合于备预"，也就是要防备邻居之动祸及己身，以静制动，远离危险。王弼的这个说法，个人感觉好像没有黄寿祺先生的说法通达。黄寿祺先生认为，这是从正面诫勉的角度申发爻义，当雷震未及己身，但及于邻居时，就要做好戒备，及早恐惧修省，则"无咎"。


**【讨论内容】**

王力飞： 爻象阴居阴位，弱了些，和六三不应，婚姻不怎么和谐，属同志般的友谊。

张弛弘弢：按《易》例，凡"婚媾"皆有阴阳相和之义，然上六与六三无应，同性斥。故六三对上六有怨言。

王昌乐： "索索"，心；"矍矍"，神。心、神有主次，心无助则神自离乱，心为主。

李尚信： 爻象与卦象是否具有制约关系？若有，具有怎样的制约关系？

张弛弘弢：一说以"索索"为雷声渐消之意。上六处重震之极，雷声渐小而渐消散，故曰："震索索"。（俞琰）

李尚信： 卦者，时也；爻者，适时之变者也。

王昌乐： 震之极，雷消，人不消；上六阴柔之极，小雷亦可充大天。


（整理者：贡哲 中国人民大学哲学院硕士生）

（本卦校对：孙世柳 中国人民大学哲学院硕士生）

时　　间：2016年10月10日21：30 — 22：30
导读老师：孙福万（国家开放大学教授）
　　　　　张文智（山东大学周易研究中心副教授）
课程秘书：李芙馥（中国人民大学哲学院博士生）

思不逾位 动静合宜
——艮卦卦辞明解

## 52 艮卦

**艮下艮上**

## 【明解文本】

艮：艮其背，不获其身，行其庭，不见其人，无咎。

《彖》曰：艮，止也。时止则止，时行则行，动静不失其时，其道光明。艮其止，止其所也。上下敌应，不相与也，是以"不获其身，行其庭不见其人，无咎"也。

《象》曰：兼山，艮。君子以思不出其位。

## 【讲课内容】

**张文智**：我的讲法主要还是以《易经证释》的讲法为主。《杂卦传》曰："震，起也；艮，止也。" 即一始一终之意，言自震起始，至艮终止也，又兼有动与定，初与成，本与末，下与上之别。震动于前，艮止于后；震起于下，艮休于上，震往则艮来，震升则艮降。

从卦象来看，艮卦一阳在上，阳升至极，不得复进，故艮为止，即不能前行之意。重"艮"，亦为"止"义，返本复始之道也。道以返原为目的，逆行为用，故贵艮止。止而后定，定而后静，定静而后返于所始，复其天性。

艮卦以阳止于表，刚章于外，如人之背脊，故曰"艮其背"。背与面相反，见其面者，不见其背。今"艮其背"，但见其背影而已，自不得见其身。"不获"即"不得"，"不获其身"即不得见其人耳，与下文"不见其人"一义。艮者，止也。止于背者，即限于所止之地。止则不复动转，故以背止者，不获其身。如背我而立，不能见其人也。

此明示艮止之道，不务旁观，不求多识，不期移转，不志前行。此所以为止，止于所止，永不改也。此时有目无睹，有耳无闻，有口无言，有知无觉，静定之至，无知亦无得也。物之示我者背，我之示人亦背。背外更无可见，则虽行其庭中，不见其人。

以上是其卦辞之义。我们再来看其《彖传》义。艮之为义，在于善止，一切德用，均自止成，故先说"艮其背"，明所止之处也，最后说"无咎"，明已止之功也。卦辞之所以没说"吉凶"，是因为"吉凶悔吝生乎动"，既止则不动，不动则无吉凶可言。

卦辞亦没有明言乾坤四德，因四德皆自乾元出，而非返于乾元之先者所能显。艮止以返本复始为旨，无复后天生成之用，故未及四德。"不获其身"，即"无我"之意；"不见其人"即"无人与物"之意。人我同无，物我同净，故"无咎"。此乃"先天"境界。而在后天世界，有止则有行，有静则有动。行止动静，互相联系，互成因果。止者终必行，静者终必动，为后天以循环往复，盈虚消息，永相继承而不停歇。而行止必依其道，必依其时。道立其体，时明其用，非时则不宜，悖道则不利。

宜与利者，事业所由成，化育所由见，虽天地不违，而况人乎？故止者时也，行者亦时；静者道也，动者亦道。道与时不二，言时赅道，言道赅时。为天道必以时行，人道亦以时立，故曰"时止时行，动静不失时，其道光明"。艮之阳高而视下，故得"光明"之称。

初四、二五、三上皆不相应，故曰"上下敌应，不相与也"，刚柔相背，即"艮其背"之辞所由来。谓艮以求止静，故不志于合同。如人苦修不复恋亲戚之乐、家庭之情，悠然长往，与世无洽，则终成其道，永乐其净，胸中豁达，无所留滞，耳目虚空，无所见闻，故有"不获其身，不见其人，无咎"之占。

以上是其《彖传》辞之义。我们再来看其象义。兼犹连也，合并也，迭也。两山重叠，接连不断之状曰"兼山"。山静而不动，艮止而不行，人道则之，亦以止于其所，勿志于外，故曰"君子以思不出其位"。位者所止之地，亦即所守之分，如立者足所履，卧者身所安，皆位也。推之一切，无不有其位。位以限制其所为，范围其所作。而艮者，止也，不以作为为先。则所限者，所范者，自思起。行之先必思，思存于心，行见于事。思且不出其位，何况行乎？故言思，即足概一切言行也。

在此曰"位"，在一切亦曰"分"。分即位也，止位即守分也。各守其分，则皆成其德。"正"从一止，止于一谓之正，止而正道也。德与位不离，离则失其正，失其正，即失其守，斯悖矣。故"艮其背"犹曰"杜其悖"。有位以限其思，有分以制其欲，有德以昭其道，有正以明其守。艮者，限也，限之以位，方止得其所。止者，包禁止之义，以位禁止之，则天下皆止于其位。此艮之有成也。

由于《易经证释》的解释很细，以上是从中摘出的要义。读艮卦、渐卦两卦最好与《大学》《中庸》合读。

**孙福万**：补充艮卦的特殊性和重要性。包括这几个方面：

第一，我们知道，易有三易：《连山》《归藏》和《周易》。《连山易》从历史上讲最早，而《连山易》首艮。这意味着什么呢？或许艮卦是天下第一卦？

第二，艮卦与墨家之关系。钱基博有本《周易题解及其读法》，里边提出一个很有意思的观点，他说："古《易》有三：神农曰《连山》，黄帝曰《归藏》，文王曰《周易》，厥为后学儒道墨三者分家之所本也。"盖《连山》首艮，艮正连山之象，又艮为止，正与墨家之尚简以及摩顶放踵以救世的思想相通；《归藏》首坤，坤为阴，又为顺，正与道家之讲"玄牝""知雄守雌""塞其兑，闭其门"等思想相通；而《周易》首乾，以"扶阳抑阴"为大旨，亦与儒家"进德修业"、汲汲于用世之心态相通。所以，艮卦或许为墨家之起源？

第三，艮卦和佛教之关系。我们知道，墨家学说后来失传，但宋儒有个说法：看一部《华严经》或者《法华经》，不如看一艮卦。而从历代佛教学者（如智旭等）重视艮卦来说，亦可以看出佛教与《连山》之密切关系。

第四，《说卦传》中的艮卦。金景芳先生说，《说卦传》说："万物出乎震，震东方也。"这一段是《连山易》之遗说。"艮，东北之卦也，万物之所成终，而所成始也，故曰成言乎艮。"艮，太重要了！

第五，艮卦和损、益二卦的关系。艮卦讲"时止则止，时行则行"，损、益二卦也讲"与时偕行"。损、益二卦的重要性不必说了。

第六，艮卦和养生的关系。窃以为，"艮其背"三字，可谓静坐养生之要诀。而"艮其背，不获其身，行其庭，不见其人"，完全是气功态的景象。

**【讨论内容】**

**【"艮其背"】**

王力飞：　帛书本《周易》，艮作"根"，根也有不动的因素在内吧？把根留下，落叶归根。

张长竹：　艮为光明之意，其来自艮为火，此先天象也（出自《易林》），艮纳丙，丙为阳之精。

张文智：　"根""艮"通假。还有学者把"艮"释为"垦"，就有点解释过度了。

王力飞：　"目、艮"从篆文字形，把"艮"解为"回头看"的意思。"行其庭，不见其人"，貌似和"看"有关联。

元　融：　《大学》："大学之道在明明德，在亲民，在止于至善。""止于至善"就是明德，"时止则止，时行则行，动静不失其时，其道光明"，曾子应该受此卦启发。

张文智：艮为返本还原，故"回头看"是其兼有之意。

王力飞：一说艮和见同源：见是向前看，艮是回头看。

张文智："震往则艮来，震升则艮降，犹日月之代明也，朝夕之相继也，岁时之往复也，荣枯之代谢也。有春有冬，岁序乃毕，有朝有夜，日用乃成。故艮者终也，成终者成其始。"（《易经证释》）

王力飞：这么一来，"艮（回头看）其背，不获其身，行其庭，不见其人"，貌似能看出一点门道。

宋锡同：艮卦象，止于山前，卦辞"无咎"。

张文智：再据《易经证释》："震起者，至艮则止。道若相反，德实相成。不有其止，何来自起。不有其终，何来所始，故成终者亦成始，而艮则以终明乎始者也。艮主土，后天代坤，为五行之母，故艮始终，兼往返，概初成。天道人事举不能外。"

王昌乐："不见可欲，使民心不乱""不失其所者久"，止于何地？《大学》讲至善之地。不见不是看不见，而是视而不见听而不闻。

温海明：视而不见听而不闻，心如止水，目空一切，气功状态。

孙福万：打坐，能"艮其背"是关键！

温海明：不仅仅是止住背部吧？

孙福万：嗯，不光是艮其背，但艮其背则能艮其身，艮其身则能艮其心，可能这是一般的过程吧。

何京东：艮，山也，山静静依着山，敦敦的，坐忘了山的名字，不平的山路，弯弯曲曲，止善的心斋或默或言，井然有序，逶迤在崇山峻岭间，超然物外，"不见可欲，使民心不乱"。

温海明：心斋，坐忘，是气功大师的境界。

何京东：坐忘是"艮其背，不见其人"。

张文智：《连山》重人道，《归藏》重地道，《周易》重天道。天道包括人道与地道，故孔子有"从周"之叹。

王昌乐：近身易止，近人止难，无人之境不是另辟心境，而是"行其庭"。

孙福万：此外，艮卦和咸卦的关系也很紧密，均涉及人的身体，很多爻辞也相通。

温海明：上卦心震坏了，下卦心止不动了，在人群中什么都看不到听不见了。

## 【止于至善】

张文智：《大学证释》对"知止而后有定"一节有详释，大家可参阅。艮贵止。止而后定，定而后静，定静而后返于所始，复其天性。故止者一切之妙谛，而必适于进，遵乎道，盖非徒止也。

何京东：　艮是山和山之间的回应。

温海明：　止于善道，不是完全不动。

王昌乐：　止不是停，也不是动，而是随时而止，动中求止，可以转可以化是止的，所在即为至善之地。

张文智：　止中之起，静中之动，是纯乎性，全其天者。不动以动，不行以行，无为以为，无思以虑，则艮之极，道之至功。

王昌乐：　至善：精而又精，纯而又纯，正而又正，日新为大德，日善为大业。

张吉华：　艮者止也，止而至于善处，"时止则止，时行则行"，行则至于背也。

宋锡同：　止于至善，则无善无恶、无止无动了。这似又是一重见地。

元　融：　到了至善境界，不知道止的话，事物向相反的一面发展了。

张文智：　艮卦与《大学》所讲"止于至善"有密切联系处。

（整理者：王璇　中国人民大学哲学院硕士生）

# 始正终正　立稳成行
## ——艮卦初六明解

时间：2016年10月11日21：30—22：00

【明解文本】

初六：艮其趾，无咎，利永贞。

《象》曰："艮其趾"，未失正也。

【讲课内容】

张文智：　初六在下，故曰"艮其趾"，与卦辞"艮其背"相应。"背"指全体之背；"趾"则足之趾，亦背之一部也。如他卦称"趾"（如贲卦初九"贲其趾"，大壮卦"壮于趾"，夬卦初九"壮于前趾"），不必别其向背，而艮之初爻之"趾"释为足趾之跟。跟犹根也，亦从艮，既为谐音，又兼会意，意为止于其所，为立定之本，而止于前进。为限制之势，如以物范之，使其勿动。限其趾，则可知其不行；止其跟，则可见其立足之稳。不行则无前进之思，稳立则无倾跌之患。之所以如此，是因初六秉坤安贞之道，厚载之功，而不失其静定之德，故"无咎"。以初六柔爻刚位，"勿用"之时，在下而阴柔，宜静不宜动，如艮之本旨，虽非艮主爻，却得艮正用，故曰"利永贞"。

卦辞未言及"元亨利贞"四德，而在初六则言及"利贞"。乾卦文言传曰："利贞者，性情也。"利贞乃自修之道。在后天世界，乾首元亨，地先利贞，人道师地道，故"利永贞"，此三字与坤用六辞同。坤利永贞，以大其厚载之德（坤卦象传曰："用六永贞，以大终也。"故乾主大始，坤主大终）；艮"利永贞"，以明其知止之方。知止而至于永贞，是止于一，止于一，则就于正矣。故于"利贞"二德之间加一"永"字。永，久也。恒久不变，长守不失，方为"永贞"。永贞以为利，则利自永贞成。虽就乾坤而言，贞、利平等，而自人道言，则"贞"为本，"利"为用；"贞"为内，"利"为外。必先贞而后有利，不贞则亦不利。因"利"出于"贞"，故此利可久可大，为有其根本存在。如人之行，必先知止。行出于止，则行可远可广，以有基也。故"艮其趾"，非徒止之，将以便于行；非徒限之，将以助其进。本固而用宏。不有守，安有为？不能贞，安得利？此"利永贞"，实为艮全卦之道，而于初爻即明示之。初为始，始正则终亦正；始孚于道，则以后咸孚于道。故君子作事谋始，为立本也。艮而在趾，其本已立。如人之立已稳，则举足成行，此所以为"利"也。

以上是其爻辞之义，我们再来看其象义。《象传》曰："艮其趾"，未失正也。初六在下，原非正位，而以其善止，止得其所，故孚于正道，是以为"未失正"。"正"字从一从止，止于一也。而四德之中"贞"为"正"，以有守也，非正则不可守。初六既止于一而得正之本，又孚于贞而就于正之道，故"未失正"。意思是说，初六虽远于正位（指五位），而其德不违于正义。凡物之称正者，必先稳定，必先安和。稳定则不倾斜，安和则不偏倒，故正必中必一，必用其极（此句要结合《大学》"故君子无所不用其极"一语来理解）必不失其重心，而必先固其本，全其基，厚其下，坚其内。盖始则求其正而不邪，次更求其永正而不变。如初不克正，固非正，即使暂正而不能恒久，是仍非正。

艮之初六，以重于下之正，而有趾之止，得永贞之德，孚中和之用，是以不必正位而称正。有本有守，斯乃为正。以上是其象义。

**孙福万**：我简单补充三小点。第一，"始止"的重要性。胡炳文说："事当止者，当于其始而止之，乃可'无咎'。止于始，犹惧不能止于终，而况不能止于始者乎？初六阴柔，惧其始之而不能终也，故戒以'利永贞'。欲常久而贞固也。"

第二，"止"乃"自得"之义。潘雨廷对"艮其趾"的解释（见《蠱爻》）："不为人所诳者，有自见也。不为人所惑者，有自知也。不为一人所诳惑尚易，不为千万人所诳惑，非深其见、大其知不为功。凡其见愈深者，其心愈静。其知愈大者，其心愈一。静之至，事物莫不见。一之极，事物莫不知，虽天下人尚能诳惑之哉？《易》曰'艮其趾，无咎，利永贞'。"夫其趾已止，自得之谓。利永而静，永贞而一，用六之准也。（坤卦用六：利永贞）意思是说，"止"是不容易的，要有自见、自得才行。

第三，请注意"艮其趾"和"咸其拇"的关系。"咸其拇"是咸卦初六爻辞。《朱子语类》："问：咸内卦艮止也，何以皆说动？曰：艮虽是止，然咸有交感之义，都是要动，所以都说动。卦体虽说动，然才动便不吉。咸其拇，就是脚趾动了！咸者感也。"程子说："初六在下卦之下，与四相感，以微处初，其感未深，岂能动于人？故如人拇之动，未足以进也。'拇'，足大指。人之相感，有浅深轻重之异。识其时势，则所处不失其宜矣。"

## 【讨论内容】
### 【艮卦与咸卦】

张文智：　《大学》"定、静、安、虑、得"中的"得"字即为"得至善之境而常止之"之意，亦即"君子无所不用其极"中的"极"的意思。极、中、一等字异而义同。

孙福万：　咸卦和艮卦对比来读，的确很有意思。咸卦虽以感为主题，但强调"无心之感"。"咸其拇"，虽然没说到吉凶，但也不被提倡。苏东坡对咸卦的解释很到位。

张弛弘弢：人之动，脚先出，制止人的运动需先止其趾。初爻为止道之始，保持事物的静止应止于始。

张吉华：　艮言九四与上九之关系，延至初位论之也适应。

张文智：　不知其止，则不良于行。

（整理者：张馨月　中国人民大学哲学院硕士生）

# 动静受制 心中无奈
## ——艮卦六二明解

时间：2016年10月12日21：30 — 22：31

## 【明解文本】

**六二：艮其腓，不拯其随，其心不快。**

**《象》曰："不拯其随"，未退听也。**

## 【讲课内容】

**张文智：**今天我们讲艮卦六二爻辞及其象义。六二为坤之正位，又为离之中爻。离坎相对应，在身则心与肾主之。艮以背为重，由下而上，初为趾，二为腓。腓者，腿后肥大之部位，俗曰腿肚。亦因"艮其背"而见其所止。止于腓，则可知足之未举，即人之未行，体之未动。体动必先其腓，人行必举其足。今"艮其腓"，是全身同止之象，而自限其腿足，不志于行进。则虽能止，究乖于行，虽能静，却戾于动，是"艮其腓"者，不克遂其用，故曰"不拯其随"。"随"犹遂也，顺也，俗称手足不仁不用者曰不遂，或作不随。肢体之动，必随于其心，遂其所志，心命之、志率之而后动。若无心之命、志之率而动者则为病，非狂即厥。狂者火之过，厥者水之过，俗称为风痰，《内经》曰风淫末疾，即因水火失治、筋脉失主而搐搦、牵拘、促缩，总名之"不随"，谓不随其心志也。

六二居中，心志之位，以"艮其腓"而失其所止，限其所用，故曰"不拯其随"。拯者，振拔也，援救也，不拯则不克振作，不能提携之意，因之而不得随其心志而动，不得随其心志而行。又"不拯"者，不正也；"其随"者，阿顺也。不正而阿顺之，是徇其情欲，发于病态，而非命之率之之效，则戾于心，故曰"其心不快"，谓不相应也。乃因二、五正位，内外重柔，上下暌隔，不能调协，虽居中位而无所用。

此外，"不拯其随"亦包有不能顺遂其所止，以孚于安贞之德，达其厚载之道，且不能发于文明之象，成其光大之功，乃因艮六二不克充坤离两卦之用。

重柔者，用变于刚；重阴者，情徇于阳。此过犹不及，举失其中和也。凡《易》辞称"随"者，皆与泽雷随有关。艮震往来，与兑亦对反，故六二爻恰与随戾，言不得与兑震协也。

快从夬，亦由兑来（艮下所伏为兑，又艮与兑旁通），兑主说言。心不快者，必有所不足，是即夬也，缺陷也。以六二至六四为坎，为阳陷，而象于肾，肾称小心。足腓者肾之属，肾有所限，则不得上奉于心，而水火不交，反成未济。此心不快，乃因二失其应，五失其辅，中夹一刚，成梗阻之象，此亦为"不拯其随"之象。梗于中者，不能振以升之，阻于内者，不能顺以出之。此六二之艮，为非止之所宜，不似初六之趾，犹未失正也。初六虽在下，却远于九三之刚，而柔顺其止，可孚于贞守之正。

六二以位故，而德不称。知止之善，而无以全其守；知行之艰，而无以拯于正，此爻辞以为有所病也。

以上是其爻辞之义，我们再来看其象义。《象》曰："不拯其随"，未退听也。六二本在下正位，有奉上之诚，而以艮止之在腓，离于其心，心肾不交，乃成不快之病。肾主耳，心主目。耳目为视听之官，而神志实心志之宰。"心不快"者，耳失其聪；肾不奉者，目失其明。今以在下，专主肾言，故但称耳，而未及目。耳之不听，乃由于心不下交，故曰"未退"，言未能降以交于肾，以成其听。心肾永不相离，才能耳聪目明，离则病而死，故"不拯其随"，乃因心之不退于下，乃至心肾不交，水火不相济。又"听"字亦含随顺之义。顺于所止而合成其德，心情就会愉快。今曰"不快"，正以其不能俯就而顺于正命。

顺于正命为《易》之要义，人之要道，艮之要德。果失其正，则不知所止。故"未退听"即指上下相违，二、五相失，心不自降，而昂然自得，故曰"未退"。不知止以就于下之正，故为"未退听"，而成"心不快"之病，自贻伊戚。故不及吉凶，视在上者之能降心相从否耳。言外之意，在上者降心相从则吉，不能降心相从则凶。

**孙福万：**我想介绍下三个著名易学家对此爻的解释，算是做个简单补充。他们分别是：程子、潘雨廷和李光地。程子的解释：二之行止系乎所主，非得自由，故为"腓"之象。股动则腓随，动止在股而不在腓也。二既不得以中正之道，拯救三之不中，则必勉而随之，不能拯而唯随也。虽咎不在己，然岂其所欲哉。言不听，道不行也，故其心不快，不得行其志也。

"腓"，俗称"腿肚子"，它的行动，完全不能自主，是随"股"而动的。

潘雨廷《蠡爻》的解释："人患瘫患者，心有令而不行，麻痹不仁，大可哀矣。或患疯癫者，四肢百骸，动静失当，疾迷心窍，不知所令，哀亦甚矣。《易》曰：'艮其腓，不拯其随，其心不快。'夫心之不快，不外腓之不当止而止，当止而不能止也。"

潘雨廷举了两种情况来说明此爻：一个是瘫患者，他的内心是明白的，但指挥不了自己的身体了，想动也动不了（刚才张老师提到，《易经证释》将"不随"解为"不遂"，即手足不仁，甚妙）；一个是疯癫者，虽然四肢百骸没有问题，但动静失当，因为他不能控制住自己的心灵。"腓"作为"腿肚子"，就是这样。它的行动，完全不能自主。所以是有这两种情况。

李光地《周易折中》的解释：李光地将艮卦和咸卦对比来解释。他说："此爻'随'字与咸三同，咸三谓随四，此爻谓随三也。盖咸、艮皆以人身取象，凡人心属阳，体属阴，咸卦三阳居中。而九四尤中之中，故以四为心也。此卦唯九三一阳居中，故以三为心也。人心之动，则体随之，而《易》例以相近之下位而随，故咸三艮二皆言'随'也。两卦值心位者，皆德非中正，若一以随为道，则随之者亦失其正矣，故咸三则'执其随'而'往吝'，此爻则不拯其随而不快。然六二有中正之德，本有以自守者，故以不能拯其随为不快于心，与咸三之志在随人异矣。"

这三位的解释，其精神是一致的，和《易经证释》也多有一致之处。

## 【讨论内容】

张文智： 九三至六五互震，有引动之力，六二在艮止之位而想跟随之，随之则因贪进而陷于险陷（二至四互坎），又不得六五之提携，故"不拯其随，其心不快"。九三亦因躁进而熏其心，二者皆不知艮止之道而心焦气躁，故有是占。

张吉华： 《周易》就讲两种方式，一是亨，向上回蓄，一是贞，向下动进。

张文智： 心清则目明，俗称"眼睛是心灵的窗户"。

张吉华： 故乾卦之辞为"元亨利贞"。且这亨与贞各卦亦有，是其易辞主线。拯者举也，也是指九三向上回蓄之事，退者也是指阳爻向上行之事。九三向上蓄，与六二无关，故其心不快也。

孙福万： "不退听"指哪爻呢？坎为耳，应该指九三吧？如果指九三，就是三不听二的中正之道；而二又为腓，不能不随三，故"不拯其随，其心不快"也。总之是很矛盾的状态。

张吉华： 本卦动爻是上九，但艮之卦义却落在九三身上。本爻是从六二角度去言与九三关系。六二之腓是指爻位之象，与九三相较而言之。语汇概念是避开不了的，如王弼那些乘、承、应等。

张文智： 《易经证释》已明示，艮六二不克承坤安贞之德及离六二"黄离"之性，不能知止，而受九三之引动，心急向上，而体又不能动（因在艮中），故"不拯其随，其心不快"，"不退听"应该主要指六二在下，与肾相应，（六五在上而与心相应），二、五不相携，六二干着急，故有心肾不交之象。当然，六二亦在坎卦（为肾、为耳）之中。

张吉华： 六二之不快，在于居九三之下。

张文智： 因"不拯其随"而"其心不快"，皆因六二想动而限于动，心火上炎，又不得六五之相济，故"不退听"应该主要指六二爻本身，退听就可以宏坤安贞、厚载之德。六二虽在中正之位，而其德不与其位相孚，故六二所行不合"中正之道"。如果六二能降伏其心，自合"退听"之旨。

（整理者：黄仕坤　中国人民大学哲学院硕士生）

# 上下不和　忧危熏心
## ——艮卦九三明解

时间：2016年10月13日21：30—22：42

## 【明解文本】

**九三：艮其限，列其夤，厉薰心。**

**《象》曰："艮其限"，危薰心也。**

## 【讲课内容】

**孙福万：**近日读潘雨廷先生的《黼爻》，有些心得，就主要以潘先生的讲解来和大家讨论。艮卦的主旨，可以归纳为"时行则行，时止则止"。但困难也就在这里，并不是什么人都可以做到"时行则行，时止则止"。有时我们想行而不能行，想止而不能止！故潘先生说："或行或止，有碍乎，无碍乎？知时者无碍，不知时者有碍。无碍者，何有乎行止。有碍者，必为所窒。"意思是：或行或止，有障碍吗？只有知"时"的人才没有障碍，而不知"时"的人，就有障碍啦！潘先生接着说："观夫行止之间，有几存焉，有限存焉。"意思是说，在行止之间，有"几"，有机关，有"限"。九三的爻辞就是"艮其限"嘛，这个"限"，一般解释为"上下之际"。从身体来说，有人说就是腰胯间，我觉得还可以宽泛地理解。

　　潘先生的意思，在行止之间，有一个难以把握的领域，这就是"限"或"几"。接着看："得几以通之，时行则行，时止则止。"也就是说，如果掌握了这个"几"或"限"，那么就能做到"时行则行，时止则止"。反之呢？"不得而隔之，行者唯恐其行之不速，而恨止者之有以止之也；止者则唯恐其止之未静，而怨行者之有以动之也。"

如果不能跨越这个界限，也就是掌握这个"几"，就会出现两种情况：想行动的人，老是害怕行动不快，也痛恨使他停下来的人；想停止的人，则相反。潘先生接着说："一动一静，一行一止，如刃之列其夤，如火之熏其心，危厉之情，遇者自知。"当出现这种情况的时候，就像刀子割裂自己的夹脊肉似的，就像火来熏烤自己的心似的。最后潘先生说："《易》曰：'艮其限，列其夤，厉薰心'，其屈原往见郑詹尹之时乎？释迦将出雪山之时乎？"潘先生的解析非常精辟！

其实并非纯粹的主观感受。潘先生是讲象的，他的解读，只是表面上不谈象，但里边是有象数的。这在此书的后记中有谈。潘先生的解读，和朱子、程子也都一致。

我们再看看朱子的解释。朱子《周易本义》："'限'，身上下之际，即腰胯也，'夤'，膂也（即脊梁骨）。止于腓，则不进而已。九三以过刚不中，当限之处，而艮其限，则不得屈伸，而上下判隔，如'列其夤'矣。危厉薰心，不安之甚也。"《程氏易传》："'限'，分隔也，谓上下之际。三以刚居刚而不中，为成艮之主，决止之极也。己在下体之上，而隔上下之限，皆为止义，故为"艮其限"，是确乎止而不复能进退者也。在人身如'列其夤'。'夤'，膂也，上下之际也。列绝其夤，则上下不相从属，言止之下之坚也。止道贵乎得宜，行止不能以时而定于一，其坚强如此，则处世乖戾。与物睽绝，其危甚矣。人之固止一隅，而举世莫与宜者，则艰蹇忿畏，焚挠其中，岂有安裕之理？'厉薰心'，谓不安之势，薰烁其中也。"李光地《周易折中》："'夤'为夹脊骨，正与心相对。'列'，峙也。峙其脊骨，而不得为艮背之象者，盖艮背者，能动而止也，如人之坐尸立齐（斋），而揖让俯仰之用则未尝废，此所以能行其庭，而与物酬酢也。此之列夤，由于艮限，则因腰之不能屈伸，而脊为之峙，是不能动而止，如人之有痃疾者，安得不危而薰心哉！"

请注意，李光地对"列"的解释，与潘雨廷不同。李光地进而说："心犹火也，可扬而不可遏也。扬之则明，遏之则薰矣。危薰心者，言其堙郁昏塞，无光明通泰之象也。震之九四，不当动而动，此爻则不当止而止，咸之九四，感之妄，此爻则止之偏，皆因失中正之德故如此。"

《小象》的意思和爻辞基本相同，不需要多加解释。总之，当艮之时，九三为身体之限，如艮其限，身体则僵直矣！大概跟一个人得了强直性脊椎炎差不多的意思。这样一来，这个人的夤，就是脊梁骨或夹脊肉，就会像利刃来割一样，与其对应的心，就像烈火熏烤一样。因为想动，但动不了啊！

**张文智：**我再简单地把《易经证释》的说法讲一点。

　　九三为艮卦之极，又上互震。由艮言为限，限者，制止也；由震言为夤，夤者，进行也。爻辞兼著其义，乃首曰"艮其限"，继曰"列其夤"，明九三一止一起，各尽其道，一退一进，皆有其时……限者，界也。居两者间，如竹之节，如地之疆，自成界限，不相混淆，故曰"艮其限"。言止于所止，不踰其次：限于所限，不出其界，即象辞"不出位"之义。盖九三人爻之始，人道之基，其所思行，即君子之所志。君子之道，可由九三见之。九三本乾之九三，朝乾夕惕，若厉无咎，戒惧之所尚，谨慎之为先。故艮师之，亦如其训，守其诚，不或踰越，而自止于所限……止于其制，斯为"艮其限"。如人一身，腰以上者为天，腰以下者为地。天地之间，人之界也。肾藏所居，命门所系，内通丹田，外达于脊……

　　而为时位之所关，则动静异宜，行止异利，故虽"艮其限"，不徒止也。徒止是促其生机，停其生息，故必"列其夤"以推进之，以阐运之。列者，排列，即整齐之也。又如辨别其次，高下其位，优劣其才，贤愚其分，使各得其所，故谓之列。"列其夤"，则乃顺序以进，攀援以升。此由下而上，由中出表之所法也。与六二之"拯其随"相应。六二随之，九三夤之，乃顺就于正，各得所止。此九三之能列以夤者，刚之德也。有艮止为本，依震起为用，秉乾三之戒惧，免坎中之险陷，故贵在"列其夤"。若六二，则虽得位而无其德，故"不拯其随"。此柔之失，徒用坤之安贞，而忘乾之刚健也。故九三以乾之用，得艮之功，而其所为亦如乾，故曰"厉熏心"。此"厉"字即乾之"若厉"，危也，自励也，自砺也，以免于坎之险陷，而思法乾之乾惕也。"熏心"者，刚在内，阳居中，如火之熏灼其心。心在上在外，原居君火之位，今坎中之阳，上与之合，是熏陶之，以成其生化之用也。而其过则熏灼之，以干于自焚之危，故称"厉"，亦言其甚也。以九三刚在中，居内外四阴之界，故曰"限"。而在两者间，当以通达为用，方得成其生化，大其作为。若竟止之，则害之也。在六二，以其不克随，使心不快，亦由上下不相应耳，而幸在正位，有所守，故虽不快而无危害。九三则重刚不中，上九相妬，上下难和，此所以有"艮其限"之占，而其害乃"熏其心"。"不快"者，无形之病，"熏心"则有形矣。不快者，可解之害，熏心则难解矣……夤字上从夕，下为寅，含朝乾夕惕之训，有始勤终怠之嫌……"熏"字因心主火，而坎中一阳亦火也。阴中之火如烟，故曰"熏"。若不侵灼其心，则上助成其化。此艮其限，原非过，以不得和于上乃为过；列其夤，原非危，以不克正其行乃为危。此则九三之失，在失行之和，进退之正。失和则生成者少，失正则贞利者乖，故称"危熏心"也。以上是其象义，希望能有助于大家理解。

## 【讨论内容】

### 【"艮其限"】

王昌乐： 九三止是止自己，还是止别人？

孙福万： 李光地讲得很清楚："由于艮限，则因腰之不能屈伸，而脊为之峙，是不能动而止，如人之有痿疾者，安得不危而熏心哉！"

张吉华： 九三因限而止自己！问题是止自己的什么事？《程氏易传》："限"，分隔也，谓上下之际。三以刚居刚而不中，为成《艮》之主，决止之极也。已在下体之上，而隔上下之限，皆为止义，故为"艮其限"，是确乎止而不复能进退者也。

张弛弘弢： 沟通人之上下，最不宜静止。而九三刚居阳位强行止之，故为"艮其限"。不当止却强行止，其灾难是："列其夤，厉熏心。"项世安解读："九三居上下之交，亦非可止之所。乃肆其刚而强止焉。'限'分而为上下（肚脐上下），'夤'裂为左右（屁股两瓣儿），心居其间，无所依托，此分崩离析之时。"

孙福万： 位当"艮其限"，当然不得不止，因"艮其限"而有"列""熏"，但如认识到这一点，反躬自省，可能就不受其苦了。

张吉华： 限是止之因。

王昌乐： 九三病在止，到哪里都是死板，肾之脉络连于腰脊。

孙福万： 强止，故有"列""熏"之病。

张吉华： 九三之上面爻位有问题而为限而不得不止之。

### 【"列其夤，厉熏心"】

孙福万： 以"列其夤"为正面之辞了！亦妙！古语有"夤缘"一词，现在有时也用到，是指责小人的，或也来源于此爻吧？利欲熏心，也应该来自此爻。

张弛弘弢： 帛书《易》作"戾"。

张文智： 利欲熏心而陷于坎陷，上不能应，不能参天地之化育，故有此占。

张吉华： 《易经证释》之辞有象数也有义理！

张文智： 夤字上从夕，下为寅，且寅为木，系少阳相火之府，相火宜潜于下，今以求进而熏其上。胆府原司决断，今以排列，而侵其心，是木之过，而土受其制也。肝火而导致心火上炎。

王昌乐： 趾、腿，这个是不是有点快了？

孙福万： 如斥其为"夤缘小人"，则此"列其夤"又为贬辞矣？

张文智： 象辞之义，列夤熏心之病主要是由九三重刚不中而导致的。如果占得此爻者知此病而降其心火，且不失乾刚健之德，自无此病，则"列夤"就意味着循序而动了。

王昌乐：六四是身，九三腰胯，脊骨肉还是合适一些？限腰胯？

张文智：依《易经证释》，九三为肾腰，为命门。艮以背重，则所限者，腰脊之中，小心之位。《难经》曰："七节之内，中有小心。"即指此限。元阳之源，真炁之穴，虽藏于腹，而外着于脊椎，即七节椎之地。为人所止，止得其中，上下无碍，神志皆和。骨脉之宗，气血所汇，故为生之本，命之门。上在目瞳，下在小心，性命之根，精神之原，设失其养，生命乃倾。故精败者腰先折，肾败者脊先偻，神败者睛失明，心败者神无舍。内外维系，上下交接，皆以此小心为限。

张吉华：九三为腰胯，承上启下，也可。以腰肾之重要言其止义。肾藏精，宜止，忌下泄，练精化气而上行也。熏之火烟者，上行之象也。

张文智：各种内家拳法的修炼亦特别重视腰肾之限。爻辞之义重"时行则行，时止则止"及"思不出及位"，爻象之义告诫人们不要重刚而不中，不要急于求成。二者并不矛盾，只是侧重点不同。艮卦九三亦当效乾九三"乾乾"，即"自强不息"精神，才能免于坎之险陷。

何京东：按王弼所注："施止体中，其体分，上下不相与，列其夤（中脊）而忧危熏心。"

张文智：乾九三因为意识到"厉"，所以才"无咎"。言外之意，如果乾九三意识不到此"厉"则会有咎。艮卦九三亦当效此。

张吉华：本爻九三应是本卦之卦眼所在，无论怎释，皆具艮义。真止之义，其背之用，其夤之惕，其厉之熏，皆在《易》义中。《乾》之九三，乾乾而惕，惕而有止，止而有艮之义，九三之艮是因其受限于不能继续直进于下，于是列裂而惕之，惕而止之，厉（砺）阻之止也，止阻而像烟熏一般向上而行，即艮其背。《易经证释》之辞也是围绕这九三艮止而又艮起之义在释解。以腰之位言其肾之义，以肾之功言其艮止艮起之义，又实为妙哉！

（整理者：李芙馥　中国人民大学哲学院博士生）

# 止其当止 圆满自在

## ——艮卦六四明解

时间：2016年10月14日21：30 — 22：17

## 【明解文本】

六四：艮其身，无咎。

《象》曰："艮其身"，止诸躬也。

## 【讲课内容】

**孙福万**：卦辞讲"艮其背"，这爻讲"艮其身"。胡瑗说："人之体，统而言之，则谓之一身，但分言之，则腰以上为身。六四爻在下体之上，在上体之下，是身之象。"朱子说："六四以阴居阴，时止则止，故为艮其身之象，而得无咎。"而程子则说："四是大臣之位，本来应止天下所当止者。但其以阴柔而不遇阳刚之君（指六五），故不能止物，仅止自身。"仅止自身而无咎，并不光彩啊。不能止物，如施政的话，则有咎矣。在大臣之位而仅能善其身，程子说"无取之甚也"。李光地则将"艮其身"和"艮其背"做了个比较。他认为，"艮其背"比"艮其身"的境界要高。盖艮者止也，"艮其背"最得艮止之义。

静坐时，背能止，心即止，大家可以体会下。李光地说，如能"艮其背"，则"不获其身"矣，即达到了"忘我"的境界。而"艮其身"，则虽能止身，而尚未能忘身也。盖六四虽值其位而德未中故也。其中之微妙区别，请大家辨别。但一般认为，"艮其身"和"艮其背"没有区别。如潘雨廷先生，就没区别两者。《象》曰："艮其身，止诸躬也"。躬就是身。《小象》的解读，只是换了个说法。

**张文智**：那我就把《易经证释》的意思向大家陈述一下。

四居外卦，亦如初六，皆艮之下爻，而四居中，得九三之协济，一刚一柔。一升一降，恰如既济。柔表而刚居里，险外而阳在中，此合人道者，故曰"艮其身，无咎"。言当其中爻，得其协和，知止而止，恰如其分，此所以免咎也。"身"与"背"相反。卦辞言"背"，以全卦阳为主；此言"身"，以四爻阴为先。

阳止于背，阴止于身，故人背为阳，胸腹为阴。以行言，背为背，而身则为向。面所向者见其身。六四由内望外，而返身以就九三，故称"身"，言其返内而向也。艮之大用在止，而求止之道必自反。自反以求诚，则一切皆成，是真善止者也。艮阳尽于上，若不返，将何行乎？此君子于艮重自反也。自反即返躬自责之意。求免过者，必先自返，返本复始，道之大原，克己复礼之谓也，故占"无咎"。六四虽柔而乐近九三之刚，则不觉自返以求于止。自返之止，斯止其身矣。

以上是其爻辞之义，我们再来看其象义。全卦自下而上，初为趾，次为腓，三为限，皆内也，而皆身之背，至六四则为外卦。内升外降，故六四为反止其身，身较腰脊略上，而居中御外。如人之体，下及于足，上达于首，皆身主之。如室之柱，木之干，草之茎也。安危所系，动定所司。今止于身，是全体皆止之象，非如下三爻只止其一部也。故曰："止诸躬"。躬者，包亲近之义，如躬亲，即指自身所为。止而为躬，则已止其本体，更无不止者矣。且止诸躬，即止其思与行，止其内与外，一切皆止，止之至矣。故善止者，必止于躬。物皆非我有，欲其同止，惟自止。此知止必自身始，而止观必自心始。心身一也，皆属于躬。则止诸躬，艮之道尽矣。止以为行，行亦有止。故止诸躬者，诚之本也。至诚不息，常乐我净，恒久不变，永执厥中，即止躬之效，而为人道之本原，宜其占"无咎"矣。

此爻辞之义及其象义应结合《大学证释》"定、静、安、虑、得"一段合看。

## 【讨论内容】
## 【"艮其身"】

温海明： 修身其实就是修心。

王昌乐： 躬，身屈为躬，这个屈是自屈，躬行不必在他，在我也。

张吉华： 身与躬，自身与亲自之别，由客观的身走向主观的身。

张文智： 这一爻亦可结合咸卦九四爻"憧憧往来，朋从尔思"一起来看。《咸》九四为相感而动，艮卦六四则身心俱寂。

郑　静： 《咸》九四为相感而动，《艮》六四则身心俱寂。

王昌乐： 修身就是修心啊。身与躬，自身与亲自之别，由客观的身走向主观的身。

张弛弘弢：胡瑗："人之患，（在于）不能自止其身，今能止之得其道，使四肢不妄动，故无咎。"

## 【儒家心法】

张文智： 此爻亦可与卦辞"不获其身，不见其人"合看，艮止而返于道之体，在乾之先，故不言乾坤四德，亦不着吉凶，只言"无咎"。"吉凶悔吝生乎动"，不动故"无咎"。

王昌乐： 艮止而返于道之体。行在道上，复本归元，既有方法上的，也有修身上的。

张文智： 自秦汉以来，儒家心法失传，后儒对艮止之法多不了解，内功不足，外行自然有缺，这也是儒者后来多被人诟病的主要原因。

张文智： 不能做到"内止至善"，自然就做不好"外明明德"。

孙福万： 修身不够，何能济天下？

王昌乐： 外止止于中，内止止于善，善之心行之道，自可智慧。

张吉华： "内止至善"与"外明明德"。

张文智： 艮卦对我们体会儒家"内止至善"之境多有裨益，亦为儒家心法之源。

张吉华： "内止至善"，儒家心法。

张文智： 道家、武学之内功修炼亦多借艮以言理。二者亦有"艮背念止，行庭忘形"之说。我等学习艮卦，亦应据此挖掘儒家心法并践行之，为儒者正名。

（整理者：秦凯丽 中国人民大学哲学院硕士生）


# 言有伦序 能亡其悔

## ——艮卦六五明解

时间：2016年10月15日21：30—22：23


## 【明解文本】

六五：艮其辅，言有序，悔亡。

《象》曰："艮其辅"，以中正也。


## 【讲课内容】

张文智：我先陈述一下《易经证释》的解释。

六五为外卦之中，全卦之正，以柔履刚，为艮止本义。下与六二应，两者皆柔，秉坤"安贞""厚载"之德，内外同施。而六五在坤为"黄裳元吉"之象，乃因其善顺承乾。艮之六五，尤重此义。谓艮原得乾之一阳而戴于上，如人之冠。冠乾履坤，恰如人之顶天立地。阳奇阴偶，故为乾者一，为坤者二（指艮由一阳二阴相合而成），非量之多寡，乃德之重轻。故艮合乾坤、并阴阳、参奇偶、契虚盈，而以柔主中位，刚出柔前，此道之"贞"也。六五得其位，孚其旨，恰在其分。

整个艮卦上有所承，下有所立，中得其正，静以生动，止以成行。故在下各爻多偏于止，而至上卦则重在交孚。盖上卦为外，志存上达，情征广生，以本坤厚载之道，而达地博厚之德。故德极于上爻，而位正于六五。六五以艮止之用，见于发言之机纽。犹面之辅。辅者，弼也，佐佑也。口之两旁曰辅，人之口舌所司，言与食，呼与吸，皆关于辅。如物之有助，君之有宰，左史右相，前师后保，皆辅之属。为以展成其业，推广其德，不得或阙者也。故人无辅，则功行不立：口无辅，则言食不能。今六五柔以代刚，如人以辅代主，故"艮其辅"，而不以"口"称。《书》曰"梦帝赉予良弼，其代予言"，即六五"艮其辅"之谓也。六五以全体之主，而功用乃责之辅弼，亦以主方退休，不求显赫，而职不可废，位不可失，故资于辅以代其功。良弼之代言，即善政之代布，故"艮其辅"者"言有序"。以人君之位，非饮食之图，则辅弼之功，惟言底可绩。言之不爽，即政令之不忒，言而可法，即德仪之可型。故占"悔亡"。盖言可赅行，言既寡尤，行斯寡悔，故"悔亡"，即言无悔吝之意。内贞外悔，内克贞者外无悔，此上下之相应也，而皆以坤贞为基，艮止为度耳。

以上是其爻辞之义，我们再来看其象义。《易经证释》认为：

"正中"二字传世本误为"中正"，系颠倒之。言六五之用称"辅"，而舍面与口，明其在正于中也。正于中者，由两辅以同止之。正即止于一，两辅皆止于一即正其中。换言之即正君也，所谓一正君而国定是也。君正则政无不正，政正则民无不正，是正一人而天下同正，亦即君止于一，则万民莫不止于一。此艮止之道，大成之时，而由王之正位致之。以正位而非刚，是王之不足，尚有待于辅之正。王之不足，则赖其相之良。如伊尹之于太甲，周公之于成王，皆其例也。而高宗谅闇之时，以政委于傅说，命代之言，尤为正君之最著者。故傅说以说名，明其克代君言，即与"艮其辅"，以"言有序"而占"悔亡"相证。言之有序即言不苟之意。出言有章，君子之德，朕言不再，圣王之治，故释以"正中"，明艮辅之义大矣哉！

**孙福万**：介绍下《周易折中》和《黼爻》的观点。

"六五：艮其辅，言有序，悔亡。"《周易折中》引朱子《周易本义》："六五当辅之处，故其象如此，而其占'悔亡'也。'悔'，谓以阴居阳。"按，《说文》："辅，人颊车也。"就是人的颊骨，帮助人把食物送到嘴里。

《程氏易传》："五君位，《艮》之主也，主天下之止者也。而阴柔之才，不足以当此义，故止以在上取辅义言之，人之所当慎而止者，唯言行也。五在上，故以辅言。'辅'，言之所由出也。艮于辅，则不妄出而有序也。言轻发而无序，则有悔。止之于辅，则悔亡也。'有序'，中节有次序也。辅与颊舌，皆言所由出，而辅在中，'艮其辅'，谓止于中也。"又引龚焕曰："'艮其辅'，非不言也，'言'而'有序'，所以为艮也。"象曰："艮其辅，以中正也。"《周易折中》还是讲"中正"，未说"正中"。《程氏易传》："五之所善者，中也。'艮其辅'，谓止于中也，言以得中为正，止之于辅，使不失中，乃得正也。"

潘雨廷《繇爻》对"艮辅"的义理多有发挥：允执其中，四言而尽，尧之艮辅也。这个"允执其中"四字，潘雨廷认为，就是爻的艮辅。十六字心传，天下理得，舜之艮辅也。这指的是："人心惟危，道心惟微；惟精惟一，允执厥中。"四时行，百物生，孔子之艮辅也。这指的是："天何言哉？四时行焉，百物生焉。天何言哉？"夫人不言，言必有中，闵子骞之艮辅也。这是关于闵子骞的故事。《论语·先进篇》鲁人为长府，闵子骞曰："仍旧贯，如之何？何必改作？"子曰："夫人不言，言必有中。"

潘雨廷进而说：若《易》《礼》《诗》《书》之辞，孔孟载道之文，皆言而有序者也。但问题是，我们天天说话，可能都"言不及义"。故潘雨廷最后总结说：《易》曰："艮其辅，言有序，悔亡。"而或终日言之而言不及义，终身舌辩而纵横权诈，喙长三尺不知艮辅，其悔何如哉？可不戒诸！"群居终日，言不及义"，也是《论语》中的话。现在网络上"群居终日，言不及义"的时候太多！《论语》特别强调"慎言"，类似的话有很多，和这里的"艮其辅，言有序"的确相通。

## 【讨论内容】
### 【"艮其辅"】

张文智： 颐卦亦有"君子以慎言语、节饮食"之语。此爻亦可结合《系辞传》"君子定其交而后求，易其心而后语"来理解。

张吉华： 艮辅与颐，大小同象。

孙福万： 《易传》对言行关系论述很多。如《乾文言》强调"庸言之信，庸行之谨""修辞立其诚"，颐卦《象传》云："山下有雷，颐；君子以慎言语，节饮食。"家人卦《象传》云："风自火出，家人；君子以言有物，而行有恒。"《系辞上》则明确说："言行，君子之枢机。枢机之发，荣辱之主也。言行，君子之所以动天地也，可不慎乎！""不言而信，存乎德行"等等。

张吉华： 《易传》对言行关系论述很多。于象有兑，兑为言。

孙福万： 《论语》亦如此，比如讲"言而有信""君子欲讷于言而敏于行""仁者，其言也讱""一言而兴邦""一言而丧邦""君子耻其言而过其行"等等。

张吉华： 凡阳在下，阴在上者，易有言之说。

孙福万： 嗯，兑为言。

张吉华： 人之言只是说说而已，未有行动，"止诸躬也"，于易卦便是阳爻向上回蓄之事。

张文智：《易经证释》提到的"内贞外悔"这一观念对我们理解《易》义亦很重要。原意为内卦为贞，外卦为悔，《左传》已明其例。《易经证释》所说的"内贞外悔"在此主要指如果内心做到贞正（即坤艮之德），则外行即不会有悔吝之事，主要是强调艮止的作用。《周易》下经主要讲人事及其繁杂之变化，故爻辞多与"悔"相关。

孙福万：钱锺书字默存，就因为小时太聪明，乱说话，据说他的父亲钱基博给取的字。

张吉华：阳爻向下动进是杀身以成仁，舍生以取义，即阳爻自身是要向前动进的，这便是阳进阴退之理。而阳爻回蓄，自身不动，只是回蓄一个阳爻而已。

孙福万：这个对"内贞外悔"的解释好！

张吉华："艮其辅"，是人面骨之上下运动，有向下的动进，也有向上的回蓄，故曰："言有序"。

张文智：是的，艮卦三至上爻互颐之象。

张吉华：九三阳爻不能负阴向下动行而只好悔而"艮其背"，但一旦九三爻时蓄阳到位，便可再次向下动进，这时便是有悔也亡了。艮辅之象与颐卦之象在象数上是一样的。"内贞外悔"出自筮案，阳爻向下向内为贞之进，向上向外为悔之蓄。

元　融：贞，悔，本自清净的状态。

张文智：《易经证释》在此旨在强调主弱之时良相之作用，而自汉代以后主弱或主不明时多导致宦官或外戚乘虚而入，这与汉代以来的专制体制有关。钱穆先生在《国史概论》中曾作出总结，一旦皇帝的权力得不到宰相的制衡，这个朝代就快出问题了。

（整理者：孙世柳 中国人民大学哲学院硕士生）

# 以诚为终　安止为上

## ——艮卦上九明解

时间：2016年10月16日21：30 — 22：34

【明解文本】

上九：敦艮，吉。

《象》曰："敦艮"之吉，以厚终也。

【讲课内容】

张文智：据《易经证释》：

上九居全卦之终，即艮卦之穷。以一阳居上，又系主爻，主用所在，穷而不穷，恰与下九三相似。不过九三在中，上九在上，微有不同。上九当全卦之尽，而在中互之外，阳极则变，恰是以乾变坤之位，故爻辞称"敦艮"而占"吉"。言"敦"者，秉坤厚载之德，与临之"敦临"，复之"敦复"，皆取坤用故云。而占"吉"者，既本坤厚载之德，复推艮主爻之用，是以不穷，而反成吉占。如履"元吉在上"之例，孚于"大有庆也"。艮为山，以崇高之道，峻极之形，则上爻恰如峰峦，巍峨在望，由高视下，莫非土之积。积卑以为高，积薄以为厚，是即称"敦艮"之由来。敦厚以上，山以崇高；敦厚为艮，人以挺拔。是不独止，且兼德之博厚言。山之博厚，乃地之特出者。以凡山中之物，或植或动，或泉或石，或埋藏于土中者，或昭著于地面者，皆山所蓄，即山之德所昭。此名"敦艮"，言其富有而广生，亦如坤也。

坤为地，固兼山泽。艮为山，又兼水泉。在山言，是凡山所生者、所育者、所成者、所藏者，莫不秉山之气，得艮之用，而必见于面，发于外，以为其文德，以显其光辉。此亦如坤地之德无疆，孚乾天之道大生也。又上九与九三，两刚相耀，如日月代明。故在象曰兼山，言连接起伏，互于地面，为一切所瞻望也，故《象》辞称"其道光明"。一阳昭垂，群阴内潜，外有其仪，中蓄诸物，而当峻极之位，最宜返躬之行。如履至尊者，则"卑以自牧"，居至上者，则俯以就下。斯道之所本，人道之所先也。故爻虽刚，而德重柔；道虽出于乾，而用必归于坤。返本复始，乃克成其终，故曰"成终成始，莫盛于艮"。此上九之阳，反以"敦艮"得"吉"也。不然，凡阳居上，乃高明之行，阳刚在外，宜刚健之号，何以敦厚称哉？虽似由穷变之故，实则原艮止之道也。盖上九一阳，志升不能复升，欲进不可复进，则惟有止于上而返于下，静于外而动于内，以成其返本还原之道，而达其由静生动之功，依止为行之妙耳。故艮以止“成终成始”，终于上而始于下，终于外而始于内，亦即终于止静，始于行动。盖终者终其用，始者始其体，无形而有形，有终还于无，之所以如此，乃因上九失其正位，若不还归，将何往哉？此六二六五，以柔得中，实为九三上九之所归也；中见坎卦，亦互成震，是以起则有险陷之虞，止则怀振作之志也。

以上是其爻辞之义，我们再来看其象义：

上九原为穷极之位，而艮反占吉者，则以艮能返于坤，秉坤之德，有敦厚之道，是以厚终也。厚固地博厚之德，终亦坤永终之道，犹坤卦“用六永贞，以大终也”。乾知大始，坤主大终，而艮兼之，乃有“成终成始”之称。上九在卦之终，故独称终而不及始，然原始要终，人道之本。艮为人道，终则有始。虽曰坤德，亦承天行。就卦位言，坤艮易位，凡后天坤之用，皆艮代之，与坎代坤位者相应。坎为水，艮为土，后天地上，惟水与土为其大用。除水土外，则无地可言，故二者皆代坤。从五行的角度来看，坤艮皆为土，是代坤者，惟艮为最。以大地之象，属水者不若属土者易见其生成发育之德，为水者亦不若为土者众多也。是以坤之用，恒自艮见之。但就艮为山言，则与泽各得其半耳。然艮兑对位，体用相及。是为艮者亦关兑，如六五之“艮其辅，言有序”，即着兑之用。兑主口舌，为说言，其爻位恰成刚柔相合之象。

艮卦至敦艮，实为全艮之终，而止于敦厚，成其笃实，皆出于贞，亦即诚也。以诚为终，则何患乎不明？

《中庸》曰“自诚明，谓之性”，又曰“诚则明矣”，返身而诚，光明自著。此释《象》称“其道光明”，亦上九占吉之所由来也。阳德在上，如日月中天，光被下土。此观卦之象，为重艮之合成。合并为一，两阳上照，四阴下藏，故光辉四被，群生毕显，艮之厚终，亦有似之。

以上是其象义。此爻应与履卦上九“视履考祥，其旋元吉”及大畜卦上九“向天之衢，亨”合看，亦应与《中庸》“至诚无息，不息则久”一节合看。

**孙福万：**我简单将潘雨廷先生对此爻的解读说一下。“水之积也不厚，其负大舟也无力。风之积也不厚，其负大翼也无力。地之积也不厚，其载华岳河海也无力。艮止之积也不厚，其藏震出也无力。成终成始，干元复生，‘敦艮’之力也。《易》曰：‘敦艮吉，君子贵之，蜩与学鸠笑之。’”这里引用了《庄子·逍遥游》的故事：“蜩与学鸠笑之曰：‘我决起而飞，抢榆枋而止，时则不至而控于地而已矣，奚以之九万里而南为？’”艮止之义大矣！

## 【讨论内容】

### 【"以厚终也"】

元　融：上九可以从反向思考。震行，艮止，上九居极位，贸然行进，会有灾眚。

张文智：艮卦即具"内止至善"之性，又畜有"外明明德"之势，故其可以"成终成始"。

元　融：年轻人一般喜欢震行，经历风霜之后，会明了知止是智慧。艮，止，智慧内蕴。一件事情做成功，是需要内因外缘具备方可成功的，当事人需要洞察局势，当行则行，当止则止的。

张文智：故艮止可致至诚之境，故艮上九实含有"至诚无息，不息则久，久则征，征则悠远，悠远则博厚，博厚则高明，博厚配地，高明配天"，即以人合天之旨。故其《象》曰"以厚终也"。

元　融：震，行，是心有所动，被欲望牵引而行，前面的艰险和挫折尚未经历；艮，止，经历了重重险阻，再回头旅程，一份沉甸甸的收获在心头。

### 【至诚之境】

姚利民：艮卦六爻一动，成兑卦，止为不说，不说也喜悦，说也喜悦，何故，知德厚必有福。

张文智：至诚之境即《大学》说的"止至善"之境，一般人需要通过"定静安虑得"之步骤才能达到此境，而有"顿悟"之上根利器者则可直达此境，而据佛教说法，末法时代，鲜有能直达此境者。而据《中庸》的说法，圣人自能"诚明"，而我等只能通过学而明，然后由"明"而"诚"，最后则是"诚则明矣，明则诚矣"，殊途而同归。艮与兑旁通，二者互为体用。如以艮为体，则兑为用；如以兑为体，则艮为用。一为显，一为隐。艮为止，为默，则兑为言说，此亦艮上九静极而动，止极含行之义。

张弛弘弢：其他诸爻皆以人身取象论说静止之道，都是本来不止而强止之。唯上九，取艮之本象以言敦实厚重，静之道如山，是安心于静止，无需强行止之。故此爻最得卦义，吉。

张文智：艮代表人道，《周易》很重艮止之用，其他卦上爻多不吉，而艮卦在上卦之上九爻未有不吉者，即如剥卦上九爻亦为吉爻，可见《周易》对艮止之重视。

元　融：上九，经历过大风浪之人。

张文智：艮为止，而一艮为良，即"止于至善"之意。良，善也，俗称人善心为良心。孟子以生而知之为"良知"，生而能之为"良能"，皆以"良"即"至善"。止于一，方为真止。不一，安有止哉？故一艮而良善之义具备。《大学》所谓"为人君，止于仁；为人臣，止于敬"一节，实亦止于善而已。止

于善，则德至而道凝，性定而命固，故内功必先止。此"止"字，即《易》
艮卦之用。止于一，则众念不起，中心永恬；止于中，则百体悠然，精气圆
畅。是止者，道之始终工夫。无论何教何门，不先止，不得道，即不定则
不能把持易放之心。老氏"常有欲以观其窍"，即止也；"常无欲以观其
妙"，即观也。不止则不能观，以耳目之聪未除，知识之灵尚乱，则所观非
我之观物，乃物主我之观，则心逐物而妄念愈多，灵徇情而无明愈众。此观
之必先止耳。以上是《易经证释》对艮卦的进一步解释，或有助于大家
理解。

元　融：　初六为阴爻，"艮其趾"，在事物的源头知止，然后经历系列的起伏，饱经
　　　　　人生的风霜后，到了上九会明白当止为吉的道理。艮，全卦讲止的智慧，每
　　　　　一爻内蕴丰富，就像一位年老的长者，为我们描述人生的风景。

张文智：　《易经证释》的内涵很多，是一个自成一体的系统，在此不能一一做进一步
　　　　　的解释，待将来有机缘时可与大家做更深入的探讨。

元　融：　一件事情，预料到不妙，开始就知止，自然是明智，中间是停不下来的，身
　　　　　心俱疲，二爻，三爻，四爻，撕肝裂肺，到了上九，基本也明了结局了。所
　　　　　以，能彻悟到知止，也是很好的经历。

何京东：　艮为小土，地为大土，"安土敦乎仁"。


（整理者：贡哲　中国人民大学哲学院硕士生）

（本卦校对：董禹辛　中国人民大学哲学院硕士生）

时　　间：2016年10月17日21：30—22：48
导读老师：冯国栋（浙江大学人文学院教授）
　　　　　宋锡同（华东师范大学人文社会科学学院副教授）
课程秘书：秦凯丽（中国人民大学哲学院硕士生）

循序渐进　积渐成雄
——渐卦卦辞明解

## 53 渐卦

艮下巽上

【明解文本】

渐：女归吉，利贞。

《彖》曰：渐之进也，女归吉也。进得位，往有功也。进以正，可以正邦也。其位刚得中也。止而巽，动不穷也。

《象》曰：山上有木，渐。君子以居贤德善俗。

【讲课内容】

冯国栋：这一卦是"山上有木"之卦。《周易折中》："地中生木，以时而升；山上有木，其进以渐。"《升》《渐》二卦，一则以时升，一则以渐而进。升不是随便升，而是依时而升；进不是随意而进，而是因渐而进。这个可以参考金景芳《周易全解》："渐是进，但不是一般的进，而是渐进，渐进亦即缓进。缓进，也不是一般的缓进，而是有次序的缓进。渐进之所以缓，不是因为别的，仅仅因为进而有序。"进而渐，进而有序，是理解渐卦的关键。学习渐卦，最好读读丰子恺的渐卦，一篇深刻的好文。

宋锡同：渐卦的卦象为山上之木，这山上之木的生长环境与生命力，可以作渐卦的注脚。我们来看卦辞："渐，女归吉，利贞。"渐是渐进，渐字本含"进"意。王弼："渐者，渐进之卦也。"《周易正义》："渐者，不速之名也。凡物有变移，徐而不速，谓之渐也。"渐进，即徐而不速之进。渐卦在艮卦止之后，调整渐进。《序卦传》："艮者，止也。物不可以终止，故授之以渐。"归，《周易正义》："归，嫁也。女子生有外成之义，以夫为家，故谓嫁曰归也。妇人之嫁，备礼乃动，故渐之所施，吉在女嫁，故曰女归吉也。"

卦象解读：首先，内、外卦象可从山上有木和少男求长女两个角度解读。

1.山上有木：其生也风雨多艰，其长也徐而不速，然其积"渐"成雄，虽烈风雷雨而不易折；君子见山木之生长而涵养道德。《周易》中渐卦、升卦、晋卦三卦均为"进"：地风升卦，卦象是我们常见树苗即将要破土而出的那种力量与状态，下巽木，上坤土，风生水起、势在必升、势在必进；《周易折中》引杨氏曰"地中生木，以时而生；山上有木，其进以渐"。两种"进"各有其必然如此的情势所决定。而火地晋卦，卦象为太阳离火照耀广厚大地，这是春风得意马蹄疾、大展宏图之进，更是势在必进。三卦之进，其区别如此。本卦木山渐卦，积"渐"成雄。山上之木，其生必渐，过刚则折，而柔恒存！

2.少男追求长女：风山渐，内卦为主、外卦为从，内卦少男追求外卦长女，男追女，凤求凰，所以吉。如果反过来，长女追少男，在传统封建观念中，那就有长女蛊惑少男的嫌疑，所以渐卦颠倒过来，是蛊卦，蛊惑之卦，长女蛊惑少男。第五十四卦归妹卦，少女主动追求长男，与阳主阴从相悖，故观其各爻辞，可谓步步惊心。

渐卦，卦象反复在少男长女、山上之木上进行阐发。另一方面，渐进的过程坚守了正道，九五正应六二，所以"利贞"。卦象与卦辞，以及《易传》中的解释，从山上之木生长之渐，女归之渐，到君子居贤善俗之渐，先从女子出嫁到夫妇人伦，再从夫妇人伦到正邦治国。不难看出，《易》自西周以来作为帝王教科书，与其礼教善俗、明道治国的主旨不可分。以夫妇之婚礼喻治国善俗，至于各爻辞为什么又转而以鸿雁为题？因鸿雁为候鸟，往来有时，群飞有序，虽为游禽，却习于陆地；生性谨慎，着陆时行动异常小心谨慎，地面稍有异常即起而飞；又，鸿雁丧而不再偶，为忠贞象征。来知德《易经集注》解释为："婚礼用鸿，取不再偶，于女归之义为切，所以六爻皆取鸿象也。"又兼鸿雁迁徙途中多有艰难危险，也常为人类渔猎对象，故其一举一动格外谨慎，与渐卦之渐进意相吻合。

## 【讨论内容】
### 【男女关系】

冯国栋：　《易》六十四卦中有四卦借用夫妇和男女关系讲哲学道理，这四卦是《咸》《恒》《渐》《归妹》。同是讲夫妇、男女关系，又各有不同的侧重。《咸》与《恒》主要讲个体家庭中的夫妇关系，《渐》与《归妹》则侧重在女子出嫁的问题上。其中《恒》与《渐》更重夫妇之义，《咸》与《归妹》

更重男女之情。咸卦取女，是讲天地万物相感通的道理；渐卦女归，则是讲事物循序渐进的规律。

王力飞： 巽长女配艮少男，是否有童养媳的味道？感情、婚姻、孕育，一步步来。

冯国栋： 金景芳老先生讲一个侄、娣婚，就是童养媳。诸侯一生结婚一次，一次娶九个女人，九个女人中只有一个正妻，然后正妻的妹妹、侄女也嫁给诸侯，依次类推，共九个。嫁过来的侄女、妹妹如果小，就等长大再娶，这就是童养媳了。

王力飞： 这和我理解的童养媳好像不大一样。我了解的更接近于养童媳。那时候男少女多，没办法，这是一种责任。所以，男人很难很累。

冯国栋： 金先生这段话极具参考价值。我们看渐卦、咸卦还有后面的归妹卦，都有不同情势下的男女组合。

宋锡同： 诸位，看看蛊卦，内卦长女追外卦少男，为阳动阴静、男尊女卑的旧传统观念所不容。再看看归妹卦，内卦少女主动追求外卦长男，卦爻辞多非吉辞。蛊卦，有长女蛊惑少男之嫌，归妹卦，则有少女主动追求长男之喻。来知德《易经集注》："妇人谓嫁曰归。天下之事惟女归为有渐：纳采，问名，纳吉，纳征，请期，迎亲，六礼备而后成婚，是以渐者莫如女归也。本卦不遽进，有女归之象。因主于进，故又戒以利贞。"《杂卦》："渐，女归待男行也；归妹，女之终也。"终，即善终。

## 【渐进有序】

冯国栋： 进而有序，就是渐。进是正直的进，进是有序的进，这就是渐之道。

宋锡同： "利贞"：坚持醇正的初心是有利的。渐进的过程，贞正有利，反之不然。

张文智： 《周易折中》引郭雍："进之渐者，无若女之归。女归不以渐则奔也。渐则为归、速则为奔。故女归以渐为吉。"这里请注意：归与奔有原则之区别。查慎行说："从来风俗之美恶，视男女之贞淫。入其乡而嫁娶以正，婚姻以时，则风俗之善可知。"另，《伊川易传》："移风易俗，非一朝一夕所能成，故善俗必以渐也。"是故，渐必以礼、渐必以正，由此可以理解《彖传》《象传》中的各种吉辞判断。

冯国栋： 女归有序，问名，纳吉，亲迎，这就是有序。

宋锡同： 蛊卦、归妹卦则有私奔或淫奔之象，一则中爻非正应，二则上下卦象阳主阴辅的次序颠倒。《周易》虽有尊阳卑阴观念，但在面临未知、不可测的风险时，则主张在时中的基础上，提倡守柔、谦退、谨慎，方知阴阳并进不悖。一个渐字更形象。

## 【渐之意】

宋锡同： 我们还要看到九五与六二的正应，为本卦渐之吉的根由。此卦九五、六二为正应，故卦辞有"吉""利贞""得位""以正"等说。故，此渐卦为吉。

程颐释渐卦：“在渐体而言，中二爻交也。由二爻之交，然后男女各得正位。”孔颖达《周易正义》：“以六二适九五，是进而以正。”这两段均强调了中爻九五与六二的正应之吉。解读一卦，其上下卦之间的卦象关系、二五中爻的敌、应关系，均为重要判释依据。

王力飞：　“渐之进也，女归吉也。进得位，往有功也，进以正，可以正邦也。其位刚得中也，止而巽，动不穷也。”二五爻均居中德正，且正应。

张弛弘弢：“渐”起码有两义：1. 缓缓而进，如木之年轮；2. 以顺次而进，似“女归”之礼。古者婚礼有六步：纳采→问名→纳吉→纳征→请期→亲迎。奔则速，归则渐。奔为妾，归为妻。

元　融：　渐卦上巽下艮，鸿雁在山顶飞翔之象，鸿雁最是机敏，飞翔是逐渐升高的过程。

（整理者：王璇　中国人民大学哲学院硕士生）

# 莽撞谨慎　有惊无险
## ——渐卦初六明解

时间：2016年10月18日21：30—22：27

【明解文本】

初六：鸿渐于干，小子厉，有言，无咎。

《象》曰：“小子之厉”，义无咎也。

【讲课内容】

**宋锡同：**初六为阴爻处阳位，四位无应、质柔，不当位、不中、无应，又兼处渐卦之初，以体小力弱且懵懂缺乏生活阅历的幼雁为喻非常贴切；幼雁质柔亦不免莽撞，对水边隐伏的凶险缺乏认识和警觉，故后有“小子厉”之说；但此位的鸿雁毕竟谨慎、小心，且“有言”相劝导，终是有惊无险，故虽“小子厉”，但“无咎”。

古代婚礼在初步纳采时，多用雁作礼品（因为雁本身还有对婚姻忠贞等美好象征），而人类捕捉雁的器械也多安置水边，小雁常识不足，所以尤为危厉，要心存大雁的教导之言语，才不会有过错，故言"有言，无咎"；与"有言，无咎"相关的一句谚语是"不听老人言，吃亏在眼前"。

本爻可以与未济卦辞作比较，其卦辞"未济，亨。小狐汔济，濡其尾，无攸利"。小狐狸过河，其谨慎可知，因谨慎故，未济但"无攸利"。相反，未济且丧命于河中那就不是无攸利的问题了。势所当止、当戒时，"无咎""无攸利"就是一种"吉"；就像艮卦，重山，势必有所止。另外，类似意味的还有屯卦六三爻"即鹿无虞，惟入于林中；君子几不如舍，往吝"。

在《周易》里面类似的卦爻辞尚不在少数，如坤卦所示"无成，有终"也属难得，而世事之艰险、曲折，往往就在于难得善终。在贪婪与恐惧等极端情绪面前，"无咎""无攸利""无得"，又何尝不是一种"大吉"！

## 【讨论内容】
### 【"鸿渐于干"】

宋锡同：　初六，无应、不中、阴爻阳位，又处渐卦之始，万事开头难，且行且渐。"干"，多家解释为"水边"；张载说："鸿为水鸟，渐进之始，出至于干"。鸿雁于水边一步步向陆地上升进，其险多有，但因其谨慎不减，终不为凶。渐卦，一爻爻越来越高。也有逐步、渐进的意思。

王力飞：　大曰鸿，小曰雁，为什么这里用鸿？

王昌乐：　初爻"鸿渐于干"，然后依次是"磐""陆""陵""陆"，很形象地描绘了一幅画面，鸿雁小心谨慎地一步步升进……鸿雁的每一步都是半里乾坤，不是一步到位，而是用十分谨慎地给自己的后路留有足够回旋余地。

宋锡同：　初六还可以理解为鸿雁在河岸准备起飞，但小家伙能力不够，批评一下，鼓励一下，没有灾祸。

王力飞：　个人理解，初爻质柔弱小，有鸿有雁（小子），一阴一阳配合起来才能尽其妙义。

王昌乐：　认同老师的讲法。鸿可有"来日方长，其道大光"的意味吗？

宋锡同：　无论我们作何理解，卦爻辞，由卦爻象出，当我们对卦爻辞有歧义时，不妨回过头来直观卦爻象，问卦爻象要答案。这时你要的答案可能就在上九爻里了：鸿飞戾天。

王力飞：　我观爻辞，有两条都跟鸿雁是候鸟有关，一去，就轻易回不来。

张吉华：　渐之鸿飞行之序，似可反过来理解之。鸿飞自天而至下，必然落于大地之陆上，是陆之陵上，最后具体落在了陵之树木上。上体卦与下体卦各有这三段论。

王昌乐： 鸿此时却有阴阳之妙，渐有进取之德，因其渐而得干，小子又有阴阳之妙，不过提点一下，小子进取固好，不要躁不要急，世界终将是年轻人的。

元　融： 《渐》，上巽下艮，巽为鸿雁之象，鸿雁在山顶飞翔之象；二、三、四爻为坎，初爻居坎边，为干，为岸；一、二、三爻为艮，二、三、四互坎，艮为小子，小子处坎，故言厉。

张吉华： 鸿是水鸟，自天而降，应是先降于陆而非水，陆、陵或磐、木，是一个由大而小，由抽象而具体的降落目标。

王昌乐： 有言人轻视也罢，人妒忌也好，我自本心，渐进守正进德修业，自可无咎。

宋锡同： 文人笔墨，喜欢鸿渐。鸿爪雪泥、惊鸿一瞥，若以惊雁一瞥、鹅爪雪泥，其意蕴不足。《庄子·山木》中夫子舍于故人家，主人杀雁以待，此处若言杀鸿以待，必是另一番滋味……鸿、雁之单用或连用，视语境取之。

## 【 "小子"】

宋锡同： "小子"是小孩子、幼雁，可引申为缺乏生活阅历与经验之人。在社会面前、在不知剧情的人生多幕剧面前，年轻人都是鸿雁、小子，因此在渐进的路上，多给自己留几分敬畏，让自己的人生多些回旋余地，"无攸利"，也是大收获；"无咎"，也是一种"元吉"。程颐说："小人幼子，唯能见已然之事，从众人之知，非能烛理也，故危惧而有言，盖不知在下所以有进也，用柔所以不躁也，无应所以能渐也，于义自无咎也。"

王力飞： 宋老师的拓展很好。我感觉，结合卦辞，这里的小子也可以看作对小丫头的一种昵称，批评她，让她知晓未来的风险，多掌握一些本领，这不是坏事。

宋锡同： 是的，爻象的本义往往不是作者要表达的终点，一定要指向人事的，万千卦爻象、天道弥纶，终是指向人间世事。王夫之《周易内传》解为："初六柔而居下，故有其象。而柔弱为小子，时方进而迟回不敏，群将孤矣，故'厉'。四，其同群而相应者。四往而初止，四不能不相责也，故'有言'。然渐之为道，以不迫为美，则时尚未至，故止而待焉。安而后能迁，故无咎。"这里，初六与六四无应，两爻辞均"无咎"。王夫之在这里的解释，凸显初、四不应，渐卦初爻的谨慎、懵懂并存的境地。以鸿雁喻、以小子示厉，形象贴切。

王力飞： "初六"还可以拓展为"渐之家人"："闲有家，悔亡"。这和"有言，无咎"的意境居然是相通的。

宋锡同： 不过，渐卦在这里与以上所举卦爻辞相区别的是，渐虽谨慎但毕竟是在升进，正如山上的树木，其生长虽慢但却不止，究竟是"积渐成雄"。女归，待男以礼渐进来娶，终是吉祥！

王昌乐： "小子之厉"：厉在小，在渐，而"无咎"在进而不躁，阳进阴柔，好得很。

宋锡同： 这样理解是可以的，但还要考虑到初、四不应，没外援，关键时候被晾在干岸上很危险。

王昌乐： 水鸟终不得在水，有崖可依，小子有后台也不是好事。

宋锡同： 整个渐卦都在告诫欲速不达及其困窘与危险，如九三爻即是一例。

## 【"有言"】

冯国栋： "有言"也有人主张是小的问题，即"小有言"。

宋锡同： 冯老师所言极是，"有言"，可理解为有问题。后人于此伸出多种解释。需卦中的"小有言"即作此解。前人对此处的"有言"还有多种解释，如：怨言、良言、呵责之言、诋毁之言；但终不影响对"无咎"的判断和理解，即，虽有厉，而终无咎。基于初、四无应，这里的"有言"，作为呵责之言也许更好。 这里的"有言"被理解为"怨言"，可作一解，但与渐、厉、无咎等语词情势的一致性较弱。还有一种解释"有言"为批评呵责之言，如徐志锐《周易大传新注》中解释为"六四与初六相敌，止其上进并有言语上的毁伤，更使初六的'小子'很害怕"。王夫之《内传》也作批评呵责解。另有一种解释为诋毁。总体上，以上几种对"有言"的解释并不妨碍我们对后面的断语"无咎"的理解。

冯国栋： 《周易正义》："始进而位乎穷下，又无其应，若履于干，危不可以安也。始进而未得其位，则困于小子，穷于谤言，故曰'小子厉，有言'也，困于小子谗谀之言。"孔颖达把"小子"理解为"小人"，把"有言"理解为"谗言"。

（整理者：张馨月 中国人民大学哲学院硕士生）

# 进而得位 乐而得吉
## ——渐卦六二明解

时间：2016年10月19日21：30 — 22：34

## 【明解文本】

六二：鸿渐于磐，饮食衎衎，吉。

《象》曰："饮食衎衎"，不素饱也。

## 【讲课内容】

**宋锡同：**相比于初六爻，柔爻居阳位、六四无应的局面，六二阴爻阴位，为中爻，当位、持中柔顺，且上有九五"照应"，其优势可谓得天独厚，故卦爻系辞是"吉"。

我们来看卦爻辞："磐"，磐石，本卦中意为水岸上的磐石，喻安稳之所；来知德《周易集注》："自干而磐，则远于水而渐进矣。"又言："中爻为坎，饮食之象也。故困卦九二言酒食，需卦九五言酒食，未济上九言酒食，坎卦六四言樽酒。""衎衎"，和乐貌；巽卦综为兑，愉悦之象。卦义："鸿渐于磐"而饮食自适。

卦爻象，来知德《周易集注》解为："六二柔顺中正，而进以其渐，又上有九五中正之应，故其象如此，而其占则吉也。"六二爻为下卦之主，柔爻处阴位，且为中爻，中正柔顺，上又有九五正应，吉！

来氏《周易集注》于汉易象数有所取舍，少了汉易繁琐比附的弱点，相对来说，他对易卦的象数理解，更容易让今人接受。

六二爻象呈现出来的优越情势，为初、三、四等爻所不能比，持中、当位、柔顺中正，上有九五正应！

更重要的是，《象传》强调中爻对中正之德，不义之财不取，不义之食勿用。六二中爻当位，小有权势，春风得意时，切忌，戒贪婪！这一点是历来解易者容易忽略的，只有王夫之稍微提示了一下。

徐志锐《周易大传新注》引何楷解"言其从容涵养待可进而进，非徒饱于饮食以自养也"。均喻六二非饱食终日无所用心，而是充实力量待时以有其归，次爻应卦辞"女归吉"。

以上诸家解释，似乎忽略了一个问题，那就是对六二爻中正之德强调不足，而王夫之《内传》中提及了中正之德，但似乎重点也不在此，他说"必有中正柔顺之德，以靖共于位，则虽不急于进，而非无事而食也"。

**冯国栋：** 二多誉，且是得中得正，饮食宴乐可也。得位、居中、有应，可以说位置是极好的。但《象传》正是鉴于这个极好，而有所告诫，不可尸位素餐。不可安于现状而止步不渐。《象传》反爻辞而有戒，正是《易》之精妙处。于安然处而有戒，于危厉处而有劝，在困难中看到曙光，在顺境中不忘危难。

## 【讨论内容】
### 【安然有戒】

宋锡同：六二为臣、九五为君，两相呼应，家国一理；人在权柄到手后，往往肆意妄为，大胆伸手而不知止。自古以来，人臣能将，不得善终者，或不知退，或不知"不素饱"，贪婪起来停不下来。

冯国栋："衎衎"，和乐之貌，而非佚乐之貌。

宋锡同：易卦之忧患，往往隐藏在平淡卦爻辞中，读不进心里去，感受不到其深意，持盈保泰、见几而作。于此平淡卦象中见其雄奇处，读《易》方能受益。难怪朱熹《语类》中感叹："《易》是个极难理会的物事，非他书之比"，"只是空说个道理，只就此理会，能见得如何"，"故乍看甚难"。

### 【稳重如磐石】

王昌乐：六二见到磐石，仍能够渐，可见六二之细心踏实稳重，对人民事业用心之甚。基层之石，肱骨之臣，可待人民，可固江山。六二到岸立磐石，脚跟稳，自身正，治理人民安居乐业，才可以饮食。和乐磐石既平且稳，可要立于上面，六二需柔顺中正渐可稳固有吃有喝，先问百姓有吃有喝否？这样才可以和乐饮食。九五器重，信任与下，当不负所忘，为官一任，造福一方。穿衣吃饭，民之首要。《象传》与其说是警告，不如说是点醒。后人之见，不可只见饮食和乐，须知磐石之渐。

宋锡同：《论语·里仁》夫子曰："富与贵，是人之所欲也，不以其道得之，不处也。"这里可以作为《象传》解读六二爻的"不素饱"之意，既不沉迷于安乐，又能善用手中权柄，有所节制、有所坚守。

王力飞：我提供一下自己的观点。我看六二，是比对初六来琢磨的。初六因为在岸边，不是理想的进食之地，故要说几句小子。六二的"磐"，有安稳义，安稳在高，视野开阔，能及早发现和处理危机。六二也是"山"的"股"的部分，明显比"干"要高。这是理想的进食之地。初六，只是觅食之地。

宋锡同： 这种解释是卦辞单方面的发挥，于卦爻象几乎无涉。渐卦六二，还可以跟豫卦六二作比较；同样中正、当位；前者上有正应，后者上无应，但终究也是"贞吉"，主要是中正原则坚持住了。岸边、苇塘等地均可以隐伏设险，唯有磐石，无险可设，暂或安乐可也。

综上：鸿雁上岸觅食，因其中正柔顺，故谨慎而不贪食，上有九五正应，如立身于磐石上，安全又和乐，但对鸿雁来说却不是沉迷于这种安乐，而是中正柔和、待时而进；这里需要强调的是，六二爻象与辞，所表达出来的这层意思背后有中正、不贪，亦不沉溺于眼前一时安乐，即虽内敛中正仍不失渐进之意。相比而言，初六守柔谨慎而渐进，六二持中当位而渐进；九三则阳爻阳位、又兼三多凶，急于冒进不再渐进，其凶多吉少。

（整理者：黄仕坤 中国人民大学哲学院硕士生）

# 进不以渐 危机四伏

## ——渐卦九三明解

时间：2016年10月20日21：00 — 22：41

## 【明解文本】

九三：鸿渐于陆，夫征不复，妇孕不育，凶；利御寇。

《象》曰："夫征不复"，离群丑也。"妇孕不育"，失其道也。"利用御寇"，顺相保也。

## 【讲课内容】

宋锡同：爻辞"鸿渐于陆"，指九三爻继"渐于干、渐于磐"之后继续升进之意，只是这种升进力度太猛，已背离渐进主旨；从爻象上看，九三阳爻阳位，过刚易折，又"三多凶，四多惧"，九三与上九更无应，而渐卦本以渐进为宜，三位阳爻急躁冒进之个性，其凶可知。故其爻辞断为"凶"，此时宜收敛、渐进，因为随着不断渐进，危险也在加剧，"三多凶"，所以此时安全第一、自保第一，故爻辞有"利御寇"之说。

来知德《周易集注》："九三过刚，当渐之时，故有自磐而进于陆之象。然上无应与，乃比于九四，附丽其丑而失其道矣，非渐之贞者也。故在占者则有'夫征不复、妇孕不育'之象，凶可知矣。"这里"夫征不复"与"妇孕不育"可结合起来理解为九三阳刚居下、六四阴柔居上，二者相比，但下阳上阴为逆比，不合礼法而违背"女归吉"的渐进之道，这样的结合不会有好结果，所以"夫征不复""妇孕不育"，这均为冒进而行淫奔之事，背离渐卦主旨，所以"凶"。

我们看非洲草原大迁徙的纪录片，大群的角马、斑马等动物在渡河之前，鳄鱼们也在河里做好了捕食它们的准备，这种情况下有经验的角马、斑马只会在岸上驻足观察，而总会有一小部分生猛的年轻角马、斑马耐不住性子而冒进，下水结果是它们先喂饱了水里的鳄鱼，反倒为后面的大批动物过河做出了"牺牲"。它们就是草原动物大迁徙的"先行者"，其进不知渐、其进不察凶，不懂得"利御寇"之道理。

乾卦九三"君子终日乾乾，夕惕若厉"与此同出一辙。君子举事，渐成规模之时，也是逐渐成为对手猎物之时，这一时刻，既要进，又要保平安。渐卦九三留给我们的思考很多。《孙子兵法》云："昔之善战者，先为不可胜，必待敌之可胜。"努尔哈赤当年与明军作战，几次兵临山海关却驻足不进，因为对他们这群"鸿雁"来说，如果趁一时兴起打进关内还没有把握能够控制整个局面；这是渐进式的"利御寇"，是"待敌之可胜"之举。面对复杂危险的境遇，面对杀机四伏的局面，迂回渐进才是正道，"人间正道是沧桑"！

《象》曰："夫征不复，离群丑也；妇孕不育，失其道也；利用御寇，顺相保也。""丑"，可理解为同类，徐志锐《周易大传新注》解释为"鸿雁同类为群行动一致，初六、六二不急于进，唯九三脱离群体单独行动而又急于进，又一去不复返"。九三这种冒进已失去了渐进之道，六四对它来说应该防御以自保，而非婚媾对象。这种解释也可备为一说。

## 【讨论内容】
### 【卦象】

冯国栋：读《易》要重视四个东西：名、象、体、用。所谓名，就是卦名；所谓象，就是卦象；所谓体，就是卦辞；所谓用，就是大象辞。比如《渐卦》，卦名为"渐"，首先要理解这个"渐"字所包含的意义。其次看卦象，"山上有木"之象。卦辞，"女归吉，利贞"，这是讲一卦之大体。而《大象传》"君子以居贤德善俗"，是讲如何用卦。这就是一卦的名、象、体、用，同样，看一爻也要先看象，再看辞，再言用。来看九三此爻，不看爻辞，只看象。处下卦之上，不中不正，上无应援，显然好不到哪里去。互坎，也为众

　　　　　　阴包围，去哪儿好呢？

王力飞：　远征。

冯国栋：　无应则比，上无应援，就比，和哪个比？和四还是和二呢？

王力飞：　和四。

刘久红：　互坎还互离。

王昌乐：　一阳陷两阴。

宋锡同：　三爻确实是这一卦比较尴尬的。

冯国栋：　和四一比，就不回家了。

王力飞：　远征不复。

## 【急于冒进】

冯国栋：　九三是知进不知退，知存不知亡，知得不知丧，一味往前。冒尖之时，也是
　　　　　危险之时；高飞之时，也正是成为目标之时，要小心。

宋锡同：　易卦升至三位，宜朝夕惕厉，因为你自己可能不知不觉中已经成为别人的死
　　　　　敌、劲敌。

冯国栋：　古人一命而伛，二命而偻，三命而伏。第一次任命你，躬下身，二次任命，
　　　　　躬得更低，三次任命，就要伏下身了。

宋锡同：　艰难可冲，艰险可要摸摸后脑勺了，要考虑迁回策略。综上，九三阳爻阳
　　　　　位，急躁冒进、背离渐进之道，又与六四逆比，不合于"女归吉"相应的礼
　　　　　法，随着鸿雁向陆上不断渐进，危险也会越来越大，其凶必然。这种情势
　　　　　下，防御敌寇对雁群来说才是重中之重，而鸿雁作为群居的柔弱禽类，应该
　　　　　和顺相处、互相保护。这样才有可能度过九三这个坎，转危为安。三多凶，
　　　　　实已偏离中正柔顺之道。

郑智力：　九三冒进，有风险，但以进为退，是一种积极防御。

宋锡同：　三阳动，四阴静，三、四逆比。

王力飞：　总归来说，鸿越飞越高了，高处不胜寒！

## 【失夫妇之道】

王力飞：　我自己对九三的理解：初六批评孩子，六二和孩子呢喃地进食，到九三，公
　　　　　雁飞走了，留下了母子。"妇孕不育"，说的应当是丈夫远征不回来，就算
　　　　　是怀上了也不容易养育，情形比较凶。妇女当如防范贼寇一样小心仔细，带
　　　　　好自己的孩子。在我看来，前半句是爻象，后半句是人事。不知道可否这样
　　　　　理解？怀孕了，但没有丈夫照料，不容易育好。以物象和人事相呼应，爻辞
　　　　　里这种情况比较常见。孕、生、育，应当有明显的区别。在我看来，卦象也
　　　　　好，爻象也好，多是物象和人事关联的另外一条途径。也是一种精致的逐渐

深入，爻辞内容是质朴的天人合一，大象辞是八卦物象的天人合一。

王昌乐： 《象传》中讲失道，是在说四吗？

宋锡同： 主要应在三。

王昌乐： 三、四逆比，失去夫妇之道。

宋锡同： 三、四背离"女归吉"，非中正之途。在易卦，中正之道是恒久的至理。偏离了中国人这个传统的中和观念多半事倍功半。

王昌乐： 妇有两种理解：一是原配，二是六四，原配当然是不能养育，六四则是无颜生。

（整理者：黄仕坤　中国人民大学哲学院硕士生）

# 巽顺以正　处险得安
## ——渐卦六四明解

时间：2016年10月21日21：30—22：31

【明解文本】

六四，鸿渐于木，或得其桷，无咎。

《象》曰："或得其桷"，顺以巽也。

【讲课内容】

**宋锡同：** 邵雍《观物外篇》中指出："是以圣人贵未然之防，是谓《易》之大纲。"于厉、危没成为现实之前，君子有所戒惧，行有所循、量力渐进，无咎。四爻阴质阴位，其旨如此。

"顺以巽""或"，含有某种转危为安意味；六四柔居巽初，有柔和之德。随着渐进于四的高位，其肩负使命任务亦重、环境愈加不易，而履高（薄）临深，古来君子之所倡。本爻意在提示，六四高位，若遇到险境，当柔和巽顺以对、善以周旋，寻找平安的化解途径，以完成肩上重任，这个六四，一壁厢乘三，一壁厢主要任务还得承五，一个平淡的"无咎"，需要多少戒慎努力才换得来。六四担当如此，使命如此。坤卦六三有"或从王事，无成有终"、师卦六三有"师或舆悟尸，凶"。不同的"或"，不同的结局。

鸿渐由陆而木，而鸿爪趾连不善握木，"三多凶、四多惧"，六四与初六也无应，六四处本不安稳，然阴爻阴位属当位，兼其阴爻阴位、质柔不似三爻急躁冒进，大致合乎渐进卦旨，纵有危、惧临前而不致陷于险境，或可平稳过渡。

**冯国栋：** 确实，在这一卦中，二、四两爻都是"歇"：二栖于磐石，四栖于高枝。三、五二爻为飞。一飞一歇，一阴一阳。歇是飞的一种形式，我们就能理解飞；飞是歇的一种形式，我们就能理解歇。因为歇与飞都是道的一种形式，因此不能把歇仅看作歇，把飞仅看作飞。虽然阴、阳互立，但阴阳只是道的两个面向，阴是阳极，阳是阴极，这就是太极。如果把阳看成不变的阳，把阴看作不变的阴，那就把道、太极割裂。阴阳消长，《易》之精妙处。阴阳绝非隔离，孤阴孤阳不能成《易》。

禅宗六祖大师曾说："若觅真不动，动上有不动，不动是不动，无情无佛种。"在不同的可能面前，人的选择意义尤为重要。在这个意义上讲，易卦的象和辞背后，往往还会隐含着相反方向上的假设或判断，盖因其天道阴阳消长背后，警示着人事的进退取舍。阳中有阴，故顺时要谨慎；阴中有阳，故不顺时要达观。

## 【讨论内容】
### 【"或得其桷"】

冯国栋：　"桷"《说文》："秦名为屋椽，周谓之榱，齐鲁谓之桷。"各地方言不同，其实这个东西就是横在檩子上的椽。

元　融：　桷（jué），多指方形的椽子。

宋锡同：　"得其桷"而"无咎"。桷，是方形椽木，历来解易者多持此说，此处喻指鸿于木上，亦可因得桷类木枝而得安稳。此种桷木，不可长久处，也只是暂时安稳。或，喻指一种可能。

冯国栋：　所以，这句有不同理解：一种认为是鸿停在像桷一样的树枝上，一种认为是停在桷上了。

宋锡同：　只要鸿雁站得住就好。

冯国栋：　对，虽有不同，不影响对卦辞的理解。

宋锡同：　貌似南宋的临安，安得久了就不是临安了，最后也不是无咎了，直接灭亡了。诸位的理解同历史上多位解易大家相近。程颐释此爻时指出："鸿趾连，不能握枝，故不木栖。桷，横平之柯。唯平柯之上，乃能安处。谓四之处本危，或能自得安宁之道，则无咎也。"王弼与李光地均于此强调六四虽下乘三，然又上承九五，故不至于凶，可备为一解。《象传》曰："或得其椭",顺以巽也。王夫之《周易内传》也指出"'或'者,不必得之辞,而亦理之可得者也。阴进而往外,以顺承乎九五、上之刚,变而不失其正,故贤于三而无咎。"

【"无咎"】

宋锡同：《易经》卦爻主旨,多在警示人事：高处宜持盈保泰、持中用贞；低处宜谦退柔中、审时自保；于紧要处贵未然之防,宜见几而作。六四,下乘九三,不安；上承九五,巽顺。两相加减,或"无咎",毕竟九五与六四其势高下不同。

冯国栋："无咎"其实隐含本来有咎,因为某种原因,得以脱咎。

宋锡同：圣人看天下物,皆为两片（阴阳）。

姚利民：阴阳消长,也是讲太极之精妙处。

王昌乐：阴阳一体,超越二元对立,阴阳中道而德,相互转化。

宋锡同：女子长大,等待他的翩翩少年郎来娶,等待的过程看似平淡,实则历经凶险、在小心地越过"无咎"区之后,好日子就快来了。

（整理者：秦凯丽 中国人民大学哲学院硕士生）

# 履正居中 终得胜吉
## ——渐卦九五明解

时间：2016年10月22日21：30 — 22：28

【明解文本】

九五：鸿渐于陵,妇三岁不孕,终莫之胜,吉。

《象》曰："终莫之胜,吉",得所愿也。

【讲课内容】

冯国栋：《尔雅》："高平曰陆,大陆曰阜,大阜曰陵。"高平的地叫陆,大的陆叫阜,大阜叫作陵，陵比陆大了好多。王弼："陵，次陆者也。进得中位，而隔乎三四，不得与其应合，故妇三岁不孕也。各履正而居中，三四不能久塞其涂者也，不过三岁，必得所愿矣。进以正邦，三年有成，成则道济，故不过三岁也。"九五，进而得中位，与六二为正应，然而因三、四爻的阻隔，二、五远远相望而不能见，三岁不能有孕。但二、五各自能保持贞正，终得吉祥。二、五本是正应，但在渐卦之中，应只能慢慢来，急不得，故三岁后方能有应。

《程氏易传》："陵，高阜也。鸿之所止最高处也，象君之位。虽得尊位，然渐之时，其道之行，固亦非遽与二为正应。"干、陆、木、陵，步步上升，陵为最高，也需渐至。百丈高台，起于垒土；千里之行，始于足下。

## 【讨论内容】
### 【"利贞"】

王力飞： 卦辞："女归吉，利贞"（失去丈夫的女子重新嫁人后有个依靠，是吉祥的。利于和贞守两个方面）。"利贞"放在一起，解释为利于贞守正道，是儒家从一而终、死不再醮的观点，貌似不大贴合生活实际。大壮卦的"老妇士夫，无咎无誉"，看待这些生活问题，要人性化很多，比《象传》的"亦可丑也"宽容很多。基于此，我感觉渐卦对于年岁不老的青壮妇人，显然不如"找个好人就嫁了"要更人性化。

结合卦辞和经文内容来看象辞，"居贤德善俗"是让贤德的寡居妇人重新安居，善待俗民的意思。这样的女人，活得很不容易，强调要像俗人、普通人一样善待他们，不戴有色眼镜怀生区别之心。

这一爻，我跟以往的解法区别非常大。鸿雁在高高的山陵上缓缓飞翔。《象传》说："得所愿也。"个人认为，是得其所愿的意思。守三年可能是西周礼法。三年后，女子或许能再醮。终莫之胜，正常的顺序应当是终莫胜之，不胜煎熬的意思。

上九："鸿渐于陆，其羽可用为仪，吉。"鸿雁在田野上缓缓飞过，它（还年轻）还拥有漂亮的羽毛，拥有可以吸引公雁的仪表，吉。因为女子韶华还在，容颜不老，这时候抓紧嫁一个异性不算晚，所以吉祥。我这么串，是哀婉于孤雁的叫声，估计和古人的心理相通。这么串，能把卦辞、爻辞和大象辞的后半句和谐起来。整体卦画，昨晚说了，下卦"艮"是鸿的下身，六四是那双眼睛。

张弛弘弢：王兄爱心可嘉。但好好的一卦，为何要以二婚解之。婚可以二，但二不是主轴。雁，卦所取象耳。何以以雁为象？1.忠贞（二婚体现不出忠贞）；2.守时（候鸟以时来去如守婚约）。九五之"不孕"字，可解为"未成婚"之意，未成婚当然也就不孕了。

王力飞： 之前有"夫征不复、三年不孕"等等。男人打仗去了，媳妇成了留守妇女。多年不回，凶多吉少，所以，有了这样的理解。这不是私奔，也不是二婚，是怎么看待寡妇的问题。

张弛弘弢：就渐卦整个一卦言，下艮为男，上巽为女，就六爻说，六二为女，九五为男。何解？

王力飞： 儒家的角度，只有阴爻为小人，阳爻为君子之分，没有男女到爻吧？

张弛弘弢：陈梦雷："卦以上为女，下为男。爻则二为女，五为男。盖就阴阳相应言之。"（《周易浅述》）这是陈的解释。六爻之中，唯二、五为最得卦义。

王力飞： 这个视角，我一直没有深入关注，感觉不大可信。

张弛弘弢：何楷："五不得以速聘，二不得已早许五也。久而他议寝，然后正配谐，所谓'终莫之胜'也。"

（整理者：孙世柳 中国人民大学哲学院硕士生）

# 不失其序 进退有据
## ——渐卦上九明解

时间：2016年10月23日21：30 — 22：52

【明解文本】

上九：鸿渐于陆，其羽可用为仪，吉。

《象》曰："其羽可用为仪吉"，不可乱也。

【讲课内容】

**宋锡同**：渐卦上九，渐入佳境：山上之大树，久耐风霜，终已长成；邻家有女，渐渐长成，嫁给了如意郎君；君子历经艰难迂回，终得以封王拜相。虽上九阳刚之极，纵九三无应，其吉终是有庆！鸿雁终归是要翱翔于云霄的。女归之吉，比翼双飞。然鸿雁此时仍不失于序，如女归之后，齐眉举案、夫妇合鸣，其礼仪也未尝有所亏。君子显达于世，履高临深，仍以鸿渐之道治国理政、礼教善俗，故"其羽可用为仪，吉"。鸿雁振羽，高飞有序，君子明志，兴邦以礼，《象传》曰："其羽可用为仪吉，不可乱也。""羽"即鸿雁之羽翼，可理解为君子之旌旗羽饰等。于此，"其羽可用为仪"可引申为君子飞黄腾达、人生得意之时，益加爱惜自己的声望德操，其仪表端庄光彩，可为世之师表。

来知德于此尤其强调鸿雁高飞不失其序，而君子知进知退，富贵利达不足以乱其心，高下、进退不失其所居，君子虽高处，因此却得吉。王弼也解释为："进处高洁，不累于位，无物可以屈其心而乱其志。峨峨清远，仪可贵也。"此解与来氏同调。"悟后六经无一字，静余孤月湛虚明"，阳明此言或可与二位理解相映衬！

上九爻象，阳爻极于上，下九三不应，反而"其羽可用为仪"是"吉"。历来解释多从两个角度展开。其一，倾向于鸿雁飞于天宇，由渐进之积累而至长空展翅，快慢总不失其序，故虽上九刚明，仍是吉，其势在振翅翱翔可也；因为此时也远离陆地凶险密布的环境，虽高无咎、乘风云反而吉。其二，视九三为巽顺之主，虽高而顺，来知德于此再回到山上有木的卦象上去解释。《集注》说："上九，木在山上，渐长至高，可谓渐进之极矣。但巽性不果进，而复退于陆焉，此则知进知退，可以起顽立懦者也。故有鸿渐于陆，其羽可用为仪之象。"

来氏的解释，提供了一个思路，这段话的前半段以山上之木，渐长至高为吉立意，颇为可取。而后者喻鸿雁知退，则与上九卦象刚明之个性不符。我们不妨从山上之木，渐长至高大这一角度来理解。此时的山上之木，虽高而无危，因其渐长已久，其生命力已经风削雨洗，其弥高而愈壮，其渐进仍不失。如鸿雁高飞不失其序、君子居高位不失其礼教。

## 【讨论内容】

### 【"陆"】

宋锡同：　"陆"这里有两种解释。其一，如程颐、王夫之、惠栋。王夫之说："陆，旧说以为逵之伪，韵与义皆通，谓云路也。上处至高之位而乘巽风之上，乃翱翔云际而不欲下之象。羽之所以飞者，仪法也。"其二，仍解释为陆的原意，与九三同，孔颖达《周易正义》与来知德《周易集解》为代表，于此尤其强调鸿雁虽在高处，但其渐有序，谨慎有余，故知进知退，进退不失其据。前者，释陆为天路，云霄；后者，释陆仍为本义，陆地。以上两解，都不妨碍理解鸿雁虽高飞有序，君子居高位而进退有据。

王力飞：　我理解的陆是第三种，是飞过木和高陵之后的回归，和九三的陆，已经不是同一个陆了。

宋锡同：　是的，来知德这种解释，我是有质疑的，爻位上就说不过去。

**【君子惜德】**

宋锡同： 雁惜羽，君子惜德。

温海明： 鸿雁惜羽，至精至纯。惜每一根羽毛，象征惜每一个念头。

宋锡同： 颜子"三月不违仁"，"惟精惟一"；黄冠绵绵若存，用之不勤；禅家不怕
念起，就怕觉迟。每一刻都得惜，不敢怠慢。

姚利民： 修身养心，穿上羽服，保护好自己，走向天路。

元　融： 上卦巽，为进退，高飞鸿雁，终要落地，真要飞走了，羽为仪也无处可言
了。翅膀展开，飞翔九天，翅膀收起，回归陆地，其羽用为仪，也可顺过。

宋锡同： 渐卦上九，渐入佳境：山上之大树，久耐风霜，终已长成；邻家有女，渐渐
长成，嫁给了如意郎君；君子历经艰难迂回，终得以封王拜相。虽上九阳刚
之极、纵九三无应，其吉终是有庆！

　　综上，我们为上九作出结语：积渐成雄之时，虽高亦吉。渐成之时，鸿
飞戾天！《诗经·大雅·旱麓》："鸢飞戾天；鱼跃于渊。"于此可借来一
用，积"渐"成雄，实则渐入佳境矣。

　　渐卦结束，"天涯目送飞鸿去！"命运，就是一只沦落在鸡窝里的鹰
（鸿），终有一天你会跳上草垛，展翅向天宇！只要你不放弃（渐）！

　　　　　　　　　　　　（整理者：贡哲 中国人民大学哲学院硕士生）

　　　　　　　　　　　　（本卦校对：贡哲 中国人民大学哲学院硕士生）

时　　间：2016年10月24日21：30 — 22：47

导读老师：郑朝晖（广西大学哲学系教授）

辛亚民（中国人民大学国学院讲师）

课程秘书：孙世柳（中国人民大学哲学院硕士生）

少女长男　违理道穷

——归妹卦卦辞明解

## 54 归妹卦

兑下震上

## 【明解文本】

归妹：征凶，无攸利。

《彖》曰：归妹，天地之大义也。天地不交，而万物不兴。归妹，人之终始也。说以动，所归妹也。"征凶"，位不当也。"无攸利"，柔乘刚也。

《象》曰：泽上有雷，归妹。君子以永终知敝。

## 【讲课内容】

**郑朝晖**：归妹卦是讲少女出嫁，主要谈的是妾妇之道。白话，归妹卦：少女出嫁违礼，凶，所有人都没有什么好处。《彖传》说：归妹卦，讲的是天地交配的大道理。天地如果不交配，万物就不能繁衍生长。少女出嫁，是人类社会终始相续的大事。归妹卦上卦为震卦，为动，下卦为兑卦，为说，高高兴兴地主持婚礼，因为出嫁的是少女。"征凶"，是因为违礼了，不安于娣位。"无攸利"，是因为六三阴爻在阳爻之上。《象传》辞说：下卦兑为泽，上卦震为雷，泽上有雷是归妹卦之象。君子知道个体生命都会灭亡，因此行此夫妇相配之道。白话部分大致代表了本人的看法。我先介绍先儒对归妹卦的阐释。《易经》中有多个谈论夫妇之道的卦，先儒喜将四卦作一个对比，即咸卦、恒卦、渐卦、归妹卦。

在程颐看来，咸卦是男女之情相感之象，恒卦是讲夫妇唱随之象，渐卦是女归之得其正之象，归妹卦是女嫁归之象。他还说："咸、恒，夫妇之道。渐、归妹，女归之义。咸与归妹，男女之情也。咸止而说，归妹动于说，皆以说也。恒与渐，夫妇之义也。"可见，归妹卦是讲情的。郑刚中即明确说出，"圣人于归妹，取其情而已"。关于程氏的说法，项安世有一个补充说明。他说："渐，将嫁之时，女待男之礼。恒，既嫁之后，妇从夫之义。归妹，男女初婚之情。咸，夫妇终身之好也。然独此卦名归妹者，震东兑西，夫妇之正位也。"后世诸儒解读归妹卦有两条线索，主要体现在对妹的不同理解上。一条线索是将妹理解成少女，与长男成为夫妇。一条线索是将妹理解成娣，成为长男完成生生功能的备数。

归妹卦之归，多认为，"渐曰女归，自彼归我，娶妇者也"。归妹则是"自我归彼，嫁女者也"。当然，也有学者不赞同在嫁娶上进行分别。归妹之妹，理解成少女是较为常见的，但因为孔颖达执女娣之说，故女娣之说的影响可能更大。将妹理解成少女，也有两个思路，一个认为男子三十而娶，女子二十而嫁，女少故为妹。另一个思路认为震为长兄，兑为小妹，小妹无父而从兄，兄有嫁妹之责，故为归妹。以上两种是从夫妇之义而言的。从娣而言，孔颖达是重要代表。他说："此卦名归妹，以妹从娣而嫁，谓之归妹。"胡瑗亦言："所谓归妹者，谓侄娣从女兄而适于人，故谓之归妹。"

### 《彖传》的三段解读

**郑朝晖**：《彖传》分三段来说。第一段："归妹，天地之大义也，天地不交而万物不兴。归妹，人之终始也。"此段话，有的学者认为当归入文言，似不合乎《彖传》之例。孔颖达则认为此段之例是因为归妹诸爻不正造成的。对天地之大义的解读，夫妇视角、妻娣视角的不同会影响解读结果。夫妇视角的解读，则如程颐所谓"一阴一阳之谓道，天地之常理也"。妻娣视角的话，则多从生物不已、广其继嗣而言。连带而及，对"终始之义"的理解，妻娣视角是从正室死则有媵娣继之而言，继之不绝为终始。夫妇视角对终始的解释则多如朱熹的看法"归者，女之终，生育者，人之始"，即结为夫妇为女之归终，形成父子为人伦之始。对"万物不兴"的解读，一般而言是从天地不交而不生的角度言，详细一点则如虞翻，认为此从三四爻卦变起意，归妹卦从泰卦而来，泰卦三四爻相交，而生震兑，震为万物生动而兴。

第二段为"说以动，所归妹也"。此理解亦从夫妇视角与妻娣视角而有异。夫妇视角的话，多解为说而动，因为娶的是小妹妹。妻娣视角的话，则认为少女嫁长男本不乐，但因为从于女兄，而为备数，故悦。妻娣之乐是因其合礼，夫妇之乐，则责之不合礼。这是个有趣的对比。

第三段是"征凶，位不当也；无攸利，柔乘刚也"。对这一段的理解，两种视角当然也有影响。但前面也大致解读到了，只略说一二。夫妇视角多讲凶不利的原因在于有悖男女内外之正，夫妇唱随之理。妻娣视角则多讲卑凌于尊，庶乱于嫡之凶。

**解读《大象传》**

**郑朝晖：**最后简述一下《大象传》：对于泽上有雷，何以归妹的问题。前人有所思索，但不一定解决了这个问题。这里略说一二，如杨万里说"雷兴雨地益滋，兄举礼则妹有归"。郑刚中云："泽上之雷，一时阴阳相感之义。"关于"永终知敝"，前人的理解多从夫妇之道来解释。妻娣视角的则说，诸侯一娶九女，是因为事之永久，终了必有坏，故当预防以娶娣。夫妇视角则言，"有偕老之义，无乖落色衰而复相弃背之敝也。"知敝多被解释为慎始而初正之意。

**辛亚民：**这一卦卦象兑下震上，卦名归妹。"归妹"这两个字我们在泰卦的六五爻辞中已经接触到了，"帝乙归妹，以祉，元吉"。古人称妇女出嫁为"归"，《诗经》"之子于归，宜其室家"。这里的妹是少女之称。归妹就是女子出嫁的意思。卦辞讲："征凶，无攸利。"即占得此卦，征伐会得凶，无所利。

《彖传》对归妹的解释可以分为二层。第一层内容，讲"归妹，天地之大义也。归妹，人之终始也"。这是对卦名的解释，认为妇女出嫁，男女结合，这体现了宇宙的基本法则和规律——天地之大义。"天地不交，而万物不兴。"天地结合，才能有万物的产生和延续，人作为万物的灵长，更应该体现这一基本法则，所以讲"归妹，人之终始也"。这里包含有两方面的哲学意义。首先，将男女婚嫁归为"天地之大义"，体现了《易传》阴阳之间的辩证关系——孤阴不生，独阳不长，阴阳之间互相依存，不可分割。正是因为阴阳之间互相依存，才有了万事万物的生成和延续——生生之谓易。其次，归妹既是天地之大义，又是人之终始，体现了《易传》的基本立场——天人合一。天道、人事，贯穿其中的基本法则是一致的。

第二层内容，是对归妹卦象的解释，遵循《彖传》一贯的解经体例，"说以动"是从上下卦的卦德着眼，喜悦而有行动，对应了卦名婚嫁喜事。接着解释卦辞，以位不当解释征凶，可以从两个角度去理解：一是得位的角度，归妹卦二、三、四、五中间四爻都是处在与自己属性相反的位置上，这是一种不当位；二是从承乘的角度去理解，六三对九二、六五对九四都以阴乘阳，也是不当位的表现。而《彖传》最后一句解释"无攸利"说"柔乘刚也"，那么"位不当"可能指第一种情况。

《大象传》说："泽上有雷，归妹。君子以永终知敝。""泽上有雷"和"永终知敝"有什么联系呢？古人或有从卦象的角度解释，认为进入秋冬，雷入地中，象征一年结束，有所终结，男女婚姻也应效法天道，从一而终。或认为雷复归入地，则孕毓根核，保藏蛰虫，避盛阴之害（《汉书·五行志》），与女子出嫁，阴阳结合，生生不息相一致。或认为雷并非即将入泽，而是刚刚出泽，象征春季，而人嫁娶亦多在春季。婚姻贵从一而终，但中间又有很多变故，所以要了解其中之弊端，努力做到白头偕老，故曰"永终知敝"。我们的意见是，这里的泽上有雷可以从取义的角度去理解，即从卦德的角度去理解，雷有警示义，男女婚嫁为喜悦之事，面对喜悦之事，更应警惧戒慎，防止乐极生悲，居安思危，才能从一而终，故曰"永终知敝"。

## 【讨论内容】
### 【"归妹"之凶】

郑朝晖：　《归妹》之卦辞："征凶，无攸利。"其理解的差异，即从上而来。对"征"之理解，即因夫妇视角与妻娣视角的不同，而引起对其内涵解读的不同。如项安世云："以长男之年，慕少女之色，未有不为身之灾、家之丑者，亦征凶。"其意是说，所谓"征"是动了色心而行不正。杨万里则从妹的角度说："不待兄以己归于人而自往焉，是淫奔也。"这是从非礼的角度言。

温海明：　见色起意就凶了。

郑朝晖：　妻娣视角，则多从越位而言。胡瑗说："侄娣虽从于人，然上有女兄为之正配，当退守其分，苟非其位而有征进，则是侵女兄之权，夺女兄之宠，欲以下而凌于上，以卑而侵于尊，以庶而乱于嫡。"

姚利民：　《楞严经》开篇阿难被色诱，后被文殊师利菩萨解救，佛陀讲经有深义。

郑朝晖：　"无攸利"之义，多从凶之义而言。略有所析的话，则也可作一小小分别。"无攸利"，有的学者强调其表明，男女皆不利。如胡煦言："归妹兼有凶与不利，是因为妇居阳位，夫居阴位。"他强调无所往而利，一点利都没有。但亦有学者作了分疏，依象辞而言，位不当为凶，阴乘阳为不利。朱震说："夫弱妇强，不以正室，必至于夫妻反目，其道不可以推行矣。三不利于内，四不利于外，故曰'无攸利'。"此释从虞翻，三指不利，四指凶。

王力飞：　"帝乙归妹"，一些历史学者认为确有其事，帝乙为纣王之父。泰卦的"归妹"，是从帝乙笼络文王、安抚文王、控制文王的角度来写的，属于用人的角度。历史背景是，帝乙囚杀了文王的父亲季历，当时周家势力又渐大，东边有部落叛乱，所以，帝乙把妹妹嫁给了文王。这种政治联姻，问题非常复杂，目的不纯，所以，在归妹的过程中发生了很多矛盾。帝乙嫁妹的时候，文王已经不小了。《诗·大雅·大明》中，好像记载了文王娶天妹的故事，说文王娶天妹的时候，文王的长子已经不在了。

（整理者：王璇　中国人民大学哲学院硕士生）

# 娣随姐嫁 不失常道
## —— 归妹卦初九明解

时间：2016年10月25日21：30 — 22：48

## 【明解文本】

**初九：归妹以娣，跛能履，征吉。**

**《象》曰："归妹以娣"，以恒也。"跛能履"，吉相承也。**

## 【讲课内容】

**郑朝晖：**我是先介绍先儒的理解。白话，初九爻：少女随嫁作妾妇，终能得宠生子，好像脚虽跛了，但还是能走路，嫁过去是吉利的。《象传》说"归妹以娣"，是说坚守妾道。"跛能履"，是说坚守妾道终会带来吉利的结果。

今天的讲解包括初九爻的爻辞与爻象。"归妹"的涵义，虽然昨天已解释了，但所谓卦性爻情，卦中的具体讲法还是有所不同的。此中妹是谁，有争议。有的学者认为，兑为少女，为妹，但兑卦三爻才是正宗的妹。因此，初爻在三之下，为卑，故不能为妹，只能为娣。朱熹云："初九居下而无正应，故为娣象。"当然，也有学者认为，"少女之行，善莫若娣"。娣即是正宗的妹。娣的核心要义即在于一个从字。杨万里说："归妹以娣，是娣听女君左右之也。"女君指三爻，娣听女君，即从三嫁四。从即所谓娣之道，"尽其卑顺之道以承其上"。也有学者认为，初九为阳爻，娣有贤德。比较少见的一种解释是项安世给出的，他认为"初九以六四为妇，四者，五之娣也，故'归妹以娣'。"这里的六四是指《归妹》六三来自于泰卦六四。

"跛能履"的释意与'以娣'相关。跛在卦中，有学者以为指六三，项安世谓"跛眇皆六三"，苏轼也这样认为。亦有学者认为指初九，此较为常见。对于"跛"，有学者从消极的意义理解，如程子谓其"言不能及远也"，即初九虽善但用处不广。亦有从积极方面理解的，如胡瑗谓"能尽其道以配君子，而广其孕嗣"。这些诠释里可见到夫妇视角与妻娣视角的不同影响。"跛能履"之意是从"从娣"之意发展而来，"无应于正，则不可以有行，故为跛。然从长以归，亦足以说，故跛能履"，这是常见的解释。但若将跛视为六三之跛，这样的说法就不通了。苏轼的解释是，六三不中而跛，能履的原因是初愿意从三而嫁，为娣。孔颖达则说，跛之能履，是因为妹继姊为娣，虽非正配，不失常道。履字，理解成行是常见的，但也有解释成礼的，如"履，礼也。礼以下人，是能顺从乎上，维持调护承助正室者，亦犹跛虽踦侧而犹能行也"。

"征吉"之意，从跛而能履之意而来，但其意还是有所发展的。胡煦说："此与履之跛、眇不同，彼谓不能而强为能，此言宜若不能而曲为能也。"一为强，一为曲。"征吉"之解，大约有两种解释思路。一种思路是，为娣是少女之本分，程子言"然其分为善"，孔颖达言"为娣而行则吉"。一种思路是守礼而行故吉，杨万里言"征吉者，待女君之命而已往也"。

初九爻之《象传》，"归妹以娣，以恒也"。至少也存在两种解释思路。一种解释是娣有恒心，即娣有德，如程子谓："九乃刚阳有贤贞之德，虽娣之微，乃能以常者也"。有学者说："当以久于娣为心，当有终其身为娣之心，不可有他念也。"

第二种思路是"归妹以娣"为恒道，言女弟以从于女兄而适人者，人伦之常也。孔氏云："妹而为娣，恒久之道也。"胡煦云："其分为娣，是乃常道。"杨万里有一个有趣的解释，可以一观，"恒者，能安其分之当卑也，归妹以娣，其犹泰茅之茹乎？非娣之贤也"。其意是说，娣之贤其实是因为妇管得住。

断句是依"跛能履，吉相承也"，还是"跛能履吉，相承也"，两者都有支持者，其意义也可有不同。大概而言，第一种断句，学者倾向于解释成承它吉。第二种断句，学者倾向于理解成连续的吉，即第一个为承担，承助之意，第二个为承续之意。承它吉，有两种理解。一种是初九助三承四，故为吉，朱震云："所以吉者，以从三而承四，夫道也三成四，初又从三，相与以承，内事相承也，是以吉"。程子谓"能助其君，娣之吉也"，显然是从三承四。一种是初九承二为吉，虞翻云"恒动初承二，故吉相承也"。连续吉的例子，可参郑刚中的解释，"初以正动已吉，从三承四，又正而吉，故象曰吉相承也。"

## 【讨论内容】
### 【"归妹"之"妹"】

郑朝晖：娣以情，妇以礼。娣与妾不同。娣可为正，妾不可正。

辛亚民：归妹卦初九爻辞："归妹以娣，跛能履，征吉。"爻辞可分为两部分。后半部分"征吉"为占断之语，意思很清楚，占得此爻征伐则得吉。我们主要分析前半部分。"归妹以娣"，以犹及，"归妹以娣"就是归妹及娣，古代习俗，女子出嫁，妹妹陪嫁。"归妹"之妹为少女之通称，娣即女娣，也就是现在所说的妹妹。

### 【"跛能履"】

辛亚民：有注家根据上下卦，认为上卦震为长子，下卦兑为少女，故将"归妹"之妹理解为兄妹之妹，以震为兄，以兑为妹，嫌拘泥。"跛能履"，已见履卦爻辞，在履卦为凶，此处为吉，"能"一本作"而"，二字古通。履卦当读作"跛而履"，跛足而行，故凶。此处不同，"能"当如字读，虽有足疾，但仍能行走，不影响行动，故得吉。"归妹以娣"与"跛能履"之间的联系较为模糊，孔颖达认为，妹而继姊为娣，虽非正配，不失常道，譬犹跛人之足然。虽不正，不废能履，故曰"跛能履"。备一说。这两句爻辞分别不止一次出现，不见得有如此紧密的联系。《小象》："归妹以娣，以恒也。"或理解为古人嫁女以妹妹陪嫁为常道，嫌偏狭。《易传》论及恒多涉及夫妇之道，故此"恒"疑指嫁娶言，婚姻务求恒久，从一而终。"跛能履"，吉相承也。基本上是复述爻辞，无阐发，这也是《小象传》一贯体例。或有断作"跛能履吉"，相承也。省"征"而引，承可训作助，跛足而行吉，或有人相助之意。

## 【姐送妹出嫁】

王力飞： 还有一种解释，让姐姐去送妹妹出嫁。让姐姐去送，似是有点儿勉强。

王昌乐： 父在从父，不在兄替。

王力飞： 还好，毕竟有人送了，不能让帝乙亲自去送，妹妹也嫁出去了，故"征吉"。

姚利民： 因为初九为妹为娣，无人重视即为吉。

王力飞： 姐姐很勉强地送，相当于"跛能履"。

张弛弘弢：古一夫一妻多妾，妹随姐同嫁一夫称娣，侄女同姑姑同嫁一夫称侄。妹侄居偏处妾的地位。这如同足跛，然行贤正之德，虽跛能履。

姚利民： 一夫九妹。

王力飞： 因为六三说，让姐姐去，是因为把嫁妆给拿走。这种嫁妹妹法，显然是很诡异的，和上六的虚假可以呼应起来，和爻辞"征凶，无攸利也"可以呼应起来。

## 【"承"】

王昌乐： "承"可以理解为：1．承姐妹之义，尊人伦之道；2．承夫妇之道，从九四；3．尽其本分，承接人道。

张弛弘弢：初九在下，故以娣为象。"跛能履"，一喻耳。

王昌乐： 作为个人来讲，就其意义我们都有可能处于娣之位，不在主辅，在偏辅助，所以可以学习一下。

姚利民： 九妹位置很低，必须低调，越低调，越吉。现在的低调的出处源自"归妹"初九。

张弛弘弢：清人俞樾论证"跛能履"为错简。可备一说。

王昌乐： 位置低，还可以坚守。"跛能履"，这个形容初九位置很形象。"能、为"，孟子讲过这个，初九能履，又征，很好，吉。

（整理者：张馨月　中国人民大学哲学院硕士生）

# 居内处中 能守其常
## ——归妹卦九二明解

时间：2016年10月26日21：30 — 22：38

**【明解文本】**

九二：眇能视，利幽人之贞。

《象》曰："利幽人之贞"，未变常也。

**【讲课内容】**

**郑朝晖**：白话：虽然眼睛被遮蔽了，但还能看到光明。好像在幽暗之中，坚守正道是有利的。《象传》辞说"利幽人之贞"，是因为未改变为妾之常道。九二爻与初九爻，意义似近，但学者也多分别其不同。关于九二爻何以不提"归妹"之辞，孔颖达说："不言归妹者，既在归妹之卦，归妹可知，故略不言"。是说此爻乃是妹之正宗，故不言。胡煦说得更明确："诸爻言归妹而此独不言，居兑中而有应，是嫡而非娣也。"

九二爻言"眇能视"，与初九"跛能履"，先儒认为大体同也，但九二不能远视，是有知而无行，初九则有行。二与初尚有应与不应的区别。九二当为妹还是娣，学者之间也是存在争议的。如杨万里说："九二之位，下卦之尊者，即妹之身也。"此处眇指妹之孤幼，视指有视远之明。视九二为娣者，亦常见，如朱震认为，九二因六五未下二，其德不足以自明，故眇，但有应能视。此是以位言。胡瑗则认为："九二从于六三女兄，以卑下之节承上，故不废于视。"此是以下德言。项安世则认为，九二当以六五为妇，但与三相比，非正配为眇，但能视六五而待嫁。这是以夫妇为正道。也有的学者认为，眇是因为九二不能大成内助之功，但不失交合之道，故眇能视，此与初爻的解释思路是相同的。总之，夫妇视角与妻娣视角对解释的影响是巨大的。

关于"幽人之贞"，争议也是可以预料到的。所谓"幽人"，有以位言的，如朱震说："初动而二不动，在坎中，坎为隐伏"。幽指处境，又如孔颖达言"处幽而不失其贞正"。

但更多的学者是将幽视作幽静之德来讲。如杨万里说："女子无父之训，而有幽闲中贞之贤德，体阴而阳其性，质柔而刚其德故也。"程颐谓"二自守其幽静贞正"，幽与贞为两个重要的德行。张载则将静之德视为不援上之德。杨简指出，幽静与贞正之德行内在不可分，他说："不动则静，静则幽，幽则贞"。

所谓利，有两种解释。一是朱震的讲法，"五下之则二行，复成兑，女自若也，故利幽人之贞"。此是讲利是与六五相配。另一种解释是程颐的解释，"二之才如是，而言利贞者，利言宜于如是之贞"，利是不失其常之意。

所谓贞，亦有两种不同的理解。一种是杨简的说法，"不出房闼，妇人之常"，即女人窥观，见识不广是正常的。另一种解释可以胡瑗为例，贞是指不可越其位分而上进。夫妇视角与妻娣视角的影响再次显现。

九二爻象传，"利幽人之贞，未变常也"。有的学者认为前面对爻辞的解释已经穷尽其意义了，故不作解释，如朱子。但仍有许多学者认为其中还是有未明之意需要进一步思考。

如常之解释，胡煦认为"一与之齐，终身不改，妇道之常。居中守正，故未变常。煦按：阴终与阳始会为一卦，乃循环不息之常道也"。"常"被认为是讲普遍的真理，比贞字进了一步。

又如对"未变常也"语言方式的体悟。此悟有两种，一种认为"未变常"这种否定句式指示，必须追问何为常，这是需要辨析的大问题，因此"未变常"就是一个针对困惑者的狮子吼了。如程颐云："世人以嵽狘为常，故以贞静为变常，不知乃常久之道也。"又如杨氏云："或者往往以所视不广为非，圣人于是正曰：未为变失常道也，斯乃妇人之常也。"

更多的则是采用描述视角，对常的描述有主观与客观视角的不同。如主观视角，孔氏云："九三失位，嫌其变常不贞也，能以履中不偏，故云'未变常'也。"此是对人的德行修养的主观坚守为未变常。客观视角的如杨万里之说，"幽则至静而不可动，贞则至坚而不可渝，皆刚阳中正之常德，而不变者也，故曰'未变常'也"，这是以德行的内在不可动、不可渝的客观秉性为未变常。

## 【讨论内容】
### 【睁一只眼闭一只眼】

王昌乐：　九二定性问题，都有不同。

王力飞：　我理解九二说的是，当妾要有眼神不好不强看的清醒和自觉，离正室那头大老虎远一些，安然一些，别去招惹她。既然想永终，就要知道妾之敝陋。

郑　静：　你从妻妾角度论。

姚利民：　九二眼神的确不好，《周易证释》也有一说。

王昌乐：　九二阳爻阴位，是男是女？

王力飞：　主语都是"归妹"这件事。

姚利民：　此"归妹"九二爻辞也。九二内卦中爻，本柔正位，而刚履之，爻辞亦如初九，分得《履》六三之辞，曰"眇能视"。眇而视者，虽不足以言明，而能补其天然之缺陷，与"跛能履"同。九二与六五，内外相应，刚柔互易，变其常态。自二至四互离，离为目，而下卦兑为缺陷。九二兑之中爻，本坎之内正位，故有眇目之象。得离之明，故有能视之象。

王昌乐：阳爻是第一要考虑的，"归妹"也可以九二取六五。

姚利民：与火泽《睽》相近。离上兑下为《睽》，九二介乎离之初，兑之中，合为《睽》之变象，亦其类似之象。睽者目之异视，与正视者别，如人惊视时，睛不正也。眇者之视亦如之，为其居离之偏，若目之眇，虽能视，而不能正视，则其为用，将与睽同，所谓睽孤。

王力飞：嫁小的视角可以解释。

温海明：你是当妹妹看，无论怎样，不要看得太清楚，不可以太计较。

王昌乐：九二又比于六三，所以九二为男的也是可以的。

## 【模糊轻松】

王昌乐：下卦固然为兑，但不可以把爻都定了，这个解读常被认为是讲普遍的真理，比贞字进了一步。有些想法，贞正也，正而固也，所以贞下启元啊，这是循环的关键。

王力飞：都和泽有关。

姚利民：我发现，嫁小的视角可以轻松解释一切。

温海明：从嫁小的角度就是安静如瞎子可以保持恒久，水至清则无鱼，装呆卖萌可以长长久久。

姚利民：目有损，幽而贞，有时看得太清楚不是好事。

## 【"利"】

王昌乐：所谓"利"，有两种解释，一是朱震的讲法，五下之则二行，复成兑，女自若也，故利。利于"幽人之贞"，还是把利分开？这个怎么解释？杨简说，不动则静，静则幽，幽则贞。作为南宋的理学家，师承陆九渊，用"静"来解释有些欠缺。幽：微，引申深、远、暗也！其动小也，不能说全静，或是说不动！九二为男的也可以解释一切。

姚利民：视角不一样，切入点不一样，但道理是真的。

王昌乐：六三离得近，六五为正应，但是远，九二怎么办？互离为目，兑为毁折，所以目有损。

## 【水至清则无鱼】

王昌乐："贞"我认为不能只是女性，而是男女之道。

温海明： 逸士或贞女。

王昌乐： 视角不一样，可以参考。古代对女的要求守贞节，其实这个男的也要守正道。

张弛弘弢："九二"像一朵鲜花插在了牛粪上。嫁夫不良，但以阳刚居中，有女贤之贞
象，恬淡幽静，故犹"眇"，却能视。嫁鸡随鸡，嫁叟随叟。经典中，多有
章节重出现象。语言文字重出，思想内涵不同。

温海明： 贤女明白得很，只是装着看不见不明白而已。

王昌乐： 和光同尘，这个眼要活，心可要明。

温海明： 和光同尘，视若无物，心如明镜台，装成昏镜台，时时勤装傻，勿使清无鱼。

王昌乐： 地有不同，人有各异，心向光明，同于古往今来，同于天地万物！

（整理者：黄仕坤 中国人民大学哲学院硕士生）


# 未当其时 静待其机
## ——归妹卦六三明解

时间：2016年10月27日21：30 — 22：28


【明解文本】

六三：归妹以须，反归以娣。

《象》曰："归妹以须"，未当也。


【讲课内容】

郑朝晖：我先简介先儒的一些诠释。白话：六三爻：以侍女随嫁，夫家要求以妹妹陪嫁。
《象传》说，"归妹以须"，身份不恰当。六三爻亦被视作归妹卦的主爻。六三爻的爻辞，
"须"有异文，女字旁加一个需字，此在帛书本中出现。帛书本中此卦异文有几处，如"跛
能履"，帛书中为"跛能利"，利字，学者认为与履通。四爻帛书衍期，与愆期，亦无实质
区别。六五日月既望，多认为日为衍字。

总之，异文的意义不大。六三的异文，其义为下妻，实为妾之意，因此对于解读，也无太大的影响，主要是对将"须"解释成等待，造成一定冲击。

上次一位同道提到俞樾的异文问题，即初九爻应为"眇能视、跛能履"，九二爻只有"利幽人之贞"的说法，但没有得到帛书本的支持。

对于六三爻辞的解释，对须字的不同训诂很重要。"须"，有的学者解释成贱妾之意。朱熹说："或曰，须，女之贱者。"这种解释其来有自。对于贱妾之理解，朱子认为是六三位不正，因此"须"是女之不正的表现，人莫之取。项安世说："六三本泰之四，于五为娣，于初为正应，今乃降而居三，求附于初，遂成婢妾，不得与君子相当。"苏轼则将"须"视作不如"娣"的一种身份："六三舍初二之娣，而用须以嫁。"

与此相对，将"须"解作等待之义的也多有。孔颖达云："未当其时，则宜有待。此是说其时室主尚在，故须待时。"杨万里则主要从待礼的角度理解待，"此未嫁而待礼也"，但杨氏是指九二待，六三却是急不可耐的。胡瑗则将待礼解释成具体的待年之礼，"侄娣之从于女兄，其年尚幼，未可以适人，必待年于父母之国，待其长大然后复归于君子之家，以为侄娣"。也有学者将贱、待之义，合成一体来讲。如朱震说："三往无应而犹须之，女之强颜而不见售者也。"

"反归以娣"的含义，从"以须"而来。对于这个"娣"，学者们的理解也有差异。有以二为娣者，如郑刚中："二者，三之娣，反归以娣，五为正应。"有以初为娣，如朱震："三本泰之四爻，三无所适，反归于四则得正，其应在初，初，正也，娣之位也。"总之，六三是不成妇而为娣，所谓退而求其次，亦无凶咎。程颐说："当反归而求为娣媵，则可也，以不正而失其所也。"

从言说逻辑上说，对于"反归以娣"，大多数学者将其理解成"归妹以须"的客观结果，但亦有学者作出了不同的理解。如杨万里将此理解成一种劝告，"圣人从而正其分曰：当曷不反而归于娣、媵之列乎"，意思是六三当如九二之德。胡煦说："因其久而未嫁，授其权于震而曰反归以娣，娣即妹也，由长男称也，不及父母之命 而嫁由长男，故曰反归以娣。"这是请命于兄。

六三之《象传》，"归妹以须，未当也。"字义并不难理解，稍困难一点的是对其句式的理解。对其句式的理解有两种。一种是将其理解成"妹何以须，未当也"。这里的"须"是等待之意。孔颖达的解释为："未当也者，未当其时，故宜有待也。"就是表达妹为何要待，是因为未当其时的逻辑关系。胡瑗说："少未当归人，必待年于父母之国也"，也是表达妹为何要待，是因为未成人故待年的逻辑关系。

另外一种句式则是，"须何以归，未当也"。"须"为妾之意。如苏轼，"弃娣而用须，未足以当娣也，失二娣之助，则以跛眇见黜而归矣"，此即是表达，"以须"归之是未当的逻辑关系。有娣，妇则有助，有妾，妇则有竞争对手，最终有落空的危险。

## 【讨论内容】

### 【"须"】

辛亚民：这一爻最大的争议就是对于"须"的解释。一种解释"须"字读如字，须臾、等待的意思。如需卦爻辞"需于……"古注解"需"为"须"，等待之义。"归妹以须"即嫁女有所等待，不能急于出嫁，故返回家中等待出嫁之时——"反归"。时机到来，即可携女弟陪嫁。 另一种解释是有版本"须"字作"嬬"，帛书本同。古注"嬬，媵之妾"，"归妹以嬬"即嫁女时以女仆为陪嫁，这种做法可能遭到了反对，只好"反归以娣"，以女弟代替女仆。 高亨先生认为这里的"须"通"婆"，楚人称姊为婆，"归妹以婆"即嫁女以其姊陪嫁，"反归以娣"即被夫家所出，与女弟返回娘家之意。《小象传》以"未当"释此爻，有两个方面的涵义，从爻位的角度来说，六三以阴居阳，位置不当；从义理的角度来讲，"归妹以须"，行事不当。

郑　静：反正出嫁就不是自由恋爱，从命。结果打赌，妹、娣一样。

张弛弘弢：不一样。

王昌乐："须"如果解释为等待时机，未当也。

郑朝晖：也有解释为"姊"的。

元　融：此即是表达"以须"归之是"未当"的逻辑关系。有娣，妇则有助，有妾，妇则有竞争对手，最终有落空的危险。这个解释甚妙！联系初爻，娣，须，都是《归妹》的不同形式。

郑朝晖：解成姐姐的，是说将姐姐嫁过来，但人家爱的是妹妹。因六五讲，姐姐不如妹妹漂亮。

元　融：老师这个解释也不错，"须"肯定没有娣位置高一些的。

姚利民：六三，不三不四，搞事之女子，弄得大宅门不安宁。

张弛弘弢："须"，夫家心不甜，等等看吧。"反归"，被毁婚约或好不容易嫁出去了，还被退货了。"娣"，只能买一送一了。一切皆由才德决定。 六三，无才无德还有点贱，结局能不悲催吗！

秦凯丽：贱也可能是德之贱，六三处下卦之上，位不算太卑贱，还是要耐心修女子之德才好。

（整理者：李芙馥 中国人民大学哲学院博士生）

# 归妹无应 待时而行
## ——归妹卦九四明解

时间：2016年10月28日21：30 — 22：37

**【明解文本】**

九四：归妹愆期，迟归有时。

《象》曰："愆期"之志，有待而行也。

**【讲课内容】**

**郑朝晖：** 我先简介九四爻的先儒解释。白话，九四爻：少女出嫁日期延迟了，之所以晚一点出嫁，是因为要等待黄道吉日。《象传》辞说："愆期"的真实涵义，是等待恰当的时间出嫁。九四爻也涉及等待的问题，因此一些学者也说明了两爻的差异。如郑刚中说："四居动始而无正应，'归妹而愆期'也。然则与六三之'归妹以须'同欤？曰不同也。六三居说处极，归而不售，盖女之自贱也；九四居动处阴，静以待时，盖女之自重者也。"

"归妹"何以"愆期"，理解则有细微的差别。可从三个角度予以理解。

第一个角度，未得其归故"愆期"。程颐说："九以阳居四，四上体，地之高也，阳刚在女子为正德贤明者也，无正应，未得其归也，过时未归，故云'愆期'。"这是说未得贤人为归宿也。因此王弼说："夫以不正无应而适人也，必须彼道穷尽，无所与交，然后乃可以往。"此是女汉子的节奏。

第二个角度，未得正位故"愆期"。胡瑗说："愆，过也，九四以阳居阴，处非正位，犹女子虽备侄娣之数以适于人，过期而未往。"此是自身有待提高素质。

第三个角度，未得正命故"愆期"。杨万里说："九四亦少妹之兄也，而'归妹愆期'而不嫁，有待而后行，何也？待嫡兄之命也。"

苏轼的解释则别有一番意味，他说："九四，六五之娣也，以为权在己，故'愆期'不行，以要其君"。张载以为"愆期"指六三之待，则是较为少见的解释。

**温海明：** 未得合适的人，自身素质不够，待命而行，被命而行，哪种最合适呢？

**郑朝晖：** "迟归有时"之辞，大多学者认为是"愆期"的自然结果，但程颐则认为是一个演绎结果。他说："九居四，虽不当位而处柔，乃妇人之道，以无应故为'愆期'之义，而圣人推理，以女贤而'愆期'，盖有待也。"此以圣人知其有深意。

选择何种解释与选择何种假设有很大关系。

"迟"，大多认为与"愆期"相关，有迟滞、等待之意。归为嫁妹，争议不大。

对"有时"的理解则须细心玩味。至少存在两种诠释路径。第一种，有耐心，有时间去等。程颐："女子居贵高之地，有贤明之资，人情所愿娶，故其'愆期'，乃为有时，盖自有待，非不售也，待得佳配而后行也。"

另一种，则认为"有时"之意，是必"有时"，是一种对规律的自信。郑刚中说："女之嫁，犹男之仕，岂能使人人必售哉。自处有道，虽迟何愧！"此剩斗士之宣言也！

## 【讨论内容】
### 【"何以愆期"】

郑朝晖：关于"愆期"之意，并无争议。

温海明：自己要求延期？

郑朝晖：是，潜龙。

温海明：跟掌控节奏和时机的主体有关。

赵　薇：自己想等也愿意等。

姚利民："女之嫁，犹男之仕，岂能使人人必售哉。自处有道，虽迟何愧！"

郑朝晖：胡瑗亦说："虽过期未往，然以刚阳之质，居阴柔之位，不为躁进，有柔顺之德，以其年尚幼未可以往，故待其礼之全备，俟其年之长大，然后归于君子，斯得其时也。"

张吉华：何时为"归妹"之期，似乎不在本卦时？

郑朝晖：胡之说，实为终得其时，非言此其时也。

温海明：出嫁好像做官，不能所适非人。

### 【归妹之期】

郑朝晖：九四《象传》，字面之义，理解不难。同样需辨析的是其微妙的句式。

温海明：相信感觉，感觉不对就延期。

张吉华：《易》卦讲时，"归妹"有期也。

王昌乐：跟着感觉走，八匹马不回头。

张吉华：《易》辞言吉凶悔吝，跟着主观感觉走，恐凶多吉少。

温海明：不想归就归不了了吧。

郑朝晖：一种是将"'愆期'之志，有待而行也"的句式，理解成"何以'愆期'，由其志，志有所待"。孔颖达说："嫁宜及时，今乃过期而迟归者，此嫁者之志，正欲有所待而后乃行也。"另一种则理解成"'愆期'何以不燥"的句式。如胡瑗说："言九四居阴位，有柔顺之德，不务刚燥，是志有所待而行也。"

王昌乐：情的事逻辑说了不算，"剪不断理还乱"。

## 【"待"】

郑朝晖：但待之何物，则亦有不同的理解，如郑刚中说："'愆期'非四之过，而待时守己，实四之美德。"

张吉华："愆期"非四之过，而待时守己，实四之美德。

郑朝晖：朱震则更多地认为是待"春嫁之时，观九四待坎男下之，得仲春而后行"。

姚利民：志有所待而行。

郑朝晖：苏轼则说"其志以为吾君必有所待而后能行者也"，是说君必待四之愿嫁而后嫁之。总之，志是待应而行，所以胡煦说："坎，志，震，行也。用一志字，则知愆期者无应也，故须待"。

## 【等待的艺术】

温海明：等时间，等人，等自己的心意成熟，等对方的心意合自己的意，好像等的艺术。

姚利民：等待人并进行配合需要艺术。

温海明：人一定要等。

陈佳红：要好好等。

王昌乐：醉里挑灯看剑，情是剪不断理还乱。

张吉华：虽然"愆期"，但归之事却矢志不渝，故归之时是有待而行。

王昌乐：子贡求善贾而沽诸，孔子待贾者也，这个太合了。

郑朝晖：所谓知几。

王昌乐："君问归期未有期，巴山夜雨涨秋池"。

郑　静：其实人的一生就是在等。

郑朝晖：不愿为娣则等，人生为娣为常态。

王昌乐："此恨绵绵无绝期"。

郑　静：等在的，等不在的。等知道的，等未知的。等近的，等远的。一个等字，精彩。

王昌乐：红灯停，绿灯行，黄灯亮了等一等，等是智慧。不过"君当作磐石，妾当作蒲苇"。

刘永红：这句话感觉有点处乾位守坤道。

王昌乐：朝为田舍郎，夕入天子堂。

张弛弘弨：九四：贤德之女也。可能是相貌有点不如意，妙龄时无应。但毕竟是才女，迟早还是能嫁出去的，不是大龄剩女。

（整理者：秦凯丽　中国人民大学哲学院硕士生）

# 贵胜而行　网必得合
## ——归妹卦六五明解

时间：2016年10月29日21：30 — 22：25

【明解文本】

六五：帝乙归妹，其君之袂，不如其娣之袂良。月几望，吉。

《象》曰："帝乙归妹"，"不如其娣之袂良"也。其位在中，以贵行也。

【讲课内容】

**辛亚民：**"帝乙归妹"这句爻辞在《周易》中二见，另一处是在泰卦六五爻辞："帝乙归妹以祉，元吉。"可见"帝乙归妹"是商周时期较为著名的故事。顾颉刚先生根据《诗经·大明》中关于周文王的婚礼的描写，认为帝乙所嫁之女即是文王元妃太姒，武王之母；而帝乙就是纣王的父亲，"帝乙归妹"是一次商周联姻，因此被广为流传。这一观点现在还存在争议，认为证据不足，多属猜测。这里供大家参考。

现存文献中商王确有名为帝乙的，金文中有记载关于对"文武帝乙"的祭祀。"帝乙归妹"当是商王帝乙嫁女的故事，当时属极其隆重、盛大之事，故广为流传，逐渐演变为一句具有象征意义的爻辞被运用在了《周易》的占卜之中。"其君之袂，不如其娣之袂良"，这里的"其君"显然是针对"其娣"而言，"娣"为陪嫁之女弟。"君"当为出嫁之姊，即所"归"之"妹"。"袂"为衣袖，这里指代婚嫁时的服饰。盛装出嫁，结果新娘的服饰反没有陪嫁女的服饰漂亮——以此象征所占之事或有憾惜，有喧宾夺主之忧。"月几望"，《周易》习见，如小畜卦上九、中孚卦六四等都有这句爻辞出现。"几"字有二解。第一种，"几"如字读，近也。古人以每月十五为"望"。"月几望，吉"就是快到十五的时候会得吉。第二种，"几"通"既"，马王堆帛书《周易》作"既"。古人以每月十六至二十三为"既望"，意即至"既望"这段时间会得吉。整句爻辞以帝乙嫁女设喻，表明所占之事虽为隆盛，但却有遗憾出现，至接近"望"日或"既望"时可得吉。《小象》"以贵行也"，"贵"有二指，以爻位言，六五爻得中处尊，故贵；以义理言，"帝乙归妹"，地位、身份尊贵。"行"即行事，古人亦有以女子出嫁称"行"者。

# 【讨论内容】

张吉华： 史上确有帝乙其人，易辞中还有其他的人名、物名，可能是借其名而述其易
理，不一定是实指。

张弛弘弢：本袂，衣袖，不指整体服饰。尊夫人的衣袖不如陪嫁者娣之衣袖华丽，说明
她有美德不尚外饰。"六五，尊贵之女，尚礼而不尚饰，故其袂不及其娣
之袂良也"（程颐）。本六五，柔德居中，执妇道谦恭不自满。如月之将
"望"而其光未盈，吉之道也。

震→求

↓

兑→喜

元　融： 下求上？上求下？

张弛弘弢：本震→长男→动→求

↓

兑→少女→悦→来

元　融： "归妹"，是恨嫁，还是恨娶？

张弛弘弢：恨嫁，就是着急嫁。恨娶，就是着急娶。

（整理者：孙世柳　中国人民大学哲学院硕士生）

# 仰无所承　劳而无功

## ——归妹卦上六明解

时间：2016年10月30日21：30 — 22：41

【明解文本】

上六：女承筐，无实，士刲羊，无血，无攸利。

《象》曰：上六"无实"，承虚筐也。

【讲课内容】

**辛亚民：** 今天我们学习归妹卦最后一爻。这句爻辞相对比较容易理解，女子举筐，却未采到果实；男子杀羊，却无血液流出——喻示劳而无功——"无攸利"。这里的"刲"是刺的意思。在《左传》记载的《周易》筮例中就有这一爻。

> 初，晋献公筮嫁伯姬于秦，遇"归妹"之暌。史苏占之，曰，"不吉。其繇曰：'士刲羊，亦无衁也；女承筐，亦无贶也'"。（《左传·僖公十五年》）

这里的引文与今本《周易》有异。孔颖达《左传正义》认为："此引彼文而以'血'为'衁'，'实'为'贶'，唯倒其句，改两字，而加二'亦'耳，其意亦不异也。"另外，在马王堆帛书《易传》中也有对这一爻的解释，但却是从政治视角加以诠释，从君臣上下取予关系的角度表达了帛书《易传》作者的一种政治主张。帛书《缪和》："李羊问先生曰：《易·归妹》之上六曰：'女承匡无实，士刲羊无血，无攸利'。将以辞，是何明也？子曰：此言君臣上下之求者也。……夫贤君之为列执位也，与实俱，群臣荣其列，乐其实……故可长君也。贪乱之君不然，群臣虚立，皆又外志，君无赏罚以劝之，其于小人也，赋敛无限，嗜欲无厌，征求无时，财尽而人力屈，不胜上求……此所以亡其国以及其身也。……孔子曰：夫无实而承之，无血而刲之，不亦不知乎？且夫求于无有者，此凶之所生也，善乎谓无所利也。"这里的"君臣上下之求"的政治思想是从男、女，"承筐""刲羊"引申而来，但也包含有爻位的观念。男尊女卑，故男象征上，女象征下，"承筐、刲羊"象征求取。王弼、孔颖达即着眼于上六爻的爻位，认为上六爻处最高位，"仰无所承"，又与下卦六三不能构成阴阳相应，这就好比女子"承筐"上无所盛，男子杀羊，下无所应，所以"无攸利"。《小象》则基本上是对爻辞原意的复述。

## 【讨论内容】

### 【"筐无实"】

王昌乐： 这个归宿好不好，还要在妹心。

张吉华： 上六为阴，故为女之筐，无实之事。

王昌乐： 震卦为长男，为竹，有筐象。

张吉华： "刲"为刺，以上刺下也，言阳爻向下动进也。九四向下，负阴而刺，进不合爻动数理，故无阴灭见血转阳之事，故也无攸利。

姜　江： "女承筐，无实，士刲羊，无血。"也有点像在戏台上演戏，用的是道具。

王昌乐： 互离，中虚，无实。所以筐"无实"。

张吉华： 上六爻辞是在言归妹卦义之依据，即九四不可直进六三之姐，只可回娶上六之妹。

王昌乐： 这个无实可以有多种理解。

姜　江： 请进一步分析一下，为什么会不实呢？

王昌乐： 上六自身阴柔，又居极，不应不比。

### 【杀羊无血】

王昌乐： 杀羊不流血，是可以做到的。有人描述："杀羊不见血，剥皮不用刀"。具体做法是：将一只羊四蹄朝上放在一个搭好的木架上，其中一位抓住羊的两只后蹄，另一位按住羊的头部，用刀在羊的颈部附近，靠近心脏的位置把皮子稍稍拉一个口子，用右手插入羊的颈部下方扯断羊的动脉血管，让血液回流到心脏，这样羊就不会出血。接下来两位开始有顺序地剥皮，用一只手扯着羊皮，另一只手握拳，用拳推羊皮，从杀羊到剥皮整个过程仅几分钟。兑为羊，互离为戈，所以有杀羊之象。

丰　铭： 这么说"士刲羊，无血"是好事，但是爻辞是"士刲羊，无血，无攸利"。

王昌乐： 古时候祭祀很正常，尔爱其羊，我爱其礼。杀羊刚好是祭祀的需要，所以就提了。上六变卦为离，互坎为血，所以无血。士杀羊无血，是没有办法完成祭祀的。

（整理者：贡哲 中国人民大学哲学院硕士生）

（本卦校对：王鑫 中国人民大学哲学院硕士生）

时　　间：2016年10月31日21：30 — 22：56
导读老师：谢金良（复旦大学人文学院教授）
　　　　　蒋丽梅（北京师范大学哲学院副教授）
课程秘书：贡　哲（中国人民大学哲学院硕士生）

雷动电明　丰照天下
——丰卦卦辞明解

## 55 丰卦

离下震上

【明解文本】

丰：亨，王假之。勿忧，宜日中。

《彖》曰：丰，大也。明以动，故丰。"王假之"，尚大也。"勿忧，宜日中"，宜照天下也。日中则昃，月盈则食。天地盈虚，与时消息，而况于人乎，况于鬼神乎？

《象》曰：雷电皆至，丰。君子以折狱致刑。

【讲课内容】

**谢金良**：为能更好地疏解《周易》经传中的字词音义及其象理，本卦讲解主要参考黄寿祺、张善文《周易译注》、王振复《周易精读》、马振彪遗著《周易学说》（张善文整理）、张洪之《周易象理证》、朱骏声《六十四卦经解》等，还侧重引用福建师范大学蔡飞舟先生的研究成果《经典释文周易音义疏证》（唐国子博士兼太子中允赠齐州刺史吴县开国男陆德明撰，泉州晋江蔡飞舟疏）来疏解卦爻辞中关键字词的音义训诂。此外，还援引了若干当代学者翻译本卦卦辞的译文（相关作者和书名，引文均有备注）。在字义训释方面，本人尽量坚持"信以传信，疑以传疑"的原则，不盲从，亦不胡说。在义理剖析方面，尽量依据传统的解释义例，避免牵强附会遮蔽经义。

关于"丰"字的音义情况，且看蔡飞舟《经典释文周易音义疏证》（后文简称《疏证》）：

丰（芳忠反。《字林》匹忠反。依字作"丰"，今并三直画犹是变体，若曲下作豆，"礼"字耳，非也，世人乱之久矣。《象》及《序卦》皆云：大也。案丰是脾厚光大之义。郑云：丰之言俥，充满意也。坎宫五世卦。）

【疏】丰《广韵》敷空切，敷东合三平通。《释文》首音同。《字林》匹忠反者，滂纽，古音同。

"今并三直画犹是变体"者，按"丰"之异体作豐、豐、豐、豐、豐等，又马王堆汉墓帛书《周易》作"豐、豐、豐、豐、豐"，不知陆氏所指为何。"若曲下作豆礼字耳，非也"者，"豐"为"丰"之异体。"丰"之小篆文作豐。《说文·丰部》："丰，豆之丰满者也。从豆，象形。一曰《乡饮酒》有丰侯者。凡丰之属皆从丰。豐，古文丰。"隶定或作"豊"者，"丰"之讹也。"豊"小篆作豐，《说文·豐部》："豐，行礼之器也。从豆，象形。凡豐之属皆从豐。读与礼同。"则"豐"为"礼"之本字，与"丰"异。《象》及《序卦》皆云"大也"者，《易·丰·象传》："丰，大也。"《易·序卦》："丰者，大也。""丰是脾厚光大之义"者，孔颖达《疏》："丰者，多大之名，盈足之义。"郑云"丰之言俥，充满意也"者，《十三经注疏正字·卷三》："'脾'通志堂本作'俥'。案脾、俥皆训厚。未详孰是。今《玉海》亦作'脾'字。"

综观多种注《易》成果，以"大"释"丰"，源自《易传》（《象传》及序卦），历代鲜有异议，今亦从之。故认可"丰盈硕大"乃为"丰"之义也。

亨，向来多数释为"亨通"，黄寿祺、张善文乃主此说。高亨《周易大传今注》以为是通"享"，当代易学家周振甫、刘大钧、刘正、王振复等不少学者从之，以为有"享祭"之义。"亨"字在《周易》中出现频率很高，是理解《周易》思想的一个关键点。王振复《周易精读》主要从巫学文化角度解读经传，别具一格，颇能自圆其说。因此，他以"享祭"释"亨"，值得参考。

当然，倘若根植易学解释传统，我更倾向于作"亨通"解。理据大体有二：一是古本"亨""享"有别，不太可能误用，故通假之说不可取；二是亨通之义，流传久远，于此释读经文更有深意，故以"享祭"解"亨"难免割裂传统。

关于"王假"二字的音义情况，《周易疏证》主要在家人卦中有详解：

王假（庚白反，至也。下同。马古雅反，大也。）

【疏】所在经文为"王假之"。参看《家人》"王假"条。

王假（更白反，《注》同。至也。郑云：登也。徐古雅反。马云：大也。）

【疏】所在经文为"王假有家"。假《广韵》二读，假借之假《广韵》古疋切，见马开二上假。休假之假古讶切，见祃开二去假。而《集韵》又增数读，其中增入声各额切，见陌开二入梗。正与《释文》首音同。此处注音，明假借也。假与格通，训为至。《广雅·释诂一》："假，至也。"又《诗·大雅·云汉》"昭假无赢"。毛《传》："假，至也。"《礼记·王制》"归假于祖祢"。郑玄《注》："假，至也。"此处王弼《注》同。"郑云登也"者，义略同至也。《庄子·大宗师》"是知之能登假于道者也若此"，《淮南子·精神》"此精神之所以能登假于道也"，此皆登、假连用，于义则同也。徐古雅反者，音同《广韵》古疋切。马云"大也"者，亦假之常训也。《尔雅·释诂上》："假，大也。"《易·萃·象传》"王假有庙"。李鼎祚《集解》引陆绩曰："假，大也。"《易·丰》"王假之，尚大也。"陆德明《释文》引马《注》："假，大也。"

"王假之"，《象传》仅曰"尚大也"。以致"王假之"三字都令人费解。东汉马融曰："假，大也。"唐代孔颖达《周易正义》曰："假，至也。"据此，王振复释为"莅临"，张善文释为"达到"，取义大同小异。综观之，马融之说，与《象传》相同，当与古义更近；而《周易正义》之说，源自王弼《周易注》（即王弼注），后世多数注家从之。家人卦九五爻辞"王假有家"、萃卦辞"王假有庙"，张善文《周易译注》加以注释：假，王弼注"至也"，《经典释文》"更白反"，则旧音读如"格"（gě），此处犹如"感格"，《周易尚氏学》引《尚书·尧典》"格于上下"，《周易集解》引陆绩注，训"假"为"大"。

由此观之，从古至今都没把"假"义完全搞清楚。那么，"王假之"，作何解呢？恐怕只能根据各人的理解来翻译了。

接下来，继续来理解卦辞"勿忧，宜日中"。从字面上看，没有费解的字眼。但理解其义，并不容易，仍是众说纷纭。查阅马振彪《周易学说》，苏林曰："日者，君之象；中者，明之盛。"《周易本义》云："盛极当衰，则又有忧道焉。圣人以为徒忧无益……故戒以无忧，宜日中也。"再查阅多种注本，发现对卦辞的翻译，都不太一样。以下试引几种译文作比较：

> 丰卦象征丰盈硕大：亨通，有德君王可以达到丰盈硕大的境界；不必忧虑，宜于像太阳位居中天一样保持充盈的光辉。（黄寿祺、张善文《周易译注》）

> 丰卦卦辞：可以祭神，君王亲临祭地祭拜。没有忧虑烦心的事，祭神适宜于安排在正午时分。（王振复《周易精读》）

> 丰卦：祭祀，王到庙。勿忧，应该在太阳正中祭。（周振甫《周易译注》）按李镜池《周易通义》认为："这是讲行旅、商旅的专卦"，认为是反映商人生活。对此，周振甫不同意。

在丰盛之时，是亨通的，王者一统天下，至于此丰盛。不必忧虑，应该象日在当中，照遍天下一样，使惠泽无穷。（南怀瑾、徐芹庭《周易今注今译》）

丰：举行祭祀，大王亲至。勿忧虑。宜在中午进行。（刘大钧《周易概论》之《易经全译》）

卦辞：盛大意味着亨通；君王值此盛极之时，不应该整天担忧盛极而衰，而应该积极设法使盛大的事业如日中天一般继续保持下去。（周山《周易解读》）

丰卦：可以举行祭祀，君王到了祭祀的地方，不用忧虑，祭祀适宜于中午进行。（杨维增《周易基础》）

卦辞：顺利极了。国王到了这里。不要担忧。这种情况只适合在中午时。（刘正《中国易学预测学》）

丰卦：举行祭祀，君王将亲临宗庙。不要担心，最佳时刻当在正午时分。（徐子宏《周易全译》）

土地和人口的资源丰富，国家就能够繁荣昌盛。为王者如果大公无私地以国为家、以天下为家，就能够产生巨大的凝聚力，使民众共同关心国家的前途和命运，社会环境良好的程度也就会因此如正午的时分一般阳光灿烂。（徐丛《周易正读》）

卦辞试译：丰盈硕大气象出现时，可致亨通，如同君王处于丰大之时（或：达到如此境界）；不必过于忧虑（物极必反），而应该效仿如日中天（明耀四方一样充满盛德感化天下）。

既然从各种白话译文中已很难明白卦辞的旨意，不妨再从卦象上分析一下：

（像）丰，豆之充满者，从豆，象形，故又为腆厚光大之义。卦泰二之四，又噬嗑上之三。震为王。马融曰：假，大也。勿忧者，劝勉之言也。犹《诗》曰：上帝临女，无贰尔心。离为日，离南为中。明则见微，动则成务，故大。尚上通。兑西昃也。兑缺食也……（清代朱骏声《六十四卦经解》）

丰，大也。噬嗑上反三，明威并用，曰丰。阴阳交，故亨。乾为王，谓四宜之五。假，至也，故王假之。坎为忧，离为日，四动之五，离日中当五。接坎，故勿忧宜日中。（理）大则可通，大亦可忧。惟圣人能致此大，迹惟圣人能保此大。保之之道，非徒知忧而已。盖日中则昃，物极则衰，是在持满以中，勿使过盛而已。（证）中天之治化，日中也。而相持之久者，盖由于虞处交徵，不自满假也。若齐桓葵丘一会，稍萌矜志，而诸侯叛者九国，则殊不知此耳。（民国张洪之《周易象理证》）

顺便指出，清代朱骏声《六十四卦经解》侧重于疏解卦爻辞与卦爻象的关系，大多运用卦变、之正等条例来解《易》；而民国张洪之《周易象理证》，则不仅侧重于解象，而且还专注卦爻辞的义理和史证。这两部书篇幅都不大，但却都比较全面地综合了历代象数易学家在解释卦象的各种成果，都是很值得借鉴的。因此，我在本周对卦象的解读，主要参考以上两家的相关说法。

传统易学的解释一套又一套，看似牵强附会，却也有例可依。现代易学家的解释，也有一定的字义依据，更多的是发挥个人想象力，也有一定的历史逻辑。依个人之见，要把卦爻辞解释清楚实在太难了。我们能知道太难了，就可以了。接下来再简要谈谈本卦的《彖传》和《象传》。

《彖传》的解释很清楚，首先从字义上训"丰"为"大"，紧接着从上下卦象"明以动（于天上）"解释此象甚"丰"。继而说明"王假之"，在于王与日一样都"尚大"；又说明"勿忧，宜日中"，乃宜于如太阳的光明一样普照天下。为什么呢？"日中则昃，月盈则食；天地盈虚，与时消息，而况于人乎？况于鬼神乎？"此若借用现代思维和语言表达，就是说客观自然规律的变化，是不以人的主观意志为转移的，因此人类只能顺应自然规律的变化，效仿自然演化的模式。作为君王应如何效仿呢？太阳移动到正午时分（明以动至日中时），充满光辉，境象丰大；君王奋斗到丰收富有之时，也应该充满盛德，明治天下，这才是顺应自然常理，与时偕行，因此可以"勿忧"。总之，处"丰"之时，并非坏事，即使难免要由盛转衰，也应该如日中明日一样做好明君，做好盛德之君。本卦卦义甚明。

周振甫《周易译注》译文："《彖传》说，丰卦，是大。（离下震上，火下雷上，明下动上），明而动，所以丰。'王假之'，崇尚大事。'勿忧宜日中'，应该照耀天下。太阳正中就要偏斜，月亮圆满就要亏缺，天地间的日月还有这样的满和缺，跟着时间消长，何况人事呢？何况鬼神的受祭祀呢？"

黄寿祺、张善文《周易译注》译文："《彖传》说：'丰'，意思是丰盈硕大；譬如道德光明而后施于行动，就能获丰盈硕大的成果。'有德君王可以达到丰盈硕大的境界'，说明王者崇尚弘大的美德；'不必忧虑，宜于像太阳正居中天一样保持充盈的光辉'，说明宜于让盛德之光遍照天下。太阳正居中天必将西斜，月亮圆满盈虚必将亏蚀；天地大自然有盈满有亏虚，都伴随着一定的时候更替着消亡与生息，又何况人呢？何况鬼神呢？"

比较一下前引两种译文，很不一样吧？孰是孰非？委实难判。以下再略引《周易学说》中诸家之说，以备参考：

叶西曰：宜日中，以明言；日中则昃，以盛言。

刘沅曰：离日互兑西，故言昃。伏坎月，见兑毁，故言食。

沈该曰：丰，六月卦。雷奋而亨，火盛而炽之时，故为丰。而爻以幽暗不明为象者，盖以体言之，雷动于上，电照于下，风雨晦明之时也。以爻言之，初九之阳，二阴乘之；三四之阳，五、上重阴覆之，阴掩阳之象也。以理言之，时方盛则芽蘖生焉，是以戒其过。

一说，坎为忧，离为坎之反，故勿忧。

《象传》的解释角度不同，也很清楚。首先是按上下卦象的主要象征物（上卦为震为雷，卜卦为离为电），简析"雷电皆至"的境象就是"丰"，就是止大光明、明镜高悬之时，因此君子"以折狱致刑"时也应效仿明日"丰大"时"明以动"，电闪雷鸣般、公正快速地审判案件。雷震之威，可震慑罪犯；离日之明，可秉公断案。公生明，明生威，则折狱致刑可无冤也；天下无冤，则君子明也；君王明也，天下前途一片光明也。丰之威明，其义大矣哉！不妨再简要比较一下两种不同的译文：

周振甫《周易译注》译文："《象传》说（离下震上，电下雷上），雷电都来了，是丰卦。君子因此判断狱讼，施行刑罚。（电指明断，雷指刑罚）"

黄寿祺、张善文《周易译注》："《象传》说，雷声和电光一起到来，象征（威明之德）'体盈硕大'，君子因此效法雷的威震和电的光明审理讼狱、动用刑罚。"

欲明丰卦的象义理，还必须细细与噬嗑卦加以比较，才能更明白。请看噬嗑卦辞及其《彖》《象》：

噬嗑：亨，利用狱。

《彖》曰：颐中有物，曰噬嗑。噬嗑而亨，刚柔分，动而明，雷电合而章。柔得中而上行，虽不当位，利用狱也。

《象》曰：雷电，噬嗑；先王以明罚敕法。

卦辞对比：都是"亨"。但噬嗑卦言治狱，丰卦说王道。《彖》对比：丰卦是"明而动"，噬嗑卦是"动而明"。《象卦》对比：丰卦是"雷电皆至，丰"，噬嗑卦是"雷电（又作电雷），噬嗑"；丰卦言"君子以折狱致刑"，噬嗑卦言"先王以明罚敕法。"皆言刑狱之事，一个针对君子，一个针对先王。

丰卦与噬嗑卦，都由经卦离和震构成，只是上下交换而已。从卦象上看，无论是"明而动"，还是"动而明"，皆不失其威明，故皆得"亨"。然而，丰卦是大亨，其德惟王可配，故卦辞重在阐明王道，力求威而明；噬嗑卦是合而得亨，亟待去除啮物方能相合，故卦辞重在阐明用狱之利，力求明而威。丰卦是上动下明，噬嗑卦是上明下动。《周易》中，凡是离明震动组合，都是利于用狱；凡是离明艮止组合，都是无敢折狱。此说参考《周易学说》：

苏轼曰：易至于雷电相遇，则必及刑狱，取其明以动也；至于离艮相遇，则曰无敢折狱、无留狱，取其明以止也。

朱子曰：噬嗑，明在上，是明得事理，先立法在此，未有犯威者，留待异时之用；丰，威在上，明在下，是用法时须明见下情方得。

张洪之曰：皆至者，谓二体相合，明动并行。明能察狱，则无狱不折；威能用刑，刑亦无所不至矣。

**蒋丽梅：**《序卦传》"得其所归者必大，故受之以丰"，以物归而成其大来说归妹卦之后的丰卦。而金景芳则以为，得其所归者必大未免勉强。丰卦辞中"亨"与"勿忧"之间值得注意，"亨"即"勿忧"，但以后我们会在讲解爻辞时看到此卦吉凶并存，上六见凶，可见虽亨仍要有所为才能"勿忧"。

这也是《象传》讲"与时消息"的缘故。要呈至大，要如卦象，明以动，以明而动，动之以明，明达且要有所作为，遵循规律，顺应自然。此卦以日为喻，说至大之王德。孔颖达讲"财多德大，故谓之丰"，君主既要有德，还要有财。

正午的太阳普照天下，但危机四伏，过满则溢，所以注家在里面加了很多义理，比如"守常"，比如持盈处丰之道，比如保丰之道。所以胡炳文说"勿忧"，常人所不忧，而圣人所深忧，深切之辞，非谓无忧也。

正如谢老师刚才所说，《象传》在丰卦解释上走向了另外一个思路。以雷电之象说折狱致刑，法和惩相交，以成王之盛大。秦和周就是不同之丰，周之礼治衰败，再遇昏暗之主，日落之象。秦以严刑峻法成其盛世，但短促而亡。可见盛大之势维持不易，不可不深忧。


## 【讨论内容】

张吉华： 食肉器之满为丰，丰满而如日中之阳，阳在日中则昃。是由具象而至抽象的说《易》过程，由象数而至义理的过程。

谢金良： 是，亨者都忧，不久不亨，悟道之后才能勿忧明德。丰亨之德，成功者的智慧。孔子曰："夫丰，明而动故能大，苟大则亏矣，吾戒之。"

张吉华： 亨之忧？居中而始衰，故谋之宜日中，保中？

谢金良： 不忧而布德，如日中天，一切美满和平。


（整理者：王璇 中国人民大学哲学院硕士生）

# 遇其配主  相配相敌
## ——丰卦初九明解

时间：2016年11月01日 21：30 —— 22：29

## 【明解文本】

初九：遇其配主，虽旬无咎，往有尚。

《象》曰："虽旬无咎"，过旬灾也。

## 【讲课内容】

**谢金良**：今晚开始解读丰卦初九爻辞及其《象传》。综观中国易学史，后世学者可都是聪明绝顶，再难的句子都能翻译，而且都很有故事性：

> 初九居丰之时，有遇其配主，虽十日也没有咎病，前往则有功的象征。（南怀瑾、徐芹庭《周易今注今译》）

> 旅途之中受到一位女主人的接待，与这位寡居的女人结成夫妻。占卜结果显示：不会遭人议论，而且能得到人们的赞同。（徐子宏《周易全译》）

再看另外八种译法：

> 倒数第一阳爻，碰到女主人，只十天内无害，去有赏。（周振甫《周易译注》）

> 筮遇初九，遇到日蚀，初亏之时，日蚀阴影与日光相匹敌而均等，没有咎害。以前往为上策。（王振复《周易精读》）

> 初九：遇合相匹配之主，尽管两者阳德均等也不致咎害，前往必受尊尚。（黄寿祺、张善文《周易译注》）

> 初九：遇到肥族首领，只有十天内无灾，前往有奖赏。（刘大钧《周易概论》之《易经全译》）

> 初九：只要能够遇见与自己相般配的主人，即使延迟一些时间也无妨，前往会受到赏识器重。（周山《周易解读》）

> 初九：旅途中遇到与他匹配的女主人，两人同居，没有灾咎，前往有助。（杨维增《周易基础》）

> 初九：遇到他的女主人，在最初的十天之内是不会有什么过失的。发展下去，也会

受到她的尊重。（刘正《中国易学预测学》）

初九：在最后的时刻才来朝见君王，是因为只有他们这个新选取的领袖的替代者才明智的原因，虽然经过了漫长的努力和等待，也没有过错。因为他们现在的行为与过去相比，已经有了很大的进步和提高。（徐丛《周易正读》）

回顾一下前面各种译法，周振甫的译文最简洁，除了徐丛的翻译特别另类（绕了许多弯）以外，其余七种都有较多的共同点：十一个字中，对"遇""其""主""无""咎""往""有"等七个字的理解相差不大，差别就在"配""虽""旬""尚"四个字。大多是通假惹的祸！也与出土本用字不一相关。以下重点探讨这四个字词：

一、其配

其配（如字。郑作"妃"，云：嘉耦曰妃）

【疏】所在经文为"遇其配主"。"如字"者，明字形作"配"也。王弼即依"配"读之。郑作"妃"者，配、妃古通用。如《诗·大雅·皇矣》"天立厥配"。陆德明《释文》："'配'，本亦作'妃'。""嘉耦曰妃"者，《左传·桓公二年》："嘉耦曰妃"。《周易集解》引虞翻曰："妃嫔，谓四也。"是虞本亦如郑玄。又《古易音训》引晁说之曰："妃，古文配字。"则以妃为配之古文，又是一说。（引蔡飞舟《疏证》）

原来，古代时"配"可与"妃"通用。妃者，妃子、妃嫔也。就这样，美丽的女主人出现在译文里了。难道这就是真相吗？不可以。刘大钧先生认为，"配"帛《易》本作"肥"（良按："妃"与"肥"音近）。"肥主"是何意？联想到九四爻辞有"夷主"刚好可与"配主"对文，"夷"又是古中国人对东边少数民族的称呼，故以为"肥"也是少数民族。文献一查，春秋时还真有一支白狄的少数民族称"肥"（分布在今山西、河北一带）。于是，"配主"就成了"肥族首领"了。刘先生的考证发现，并非无稽之谈，可备一说。

汉语流传至今，与"配"相关的词语不少，如"般配""交配""相配""匹配"等，这些词都可以构成那个"其"与"主"之间的特殊关系。这就给后来的译者留下太多的想象空间，因此，似是而非的译文那么多！

二、虽旬

虽旬（如字，均也。王肃尚纯反，或音唇。荀作"均"。刘昞作"钧"）

【疏】所在经文为"虽旬无咎"。"如字"者，明字形作"旬"也，读如《广韵》详遵切，邪谆合三平臻。"均也"者，旬、均音近故通。《诗·大雅·桑柔》"其下侯旬"。陆德明《释文》："旬，均也。"《周礼·地官·均人》"丰年则公旬用三日焉"。郑玄《注》："旬，均也。"《礼记·内则》"旬而见"。孔颖达《疏》：

"旬，均也。"此皆训旬为均者。王弼《注》同。王肃尚纯反者，禅谆合三平臻。或音唇，船谆开三平臻，《集韵》增船伦切，音同。荀作"均"者，音义同，故相假也。《古易音训》引晁说之曰："旬，古文均字。"刘昞作"钧"者，亦声近通用也。旬、钧，皆假作均也。（引蔡飞舟《疏证》）

"虽"，虽然，即使。这按理也很好解释。可马王堆出土本（帛《易》本）偏偏唱反调，作"惟"，就可能是"只有"的意思了。所以，需要用"只有"的，就合法使用了！"

"旬"，今天的用义大多是指十天之数（刚好是十天干），沿用古代把一个月分成上、中、下三旬。在周代，据说"旬"还与礼节相关，大概是说十天之内应完成什么事才是合礼的。对此，可参见《周易学说》：

郑康成曰：初修礼上朝四，四以匹敌恩厚待之，虽留十日不为咎。正以十日者，朝聘之礼，止于主国以为限。聘礼毕归，大礼曰旬而稍，旬之外为稍，久留非常。

惠士奇曰：非常者，或逢凶变也。逢凶变则有过旬之稍焉。凶变谓之灾，故曰过旬灾也。

古往今来，仍有很多学者在此把"旬"当时间单位理解（郑玄、虞翻都训"旬"为十日）。可是古代的一些易家（如王弼）却另有高论，认为"旬、钧，皆假作均也"。现代的易学家，对"旬"又有新的理解，如李镜池说：借为婘。据《说文》：婘，男女并也。故可指男女姘居结合。这在前面的译文中都有一定的体现！

三、尚

"尚"，在古代与"上"相通，可译作"尊尚""崇尚"等，相当于"高大上"。可高亨先生另有看法，他认为"尚"与"赏"音通，可能就是"奖赏"之义。于是，很多后学者也认可了。

值得说明的是，对于传统以伦理道德解卦爻辞的做法，王振复先生认为这是以后代伦理学、哲学的观念来解释中、上古的巫术占筮文化现象，有待商榷；对于高亨先生等人读"配"为"妃"的做法，表示此说没有着落，很难说得通。廖名春先生释此爻的兆象为日蚀初亏。王振复比较认可，主要是考虑到丰卦以"日中"取象，且每爻爻象均与"日"象有关。

不管怎么说，想从字面上把初九爻辞彻底搞清楚，委实不容易！除非自以为是，那就很好办了。不妨撇开卦爻辞的单纯字义，再运用卦象、卦例等来分析一下。

从总体上看，丰卦之初九爻的爻辞并未显示"凶"或"不利"，不仅"无咎"而且"有尚"，应该可以理解成是比较好的一爻。从整卦上看，处于下卦离卦之下，离明初启，前途光明；虽居处于初下，不居中，亦不与九四相应，但当位得正，比之六二，阴阳互感。初与四，四为卦主（上卦震之主），与之匹配，又与之相敌（都是阳，不交，故敌），可谓是匹敌也。参阅《周易学说》，前贤对此均有所阐释：

王弼曰：处丰之初，其配在四，以阳适阳，以明之动能相光大者也。旬，均也。虽均无咎，往有尚也。初、四俱阳爻，故曰均也。

刘沅曰：初应四，四，震主也。初九以明之初，（李士珍曰：或说初，电之始发。）应动之初，（李士珍曰：或说四，雷之初起。）同德相配，故谓四为配主。旬，十日，数之盈也。旬无咎，爻喜其初丰。过旬灾，《传》戒其过丰，义相足也。

补充一下，论卦主，王弼有"遗爻举体"之说，如丰卦很难找出一个主卦或成卦之主，就可分别从上下卦中各找一爻为卦主。按"以少制多"原则，一经卦中若阴爻数量少于阳爻，则阴爻为主；反之，阳爻为主。依此，丰卦的卦主是六二与九四。但尚秉和先生认为丰卦的卦主是六二与六五（即"二五为卦主"），估计是以得中论卦主的。也许正因为六二也是卦主，所以对"配主"的理解，传统都以为是初与四配（而实际上按例是无应的，因此又生出了"敌应"，勉强说得通），而尚秉和先生认为"配主"就是初九与六二之主阴阳相配，二为配主，五为夷主。（李士珍曰：二为下卦之主，与初有阴阳之配，故初遇之。）不妨再引用前贤的看法：

张洪之曰：（象）震为主，阳与阳遇，体敌为配。旬，十日也。四变成坤为十。四之五，离为日，数以十为盈，故虽旬无咎。震为往。（理）数以盈为戒，丰之时，明动相资，四变应初。往而从之，非特无咎，且有足佳焉……体大过死，四不变，则十日象不见，故过旬为灾也。

朱骏声曰：四在震为主，初四敌应，故称配。往有尚，谓朝聘也。旬日者，朝聘之礼，止于主国以为限，聘礼毕，归大礼曰旬而稍。旬之外为非常。谓一旬之后，或逢凶变，不得时反，则有稍礼。曰稍者，留闲稍稍给之，故曰非常。所谓过旬灾也，离为火为日，故称旬。火性不留，亦其象也。初修礼上朝四，四以匹敌恩厚待之。虽留十日，不为咎耳。

马其昶曰：《仪礼疏》云，宾客之道，十日为正，一旬后或逢凶变，或主人留之，不得时反，即有稍礼。飧食燕献无日数，尽殷勤也。初明始，四动始，明动相资，致丰之道。初宜资四助五，嫌两阳不应，故曰虽旬无咎。旬者，天有十日，离之象。《说文》：旬，遍也。初遍历离爻而应四，无咎也。《传》曰过旬灾者，言其急于公事不久滞。《仪礼》，既将公事，宾请归是也。《易》于人事多取典礼为象，虽所举皆殷制，然可藉《周礼》以推知一二，周因于殷礼，三代损益，不甚相远。（引《周易学说》）

总体来看，从《象传》开始到东汉郑玄，再到清代惠士奇、朱骏声、马其昶等易学名宿，对此卦爻的解释，都有以礼释易的倾向，说得也有一定道理，但却令今人难以理解。近现代以来，新见迭出，李镜池以为这是关于商人外出经商的故事，周振甫、高亨等人认为是与女主人相遇之事，刘大钧发现这是与少数民族交往之事，而廖名春、王振复等人则以为是描述日食初亏之事。想想似乎都有一定道理，真是让人无所适从！

**蒋丽梅：** 我简单补充几点：1. 初九爻辞和六五一样，没有出现"丰"，因为处"丰"之初爻，还未及丰。2. 初九和九四爻辞，一说得遇到配主，一说遇其夷主，传统讲初四常以阴阳相应，丰卦两爻皆为阳，《程传》以明动相资解说，初九为明之初，九四为动之初，明与动是致丰之道；二阳相抗，一配一夷，反而成无咎与吉。

## 【讨论内容】

元　融：初九，"遇其配主"，这句话难以体会。但从卦变角度可以理解，《丰》从《泰》变化而来，二爻和四爻换位；二爻本是泰卦的四爻，初九六四正应，卦变以后，二爻来到身边，故言遇其配主。

谢金良：卦变说，之正说，都可解得较通。

元　融：旬，是十日，《泰》的上卦为坤，故言十，互离为日；初九会享受卦变带来的六二相逢，短暂的蜜月。

张吉华：我的拙见：初九回蓄，得到了九三、九四这两个配主（配之于初九爻时的），但这还远远不足，因为初九蓄阳还未满位，所以虽然遍及各爻皆蓄为阳也不为过，故而初九是在往上回蓄的。灾者，天火也。一旦初九蓄阳满位，即初九以上全部蓄转为阳，成为六爻皆阳的乾大卦，则六阳一起动进，便似天火一般向下而来。

（整理者：张馨月　中国人民大学哲学院硕士生）

# 履中当位 处暗不邪
## ——丰卦六二明解

时间：2016年11月02日 21：30—22：37

【明解文本】

六二：丰其蔀，日中见斗。往得疑疾，有孚发若，吉。

《象》曰："有孚发若"，信以发志也。

【讲课内容】

**谢金良：**先来了解一下各种白话译文（个别译文不包括《象传》）。具体如下：

六二：丰大掩盖光明的障蔽，犹如太阳正当中天却出现斗星，往前必有被猜疑的疾患；若能自我发挥诚信，则可获吉祥。《象传》说："自我发挥诚信"，说明六二应当通过诚信来开拓丰大光明的志向。（黄寿祺、张善文《周易译注》）

筮遇六二，日食将太阳遮住了，阴影丰大，正午时分，北斗七星显现于天穹，想要有所行动，又满腹狐疑、痛苦不堪。有俘获者可以发落，吉利。《象传》说：所谓有俘获者可以发落，六二象喻因内心诚实而发明光大的心志。（王振复《周易精读》）

六二居丰盛之时，有云层丰积，遮蔽太阳，而白日正当中之时，可以见到北斗的象征，这是很不可能、很令人怀疑的现象，故前往则有疑疾，惟有以孚信存于中，发于外，则能去疑而获吉。象辞上说"有孚发若"，是说以信发于外的意思。（南怀瑾、徐芹庭《周易今注今译》）

倒数第二阴爻，扩大蔽日的黑云，一片黑暗，日正中时看见北斗星，前去得到多疑病，有诚信来启发着，吉。《象传》说："有孚发若"，靠诚信来启发意志。（周振甫《周易译注》）

六二：（光明）大片被遮住，中午出现星斗。往得疑病，有诚可去其病。吉利。（刘大钧《周易概论》）

六二：太阳被巨大的帘子遮住，以致中午也能看见北斗星；追随昏君，将会受其怀疑犯忌。但是，待之以诚信，启发其良知，仍可吉祥。（周山《周易解读》）

六二：（日蚀时）太阳象被大草棚遮住了。中午时看到北斗星，这情况发展下去会

使人得精神病，如用诚信之心启发他可获吉祥。（杨维增《周易基础》）

六二：自己的缸瓿中食物充足。白天当中却看见了北斗星。如此下去，就使心里产生疑问。由于具有诚信的品德，所以才发现这些问题。因此是吉利的。（刘正《中国易学预测学》）

六二：将小席拼缀起来，躺下休息。正午时分，有人说看见北斗星。看来旅伴之中有人精神错乱。对他加以刺激，或许可以使他清醒。《象传》说：存心诚信，一言一行都能表现出来，因为这是坦白直率地表达了自己的心愿。（徐子宏《周易全译》）

六二：使君王的光芒所隐盖下的忠臣良将的功劳显现出来，这就有如在中午时分可以看见北斗星一样。实行这种政策容易使人产生疑心病，但只要保持心中的诚信，就可以使他们顺从，并由此产生良好的结局。（徐丛《周易正读》）

对六二爻辞的解读，为什么会五花八门？主要是对初九爻辞的理解开始就很不同的缘故，当然还是对关键字的理解有分歧。其实，对大家来讲，本爻辞中不太熟悉的就一个字："蔀"。且先看蔡飞舟《疏证》：

蔀（音部，王廙同蒲户反。王肃普苟反。《略例》云：大暗之谓蔀。马云：蔀，小也。郑、薛作"菩"，云：小席）

【疏】所在经文为"丰其蔀"。蔀《广韵》二读，训为蔀菜音蒲口切，并厚开一上流。训为小席音普后切，滂厚开一上流。《释文》首音音同《广韵》蒲口切。王廙同蒲户反者，并姥合一上遇，《集韵》增伴姥切，音同。王肃普苟反，音同《广韵》普后切。《略例》云"大暗之谓蔀"者，《周易略例》："小暗谓之沛，大暗谓之蔀。"按蔀、覆音义通。故王弼《注》云："蔀，覆暧。障光明之物也。"又《太玄·毅》"不可幽蔀也"。司马光《集注》："蔀，覆也。"皆覆盖遮蔽之义也，遮覆致暗，故《略例》云大暗之为蔀。马云"蔀小也"者，《集韵·厚韵》依马氏增此义。郑、薛作菩云"小席"者，菩、蔀音近相通。《说文解字·艹部》："菩，艹也。"小席者，亦覆盖之物也。义与王弼《注》略同。

"蔀"有"小席"之义，难怪有人联想到睡觉休息需要带小席，于是初九与配主外遇的故事就更连贯了！"蔀"是草字头，似与杂草丛生现象有关（朱震曰：震巽为草。王宗传曰：蔀，草莽阴蔽之地），进一步引申为覆盖遮蔽之义，也很有道理。从本卦诸爻辞上看，"蔀"与"沛"，如果都是障蔽物的话，"蔀"可能还是有漏洞的，遮得不够严实吧。"蔀"时小暗，见斗星（大星星）；"沛"时大暗，见沫星（小星星）。朱骏声曰：蔀当作部，从邑音声，音掊，与斗协，天文地理皆有部名，分部也。（术家推阐法为蔀首，亦当作部，讹蔀）

爻辞中还有一个现象，令人不解，就是"见斗"之事。且看《疏证》：

见斗（孟作"见主"）

【疏】所在经文为"日中见斗"。《古易音训》引晁说之曰："主，古文斗。"案，晁氏说非，主乃斗之讹字，非其古文也。"斗"甲骨作𢁬（合二一三四四）、𢁬（合二一三四八），金文作𢁬（秦公簋）、𢁬（蚺朕鼎），战国文字作𢁬（秦公簋盖）、𢁬（云梦·效律五），又传抄古文作𢁬（汗简）。《说文》小篆作𢁬，与汉简形近，皆象斗，然形不及甲、金文字易识。"主"传抄古文作𢁬（汗简）𢁬、𢁬（并古老子）、𢁬（华岳碑）。斗（𢁬）、主（𢁬）古文形近，故讹。

朱骏声曰：斗分阴阳，建四时，均五行，移节度，定诸纪，皆系于斗。分之建之均之移之定之，所谓天部也，故车盖之部，一名盖斗。日中见斗者，昼晦之象，北斗七星，离三震四为七，震数又为七。

"日中见斗"，到底是幻觉？还是天文奇观呢？是实象，还是虚象呢？这是理解本爻的一个关键。周振甫认为是虚象，徐子宏认为是幻觉，王振复认为是日食，还有不少古人以为是月食。如果仅从字面上看，"丰光被掩蔽，以致大白天见斗星"应该是符实的，但是虚实真假之境象，委实难以判定。我看，要当真也是可以的。可是，有生之年要遇一次正午时分日全食，可真不容易！

再提一个问题："斗"，是北斗七星吗？具体可参看《周易学说》：

何楷曰：斗为帝车，运乎天中。五以柔暗居尊，二仰承之，为日中见斗。

刘沅曰：互巽柔木，应震蕃鲜，故象蔀。蔀，草也。斗，昏见者也。日中见斗，明者忽暗，自恃其明则反昏暗。往应六五，必见疑疾，必以信发五之志。

李士珍曰：离为日，二位居中，故日中。斗指五，五居帝位，离目为见。斗见于夜不见于日者，其光为日所夺也。日光掩则斗见矣。坎为疑、为疾；巽进退亦为疑，又为风、为躁，亦疾也。坎有孚象，兑巽亦有孚象。

沈该曰：丰，六月卦。雷奋而亨，火盛而炽之时，故为丰。而爻以幽暗不明为象，盖以体言之，雷动于上，电照于下，风雨晦明之时也。以爻言之，初九之阳，二阴乘之；三四之阳，五、上重阴覆之，阴掩阳之象也。

还有一个问题："孚"字何义？能通"俘"吗？能训为"罚"，再变成刺激之义吗？从《象传》的解释来看，大多把"孚"当"信"解，历代经解也大多认同。难道儒门的解释都错了吗？这些问题值得深思！且看蔡飞舟《疏证》：

有孚（徐音敷，信也，又作𢟻）

【疏】孚《广韵》芳无切，敷虞合三平遇。《释文》引徐音同。"信也"者，常训也。《尔雅·释诂上》："孚，信也。"又如《易·泰》"勿恤其孚"。孔《疏》及李鼎祚《集解》引虞翻语、《大有》"厥孚交如"。孔《疏》及《集解》引虞翻语、《观》"有孚颙若"。孔《疏》及《集解》引马融语、《序卦》"故受之以中孚"。韩康伯《注》、《书·汤诰》"上天孚佑下民"。孔安国《传》、《诗·大雅·文王》"万邦作孚"。毛《传》，金曰："孚，信也"。又作"敷"者，敷之异体也。吕祖谦《古易音训》引晁说之曰："敷，古文。"《汉书·礼乐志》"朱明盛长，敷与万物。"颜师古《注》："敷，古敷字也。"《汇校》云宋本作"専"者，専乃敷之本字。《正字通·寸部》："専，敷本字。"

《象》曰："有孚发若，信以发志也。"显然是训"孚"为"信"。故历代多由此阐理。且看《周易学说》诸论：

九家云：信著于五，然后乃能发其顺志。

李士珍曰：二以文明之臣，上遇昏暗之君，往则必得疑疾。交浅而言深者愚也，未信而纳忠者谤也。感发以信，释其疑而去其疾，故吉。

朱骏声曰：二五皆阴，君臣俱暗，积暗成疾，故曰往得疑疾。阴称疾，阳称庆，然卦上动下明，暗而复明之象。孚者信其志，发者发其蔽，若者顺其道，即六五之来章有庆也。君子信而后谏，惟大人为能格君心之非，亦其义也。

马其昶曰：卦自泰来，二变离，四变震，明以动，是由泰致丰之道。然自丰体既成之后观之，备巽、离、兑三女卦，此盛极将衰候也。阴气充塞于中，于是在下者惟巽之草木，弥满大地，故有丰蔀丰沛之象；在上者惟兑之暗昧，蔽日之光，故有见斗见沬之象。郑注困云，兑为暗昧，日所入也；上掩日月之明，故谓之困。丰亦犹是也。恒星昼见，日之光有所蔽耳。二与五不应，又互巽之初，进退志疑，故往得疑疾。发若者，积离中之孚，化阳以应五也。

张洪之曰：（象）"蔀"，《说文》，草覆暧也。巽为草莽，故蔀。噬嗑，离在上为日中，为见。艮为斗。离上之三，隐巽蔀下，故日中见斗。坎为疑疾，四往之五，故往得疑疾。五动成坎，为有孚，故有孚发若。得位与应，故吉。（理）丰蔀之斗，"暗"象也。天下之理，明则无疑，暗多疑。二以明投暗，其见疑于五必矣。惟俟其破疑而信，然后顺而事之，则吉也……五动成坎，为信，为志，故信以发志。

小结一下：与初九爻辞不同的是，六二爻义明显是"有孚发若，吉"。为什么是吉利呢？按解释条例分析很清楚，六二居中且正；用"阳爻之行，遇阴则通"也能解。为什么不是完全的吉利，而是"往得疑疾"，须"有孚"才能得吉呢？从爻位上看，六二乘于初九之上，与六五不相应（故有疑疾），但与初九、九三有比（故朋友之间的诚信特别重要，"有孚发若"是成"吉"的前提和关键）。从整体上看，六二有疾亦有吉，只要"有孚"就能得上下左右比邻之阳相助而"有福"。从卦义上看，当天下昏暗，前途不明之时，信心很重要，信念很重要——乌云是遮不住太阳的！

综观前辈时贤妙解之后，我也来"妙解"一下爻辞：

【义解】六二：丰（正午日辉）光被其障蔽所掩，以致正午时分人们可望见北斗七星；顿时天昏地暗，该何去何从呢？作为常人，难免忐忑不安，充满疑虑，故往（有所前往者或前往时）得疑疾；此时应当"有孚"，坚信太阳的光辉还是能够像以前的样子重新焕发的（即"发若"），才能获得吉祥。

【直译】六二：丰光被障蔽，日中见斗星，往得疑心病，信光将再发（只要相信阳光将重新焕发），前往得吉祥。

## 【讨论内容】

### 【"往"】

张吉华：　初九也有一个"往"字。

蒋丽梅：　李光地引张子说，凡言往者，皆进而上也，初进而上，则遇阳而有尚，二既以阴居阴，又所应者亦阴，故往增"疑疾"。看《程氏易传》解释，"疑疾"是从二与五爻来说，讲明才遇暗主。六二本应是明之主，但其以阴居阴，又不得所应，真是危机潜伏。

谢金良：　宋人以君臣解卦爻，阐明了义理，但不是易理。故不太可取！

### 【"发"】

蒋丽梅：　另外"有孚发若"中"发"字与谢老师请教。

谢金良：　"发"，我老师是理解成发挥、开拓之意。我另一老师，解成发落。我理解成焕发，都可商讨。按辞义，应该是把孚信体现出来才对。

蒋丽梅：　秦简作沷，帛书作溢。

张吉华：　发与溢、沷？发，由此及彼，未定方向；溢，由上而下也。这沷？似乎溢比发更好，更具象一点。

蒋丽梅：　溢，《尔雅》《广雅》都是盈或者满的意思，可能与丰盛而衰相符合。

张吉华：　满而溢下，故有转义。

蒋丽梅：　但此说很难与"疑疾"相贯通，宋儒的说法似乎更有感染力，但确实与易理相去甚远。

谢金良：　满则溢，溢则发（洪水）乃致江河沷沟之灾也。"发"，由里及外也。君子黄中通理……发于事业：美之至也。"喜怒哀乐之未发，谓之中；发而皆中节，谓之和"。

张吉华：　生发之义。

（整理者：黄仕坤　中国人民大学哲学院硕士生）

# 屈己慎守 不致咎害
## ——丰卦九三明解

时间：2016年11月03日21：30 — 22：27

**【明解文本】**

九三：丰其沛，日中见沫。折其右肱，无咎。

《象》曰："丰其沛"，不可大事也；"折其右肱"，终不可用也。

**【讲课内容】**

**谢金良**：我们继续释读丰卦九三爻辞及其《象传》。先把疑难字词音义疏通一下。主要有三个字较难懂：沛、沫、肱。且看蔡飞舟《疏证》：

> 沛本或作"旆"，谓幡幔也。又普贝反，姚云：滂沛也。王廙丰盖反，又补赖反。徐普盖反。子夏作"芾"，《传》云：小也。郑、干作"韦"，云：祭祀之蔽膝。
>
> 【疏】所在经文为"丰其沛"。本或作"旆"者，假沛为旆，王弼《注》："沛，幡幔，所以御盛光也"。是王弼亦读沛为旆读。又普贝反者，如字读之，不作旆读。沛《广韵》普盖切，滂泰开一去蟹。正与《释文》普贝反音同。而旆为并纽字，故此处读如沛。姚云"滂沛也"者，水盛大之貌也。《玉篇·水部》："沛，滂沛。"《汉书·礼乐志》"沛施佑"，颜师古《注》："沛，沛然泛貌也"。《后汉书·张衡传》"涷雨沛其洒涂"，李贤《注》："沛，雨貌也"。而《易》注训同者。《周易章句证异·卷二》："石介训如水之沛然之沛。吕大临，沛然下雨也。赵汝楳同。黄炎宗谓雨甚也。"此皆训为水貌者也。王廙丰盖反，敷泰开一去蟹，与《广韵》普盖切，古同重唇音。又补赖反，并泰开一去蟹，与《广韵》"旆"音同。徐普盖反，与《广韵》"沛"音同。子夏作"芾"者，《易经异文释·卷四》："《诗》'蔽芾甘棠'，《汉荡阴令张迁碑》作'蔽沛棠树'"。是沛、芾，古亦音近相通。《传》云"小也"者，《尔雅·释言》："芾，小也"。此处读如《广韵》方味切，非未合三去止。郑、干作"韦"者，疑为"芾"之形讹也，当从宋本正之。又《古易音训》引亦作"芾"。云"祭祀之蔽膝"者，《诗·曹风·候人》"三百赤芾"，《毛传》："芾，韠也"。毛氏浑言之也，析言则芾、韠有别。《诗·小雅·采菽》："赤芾在股，邪幅在下。"郑

玄《笺》："芾，大古蔽膝之象也，冕服谓之芾，其它服谓之韠，以韦为之。"芾读如《广韵》分勿切，非物合三入臻。

沫（徐武盖反，又亡对反，微昧之光也。《字林》作"昧"，亡太反，云：斗杓后星。王肃云：音妹。郑作"昧"。服虔云：日中而昏也。《子夏传》云：昧，星之小者。马同。薛云：辅星也）

【疏】所在经文为"日中见沫"。沫《广韵》二读，莫贝切，明泰开一去蟹。无沸切，微未合三去止。音异义同，《广韵》皆训为水名也。徐武盖反，微泰开一去蟹，与《广韵》莫贝切，古音同。又亡对反，微队合一去蟹，《集韵》增呼内切，音同。"微昧之光也"者，此读沫为幽昧之昧也。王弼《注》："沫，微昧之明也。"训同。《字林》作"昧"者，昧《广韵》莫佩切，明队合一去蟹。《字林》亡太反，微泰开一去蟹。"斗杓后星"者，《集解》引《九家易》曰："沫，斗杓后小星也"。北斗七星第五至第七星为杓，杓后小星，即辅星，在第六星开阳之旁。王肃音妹者，音同《广韵》莫佩切。郑作"昧"者，字同《字林》、子夏。服虔云"日中而昏也"者，《楚辞·招魂》"身服义而未沫"。洪兴祖《补注》引或曰："沫，日中而昏也。"又《楚辞·离骚》"芬至今犹未沫"。洪兴祖《补注》："沫，微晦也。"则服虔义与王弼义近，皆训为微晦也。《子夏传》云"昧，星之小者"者。《集解》引虞翻曰："沫，小星也。"薛云"辅星也"者，同《字林》。又《周易义海撮要·卷六》引《易·丰》陆希声《传》："沫者，斗概，谓斗之辅星。斗以象大臣，概以象家臣。"亦以沫为辅星也。

肱（古弘反。姚作"股"）

【疏】所在经文为"折其右肱"。肱《广韵》古弘切，见登合一平曾。《释文》音同。姚作"股"者，李富孙《易经异文释·卷四》："《史记·十二诸侯表》鲁成公'黑肱'。《鲁世家集解》作'股'"。此盖皆形近之讹也。

稍稍领会一下古人对前引三字的理解。通俗地说："沛"，如大雨滂沱，雨量充沛，犹如幡幔，遮天蔽日，所以天地大暗。"沫"，辅星，斗杓后的小星星，犹如飞沫一般，星星点点。（参阅《周易学说》，九家云：沫，斗杓后小星。王宗传曰：五有斗象，上居五后，沫也。折中云：见斗见沫，太阳食时是也。食限甚，则小星亦见。）"肱"，手臂弯曲处；或作股，那就是大腿了。九三爻辞中的字义都清楚了，翻译应该不难。不妨试着评述一下现当代诸家译解。先引三种：

九三，丰大掩遮光明的幡幔，犹如太阳正当中天却出现小星；若能像折断右臂一样屈己慎守，则不致咎害。《象传》说："丰大幡幔以遮掩光明"，说明九三不可承担大事；像折断右臂一样屈己慎守，说明九三终究不可施展才用。（黄寿祺、张善文《周易译注》）

筮遇九三，兆像是日食丰大的阴影像幡幔一般完全遮蔽了太阳。时值正午，连小星都在天穹显现。折断人的右臂可免遭咎害。《象传》说："所谓日食丰大的阴影像幡幔一般，说明筮遇此爻时机不利，人不可轻举妄动去做大事。"所谓折断人的右臂，指九三象喻人遇此时终究不可有所作为。（王振复《周易精读》）

倒数第三阳爻，扩大遮阳的黑云，昏暗不明，日中看见小星，折断他的右肱，（可以治愈），无害。《象传》说："'丰其沛'，不可做大事。'折其右肱'，终究不可用。"（周振甫《周易译注》）

比较一下前三种译法：对主要字义的理解基本相同，就是思路不一样。平实而论，张善文先生的译法，相对而言是比较如实到位的。（良按：译文重在尊重爻辞文本，不离不弃，不增不损，又能见出所译文辞的内在逻辑）王振复先生有一定新意，周振甫先生比较直白，但有点缺乏前后逻辑关联。

南怀瑾、徐芹庭《周易今注今译》："九三居内卦之极，在丰之时，有云层丰积在太阳之上，在日中可以看到小星之象。云在日上，这是危险的，故有折断其右肱的现象，但这还是无大咎的。象辞上说：'丰其沛'，是说在此时不可做大事；'折其右肱'，是说终久不可以用的意思。"南怀瑾、徐芹庭先生解卦爻辞，喜欢通俗易懂，又原汁原味。为求浅易，难免添油加醋。不过，解释《象传》的做法，我还是比较赞赏的，就是仍直引经文，而非白话译文。

刘大钧《周易概论》之《易经全译》："九三：（天）越来越暗，中午出现昏黑，（黑暗中）折断了右臂，（但）无灾。"刘大钧先生的译文简洁明了，逻辑清楚，比较注重文本。但前两句，似乎并非原意。

周山《周易解读》："九三：太阳被巨大的幔幕遮蔽，以致中午时也能看见天上的那些小星星；处在暗无天日的时期，即便有济世之心，也只得折断了右臂一样无所作为，以避免灾祸。"周山先生的译文，大体尊重文本，但后两句的翻译，就有点自以为是了。当然，意思还是很清楚的。

杨维增《周易基础》："九三：（日蚀时）太阳象被大幡幔遮住了，中午时看到天上的小星星，有人不小心折断了右臂，好在没什么灾祸。"杨维增先生的译文也很言简意赅，但后两句的翻译值得商榷。果真如此，每爻都是一则故事，那就真要改变对《易经》解读的方法了。

刘正《中国易学预测学》："九三：自己的房子里东西充足。白天当中却看见了小星星。自己的右臂折断了。这些事不会造成什么过失。"刘正先生对上六的大房子念念不忘，所以每爻都想跟房屋联系在一起。想法很好，惟恐依据不足。

徐子宏《周易全译》："九三：将铺草加厚，躺下休息。正午时分，此人又说见到鬼魅。将他的右臂折断。经此一吓，或许他能清醒。"徐子宏先生据《子夏易传》把"沛"作"茆"，把"沬"借为魅，继续编写他的行旅游记。

徐丛《周易正读》："九三：让民众的光芒显现出来，就如正午时分可以看见天上水沫般的繁星一样。这样做可能会损害权贵、大臣们的利益，但没有过错。"徐丛先生异想天开，莫名其妙地请来权贵，替代"折其右肱"，太曲解了！

末学斗胆对前辈时贤的译文简评一下，未必妥当，惟恐贻笑大方之家！亦请大家指正！这么做，目的是货比三家，逐渐提高分辨是非的审美能力，也能从中加深对卦爻辞的多维认识！真心的碰撞，智慧的火花！在解与不可解之间，寻找本义、真义、了义。从爻义上看，九三比六二更加黑暗，真正的天昏地暗，走投无路，无法辨清方向，才会误入歧途，"折其右肱"，但结果是有惊无险，并无咎害。从爻位上分析，九三处下卦之上，不居中但当位得正，据于六二之上，上承九四之阳，与上六相应，故无吉亦无大凶。三多凶，故有凶险。（初九）阳爻之行，遇阳则阻，九三为阳，故前往受阻而"折肱"。从卦象上看，九三爻变而二、三、四构成下互卦为艮，艮为手，故有"肱"之象；三、四、五原本构成上互卦为兑，兑为毁折，故有折肱之象。（参阅《周易学说》，虞翻曰：兑为折，艮为肱。刘沅曰：沛，泽也。互兑泽，沛象。变坎水，变沬。变互艮为手，肱象。）

丰之下卦为离，离为日；一卦之中，二、三、四、五均为中爻，故丰卦中间四爻皆以"日中"取象。上互兑泽，泽中有水；九四爻变而二、三、四成坎，坎为水、为云雨；二、三、四、五可看成一个大坎卦，外阴内阳，其水充沛，云雨交加，而能遮天蔽日，故"丰其沛"，又见沬。（沛与沬，偏旁都是三点水，可见与水有关系。）

为什么是"右肱"，而不是"左肱"呢？这从辞义上肯定很难破解。但有人从爻象上加以解释。刘沅曰："互兑属右，毁折。三处明之极，过用其明如阴蔽，肱折终不可用。"马其昶曰："三为内卦之右。"师古曰："言遇此灾，则当退去右肱之臣，乃免咎。"（并引《周易学说》）

为什么折其右肱，还能无咎呢？郑康成曰："手而便于进退，右肱也。犹大臣用事于君，君能诛之，故无咎。"不妨想象一下：在黑暗之中，前往时摔了一跤，落地时赶紧用右臂撑住（常人都是右臂惯用，比较有力量，较左边灵敏，先撑也就先断了），所以没有摔得很重（好在有右肱先顶，避免伤身！君犯事时也常是右臣先顶罪，以免伤君！其理同也），有惊无险，总算是没有咎害（无咎：折断的手臂更有力量。手臂骨折，算是小伤。但是，手臂有伤，就不好做事，故终不可用也）。且再参看《周易学说》：

> 刘沅曰："明与动相资，而后成大事。爻以无咎助人自守其明，象以终不可用戒人恃明，义相足也。"

马其昶曰："刚失位而不中，是以不可大事也。谓三四两刚，不在二五之位也。此及遯三，皆当位，而皆曰不可大事，亦以失位而不中也。（马振彪谨案：此说重不中二字，谓三失居卦中之位，非指阴阳之位而言。）丰之时所任为股肱者，蔀耳沛耳，不足为栋梁之器，虽小有才而不可大事，终不可用也，用之与无人同。股肱不良，折退之无咎。剥上言小人不可用，与此同。"

总的看来，九三处离明之极，由明转暗。此时，人人居心叵测，不知如何是好。前往途中，难免不慎摔伤，但并无咎害。辞义显示，在黑暗之中，既要当位得正，更须持中守中，方能不乱方寸，屈己慎守，避免折肱之失。从另一个角度看，在关键时候，该出手时就出手，才能伤手而保身求得无咎，否则脑子摔坏了就酿成大祸！黑暗之中，危难之时，才能认清谁是你的得力助手（真正朋友），才能考验一个人驾驭自己和掌握时局的能力！一向都能守持正固、不失其中者，无论天地明暗、家国丰歉、社会安危，都能一如既往地从善如流，勇往直前，为实现伟大的理想事业奋斗终身！到了上六，就"丰其屋"了。

**蒋丽梅：**从日中见斗到日中见沫，六二到九三，可见昏暗之加强。关于"无咎"的原因有几种解释：九三以明才居离卦之上，遇上六昏昧之主，只是"折其右肱"已是幸甚；王弼说折右肱，虽有左在，不可用也。因此不可大事，无可作为，因为无所作为才无咎。王弼《周易略例》中总结此卦说："丰……其统在恶暗而已矣。小暗谓之沛，大暗谓之蔀，暗甚则明尽，未尽则明昧，明尽则斗星见，明微故见昧。"他认为爻以居阳位，又不应阴为美。

## 【讨论内容】

**元　融：**九三"丰其沛，日中见沫"和六二"丰其蔀，日中见斗"，对比下，可以有一种体会，二爻是部分遮蔽，三爻是全部遮蔽；二爻有点像日偏食，三爻有点像日全食；昨日离妹心念震兄，三爻为行动爻，离妹心急，和震兄有拉扯的动作，把自己的右臂扭伤了，离妹心里美，和震兄终于手拉了下手。

三四五爻互兑，为右，折损之象；二三四互巽，为股，下肢之肱，故言折其右肱。为了和心爱的震待上一会儿，负点伤又算得了什么！无咎。

趁着夜幕降临，离妹出手了，二三四为巽，进退之象，震兄不配合，扭了小蛮腰，可惜。日中，其实是太阳被遮蔽了一半，从这个角度勉强解释。这么解释不知道是否牵强。震，可以做斗讲，上震下离，大白天看到北斗，日中见斗，也是全卦之象。

（整理者：李芙馥　中国人民大学哲学院博士生）

# 遇其夷主　得主复明
## ——丰卦九四明解

时间：2016年11月04日21：30 — 22：34

**【明解文本】**

九四：丰其蔀，日中见斗。遇其夷主，吉。

《象》曰："丰其蔀"，位不当也。"日中见斗"，幽不明也。"遇其夷主"，吉行也。

**【讲课内容】**

**谢金良：** 继续释读丰卦九四爻辞及其《象传》。先看以下几种不同的译文：

九四，丰大掩挡光明的障蔽，犹如太阳正当中天却出现斗星；但能遇合阳德相平衡之主，吉祥。《象传》说："丰大掩挡光明的障蔽"，说明九四居位不妥当；"犹如太阳正当中天却出现斗星"，说明此时幽暗而不见光亮；"遇合阳德相平衡之主"，说明九四可获吉祥宜于前行。（黄寿祺、张善文《周易译注》）

筮遇九四，日食阴影丰大而遮住太阳，正午时分，北斗七星显现于天穹。遇到日光微露之象，吉利。《象传》说：所谓日食阴影丰大而遮住太阳，是说九四居位不当。所谓正午时分，北斗七星显现于天穹，九四象征天时未明、幽暗蒙昧。所谓遇到日光微露之象，是指吉利之时运来了，可以有所作为。（王振复《周易精读》）

九四以阳居阴位，在丰盛之时，也有"丰其蔀"，"日中见斗"的象征，如前往遇其相等相类的伙伴，则能得助而获吉利。象辞上说："丰其蔀"，是由于其位不当的关系，"日中见斗"，是由于幽暗而不明之故，遇其夷主，是因能选择吉利而行之故。（南怀瑾、徐芹庭《周易今注今译》）

倒数第四阳爻，扩大蔽日的黑云，日中看见北斗星。碰见平常去寄宿处的主人，吉。《象传》说："丰其蔀"，地位不恰当。"日中见斗"，幽暗不明。"遇其夷主"，出行吉。（周振甫《周易译注》）

九四：（光明）大片被遮住，中午出现星斗。遇见了西戎族首领，吉利。（刘大钧《周易概论》之《易经全译》）

九四：太阳被巨大的帘子遮蔽，以致中午也能看见北斗星；志同道合者，吉祥。

（周山《周易解读》）

九四：（日蚀时）太阳象被大席棚遮住，中午时见到北斗星。外出遇见与自己地位相当的主人，可获吉祥。（杨维增《周易基础》）

九四：自己的缸瓯中食物充足。白天当中却看见了北斗星。遇到他的平易待人的主人。这些都是吉利的。（刘正《中国易学预测学》）

九四：将小席拼缀起来，躺下休息。正午时分，此人还在说看到北斗星，看来还未恢复正常。幸好遇着了他的老店主，把他托付给老店主，这一下可清净平安了。（徐子宏《周易全译》）

九四：使君王的光芒所隐盖下的忠臣良将的功劳显现出来，这就有如在中午时分可以看见北斗星一样。这种行为将使得遥远的边民也会在漫长的跋涉后赶在冬天之前来朝会贤明的君王，边远民族被感化将会带来圆满的结局。（徐丛《周易正读》）

比较一下，译法分歧还是相当明显的。九四与六二爻辞前两句相同，都是"丰其蔀，日中见斗"。看似雷同，却是解读丰卦辞义的关键。这两句的辞义，在我看来意思是很明显的，就是正午时分丰大的阳光被什么东西遮住了，以致出现"日中见斗"的奇观。（周振甫认为"日中见斗"之说，不可能是实象，当是假象，即事实上是没有的。以为"日中"比极光明之时，"见斗"比心地极为阴暗。）

对于"日中见斗"，我倒倾向于是一种天文现象，是将近（离）日全食的时候空中能见到北斗七星。这是天体运行的自然客观现象，没必要幻觉，也不是海市蜃楼般的虚象，而应该是爻辞作者（或之前先民）经历目睹的实象，是一种少有的天文奇观。因此，王振复先生判定丰卦六爻与日食有关。细细对比，恰好体现了从日食初亏、日近全食、日全食、日离全食、日食消退、人为日食（躲在大屋里不见日光，丰屋遮日，犹如日食；自蔽自藏，故曰人为）的过程，反映了离以震（即明以动，日光在不断移动）的不同变化，契合了卦义，也符合辞理，具有合情合理的内在逻辑，又不完全违背历代经解的传统疏释。倘若此论靠得住，那么丰的解读就不再疑窦丛生，许多问题都能迎刃而解。

接下来探讨"遇其夷主"。"夷"，怎么解释？这是一个难题。"夷"字义：1. 我国古代中原地区华夏族对东部各族的总称。亦泛称中原以外的各族。《礼记·王制》："东方曰夷。"《孟子·梁惠王上》："莅中国而抚四夷也。"近代亦以称外国。2. 古代锄类农具。（《管子》）3. 平坦。4. 平和，平易。5. 讨平。6. 铲平，削平。7. 诛灭。8. 伤，伤害。9. 安放，陈列。皆对尸体而言。10. 侪辈，同辈。11. 等同，平列。12. 见夷俟、夷固。13. 喜悦。14. 大。15. 贬低，降低。16. 衰微，衰落。17. 发语词。18. 相传黄帝时始作鼓者。19. 古国名。在今山东省即墨县西。20. 通"彝"。21. 姓。〔罗竹风《汉语大词典》（上卷）〕

　　《易经》中不止一次用"夷"，除了"夷主"，还有"明夷"（《序卦传》：进必有所伤，故受之以明夷；夷者伤也。《杂卦传》：晋昼也，明夷诛也），"匪夷所思"等。有人说，明夷与朝鲜有关。但《老子》中的"夷"：明显与朝鲜无关。"视之不见，名曰夷"（十四章）、"夷道若纇"（四十三章）、"大道甚夷，而人好径"（五十三章）。《尚书》中也有"夷"："分命羲仲，宅嵎夷，曰旸谷……厥民夷，鸟兽毛毨。"（《虞书·尧典》）"月正元日，舜格于文祖，询于四岳，辟四门，明四目，达四聪。'咨，十有二牧！'曰：'食哉惟时！柔远能迩，惇德允元，而难任人，蛮夷率服。'（《虞书·舜典》）无怠无荒，四夷来王。"（《虞书·大禹谟》）

　　问题的关键是，此处"夷主"之"夷"究竟何义呢？刘大钧先生以为是夷族，可与肥（配）族相应，似乎也有一定道理。大多数注家按传统释义为"平"，由此张善文先生理解为"均平"，刘正先生理解为"平易"，徐子宏先生理解为"常"，看来都是无可厚非。唯独很少有人解释为"伤"，奇怪！《易经》中共三处不同构词的"夷"，其中"匪夷所思"之"夷"可理解为平常（也有说法认为是"弟"或"娣"之误），"明夷"之"夷"按《易传》是理解为陨伤、诛灭。那么，"夷主"与"伤"有关系吗？按我的理解，"伤"义更古，更接近本义，也与《易经》的用辞意义较为接近。但若解为"伤"，"夷主"何义呢？不妨从卦象上分析一下，若九四变而为阴，则丰卦变明夷卦，可见"夷主"与"明夷"关系非同一般。因此，我拟用"伤"义解"夷主"。而这刚好可以联系"日中见斗"来解释：日全食结束时，阳光微露，天色渐明，小星退隐，只见斗星，此时大体上仍是天地昏暗，若能遇到使光明陨伤的主人（即若能知道日食的主因，那么也就心中有数，可以继续前往），也就得到吉祥。这样解释，还挺有道理的！如此再回顾初九之"配主"（肥主），也就很清楚了，那是使光明丰盈（肥）的主人，从天象上理解就是日与月相配，互不遮挡之时，故可理解为日食初亏的主因（日月在天空交配运行，难免会出现互相遮掩的现象）。

　　从九四爻的爻辞上看，象辞与六二爻一样，都是"丰其蔀，日中见斗"（朱骏声曰：二、四同功，故丰蔀见斗同象）；兆辞都是"吉"。因为二、四爻都是丰卦的成卦之主。但爻位不同，获得吉利的前提条件也不一样。六二处于下卦，往上行进，须坚定信念才能祛疑疾得吉利；九四居上卦之下，仍须往上，但已接近光明，只要知道造成黑暗的主因就能获得吉祥。对九四而言，既不居中，关键是要得位。若能得位，则吉。而得位就必须由阳变阴，成《明夷》之主。

　　不过，根据传统的义例，从爻位上看，"三多凶，四多惧"，九四爻既不当位也不居中，与初无应，按例应该是忧惧凶险之兆才对，结果为什么偏偏是"吉"呢？这是一个难题，也是特例之一。从某种意义上，也说明了"诗无达诂，易无达占亦无定例"的道理。但这并没有难倒历代的经学家，虽然解释多少有些牵强。理据有三：其一，九四爻为成卦之主，也是由丰卦变为明夷卦之主（或是明夷卦变为丰卦之主），确是能"遇其夷主"，双重主爻身份，故吉；其二，九四与六二同功而异位，若四之二，二之四，则丰卦变泰卦，卦象通泰，阴阳交感，故吉；其三，六爻取明动相资者为吉，九四为震动之初，初九为离明之初，初与四虽敌应，但明动相资，故吉。（熊良辅曰：六爻取明动相资者为吉，恃明妄动者为凶，非如他卦以阴阳相应为善。行，震性动，动而遇初，故吉。）

传统经学对"夷主"，还有多种解释。如孔颖达曰：二阳体敌，故四谓初为夷。（良按：如此而言，六爻里，四在中如中国，初在边如夷族；四是配主，初是夷主。）刘沅曰："夷，等夷，谓初九也。初与四阳刚同德，故曰夷主。"熊良辅曰："当丰大时，以同德相辅为善，不取正应是也。初适四，则以四为主，四适初则以初为主，明与动互相资也。"马其昶曰："初为远方小侯，故称夷主。"朱骏声曰："夷，平等也。初、四敌应，故曰夷主。"（并引《周易学说》）

不过，个人认为传统对夷主的解释，从卦象上似乎能解得通，但在辞理上说不通，缺乏内在的逻辑联系，故不从。

马其昶曰："五为斗，二应之，四承之，故皆曰见也。互兑为'幽不明'。履、归妹，下体兑，故九二皆曰幽人。夬、萃，上体兑，故九五皆曰未光。"

张洪之曰："四失正，故位不当；巽为潜伏，故幽不明；震为行。"

不妨稍作小结，从义理的角度，《象传》已对九四爻辞阐明得相当清楚：一是居位不当（因）；二是幽暗不明（果），三是遇主得吉（兆），因此得位复明是关键。而要得位，就必须尽快知道造成目前所处境况的主因。从爻象上看，要得位，四爻之正，必须由阳爻变成阴爻；从义理上论，要"遇其夷主"方能得位，说明要先找到主要事由（如造成丰蔀见斗，使光明夷伤的主因），才能准确把握方向，尽早走出迷途，尽快获得吉祥。

（整理者：秦凯丽　中国人民大学哲学院硕士生）

# 丰之大庆 尊阳光大
## ——丰卦六五明解

时间：2016年11月05日 21：30 — 23：13

**【明解文本】**

六五：来章，有庆誉，吉。

《象》曰：六五之吉，有庆也。

**【讲课内容】**

**谢金良：** 今晚的内容相对简单，爻辞字数很少（六个字），大多无须费解。但还是有歧义的。先请浏览诸家译解：

六五，召致天下章美之才以丰大光明，必获福庆和佳誉，吉祥。《象传》说：六五的吉祥，说明必有福庆。（黄寿祺、张善文《周易译注》）

筮遇六五，日食消退而阳光普照，光辉灿烂，时来运转、福庆之时，值得称誉，吉利。《象传》说：六五爻辞所谓吉利，是指此爻象示有福庆、有好运。（王振复《周易精读》）

虞翻曰："在内称来。"章，显也。庆，谓五阳出称庆也。誉谓二，五发得正，则来应二，故"来章有庆誉吉"也。这是本爻设辞的象学依据。按：五变阳，则能与二相应，凡由内卦至外卦称往，由外卦至内卦称来。五变阳而应二，故来章。（南怀瑾、徐芹庭《周易今注今译》）良按：实际上，他俩对此爻并无直译其辞。很奇怪！以注代译。也有可能是译漏了。

倒数第五阴爻：取得文采，有庆贺赞誉，吉。《象传》说："六五"之"吉"，"有庆"。（周振甫《周易译注》）

六五：重现光明，人们欢庆赞美。吉利。（刘大钧《周易概论》之《易经全译》）

六五：招揽贤能人士，会得到吉庆和美誉，因而吉祥。（周山《周易解读》）

六五：得到美德，就有福庆和佳誉，当然是吉祥的。（杨维增《周易基础》）

六五：回来以后具有很高尚的品德。又有很多值得庆贺和赞誉的言行。这是吉利的。（刘正《中国易学预测学》）

六五：赚得美玉，大家都庆贺夸奖他，这是吉利之兆。（徐子宏《周易全译》）

六五：完美的乐章从臣民中传来，贤明的君王必将因为其谦虚谨慎的作风而受到国民的广泛庆贺和赞扬，将由此产生一个圆满和结局。（徐丛《周易正读》）

"章"，究竟何义？看了以上译文之后，难免要开始纠结。前引诸家译解之义大致依次是章美之才、阳光灿烂、显也、文采、光明、贤能人士、美德、高尚的道德、美玉、完美的乐章。尽管都用词不一，但大同小异，可以因此肯定大家都认为"章"的意思是好的。那么，"章"在此爻辞中的本义是什么？这个问题应该是本爻中最值得探讨的。

王振复先生《周易精读》认为：章，从音从十。音，声之文。十，《周易》古筮法以自一至十的十个自然数之和演易，称"大衍（演）之数五十（应为'五十有五'，金景芳考定，《易传》脱'有五'二字，可从），其用四十有九"。十为古筮法中演卦十个自然数之终，引申有完美之义。因而章有美义。六五居尊位，质虽柔阴而能致天下之明，象喻日全食阴影消尽而得明之义。

苏轼曰："六五来章，谓虚己以来二阳。"（马振彪谨按：此二阳指三、四两阳爻而言，非谓二爻也）谓之来者，我来彼也。王宗传曰："五之所处者中，则无自丰自亢之失。"王申子曰："柔顺得中，谦虚待下，故能来章。岂惟有誉，其福庆将及于天下。"钱一本曰："五，日中之位，王假之于上，资四之动以为动，资二之明以为明，明动合而章，皆六五中天之庆。"刘沅曰："章，明也。下卦离明为章。五虚中资人之明以自辅，明者皆来，民被其庆，而君得其誉。誉由于庆，象言庆而誉该其中。"李士珍曰："在兑口上，誉之象。"马其昶曰："震在上体，五之义多优于四，一得中，一失中也。"（并引《周易学说》）

朱骏声曰："章，显也，明也，即坤之含章。含章则隐，来章则显。诗，维其有章矣，是以有庆矣。来与六二之往对言，二以明发志，五以动来章。来章者以群贤之明，助一人之明，故明照天下也。兑为口，故誉。有庆绝句，与章协。"（又在内称来，庆谓五，阳出成乾，乾为庆也。誉谓二，二多誉，五发得正，则来应二也。又爻变兑，明动相资而和悦也。卦之革，去暗来明也。又逢五之涣二，丰成革，革治历明时，故称章菶。丰与涣旁通。）

胡炳文曰："（二三四）三爻称'日中'，皆有所蔽；六五不称'日中'，盖宜日中，无蔽也。"《周易折中》指出："五，君位也。象辞所谓'王假之'者，即此位，则五乃卦主也。卦义所重，在明以照天下；六五虽非明体，然下应六二为文明之主，而五有柔中之德，能资其章明以自助，则卦义所谓'勿忧，宜日中'者，实与此爻义合。"

张洪之曰："在内称来，阳自内发，故来章。庆谓乾五。二多誉，应五，故有庆誉。动得正，故吉。二至四三爻称日中，皆有所蔽，蔽于四也。四已变，五正当日中，无所蔽也。

比四应二，重明丽正，化成天下，以永终誉，何庆如之？"

不难发现，在丰卦六爻中，惟独六五爻辞是最好的，没有一个不吉利的词语。初、三爻辞是无咎，二、四爻辞虽吉但都有先决条件，上六明显是凶兆，因此说六五爻是丰卦之最吉之爻当不为过。若按卦象和爻义分析，按义例来看，六五即使得吉也应有瑕疵才对的（六五是居中，称柔中，但并不当位，乘于九四之上，与二无应，与上无比，无阳可承；按"阳遇阴则通"，则是吉的），而事实上爻辞中"章""誉""吉"都很好。这是为什么呢？前引历代易家也都试图对此予以阐释，但似乎都不够圆融彻底。以下拟在前辈时贤零星观点的基础上，分别从两个角度谈谈个人的理解。

1. 从取象的角度。南怀瑾先生认为，由内往外曰往，由外往内曰来，故初、二有"往"，六五有"来"。丰卦上震下离，离为明为章，故爻辞有"来章"；震为动为庆，六五居上震之中，故"有庆"。丰卦的上互卦为兑，兑为口为誉；六五若要得正，须由阴变阳，则上震成兑，亦为誉，故六五"有庆誉"。（一说，二多誉。那么，二"章"来应，则"誉"就有了，相应之故也）六五"有庆誉"，说明已转正（由阴变阳），则可下应六二离明之"来章"，又可居中而得正，成上卦中正之爻，故"吉"。正因如此，《象传》一语道破天机，指出"六五之吉，有庆也"。（张洪之曰：乾五出，为有庆。）按照我的理解，就是能转正而得庆誉，使之既中且正，也就大吉大利了。

2. 从辞义的角度。如果我们把丰卦六爻看作一个日食的现象与过程，六二是接近日全食，九三是日全食，九四是刚离开日全食，那么六五就应该是重见天日了（日中之日，光辉灿烂）。顺着这一思路，我们很容易理解"来章"：来，出来，照来；章，太阳的光彩（章，显也，明也，美也……其实本义都离不开"光彩"，而光彩之源就是太阳的光辉）。太阳又出来了，天地由暗转明，顿时人心沸腾，奔走相告，互相庆贺，互相赞美，故"有庆誉"而"吉"。这不是合情合理吗？

当然，我们还可以用想象的空间来理解六五爻辞。单就本爻辞而言，并未与"日"绑定，就理当存在多种可能。只要把"章"理解成任一美好的事物，那么出现"来章"，必是丰卦收获之时，自然是有庆佳誉，喜得吉祥了。由此，我们再回头理解丰卦辞，也就明白"宜日中"的深刻含义了。

最后，简单小结一下：丰卦之六五，居上卦之中，若能转正，便是上吉之爻。爻义显示，当暗转明之时（弃暗投明），即使持中仍须行正，方能在福庆之时赢得美誉而获吉利。正是：

　　山穷水尽疑无路，柳暗花明又一村。此村正逢丰收季，喜庆佳誉皆吉利。（其一）
　　日食结束喜来章，众人欢腾庆新阳。暗时守正赢美誉，家国丰收皆吉祥。（其二）

【讨论内容】

张吉华： 丰卦之六五，居上卦之中，若能转正，便是上吉之爻。请问是如何转正的？

谢金良： 由阴转阳，即转正。

张吉华： 阴阳关系，不仅相对应，而且相转化。十是一个轮回的又一开始。但十毕竟是处于一之阶段，是最后，故是告一段之时。

（整理者：孙世柳 中国人民大学哲学院硕士生）

# 自宅自藏 由福生祸
## ——丰卦上六明解

时间：2016年11月06日 21：30 — 22：55

【明解文本】

上六：丰其屋，蔀其家，窥其户，阒其无人，三岁不觌，凶。

《象》曰："丰其屋"，天际翔也；"窥其户，阒其无人"，自藏也。

【讲课内容】

谢金良：我们继续释读丰卦上六爻辞及其《象传》。先看释读内容中的关键字词，且看蔡飞舟《疏证》：

> 丰其屋（《说文》作"丰"，云：大屋也。）

> 【疏】所在经文为"丰其屋"。《说文》作"丰"当从宋本改作"寷"。《说文·宀部》："寷，大屋也。从宀丰声。"《易》曰："'寷其屋。'"段氏以《说文》此处引经解字，经文当作"丰"，不作"寷"，可备一说。（良按：丰其屋，意思是房屋很大。丰，大也。参见《周易学说》）。张载曰：丰屋蔀家，自蔽之甚，穷大而失居者也。张浚曰：丰其屋，以聚敛衰积为事，自盈也。蔀其家，家道不明也。阒其无人，天下离心也。程颐曰：高亢昏暗，自绝于人，人谁与之？

窥（苦规反，李登云：小视。）

【疏】所在经文为"窥其户"。窥《广韵》去随切，溪支合重纽四平止。《释文》音同。李登云"小视"者。《广韵·支韵》："窥，小视也。"《战国策·秦策二》"以窥周室"。鲍彪《注》："窥，窥同。小视也。"参看《观》"窥"条。良按：窥，同"窥、窥视"，从缝隙里探看屋内情况（小视也）。朱震曰：九三正应，自下窥之。离目为见。

阒（苦鹏反。徐苦鹏反，一音苦鹹反。）马、郑云：无人貌。《字林》云：静也。姚作"閟"。孟作"窒"。并通。

【疏】所在经文为"阒其无人"。《释文》"阒"鹏当依卢改作"阒"。阒《广韵》苦鹏切，溪锡合四入梗。《释文》音同。徐苦鹏反，音同苦鹏切。一音苦鹹反，溪麦开二入梗，按阒《集韵》增有求获切，群麦合二入梗，音近。马、郑云"无人貌"者。《玉篇·门部》："阒，静无人也。"《集解》引虞翻曰："阒，空也。"《字林》云"静也"者，与无人貌略近。《说文新附·门部》："阒，静也。"《文选·王粲〈登楼赋〉》"原野阒其无人兮"。李善《注》引《埤苍》曰："阒，静也。"姚作"閟"、孟作"窒"者，阒（溪纽锡部）、阋（晓纽锡部）、窒（端纽质部）音近相通。姚信作"閟"者，疑其为"阒"之讹字也。而"閟"本为"阋"之讹字，《诗·小雅·常棣》"兄弟阋于墙"。毛《传》："阋，很也。"阋有很戾忿争之义。孟作"窒"者，与"阋"义同，《广雅·释诂三》"怪，很也"。王念孙《疏证》："窒，与怪通，言很戾也。"阋、窒皆训为很戾。然姚信、孟喜《易》传已缺，不知然否。又《古易音训》引晁说之曰："窒，古文。"良按：阒，读作qù，意思是寂静无人。参见《周易学说》，郑玄曰："阒，无人貌。"虞翻曰："阒，空也。"《淮南子》云："非无众庶也，言无圣人以统理之也"。

觌（徒历反）

【疏】所在经文为"三岁不觌"。觌《广韵》徒历切，定锡开四入梗。《释文》音同。良按：觌，读作dí，意思是看见。

藏（如字）

【疏】所在注文为"藏荫之物"。"如字"者，平声。

天际（如字。郑云：当为瘵。瘵，病也。）

【疏】所在经文为"天际翔也"。"如字"者，辨字形作"际"也。孔颖达《疏》云："如鸟之飞翔于天际。"是亦依如字读之也。郑云"当为瘵"者，际、瘵音近相通。《诗·小雅·菀柳》"无自瘵焉"。马瑞辰《传笺通释》："瘵，与际古通用。""瘵，病也"者。《尔雅·释诂下》："瘵，病也"。又据《释文》下条，则郑玄此句为"'丰其屋'，天瘵祥也。'窥其户，阒其无人'，自戕也。"明熊过《周易象旨决录·卷四》："'际'依郑作'瘵'，'翔'依郑、王肃作'祥'，'藏'依郑作

'戕'，谓天病之以恶祥也，犹高明之家鬼瞰者。"良按：可见，古人对此"天际"理解很不一样，郑玄以为是一种病，孔颖达以为是天空。窃以为，郑玄的说法过于牵强！

翔（郑、王肃作"祥"）

【疏】翔、祥，皆从羊得声，音近可通。《古易音训》引晁说之曰："孟亦作祥，云，天降恶祥。"

自藏（如字。众家作"戕"，慈羊反。马、王肃云：残也。郑云：伤也。）

【疏】所在经文为"'窥其户，阒其无人'，自藏也。""如字"者，辨字形作"藏"，训为匿。众家作"戕"者，音近相通。《诗·小雅·十月之交》"日予不戕"。陆德明《释文》："戕，王本作臧。"马瑞辰《传笺通释》："藏、臧、戕，三字古通用。"马、王肃云"残也"者，《小尔雅·广言》："戕，残也。"郑云"伤也"者，义近之。《汉书·五行志下之下》："后闻戕吴子"。颜师古《注》："戕，伤也。"良按：从《象传》文义来看，"自藏"更通顺，"自戕"勉强说得通。"自藏"可能是慢性"自戕"，但"自藏"不能等同于"自戕"。

不出户庭（此引《节》卦九二爻辞，应云"门庭"，作"户"误也。或云：门、户通语。《经典释文汇校》："'门户通语'，阮云，闽监本'语'作'误'，非。案宋本已讹作'误'。写本作'语'。"）

【疏】所在注文为"不出户庭，失时致凶"。

了解了主要字义之后，再来对比一下诸家译解：

丰大房屋，障蔽居室，对着门户窥视，寂静毫无人踪，时过三年仍不见露面，如此深藏自蔽必有凶险。《象传》说"丰大房屋"，说明上六居穷高犹如飞翔在天际；"对着门户窥视，寂静毫无人踪"，说明上六自蔽深藏。（黄寿祺、张善文《周易译注》）

筮遇上六，日全食来临之时，巨大、沉重的黑暗之中看不见自己的房舍，找不到家门，见不着窗户，四周好似没有人烟，一切好比三年之久笼罩在黑暗之中，凶险。《象传》说：所谓房舍被笼罩在日全食巨大、沉重的黑暗之中，上六象征人生处在穷极之时，好像在天上飞行、飘荡一样令人恐惧。所谓黑暗与寂静之中见不着窗户，好像四周没有人烟一样，是指上六象征人生有时自我蒙暗、自我遮蔽。王振复先生认为：此爻居丰卦之极，得位而未中，取象于日全食，可见古人对此凶象深感恐惧。（王振复《周易精读》）

上六有其屋丰大完美，但其家蒙着一片阴云，窥看他的门户，则寂静而没有人，一直到三年之久，都看不到，这是凶的。《象传》上说"丰其屋"，是说得意非凡，犹如翱翔于天际。窥其户，阒其无人，是说自己掩藏起来不敢见人。汉儒多解作自残也。（南怀瑾、徐芹庭《周易今注今译》）

最上阴爻，扩大他的屋，遮蔽他的家，窥看他的门户，静寂得没有人，三年没有看见人，凶。《象传》说"丰其屋"，（贵族得意），像鸟在天空飞翔。"窥其户，阒其无人"，自己藏起来了。（周振甫《周易译注》）

上六：宽大的屋子，阴影遮蔽了家，窥视其门户，空无人迹，三年什么也见不到，凶。（刘大钧《周易概论》之《易经全译》）

上六：房屋高大，窗户都用帘子遮蔽着，从门缝中往里窥视，静悄悄地没有人影。一连三年，不见有人出入，必有凶险。（周山《周易解读》）

上六：一座大屋，用草盖顶，从门缝窥视，里面寂静无人，甚至三年也见不到人，这必有凶。（杨维增《周易基础》）

上六：自己的屋里东西充足，自己的家里陈设很有条理，偷偷看看自己的房子里，静静地空无一人。他三年没有看见自己的家了。现在的情况却让他感到很不吉利。（刘正《中国易学预测学》）

上六：房子空荡荡的，屋顶上散乱盖着草席，从门缝里探视，寂无一人。看样子这里多年未住人了。这是不祥之兆。（徐子宏《周易全译》）

上六：身为君王、天子，如果不能严于律己，而是以民争财、贪天之功、用人疑人、滥用近臣、不理朝政，必将产生灾难性后果。（徐丛《周易正读》）

理解的角度不一样，不管爻辞是简单还是复杂，都会翻译出很不一样的白话文。这让后学者如何是好？依我看，初学者关键是要先学会通过卦象分析爻辞吉凶，实事求是地了解《周易》经传，才不至于盲从权威说法而不能自觉。

根据卦象分析，丰卦之上六，居上卦之上，当位得正（又阳遇阴则通），下应九三，与五无比，亦无乘凌之过，按例来看，其兆辞的结果即使无"吉"，也至少是"无咎"，可实际上却是非常明确的"凶"。这是为什么呢？先看前人怎么看，参阅《周易学说》：

《左传》云：郑公子曼满与王子伯廖语欲为卿，伯廖告人曰无德而贪，在易丰之离，弗过之矣。（彪谨案：丰之离谓上爻变则为离）（良按：丰上卦震之上爻，即上六爻，若由阴爻变成阳爻，则震变为离，丰亦变成离。故变阳则可重获离光，由暗转明。）

石介曰："始显大，终自藏。子云言，炎炎者灭，隆隆者绝。观雷观火，为盈为实。天收其声，地藏其热。高明之家，鬼瞰其室。正合此义。"

《朱子语类》云："天际翔，犹《诗》言'如翚斯飞'。"

刘沅曰："离为宫，震为木，互巽为高，故象丰屋。震蕃鲜，互巽草木，内外蔽障，象蔀家。离数三，又为目，象窥与三岁觌。"

马其昶曰：上六居丰之极，托处尊高，有丰大其屋之象。五、上，天位，曰天际翔，为高居九重者戒也。蔀其家，犹言芜其室。无德而食，屋虽丰大，自君子观之，芜莱满室，阒无人耳。（彪谨案：左传，郑伯有门上生莠，亦是此义。）师慧曰朝无人焉，亦此意也。舜辟四门、明四目、达四聪。今使人窥其户，与辟门者异矣。不知求贤自辅，是自蔽其明，入于幽谷。三岁不觌，言昏蔽之甚。彪谨案：朱子言此卦与噬嗑取象雷火有上下之分，皆主治狱言之，其义甚当。止唐先生破阴阳相应之例，而谓六爻全象以明动相资者为吉，特明妄动者为凶。明显易晓，扼其要矣。石说引子云之辞，于义最古。凡处丰之极者，当以此为戒。

张洪之曰：（象）三至上似大壮，上栋下宇，故丰其屋。初至四，体家人，蔽在四，故蔀其家。四动成坤，为阖户，故窥其户。人谓乾三，静伏坤下，故阒其无人。坎为岁，离为三，为觌。四未之五，坎离两象未出，故三岁不觌凶。（理）上居丰极，日已过中，犹不思戒满，而侈然自大，增美华居，兀尔独高，傲轻一世，志不满则祸不深，终足以杀其躯而已……天谓上，离为飞鸟。噬嗑离上之三，故天际翔。四已变，坤乱于上，三伏坎中，故自藏也。

朱骏声曰：蔀，亦当作部。丰上处高而不明，故有丰屋部家之象。上明则贤人至，上暗则贤人藏。《左传》师慧过宋朝，曰无人焉，此窥其户，阒其无人之谓也。不信仁贤，则国空虚。《淮南子》曰：无人非无众庶也，言无圣人以统理之也。天际翔者，贤人飞遁之象。自藏者，贤人蛰伏之象。窥，小视也。阒，大张目也。从门内臭，臭犬视貌。上应三，三离为目，巽为户，目近户，为窥。震木数三，故曰三岁不觌。

不妨认真看一看，想一想：上六的条件是何其优越，稳居丰卦上（当位），资源丰富，地位尊崇，有求必应。用现代的语言来表述：住着很大很大的房子（庄园式的独墅），屋子前后高大的花草树木障蔽其家（蔀其家），平时需求物品都是通过网购快递包送，家里的钱财怎么也花不完，根本就不需要外出工作和应酬，整天宅在家里，听微课，打游戏，养尊处优，久而久之，缺乏运动也就懒得走动，连自家窗户都很少打开，大门都很少开启出入（主要是也没有邻里友朋往来），自然变成"窥其户，阒其无人"，多年不露面，不见光，导致身心都有问题，故"凶"。

从爻位看，上六的主要问题是高高在上，独自飞翔，自宅自藏，与六五之比没有阴阳互补，都是阴类（自蔽者），以致老死不相往来。其实，上六也很矛盾，若要由阴变阳，虽可与六五比邻，但自己必须失正且与九三无应；若不变阳，只能自藏自闭，自食其果，得凶而终。这就是处丰卦之时，太过丰盛，物极必反，由福生祸！矛盾无法解决，结果非凶不可！

如果跟丰卦前五爻联系起来，不难发现前五爻描述的都是客观自然的日食现象，而上六爻辞在我看来就是一种人为的日食现象：住在丰大的房屋里，自蔽日光，让自己由明转暗。所以，《象传》的理解也很到位，"丰其屋"是因为飞到高处（如人爬到高处，成为权贵），鹤立鸡群，孤芳自赏；"窥其户，阒其无人"是因为自闭深藏（如家大业大，住在巨大城堡或独墅，人在其中，寂静如无人）。

一周下来，逐渐发现丰卦卦爻辞深藏智慧：一、即使太阳处丰之时（日中），也可能由明转暗，甚至光辉尽失；二、日食时可以见斗见沫，那是天文奇观，难得一见；若能遇见，"勿忧"，好好欣赏，多拍几张照留作纪念！三、日食时，天昏地暗，人心惶惶，此时坚定信念特别重要！四、日食现象说明，太阳的光辉也会被掩挡，但终究没有任何事物可以遮掩太阳的光辉，黑暗是暂时的，走向光明是必然的；五、人处于黑暗之中，一片迷茫，稍有行动，难免跌倒摔跤，因此即使遇到摔断手脚的事，只要及时保护好要害部位，谨慎行动，耐心等待光明的到来，也就不会有凶险；六、当重新获得章美的光辉时，即使持中，仍要行正，像日中的太阳一样正照万物（宜日中），不偏不倚，毫无阴影，也就能无咎无忧而获得吉祥；七、处丰之时，丰富、丰大、丰盈、丰盛、丰满、丰衣足食、丰功伟绩，当然很好，处处得"亨"；但是，处丰太过，高高在上，养尊处优，脱离与外界的联系太久，也会造成凶险的恶果；八、求丰不易，保丰更难。不管是求丰，还是保丰，光明很重要，道德很重要。但是，丰盈走向亏虚仍是必然的！

最后，我用一句古语总结丰卦：（前五爻）天作孽，犹可活。（上六爻）自作孽，不可活！

## 【讨论内容】

谢金良：《红楼梦》开头的《好了歌》唱得好：好了就是了了。人生的矛盾！人人在世耕耘，都梦想大丰收；丰时坐享其成，最后舒服死了！

刘久红：势象无形亦有道。

谢金良：想想还是不要住大别墅了！还是要经常在太阳底下劳碌奔波！人不能太贱，也不能太贵！一贵一贱之谓人。丰之义，不可不明！

蒋丽梅："自藏"，各家注解有两种思路：第一种，王弼认为可以出而不出，自藏之谓也，非有为而藏；孔《疏》"以出而不出，无事自为隐藏也"。第二种，程《传》以为高亢昏暗，自绝于人，陈梦雷以为昏昧自高，人皆弃之，非人之远己，乃己之远人。其中王弼和孔《疏》的自藏都提到了隐的问题，他们认为治道未济，隐犹可也，既济而隐，是以治为乱也。丰是王道大行，此时仍然自晦而藏，终将导致灾祸。

丰卦以明暗动静来解说吉凶，上六明确说"凶"，其中还加了"三年"，仍然给人以改变的时间，可见易道仁慈。丰以明动为美，以暗静为恶，从人道上来说也是如此，聪明智慧且自强不息，自有德福相佑，但如果内心暗沉且毫不作为，不仅折其右肱，更是自闭，必将出现凶惩。

（整理者：贡哲　中国人民大学哲学院硕士生）

（本卦校对：秦凯丽　中国人民大学哲学院硕士生）

时　　间：2016年11月07日21：30 — 23：13
导读老师：张国明（沈阳市孔学会易经讲习所所长）
　　　　　史少博（西安电子科技大学人文学院教授）
课程秘书：王　璇（中国人民大学哲学院硕士生）

守贞之吉　明慎之用
——旅卦卦辞明解

## 56 旅卦

艮下离上

**【明解文本】**

旅：小亨，旅贞吉。

《彖》曰："旅，小亨"，柔得中乎外，而顺乎刚，止而丽乎明是以"小亨，旅贞吉"也。旅之时义大矣哉。

《象》曰：山上有火，旅。君子以明慎用刑而不留狱。

**【讲课内容】**

**史少博：**《序卦传》："丰，大也，穷大必失其居，故受之以旅。"丰卦之义为盛大，盛大则穷极，穷极必会失其居所，所以继之以旅卦。《杂卦传》："丰，多故也。亲寡，旅也。"丰卦故旧多，旅卦亲戚少。出外旅行，举目无亲也。

　　旅卦是异卦（下艮上离）相叠。此卦与丰卦相反，互为"综卦"。山中燃火，烧而不止，火势不停地向前蔓延，如同途中行人，急于赶路，因而称旅卦。

　　"小亨，旅贞吉"：二、五皆以阴居中，阴为小，故谓之小，以柔居中，故曰"小亨"；旅卦只有二、三爻得正，二当位居正，故曰"贞吉"。

《象传》曰："山上有火，旅。君子以明慎用刑而不留狱。"本卦上卦为离，离为火；下卦为艮，艮为山。山上有火，火附丽于山，洞照幽隐，这是旅卦的卦象。君子指九三。离为"明"，艮为"慎"，故曰"明慎"。互卦兑，兑为"刑"。六二至六五有大坎之象，坎为狱，旅卦成而坎毁，因旅卦有"明慎"毁狱之象，故曰"不留狱"。君子观此卦象，从而明察刑狱，慎重判决，既不敢滥施刑罚，也不敢延宕滞留。占卜得此卦者，事多变动，如在异乡，小事可成，大事难成，宜谨守常规。柔顺则通达，守正则吉利。

柔得中乎外而顺乎刚：指六五。六五居中，又在上卦离中，故曰："柔得中乎外"。六五以阴柔之性顺承于上九，九为阳刚，故曰"顺乎刚"。止而丽乎明：止，下卦为艮，艮为止。丽，附丽。明，即外卦离。离为火，卦象有"止"道附着于光明之象，故曰"止而丽乎明"。旅之时义大矣哉：失其所居，出门旅行，使其依附于光明之处，要实现这样的目标，只有具有大智慧的人才能做到，故曰"义大"。

## 【讨论内容】
### 【"旅，小亨"】

张国明：卦象何以为"旅"？在安土重迁的古代，为何不待在家呢？在家千日好，出外一时难。艮为山、为庙宇、为静安之象，何以不能静安？

黄忠天：为官，为商等等，人生有不得不旅者。

史少博：《序卦传》："丰，大也，穷大必失其居，故受之以旅。"丰卦之义为盛大，盛大则穷极，穷极必会失其居所，所以继之以旅卦。

张国明：有离，离为日，光明之象，没问题。寺院生火亦为正常之象。

元　融：我理解是：山火蔓延。

张国明：何以知山火已蔓延呢？

元　融：山火，会直接炎上。小的时候，太行山这个季节会烧山，基本会烧上两日，到了晚上，看火龙飞舞，短短一个昼夜，就没有了。

张弛弘弢：山火一烧而过，不能止于一处，故称"旅"。旅者，居无定所，寄人篱下。不易。

王力飞：艮为趾，离为目，旅，边走边看。

张国明：往上看，艮上有什么互卦？

元　融：互兑，互巽。

张国明：山石岂惧火？惧火者，山上之巽木也。巽为草木嘛。若草木尽燃，则寺院亦不能幸免，鸟兽之巢穴亦不能幸免，如此，山上众生皆失其家，只能外出流旅。此旅，非今日闲暇之游乐，实不得已也。既然被迫出门在外，焉有大亨？出门在外，显大还是示小？

【 "旅贞吉" 】

史少博： 旅是会意字，字从"㫃（yǎn）"和"从"，"㫃"表示旗帜，"从"表示众人，合起来表示众人聚集在军旗下会意。有的金文加了"车"的意符，表示戎车，也有人认为这个"车"是声符，因为"车"的古音与"旅"相近。篆文整齐化。隶变后写作"旅"。《旅卦疏》：旅者，客寄之名，羁旅之称，失其本居而寄他方，谓之为旅。观六爻之辞，阴爻多吉而阳爻多凶，盖尽旅难之意也。只要离开固定常驻居所算"旅"，出门在外，不管走到哪里，只要记得守正、谨慎，就没有灾祸。旅是有潜在危险的，后几天的爻辞中会提到。

张国明： 旅，如此艰难，竟有吉辞。何也？贞之故也。贞者，尽去外在繁华枝叶，而留物之主干也。

刘久红： 本质上人生也是旅途，也要守贞。

张国明： 对，如身在异乡，不懂贞守敛俭，无异于自取其辱。

元　融： 贞者，最好维持现状，不要再恶化了。

张国明： 对，是尽去奢华外象而持守内在本真的低调。无贞守，旅吉失矣。

史少博： 关键是有"礼仪"、有"知"，"旅"就会吉利。

元　融： "旅，贞吉"——无贞，不吉。旅，看上去很美！阳爻旺盛，却是阴爻的主宰。

史少博： 傅佩荣先生认为占卜得此卦，时运：谨慎防灾，升用在即。财运：出外经营，不可积货。家宅：小心火灾；即日成亲。身体：肝火过旺，性命交关。

张国明： 史老师已经提到，旅卦与丰卦的关系。既然互为综卦，自是卦义相对。丰，多故交。旅，寡亲朋。

【 "柔得中乎外" 】

张国明： 《象传》说，"柔得中乎外"，是指哪一爻？

王昌乐： 六五。

张国明： 对的，五爻。那为何又言"顺乎刚"呢？

史少博： 二、五皆以阴居中，但六五居中，又在上卦离中，故曰："柔得中乎外"。六五以阴柔之性顺承于上九，九为阳刚，故曰"顺乎刚"。

张国明： 是的，但这里强调"得中乎外"，强调外。

史少博： 二，是内卦的，五，是外卦的。"柔得中乎外"是指六五，因为六五在外卦，又在上卦离中，故曰："柔得中乎外"。

张国明： 正是。这里指的五与上的组合，爻际组合很关键。

【 "止而丽乎明" 】

张国明： "止而丽乎明"又指的什么，是爻际组合吗？

| | |
|---|---|
| 王昌乐： | 上下卦之际，上下爻之际。 |
| 张国明： | 不是爻际组合了，而是卦的组合了。止，艮卦之象，丽明，离卦之象。这个丽，是美丽之意吗？ |
| 元　融： | 附丽。"明慎用刑而不留狱"，何解？见明而止，明师一来，要知止。见明而止，也是智慧。明明德，亲民，止于至善。 |
| 张国明： | 或行或止，须明，不比在家，一切须戒慎恐惧，内敛低调，方可求吉。只知旅途艰辛，一味求住店以止息。则有危。须在行止之时，刻刻明觉，方得无咎。故此强调：时义大矣哉！ |
| 元　融： | 此言有禅宗味道。明而止，一味求止，也是危险。明在上，受教。 |
| 史少博： | 《象传》辞王弼注说："止而明之，刑戮详也。"《象传》以旅卦的卦形"艮"象征止以及"离"象征明；以"山上有火"比喻"止以明"。君子观察到"止以明"之象，加以取法，做到"刑戮详"。详是审议，审察。《尚书·吕刑》："度作详刑，以诘四方。"我们今天的死刑复核程序，就保留了这种"明慎用刑"，审慎刑杀的传统。"不留狱"包括两方面意思。一是说，不稽留狱讼，例如把诉讼案件拖延不办，或者拉长时间，迟迟不做判决等。另外一个意思是说定刑量罪应该光明正大，谨慎小心，不要留下冤假错案。 |
| 张国明： | 断案司法最怕背后交易，最喜正大光明。 |
| 元　融： | 上离，互兑，刑罚之象。老师的点题很妙。旅卦，内蕴丰富。 |
| 张国明： | 离者，明也。艮者，慎也。合离艮二卦，明慎之用也。以明慎之意，不留狱，解为不留冤狱，甚恰。不拖拉亦通。因为一有背后交易，则简易之案亦成复杂。至于何以有司法之象，史老师已言明：一是坎卦一是兑卦。另外，火雷噬嗑与旅卦亦有相通之处。上卦均为离明，下卦一动一止，一躁一静，如此亦可解，旅有断狱之象，相比噬嗑卦，更慎而已。 |

（整理者：王璇　中国人民大学哲学院硕士生）

# 气量狭小 自取灾祸

## ——旅卦初六明解

时间：2016年11月08日21：30 — 22：49

**【明解文本】**

**初六：旅琐琐，斯其所取灾。**

**《象》曰："旅琐琐"，志穷灾也。**

**【讲课内容】**

**史少博：**初六以阴柔之才处于旅卦之始，以阴爻居阳位，不当位，本失其位，本身蕴含不吉之象。

李镜池《通义》："琐琐，是惢惢的假借，三心两意，疑虑不一。《说文》，'惢，心疑也，众三心，凡惢之属，皆从惢。读若：旅琐琐……这是说商人多疑，离开寓所，反而闯祸。'""琐琐"形容人品卑微、平庸、渺小。这里"斯其所取灾"中的"斯"之解释颇多，有以"斯"为语助者，陆绩是也。有以"斯"为斯役卑贱者，王弼、王应麟是也。又有本《诗经》《尔雅》《释言》："斯"，离也。《说文》：斯，析也。张湛注："斯"，离也。在这里"斯"，或同"厮"字，贱的意思。这一爻辞告诫人们旅行时如果行为卑贱猥琐，就等于自取灾祸。也告诫人们：旅行在外时，器量狭小，斤斤计较，会招来麻烦。

**【讨论内容】**

**【初六之时位】**

张国明： 行无择正，卑贱猥琐，斤斤计较，取灾之道也。《易》之为书，时位而已。初爻，从时上言，为旅之始。

史少博： 关键是初六以阴柔之才处于旅卦之始，以阴爻居阳位，不当位，不守正，就会招来灾祸的。

张国明： 从位上言，为位卑之人为旅之事。

元 融： 底层人的旅程！

王昌乐： 初六爻位不当，又在下卦之初。

刘久红： 艮为小石，初爻为底爻。

【 "琐琐" 】

张国明：　爻辞何以言"琐琐"？

史少博：　位卑得正也好，关键是阴爻处于阳位，不当位，故而行为"琐琐"。

元　融：　都出差，有钱人坐飞机，老百姓坐绿皮车。

张国明：　琐，玉石类也。史老师已指出：艮为石，故有琐象。

史少博：　但是不管是坐飞机还是坐绿皮，出外只要斤斤计较，不守正，就会招来
　　　　　麻烦。

张国明：　"琐"之词义诸家多歧解：陆德明《经典释文》："琐琐，郑云：小也。王
　　　　　肃云：细小貌。"《周易集解》引陆绩曰："琐琐，小也。"《小雅·释
　　　　　训》："琐琐，小也。"《诗经·节南山》："琐琐姻娅。"《毛传》：
　　　　　"琐琐，小貌。"概而言之，琐为细小之貌。位卑之人，多为温饱，多见小
　　　　　利。琐琐，细小玉石碰撞之声。相当于今日之散碎硬币。位卑，没有美元大
　　　　　钞。位卑之人拿着散碎的铜钱，加入了离家避难的大军。

刘久红：　出门的散碎银子。

陈鹏飞：　旅途之始，位卑且外援不足，处境艰难。

张国明：　出门不能选择舒适的交通工具，也自然没有童仆随侍。

刘久红：　拖着行李奔波劳累在路上。感觉到了出门在外的不易。所谓在家千日好，出
　　　　　门事事难。

张国明：　今日亦常见，"旅琐琐"之貌。


【 "志穷灾" 】

史少博：　其实位卑没关系，就怕人穷志短，只要人穷志不短，就会吉利的。初爻不是
　　　　　指位卑所招致灾祸，而是阴爻处于阳位，没守正，不当位，才招致的灾祸。

张国明：　不能说初爻行为下贱猥琐。

郑　静：　时，不宜行。位，柔微，而志行故琐琐，有灾。

史少博：　当然不能说初爻行为下贱猥琐，关键是阴爻处于阳位，没守正，不当位，才
　　　　　猥琐。

张国明：　是的，"仓廪实而知礼仪，衣食足而知荣辱"。等级社会，富以骄贫，贵以
　　　　　慢贱乃社会常态。

王昌乐：　可否将小貌解为志气小、目光短浅。

张国明：　我认为可以。

王昌乐：　这样两个老师的解都可以通。

元　融：　艮，本身就是小子，小人，初爻在初位，位也不正，故言琐琐。

史少博：　现在许多地产大亨，多年前也是位卑之人，只要人穷志不短，就会大吉大利
　　　　　的。这个初爻实际告诉人们位卑不可怕，怕的是人穷志短，不守正，就会行

为猥琐，招来灾祸。

张国明：既然四爻在外有应，那就出门投奔吧。但位卑身困，邻爻无助，前逢高山（艮），旅途之灾实难避免。

史少博：关键是求助的四爻也不当位，也不得正，自顾不暇，无法帮忙。

张国明：位卑行琐，实乃客观使然，打破等级社会，让人人有尊严地生活，方为正途。你那边垄断权力财富，分三六九等，位卑之人又如何言志呢？

元　融：在旅卦中，人穷是受困的，这个是基础。

王昌乐：旅之始，可能提醒我们不要在小事上斤斤计较，目光长远一些，处理事情要得当一些。

姚利民：无论处于社会何阶层，心存正念，向往光明，最终都会吉祥，也是我们学习的榜样。

张国明：当然，在《易》作者看来，还有一种言志，读书修身，忍得一时苦中苦，来日做得人上人。《象》曰："旅琐琐，志穷灾也。"孔颖达："'志穷灾'，志意穷困，自取此灾也。"物质短缺的穷没啥了不起，要紧的是缺少改变现状的志向。志穷才是灾难。《象传》作者为读书修身之士，鼓励我们不要像大多数位卑志短者一样甘守现状自认倒霉，而应读书明志，放眼长远。初六为旅卦之始，不为卑境所转，不为困境所扰，立志向，计长远。从困难中看到希望。心可转境，则希望在。

史少博：如果占卜得旅卦，逢初六爻动，傅佩荣先生解卦曰：时运："所得有限，修行为宜。财运：本小利微，小心灾祸。家宅：谨慎免灾；小户联姻。身体：病初即治。"

（整理者：张馨月　中国人民大学哲学院硕士生）

# 体柔承上 旅得次舍
## ——旅卦六二明解

时间：2016年11月09日21：30 — 23：03

## 【明解文本】

六二：旅即次，怀其资，得童仆贞。

《象》曰："得童仆贞"，终无尤也。

## 【讲课内容】

**史少博：** 从卦象上看，六二以阴爻居于柔位，居中得正。六二中正，内不失已能安居，柔顺承刚，外不失人得贞信，是处旅之善者也。即次者，旅所安也。怀资者，旅所裕也。童仆者，旅所助也。六二以中正之德，恭顺于上，怀柔于下，六爻之于旅，唯有六二有得。

六二有钱有势，带着忠诚的奴仆住在"客舍"里，自然不会有什么灾难了。《象》曰："得童仆贞，终无尤也。"就是说旅行在外住在客舍，带着足够的资财，得到忠心的童仆。这里指出："有童仆照顾，能坚守正道"，故不会有过失。

如果占卜得旅卦，逢六二爻动，傅佩荣先生解卦曰："时运：运势中正，名利皆得。财运：生财有道，做客无忧。家宅：寄居亦福；富室赘婿。身体：旅途有恙，受人照料。"

**张国明：** 中正之爻并不一定有"贞"。是否得贞，是旅居生活能否得吉的关键因素！但我很赞同史老师的断句："旅即次，怀其资，得童仆，贞。"

**史少博：** "厥赋贞。"（《书·禹贡》）传曰："正也。"

**张国明：** 这在卦辞分析时已言明。旅，唯贞能吉。六二，既中且正，已为吉之重要因素，但非根本因素。纵观《周易》各卦，六二爻辞不吉者有很多。

**史少博：** 郑玄注曰："问事之正曰贞。"

**张国明：** 贞，尽去繁华枝叶而独存事之主干。尽去外在诱惑而独享专守之真存！

## 【讨论内容】
### 【"贞"】

张国明： 六二之辞为六爻中最吉者。出门在外，客舍安稳，怀里有钱，身边有仆。如此，旅则无忧也！我觉得，关键在一字：贞。六二得贞。

史少博：　既有钱，又有仆人，安居客所。六二中正，故曰"贞"。

刘久红：　从"琐琐"到"吉"，就因为六二当位、中正？

史少博：　当位，得正。

张国明：　六二何以守贞而得贞呢？

刘久红：　抱朴守贞。

张国明：　不仅要有中正之德，还要有合适的外部环境。

史少博：　六二以阴爻居于柔位，居中得正。六二中正，内不失己能安居，柔顺承刚，外不失人得贞信。

张国明：　我坚持认为，人很大程度上是环境的产物！真正做得了自己主的人凤毛麟角。

郑　静：　外部环境，互卦巽，利，财。艮少男童。人财都有。

姚利民：　六二太极运转太厉害了，持贞守阴迎阳。

张国明：　六二上卦无应，则心不外求！贞境一也。六二下爻无比，贞境二也。上爻有依，贞境三也。身处艮山，艮山为静为阻。贞境四也。自身具中正之德，贞境五也。身处妻位臣位地位，贞境六也。身为阴爻，阴爻主静，贞境七也。六二遇此，故得贞。唯得贞方能旅居得吉！

史少博：　外部是条件，内部是根据，即外因是条件，内因才是根据。六二虽不能上应六五，却以中正之德，恭顺于上，怀柔于下。

刘久红：　六二与六五无应，与初六也无比，反倒利于静心，静而生慧。知止而定，定而静。

陈鹏飞：　嗯，只要有一个条件不具备，可能就会有躁动。

## 【"旅即次"】

张国明：　次为房舍旅馆。何以有"次"象？

史少博：　六二当位居中艮，艮为官室，故曰"旅吉次"。

元　融：　"师，左次"。

张国明：　二居艮山之中，艮为房宅寺舍之象。三爻为阳不就是房盖吗？六二当位居中艮，艮为官室，故曰"旅即次"。

刘久红：　有屋顶有柱子。

元　融：　艮为止，二爻居中。

张国明：　刘老师，"有屋顶有柱子"，说得好，对下面两个阴爻不就是四个柱子吗？"艮为止，二爻居中"，对，就次就是止下来。

史少博：　"师，左次"，尚秉和注曰："次，舍也。震为左，故曰左次"。

## 【"怀其资"】

张国明：　何以"怀其资"呢？

史少博：　上承三阳，阳为实，又互为巽，巽有"利市三倍"之得，故曰"怀其资"。

元　融：　"次"，即是安营扎寨之意！

张国明：　史老师说得非常好，二为巽之初爻，巽为利市三倍。巽为腿，代表走南闯北的商人，商人多富！

元　融：　二爻，明显比初爻的境地有好转。

【"得童仆"】

张国明：　何以"得童仆"呢？

元　融：　初爻是底层的民众，二爻就是小康之家，有钱，能住宾馆，还有童仆。

史少博：　六二体艮卦之中，艮为少男，为童，故曰"得童仆"。

张国明：　《象》言："终无尤也。""终无尤"，是很高的评价。人在江湖，有始易，有终难。

（整理者：黄仕坤　中国人民大学哲学院硕士生）

# 祸起不测　妄行致灾

## ——旅卦九三明解

时间：2016年11月10日21：30—22：28

【明解文本】

九三：旅焚其次，丧其童仆贞，厉。

《象》曰："旅焚其次"，亦以伤矣。以旅与下，其义丧也。

【讲课内容】

**史少博：**九三以阳居阳，虽当位，但处下卦艮里，这是刚居上不得中之象，有不甘于艮止的意思；又九三在互巽（六二九三九四）里，巽为木，上临离卦，离为火，盲动妄行而致火灾。上互卦为坎，下互卦为艮，重卦为蹇卦。象征在羁旅之中长进是多么艰难。从卦象上看，九三阳居阳位，刚亢不中，处于下艮卦的顶端，有自高自大，过刚不能行中道之象，上临离卦，离为火，也是山上有火之象，所以有火烧客舍之灾。九三上与九四逆比，不顺于上。刚愎自用，上行受阻，同时，九三又下比六二之阴，又迁怒下属，所以童仆跑掉了。

如果占卜得旅卦，逢九三爻动，傅佩荣先生解卦曰：时运：运势颠倒，危难不少。财运：不必求利，早些防祸。家宅：小心防火；难以偕老。身体：孩子或童仆难保。在旅途中，投宿的旅舍失火，随身的童仆逃亡，即使坚守正道，也有危险。

## 【讨论内容】
### 【"厉"】

张国明： 九三爻，首先是一个有身份的人了。这不同于初二爻。

史少博： 对，处于两阴爻之上，当然是有身份之人。

郑　静： 艮卦主爻。

张国明： 故此，人家出门有较稳定的住所，又带着童仆随侍。

史少博： 是啊，虽然位正，守正，但过刚。

刘久红： 过刚则易折。

史少博： 因为"九三"是阳爻在阳位，过于刚直；同时又不在中位，难以安定；而且又在下卦的最高位，态度高傲，难怪会遭遇这些不幸。

张国明： 第二，九三爻得正是一个守正的人，讲原则的人。但外出羁旅，情势复杂多变，如果过于讲原则，则可能缺少通变。

史少博： 对，遇到火灾，也难逃灾难。又九三在互巽（六二九三九四）里，巽为木，上临离卦，离为火，盲动妄行而致火灾。

张国明： 第三，九三爻为艮卦主爻是个安静的人，不善应变。

史少博： 不在中位，难以安定。

张国明： 第四，九三居于躁动不安的位置，上不着天下不着地。处于躁动多凶的不利地位。第五，九三作为阳爻是个有上进心的人，但上卦无应，前途受阻。第六，九三进入巽卦之中，犹豫不决之状态。第七，九三进入兑卦之中，草木毁折之状态。第八，九三临上卦离火，巽木离火已构成危险状态。第九，九三上邻九四，相敌无亲。

姚利民： 挺惨，落难时，九三无人帮忙。

张国明： 至此，九三前进之路充满敌视、毁折、火灾等各种险情，而阳爻之性又必须前行，况又在旅途之中，只能前行。一个正直的、内敛的、守原则而不擅变通的人，前进之路面临的是躁动的、敌视的、毁折的、火灾的各种复杂情况，结局自然是悲惨的，三个悲惨结果：住所没了、童仆没了、自身在危险之中！

姚利民： 眼看火灾，还是前行。最惨的是我们都知道，而九三不知道。

刘久红：　等待浴火重生吧。

张国明：　男人如山，无法依靠他人，不愿低头，只能默默承受苦难，为他的处境落泪。
　　　　　没办法，人在羁旅之中，大家的日子都不好过。每一爻有每一爻的个性，有每
　　　　　一爻面临的内外形势。这种个性和内外形势一起，构成了每一爻的宿命！

郑　静：　我认为男人不用如此折磨自己，世界是由阴阳组成。一阴一阳才是道。合作
　　　　　打组合分。这样不会太累了，命天定运自调。

张国明：　说得对，二爻就是你这样的想法，获得了很圆满的结局！不过三爻不行。他
　　　　　是阳爻，已处高山之巅，只能承受风吹日晒。这样看，处于二、五中位，该
　　　　　是多好的事！

史少博：　正而当位，然而没应躁动，动而失其正，故曰"贞厉"。

张国明：　和别的老师合作，我愿重点讲文辞的象数依据。和史老师合作不用了，史老
　　　　　师已把象理讲得非常到位！读旅三之辞，析其处境。方觉《老子》说得精
　　　　　妙："吾有三宝：一曰慈，二曰俭，三曰不敢为天下先！"

　　　　　　　　　　　　　　　　　　　（整理者：李芙馥　中国人民大学哲学院博士生）

# 未得位也　于心不快
## ——旅卦九四明解

时间：2016年11月11日21：30 — 23：04

【明解文本】

九四：旅于处，得其资斧，我心不快。

《象》曰："旅于处"，未得位也。"得其资斧"，心未快也。

【讲课内容】

张国明：　今天晚上共同研习第四爻了。第四爻地位更高了。资财不是问题，武器保障也不是
问题。旅居之处，自然也不是问题。按理，旅居在外，吃住无忧，钱财无忧，安全无忧。多

好。那么问题来了，他为什么心情不好？他有什么担忧吗？他的心愿是什么？

**史少博：** 九四爻是旅卦之艮卦。艮为止。旅之艮是说羁旅之中得以安止，所以爻辞说："旅于处，得其资斧，我心不快"。艮为宫室、门阙、居所，故为旅于处。艮为手为得，艮为贝币为资；艮为斯析为斧；故为得其资斧。震类干为我，坎为心加忧，震又为行，艮为止，故"我心不快"。上互卦为震，下互卦为坎，重卦为解卦。象征羁旅之中孤立无援的状态已得到缓解。

从卦象上看，九四是阳爻居于柔位，失位。九四在互巽（六二九三九四）里，巽代表着赢利，在此指可以得到旅资，又在上卦离里，离为兵戈武器，可以得斧，故为"得其资斧"。程颐指出：资斧，就是"货财之资，器用之利"。这里指九四凭借自己的知识和能力，挣得了钱财，也能安身。但是，九四失位，又不得正，始终觉得自己只是宾客不是主人，大志未遂，故而心中常有不快。

**张国明：** 史老师已给出了象的依据。

**史少博：** 九四爻羁旅于外，却得到了六五君王的赏赐，所以住处较为固定，并且有一些钱财。可是他却心里不高兴，为什么呢？因为九四的心愿不是这些。从卦象来说，他与初六相应，可是中间被艮所阻隔，下卦为内为家，所以九四十分想念家人。并且九四阳爻处于偶位为不得位，所以他还想有进一步的发展。也就是说，九四的愿望是家人团聚，成王成侯，眼前的利益他是看不上的。

**张国明：** 我们再来分析吧。四爻是阳爻，阳爻其志在治平，期望大有作为，建功立业而处阴位，没有平台，心不快一也。阳爻上有阴爻凌下，如男受女压，君子受小人之制，心不快二也。四爻本处于伴君之位，伴君如伴虎，二多誉四多惧，心不快三也。五爻为阴爻，与四相邻，阴阳有情，四本有意，奈何五阴附上九，心不快四也。不得上邻之下顾，得下邻之附依也很好呀，惜三爻为同性相邻，同性相斥，心不快五也。下卦初爻有应，咱毕竟有点群众基础，可中间又有艮之高山阻隔，心不快六也。

## 【讨论内容】

张国明：  想做点事业，没平台；想谈点感情，没呼应。作为男人，虽有"资斧"在身，心焉得乐？

史少博：  如果占卜得旅卦，逢九四爻动，傅佩荣先生解卦曰："时运：一时有困，来年再说。财运：获利有限，心中不平。家宅：地位不适；不是正室。身体：忧郁不欢。"

张国明：  前贤亦有多解，王、孔解为处荆棘之地，须持斧砍伐方得居处。我觉得值得商讨。再不济也不至于持斧伐荆以求安身。找个破庙栖身也凑合了。

陈鹏飞：　九四的处境复杂，变数很多，要想独立有一片天地，确实还需要一番拼搏。

张国明：　"旅于处"，明言已有临时居处。羁旅在外，有临时居处，也很正常，非不吉之境。四爻这么高的身份，不至于的。象上依据，史老师多已言明。愿再简单复述如下：资，有巽卦依据，巽为商人为利市三倍。斧，须有木有金方可。木有吗？有，巽就是木。金有吗？离为火，不为金。兑为毁折，对应秋季，五行为金。最令人称奇的是，巽木与兑金已连成一体，彼此不分了。还有呢，光有兑金，就能成斧吗？不能。这个兑金必须有离火的炼制方可成器的，而四爻本是离卦之爻呀。据史料记载，西周时已有金属冶炼业。

（整理者：秦凯丽　中国人民大学哲学院硕士生）

# 承上自保 终以誉命
## ——旅卦六五明解

时间：2016年11月12日21：30 — 23：03

【明解文本】

六五：射雉，一矢亡，终以誉命。

《象》曰："终以誉命"，上逮也。

【讲课内容】

张国明：　今天这个旅客身份特殊，见者有福！这个旅客身份至为尊贵。离之主爻，离为日为明。一代明君！五君爻，羁旅所需物资、财富、安全保障自然不用操心了，而且可以率众围猎。

温海明：　明君出行，前呼后拥。

张国明：　大队人马去围猎，国王可能亲自一展身手！

温海明：　打猎的阵仗大，亲自射箭。

**张国明：** 射中了一个大鸟，箭被大鸟带走。众随从紧追之，终于抓住了鸟，大家一片喝彩之声！艮为山，离为鸟，围山打猎之象！

**温海明：** 最后还是把鸟箭都找回来了。

**张国明：** 是，终以誉命！

**温海明：** 证明他射中了？没找回来就没法证明射中了？

**张国明：** 是，不排除去找的将士再次补射而中，然后给带回来，大家纷纷赞誉国王箭法！爻辞提示有人帮忙："上逮也。"有誉命，誉为名誉声名。离有光明，名望之象！上逮，上方有助之意。五、上是一对完美组合，上爻自会助五。

## 【讨论内容】
### 【"柔得中乎外而顺乎刚"】

**张国明：** 阴爻虽有君位之尊，独为却不能成事，须附阳方可成就光明。而五爻上下皆有阳爻相合相应，好事！

**王昌乐：** 六五是有动有静，居中顺乎刚。

**温海明：** 聪明护卫顺承阳意，也顺便积累一点阴功阴德。

**张国明：** 阴爻想附丽阳爻，阳爻恰好在身边，愿为五爻驱驰，人生得意须尽欢呀！卦之《象传》明言："柔得中乎外而顺乎刚。"不就是言五爻之德嘛！处事得中，而又有柔顺之德的女性，怎会不幸福呢？怎会不讨人喜欢呢？

**王昌乐：** 他讲的人君不可以旅，旅则失去君位。

**张国明：** 一般女性做到柔、中、顺尚且获吉，何况贵为至尊的君王呢？附丽者，增加辉于人者也，自身存在的同时会给他周围的人甚至周围的环境都带来光辉！

**王昌乐：** 离为日，附丽于天，为天也为天下带来了光彩光明。

**张国明：** 附丽方持续光明，这是上逮的智慧。

**温海明：** "上逮"，非慑于王之威权，而是感王之文明品性，自愿的，愿意帮忙！

**张国明：** 附丽，才能持续光明，才能显出自身的光明。如果太阳有一天，想把天的大背景去掉，自显光明，则太阳亦非太阳也。

**温海明：** 太阳不附丽就没有光明。太阳之光明不能离开天的背景，也不能离开其所照耀的物。

### 【"射雉，一矢亡"】

**王昌乐：** 这一爻，这个解释比较特别："雉，文采之鸟，离为六五，文明之主。射雉，言有犯上作乱，以君为集矢鹄者。"

**张国明：** "雉，文采之鸟，离为六五，文明之主。"这个说法没问题。

**王昌乐：** 亡，奔，一矢之射而鸟飞。

张国明： "射雉，言有犯上作乱，以君为集矢簇者"，这个可能是一家之言了！

王昌乐： 象，王出奔，因此王之旅。

张国明： "亡，奔，一矢之射而鸟飞。"这个没问题。

温海明： 本爻讲法众多。

张国明： 讲法太多，我也只是一种想象。

王昌乐： 终能有命誉者，说是勤王平定之乱，佐命中兴。

张国明： 射雉之象，比较明显。什么依据呢？弓箭为武器为戈兵，离正有戈兵之象！

王昌乐： "离为雉。"（《易·说卦》）雉，文采之鸟，离为六五，文明之主。

张国明： 雉为丽鸟。也是离之象。矢亡，何据？五爻为兑之主爻，兑为毁折。正有矢损失之象！

（整理者：孙世柳 中国人民大学哲学院硕士生）

# 谨小慎微 谦卑恭顺
## ——旅卦上九明解

时间：2016年11月13日21：30—23：21

## 【明解文本】

上九：鸟焚其巢，旅人先笑后号咷，丧牛于易，凶。

《象》曰：以旅在上，其义焚也。"丧牛于易"，终莫之闻也。

## 【讲课内容】

张国明：今晚共研最后一爻！上九，贵而无位之人，帝师级别的人物。以这样的身份，有居所，有牛财，是没问题的。

史少博：但上九爻以阳爻居阴位，不当位，刚进失位，又不能持中，躁进不已，失其顺德，不知适时变通，故而有凶。

**张国明：**焚巢丧牛，先笑后哭。说明：原本有巢有牛。

**史少博：**从卦象上看：《易经·说卦传》："离为雉。"《九家易》："离为鸟，为飞，为鹤。"上卦在离卦，离为鸟，离为中虚为巢，离也为火，故为"鸟焚其巢"。上互为兑卦，兑为"悦"；下互为巽卦，又巽为号啕、为哭丧、也为吝，故为"旅人先笑后号啕"。《说文》坤为子母牛。《易·说卦》：纯离为牛。离为牛，因上九爻动变而"离"象毁，故为"丧牛于易"。兑为毁折，巽为死丧，"故为凶"。

**张国明：**西周那个年代，牛是重要的资财呀。有牛的人家绝对牛！

**史少博：**离为牛，因上九爻动变而"离"象毁，故为"丧牛于易"。从爻辞上看，此爻告诫人们：鸟为好动又居高之物，这里用来指人好高骛远，好动却又高高在上。牛，为驯服之物，指人谦卑恭顺之德。告诫旅行的人，若是失去了牛的性格，如果像鸟一样，则会有凶险。

**温海明：**旅行要像牛一样，不可像鸟一样。

**史少博：**上卦是离卦，离为牛，先有"牛"故"先笑"；又上互为兑卦，兑为"悦"，故"先笑"。

**温海明：**不过旅行太牛也不行，否则本来有牛都会没了，笑不出来。

**张国明：**上九有牛哄哄的一面。

**温海明：**是啊，太牛哄哄会有麻烦。

**王力飞：**我感觉上九说的是，商旅的过程中别光顾着看热闹，指不定会被恶人所乘。比如列车上整一局，光顾着看热闹了，没防住身后有人掏钱包。

**史少博：**如果占卜得旅卦，逢上九爻动，傅佩荣先生解卦曰："时运：有失无得，乐极生悲。财运：小利大损，十分凶险。家宅：覆巢之险；先喜后悲。身体：属牛者凶。"

**【讨论内容】**
**【焚巢】**

    **王昌乐：**巢象怎么看？

    **史少博：**在这里，"鸟"也可能是通假字。"鸟"，"岛"的古字。岛夷，先秦时指东部沿海一带的居民。《史记·夏本纪》："鸟夷皮服。"（今本《尚书·禹贡》作"岛夷皮服"。）"巢"，简陋的住处。《礼记·礼运》："昔者先王未有宫室，冬则居营窟，夏则居橧巢。"《易经·说卦传》："离为雉。"《九家易》："离为鸟，为飞，为鹤。"上卦在离卦，离为鸟，离为中虚为巢。

    **张国明：**九三为下卦之极，有焚巢象，上九为上卦之极，亦有焚巢之象！

    **王力飞：**商旅在外，处处需小心谨慎，提防歹人。

张国明： 易卦之两爻相应说，确有道理的。九三和上九都焚了巢，九三失了童仆，上
九失了牛。都损失巨大。

元 融： 旅卦，自否卦来，否下卦为坤，坤为牛，变旅之后，坤象消失，丧牛于易，
可备一说。旅卦，全卦是三阴三阳之卦，离在上卦，火在山上，光明在前，
光明的背后，蕴含凶险，这是旅卦提示大家的。

王昌乐： 童有贞，牛有顺。

王力飞： 九三僮仆一跑，九四说钱也没了，看来僮仆本不是好人。上九的鸟巢，不会
是鸟自己烧的，应当是人烧的，目的是转移视线偷牛。

温海明： 马恒君老师从卦变说象的变化比较清楚。

张国明： 看来，位于最外层的阳爻最不明羁旅之时用柔之道！

## 【“旅人先笑后号咷”】

张国明： 这个爻为什么先笑后哭？为什么先得后失？

王力飞： 离为目，牛没了，哭了。

史少博： 下互为巽卦，又巽为号咷、为哭丧、也为吝，故为“后号咷”。

张国明： 史老师，易爻由下而上，何以先笑后哭？

史少博： 上九动成震，震为始（先）。

王力飞： 烧鸟巢让人笑。笑着笑着，牛被偷了。

张国明： 离变震。离为牛为居为顺。震为马为动为刚。如此，则必失牛失居失顺。如
此则先笑而后号咷！上卦变则全卦更，旅变小过，小过明言：飞鸟已去，空
留遗音！明言，宜下不宜上，上九之爻岂能得吉乎？岂能不号咷乎？

## 【“旅之时义”】

张国明： 卦之《彖传》，“旅之时义大矣哉！”即告诫出门在外，正是用居用柔用顺
用童用仆用牛之时。如过刚则失居失柔失顺失童失仆失牛。何以先笑，是从
爻之组合言，五爻以明君之德逮于上，上亦相感而助五走过艰难旅程！得君
之信，故有巢有牛有笑！阳爻之性必向上而动，上九已至天位，上无可上，
动则必变。如此则阳变阴。爻变则卦变。旅居在外，人生地不熟，正是用
小、用附、用柔、用顺，用中，用慎之时。然，不同的爻位，不同的个性，
不同的内外形势，使得不同的人在羁旅之时表现出不同的行为！概而言之，
二五阴质以柔中得吉，三上阳质失中招凶。

史少博： 这是旅卦的最后一爻。回过头来看旅卦，范仲淹曾经总结旅卦说：“夫旅人
之志，卑则自辱，高则见嫉；能执其中，可谓智矣。是故初‘琐琐’而四
‘不快’者，以其据二体之下，卑以自辱者也；三‘焚次’而上‘焚巢’
者，以其据二体之上，高而见嫉者也；二‘怀资’而五‘誉命’，柔而不失

其中者也"。

元　融：旅卦，阴阳的博弈，阴处其下，阳处其上，高下相倾，阳自然处高危之处，爻辞自然深蕴凶险之意。旅人的窝，旅人的财，旅人的心，是不安定的。延伸一下，根据地是事业的基础！

王力飞：还原一下场景，过去商旅不易，最好身边跟个可靠的跑腿的，不能随便相信买来的童仆。商旅的过程中坏蛋很多，得小心谨慎。需于泥，致寇至；负且乘，致寇至；婚媾，还得识别是不是强盗，环境不好。

温海明：古代出门都要有随从，都要小心。

元　融：旅人就像烧掉巢的鸟儿一样，悲喜交加。

王力飞：旅店旁边，估计树不多，不容易引发大火。

元　融：旅卦，就是山火蔓延之象。

王昌乐：用小、用附、用柔、用顺、用中、用慎之时。

张国明：最后一句总结：分内外，别刚柔，明主附，晓中偏，则旅之时义尽矣！

（整理者：贡哲　中国人民大学哲学院硕士生）

（本卦校对：陈志雄　中国人民大学哲学院硕士生）

时　　间：2016年11月14日21：30 — 22：57
导读老师：曾凡朝（齐鲁师范学院教授）
　　　　　张丰乾（中山大学哲学系副教授）
课程秘书：张馨月（中国人民大学哲学院硕士生）

谦顺受益　申命行事
——巽卦卦辞明解

## 57 巽卦

**巽下巽上**

## 【明解文本】

巽：小亨，利有攸往，利见大人。

《彖》曰：重巽以申命。刚巽乎中正而志行，柔皆顺乎刚，是以"小亨，利有攸往，利见大人"。

《象》曰：随风，巽。君子以申命行事。

## 【讲课内容】

**张丰乾**：《说文·丌部》："巽，具也。从丌。"徐铉等曰："庶物皆具丌以荐之。"段玉裁《说文解字注》："（巽）具也。孔子说《易》曰：'巽、入也。'巽乃㸐之假借字。㸐，顺也。顺故善入。许云具也者、巽之本义也。巽今作巽。从丌。形声包会意。"李镜池不同意《说文》的解释。

　　巽卦的卦象是一阴入二阳，藕益智旭认为"阴有能，而顺乎阳以致用"。他的解释把"入"和"顺"有机地统一了。"顺"和"入"（伏）互为表里，不入则不顺，反之亦然。《彖》曰："重巽以申命。刚巽乎中正而志行。柔皆顺乎刚。是以'小亨，利有攸往，利见大人'。"——引入"申命"的问题。王弼："命乃行也。未有不巽而命行也。以刚而能用巽，处乎中正，物所与也。明无违逆，故得小亨。"孔颖达正义曰："此卦以卑巽为名，以申命为义。故就二体上下皆巽，以明可以申命也。上巽能接于下，下巽能奉于上，上下皆巽，命乃得行，故曰"重巽以申命也"。

王弼解释了"巽"对于"行命"的意义，以及"刚而能用巽"的重要性。很好地体现了阴阳互为体用的易学特征。孔颖达则突出"上下皆巽，命乃得行"，再次说明"巽"不是单向的顺从，而是彼此的成全。

君子之在旅也，"得乎丘民而为天子"，民有能而顺乎君，君则殷勤郑重，申吾命以抚绥之，盖由刚巽乎中正之德，故其志得行，故柔皆顺之也，刚不中正，则不足以服柔，柔不顺刚，则亦不得小亨矣，利有攸往，利见大人，正所以成其小亨，不往不见，何以得亨也哉。（藕益智旭《周易禅解》卷七）

《孟子·尽心下》："孟子曰：'民为贵，社稷次之，君为轻。是故得乎丘民而为天子，得乎天子为诸侯，得乎诸侯为大夫。诸侯危社稷，则变置。牺牲既成，粢盛既洁，祭祖以时，然而旱干水溢，则变置社稷。'"

藕益智旭兼顾了旅卦和巽卦的关系，并引用孟子之言，说明了民之顺君与君之重民是相辅相成的。

《象》曰："随风，巽。君子以申命行事。"孔颖达《周易正义》曰："'随风，巽'者，两风相随，故曰'随风'，风既相随，物无不顺，故曰'随风，巽'。'君子以申命行事'者，风之随至，非是令初，故君子训之以申命行事也。"

孔颖达突出了"随"（不息）的重要意义，也说明了"申命"与"受命"的不同。

风必相随继至，乃可以鼓万物，君子必申明其命，笃行其事，乃可以感万民，故曰君子之德风。（藕益智旭《周易禅解》卷七）

**曾凡朝：**䷸象二人同跪。人跪即顺服。"巽"训伏、服。一阴入二阳，阴顺乎阳，以致用。刚为大，柔为小。君为大，臣为小。上为大，下为小。上命之，下行之。小顺大，柔顺刚，臣顺君。总之，阴顺阳。顺即入。《象传》："柔皆顺乎附。"《杂卦传》："巽，伏也。"可见前人都把"巽"看作顺伏。从爻画看，二阴分别伏于阳之下，有阴顺从阳之义。卦辞围绕这个中心，指出柔小谦顺可以致亨通，而有所往，同时又指出上下顺从来自"大人"申命，所以称"利见大人"。

**张丰乾：**所以卦辞说"小亨，利有攸往，利见大人"。因"顺"和"入"而"小亨"。"入"和"顺"是攸往的具体体现。

## 【讨论内容】

### 【"小亨"】

张吉华：　阳入而阴顺之？

裴健智：　柔爻还是要顺于阳爻。为何是小亨呢？

张丰乾：　初六爻入，初六爻顺。

曾凡朝：　虞翻曰："巽自遁来。遁二之四，柔得位而顺五刚，故'小亨'也。"

张丰乾：　因初六是阴爻，面对两个阳爻，处于顺从和辅助的地位，如同案几的腿一样。

裴健智：　《程氏易传》："巽与兑皆刚，中正巽说义亦相类，而兑则亨，巽乃小亨者……兑柔在外用柔，巽柔在内性柔也。"六四还不是君位，所以小亨吗？王弼："全以巽为德，是以小亨也。上下皆巽，不违其令，命乃行也。故申命行事之时，上下不可以不巽也。巽悌以行，物无距也。大人用之，道愈隆也。"

张丰乾：　就其卦体而言，都是以"巽"为德。换言之，"巽而又巽"，故小亨。

### 【"柔皆顺乎刚"】

裴健智：　巽卦，我们前面谈到阴之德是顺阳，那阳爻也需要顺吗？顺谁？上位者顺天？

张丰乾：　上位者顺天是引申义，本义是阴顺阳，下顺上。

姚利民：　位置（身份）不同，顺从对象也不同。

裴健智：　王弼的上下皆"巽"怎么理解？

张吉华：　上下之卦象相同也。

王昌乐：　在上位要想下顺，需要先顺民意，从而可以下顺上。阴之所以顺阳，在于阳正有德，为阴之所去。

魏厚宾：　在上者入，在下者顺，"巽"之象也。

张丰乾：　内卦、外卦都是"巽"，而"巽"的卦象又是下顺上，阴顺阳，故而"全巽"。《杂卦传》："兑见而巽伏也"，"入""顺""伏"都可以相互发明，还有两个同义词"因""循"。

姚利民：　一般常识，百姓顺从有德君王。而圣人反其道，恒顺众生。

曾凡朝：　张老师说得很清楚了。"巽：小亨"。全以巽为德，是以小亨也。巽与兑皆刚中正，巽说义亦相类，而兑则亨，巽乃小亨者。兑，阳之为也；巽，阴之为也。兑柔在外，用柔也；巽柔在内，性柔也。巽之亨所以小也。陆绩还有一说：阴为卦主，故"小亨"。

瞿华英：　《周易折中》引赵汝楳："一阴生于下，二阳巽之于上，卦以刚爻得名，阴生而阳巽之。阴为卦主，故'小亨'。"

姚利民：　阴之所以顺阳，在于阳正有德，为阴之所去。

张丰乾：　"故圣人因民之所喜而劝善，因民之所恶而禁奸。故赏一人而天下誉之，罚一人而天下畏之，故至赏不费，至刑不滥。孔子诛少正卯而鲁国之邪塞；

子产诛邓析，而郑国之奸禁。以近喻远，以小知大也。故圣人守约而治广者，此之谓也。"（《淮南子·泛论》）上下之间，圣人和百姓之间的"顺""入""因""循"的确都是相互的。但是，前提是阴顺阳，下顺上，小顺大。按照《说卦传》，巽分别为"鸡""股""木""风""长女"。"鸡顺时而鸣""股顺体而立""木顺性而长""风顺向而吹""长女顺父母而生"。

**瞿华英：**《系辞传》："巽，德之制。"从阴阳不同角度，"鸡""股""木""风""长女"都要顺时顺体顺性，成就巽德。

（整理者：王璇　中国人民大学哲学院硕士生）

# 决武人贞　进退志治
## ——巽卦初六明解

时间：2016年11月15日21：30 — 23：17

## 【明解文本】

**初六：进退，利武人之贞。**

《象》曰："进退"，志疑也。"利武人之贞"，志治也。

## 【讲课内容】

**张丰乾：**"进退"指初六以柔入于九二，或进或退，时进时退。但就武人的坚定持久而言，审时度势，而不急于躁进，也不懒于进取，则是有利的。因为其志向是完备的（治），而非欠缺的。

**曾凡朝：**巽卦卦义为"申命行事"，上命下行，六爻皆依爻位而论如何行事与顺从。初六，以柔居刚，失位，处卦之最下，地位卑微，上有申命，或进或退，或行或止。

## 【讨论内容】

### 【"进退，志疑也"】

常伟东： 武人，志以决疑也。巽主柔顺，故辅之以武。

张丰乾： 换言之，"武人之贞"需要"顺"和"入"来成全和保证，否则，"不利"。

瞿华英： 巽主柔顺，故辅之以武。巽初六之时，需辅之以刚。

张丰乾： 怎么理解"治"，分歧比较多。那是王弼有创造性的解释。

瞿华英： 王弼："处令之初，未能服令者也，故进退也。成命齐邪，莫善武人，故'利武人之贞'以整之。"

张丰乾： 由"志疑"而"志治"是一个关键的过程。

温海明： 制服犹疑。

张丰乾： 初六，巽之主也，巽主于入，而阴柔每患多疑，故或进而且退，夫天下事本无可疑，特其志自疑耳，决之以武人之贞，则志治而天下事不难治矣，此所云武人之贞，即《象》所云："有攸往而见大人者也"。藕益智旭揭示了"决之以武人之贞"的关键意义，并指出这就是《象传》所说的："有攸往而见大人者也"。还好，有"决疑"的因素和力量。利武人之"贞"，而非利武人。

元 融： "巽，进退"，不果；初六本身不坚定，跟随着局面而行，是被动的；二爻五爻，阳爻居中，中正而行行；初爻、四爻，都是阴爻，无应，二爻五爻多做思想工作，申命行事！对待初六，是需要坚定的信念才可以统帅前行的！利武人之贞，要有军人的意志，初六才能配合，才有"利见大人"的局面！

### 【"志治"】

张丰乾： 之所以说"志治"，乃是因为常常有"志乱"：犹豫、怀疑、进退两难。

常伟东： 武人的武关键在刚健、绝决，而非武勇。

元 融： 初六，就是队伍的不坚定分子，二五刚爻，态度坚决，志治！

张丰乾： "贞"的含义为"正而固"，即正确而坚定。在志向方面尤其关键。

曾凡朝： 决而不失正，《易》之道也。

元 融： 一、二、三、四爻，互巽加互兑，巽为进退，兑为武人。

张丰乾： "志治"也可以看作是告诫当事人在"入"的初始阶段或进或退，都不要偏离正道，也不要患得患失，而要志向坚定。

姚利民： 读《易》后，正道志向更坚定。

曾凡朝： "巽"为进退，况初爻尤有"进退"未定不决之象。巽之初，"志"尤其重要。

瞿华英： 《周易证释》："巽重在教命。教重在正。此初六大义。不得以进退失守。"

王力飞： 以命令直接告诉他们怎么进退，武人头脑简单、四肢有力。

常伟东： 初爻本义在不可妄动。

瞿华英： 约束武人，也约束心志犹疑初六。

张丰乾： 王弼解释了"巽"对于"行命"的意义，以及"刚而能用巽"的重要性，很好地体现了阴阳互为体用的易学特征。 孔颖达则突出"上下皆巽，命乃得行"，再次说明"巽"不是单向的顺从，而是彼此的成全。研习《周易》，不要急于联系现实，首先需要深入经传，仔细揣摩。

（整理者：张馨月 中国人民大学哲学院硕士生）


# 居中之德 致盛多吉
## ——巽卦九二明解

2016年11月16日21：30—23：03


**【明解文本】**

九二：巽在床下，用史巫纷若，吉，无咎。

《象》曰："纷若"之吉，得中也。


**【讲课内容】**

曾凡朝：王弼说，九二在巽之中，以阳居阴，卑巽之甚，所以，"巽在床下"。九二巽体，又居下卦，又二为柔，有"巽在床下"之象，过于巽也。剥卦初六："剥床以足"。虞翻注："巽木为床。"巽为木，床由木做，故为床。巽为木，又为股，二阳覆上而横列，床之干也。一阴承上而对峙，床之足也。故有床象。程颐认为，人过分卑顺，不是出于恐惧胆怯，就是出于谄媚，"非正也"。 二爻阳爻居中，虽然处于巽卦中，处于阴位，过于柔顺，但并非有邪恶之心。程颐认为，"恭巽之过，虽非正礼，可以远耻辱，绝怨咎，亦吉道也"。

## 【讨论内容】

## 【"巽在床下"】

瞿华英：　陈梦雷《周易浅述》："古之尊者坐于床上。卑者拜于床下。九二以刚居阴，不能自安，过于卑巽，有巽在床下之象。"

魏厚宾：　床从何来？或者说，怎么有床之象。

曾凡朝：　床，是人安歇的地方，"巽在床下"，就是过于柔顺，超过安歇所要求的度了。

王力飞：　巽为木为床。

瞿华英：　所以在这种情况下，"用史、巫纷若"。

曾凡朝：　虞翻以巽为"床"。

瞿华英：　《周易集解》引宋衷："巽为木。二阳在上，初阴在下，床之象也。"

魏厚宾：　宋衷的解释似乎更合易象。若以巽为床，那巽在床下，是不是也可以理解为床的下半部分。

瞿华英：　九二处巽下体。

魏厚宾：　对的，处巽下体，就是处床下体。

瞿华英：　二为阴位，有床腿之象。

姚利民：　二爻阳爻居中，虽然处于巽卦中，处于阴位，过于柔顺，但并非有邪恶之心。程颐认为："恭巽之过，虽非正礼，可以远耻辱，绝怨咎，亦吉道也。"

## 【"用史巫纷若"】

郑　静：　最早的神概念可是从巫来？

瞿华英：　九二中而不正，但方法正确，可以"吉，无咎"。《周易集说》冯氏椅曰：周官史掌卜筮，巫掌袚禳。卜筮所以占其吉凶，袚禳所以除其灾害。

曾凡朝：　古代把施行巫术，担任占卜、解释卜兆职责的人称为"巫"，把掌管天文历法及史册的人称为"史"。巫史在商代的国家机构中地位至关重要，他们对政事往往具有实际的决定权。巫与史常二任而一身，后世称之为巫史。"国之大事，在祀与戎"，商代的祭祀活动频繁而又隆重，而掌管祭祀的巫史，是王之下的最高执政官。甚至出现"巫史勃兴"的现象。《后汉书·臧洪传》："和不理戎警，但坐列巫史，崇祷群神。"李贤注："巫，女巫也。史，祝史也。"

瞿华英：　甚至出现"巫史勃兴"的现象。在殷商、西周时期。

曾凡朝：　巫史当时是精神领袖。可以代表上天意志。所以，程颐说，"史巫"者，通诚意于神明者也。"纷若"，多也。如果以至诚之心谦逊柔顺，则"吉"而"无咎"，指的是其诚意足以使人感动。人如果不体察其诚意，就会将这种过分的柔顺当成谄媚。

尚　旭：　只有女的才叫巫，男的还不能叫作巫，男称"觋"（或"祝"）。

郑　静：　女，巫；男，"觋"。

曾凡朝：　当"巽"之时，谦卑至极，"九二"居中，不至于过甚，所以其占为过于巽顺谦卑，吉而无害，也是竭诚之极，是祭祀的吉利之占。"觋"，本义是男性巫师，自称和被人认为能见到并接触到神灵的人。《说文》："觋，能斋肃事神明也。在男曰觋，在女曰巫。从巫，从见。"《国语·楚语》："如是则神明降之，在男曰觋，在女曰巫。"后来可泛指巫师，不限男女。

瞿华英：　九二以中为本，吉。

曾凡朝：　《周易折中》案："床下"者，阴邪所伏也。入于床下，则察之深矣。于是既以史占而知之，复以巫被而去之，虽有物妖神怪，无能为害矣。"纷若"者，以喻"申命"之频繁，而"行事"之织悉也。二与五，皆所谓"刚巽乎中正而志行"者，卦之主也。故能尽"申命行事"之道如此。"用史巫纷若"借史巫与鬼神沟通的特点，喻指九二恭逊谨慎，又行得其中，恰当合适。人应效法祝史、巫觋以谦卑奉事神祇，则可获吉祥。

张丰乾：　《说文·巫部》："巫，祝也。女能事无形，以舞降神也。象人两褒舞形。与工同意。古者巫咸初作巫。凡巫之属皆从巫。"

曾凡朝：　"天命之谓性"，人天合一。巫，是女巫；觋，是男巫。起源于氏族社会，盛于夏、商、西周。是时，巫觋主持祭祀、占卜、祈禳，还以史官的身份负责编辑典籍，记录王事活动和先王世系史料，参与国家的祭祀和军事、政治活动。西周以后，巫觋的地位下降，对国事参与减少，其活动多为祈禳、求福、驱邪免灾、预测丰歉、医疗病患等。巫觋以歌舞音乐行巫术。《书经》记曰："敢有恒舞于宫，酣歌于室。时谓巫风。"其《疏》解释为："巫以歌舞事神，故歌舞为巫觋之风俗也。"秦汉以后，巫觋多有行邪术者，如以邪术加害于人的"巫蛊术"。

尚　旭：　音乐歌舞的过程就是先天意识释放的过程。

瞿华英：　九二在自己能力不够时，求助有特异功能的人。

曾凡朝：　吕思勉先生将"性与天道"解释为《易》道。他说："《春秋》者，史职，《易》者，巫术之一也。孔子取是二书，盖所以明天道与人事，非凡及门者所得闻。子贡曰：'夫子之文章，可得而闻也。夫子之言性与天道，不可得而闻也。文章者，《诗》《书》《礼》《乐》之事；性与天道，则《易》道也。'"《易》与《春秋》相表里。《易》籀绎人事，求其原于天道。《春秋》则根据天道，以定人事设施之准。"

（整理者：黄仕坤 中国人民大学哲学院硕士生）

# 志穷意屈　频蹙以待
## ——巽卦九三明解

时间：2016年11月17日21：30—23：17

**【明解文本】**

九三：频巽，吝。

《象》曰："频巽"之吝，志穷也。

**【讲课内容】**

**张丰乾**：巽卦九三爻辞："频巽，吝。""三处阳刚，失巽之道，乘刚而动，频吝所宜，志在比物，故吝，如复之六三'志穷'也。"（张载《横渠易说·下敬》）"以刚居刚，非能巽者，勉强学巽，时或失之。盖志穷则不止于志疑，疑可治而穷则吝矣。"（藕益智旭《周易禅解》卷七）"频巽"，频频依顺；"吝"，九三处内卦之上，又为阳爻，容易躁进，背离"巽"的要求，故有"频巽，吝"的告诫。"九三'频巽'，不比'频复'。复是好事，所以频复为无咎。巽不是甚好底事。九三别无伎俩，只管今日巽了明日巽，自是可吝。"（《朱子语类》卷七十三）"巽不是甚好底事"——这是朱子的偏见，凡事有人主导，必须有人顺从和辅助，否则难以成功。"频巽"其实是九三不甘心于"巽"，又不得不"巽"，所以状态不稳定且会有过错。

**【讨论内容】**
**【"频巽"】**

王昌乐：　"重巽"是始终如一，"频巽"是反复其令。

常伟东：　因为是群"龙"，实力都极强，无首反而利于发挥各自优势，所以吉。

丰　铭：　为什么"频"在这里王弼解释为"颦"呢，有其他佐证吗？

张吉华：　巽卦上风下风，后风推前风，故"频巽"。

瞿华英：　频者，频蹙忧戚之容，东施效颦。原文"颦"。赵氏汝楳曰："'频巽'者，既巽复巽，犹频复也。"

常伟东：　古时"频"通"颦"，通假之用法，但通假的说法有时有点勉强。个人意见：还是应从象数中寻求解决之道。阳爻为阴爻所乘，刚健之气不能舒展，所以不乐。

元　融：大家可以参考复卦，"六三，频复！"

王昌乐：阳爻阳位，过刚不中，处于巽卦，不得不巽，但又不能坚持，反复巽，又不能进入。

丰　铭：看样子好像反复的意思很晚才有，"频"的本义就是"颦"。

瞿华英：复卦"六三：频复，厉，无咎。"《经》中更倾向了不情愿。

张吉华：皱眉之义更具象，原应为"颦"字，简化后无具象，只取其义。

常伟东：颦字应该是原来的正字。

张吉华：关键是为何不舒展、展不开？

丰　铭：皱眉就是不情愿。

王昌乐：频频以巽，其顺、其中入非所甘心。阳爻阳位，过刚不中，在下卦之上，还属于巽，又受到六四之阴，自身躁动，又受抑制。

张吉华：阴乘于阳，使阳不能负阴而行，故展不开。九三被六四乘压，若九三执意而行，则为吝。

瞿华英：苏轼《东坡易传》："九三以阳居阳，而非用事之地也。知权之在初六也，下之则心不服，制之则力不能，故频颦以待之。'复'之六三不能止初九之为'复'也，故'频复'；'巽'之九三不能止初六之为'巽'也，故'频巽'。"

常伟东：具体一爻意旨应服从于全卦大宗旨。巽卦全卦以谦逊柔顺为主，阳爻除非居中得位，其余的阳爻均不易施展。

王昌乐：心性躁动，不能进入，又不能坚持，再加上外在环境不好，当然内心不情愿了，反复其命，可惜可吝。

常伟东：巽卦之德即为"入"，九三爻不得入，所以不乐。

张吉华：爻有阴阳之分，与位有阴阳之分应是两个概念。

瞿华英：吝和凶，还有一段距离。

张吉华：由吉而凶为吝。本应吉，但做错了，则转吉为凶。九三不得入之因在于被阴所乘，问题是为何在被乘的情况下阳爻就不能施展？找到九三不乐之深层原因，这爻辞便好解了。

瞿华英：九三在巽情中不情愿低头。

常伟东：《易》以阳为大，阴为小。阳在阴下，其气不顺畅，所以不得志，不乐。

瞿华英：内因，九三在内巽，内卦之上。

张吉华：一阳在上为剥，二阳在上为巽，三阳在上为否，四爻在上为遁，五阳在上为姤，六爻皆阳则是群龙无首吉！这说明凡阳爻在上爻位皆无不乐之事。

姚利民：九三孤立无援，又被六四压制，怎么开心？上卦是倒着的兑卦，喜悦颠倒，岂能开心？

张吉华：三阳在下为泰。

丰　铭：　九三在巽情中不情愿低头。九三是什么呢？一个阳爻？

常伟东：　巽卦之两巽，外巽为主卦，内巽居从属位置，故内巽之上，其实也尴尬。

王昌乐：　内巽卦之上，自身不中不正，刚没有得其德，而尽其弊。

瞿华英：　关于"频"和"䫑"，我补充个资料。尚秉和《周易尚氏学》："王弼云：'频。频蹙不乐。'按玉篇䫑下云。易本作频。是频即古文䫑字。三居巽上。虽当位而下挠，故频蹙不安而吝也。"虽当位而下挠，说明九三其大本还在下卦之中。

张吉华：　巽之卦主确在上，即在上面那个风，所以下面那个风为再一次的频风，此频风即使能动也是吝。

瞿华英：　程颐《伊川易传》："三以阳处刚，不得其中，又在下体之上，以刚亢之质，而居巽顺之时，非能巽者，勉而为之，故屡失也。"

张吉华：　上已说之了。取其义为一次以上，取其象为"䫑"字。

瞿华英：　居巽之时，在乾、在坤又是别情。

丰　铭：　取其义为一次以上，取其象为"䫑"字。

常伟东：　刚健固然可嘉，也要看所处位置、情况，绝不是凡刚必好，该柔顺时也必须放柔身段。

瞿华英：　《易经证释》："九三人爻之始。内巽之终也。巽终而用穷。虽刚而失于正。"

【心志穷困】

瞿华英：　为何初言"志治"，此言"志穷"？九三不中不正，上下皆阳。

张吉华：　王弼认为九三刚且正的，所以这正与不正，恐与爻位无关？

瞿华英：　为四所乘，下卦的上，上卦之下，多凶险。关键在巽之时。

王昌乐：　除了王弼的解释，九三中正之外，大部分都在强调九三的不中不正，过刚躁动，诸事不顺。反求诸己——寻求内在超越中正和合，所以《易经》在明人道之时，求其自得。

瞿华英：　巽卦，作为三陈九卦第九卦，为"德之制也""称而隐""以行权"。但九三不甘心以巽顺，无法彰显阳刚之气，吝难生。这和谦卦中提倡的谦逊之旨一脉相承。顺从天人，申命四方。

张吉华：　孔颖达也说中正的，应该说以爻位论辞者易说不中不正之话。故后人对王弼承乘比应之说应有不同理解了。

瞿华英：　有不同理解。赵氏汝楳认为：九三上九，皆过于中。陈梦雷认为：九三过刚不中。程颐认为：（九）三以阳处刚，不得其中，又在下体之上，以刚亢之质，而居巽顺之时。帛本作：编筭。閵。九三正而不中。孔颖达认为九三体刚居正，这和王弼、陈梦雷在九三之刚大方向相同。对频巽原因，导致吝、穷结果，细处诠释不同。

（整理者：李芙馥　中国人民大学哲学院博士生）

# 阴柔得正 巽顺有功
## ——巽卦六四明解

时间：2016年11月18日21：30 — 23：17

## 【明解文本】

六四：悔亡，田获三品。

《象》曰："田获三品"，有功也。

## 【讲课内容】

**张丰乾：** 王弼言："乘刚，悔也，然得位承五，卑得所奉。虽以柔乘刚，而依尊履正，以斯行命，必能获强暴，远不仁者也。获而有益，莫善三品，故曰'悔亡，田获三品'。一曰干豆，二曰宾客，三曰充君之庖。"孔颖达《周易正义》曰："'悔亡，田获三品'者，六四有乘刚之悔，然得位承尊，得其所奉，虽以柔乘刚，而依尊履正，以斯行命，必能有功，取譬田猎，能获而有益，莫善三品，所以得悔亡。故曰：'悔亡，田获三品'也。三品者，一曰干豆，二曰宾客，三曰充君之庖厨也。"

解卦九二爻辞："田获三狐，得黄矢，贞吉。"阳爻居内卦之中，主导田猎。巽卦六四爻辞："悔亡，田获三品。"阴爻居外卦之初，辅助田猎，乘刚之悔消失。爻辞与体、时、位均有关系。

柔顺之德，以阴居位，虽或乘刚，悔终可亡。近比于五，不为谄妄，而又二三并为所获，不私其累而乐为己用，田获之类也。使三阳见获，四之功也。（《横渠易说·下经》）田获三品：可供祭祀、接待宾客、国君庖厨之用；也可以理解为同一种猎物，有三种用途。"三阳"，分则为三，合则为一。悔终可亡的原因在于"顺"。

阴柔得正，为巽之主，顺乎九五阳刚中正之君。此有容之大臣，天下贤才皆乐为用者也，故如"田获三品"而有功。"三品"者，除九五君位，余三阳皆受其罗网矣。（藕益智旭《周易禅解》卷七）换言之，巽卦的主旨在于"阴柔得正"。也可是说，巽卦是在讲"顺"的哲学。

（整理者：秦凯丽 中国人民大学哲学院硕士生）

# 执乎中正 物莫之违
## ——巽卦九五明解

时间：2016年11月19日21：30—23：21

## 【明解文本】

**九五：贞吉，悔亡，无不利。无初有终。先庚三日，后庚三日，吉。**

**《象》曰：九五之吉，位中正也。**

## 【讲课内容】

**曾凡朝：**为什么"吉"呢？"吉"前有个"贞"。九五正得中正之道，不偏于刚，亦不偏于柔，为贞正，必吉，悔亦亡。九五正位，所以贞吉。王弼说："以阳居阳，秉中正以宣令，物莫之违，故曰'贞吉，悔亡，无不利'"。九五原来是乾卦的飞龙在天之象，在巽卦以志于巽，一刚一柔。"贞"是不是可以理解为《彖传》"刚巽乎中正而志行"的"中正"。

九五以刚阳得位，其命令能通行天下，所以"志行"。金景芳先生认为，九五是巽卦之主，它的根本特点在于一个贞字。它由于贞而吉，而悔亡，而无不利。吉，悔亡，无不利，全由一个贞字。《周易禅解》认为，有德无位，不敢变更，有位无德，不能变更。"九五盖德位相称者也，故得其巽之贞。"如何理解"无初有终"？王弼和孔颖达都认为，一开始"刚"，大家不适应、不喜欢，坚持"中正"的立场，人慢慢地就服了，"有终"。"无初有终"者，若卒用刚直，化不以渐，物皆不说，故曰"无初"也。终于中正，物服其化，故曰"有终"也。程颐的看法是："命令之出，有所变更也。无初，始未善也。有终，更之使善也。"

这一卦讲更新以善治。"先庚三日，后庚三日"有两解：一解为申命令；一解为占日。高亨先生认为："'先庚三日后庚三日吉'九字为句。先庚三日者丁日也，后庚三日者癸日也。言举事在丁癸二日则吉。"王弼认为"申命令"即"申命令谓之庚。夫以正齐物，不可卒也；民迷固久，直不可肆也，故先申三日，令著之后，复申三日，然后诛而无咎怨矣。甲、庚，皆申命之谓也。"孔颖达、程颐等沿用。

程颐说："'甲'者，事之端也。'庚'者，变更之始也。十干戊己为中，过中则变，故谓之庚。"朱熹《周易本义》说："庚更也，事之变也。先庚三日，丁也；后庚三日，癸也。丁所以叮咛于其变之前，癸所以揆度于其变之后。"

## 【讨论内容】

元　融：这是难点。先庚，是不是再三申命；后庚，是不是扶上马送一程？

张丰乾："无初有终"：以庚为中心。庚者，更也，没有初始。终，先后都以三日为终。

瞿华英：治理蛊乱，也是以三日为界。"先甲三日，后甲三日。"

元　融：庚，纳甲原理，震纳庚。震前三位，为巽，后三位也为巽，重巽之象，这样理解，也是一景。

曾凡朝：先事三日而图之，后事三日又虑之。

王昌乐：是始未善，所以有待于更令，圣人风行天下，润泽万物。民得之以顺，君得之以德，贞正也，正而固也，不仅可以坚持下去，而且可以巩固成果，命令不轻易定，定了不轻易改，一定一改皆为民心所向。

曾凡朝：蛊言先甲后甲，巽言先庚后庚。盖甲者，十干之首，事之造端也。蛊之败坏已极，故以造事言之而取诸甲。庚者，十干之过中，事之当更者也。巽之积弊渐萌，故以更事言之而取诸庚。此圣人谨其始终之意也。

元　融：前面看三步，未来看三步，人生无忧。

（整理者：孙世柳　中国人民大学哲学院硕士生）


# 不失中道　虽繁无咎
## ——巽卦上九明解

时间：2016年11月20日21：30—23：03


## 【明解文本】

上九：巽在床下，丧其资斧，贞凶。

《象》曰："巽在床下"，上穷也；"丧其资斧"，正乎凶也。


## 【讲课内容】

张丰乾：上九和九二同是"巽在床下"，但巽情各不相同。九二是阳爻处阴位而居下，朱熹说："有不安之意，然当巽之时，不厌其卑。"而且，九二居内卦之中。"史"以纪录为己任，"巫"以通神为能事。二者都需要"顺应"之德。《象传》说："'纷若'之吉，得中也。"

曾凡朝：九二居内卦之中，以阳刚居阴柔之位，有不安之意，柔顺卑谦而不厌其卑。"巽在床下"，在九二是有为之象，在上九则为过巽之举。

## 【讨论内容】
### 【"巽在床下"】

张丰乾：巽而不失中道，虽纷繁而无咎。

王力飞：在过于巽中迷失了自己？

刘久红："过巽"指上九孤立无援，穷处于上，无路可走吗？

张丰乾：对上九而言，其位置是巽的尽头，其特性又是阳刚，所以有"过于巽"的特点。

曾凡朝："上穷也"。上九居巽卦之上，为巽之过。《象》曰"上穷也"，言巽之过也。

张丰乾：不是孤立无援，而是拘泥于"巽"而未做主导。上九为最高处，而"床下"为隐晦之处，所以是"巽到极处，巽无可巽，巽不当巽。"如同丧失了锐利之器，虽然坚定，但依然面临凶险。

曾凡朝：上不中不正，巽所不当巽。

张丰乾：周振甫先生说："伏在床下，指病人怕鬼"，所以用史巫驱鬼，吉无咎。问题在于"史"的职责是否包含驱鬼。对于上九，周先生说："伏在床下，当是盗贼入室，病人害怕躲避，所以丧失他的钱币。"有点费解。

姚利民：上九处于最高位，却释为床下，常人难以理解。

### 【"丧其资斧"】

张丰乾：上九不是直接位于床下，而是"巽于床下"，床下有贼。那"丧其资斧"是代指财物，还是代指捉贼的工具？

王力飞：我感觉是生活的工具，谋生的工具。

刘久红："资斧"，是不是旅行在外的资财器用？如是带兵之人，是否指兵权？

曾凡朝：高亨的解释："资斧，犹今言钱财也。盗贼入室，主人恐惧，伏在床下. 盗贼掠其钱财以去也。有外寇之来，无自卫之勇，丧室中之财，非凶而何？"李镜池讲得更形象："商人在旅馆遇到抢劫，伏在床下，幸免于难，但钱还是被抢了，倒霉。"

王力飞：高亨的解释和巽的关系不大，过去的床是坐的工具。

林文钦：巽在床下，谓上九阳爻处阴，意指阳刚性格而顺从过度。或柔弱过度，丧失了谋生的能力。

张丰乾："坎为盗"，此种解释涉及卦变说。

王力飞： 我感觉应该是人坐着"申命"，他跪后"行事"，一味地"巽"，结果把资斧都丢了，所以凶险。

张丰乾： 《说卦传》："巽，……为近利市三倍，其究为躁卦"，可与此爻参照。

林文钦： 也可以说君子未有其位，难以化民。"资斧"也可解为权柄，无位即无权柄，难有作为。

元　融： 整体巽的危险，上九是看得最清楚的，初爻一阴，六四一阴，对整个局面的破坏力是要警醒的！九五，也可以在谋划严密的情况下，使些非常手段！

张丰乾： "资"和"斧"是指两种器物，还是指一种？

姚利民： 越是高位越凶险。

元　融： 上巽为利，为资；互离为刀兵，为斧；二三四爻互兑，折损之象。

魏厚宾： 是不是"资"可以解为天资，才能，能力。"斧"则为利器，权柄，手段。

林文钦： 那是隐士之位，位高权无，若想有所作为，必然贞凶。

元　融： 巽卦，整体从外面看上去是很强大的表象。内乱已生，需要严阵以待，五爻先后庚之语，已经警示再三，上九已经有了坠落之忧，力不从心之感，是该有所行动的时候了，贞凶！

张丰乾： 按照《说卦传》，"财物"更合适。"质"和"斧"应该是近义词。

魏厚宾： 说卦以整体言，而就非一爻言。以整体解一爻有可取之处，但也不无纰漏。

林文钦： 道教解为修道之人，一心想有更高成就，而不管生计，暗示修道者不负社会责任，其结果必然凶险。

张丰乾： 《说文·贝部》："质，以物相赘。从贝从所。"

（整理者：贡哲　中国人民大学哲学院硕士生）

（本卦校对：董禹辛　中国人民大学哲学院硕士生）

时　　间：2016年11月21日21：30 — 22：48
导读老师：林文钦（高雄师范大学国文系教授）
　　　　　孙铁骑（白城师范学院政法学院副教授）
课程秘书：黄仕坤（中国人民大学哲学院硕士生）

利悦守正　朋友讲习
——兑卦卦辞明解

## 58 兑卦

**兑下兑上**

【明解文本】

兑：亨，利贞。

《彖》曰：兑，说也。刚中而柔外，说以利贞，是以顺乎天而应乎人。说以先民，民忘其劳，说以犯难，民忘其死。说之大，民劝矣哉！

《象》曰：丽泽，兑。君子以朋友讲习。

【讲课内容】

**林文钦**：兑卦阐释人际之间和悦的原则。能使人喜悦，而自己也能喜悦，这样就能促使人际关系的和谐。在上者能使下属喜悦，就能使其诚心诚意地服从领导，并能达到不辞辛劳，不畏牺牲的境界。这就是顺天应人的道理。使人喜悦动机要纯正，使人喜悦，而不能无是非。与人和悦，要明辨是非，光明正大，而非阿谀谄媚奉承；应当内刚外柔，坚持原则，和而不同。而且不乡愿，应当断然排除邪恶之念。更应当警惕，正道也会被邪恶包围，小人会不择手段取悦于大人，所以大人不可坠入小人的陷阱。

　　兑：卦名。本卦为同卦相叠（兑下兑上）。兑，同悦，为泽，为水。兑卦相叠，有两泽相连，两水交流之象，象征欣喜、欢快。也喻上下相和，彼此和悦，团结一致；朋友相慕，相互切磋讲习，这是一个令人喜悦的情境，所以卦名曰兑。

兑，《说文》："说也。即悦也。""兑"是说的本字，是说话，或笑的模样；因而，这一卦有言语与喜悦的含意。兑卦，是一阴爻前进到二阳爻的上方，有喜悦表露于外的形象。兑卦又是泽，将坎卦之水，由下流堵塞，水聚集成为兑，所以是泽。而且，泽中的水，可以滋润万物，使万物喜悦，也是悦的象征。兑又为西方之卦，于时节为秋季，秋天丰收为喜悦的季节。

由兑卦的卦形看，内外卦都是刚爻得中，柔爻在外；是中庸，外柔内刚的形象，当然使人喜悦，可以亨通。然而，也并非不分是非，一味地使人喜悦，而是动机纯正，固守正道，使人喜悦，才会有利。王弼说："说（悦）而违刚则谄，刚而违说（悦）则暴……刚中故'利贞'，柔外故'说亨'。"这是说外柔——使人喜悦，要自己内心刚正，否则流于谄媚；内心刚正，而欠缺柔和，使人感到暴戾，将难以接受。

"亨"，亨通。君子"行教化民"要能使人内心喜悦而动心受教，才是"行教化民"的通达之道，所以说"亨"。

"利贞"，利于守持中正之道。悦必须遵循正道，所以特别强调要"利贞"。

兑卦阐述的是宇宙万物发展之道在于彼此的和谐与交融。世间的一切事物生存与发展，靠的是彼此之间的和谐与交融。这就是"兑"卦卦象所显示的义理，即彼此能两厢情愿。这种两厢情愿的关键在于"利贞"。坚持正道，决不允许掺杂任何动机不纯正的行为。譬如上下交相利，抱有不可告人的私利目的而悦的交融。这样，就不是正道，终结是不能亨通的。所以兑卦对此提出了警告："亨，利贞。"

《彖传》说："兑，说也。"说，即悦。"刚中而柔外"，"刚中"即心志坚固，"柔外"即行为柔顺。能使民众笃信于道义且能随顺于教化，如此为"兑"。刚中而柔外：本卦九二、九五阳爻，为刚，分居下卦、上卦中位，是为"刚中"，六三、上六阴爻，为柔，分居下卦、上卦外位，所以说"柔外"。这种卦象显示，君子内秉刚健之德，外抱柔和之姿，即以外柔内刚态度来遂行正道。

"刚中"就是内心怀着诚实、忠信的质量；"柔外"就是以柔和、谦逊、平和、顺从的态度，待人接物。用俗话来说就是"内刚外柔""内方外圆"。

"悦以利贞"，使民众喜悦遵从君子之道，也就是遵循正道。

"顺乎天而应乎人"，顺应天道，合乎人情，此为君子处理"兑"卦事理之原则。"说以先民，民忘其劳；说以犯难，民忘其死"，先让民心喜悦，则民众忘其劳苦；民众乐意犯难而行，即使面临死亡亦不以为意。此为"兑"卦事理之功用。这种"顺乎天而应乎人"的处世原则，既能应合天之道，符合天理。又能"应乎人"，符合人情，顺应人心。因此，一且有机地结合起来，其效力将是无穷的，尤其是当为政者能够身先士卒，身体力行，为百姓做出表率和榜样的时候，一定会出现"说（悦）以先民，民忘其劳；说（悦）以犯难，民忘其死"的大好形势。老百姓定能任劳任怨，不怕艰险，甚至忘掉死亡的危险。只要能够"令民与上同意"，作战起来，一定"可以与之死，可以与之生，而不畏危"（《孙子兵法·计篇》）。这是孙子对《周易》上述思想的灵活运用。

"说之大，民劝矣哉"，"劝"，《说文》：勉也。自强之意。"悦之大"即悦于道义。"民劝矣哉"民众喜悦正道义理，就能自立自强。总之，"说（兑、悦）之大，民劝矣哉"，兑卦义理太博大了，它可以全面起动民众的积极性和主动性，使他们做到"自我勉力"而不需要由上级来"劝民"。这二者之间的差距是很大的，效果很不相同。有人生经验的人都可以深刻地体会到这点奥义。

唐明邦说："'说（悦）以先民'的思想有其合理性，对后世影响较深，宋代范仲淹主张'先天下之忧而忧，后天下之乐而乐'，便是这一思想的继承和发扬。"（《周易评注》）

下面讲象辞。

"丽泽"，两泽相连。"丽"比附之意。"泽"德为悦。上下亲附、和合，交相浸润，两相喜悦，为"兑"。二泽相连，彼此沟通，以实现"兑"卦的义理精神：彼此和谐、交融和交流。刘百闵《周易事理通义》："两泽相连，交相浸润，此为朋友讲习之象也。"

"讲"，《说文》：和解，即讲解之意。"习"，《说文》：数飞也。鸟频频试飞，即练习之意。《尔雅》释"娴、惯"为"习"，推知"习"指反复、多次练，引申为熟习。《论语.学而》："子曰：学而时习之，不亦乐乎？"

"朋友讲习"即朋友之间共同讲解、熟习义理。"朋友"为人之亲密者，共同治事者。通过共同研讨、熟习义理，可以统一认识，可以团结一致。君子行教，必要晓以情理，反复交流，最终使之"刚中而柔外"，一如"朋友讲习"而后得共识。知识学问不讲不明，不习不精。朋友之间共同讲习，可双方互益，增长学问和知识。否则，若独学无友，势必孤陋寡闻。

《蔡邕集·正交论》："君子以朋友讲习，而正人无有淫朋。是以古之交者，其义敦以正，其誓信固。"

俞琰说："若独学无友，则孤陋寡闻。"（《周易集说》）黄寿祺说："《论语·学而》'学而时习之，不亦说乎！有朋自远方来，不亦乐乎！'似与此旨有合。"（《周易译注》）

"兑"（悦）是交流的重要手段。兑卦卦体上兑下兑，兑为泽，泽不能相重，称"丽泽"为两泽互相连结又互相依附。王弼："丽犹连也。"朱熹："两泽相丽，互相滋益。""君子"观两泽相连，互相滋润各有补益之象，则以"朋友讲习"。孔颖达："同门曰朋，同志曰友。"俞琰："讲者，讲其所未明，讲多则义理明矣。习者，习其所未熟，习久则践履熟矣。此朋友讲习，所以为有滋益，而如两泽之相丽也。"朋友讲习互相有所补益，以此效法两泽相连互相滋润之象。

"兑，说也"，解释卦名，兑就是悦。喜说，和悦。此悦与咸卦《彖传》说："咸，感也"意思是相类的。刚中而柔外，说以利贞，这两句话直接解释卦辞。自整个一卦看来，一阴在二阳之上，阳悦阴而阴悦于阳，故有悦义。卦之二、五都是阳爻，是谓刚中，三、上都是阴爻，是谓柔外。刚中而柔外，是"兑，亨利贞"的两点根据。刚中，阳刚居中，有中心诚实之象，故能利贞。柔外，阴爻在外，有接物和柔之象，故能悦，刚中与柔外互为条件，缺一不可。如果只有柔外而无刚中，便会悦而不正：悦不正，便不是而悦是谄了。如果只有刚中而无柔外，便会悦而不亨，而悦不亨，便不是悦而是暴了。唯有既刚中又柔外，方可"说以利贞"。

"是以顺乎天而应乎人"自此句以下，是孔子对兑卦卦辞卦义的体会和发挥。兑卦刚中而柔外，包含着天之道和人之道在内。因为刚中，所以诚信，诚信则顺乎天理；因为柔外，所以和顺，和顺则应乎人心。

孟子讲的"中心悦而诚也"就是孔子这里讲的"顺乎天而应乎人"的意思。孔子认为，圣明的统治者，在行悦之道的时候，只考虑如何顺乎天而应乎人，不想怎样使天下人拥护自己。天下人中心悦而诚服，不过是他顺乎天而应乎人的客观结果，不是他的初始居心。"说以先民，民忘其劳，说以犯难，民忘其死。说之大，民劝矣哉。"虽然圣明的统治者绝不为了取于悦民而行悦之道，但是，只要他在行说之道的时侯，能够顺乎天而应乎人，那末，他必然会"说以先民"，平时就注意使人民食，暖衣，养生送死无憾。必然会"说以犯难"，遇到危难例如战争的时侯，依人民悦不悦，赞成不赞成为根据，决定仗打与不打。总之，能够使民悦在先。需要人民出力时，民就忘其劳，需要人民打仗的时候，民就忘其死。统治者弄好了悦道，人民可以自劝。所以孔子感叹说：悦之道多么伟大呀！

"丽"，附丽。丽泽，二泽相附丽。二泽相附丽，必彼此浸润滋益。君子观丽泽之象，乃以朋友讲习。朋友是与己志同道合的人。讲是讲未明的道理，习是习未熟的事物。朋友讲习是志同道合的朋友聚会一处，互相讲，彼此切磋。这比独学无友，孤陋寡闻好得多。朋友讲习是人生最大的快乐，而且这种快乐虽过而无害。《论语》以学之不讲为忧，以学而时习为悦，以有朋远来为乐，其用意正与兑卦大象同。

汉儒及《十翼》皆以"说"解释兑，但后世易学家多将"说"当作现今的"悦"，因此以兑为喜悦。但细究之，"说"同时兼具说、悦的意思，但应当以说话的说为主。因此兑卦也是卦义相当复杂而充满内在矛盾的一卦，可以引申到许多"兑"字边的字，如喜悦的悦，与喜悦有些相反的剥夺（敓）、脱落的脱、尖锐的锐。而三画卦的兑卦最常用的卦象除了喜悦之外，就是毁折，意思有些近似于敓、脱或锐。这样的卦性也有点类似于兑卦所代表的秋季：既是代表丰收的喜悦，又是万物开始凋敝与肃杀的一个季节。

兑卦帛书作"夺"，是脱或敓的假借，为抢夺、剥夺的意思。

《象传》："说以先民，民忘其劳。"事先与人民做好言语上的沟通则人民就会任劳任怨，心悦诚服地为君效力。《杂卦传》说"兑见而巽伏"，可理解为兑是面对面的言语沟通，而巽则是跪伏听命，是上对下的命令。因此兑与巽代表了两种不同的命令传达方式。但一般的取象上，则以兑见为"出现"，巽伏为"隐伏"（不见）的意思。得兑卦，利于守正，忌于偏邪。施比受者有福，施惠于人则自己也将受益。凡事可多用言语沟通，特别是当面的面对面交谈，让人因此而心悦诚服，避免用转达或者是下达命令式的方法。

## 【讨论内容】

常伟东： 坎为水，兑为泽，也是水。但坎德为"险"，而兑德为"悦"，二者为何差别很大？

林文钦： 六画的兑卦上下都是兑，《象》曰："丽泽兑，君子以朋友讲习。"丽为俪，两人身影相随之义。丽泽，为两兑相随。兑为说，重兑即上下彼此言说，朋友讲习之象。兑卦即是两人言语沟通相谈。

（整理者：王璇 中国人民大学哲学院硕士生）

# 和于生生 悦而亨通

## ——兑卦初九明解

时间：2016年11月22日21：30 — 23：15

【明解文本】

初九：和兑，吉。

《象》曰："和兑"之吉，行未疑也。

【讲课内容】

**孙铁骑**：兑卦之义为"悦"，而何者为悦却是个问题，俗常理解之快乐在生命本质的层面上可能并不是真悦，更可能是对生命的伤害。故言"兑而说之"，而不是兑而乐之。"说"有喜悦之义，亦有说话之义，亦有劝说之义。故兑乃由中心发出，得本心之喜悦，而自然向外生发以明之于天下，亦以劝导他人与己同悦，故能朋友讲习。而真正之悦必有所本，哲学上就叫本体论依据。而易之本体论依据就是生生之道，"生生之谓易"。故真正之喜悦必本于生生，而不是外在的感官享乐。只有和于生生，才能使此喜悦可能感通于他人，共享于他人，因他人与我同本于生生也。故《象》言"丽泽兑，君子以朋友讲习"。和于生生之悦，才是真正的亨通，故卦辞言兑亨。所以兑卦不是简单地言说快乐与喜悦之事，而是如何快乐才是正道。

兑卦初爻言"和兑，吉"，关键词在一和字。生命之喜悦，本于一个和字，失和则不悦，失和则害生。《中庸》言"中也者，天下之本也，和也者，天下之达道也"。和为生命发动的运动状态，此状态无固执之形态，只可以是否合于生生而评判之。如何能达于"和"呢？"其初难知，其上易知"，初爻为难知而易错之位，故人当喜乐之时最易判断失误，而乐其所不当乐，或乐而忘忧，甚而乐极生悲。故初爻之"和"内含警惕之义，逢乐而惧，得意淡然，合于乾卦初爻"潜龙勿用"之旨。在人之生命而言，"和"之本在身，身之本在心，故身心和谐乃为和兑之本。而身心和谐乃是生命修炼之事，如此就与咸、艮二卦的生命修炼原理相贯通。亦与贯穿于六十四卦中的生命损益之道相贯通。由身心和谐自然向外扩展为人与人之和谐，人与社会之和谐，人与自然之和谐，也就是《大学》的"修身、齐家、治国、平天下"的整个过程，皆为"和兑"也。到达如此地步，自然"和兑，吉"。而如此和兑之吉，由身心和谐所生发之一切事自然和顺，做事自然知所先后，知所取舍，不须卜筮以决疑，亦不须向他人求教指引，故《小象》言"和兑之吉，行未疑也"。

初爻关键都在于警惕。其初难知，万事开头难，要"潜龙勿用"，故初逢喜乐必小心，不可得意忘形，此为《易》之智慧。遇喜则当警惕其是否"和"。按六爻成效，初爻为"动"，而"吉凶悔吝生乎动"，初爻之动内含不易察觉之危险，故要小心，因乾坤乃易之门户，故乾初爻所警之以"潜龙勿用"，适合于任何一卦。

多说一句，《小象传》在鞠曦易学中是《系辞传》，是孔子为解爻辞而系之辞，是对爻辞之解释。在卦爻辞中，只说刚柔，不说阴阳。因阴阳是天道，人无所把捉，刚柔是地道，为人所能行。只有《大象传》才真是在解释象。

## 【讨论内容】
### 【"悦""和兑吉"】

温海明：　什么是真正的快乐？内心深处发出的才是真喜悦。心生通于天地之生生。

姚利民：　故真正之喜悦必本于生生，而不是外在的感官享乐。

温海明：　气和则生，不和则死，和于生生则生。

常伟东：　其初难知，其上易知。

姚利民：　故初爻之"和"内含警惕之义，逢乐而惧，得意淡然，合于乾卦初爻"潜龙勿"用之旨。

刘久红：　在人之生命而言，"和"之本在身，身之本在心，故身心和谐乃为和兑之本。自身和谐、与人和谐、与社会和谐，三层境界。

温海明：　身心和谐，行事就不犹疑。

王昌乐：　和生中正之心，行合宜之道。养心之灵性，循万物之法则。求其智慧，得其中道。人在世中，只能尽力求之，不可得全。左右前后，人不智，不可行。人不正，不可中。人无有大的境界，亦不可和也，夫大人之德，与天地和其德，与日月和其明，与四时和其序，与鬼神和其吉凶。

（整理者：张馨月　中国人民大学哲学院硕士生）

# 履失其位 有信而吉
## ——兑卦九二明解

时间：2016年11月23日21：30—23：13

## 【明解文本】

九二：孚兑，吉，悔亡。

《象》曰："孚兑"之吉，信志也。

## 【讲课内容】

**孙铁骑：** "孚"，信也，信而悦之为"孚兑"。那么信于什么才能使身心和乐呢？此信必为生命之本真，而不是外在生命之附属之物，如普通的欲望之求。而生命之本在内而不在外，故此信与《中庸》之"诚"实乃一义，即守于生命之正，通过内在生命修炼而实现生命之喜乐。此诚信于中而发用于外之生命喜乐自然吉而无悔。

二爻由初爻发展而来，按六爻成效，初爻动，二爻齐。齐之以理，此理在《易》为生生，故二爻通常具有一卦的基本原则。初爻和兑，和而悦之，而如何才能和呢？在二爻就继续给出了本体论根据。易之本体为生生，在此生生的基础之上，二爻给出的达于和兑的根本是"孚兑"。也就是说，只有孚信才能和。信者，本于诚也，与《中庸》"诚者，天之道也，诚之者，人之道也"相通。天道至诚无息，故能使万物生生，人道亦要至诚无息，才能生命永恒。故诚为人之生命之本，有此本才能有生命之和乐。故"孚兑吉"，言由中心之诚与信而有生命之生生不息，此乃真正之吉也。亦只有守此心之诚，才能使身心和乐而正确处理与他人与外物之关系，从而"悔亡"。而此"'孚兑'之吉"，非为理论之事，必须见之于生命修养与修炼，需要经过一番修行而得之，在此就已进入实践的层面。而如何实践以操作生命，实现此孚兑之生命境界呢？孔子给出的方法是"'孚兑'之吉，信志也"。关键词在"信志也"三个字。这里需要对生命修炼原理有所了解，否则很容易把这三个字理解为道德要求，懂得修炼，此三字则为可操作的修炼方法。

修炼之关键是心志专一，守于内时空之中。"信志也"就是心志内守，身心合一，内养元气，则自然精气神合一而生命力旺盛。孟子讲"志壹则动气，气壹则动志"（《孟子·公孙丑上》），亦是此道，我善养吾浩然之气。浩然之气充足，自然身心和乐，中心而达于面目，由孚兑而达于和兑也。

总论：能使身心和悦之生命修炼乃天下第一等事，却只能有少数人立志而求，即所谓圣人也，贤人也。因世俗之众，只能外求，不能内养，"憧憧往来，朋从而思"（咸卦九四爻辞），无从照顾生命之本质需求。只有圣人以生命为本，知之修炼，培育灵根，而成圣成德。而圣人之存在意义，不只在于自我生命之圆满，更在于给世人示范，证成此生命之道之存在，使世人或可通过观圣人之生命而兴起崇信之感，进而知之修炼而达于圣境，实现生命之至乐。故二爻言"孚兑吉，悔亡"，二爻之义可与乾卦二爻"见龙在田"相贯通。

## 【讨论内容】

王昌乐：　王弼说失位，所以悔。

王力飞：　与九五失应，中，不正，为六三所乘。

温海明：　孔颖达、程颐也认为九二以刚爻居中，内心信实之象。

王昌乐：　二程说到了阴为小人，金景芳也说到了小人。

温海明：　即使与小人为邻也不怕。

史少博：　九二爻是由兑卦变为随卦而来的，就是兑卦之随卦。随是跟随、追随。兑之随是说说教时要追随圣贤之道，所以爻辞说："孚兑，吉，悔亡。"要以钦敬诚恳的态度去追随圣贤、去教导民众，吉祥，不能有改变。兑为泽为静水，巽为木，震为舟，故为有浮，浮同孚，所以说"孚兑"。上兑下震为阴阳得配向心之式，为"吉"。兑卦动变为震，由阴卦变为阳卦，为悔；震为动为出为往，往通亡；所以说"悔亡"。上互卦为巽，下互卦为艮，重卦为渐卦。象征追随圣贤去开创基业要逐渐地、循序渐进。九二爻本来为阳爻为刚中而不正，变为阴爻则为柔中而正，象征要以诚信来感动他人，而不是以强迫的手段来压制他人。

常伟东：　《日讲周易解义》有论：兑卦初九不偏不党，最为吉利；九二虽得中，但为六三所乘，又失位，已经有悔。幸亏刚中，有诚信，所以悔亡得吉，但已不如初九吉利。

王昌乐：　兑为泽为静水，巽为木，震为舟，故为有浮，浮同孚，所以说"孚兑"。上兑下震为阴阳得配，为"吉"。兑卦动变为震，由阴卦变为阳卦，为悔；震为动为出为往，往通亡；所以说"悔亡"。

温海明：　马恒君说是大壮变来，大壮六五与九三换位。

王昌乐：　九二爻本来为阳爻为刚中而不正，变为阴爻则为柔中而正，象征要以诚信来感动他人，而不是以强迫的手段来压制他人。这个解释有所不一。

王力飞：　九二跟六三不对付，跟九五是敌人，一看初九挺和气，转头跟初九诚心实意又讲又习了，人并不孤独求伴，故虽失位而悔亡。

王昌乐： 《周易阐真》："九二，诚实于中，内有主宰，悦于真而不悦假，一切虚幻之事，不得而动之，其吉在内，有何悔之不亡乎？此刚而得中之悦也。"

常伟东： 朋友之乐本身即在五伦之内的。求愉悦自是人的本性，但如果内心不诚信，不通过正道求得的愉悦也是不可取的。

## 【诚心感化】

温海明： 九二与六三的关系，有说彼此有诚信的，也有说六三乘刚，九二失位有悔的，哪种讲法更合理一些？

常伟东： 九二与六三的阴阳配合关系不是《易》所嘉许的，所以有"悔"存在了。

姚利民： 个人感觉九二虽居柔位，本具中正，六三不当位，然邪不压正，故六三虽乘，不凶反吉。

温海明： 《象传》说"信志"，是心志充满诚信。

王力飞： 失正、失应均可有悔，中未亡也，孚尚存也，骨还在也，故吉，悔亡。

王昌乐： 悔：一是以阳居阴，二是与六三比承。

温海明： 这是从乘刚的角度说的，也有说九二蛮喜欢六三的。

王力飞： 九二有自己的风骨，不媚上，不屈三，与民同乐。

王昌乐： 信，无欺也，信是实也，信是刚实笃定，信是正气充沛，内不欺己，外不欺人，诚然而居之，所行外之合宜之道。

史少博： 九二虽然失位，但九二的喜悦来自于六三的交往，又居下卦之中，得中位，感化于上，故而孚兑吉。

常伟东： 兑卦六三言"来兑，凶"。

王昌乐： 交朋友还是要像九二真心实意感化他人，即使与六三有忧悔也可以慢慢化解。

王力飞： 悔亡，也可看作自己不后悔。

元　融： 初、二两爻，居于下卦，和、孚都是积极之语，故言吉，如果不孚、不和，会有什么结果呢？兑，除了和悦之象，折损之象也是自备的！

王昌乐： 九二有悔之可能，之所以无，在于九二中，中之信，悦而吉。

姚利民： 凡男子都喜欢美女，大多好色，心中应有色戒。上为互卦离，离为目，为火。看到美女，眼睛花了，有火光了，必须心中有戒。

常伟东： 所以兑卦九四、九五两刚爻就不见"吉"字了，不如初、二两爻均"吉"。

王昌乐： 其信在志，可见其信之笃定，心之诚然，心之中正。人在明明之境，容易做到信，在污浊之地呢？在独慎之地呢？非其志可以久远而宏大。

元　融： 初爻力弱，自然有附和之语；二爻居中，恪守中道，兑也无妨，甘守其兑。

常伟东： 也有一说，兑卦九二不如初九之不偏不党。

（整理者：黄仕坤 中国人民大学哲学院硕士生）

# 内诚为悦 来兑则凶
## ——兑卦六三明解

时间：2016年11月24日21：30 — 22：58

【明解文本】

六三：来兑，凶。

《象》曰："来兑"之凶，位不当也。

【讲课内容】

**孙铁骑：**按六爻成效，三爻为"见"，有所表现之时，也就是危险来临之时。故三多凶，五多功。三爻多凶就是因为其爻效为"见"，二爻多誉就是因为其爻效为"齐"。三爻言"来兑，凶"，即此"悦"非为生命内生而得，而由外而来，非生命自身所本有，如此之喜乐不是真乐，故为"凶"。用庄子的话讲，无待的逍遥才是真正的快乐，而外来的喜乐都是有待的喜乐，都是不可靠的，从而都是内含凶险的。（原文见《庄子·逍遥游》）初爻的和兑与二爻的孚兑皆要本之生命之诚，发于本心，故为真正生命内在之喜乐，而三爻的"来兑"则非生命本有，故为凶。而外来之乐何以会有凶呢？就是我们得到我们本不享有的东西，得到了本不该得到的东西，此种得到虽然能让人快乐，却也会带来相应的风险，故孔子言"'来兑'之凶，位不当也"。所谓德不配位，必有凶咎，小人而乘君子之器，都会乐而生悲。以乾卦三爻贯通之，"君子终日乾乾，夕惕若，厉无咎"。（乾卦九三爻辞）

[综论]真正之快乐只能来自内心的和悦，任何外在之刺激与快乐只能保有一时，而不能长久，更不能永恒。且外在之快乐永远与痛苦和哀伤相伴，因为快乐与痛苦是同一事物阴阳相生的两面，能让你快乐之事就能让你痛苦，而且必定会让你痛苦，因为人世间事没有永恒，都会有结束那一刻，因而你的快乐必然要失去，而此快乐的失去就意味着痛苦。故三爻言"来兑，凶"。一切外来之快乐都具有本质的不稳定性、不可靠性，都内含着某种风险与危机，乐极生悲就是这种风险的发作。其根源在于我们错置了生命的位置，将内在之生命安置于外在之世界当中，让一个变幻无定的外在世界决定内在生命的喜乐，自然会喜乐无常。而一个内在生命无所安顿之人更不知如何在外在世界之中确定自己的位置，从而爆发出生命之间的冲突与对抗，从而越面向社会，越会有痛苦，何来快乐呢？故又言"'来兑'之凶，位不当也"。

【讨论内容】

【耗气则凶】

王昌乐： 孟子的气，是来自天地之气，还是修养之气？

孙铁骑： 天地之气与修养之气本为一气，人何曾与天地相隔？都是理性在作怪。

王昌乐： 人之气来自天地之气，那为何有修养之说？

孙铁骑： 不修养就消耗，耗尽则死。

王昌乐： 六三"来"字要搞清楚，是自己主动去，还是别人主动来？依然是寻求兑，这样的兑可否行得通，凶已经表明。阳为位，阴为爻，阴入阳中，来求兑。阴（正中）为内敛、包容、宽厚、含蓄、不居功。此爻不中不正不得位，失去阴之正德，随成陷溺、献媚、阴险（诱惑）之得。此爻多为献媚之得，其悦是不正的，也是不长久的。六三下九二，六三比九四，可能献媚于上，也可能诱惑于下，都是不当之举，凶是在所难免了。人不求内在之德，多行外在不义之举，其悦非真悦，是昙花一现的，而带来后期的"灾必逮夫身"。内在喜悦诚可求，外在喜悦也不可虚，内外充实一致，才可自通。

（整理者：李芙馥 中国人民大学哲学院博士生）

# 小人为疾 安国为悦
## ——兑卦九四明解

时间：2016年11月25日21：30 — 22：47

【明解文本】

九四：商兑未宁，介疾有喜。

《象》曰：九四之喜，有庆也。

【讲课内容】

林文钦： "兑"（悦）是人际交流的重要手段。不同的人际情境有不同的人际交流方式，兑卦总结人生常见交流方式有：和兑，孚兑，来兑，商兑，孚剥，引兑。

初九"和兑"的高尚品德表现为"君子不党"的精神，小人总是有个相互勾结、结党营私的毛病。这往往是人世动乱的本源。可是，初九却不会这样做，这并不意味着初九孤傲、不合群，而是平等、和谐地对待他人。这样就是"和而不同"。

凡能够做到"和兑"者，一定会是吉祥的。因为彼此之间坦诚相待，最主要在于初九的"行未疑也"，他的行动光明磊落，朋友们不会猜疑。朋友之间的真正友谊的基础是"和"，和就是不疑，而稍有疑就是不和。疑是破坏友谊的因素。日常生活中，朋友之间真正做到"和"（不疑）是很难的。古人说："相识满天下，知心能几人。"知心最不容易。因此，古人又说："人生得一知己足矣。"

九二"孚兑"，说明自身的条件并不理想，刚爻柔位，其位不正，这就很难取得别人的主动信任。

九二之所以从不受信任、被猜疑，变为受到信任，取信于人，尤其是取信于"君"（领导），关键在于他真正做到了"以诚取信"。

以诚取信绝不是虚假的，更不是做表面文章，貌似诚信却心怀鬼胎，而是一定要具备发自内心的真诚，即"信志"（兑卦九二《象》），心存诚信，自信于人，实实在在、诚诚恳恳地和悦待人，其间无半点虚伪、虚假的东西。人与人之间都能够诚信相处，自然吉祥了。

真诚是一个人的本性，善良是一个人的天性。美丽的外表会打动人，但真诚的内心更能感动人；强势的语气也许会让人口服，但善良的行动更会让人心服。不做作，不敷衍，不世故，就是一个人的真；懂包容，懂尊重，懂让步，就是一个人的善。不失根本，不忘初心，一个人才能走得长远，行得稳重！

六三"来兑"，六三不中不正，与上无应，只好转而下求初九、九二，讨好、巴结他们，企图得到对方的喜悦。其目的可用"图谋不轨"和"心怀叵测"两句成语加以形容。他的"来兑（悦）"不是真心实意，因为其"位不当"（兑卦九二《象》）意图不纯，所以一定会有凶险。对于这种"黄鼠狼给鸡拜年"的六三之类的人务必要有所防备，切莫上当。

由于社会上六三式的人物颇多，故在初九和九二之后，列出与他们相反的六三，加以告诫，着意说明取悦于人和自信于人二者之间有着本质的不同。结果自然也就完全相反了。

今天接着谈九四"商兑"，此爻说明如何取得大众之"悦"。

"商兑"的主旨，在说明与人商讨事情处在不顺遂、无法有结果的情境中。若行事公正不偏，与不义划清界线，则终有喜庆，表示商讨事情可以有结果。反之，若有偏颇则有罪咎。

商，《说文》：由外知内也。揣测、计度之意。商：内心思忖、揣度。"商兑"，

"商"指其人在悦服之先，内心思量、测度君子之思维与方针。经过"商"而后能"和"，"和"而后能"孚"。"商兑"即其人经由怀疑不信而后致于悦从之过程。

"未宁"，"宁"，《尔雅》：安也，即安宁。宁，定。因情事未定，故心未安宁。"商兑"之阶段，其人信念不定，用事不专，即未能安于道义，有不"和"、不"孚"之忧。

"介疾有喜"，"介"同于"界"，此处解作隔离、隔绝，分丌。

"疾"此处指毛病。在民众"商兑"阶段，君子要以正道引导之，使远于邪辟、妄乱等诸多"疾"。如此以正道熏陶之，可使其人最终信从、悦服于正道，故"有喜"。

"介疾有喜"，介，一说作"小"。介疾，小毛病。这里指互相间的矛盾分歧。喜，矛盾化解。

《象》曰："九四之喜，有庆也。""有庆"，君子通过正确说服引导，使人们远离邪恶侵扰，从而进于"孚兑"，则为"有庆"。

九四上承九五之尊，下比六三之佞，刚居柔位，刚能守正，柔则不坚定，因此对于究竟是接受六三的谄媚求悦还是上奉九五的刚中之尊，在这种情况就动摇于三、五之间，何去何从一时拿不定主意，心里在商度权衡，不得安宁。

经过一番思想纠缠，终于决定与六三划清界限，不让他越过自己进而再去迷惑九五至尊，并疾恶六三阴柔邪恶，故爻辞说九四"介疾有喜"。九四位居近君的大臣之位，这样九四的隔阴疾邪就有了匡济国家之功，若其因个人之喜，纳六三之谄媚，纵容包庇六三，也就成了国家之灾。

这一爻是说，经过一番天人交战，终于战胜自我，有功于国。

郭雍《易说》："介然自守，故能全兑说之喜，喜非独一身而已，终亦有及物之庆也。"这犹如说，九四能与六三划清界线，这就把阴邪不正的六三孤立起来了，不仅对自己有好处，对整个刚爻都有好处，是可庆幸之事。

商，商量，度量，商讨、讨论。兑，说服，解释。商兑，与人商量及解说。未宁，不平，未定，指商讨不下，无法确定下来。

"介疾有喜"有多种解释。一、介为大，如《晋》六二"受兹介福"，即解释为大。"介疾"即大病。喜为痊愈。"介疾有喜"，大病会痊愈。二、介作疥，介疾也是一种皮肤病，"介疾有喜"意指皮肤病有得救将痊愈，也喻小病。三、"介疾"为与恶划清界限。介原本是指隔界，间隔，界线，但也有节操、志节的意思。疾，恶。

就政治而言："商兑"是通过言语交流使对方高兴愉快，从而顺利地达到自己劝说的目的。九四"商兑"的对象是九五之君，劝说的内容就是建议九五远离上六之小人，并且警惕六三与上六之间互相勾结的意图。"商兑未宁"，是因为九五虽然出于自身利益而部分接纳了九四的劝说，但是又不舍得摒弃上六的阿谀奉承，因此只是让九四有所行动，干扰六三和上六的勾结，但是没有彻底地取缔上下两个小人。由于小人未除，虽然眼前问题貌似解决了，但是祸害的根本还是存在的，国家依旧不得永久安宁，因此"商兑未宁"。"宁"，同靖解，社会安定。

"介"通"界"，名词作动词的意动用法，翻译为"以为界"，界就是以物为界而起阻隔作用。"介疾"，是因为九四认为六三和上六两小人之间的交接群党是不利于国家的，他们的存在对国家的潜在危害正如人生病一般。因此，虽然由于九五的优柔寡断而不能彻底地根除这类病根，但是九四可以以自身的权利把六三和上六分割开来，杜绝他们朋比为奸（九四位于六三和上六之间，有九四阻隔，则上六六三不能顺利接应）。九四这种舍生取义的行为对国家社会是有益的，所以君主和民众都会因此而受惠，所以"有庆"。而九四本身这种行为也会收到回报，例如君主的赏赐或者民众的拥护等，因此"有喜"。

[道家解义] 刘一明《周易阐真》："九四，刚以柔用，拟之而后言，议之而后动，拟议以成其变化，是谓商兑。兑至于商，不敢顺悦，戒慎恐惧，不宁于处，非礼不履，如得介疾，终必有喜而遂其悦矣，此刚而能柔之悦也。"

拟之而后言，议之而后动，拟议以成其变化。（拟出卦象，然后言说，琢磨探求，然后行动，经过比拟和讨论，来把握事物的变化）

道家修炼不外乎道生一，一生二，二生三，三生万物。其关键有二：一是于虚极静笃之活子时得元气以化形，二是得和气以化神。至于以纯阳之神冲出天门，还于太虚，则明白四达。由大知再入无知，则与道合一，散可为气，聚可成形，入水不溺，蹈火不热，金石可穿，神而化之矣。

也就是：不念于情，不困于心，心无挂碍，惬意悠然。世间万物皆是由心而起，由心而灭。如空花水月，虚实难分、真假难辨。不计较得失，不贪恋尘缘，不痴迷情爱。随心、随意、随缘。心简如素、如烟、如云。才能无痛、无殇、无恨。用烦恼的心看世界，你会无路可逃；用轻松的眼看世界，你会发现这个世界处处都是突然的美好。最宽的天空来自心底的辽阔，修道快乐从你想得开开始！

韩永和解释九四，商兑，未宁。介疾，有喜。体道者之间一起讨论体道过程中，出现的精神愉悦现象，谓之"商兑"。商兑，指商讨精神愉悦的现象。由于体道过程中所出现的精神愉悦，用世间的"喜悦""高兴"等形容快乐心情的词语无法比拟，是一种难以形容的美好情境。故而体道者之间免不了互相诉说、探讨，出现了嘈杂不安的情形，故称"未宁"。未宁，即不安宁之意。这种弊病，是由于出现了可喜的精神愉悦现象之故。故言"介疾，有喜"。介疾，即这种弊病，指商讨精神愉悦而不得安宁的现象；有喜，指有了精神愉悦这种可喜现象的出现。

[**综论**] 九四阐述的是对和悦的对象的选择，也就是如何选择真正的朋友的问题。九四虽然性格阳刚，但因其失正、居柔，不免有犹豫动摇、模棱两可的缺点。因此，在对待其下的六三和其上的九五的态度方面，内心不免犯嘀咕，安宁不下来。九四爻与六三爻相合，六三可以给九四带来喜悦。可是九四却看出了六三的缺点，也明白了自己与六三相处的害处。

但最后还是与六三"介疾"，不与这种有"疾"的奸佞、邪恶小人交往，而选择了九五为和悦的对象。交友之道是有学问的，"近朱者赤，近墨者黑。"如果不分青红皂白，交友过滥、过乱，是会非常有害的。

本爻《象》中这样解释："九四之喜，有庆也。"这里指出：九四能拒绝诱惑，毅然守正，因此出现好的兆头，值得庆贺。

"和悦"绝不是不要原则，而是一定要有是非标准。

## 【讨论内容】
### 【和悦度人】

林文钦： 兑卦最主要在和兑。

叶秀娥： 兑是喜悦，有各种喜悦之道，从兑卦为二泽附丽之象而言，交相浸润，便有益处。故而兑，以交友之道来诠说，我相信同类相聚。思想近得自然能和悦在一起，所以是君子，小人也近不了，小人近了，也能化他、度他，交相浸润，纯慈悲度化之心，小人也好，魔鬼也好，都不怕。就如九二一样。兑卦，我喜欢二泽附丽，互相涵濡的感觉，我知道，近朱者赤，但我更相信，入芝兰之室，久而成芝兰之气。而且每个人都要提升自己最大的影响力去改变、包容和悲悯我们认为的小人。

感觉兑卦，大家解起来好像应该远小人，但我觉得真正的悦，是度小人，化小人。要把小人也能拉提到跟自己一样，那才是大悦。重点是自己是个君子。

（整理者：秦凯丽 中国人民大学哲学院硕士生）

# 信于小人 道之危也
## ——兑卦九五明解

时间：2016年11月26日21：30 — 22：53

## 【明解文本】

九五：孚于剥，有厉。

《象》曰："孚于剥"，位正当也。

## 【讲课内容】

**林文钦**：本爻虽然没有"兑"字出现，但应肯定是在出现精神愉悦的情形下的断辞，他的愉悦情境来自小人的阿谀奉承，精神愉悦得到了加强，自以为美好，不知正陷入危机中。可以说是"剥兑"。所以说相信于小人之邪道，有危险。

剥在易学上为阳气被阴气所剥除，小人道长，君子道消的意思。《杂卦传》："剥，烂也。"所以剥道也是小人道长的"烂"道、邪道。相信"烂"道，当然有危险。

风雨坎坷人生路，不经历风雨怎能见彩虹，成功也好，失败也罢，所有的事情都来得很自然，有失败就会有成功，有完美就会有缺陷，且让一切顺其自然，保持顺其自然的心境面对生活。曾经拥有的不要忘记，已经得到的要更加珍惜，属于自己的不要放弃，已经失去的就留作回忆，想要得到的就要更加努力。

### 九五爻辞解

真心诚意地相信侵蚀自己使自己颓废的人，会有危险。九五意在说明一个人相信小人的巧言令色，其前途必有危险。

九五阳爻刚位，中正，居至尊的君位。剥：削剥、削落、侵蚀的意思。"剥"此处指丧失正信、道德颓废之人。"孚于剥"，《周易集辞》："剥之为义，小人道长之谓。"指相信小人，故有危险。

"厉"通"疠"。疠，《说文》："恶疾也。"多指疮疥。此处比喻坏毛病。《战国策·楚策四》："夫疠虽痈肿胞疾。"

从九五所象征领导位置来说，君子行教要使民众笃信于正义，随顺于君子，必须戒除其不良品行，以始终保持对正义的信仰。言外之意保持正信为"兑"之根本。

"有厉"，民众有毛病，比喻社会道德有问题。此爻说明在上者行教化，欲化民成俗臻于"和兑"之境，君子要使人民始终保持正信，随时清除邪辟。

"位正当"，君子使民众始终保持正信，此为君子之职责，故曰"位正当"。位正当，九五阳爻处上卦中位，是得其位。

从九五自身而言：九五阳刚居尊位，且得乎中正，但不能掉以轻心，上六为阴邪不正之人，别无系应，专附于九五，用巧言令色将自己的祸心包藏起来，引诱九五信任于他，以便消剥九五阳刚。所以爻辞告诫说："孚于剥，有厉。"

《象传》说："位正当也。"这里的"正当"是"正处在"的意思，而不是"正确恰当"的意思。可参见项安世说法。说明九五位正当于上六剥蚀之际，此言九五当警戒以防被剥蚀而有险。

这一爻是说，处尊位之时宜明察，不能受人巧言令色的迷惑，以致朝政陷于不安之境，若至于此则难于和悦。

这里再分析"和悦""诚信"的又一种情况。九五自身处于君位，这里可以看作是领导岗位。他也具有这方面的才干。可是，对九五最为危险的是上六。上六是个阴险的小人，相当具备以逢迎、讨好等手段取悦上级领导的本事，而其偏偏又在"君侧"，最容易蒙骗、引诱九五，从而一点一点地削落，腐蚀他、包围他，形成"小人道长、君子道消"的局面。

九五自身能力强，具有雄才大略、高瞻远瞩的能力。可是，正因为如此，也就最容易养成他的独断、专权，过分自信的毛病，听不得相反的意见，更听不进去"逆"，这就在于九五"位正当也"（《象》），处在了那个最容易被削剥、削落的地位上。因此，向九五大声疾呼"有厉"，有危险呀，务必警觉。出现这种危险就在于九五"所悦不当"。

巧言令色的小人固然是极其难防的，但还必须竭尽全力去防止。为官在位者，无论其职位的高低，真要想为社会、为民众造福，且保持自己地位的稳固和进一步的升迁，首要的前提条件就是"近君子，远小人"。历代亡国之君，或由盛而衰之君，莫不遭遇如此之境遇，如：商纣王、吴王夫差、唐明皇、乾隆皇帝等。

### 兑卦九五爻辞释义

《剥·象传》："'剥'，剥也，柔变刚也。"程颐："剥者，消阳之名。""孚于剥"一句为警诫之语。九五阳刚中正，于喜悦之时，能坚守正道，只因上六居其上，而上六也是阴邪不正之人，因此警诫说，切不可信任和亲近上六这个阴邪之人，如果亲近它就会消磨你的意志，改变你的性质，最终将被腐蚀掉。

"位正当"三字，正是用剥卦的卦理说明九五处于阴剥阳之位，以使它知危厉而能警惕。从阴消阳的卦变说，阳消至四位而称观，阳消之五位而称剥，九五被阴柔腐蚀掉了。由此可见，作为九五居至尊之位者固然应当喜悦，但于喜悦之际切不可亲近专以媚态取悦于人的阴邪不正之人。

杨简："九五亲信上六柔媚不正之小人，故曰'孚于剥'。剥之为卦，小人剥君子，又剥丧其国家，故谓小人为剥。信小人，危厉之道也。"

以阳居阳，处于五之君位，作为兑卦的主人，理应当是大有作为心存天下的君主。但是当今的九五由于有邻近的上六以巧言令色取悦于自己，反而忘却了自己身处尊位的责任。

即便是有九四贤明的大人冒险进谏，也仅仅是采纳了他部分的建议，而不能从根本上解决自己国家中潜伏的危害因素。由于亲善小人而远离君子，因此对任何苦口良言也是听而不闻。对他人善意的建议听而不闻，本身就是对周围人的不信任。为人君而不能信人，所以作者以为九五"孚与剥"。"剥"，按照泰卦《象》辞，就是"君子道消，小人之道长"。有这样的君主，国家前途未卜，因此九五爻辞警告继续这样会有严重后果，即"有厉"。

[ **道家解义** ] 刘一明《周易阐真》："九五，自满自盈，能刚悦而不能柔悦，终必败。刚而不悦，是孚于剥，必有厉矣。大凡天资聪明之人，全在虚心下气，亲近有道之士，方能受益。若挟贵挟才，直奉承而恶直言，亲小人而远君子，过日增而善日减，恶渐长而德渐消，不厉而自致厉，所谓"如有周公之才之美，使骄且吝，其余不足观也已。"此刚而自满之悦也。修道最忌有功夫或有名望而自满，甚而好与人斗，只爱奉承，最易迷失之关键。身边总有一群摇旗呐喊者，然于道之修持与提升并无益处。

韩永和"九五，孚于剥，有厉。"体道者具有诚实的信仰，却过早地剥夺了睡眠，谓之"孚于剥"。孚，指信仰；于，介词；剥，剥夺睡眠。体道者虽然树立了关于实践生命终极目标的伟大信仰，但是由于不明体道的原理，不眠不休地践行，过早或过多地剥夺了睡眠，这种做法相当危险，故言"有厉"。

有厉，即有危险。本文虽然没有"兑"字出现，但应肯定是在出现精神愉悦的情形下，信仰力得到了加强，加之追求精神愉悦感觉的美好，因而导致了不眠不休的局面。

[ **综论** ] 从卦象上看，九五这一爻以阳爻居君位，执中得正，但是其与近君大臣九四相敌，却亲近于上六，这意味着君主沉迷于声乐欢悦之中，拒不接受阳刚君子的忠言，却听信于阴极小人，所以会有危险的。

本爻《象》中这样解释："孚于剥"，位正当也。这里指出：他正处于"沉迷于小人的巧言令色之中"而不自知。《象传》在深沉地慨叹，危险啊！危险啊！

比如：夏桀与妹喜放纵情欲，结果妹喜在夏桀的眼里比天下还重要；殷纣与妲己放纵情欲，结果使纣王不再关心朝政；周幽王与褒姒放纵情欲，使西周走向了灭亡。此所以爻辞讲"孚于剥，有厉"。

【讨论内容】
【看尽人生冷暖】

王昌乐： 九五：九五之尊，位达于天，下临于民。要知其天爱其民。然上六之阻隔，
迷其君心乱其朝纲，是九五心昏聩上不达天，下不知其民，更有之害忠臣良
子。九五自身中正得位，其心可否持恒？必要慎戒恐惧。霍乱与小人，其实
在乱于君心之欲、君心之私，何时何地都不应放松警惕。位之在，任之重，
莫有大焉。自天子以至于庶人，皆以修身为本。国家治理在人心，在君心，
在臣心，任何时候都会有小人的出现，我们不能将小人赶尽杀绝，其核心还
在于修身修心。不因环境而改变，不因地位而改变，不因喜好而丧志误国，
不因人性之私而夺其光明。另外还要有合理的制度，这个也是很有必要啊！

林文钦： 其实"孚于剥"可以看尽人生冷暖，就是在冷暖变化中洞见盛衰与兴亡。练
功要耐得住辛苦，耐得住旁人异样眼光。

姚利民： 能看到别人投来异样的眼光，还是要淡定，一切是虚幻无常的，林老师的告
诫需要时时记住。

林文钦： 枯坐变成顽空，顽空则阴神出。静有时未必生慧，但不静绝不能生慧。

陈鹏飞： 顽空阴神出怎么理解呢？

林文钦： 世间高僧高道时有所闻，然其一生皆未悟道，其心知肚明，即兑卦未达心悦
境界。其为阴神所困，甚者入魔，或明为坐化，实枯槁。

（整理者：孙世柳 中国人民大学哲学院硕士生）

# 退而居静 随顺教化
## ——兑卦上六明解

时间：2016年11月27日21：30—22：59

## 【明解文本】

上六：引兑。

《象》曰：上六"引兑"，未光也。

## 【讲课内容】

**林文钦**：引兑：引见而欢悦。《象传》说："未光也"，那么可见这种引见欢悦是属于走后门的关系，不甚光明正大。爻辞未言吉凶，但于道德伦理上并不是很适宜的行为，所以《象传》以"未光"来形容。

引，牵引，引见。上六已到兑的极点，理应退而居静，不宜请说于人。但上六仍力求说服，由人引见，因此《象》曰："上六引兑，未光也。"言上六找人引见以说服于人，不光明正大。传统以"悦"解释此爻辞亦通，但不若以"说"解释来得好。

### 上六爻辞解

上六：阴柔，居兑卦之极，上卦的主爻。"引"，《说文》：开弓也。引申为引导之意。兑作悦解。从正向看："引兑"，引导民众致于"兑"。即引导民众坚定信念，随顺教化。

"未光也"，君子未能使民众笃信于道义，未能使随顺于君子，如此则君子之教化未光大也。此爻明"兑"不能遽然而成，需要君子不懈引导。

引：一作引诱。上六，引诱对方或民众一起欢悦。

未光：引人喜悦，喜悦者亦喜人讨好，故他的道德行为不甚适宜。

《象传》说，兑卦上六引诱别人一同欢悦，不是光明正大的品德。上六继九五之后，更进一步地发出告诫，对于不择手段取悦他人的小人，务必时时保持高度的警觉。上六是个典型的阴柔小人，对下方的两个阳爻（九四、九五）不择手段、千方百计地以引诱，尤其值得防范的是上六的"术"，其小人之心固然不可能正，而其术更是狡诈、阴险，使人在不知不觉中其人手腕，大上其当。因此，对小人之"心"要防，对小人之术更是不可不察。

隐蔽 "未光"。"未光"两字是说明小人的心术是最危险、最可怕的，一定要时刻警惕，及时清除。当然，也警醒为政的领导者不要使自己陷入 "杯弓蛇影" "烟花弥漫" 的地步。

上六是上卦的主爻，阴柔，在兑卦的极点，正在不择手段，取悦于人，引诱下方的两个阳爻。但这种取悦于人的手段毕竟不是光明正大，对方是否会被引诱，就要看对方的定力了，结果如何难以判断，所以不能断定是吉是凶。

### 兑卦上六释义

从卦象上看，上六以阴爻居柔位，得位，位于兑卦之顶，具有很高明的取悦他人的手段。其与九四和九五都有比合关系，意味着在取悦他们，引诱他们与自己一起玩乐欢悦，可是九五持中守正，没有偏离立场，九四因为有九五之隔，也没有被引诱过来。

这里指出：上六 "引诱别人与自己一同欢悦"，不是光明正大的品行，而是偏离正德，这种所谓的欢悦将导致凶险。

就感情而言：上六可能是一直喜欢某个人，想向其表达自己的心愿，用引诱取悦于人，她所取悦的人便是九五。可是她不像六三那样 "图谋不轨" 和 "心怀叵测"，所以她也没有六三那样危险。因此卦辞中没有 "凶" 的断词。

上六以柔爻居阴位又处一卦之极，是极其阴邪不正之人，故称 "引兑"。李光地："引兑者，物引我而去也。"是说逢人便被汲引而去，强使人喜悦自己，更显得无耻和讨厌。

六三是招来别人喜悦自己，上六逢人就被汲引而去，但因所处的具体条件不同，其作用也不相同。六三处于上兑下兑之间，它还能下诱惑九二上诱惑九四，而上六居一卦之外孤独在上没有诱惑的对象，九五刚中又得 "孚于剥" 之诫对它不理睬，这就使上六更加孤立。

"未光" 即言未光大，也就是说，因为没人理睬它，它强使人喜悦的伎俩也无法施展，没能发挥出来，所以不言吉凶。

上六处于兑卦的最上方，以人事而言是属于身处高位而无实权的人物。由于六体阴，有小人之心而近邻君侧。由于无权，所以希望借助下位六三的实权之人帮助自己摆脱当前尴尬的地位，因此在六三有 "来兑"，则于上六为 "引兑"。

引兑，因为六三同党招引我同谋其事而愉悦。虽然两阴心底有所同谋而且表面互相吸引，但是由于有九四在正中阻隔，所以他们的意图总归无法实现，因此 "引兑未光"。

刘一明《周易阐真》："上六，悦之见外，巧言令色，人不悦而引人以悦之，此等之辈，无而为有，虚而为盈，不肯自思己错，更将错路教人，终于不能悦人，终于人不悦我，此柔而务外之悦也。然则，悦有真假，是非不同，吉凶悔吝不一，总以悦之得正为贵，正则亨，不正则不亨，修道者，可不以正而悦哉！"

[**综论**] 黄寿祺："欣悦"，是人情所常有的事，轻歌悦耳，美景悦目，无不如是。但"兑"卦所明"欣悦"之道，则强调以刚中柔外为悦，即刚为柔本，说不失正。卦辞既称物情欣悦可致亨通，又云欣悦应当守持正固，正是揭明此旨。

卦中六爻，两阴均以柔媚取悦，为被否定之象。四阳情状不一。初刚正，和悦，最吉；二诚信而悦，"悔亡"，亦吉；四商度抉择其悦，"有喜"；五居尊位而悦信于小人，则深戒以"为厉"。纵观全卦大旨，无非说明阳刚不牵于阴柔，秉持正德，决绝邪谄，才能成"欣悦"之至美。

反之，偏离正德，曲为欣悦，则不论是取悦于人，还是因人而悦，均将导致凶咎。可见《周易》所肯定的"欣悦"，是立足于鲜明的道德准则之上。张耒《出山诗》曰："青山如君子，悦我非姿媚"，似与此理有合。而《孟子·告子上》："理义之悦我心，犹刍豢之悦我口"，则尤与本卦"欣悦"之义映照成趣。

金景芳：兑就是说，兑卦之义实际上是讲人与人之间如何建立和说的关系问题。与人建立和说的关系，是一件好事情，各方面都不至于反对，所以说，说而可以致亨，但与人和说是有条件的，说必以贞正为先决条件。说不以正道，则为邪谄，邪谄是君子所不取的。说之中包含着和的意义。

说之义与《论语·子路》说的"君子和而不同"是一致的，从整个一卦看，要达到"所以利贞"的要求即实现合于道的正确的"说"，需要刚中而柔外，缺一不可。引申到人的身上，必须内里刚健诚笃而表现柔和巽顺。若分别看六爻的情况，便有所不同了。

首先，六爻中凡阳刚之爻皆吉，阴柔之爻皆凶。这是因为刚则有节，柔则无度的缘故。其次，各阳爻虽吉，却也有差别：初九和兑吉，以和为说，无所偏私，是最好的一爻。九二有刚中之德，固然很好，但是它承比六三阴柔小人，故"孚兑吉"之外多"悔亡"二字。

九五阳刚中正居尊位，亦有有厉之诚，甚至不如九四"介疾有喜"，这说明作《易》的人认为在说的时候，近比小人者，纵然自身有刚中之德，也要倍加小心。因为小人伺机求说于君子，而内心包藏着时刻要剥你的祸心。

六三来兑与上六引兑，处求兑不以道的表现。说不是故意求的，是自然产生的。君子不求说于人，行道而已。只要是有意来求说，结果无不凶。

[**按**] 兑卦卦义为喜悦，《象传》强调喜悦必以正，正则能够调动积极性。六爻论述如何处喜悦则侧重于警惕不正，以刚爻为能正，柔爻则阴邪不正。因此，初、二、四、五皆以刚爻而见"吉"，三、上皆以柔爻而见"凶"。其思想实质在于说明，喜悦虽是好事，但容易被坏人利用去干坏事，对于当权者尤应引以为戒。程颐："虽舜之圣，且畏巧

言令色，安得不戒也。"此意可谓深刻。


## 【讨论内容】

### 【取悦而凶】

元　融：　六三为来兑，上六为引兑，三六同居上爻，差别只在时位而已，三、六二爻，即使位居高位，阴爻之性，还是要诱惑群下，岂能不慎乎？

林文钦：　上六引兑，求悦之心隐蔽，不易被察觉。所以对于它自身说，吉凶悔吝尚不能确定，而对君子的危害比六三更严重，九五须牢记"孚于剥，有厉"的警戒，时刻防备它。

元　融：　不小心，晚节不保。

林文钦：　综合看来，兑卦所阐述的愉悦原则是多层次的，它首先认为愉悦是正当的，人与人之间应和悦相处，使人愉悦自己也会得到愉悦，这样，人际关系便会保持和谐。但是，使人愉悦不等于奉承讨好他人，不能为了保持人际的和谐而去同流合污；使人愉悦应该出自真诚，由此产生的彼我之愉悦才算是真正的愉悦；如果怀着不正当的用心去讨取别人的欢心，一定有害无益；与人相悦也须保持一定的警惕性，当发现和悦的对象不可靠时，应该断然分道扬镳。

王昌乐：　知和而和不以礼节之，亦不可行也。


（整理者：贡哲　中国人民大学哲学院硕士生）

（本卦校对：贡哲　中国人民大学哲学院硕士生）

时　　间：2016年11月28日21：30 — 22：49
导读老师：于闽梅（中国社会科学院大学副教授）
　　　　　张文智（山东大学易学与中国古代哲学研究中心副教授）
课程秘书：黄仕坤（中国人民大学哲学院硕士生）

患难将消　出入无阻
——涣卦卦辞明解

## 59 涣卦

**坎下巽上**

【明解文本】

涣：亨，王假有庙，利涉大川，利贞。

《彖》曰："涣，亨"，刚来而不穷，柔得位乎外而上同。"王假有庙"，王乃在中也。"利涉大川"，乘木有功也。

《象》曰：风行水上，"涣"；先王以享于帝立庙。

【讲课内容】

张文智：我主要据《易经证释》的说法讲。涣卦的卦象为上巽下坎，有风行水上之象。

　　水性润下而风行多变，风驰而乘水以成波涛，水静而随风以相起伏，故称为"涣"，以其离散而难相合同也。"涣"亦有"释"的意思，分散于外而如冰之释。风行水上而利于致远，宜于运输，故"涣"亦有交换之意，在此点上与兑泽之意相通。故《序卦传》曰："兑者，说也，说而后散之，故受之以涣"，意思是说，物有聚必有散，有合必有离。故涣之象如帆船因风以行水，由近以致远也，而其情则非聚处之求，乃怀离散之志，故宜于行旅，便于交通，裨益于工商。坎为中男，巽为长女，亦男下女上，有同于咸，故擅于交通，利于行旅。水有源，木有本，溯本寻源，为易教大旨。人之本源，祖也天也，故涣重庙祀，明不忘所生，亦崇德报功之意。涣卦自九二至九五有大离之象，"离"有附丽与分离两种意思，而涣则取分离之意。又因两阴在中（指六三、六四两爻），而初爻亦为阴爻，阴得其势，阳失其始，则必至于涣然离散。水性润下而风行善变，风行水上。虽然水随风而成波涛，乃激于风动，而非水之自性，故旋即旋离，不肯终合，徒见其一时之聚，而终成不协以离，故名涣，即离散之意。

涣为三阴三阳之卦，平均之象，则其用乎于乾坤者各半，而后天坎代坤位，巽原由乾变坤，是合于坤德者多。卦辞首称"亨"，明其乎于乾坤也，终称"利贞"，明其本于坤也。坤首"利贞"，涣以柔始（指初爻为阴爻），则本于坤，而先"利贞"。

九二在下，而上有九五。五之尊严，有君临天下之象，故称"王假有庙"，与泽地萃卦辞相同。萃以泽合于地，水聚于上，物归其本，人亦溯其始。涣以风合于水，木水寻源，人亦思其祖，不忘所自生，故皆称"有庙"，重返本而报德，溯源而敬先也。

以木在水上，如舟筏之渡，船舶之运，故"利涉大川"。"利贞"者，合性情之正，适时位之宜，有守而有为，可行亦可止。贞为之本，利见其用，合之则坤之道也，人之德也。人道法地，亦先"利贞"，而后"元亨"。利以成物，贞以成已。坎在下，险陷之象，顺巽之德，足以与其利而避其害，故"利"又基于"贞"而来。

我们再来看其《彖传》之义。

涣以木之浮而上于水，木以载人物而渡水。凡水皆赖是以涉以济，而深广之水尤着其功，故有舟楫，则地上无不可至，而海洋河沼不能限之。是以涣之象利于行，利于行则无远弗届，故卦辞称"亨"。

以卦爻言，巽在外为来，两阳在上，与下卦之九二相呼应，故曰"刚来而不穷"，谓得九二为之本。有本则不穷，如木之有根也，水之有源也，而柔在内以翕其刚使阳不飞越于外，亦寓有"不穷"之意。六四在外，故曰"柔得位乎外"；六四柔爻降于下，以得初爻与三爻（二者皆为柔爻）之呼应。初、三在下，六四在上，故曰"上同"。盖刚有九二在下，则"来而不穷"，柔有六四在外，则"得位"而"上同"。"涣"之"亨"即以"否"之交错，刚自四而二，柔自二而四，然后来者不穷，往者"得位而上同"（可知涣自否来）。九二为坎之主爻，六四为巽之主爻，两者相协乃主爻相交，共成其用，此亦为"上同"之意，即不相猜疑、不相妒忌之谓也。

以九五为正位，故曰"王假有庙"。王指九二、九五，庙则为九五。二、五交应，尊其所尊，亲其所亲。由正本言，则九五下敬九二，以崇德报恩言，则九二上奉九五。总之，一为王，一为王所假之庙。

假，至也，"格""假"古同。言孝享为君主之亲临，言祭祀则为祖神来格，亦兼赈之义。天犹王也，所祭者主位，受祭者主神，皆称王，以时王之祖，固亦王也，而天之上帝，则天王也。王在下，则九二当之；先王、天王在上，则九五当之，读者不可泥其义。盖于其祭祀之后，致享于臣下，大酬于国人，则向之在下主祭者，又当接履上位，以君临万民矣。

故"涣"者，兼有交换之义。换其时则换其位，不可固执王为九五也。九二为内之中，九五为外之中，皆中位也，故曰"王乃在中"，言在下则率众以主祭，在上则临众以授享，无时不在臣民之中，为众所瞻仰者也。

巽木乘坎水，故卦辞称"利涉大川"，《象传》曰"乘木有功"，言有功于国家人民社稷，有利于天下后世，则祖先之德，上天之恩不可忘也，故祭祀尚焉。

我们再来看其《象传》之义。

涣以巽上坎下，为风行水上之象。巽，木也。木在水上行，如舟筏之属，亦必赖于风，故不曰"木"而曰"风"，重在行字。既行则必有用，水上之行，必兼风木之利。木以载之，风以驶之。水能浮而风能速，必假人力以成之。则舟筏帆樯之制作，牵缆或挂帆，视风之向与水之流，各致其用。

此涣之象，大有赖于先人之智力，艰苦创造，垂裕后人，其功德不可忘也。因念先人之功德，兼思天地之生成，则崇报之心，追溯之礼，不可苟也。故因涣之用而立人道，则重在祭享宗庙。祭享申其敬，宗庙示其尊。尊之敬之，以尽其崇本报德之义，而达其孝悌之行。

王者尊之至。先王者，尊而亲之。人之始祖亦出于天，祭其祖者，必享于帝，此即豫"配祖考"之意。享于帝则受其福，立有庙则明其礼，有国天下，惟宗庙之式瞻。行祭享时，率臣民以向往，此涣之人道。不称"君子"，而称"先王"，明其设教自天子始。

涣之散为离散。离者伤其亲亲之仁，散者害其尊贤之义。此鉴于风木行水，而重其享帝之规，立庙之度。有祭祀范其将离之情，则求怀其祖，有宗庙约其易散之志，则无愧于所生。《易》教以人道济天之穷，遏数之变，涣而不涣，乃成涣之大用矣。

以上是《易经证释》之要义。

**于闽梅：**我是以"跑马"之象来解释涣卦的。《易》中六畜，马最多见。马常用于坎，涣卦中下卦坎中为阳，以马喻之很对。前人解此卦，主题是舟和水，因《象传》解说"利涉大川，乘木有功也"。但这是说卦象以舟、水为主，我们还需要结合爻辞来判断主题。如果结合六爻之辞，就会注意到爻辞以风、马为主。涣者，离也，离散之意。《说文》："涣，流散也。"《诗·郑风·溱洧》"溱与洧，方涣涣兮"，说的是溱水与洧水在春天涣然冰释，水流四散。

但结合六爻之辞，从马散角度来释涣卦，可能更准确一些。下面讲一二个旁证：《尚书·费誓》"马牛其风"。在《易》中，乾马坤牛，或乾公马坤母马，乾牡马坤牝马。《左传·僖公四年》"风马牛不相及也"，风马牛，指的是马牛风逸，牝牡相诱。由于六爻有六个"涣"字，以前的理解都是水淹大地，但又为吉象，不好理解。所以一些学者换一个角度，大风起，马群四散，这个角度，之后六爻的意思就比较明确了。

（整理者：王璇 中国人民大学哲学院硕士生）

# 千里之行 始于足下
## ——涣卦初六明解

时间：2016年11月29日21：30—23：15

【明解文本】

初六：用拯马壮，吉。

《象》曰：初六之"吉"，顺也。

【讲课内容】

**张文智：** 我还是先把《易经证释》之解逐条陈列于此，以便于理解。

初六在下，为坎之初爻，而得坤之用。坤初六有"履霜坚冰"之象。既云"履"，自不外于行。行者或步或舆马。步以趾称，舆以马称，其义一也。而在明夷六二亦曰"用拯马壮，吉"，与此辞同而义略异。盖明夷之下为离，六二离之中爻，离秉乾德而代乾，故称马，又坤称"利牝马之贞"，因此，乾与坤皆有马象。

涣之初六亦坤爻，而与上九及九二合亦互离（《易经证释》认为每卦六爻自成一循环，可以连互）。初六正如明夷六二，此其同也。涣以木在水上，像舟筏之行，而非陆地，似不得称马，然以坎一阳在中，互离反为阴在内。以险陷易为光明，此由入而出也，由洼而高也，亦即由水而陆之象，出入之所必经也。入水者先自陆，出水者终登陆，则乘舟筏者亦不得不资于舆马。由陆视水为自高而降下，由水视陆为自洼而升高。升者振拔之也，故称马而曰用拯。拯亦作抚，犹举之也。马之待拯者，其地多洼，如物陷于泥淖中之象。而坎本易陷，却以互离又得拯之出，此其异也。明夷本离正位，自有拯马之功。涣初六由坎换离亦拯马之力，所别在离与互离，主客之殊，常变之异而已。用拯马而称壮者，言其力之有余。而占吉者，言其行之有利，以阴易阳，以柔换刚，乃得此辞，为其顺于九二也。卦自初始，其志上达以进于九二，得中而就于正，故行有功而占得吉。涣重在行，行必有始。千里之行，始于足下。初六得其始矣，故以力出其马为喻。

以上是《易经证释》的解释。

我是这样认为的：据今本卦序，涣卦在兑卦之后，兑为四阳两阴之卦，涣为三阴三阳之卦。"兑重在交换，以柔易刚，故至涣而阴阳平匀。"兑为（水之）聚，至涣则为散。如前所讲，涣兼有发散与交换之义，刚爻与柔爻互换其情（讲解六四爻辞时将具体谈及此义），通过三个阳爻来提携三个阴爻而得其发散飞扬之情，而对人来讲则为离家出行之意（风火为家人，风水则为涣，亦可对照而参其象义），故《杂卦传》曰"涣，离也"。内卦意在向外，故初六已有此意，虽在坎陷之中，而得外卦风气之激荡，刚爻之提携，外出之意向甚殷，且二爻至四爻互震，有奋迅之势而振拔初爻，故有"用拯马壮吉"之占辞。又：乾为龙，像天马之行空，坤为牝马而"行地无疆"，乾坤共主天地之生成。涣之发散，人之外行，亦应有"赞天地之化育"之志（此义见于九五爻辞）。故《易经证释》从乾坤之马象释之，可见《易经证释》立意之宏大，确非常人汲汲于名利之外行所能比。以上其爻辞之义，我们再来看其象义。

以初六柔在下而行进于九二之中刚，由坎而反互离，以阴而行近阳，两情相求，为事之至顺者。顺则利矣，故占"吉"。此与明夷之辞亦可辨其有殊。明夷阳日下，涣则刚日升。初与二爻，互换其用，本离之明，履坎之险，出诸渊以登于高明，发于下以跻于上位，则其时宜而势顺。此利贞在下，本坤之善于顺承，故以"顺"字著其义焉。故《易经证释》意在强调人必先"利贞"，而后才可达"元亨"。

**于闽梅：**补充三点意见：

1. 初六：用拯马壮，吉，（悔亡）。 今本应该是脱了"悔亡"两个字。帛书《易》初六：撜马，吉，悔亡。 楚简《周易》初六："扮马藏，吉，悔亡。"熹平石经《周易》："□□马壮，吉。"清代阮元《十三经注疏·周易注疏校勘记》说："用拯马壮吉"，石经、岳本、闽、监、毛本同。《释文》："拯，子夏作抍。"古本下有"悔亡"二字。 熹平石经《周易》与今本同。今楚简《周易》和帛书《易》涣卦初六爻辞最后有"悔亡"，《周易集解》引虞翻曰："坎为马，初失正，动体大壮，得位，故'拯马壮，吉，悔亡'之矣。"可见虞翻本与楚简本同，亦有"悔亡"二字。《汉书·艺文志》云刘向以《古文易经》校施、孟、梁丘经，或脱去"无咎""悔亡"，唯费氏经与古文同。

2. 用拯马壮，吉。初六之爻辞另见于明夷卦六二。六二：明夷，夷于左股，用拯马壮，吉。涣卦初至四爻，柔爻上承震卦。震为马，为壮（大壮卦下乾为大，上震为壮，故曰大壮），故曰"用拯马壮"。涣卦初六的卦爻象与明夷卦六二完全相同，故《系辞》也相同，说明《周易》观象系辞的确有一个体例。

3. 前一点我讲了相同之处，现在讲不同之处。明夷卦的六二与本卦的初六的不同：明夷六二《象》说"顺以则"，承刚为顺，六二当位为则；涣卦的初六承刚而不当位，故《象》只说"顺也"，所以爻辞古本说"悔亡"（刚才第1点的内容）。一句话，虽然爻辞相同，但明夷的六二是当位之健马，而涣卦的初六是不当位之弱马。所以，从这个角度来看，程颐的观点就比较好理解了："六爻独初不云涣，离散之初，办之宜早，则不至于涣也。初托于刚中之材之九二，以拯其涣，如得壮马以致远，故吉。"

## 【讨论内容】

于闽梅：初六以柔爻居刚位，本有悔，但由于顺承九二，故"悔亡"。或为弱马，或为借来之马。

张文智：讲"悔亡"与"无悔"之区别。"悔亡"者，悔之不存，或不属于现在也；"无悔"者，言始终无悔，明其志之决，行之坚，更无何悔尤也。凡悔有与天相关联者，有与人相关联者。天之悔，时为人。人悔无可悔也，亦即"天作孽，尤可违，自作孽，不可活"（《尚书·商书·太甲》）之意。

王昌乐：悔亡，多是一般中性词汇，或是告诫词汇，吉明显就行动得当了，好的结果。

于闽梅：虞翻以坎为马壮，其实是有问题的，《说卦传》中说坎卦"其于马也，为美脊，为亟心，为下首，为薄蹄，为曳"，此指美脊之马、心焦之马、首垂之马、脚蹄踢地之马、奋力脱险之马。好多种马，看情境而论。

张吉华：龟卜有吉凶，筮卦有吉凶与悔吝。由吉而凶者则吝，由凶而吉者则为悔？

王昌乐：马壮之象也。

张文智：于涣卦之气数讲，涣为散为外行，初爻得九二之提携，且由阴暗而达于光明，是其得"吉"之由，而由人道言，初爻为阴，时有阴暗下达之思，而无坤顺承之志，故《易经证释》强调人要先"利贞"才能得吉而无悔，否则就会有悔。

王昌乐：补充一个：《周易阐真》："初六，在涣之初，道心去之未远，人心生之末盛，若能勇猛拯济，则回头是岸，真宝现前，顺手可得。吉即在于用壮速拯矣。此济涣于涣初者也。"如前所述，兑为（水之）聚，聚久则必散，故兑卦之后为涣。涣以外出行道为志，从初爻至三爻，愈出愈切，初称"马"者，将行之辞；二称"奔"者，已进之象；三称"躬"者，则明其关乎己身，不徒舆马之备、物具之离已也。换言之，兑卦为"朋友讲习"，类于内功，涣卦则近于外行。但人外行时常失其本，故"先王以享于帝立庙"，慎终追远，以收其放散之心。

瞿华英： 确非常人汲汲于名利之外行所能比。

张文智： 由于《周易》卦爻辞写得特别隐晦，即便有《易传》的进一步解释，当我们读它时仍经常感觉一头雾水，深感不知所云，故而导致"仁者见仁，智者见智"之释。相比较来讲，个人觉得《易经证释》的解释更能将每卦、每爻贯穿起来。

（整理者：张馨月 中国人民大学哲学院硕士生）

# 违难奔散 愿得所安
## ——涣卦九二明解

时间：2016年11月30日21：30—23：13

【明解文本】

九二：涣奔其机，悔亡。

《象》曰："涣奔其机"，得愿也。

【讲课内容】

张文智：

九二为内卦中位，坎之中爻，阳履阴中，刚主柔位，在坎为阳陷之象，在涣为刚中之情。以九二应九五，两刚得中，而中夹两阴，有如颐、中孚。阳反包阴，遂与坎之阳陷于阴者不同。上巽以顺于下，则九二有外援而不陷。下刚以承其柔，则内中有主用而不悔，所以有"悔亡"之占。涣以刚柔交换，行止相离。九二刚中，主于进取，乐于行动，故曰"奔"。急驰为奔。乘其前进之势，而挟两侧之众以疾行（此可证为何初六爻为"用拯马壮吉"）。得位而不拘于守，得中而不滞于物，为欲出坎之险陷，以近巽之风行，遂不得不急遽奔驰，果敢以行进也。

"奔其机"者，以疾急之行不恋于其所止之具，以勇敢之势不滞于其所拘之地耳。"杌"亦作"机"。机为短几，杌本短凳，名异实同。又杌与轫通，用于车辕以驾牛马者。又：以木止物之行者，亦称杌。皆止之使勿动，阻之使不行。如拴畜之桩，系舟之柱，皆机之属。为名虽殊，致用则一。不外牵掣之以不前，拘系之以为守而已。巽为木，九二坎水之中，木在水中，固为舟筏帆樯之类。木在水岸，即为船栿筏桩之属。

以九二阳爻高出水面，亦可视若岸或洲，为傍水之陆地。以涣志于行，不惜于离散，故不乐就于所系之地，安于所止之具也。几与短凳，人坐时所资，亦为其止也，未有背之以驰、坐之以奔者。今以奔其机言，以疾走而奔，远其所止之机，以成涣之用也。换言之，即奔而离其机。涣字指卦名，以兼其用。涣奔犹奔涣，志在涣而后奔。又因奔而涣其所在处，如疾驰者必去其滞足之地，远行者必离其所坐之具也。奔字喻其涣之亟，故初则拯马之壮，此则奔离其机。卦下为往，故重于前进也。而以志之所愿，行之所宜，得中之应刚，秉乾以挈柔，故称"悔亡"，言其奔无悔，是在必行，势不容缓也，而亦含有不能悔其所为之意。又以"亡"字在下，亦有悔于所亡之义，言得中则无可悔，失中则悔其已往，不得不失则悔无可悔。辞兼三义，视占者之行而定。卦内贞外悔，本其位而往，守其分而前，将何所悔哉！故不及吉凶者，正以其行克孚中道与否而异也。

我认为，二、三、四互震，有奋迅之势，机不可阻。初爻到四爻互雷水解，二爻有急于外奔救解之思，故有此占。

我们再来看其《象传》之义。

以九二志愿前行，行虽疾而非迫，动虽急而不悔。由坎险陷而出，以就顺行之风，以下阴暗而上遂高明之德，为得所愿往。则虽奔驰而离散，又何悔哉！以涣之愿于交换而志于远行，木在水上，风以促之，欲罢不能，求止不可。是惟因涣而奔，不复顾其机矣。

以上是其《象》义。补充两点：

1. 为何初六既然是病马，为何又"用拯马壮"？壮的生机其实来自于九二。初六、九二刚上柔下，故为机（几），九二至四互震，震为足为动为"奔"，所以才说九二是"奔其机"。九二至四互震，九二为震主爻，震为马，初六上承九二，故初六曰"用拯马壮"。故涣卦大意应为：涣散之时，志在求聚。九二以刚居柔，不算得位，但此时得乎中道更重要，下比初六，故"悔亡"而"得愿"。

2. 奔，在楚简《周易》为"走"，"走"字的金文上为"大"（人）挥臂奔跑，下部从"止"（趾）为足。"奔"金文上部与"走"同，下部是三个"止"（趾），表示快跑。奔，《说文》"走也。"《尔雅·释宫》曰："室中谓之时，堂上谓之行，堂下谓之步，门外谓之趋，中庭谓之走，大路谓之奔。"（震为足，为大涂）

**【讨论内容】**
**【初爻无涣】**

王昌乐：初六，没有涣字，其因是？

王力飞：用水多，马拉水车。

张文智：初爻为将行之辞，虽欲"涣"而未出，故无"涣"字。

张吉华：以涣之愿于交换而志于远行，木在水上，风以促之，欲罢不能，求止不可。是惟因涣而奔，不复顾其机矣。

王力飞：奔，有冲的味道：洗洒，祭的前奏。

张吉华：风吹水涣，木在水上，涣而奔之。

王昌乐：初爻为将行之辞，虽欲"涣"而未出，故无"涣"字。九二在助初六之时，也助了自己。自助者天助也。

姚利民：雷水交错，别样解易。涣卦隐含中道之德。

张文智：平时应用可以这么理解，如果用梅花易数，可以找出更多的象与解释。但《周易》卦与卦、爻与爻之间有一个系统的"圣人之意"贯穿着。

**【"涣奔其机"】**

于闻梅：奔是在大路上快跑，走只是在中庭快跑。"涣奔其机"，为何要"奔"？《象·解卦》云"险以动，动而免乎险，解"，涣卦初六至四连互"解"卦，是"险以动，动而免乎险"的由危险困难中得到舒解之象，此处用"奔"字以及初爻的"马壮"都是震卦之象，以震动、快跑来脱险。

王昌乐：九二：涣字好理解，都在涣卦，处涣位奔字原因在何？机在哪里？"悔亡也"原因在何？下坎卦处坎之中，遇险又遇涣，心志不定，外在环境又不好，九二又无应，则及其危也。遇此当何为？有比。处于下卦之中，居中得正。此时阳为刚健果断有力，阴为不强求面子，重质不重形，随可以下求。心志既定，求其安全之地方可脱险。奔：彰显阳之正德，机彰显阴之正德，既有刚健果断有力的一奔，又有顺下而成机之地，随可以悔亡。其愿在于回正，自救也救人，好让局面好一些，天道无亲，常与善人。涣卦之时，所有都在涣。而拯救涣主爻在九五，可其他爻也要自救啊，九二机会很小，可是也奋力而为，最终悔亡，也算是得到善终。所以人都应该尽力为之，而不是等待。尽人事，才可以听天命。

## 【德福配称】

于闽梅： 想起康德哲学所说的"德福配称"，《周易》说的是"时福配称"。正如朱伯崑先生所言："此以'涣'为涣发义，以时至而求其福，如愿以偿，释此爻辞。这是本于此爻《象》文'涣，奔其机，得愿也。'"（见《帛书本〈易〉说读后》）

王力飞： 涣散其污，聚以性灵。

于闽梅： 帛书《缪和》是《象传》《小象传》成书前的初级材料，解《易》注重文义。《缪和》连说了七个"福"，《小象传》不再言"福"，只言"得愿"，正与九二爻辞相和。

张文智： 卦辞之所以有"王假有庙"，正是期望人们在外事功之时，不要忘祖忘天。如果占到这一爻，据《周易》的一贯之道，应为占者正处于离家外行之时，自己处于中道之位，又有二、三随从（初爻与三爻），急于出行，外卦五、上两爻表示有有德位且明达之人之牵引，故二爻有决意而行之志。而据《证释》，二爻要守持中道才能"悔亡"。"太极之气，正在之中"，"苟不克见此极，徒逐于阴阳爻画之象而求其变化，是将陷于徇情逐物之弊，而不能自正性命也，故习易者必时时求见其太极焉。"

（整理者： 黄仕坤 中国人民大学哲学院硕士生）

# 离身亲往 以成涣志
## ——涣卦六三明解

时间：2016年12月01日21：30—22：47

【明解文本】

六三：涣其躬，无悔。

《象》曰："涣其躬"，志在外也。

【讲课内容】

**于闻梅：** 无悔，楚简《周易》作"亡咎"，帛书《易》作"无咎"。六三在下卦之终，独与上九相应。水风相接之处，涣散其身，舍己从上九，无怨无悔。六三与六四有相斥之嫌，但由于六四与九五正而比，所以相斥不算大，微乎其微。

**张文智：**

（六三爻为）内卦之终，人爻之始。以柔加刚，虽坎陷而志于外，故成其涣也。初称"马"者，将行之辞；二称"奔"者，已进之象；三称"躬"者，则明其关乎己身，不徒舆马之备、物具之离已也，再以人事，非物可比。曰"涣其躬"，意即离其身而亲往，以成涣之志也。躬亲之所为，更何悔哉？"无悔"与"悔亡"，义略异。"悔亡"者，悔之不存，或不属于现在也；"无悔"者，言始终无悔，明其志之决，行之坚，更无何悔尤也。凡悔有关天者，有关人者。天之悔（为天灾物异所致），时为人，人悔无可悔也。六三人道所存，既决于先，将何悔乎？纵有可悔，亦无及矣。故不曰"悔亡"，而示六三柔以刚行，必先自慎也。设不慎于先，亦无悔于后，时不可待，机不复来，则虽悔又安得乎？

以上是其爻辞之义，我们再来看其《象》义。

以由内而外为卦之行，自陷而出为情之正。身在陷险之内，志切光明之途，则六三柔以望上九之刚，不得不坚决其志以向外也。上与三应，而三由柔就刚，由下就正，即由暗投明，以顺达健。虽不协于既济，而能孚于中孚。此"无悔"，亦可谓为原无可悔。其志既正，其行亦宜，躬亲率人，群下从服。虽不当位，而克成其涣矣。

## 【讨论内容】
### 【"涣其躬"】

温海明： "涣其躬"，有说涣散自身，有说自己的身体，有说自己解散，有说散心，有说舍己，好多解释。

于闽梅： 涣散其身与舍身追随，并不矛盾。正如李士鉁所言："六三位在内而志在外。"老子曰："外其身而身存。"又曰："人之大患为吾有其身，果不私其身，则无患矣。"

温海明： 水风相接之处，被大风吹散的样子？

瞿华英： 胡煦："爻与巽主相接，风之荡水，唯水上为最亲。涣躬者，亲切之象。"

温海明： 风吹拂着水面，好亲切的样子，不过，如果是狂风，吹起巨浪，就好像要把水都吹散的样子。

于闽梅： 六三："涣其躬，无悔。"《象》曰："'涣其躬'，志在外也。"都涉及"躬"，所以理解的重点是"躬"。

瞿华英： 荀爽："体中曰躬。谓涣三使承上，为志在外，故'无悔'。"

于闽梅： 华英的补充很好。坎的象为躬。《说卦传》"坎为弓轮，为美脊"。躬（躳）字古文，人弓形侧立，背现脊柱之形。躬，《说文》"身也。从身从吕。躳，躬或从弓。"吕，《说文》"脊骨也，象形。"脊（脊梁骨）是吕的后起字。此所以坎为躬。《周易》讲到"躬"的地方，都与坎之象有关。下面举几个例子：

    1. 蒙卦（下为坎卦）六三：勿用娶女，见金夫，不有躬，无攸利。（楚简、帛书都作"躳"）

    2. 蹇卦（二至四互坎卦）六二：王臣蹇蹇，匪躬之故。

    3. 震卦上六（与六三应，三至五互坎）：震索索，视矍矍，征凶。震不于其躬，于其邻，无咎。婚媾有言。（楚简、帛书作"躳"）

    4. 艮卦（二至四互坎）六四：艮其身，无咎。《象》曰："艮其身"，止诸躬也。

    5. 涣卦（下为坎卦）六三：涣其躬，无悔。（楚简、帛书作"躳"）

### 【涣散之险】

于闽梅： 涣卦上巽为散，下坎为险，以散释险，不私其身（躬）。自六三始出于坎险，坎为躬，故六三言"涣其躬"。

温海明： 风吹自身有涣散之险？

于闽梅： 之后几爻用的都是坎象。六四"涣其群"，坎为众；九五"涣汗其大号"坎为水，为血卦，引申为汗；上九则言"涣其血"。

温海明： 坎象有理，既是自身，又有险，但是豁出去了。

瞿华英：　此"无悔"，亦可谓为原无可悔。

温海明：　涣散是目标，要亲自去实现这个目标？

张文智：　风吹自身确有涣散之险，外面一直有鼓动外行之风，而三爻在内卦，自身亦有向外之志，虽为柔顺之爻，而内含刚健之德（三爻为阳位），故其外行之意已决，决不后悔，也无可悔。"离其身而亲往"即亲自前往之意。

温海明：　即使自己被风吹散了也不后悔，那就是豁出去了？亲自去乘风破浪，即使把自己吹散了，也就认了，出来冲浪就要无怨无悔。

张文智：　三爻主要指自身决意前往，至六四"涣其群"时，则多人一块前往了。

温海明：　冲过浪的人应该觉得，如果决意冲浪就要无怨无悔，都舍身忘己了，也就自然放下了一切私利之心。

张文智：　三爻时还没那么大的风浪，至上爻时不仅风浪太大，且得中风之症了。

## 【舍身遂志】

于闽梅：　六三志在外也，无所守。之前守身，到了六三舍身遂志。

温海明：　看来风浪是越来越厉害了，到最上面就刮起歪风邪气了。

张文智：　故涣卦之后紧跟着节卦，以节其过散之情。

于闽梅：　所以老子说："外其身则身存。"

温海明：　英雄的冲天壮志，需要美人节制。

张文智：　至九五"涣汗其大号"时，就已经涣散之挥汗如雨了。

于闽梅：　会游泳的人都知道，如果你把身体交给水，就非常自如。如果你只想守身，反而会被淹死。所以才说："涣其躬，志在外也。"

温海明：　豁出去给水，外身而存身。学易要忘我。

瞿华英：　随易而游。

王昌乐：　涵泳其心，忘记其身。人之所散，在于其私章明，吾所以有大患唯吾有身，及其无身，吾有何患也。

张文智：　三爻志在外行，意在成就其事功（即"外明明德"），《易经证释》强调六三以柔行刚，外行之前必先自慎（即先有内止至善之功）。

于闽梅：　 对"无悔"与"悔亡"的区别很好。

王昌乐：　二程讲悔亡，本有悔，而亡也。无悔，本来无。"无悔"与"悔亡"，义略异。"悔亡"者，悔之不存，或不属于现在也；"无悔"者，言始终无悔，明其志之决，行之坚，更无何悔尤也。

（整理者：李芙馥　中国人民大学哲学院博士生）

# 小散之广 方可大聚
## ——涣卦六四明解

时间：2016年12月02日21：30—22：58

**【明解文本】**

六四：涣其群，元吉。涣有丘，匪夷所思。

《象》曰："涣其群，元吉"，光大也。

**【讲课内容】**

张文智：

四与二同功而近五，二五皆刚，则能宣中行之道，率群下以正，故曰"涣其群"。"群"指初、三、四三个柔爻，而上卦五、六，下及九二之刚爻，交换其情，同其德，大其道，以超于险陷，而登于光明，故占"元吉"（按：意谓三个柔爻成群，受九二、九五、上九等三个阳爻提携而同升）。谓涣之用，以此为大吉，以柔顺刚也。而自阴以上于阳，得九二为之阶梯，则有如登高之象，故曰"涣其丘"。

丘陵高于平地，下为坎水，则六四高出水岸，若丘陵然（按：巽本为高，三、四、五互艮为丘）。亦行进之所期，而成功之所望。然以六四重柔，且秉巽变坤之志，是在卦为由下望上，由注求高，而在爻反为自上俯下，自尊就卑（按：外卦多有就下之情）。故六四之心，恒多矛盾，易反侧（按：巽为进退），故辞称"匪夷所思"，以所思不平，多出于意外也。夷者，平也，类也。不平不类曰"匪夷"，亦言有如匪与夷，非吾人类，如前"匪寇婚媾"，兼指其为非类也。六四为人道之属外者，故不指己躬，而指所交接之群类（即九五、上九两个阳爻）。

"群"为亲近一体者，"匪夷"则为疏远异类者。若仅就辞义连贯解，则指所思出于意外。以下而上，柔而刚，主而宾，内而外，皆不同也。物以类聚，人以群分。在常为涣其群（指初、三两阴爻），应变则涣其非群矣（指九五、上九两阳爻）。风木与水，皆异于丘，今以涣其丘，自与本心戾，而所思不可测度矣。人事纷纭，世势变幻，多如涣六四之象，是在善用涣，而勿拘于离奇之情，突兀之变。离奇突兀乃六四之涣，故涣群则有元吉之卜，涣丘则感匪夷之思。风行善变，故巽主进退。六四巽主爻，宜其有此辞也。"涣其丘"有作"涣有丘"者，义原无二。

以上是其辞义。我们再来看其《象》义。

六四"涣其群"，似乎非吉，而爻称"元吉"，人或有疑，故释以"光大"解人之疑。盖六四以柔而顺承刚，以阳而乐就阴，虽有远离之行，而怀亲近之念，此固人之情也。却以近于九五，光明在上，忠直之义，不专于私昵之情；远大之期，不败于狭短之见，故仍以"涣其群"称而占"元吉"。正如忠臣不以家而忘国，烈士不以私而废公，则中心光大，志行昭垂，此能略于细以成其大，去其暗以就于光，故曰"光大"。行既光明，旨亦正大，则虽涣于群，而非离散，远其类，而非乖睽。此六四之行为光大，宜占"元吉"也。《象》辞之所以没对下面的"涣有丘"作进一步的解释，因为涣之志在离以日远，不在升以日高。涣丘者，进而以升，前而且上，日诣光明，行渐远大，亦与上"元吉"之占不违。不过其心有所异，而其情有所疑，此爻谓其"匪夷所思"，言出意外而有所涣也。

六四柔而近刚，宜有此惊喜之情，疑似之念。此"思"字与咸之"朋从尔思"相应。咸以日近而朋从，涣以日离而非所想象。一为自外而内，一为由近以远，其所思即其所遭遇也。故离其群而元吉，就其丘而惊疑，皆涣所固有。心虽有思，行则光大，仍不以私干公，以情害性。此柔顺之美德，故以"元吉"获福。

以上是其《象》义。

## 【讨论内容】

王力飞：　六四说的是思想上的"涣"，相当于布道。九三洗干干净净了，开始祭祀，净化思想。"涣其群"，净化一群人的思想，初为吉祥。涣有丘，和杯酒浇心中块垒的说法有一拼。一净化，心里的丘壑平了。"涣有丘"，也可以理解成，一接受洗礼，精神境界更上一层。六四说的是教化，不是鞭打。初六是拉大量的水，九二和六三是外在的洗。

温海明：　昨天洗身子，今天洗到骨头了。

王力飞：　六四是洗思想。

张文智：　每一卦都有主题，其主题与其上下卦皆有关联。爻辞则是围绕这一主题展开，只是因爻辞、爻情不同而有吉、凶、悔、吝之占。当然在实际应用时可以见机设教。

于闽梅：　《吕氏春秋·恃君览》涉及今天这一爻。

## 【群贤聚集】

于闽梅：　赵简子将袭卫，使史默往睹之，期以一月，六月而后反，赵简子曰："何其久也？”史默曰：“谋利而得害，犹弗察也。今蘧伯玉为相，史鳅佐焉，孔子为客，子贡使令于君前，甚听。《易》曰：‘涣其群，元吉。’涣者贤也，群者众也，元者吉之始也。‘涣其群元吉’者，其佐多贤也。”赵简子按兵而不动。

本段亦见于刘向《说苑·奉使》，其中“群者象也”，象为众之误。赵简子准备袭击卫国，派史官黯前去窥探卫国的情况，限期为一个月，结果六个月后才返回。赵简子问：“为何用了这么长的时间？”史官黯说：“想要谋取利益却受到损害，是因为没有明察实情。现在蘧伯玉做卫国的相，史官鳅辅佐，孔子在那里做宾客，子贡在卫君跟前受命，且言听计从。《周易》说：‘涣其群，元吉。’涣，是贤人之象，群，是聚集之象，元，是吉祥的起始。‘涣其群，元吉’，是说辅佐的贤人多。”赵简子于是按兵不动（“按兵不动”成语源此）。

《左传·昭公二十四年》：苌弘曰：“何害？同德度义。《大誓》曰：‘纣有亿兆夷人，亦有离德；余有乱臣十人，同心同德。’此周所以兴也。”《论语·泰伯》：“舜有五人而天下治。武王曰：‘予有乱臣十人’。孔子曰：‘才难，不其然乎，唐虞之际，于斯为盛，有妇人焉，九人而已。’”马融注云：“乱，治也。治官者十人：谓周公旦、召公奭、太公望、毕公、荣公、大颠、闳夭、散宜生、南宫适，其一人谓文母。”涣（奂）的本义为散释、文采、众多，引申为群贤。风行水上，形散而神不散，正是“国家昏乱有忠臣”之象。

【成丘之势】

于闽梅：“匪夷所思”。有一种观点认为：涣卦的初、三、四为阴爻，犹如坤三阴为众，六四与六三相斥、与初六相敌，故六四“涣其群”，言六四涣散其同类也。初六、六三以柔居刚，故为“夷”，今见六四涣散同类，不相信其能有聚合之力也，这就是成语“匪夷所思”。夷不知道的是：六四得正，顺承九五，这就是《象传》所说的“柔得位乎外而上同”，故六四散小私而聚大公，涣卦初至四连互的是解卦，而解卦上震为丘，下坎为众，故能聚合众贤成丘之势，这就是“涣有丘，匪夷所思”这句话的意义。

何京东：涣散作用而使水中物体和泥沙淤积在一起而成群，成丘，如沙滩，是一种自然现象。

王力飞：兑卦说，要像朋友一样相处，相处需要引导（引兑），净化心灵也是一种引导法。涣去不好的东西了，剩下的是自我节制，故受之以节。

张文智：涣卦之前为兑卦，兑卦为水之聚，两个兑则为“丽泽兑，君子以朋友讲习”，故兑又有交换义，通过交换而平均，故兑由四阳二阴之卦而过渡到涣之三阴三阳，阴阳平均之卦。兑为聚，则涣为散，为离，涣之极刚需要节制，故随之以节。《左传》中的许多筮例及对卦爻的解法自成一体，与《彖》《象》等对今本《周易》卦爻的解释多不相同，故《易传》十篇对今本《周易》卦爻辞的解释亦自成其体系，与《左传》中解法不宜混淆。

王力飞：　"涣其丘"，我感觉相当于拨云见日，那得多么神奇的如来神笔手。

温海明：　涣到拨云见日，实在是匪夷所思。

于闽梅：　涣卦六四"涣其群，元吉"之象。《吕氏春秋》与《说苑》言："涣者贤也，群者众也，元者吉之始也。'涣其群元吉'者，其佐多贤也。"代表了先秦解《易》的特质。释"涣"为"贤"，符合古代反训的传统，"涣"有散乱之义，古训乱为治，如《尔雅·释诂》"乱，治也。"《说文》"从乙。乙，治之也。"《玉篇》"理也。"《尚书·皋陶谟》"乱而敬"，《孔传》"有治而能敬谨"。又《盘庚》"乱越我家"，《梓材》"厥乱为民"，《洛诰》"四方迪乱，乱为四辅"，《立政》"丕乃俾乱"之类，皆训乱为治。

张文智：　据《证释》的说法，六四爻在外卦，已离其群（指内卦初、三两爻），而巽卦有进退之情，故六四有眷恋初、三两爻之情，但在外应成就其事功，故随九五以成就之，是以"元吉"。涣本为乘船远行之意，远行之中自可遇有沙洲，此"丘"即应有此意，此辞当于所互之艮卦卦象得之，三爻至上爻可互出风山渐卦，乃沙洲上有树之象。"匪夷"一指六四既系恋内卦之群，又有外行成就事功之志，乃辗转反侧之意。又"夷"指九五、上九两阳爻，与阴非同类，故为"夷"。六四与九五初相遇，故想法会有所不同。但六四已由阴暗登于高明，故与前之"元吉"之意不违。故"丘"亦暗指"九五"所象高明之意。

温海明：　大家一起学《易》，涣涣心思，拨云见日。如一起乘船远行，风浪中接受古今易学家的引导和洗礼。

（整理者：秦凯丽　中国人民大学哲学院硕士生）

# 王居正位 号令无际
## ——涣卦九五明解

时间：2016年12月03日22：00 — 22：47

## 【明解文本】

**九五：涣汗其大号，涣王居，无咎。**

**《象》曰："王居，无咎"，正位也。**

## 【讲课内容】

**于闽梅：**帛书《易》与楚简《周易》作：（帛）九五，涣亓肝大號，涣王居，无咎。（竹）九五，[睿爱/廾] 丌大 [虎/口]，[睿爱/廾] 丌尻，亡咎。帛书《周易》作"涣其肝大号"，战国楚简也作："[睿爱/廾] 亓大唬。"证明了今本可能有误。有学者提出这个观点，但我觉得两种都可以。

为何两种皆可呢？因前面引用的也只是"孤证"。在汉代，今本的内容已是固定的。《汉书》刘向给汉元帝的上书中引用《易》涣卦九五，内容与今本完全相同，刘向当时负责皇家典籍，校对过典藏《周易》的各种版本，故"涣汗其大号"应是汉代最精准的文本。

**张文智：**本爻主要意思是：王离其居以动民，先安民之居，才可安自己之居。《易经证释》：

> 九五正位，君临天下之象。以涣之所施及于四海，所至遍于率土，故曰涣汗其大号。汗者汗漫，言其散布无止境也。大号者，号令天下而大声疾呼，使其共闻知，成其涣汗之行也。

> 有位而推其德，君高以临其下，此九五之尊，能宏涣之大用矣。如昔时先王率众以辟疆土，挥民以立功勋。犹黄帝之逐蚩尤以莫汉族之居，禹王之治洪水以安下民之所。则在陆固有车马之役，涉水不辞舟筏之劳，兼非易成。行必合众，则不得不涣汗，而汗字兼人身血汗，明其勇赴艰险，力促风行。用巽之威，行坎之陷。此九二得九五之下逮以共尊王，而九五受九二之上从以大其德，故九五涣汗乃成功之时，而所师者，涣以为用，如管仲官山府海，以商教民。民远而心不离，业兴而国以富。民受其福而国有其功，故重称涣，见其交易之效，离散之行，始终不渝而上下一心，内外同德。则王得所居而占无咎。

　　王居者，位正而权尊，王安于位，事成于权。天下归心，万方来服，宜其无咎矣。是以先安民之居，而己亦得其居。民以奉供王之命而己亦得其所。上下互涣以富强其国，君臣交益以安定其邦。此在自强不息之王，克先民以无逸也。本爻王居，恰如释《象》辞王乃在中之义。王居于中位，天下万方无不望之，则所涣者莫非王之功，所勤者莫非上之德，更何忧于离亡而距远哉。若王位不称，其德不正，其志不大，则欲天下徇一人之私，劳万民快一己之志，斯有咎矣。故九五之王，必如黄帝禹王之德业，方足当之……以九五正位孚于王在中之象，一也；九五刚健中正，孚于乾九五之德，二也。位以德明，德由位显，则九五王居乃免于咎。虽有好大喜功之嫌，而乘位正时宜之利，此涣之称亨也。

## 【讨论内容】

### 【挥汗如雨，成就事业】

张文智：　王带领大家共同成就事业，王亦很辛苦，挥汗如雨。

瞿华英：　刘向曰："涣汗其大号，言号令如汗出而不反者也。"

张文智：　按卦爻气数当有此占，但在现实中能否如此，人心起决定作用。

于闽梅：　《汉书·刘向传》，刘向上书汉元帝云：《诗》云"我心匪石，不可转也"（《诗经·邶风·柏舟》），言守善笃也。《易》曰"涣汗其大号"，言号令如汗，汗出而不反者也。今出善令，未能逾时而反。是反汗也；用贤未能三旬而退，是转石也。

　　　　　　我翻译一下大意：《诗经》里写道，"我的心不是石头，不可任人转移"，这是说守善笃诚。《易》说"像出汗一样涣然大发号令"，这是说号令像汗，汗出而不能返。现在发出了善令，没过三个月又收回，这是收回已出之汗；用贤臣不到三旬便斥退，这就是转动了石头。

　　　　　　涣卦上巽为散，下坎为汗，故曰"涣汗"，九五处巽中，巽为申命、施命（见巽、姤卦《大象传》），故曰"大号"，发号施令。

### 【群贤聚集】

瞿华英：　刘沅曰："坎水巽风散之，汗象。巽命为号，五居尊，故为大号。涣之时，也要持之以恒，让涣者知归。"

张文智：　从战国中后期到两汉，以"尚贤"来释《易》的内容很多，说明当时士阶层对君王的期望所在，《颐·象》也讲"圣人养贤以及万民"，亦有此意。而《涣·象》"先王以享于帝立庙"，旨在告诫人们在外出事功时不要祖忘天。

（整理者：孙世柳　中国人民大学哲学院硕士生）

# 穷极思变 顺变无咎
## ——涣卦上九明解

时间：2016年12月04日21：30—22：39

【明解文本】

上九：涣其血，去逖出，无咎。

《象》曰："涣其血"，远害也。

【讲课内容】

张文智：

上九位之极，卦之终，亦涣用之穷。穷则变，涣以变动为用，故变而涣仍有可为。不过以穷变之时而求行动之志，则不免于损伤，受其忧害，故曰涣其去血，言血因涣而去也。九五"涣汗"为血之变，见汗已显其劳矣，上九"涣血"，血则未变，可见其伤。血去而成涣，是损大而功小，伤重而效微，亦上九穷变之时，所行不如前之快意也。涣而血去者，犯险以进，涣不可止，如物之飞散，愈高愈易。上九极高，则所离散者至顺且远。"逖出"者，顺其势而远之也，与小畜之"血去惕出"不同。"惕"为忧疑之词，"逖"则顺易之语。上九当巽之终，风行于天，飞扬以降，其势疾，其行急。疾急之涣，宜其易而有伤害也。然以上九重刚当变，变而为柔，则与六四九五反合成坎。上下重坎，故有"血去"之象（按：坎为血）。而涣以风木行水为用，风木既穷，水不自动，则涣之志不复达，而利以济者亦不可期。此其易有咎矣。以巽善变，顺变而知进退，则亦免咎。盖五上两刚，在四与初两柔中，爻互大小过之象，与下互中孚颐者恰异。是以孚中孚颐则吉，孚大小过则有咎。而九五以正位得免，上九以顺变亦称无咎。读《易》者所当知也。九五正位，王之德也，上九顺变，巽之功也。王德以明于天下，为治平之原；巽顺以应夫天时，为知时之哲。合之则涣之业，由大而成，分之则涣之灾，由近而远。

盖涣不可过，过则愈离愈散，不可复聚。此涣汗已有汗漫之心，携贰之渐，贤者在位能防杜之。至上九位已失正，刚亦失中，伤害已不可逃，而离散将不可止。故《周易》以节继涣，欲以止其散也。

以上是《周易证释》的说法，内容较多，我概括一下，以便大家理解。上九为涣卦之穷极之时，而其外行成就事功之志更切，犹如拼了血本也要最后一搏，不计其后果，其结果是事倍功半，故有"涣其血去逖出"之占。又因上九穷极则变，由阳爻而变为阴爻，则上卦亦因之由巽变为坎，则风行之功不复存在，故易于有咎，又因巽有善变逊顺之性而知进知退，故可免咎而成就涣之大业。

虽在涣之时，但涣不可过，过则愈离愈散，不可复聚，故占者于此时应以中正之心（上九位已失正）以防之，亦应在"外明明德"之时不忘"内止至善"。

以上是其爻辞之义。我们再来看其《象》义。

"远害"者，一则由涣血而顺其变，免其伤，以终成其涣，一则言因其涣，易为离，而推远其害。此远字有上去二音，由近而远，害以日大，此涣之害，以远离来。以时明变，以位知灾，洁身自遁，以远于害。由上九之无咎，从远害来，原本赅二义，是在卜者自处耳。因涣卦已终，涣用不续，则爻地之极，知时之有穷，高位之危，戒惧于将变，犹可保前之功业，而免将来伤害。是虽血去亦无咎，为损者少而益者多，失者微而成者大，与六四光大之业相证益明。上与三应，三柔上刚，刚以俯柔，是自返也。巽主进退，自返而退，不复求进，乃远于害矣。

《周易证释》的这些解释比较明了，我就不再做进一步的解释了。《周易证释》认为，小畜卦与涣卦皆与血病有关，今亦将其说选录于下，以便于大家理解。

小畜巽在乾上，涣则巽在坎上，巽同而乾坎异，坎出于乾，而后天代坤。乾则遵九三乾惕之训，故曰惕出，以刚易折，宜自警也。坤则本顺承之道，坎坤合德，以顺为正，故曰逖出。逖犹迪也，顺以遂其行，而速其势也。此涣与小畜之用微别。上九阳积于高，如人患血之上郁而成风病，故中风者，西医谓之脑溢血，治之去其血，则气自畅，风亦解。小畜六四在中，如人心胸之间，募原之上。血之积则成惊风痰厥之病，去其血则气宜而风痰亦化。此所以小畜在六四为"惕出"，言血去则惊惕之心解，而其气自出，风邪自行。

涣卦五上两阳，阳以升而自阻，不得宣泄，血乃郁积，则必顺其势以导之，发其窍以畅之，因风之行，使其之顺，故曰逖出。逖者顺迅也，其势正急，其治必速，故不容弛缓，而宜顺以出之。（故脑溢血之病不可延误）人之病于血者，首在于蓄积，所谓瘀也，《内经》称为菀，即郁也，菀于上，即血溢于脑，菀于中，即血蓄于膈，皆宜先去其血，以宜其菀，泄其积，畅其气，行其风，化其痰。此两卦有关于治血病者，后人多未明，特为申述之。

以上是《周易证释》的解释。我就先讲这些。

**于闽梅：** 我与张老师的观点相同的有两点，不同的有一点。先讲相同的两点：1."血去逖出"，血同恤，为加忧，同意"可能与血病有关"的猜测。巽为散，忧恤散去也。正如高攀龙所言："上九应险而能济险，故涣其血，使其去而远出。" 2.同意本爻与小畜之六四的区别。上九阳积于高，如人患血之上郁而成风病；小畜六四在中，如人心胸之间，募原之上。血之积则成惊风痰厥之病。下面讲一个不同意见，先讲观点，再讲三个论据。于案：血去逖出之"逖"与小畜卦六去"血去惕出"之"惕"应为通假字。

原因一：帛书《易》、楚简《周易》作：（帛）尚九：涣亓血去湯出。（竹）上九：[睿爰/廾]亓血易出。于案：可见，"逖"在帛书《易》作湯，即惕。小畜卦六四"血去惕出"的惕，在帛书作"血去湯出"。

原因二：朱子《本义》谓："血，谓伤害。逖，当作惕，与小畜卦六四同。"尚秉和谓两字"音同通用"。

原因三：上九刚居柔位，《系辞传》"其初难知，其上易知，本末也。初辞拟之，卒成之终"，涣极则聚，下应六三，为拯涣者也。又按爻位，下坎为险难，上九离之最远，故《象》云"涣其血，远害也"，说明逖确可释为远。《说文》释"逖"为"远也。从辵狄声。逷，古文逖。"帛书用[氵易]，楚简用"易"，未尝不是"逷"之通假。

以上是我的两个相同意见，一个不同意见及三个小论据。

**张文智：** 小畜卦六四爻的"有孚"好像不只是意味六四与九三相孚（因为九三爻辞为"夫妻反目"，而应该更多意味着六四与九五相孚。由于丈夫（九三爻）重刚而不中，急于有所畜，致使妻子心中郁闷。虽然《周易》主要讲人道，其中亦含有医道。范仲淹亦有"不为良相，愿为良医"之说。易医同源说亦比较流行。明《易》之后大家就不要犯心中郁闷之病，凡事都要想得开，避免《大学》所说的"四不正"，就可以身心健康。

## 【讨论内容】
### 【易含万象】

　　**王昌乐：** 上九：血：王弼是忧伤，到孔颖达就是伤，后面的就是伤害。忧伤：这个似乎内外都有，忧其内，伤其外。内忧：血气受阻，其心涣散，难以凝聚。涣卦之极，其心散矣。外伤：来知德认为双坎血血之象，隐伏远方，去逖出。金景芳说得不错，去是表示不来。出表示不再入。南怀瑾、徐芹庭、九二变成观卦，坎象不见。逖：远，是基本意思，诸多解释都是远。无咎：就是没有什么可以咎的。

　　**王力飞：** 涣卦《大象传》说，"先王以享于帝，立庙"。一享一庙，均是精神高地。所以，我就选择了洗礼这一视角。

张文智： 你当然可以这么理解，但因为易含万象，在不同的情势下可以有不同的解释，但《周易》的主旨还是本天道以立人道，人心既正，才能做到由"利贞"而返于"元亨"。

王力飞： 孔子在《要》中说过人道，属于上下的范畴，尊卑远近的范畴。从后世纳甲易的六亲来看，孔子的人道思想被京房吸收了，并和五行的生克结合在了一起。个人认为，我们可能没有注意人道和人事的区分。《四库提要》说，《易》之为书，推天道以明人事者也。阴阳的乘承比应中正，属于人道思想，不一定属于人事。

张文智： 京房的"纳甲筮法"并不是其易学思想的主要内涵，况且《汉书》中也没有京房以"纳甲"说占筮的例子，其主要思想反映在《汉书》《五行志》所引的《京房易传》中（敝著《孟、焦、京易学新探》中对此有专论），从中可以看出京房更注重贤人政治，而其易学的立脚点仍是本天道以立人道。当然，人道与人事的含义可能有所差异，但本义是相通的。

（整理者：贡哲 中国人民大哲学院研究生）

（本卦校对：刘杨 中国人民大学哲学院硕士生）

时　　间：2016年12月05日21：30 — 22：48
导读老师：余治平（上海社会科学院哲学研究所研究员）
　　　　　黄忠天（台湾高雄师范大学经学研究所所长）
课程秘书：李芙馥（中国人民大学哲学院博士生）

行有节制　知止适可
——节卦卦辞明解

## 60 节卦

䷻

**兑下坎上**

### 【明解文本】

节：亨。苦节，不可贞。

《彖》曰："节，亨"，刚柔分，而刚得中。"苦节，不可贞"，其道穷也。说以行险，当位以节，中正以通。天地节而四时成，节以制度，不伤财，不害民。

《象》曰：泽上有水，节。君子以制数度，议德行。

### 【讲课内容】

**余治平**：易道广大，无所不包。《周易》的六十四卦中，不仅有讲生活必须资源的需卦，还有讲如何限制欲望横流的节卦。需卦在坤宫，是坤卦的游魂卦；节卦则在坎宫，是坎宫一世卦。第六十卦为节卦，作为名词或动词，其在字面上则有节制、减省、节度、法度、节俭、限度一类的含义。贾谊《新书·道术》曰："费弗过适谓之节，反节为靡。"靡是奢侈，是节的反面。《说文》："节，竹约也"，引申为节俭、简约。

大意是行为有节制，遇事则亨通顺利。人有节制，可致亨通。但过分的节制也没必要，而应当持正、适中，做到适可而止。谁要是把节制自己的行为当作一件很苦的差事，那就实在没有必要去卜筮占问了；或者，即便去卜筮占问了，也是凶多吉少，不会有什么好的结果。

来知德《周易集注》曰："节者，有限而止也。"节卦所要声张的是，但凡做人、处事、接物都要设置一个封顶的上限，拉出一道不可触及的底线，要能够清醒地意识到自己在干什么，并且，在什么时候、到什么地步该收手、该停止。没有刹车的车子是不能开的。只知道把车开跑起来而不会刹车的司机，驾驶技术肯定过不了关，出交通事故是迟早的事。这是节卦给予我们今天人类的启发意义。

卦辞里的"苦"，原为五味之一，来知德解曰："五行以甘为正味，稼穑作甘者，以中央土也。若火炎上则焦枯，所以作苦。"甘与苦对，相反之味。五行之中，木、火、土、金、水，分别对应于酸、苦、甘、辛、咸之五味。苦味生于火，炎上易焦之象。但节卦的卦体结构是泽上水下，原本与火无关，但如何滋生出苦味呢？而按照五行之分配，火味苦，水味咸，但为何历代都不乏以"咸"解"苦"者呢？《尔雅·释言》曰："咸，苦也。"邢昺疏曰："苦，大咸。"古人不是以咸释苦，就是以苦释咸，两味相串，分不清是苦，还是咸。

苦的引申义则是辛劳、困顿、忧虑、疼痛，十分吃力，竭尽体能。《尚书·周书·盘庚中》："尔惟自鞠自苦。"《孟子·告子下》："必先苦其心志，劳其筋骨。"苏轼《径山道中》："玲珑苦奇秀，名实巧相称。"

卦辞里的"贞"，有两解，其一为占问，高亨说："筮遇此卦，可举行亨祭；如苦于节俭，则所占之事不可行。"其二为正，高亨又说："人有节度，则能亨通，如苦于有节度，则其行事，不可得正矣。"

来知德解"不可贞者"曰："不可因守以为常也"，不应该率性而为，没有节制，而必须知晓界限，守住底线，这才符合天道人伦的一般常理。并且他举例说："凡人用财修己，皆有中道，如天地之牛角茧栗，宾客之牛角尺，损则用二篚，萃则用大牲，此中道也。若晏子之豚肩不掩豆，梁武帝以面为牺牲，则非经常而不可久矣。仕、止、久、速，各有攸当，或远或近，或去或不去，归洁其身，如屈原、申屠狄之投河，陈仲子之三日不食，许行之并耕，泄柳之闭门，皆非经常而不可久者也。"

来知德说："以卦综释卦辞，又以卦德、卦体释亨之义而极言之。坎刚卦，兑柔卦。节涣相综，在涣则柔外而刚内，在节则刚外而柔内，则刚、柔分也。"按照我的理解，节、涣互综，爻位上下整体颠倒而互成。涣卦下坎上巽，内刚外柔；而节卦则下兑上坎，内柔外刚。涣、节二卦皆刚柔分明。《涣·彖》有曰："刚来而不穷，柔得位乎外而上同"，但未透析刚柔分明之理。而演绎到节卦，九二、九五不仅得位，还能得中，来知德说："八卦正位，坎在五"，外刚内柔之道益已甚着，故《彖传》不得不予以申明。所以，"刚得中者，二、五也。二、五皆刚居中也，言刚、柔虽分内分外，而刚皆得中，此其所以亨也。惟其中，所以亨，若苦节则不贞矣。"刚、柔是否分明得看九二、九五两爻的位置与爻象，但主要取决于九五爻。从占问结果上看，同样是阳爻，九二则凶，九五则吉。

**黄忠天：** "刚柔分"，就卦象固然指上坎为刚，下兑为柔。然推之人事，有如《中庸》"执两用中"之说（执其两端而用其中），如理性／感性、灵／欲、得／失、利／害等等，惟节制而得其中道则亨。

节，卦名。《说文》"节，竹约也。"段注"约，缠束也。"故节字由缠束在竹上之节，引申为约束、节制之义。《程传》事既有节，则能致亨通，故节有亨义。节贵适中，过则苦矣。其实说得很好。

《荀子·君子》："节者，死生此者也。"竹可断而不可改其节，《杂卦》虽训"节"为"止"，但"节"的涵义，非"止"所能尽。"节"实寓有能"亨"的正面意义，是政通民和的根本。"节"所以能"亨"者，《荀子·致士》"礼者，节之准也"，《礼记·仲尼燕居》"礼也者，理也"；节制以礼为依归，透过礼的作用，社会因而获得了条理与秩序。例如红绿灯的设制，虽限制人们的行动，但也确保了交通的流畅与安全。

苦节是违反人性的施为，是强人所难的政令。苦节不可贞，指过度的节制不可为正道。贞字《程传》训为"固"，谓"固守以为常"，说亦可通，来知德亦用此意。并举屈原投河、陈仲子三日不食等等为喻，以为"皆非经常而不可久者也"。薛温其曰："节以礼为界，其道乃亨，过苦伤陋，不可以为正也。"（《周易义海撮要》）

《易经》所强调的德目，最重要的，一言以蔽之，即"中正"二字，若必不得已再去其一，就只能剩下一"中"字，盖中则必正，正则未必得中。整个节卦，"中"的重要，即在卦爻辞间充分显现。

**余治平：** 对的。中正之道，整个卦都在讲，甚至整个《周易》、整个儒家都在讲。对于我们来说，就得把它落实具体，深化到每一爻上。

**黄忠天：**《周易折中》：引黄淳耀曰"合于中，即甘即亨；失其中，即苦即穷，苦与甘反，穷与亨反。"

**余治平：** 高亨亦解曰："人有节度则亨通也。"节卦的卦体，上卦为坎，阳卦，性刚；下卦为兑，阴卦，性柔。"节之卦象是刚在上，柔在下"，所以《象传》曰："刚、柔分"，阳、阴相别，刚、柔相分，各在各位，安分自得。高亨又进一步引申到政治领域，则"乃象君上居上位，臣民居下位，各守职分"。显然，节卦九二，阳爻，性刚，居处下卦之中位；而九五，阳爻，性刚，居处上卦之中位。九二、九五两爻皆阳、皆刚、皆得中正之道，所以是"刚得中"，象征君上行正，深得帝王为政中正之道。只有落实到具体的爻位、爻象、爻德上，中正之道方可明了透彻，于卦亦然。象辞所揭示出来的爻象，正是"君上与臣民分居其位"，都能找到自己的事业本分，定位清楚，职责明确，这也是一种"遵守节度"。然而，对于国家政治与社会生活来说，君上"得中正之道"，行有节制、知止适可，肯定比普通老百姓的"人有节度，依节度行事"更具有影响力和决定作用，所以值得大肆强调和竭力倡导。

## 【讨论内容】

### 【"苦节，不可贞"】

余治平：　节卦的《象传》言："苦节不可贞，其道穷也。"以限制自己为辛劳、困顿，而不以知止为人之所应当，这样的人就难免陷入窘迫、不通达的境地。贫而未必穷，没钱人可以遇好事，富人照样走厄运。至于人穷的原因，来知德说："不中则天理不顺，人情不堪，难于其行，所以穷也。盖穷者亨之反，亨则不穷，穷则不亨。"

　　　　　所谓"苦节"，就是以节为苦，而不以为是人之为人的必须，亦即不愿意节制自己，而把节制自己当作一件不得已的事情，以为节制自己是相当艰苦的，干脆放弃算了，这样的人是走不远的。好比减肥，如果他（她）始终认识不到减肥的必要性，而只以为减肥很辛苦，会少吃多少美味，那他（她）就肯定没法减肥了。

王力飞：　甘节，安节，均为安于节，甘于节，苦节说的应是以节为苦，不乐于节制自己。故不可贞。

余治平：　人往往都因为言行不符合中正之道，所以才在不知不觉中把自己带进坎陷的。言行偏颇则穷，穷则不亨，不亨则不通。人如果一味放纵了欲望，而不知道适当限制自己，没有把持住自己，那就危险了，十分可怕。所以高亨说："人以有节度为苦，则必违节度，为奸邪，不可得其正，此乃穷困之道也。"所以，从语用学上看，这里的"苦"，不能用作形容词，而应该用作以动词，即"以……为苦"。

元　融：　节与苦节，相互参印。

### 【"说以行险"】

余治平：　节卦的《象传》辞曰："说以行险，当位以节，中正以通。"这里的"说"，假借为"悦"。从卦象寓意方面分析，节卦，内卦为兑，说、悦之象。外卦为坎，陷、险之象。为什么"说以行险"呢？高亨解曰："人喜悦以行险"，是说人很高兴地步入危险境地，"以"字引导出一个目的状语，"悦"似乎就是为了"险"而存在的，于义理不通。

### 【"当位以节"】

余治平：　"当位以节"一句，本于节卦之上卦九五，是阳爻，性刚，居处阳位；而六四，是阴爻，性柔，居处阴位；上六，是阴爻，性柔，也居处阴位。上卦三爻阴阳有序，刚柔当位。比之于政事体制的格局，一如高亨所说，"象君臣各居其位，以守节度。""中正以通"一句，是讲在节卦的卦体结构中，九二、九五分别居处于内卦、外卦之中位，昭示着君王的言行皆符合中正之道的要求，政教施行通顺无阻。

【"中正以通"】

余治平：　来知德说："中正者，五中正也。"九五之爻象，得位，居中，统领各爻，顺理成事，所以其爻辞曰："甘节，吉。"《象传》"中正以通天地"一句，依然是透视九五爻象的结论。九阳在天位，就有驾驭人、管理地的威权，具备了决定乾坤、宰制万物的素质和能力。"通者，推行不滞而通之天下也。坎为通，故以通言之。盖所谓节者，以其说而行险也。盖说则易流，遇险则止，说而不流，所以为节。且阳刚当九五之位，有行节之势，以是位而节之。九五具中正之全，有体节之德，以是德而通之。此所以为节之善，故占者亨。"

　　　　　六三的爻变。通天地，就是通万物，并不是真的与头顶天空、与脚下大地相交流，而是与万物相感应、相通达。古人说天地，亦即说万物，亦即说每一个具体物。节之上卦坎，于《八卦广象》则可为"通"，显然是基于九五卦德的分析和诠释。阳刚居处九五，其位势、权势不可一世，很容易自我膨胀，再不控制自己，必遇凶险，所以"行节"是必然要求。又因为九五"具中正之全"，领导素质高，所以也能够接受约束，有效管理自己，而不至于放任无羁，胡作非为。

黄忠天：　当位以节，中正以通。此三句尤以首句诸家说解最为纷歧。盖古人平素进德修业，如临深渊，如履薄冰，何况于行险之时，如何可悦？窃以为"说以行险"一句，可统摄下文。盖惟在上者，"当位以节，中正以通"，一旦面对险境，则人民皆乐于为君上冒险犯难。另李光地《周易折中》谓："说以行险，先儒说义未明，盖节有阻塞难行之象，所谓险也。而其所以亨者，则以其有安适之善而无拘迫之苦，所谓说也。"此说亦可取。《春秋繁露》云"诗无达诂"，其实《易》亦无达诂，只要不违背文字训诂原则，不违背卦义，可容有多元的诠释。

余治平：　节卦的《象传》则相对简洁尽管简洁，但意义也非常重要，不可忽略。"泽上有水"一句是在解析卦体结构。节卦之体，下卦为兑，兑为泽；上卦为坎，坎为水。在《周易》话语系统中，泽、水有别。泽是兑象，水是坎象。时空形式上，泽在西，在秋；而水则在北，在冬。五色之中，兑金主白，坎水主黑。至亲关系中，兑是少女，坎为中男。在一般公共话语系统中，"泽"也可以指聚水的洼地，湖泽、沼泽。《孟子·滕文公上》："益烈山泽而焚之。""泽"也可以指雨露，《汉书·扬雄传上》："泽渗漓而下降。"还可以指汗水、唾液，人们会常说"手泽""口泽"。所以，尽管水、泽皆为水，但在数量、程度上也可以适当加以区分，水多而泽少，水大而泽小，水着而泽微。

黄忠天：节卦既然是"泽上有水"，则说明水已经溢于泽外，超过所必需的程度，已经到了不得不设法控制、进行有效约束的地步了。程颐说："'泽'上有'水'，泽之容有限，泽上置水，满则不容，为有节之象，故为节。"这就说明，水坑太小，不能再加，应当停歇。

## 【"天地节而四时成"】

余治平：节卦的《象传》言："天地节，而四时成。节以制度，不伤财，不害民。"高亨解曰："天地有运动规律是天地有节度。"这里，显然已经把遵守"节度"当作天地无数规律中的一种了，不得不敬畏，不得不服从。但这还只是对"天地节"所作的静态解释，还仅停留在认识论、知识论的层面。这一句《象》辞的意思是，连天地也知道约束自己、控制自己，于是才能够呈现出四时不同的自然症候。天道运行，周而复始，刚柔相节。春夏秋冬，不论哪一个季节，都不可能无限制地长下去，春天虽好，也不可以绵延太久，当以立夏为节制点；冬天虽冷，但也不可能瞬间即逝，终究以立春为界限。所以，也可以说："天地正是有节度地演化运行才形成四季的变化。"显然，"节"有动感了，阴阳之气循环推演，皆有进有退，呈现出运动的速率和节奏，而"有节度地演化运行"显然也是天地规律之一种。四时运行如果没有这样的节制，天候则一定紊乱。故程颐说："无节，则失序也。"

## 【"节以制度"】

余治平：整个《象》辞最精彩就是"节以制度"这四个字，值得深入阐发。来知德的解释则更使节之卦德、卦气更加具有生生不已、运动不止的性质。"若以其极言之，阳极阴生，阴极阳生，柔节之以刚，刚节之以柔，皆有所制，而不过天地之节也。天地有节，则分至启闭、晦朔弦望，四时不差而岁功成矣。"这里，来知德引入阴阳运行机制，从阴阳相互孕育、相互催生的角度，解析出天地万物因为能够自我克制、自我约束，有进，也有退；善于刚，也善于柔；能够启，也能够闭；可以朔，也可以望，所以才得以呈现四时征候、不同时令和不同节气，进而才可以交替不止，周演无尽。

　　"节以制度"一句中的"以"，似当解释为"用""通过"或"借助于"。而这里的"制度"一词，并非指规范、章程、条例，现今流行话语中的"制度"一词已溢出古义。这里的"制度"，毋宁是"度制"，表示适度限制、有限度地约束、通过必要的规矩或法令加以制约之意。董仲舒《春秋繁露》有《度制》一篇，专门伸张"天不重与""已有大者，又兼小者"的天道要求，批评武帝时代"富者愈贪利而不肯为义，贫者日犯禁而不可得止"的社会乱象，其目的就是要"使诸有大俸禄亦皆不得兼小利，与民争利业"。圣王施政，应当知道如何限制自己的欲望、言行和法令，最起码的一个要求就是，不能让富有的人因为自己的骄奢行动而耗尽国家财富，折腾天下民众。其实，这也是节卦整个卦爻辞、象所潜藏的政治哲学含义，非常重要，不可不察。

来知德解曰："制"者，法禁也。故天子之言曰"制书"。"度"者，则也，分寸尺丈引为五度。十分为寸，十寸为尺，十尺为丈，十丈为引，皆有所限制而不过。节以制度，是量入为出，如《周礼》"九赋九式有常数常规"是也。这段话值得我们好好玩味。这里，制的主要含义显然是制止、控制，限制、约束。《淮南子·修务训》有曰："跳跃扬蹄，翘尾而走，人不能制"，即指控制不住、制服不住之意。来知德先说"节者，有限而止也"，接着又说"制者，法禁也"，都有停滞、止步之意。其实，制不是止，制与放、任相对；而止则是停滞不前，止与行相对。制没有要求停滞不前，只是预先设置天花板、注意适当收敛、有限度地前行而已。现代人出行所依赖的汽车、火车、飞机，必须有一个制动系统，其首要功能就是降低速度乃至完全停止前行。行驶过程中，使用制动系统并不是要求完全停滞不前，多数情况下，出于安全或节约能源的考虑，都只求降低速度而已，这显然就是一种控制和约束。

尽管来知德把"制"理解成"禁"是过度夸大了"节"的作用，但他在这里却非常清楚地交待了"制"的可能路径，那就是借助于"法"，来知德似乎已经非常清楚地意识到，人欲的力量是无比巨大的，它随时随地都在想方设法、钻墙打洞迸发出来，寻求最大程度的满足，如果没有必要的尺度、规范、条例、章程、法律予以硬性强制，则不可能得到有效遏制。程颐说："圣人立制度，以为节，故能不伤财害民。人欲之无穷也，苟非节以制度，则侈肆至于伤财害民矣。"道德禁，伦理禁，其效用往往都是有限的，对君子而不对小人。而对于大部分人来说，法禁、令禁、规章禁显然是必须的。

黄忠天： 郭雍曰："泽无水则为不足，泽上有水则为有余，不足则为困，有余则当节，理之常也。在人之节，则制数度，所以节于外；议德行，所以节于内也。为国为家至于一身，其内外制节，皆一也。"

## 【度】

余治平： 度，原义指长短的计量单位，《尚书·舜典》："同律度量衡"，郑玄注曰："度，丈、尺也。"其引申义，或为程度、限度，《国语·周语下》："用物过度，妨于财。"《淮南子·时则训》："贡岁之数，以远近土地所宜为度。"或指制度、法度、准则。《左传·昭公三年》："公室无度。"《汉书·董仲舒传》："人欲之谓情，情非度制不节。"来知德以"则"解"度"，并且划分出"五度"，即分、寸、尺、丈、引。每个计量单位都有自己的长短，其名称只在单位限度内有效，超过的则上升进另一单位。这就叫"皆有所限制而不过"。

其实，在自然之物中，节卦不妨以竹节为最好的喻象。只要稍加观察便不难发现，每一根竹子上的每一段竹节都有自己的长度，竹梢、竹根与竹子中间部分的竹节，长短不一，粗细不一，上下口径也都不相等同，但每一段竹节各自都能够把握自己的分寸，不与上争，不跟下比，自得自恰，自己成为自己，自己实现自己。

## 【不伤财，不害民】

余治平：在节卦《象传》辞所说的"节以制度，不伤财，不害民"一句中，"不伤财""不害民"既是"节以制度"的理论必然，又是它的现实结果。单从《象传》辞里分析，"不伤财"是蕴涵着万物有灵论、物活论的因子的。物有机，有生命，任何一个物都是必须被善待的对象，而不是任凭我们人类粗暴践踏的存在。物是活的，物也会受伤，物也会疼，所以人应该把物当物，而千万别不拿物当物。物也有内在价值，除了被人类所用之外，物始终在追求着自己的内在目的，物活着，不光为了人类，它一定会按照自己的意图而完成自己的一生一世。人类珍爱财物，把财物当财物，财物才会积极地回报人类，而不是惩罚人类。所以来知德说，"不伤"者，"财不至于匮乏"。你不但不珍惜它，反而伤害它，那么它就会远离你而去。

郭雍曰："泽无水则为不足，泽上有水则为有余，不足则为困，有余则当节，理之常也。"来知德说："为卦下兑上坎，泽上有水，其容有限，若增之则溢矣，故为节。"无论是湖泽、沼泽，皆非大的水域，其面积、容量都很有限，若在其上灌水、浇水，势必满溢而淹没周边田地，所以必须加以适当限制与合理管控。侯果曰："泽上有水，以堤防为节。"所以在高亨那里，节卦就是一道拦水大坝，防止埋藏在君王内心深处的人性欲望决堤泛滥而祸害天下。他说："泽上有水，乃水泛滥于泽外，必需筑岸以节制之。"而如果再做进一步的政治哲学延伸，这一句的寓意则为："《象传》乃以水比群众，以泽之边岸比制度礼教，以泽上有水比群众之行动越乎制度礼教。"

显然，制度礼教就一切人性欲望的拦水大坝，在这个大坝之内，不是没有水，也不是取消水的存在，而是控制水位，不使之泛滥成灾而已。这正是儒家之为儒家的本质规定，因而极大区别于仙道和佛道。圣道并不否定人欲，也不杜绝私意，毋宁在人欲的合理满足过程中、在私意安排的人为活动中确立起仁义礼教。《易》本身只说一句"泽上有水"，其最先的价值起点可能并不在儒门，也不在道家，但经由孔子后来操作《象传》这么一诠释，它就不能不归于儒门了。

【 "君子以制数度，议德行" 】

余治平： 《象传》"君子以制数度"一句，首先突出了身为社会上层的"君子"在控制人欲膨胀方面的积极作用和重要影响力。尽管节卦的卦辞、爻辞之所指并不只针对君王，而且还针对社会上层，甚至还包括极为普通的贩夫走卒，但吃食皇家俸禄的士子官吏更有责任为自己，也为天下人制定出一套行之有效的控制措施，以更好地约束各色人等对欲望的放纵。

黄忠天： 使其发而皆中节也。

余治平： 君子不是好做的，做君子得首先学会约束自己，然后再去帮助别人约束别人自己。君子无论是节自己，还是节别人，都责无旁贷。

　　"数"为礼数，含义有二，既可以指礼节，王建《早秋过龙武李将军书斋》："语笑侍儿知礼数"；在古代中国，又可以指官阶等级，或按照名位而分的礼仪等级制度，杜甫《八哀诗·故右仆射相国张公九龄》："向时礼数隔，制作难上请。"在《象传》看来，被节卦所强调的是人欲控制，只有借助于礼节、法度才可以实现，并且，其礼节、法度还应该是讲究差等的，有级别、进阶的不同，也有先后步骤、执行方法的区分，这就是秩序。这里，礼数、法度之于节制人性欲望、约束当政者淫威、刹住奢靡社会风气的重要性再次被来知德所强调，他说："古者之制器用、官室、衣服，莫不有多寡之数，隆杀之度，使贱不逾贵，下不侵上，是之谓制数度，如繁缨一就、三就之类是也。"

　　显然，所谓"数度"，无非就是作为社会化、交往化、公共化的人类生活所赖以正常运行的礼数、法度的总和。社会有不同阶层，礼教也便分差等，生存条件的多少之别，礼乐规定的繁简之异，无非就是要建构出一个良性的社会秩序。在这个秩序内部，"贱不逾贵""下不侵上"，各安本分，各守本职，这样就足以维持一个社会的正常运转了。

　　最后，"议德行"一句，高亨的解释是："论定德行之准则"，"议"被当作讨论、确定。来知德曰："议之者，商度其无过不及而求归于中，如直温、宽栗之类是也。"显然，"议"的含义是"商度"，亦即沟通、协调，推测、揣摩。来知德的诠释重点在"德行"二字，紧紧围绕了九五中正之道而展开，要求"无过不及"，时刻"求归于中"，便显得更内在、更深刻。

黄忠天： "制数度"是制定礼数法度。"议德行"是评量反省自己的德行，以求合义中节。孔颖达则训解为评议他人德行优劣，以求任用得宜，亦可供参考。身之节。如何节？自然得由"心"上做功夫，盖"心正而后身修"。但心又如何能正？则又必须先从诚其意始。此即《大学》"意诚而后心正，心正而后身修"之意。例如：空山深谷，见黄金万两；露白葭苍，遇一美人，敢问夫子动心否？按在此情境下，动心，为人性之常；但动不动手，则因人而异，其中即有"节"的作用存焉。至于能达到"不动心"，则是由表象的"节"（行为举止），提升至内在的"节"（起心动念），这已是修养的崇高境界。孟子"四十不动心"、孔子"四十而不惑"，近之。

余治平： 至于卦象、爻象的根据，按照来知德的分析，"坎为矫揉，制之象。兑为口舌，议之象。"《八卦广象》亦称"坎为矫揉"，来知德《说卦传补定》："坎为矫揉。"下卦兑，《八卦广象》为口舌，《焦氏易林》则为讼，皆喻指言语说话。而言语说话的内容是什么呢？显然是"德行"。来知德说："得于中为德，发于外为行。"德主内，行生外，但德与行又是一体不二、合二而一的关系，无论君臣百姓，一旦遵守节度，德行则自然呈现，完全合乎中道。

（整理者：孙纯明 中国人民大学哲学院硕士生）

# 有余当节 谨慎行止
## ——节卦初九明解

时间：2016年12月06日21：30—22：53

【明解文本】

**初九：不出户庭，无咎。**

**《象》曰："不出户庭"，知通塞也。**

【讲课内容】

**余治平：**接下来，开始讲解初九爻。节卦之初九，爻变为坎卦，《周易》之第二十九卦。坎象为水。坎卦是下坎、上坎的同卦，坎坎相叠，水上加水。观察卦象则可以显示，坎为水、为险，两坎相重，险上加险，阻碍重重。从经卦坎之卦体结构看，一阳陷二阴，必遇有险阻。所幸的是，阴虚而阳实，虽多险多难，只要"有孚"，以诚相感、守信笃实，便可豁然贯通，"维心亨"，才能够化消极因素为积极力量，免除咎难，助推成功。高亨说："筮遇此爻，不出户庭，则无咎。"

"出"一字，根据在互卦，来源于经卦震。初九的上互卦为艮，已呈户庭之象，而处于户之内卦的下互卦则为震。震，在《八卦广象》则为雷，在《孟氏逸象》则为作、为兴，在《焦氏易林》则为出，皆有"欲出门户"之意愿，但又因为初九居处内卦之底，加之又有九二乘之，最好还是"不出户庭"。阳九位处初爻，节之始发，当在入门之时，尚未升堂进室。至于"门"的来源，来知德则基于中爻之爻象而解析曰："中爻艮为门，门在外，户在内，故二爻取门象，此爻取户象。"节卦的上互卦为艮，其卦象所指，据《焦氏易林》，艮为门；《八卦广象》，艮为门阙；《孟氏逸象》也称，艮为门庭。至此，艮象基本上可以归纳为"门"类。

门、户是有所区别的。"门"，原先是建筑物的出入口处一种用作开关的设备，后来则直接被指代为出入口处。其引申义则为门径、关键，后来又具有了家、家族、派别、宗派一类的含义。"户"，原本指单扇的门，引申为出入口，也指住家、人家。可见，门不同于户，户不同于门。或可说，从原始意义上看，门小户大；而从延伸意义上看，则门大户小。

初九爻辞之"户庭"，指"内院，堂前庭院"。程颐说："户庭，户外之庭；门庭，门内之庭。"不出户庭，就是别走出去，呆在家门之内。

《象传》中的"知"，也是有爻象根据的。初九居处下卦之底，虽然有九二阻隔，但因为它能够与上卦之六四爻正应，所以才能够感知，可以预测到自己的前路境况。而感知、预测的内容是什么呢？来自中爻艮的阻力。经卦艮，在《八卦广象》则为山。将欲出门，却有一座大山横亘在自己面前，根本无法行走。

至于"通、塞"，又是怎么一回事呢？程颐曰："通则行，塞则止。"人之走路，通畅就继续前进，堵塞就立马停止，不可硬闯，否则便会或耽误行程，或撞得头破血流。来知德也说："道有行、止，时有通、塞。"当行则行，当止则止，这显然也应该归入一种中正之道。至于"不出户庭"，就因为已经"知其时之塞而不通"，知道阻塞了，再强行硬闯，则属于一种偏激行为。来知德通过分析初九之爻象而相信，这里的"塞"字是"孔子取内卦之象"而得出的基本判断。他这么说的根据在哪里呢？

"初九，阳刚得正，居节之初，知前爻蔽塞，又所应险难，不可以行，故有'不出户庭'之象。此则知节之时者也。故占者'无咎'。"

剖析初九之吉凶，必须结合九二之爻位、爻德及其性质、特征。初九在下，九二在上，阳上承阳。九二性阳，使得初九无阴可比，被遮蔽得严实，基本上是不透气、不透亮的，所以，就应当清醒地意识到"前爻蔽塞"的不利形势。

人生活动，掌握"节之时"是非常重要的，什么时候该进，什么时候该退，该进则进，该退则退，不必违拗，不可生硬拧巴着。这原本就是节卦中正之道的内在要求。

**黄忠天**：节卦初九"不出户庭"，与乾卦初九"潜龙勿用"，诚可相发。

**余治平**：来知德分析说："前有阳爻蔽塞，闭户不出之象也。又应四，险难在前，亦不当出，亦不出之象也。""在处事为括囊，在言语为简默，在用财为俭约，在立身为隐居，在战阵为坚壁。"《系辞》止以"言语"一事言之。

对于初九而言，入卦之处，上承九二之阳，以刚比刚；又应六四之阴，虽可感通却身陷险难之境地，两方面的形势都对自己不利，这个时候就应该做出一种明智的选择：节制住，把控自己，停止前进。人若占得此爻，皆当调整态度，收拾心情，暂缓进取，以守为攻。

来知德分别举例说，做学问的人，这个时候就该不显山露水，而要含蓄处世，等待时机成熟再施展自己的美好才华；如果还有事情没有处理好，到了这个时候则应该收紧口袋，结扎袋口，能收获多少就是多少，以迅速解决为宜，切勿拖延；如果是在说话，到了这个时候也应该少说为佳了，甚至直接可以免开尊口；如果正在使用钱财商品，到了这个时候也应该厉行节约，反对奢靡，千万不能浪费；而假如需要确定人生职事取向，到了这个时候也应该选择急流勇退，归隐赋闲，不宜再抛头露面了；而如果还身陷战争之中，到了这个时候也应该放下刀枪，修筑防御，加固城墙，储存粮食物质，而不能恋战，一根筋地跟敌人耗下去，最终两败俱伤，元气大损。

## 【讨论内容】
### 【"无咎"】

余治平：　"无咎"者，来知德说："不失身、不失时也"，亦即既然面前有险阻，不能前行，那就应该知难而止，不必强求，只有这样才能够保全自身。人一旦到了这个地步，也只有面对事实，调整方向，做其他更有意义的事情，才不至于浪费时间。程颐曰："通则行，塞则止"，或"当出则出"，当停则停。至于"无咎"二字的爻象根据，则主要依赖于初九与六四的正应，如果没有与六四的沟通，没有对前途上艰难险阻的清醒认识，则必然盲冲直撞，硬着头皮上，将难免于头破血流。

黄忠天：　"不出户庭"，象能节制谨守。《说文》半门曰户。简单地说一扇曰户，两扇曰门。户是指房门，即《仪礼·聘礼》所云"未有入室而不由户者"。因此，户庭者，所指的是房门外的庭院，即"内院"，相对于九二的"门庭"，则指"外院"。初爻在易学上本有慎始之意，本卦谈"节制"，初九自然有极其慎密不出之意。解释上是不出房门，不出内院，即俗语所说足不出户之意。但卦爻辞多为象征语言，不必过于执实，正如履卦"履虎尾"，也只是象征。《程氏易传》与来知德注分别都提到《系辞传》（上传第八章）阐释了节卦初九爻义，并以"言语"为例，强调节制"言语"的重要。盖以言行，乃君子之枢机，枢机之发，荣辱之主也。知通塞，知时之通塞。时行（通）则行，时止（塞）则止，亦即谨慎于行止之意。

元　融：　下卦为兑，只有言语，上卦为坎，凶险在前，以言犯险，当位以节；每个人守住自己的底线，初爻，老实在家呆着，是最好。

余治平：　慎言语的问题，九二要谈到的，"以言犯险"。

（整理者：张馨月　中国人民大学哲学院硕士生）

# 失时之极 则遂废矣
## ——节卦九二明解

时间：2016年12月07日22：00 — 22：28

## 【明解文本】

**九二：不出门庭，凶。**

《象》曰："不出门庭，凶"，失时极也。

## 【讲课内容】

**余治平：** 这里的"门庭"，已经不同于初九爻辞的"不出户庭"了。仅从节卦的卦象、卦辞上加以观察和分析，似乎是户庭在外，门庭在内。在古代中国民居或宫廷建筑的制式上，先是户，后是门，而呈现出一种前户、后门的格局安排。初九、九二语境里是这样的。初九在外，九二在内。

**黄忠天：**《朱子语类》云"户庭是初爻之象，门庭是第二爻之象"。由户庭而门庭，亦合于由内而外之意。是指《易》卦由下而上，乃由内而外之意。

**余治平：** 初九"不出户庭"，可以"无咎"，而为什么到了九二这里，"不出门庭"陡然就变成一个非常不利的结局了呢？程颐剖解的原因是："二虽刚中之质，然处阴居说而承柔，处阴不正也，居说失刚也，承柔近邪也。"九二是阳爻，性刚，但却居处兑卦之中位，属于阴、柔的爻位，其上承六三阴爻，靠近于邪僻不善，则难免陷入凶险。"处阴""居说""承柔""失刚"一时都成了九二的缺点与过错。

　　程颐也进一步指出了九二与九五的敌应，也是导致凶险结果的一大重要原因。九二"不出门庭"，就是"不之于外"；而"不之于外"，就是"不从于五"。天底下人，等级分明，各有定位，哪有臣子不听从君王的道理呢！甚至我们直接就可以这样断定："不合于五，乃不正之节也。"与九五的正应，是君子节制私欲、约束自己言行的一个核心要求和一个重要标准。程颐说："节之道，当以刚中正，'二'失其刚中之德，与九五刚中正异也。"阳居阴位，又不积极与九五之君形成呼应、感通之气氛，其行的确有点过分。"唯其失德、失时，是以凶也。"爻德不是太好，时机也没把握住，谁要是占到这样的爻，肯定不利。

九二爻在来知德看来，"前无蔽塞，可以出门庭"，九二上承六三，摆在面前的已经是通途了，理当勇往直前，但却因为九二"阳德不正，又无应与"，即不能与九五正应，所以才"不出门庭"了。来知德批评九二曰："惟知有节，而不知通其节，节之失时者也，故'凶'。"九二虽然已经非常清楚地认识到节制自己的重要性，但却不知道如何适应形势而有所变通地去节制自己，是节制不当其时的表现，值得引以为鉴。来知德首次把"节"与"时"联系在了一起，注意到了节卦的气息运行及其情势、氛围，强调把握节的时机的重要性。

来知德还能够把九二的爻德延伸到政治领域予以发挥，他说："圣贤之道以中为贵，故邦有道，其言足以兴邦；无道，其默足以容。九二当禹、稷之位，守颜子之节，初之无咎，二之凶可知矣。"天下有道的时候，该说就说，因为这样可以振兴国家；天下无道的时候，当沉默就沉默，因为这样可以保全自己，为当政者所宽容。

节卦不仅要求节制行为，也要求节制言语。所以，其互卦为《周易》颐卦，卦体为上艮下震，山下有雷，其《象》曰："君子以慎言语，节饮食。"说话要小心，想好了再说，甚至不说，控制好饮食，不能胡吃海喝，防止暴殄天物，这些都与节卦的基本精神相一致，值得倡导和推扬。

节卦的下互卦为震，其卦象为出，为动。九二爻是下互卦震的主爻，一阳统领着二阴，"其震乍动就被下卦兑所摧毁"，因为本卦与互卦的交相作用，增大了震动的幅度、频率及其破坏性，这个时候，如果还不识时机，过分节制，自守严保，而足不出门，那就难免要蒙受不利之险了。

### 时

**余治平**：程颐批评九二曰："不能上从九五刚中正之道、成节之功，乃系于私昵之阴柔，是失时之至极。"跟六三、六四混得太亲近，整天粘着、胶合在一起，却不能呼应九五，怎么可能成就出节制的一番功业呢！

九二爻变为《周易》之屯卦，其《象》辞曰："屯，刚柔始交而难生。动乎险中，大亨贞。雷雨之动满盈。天造草昧，宜建侯而不宁。"继乾、坤二卦之后，屯卦之初九、九五两阳爻，性刚，便开始与上下四阴爻之柔交互作用，化生天地万物。从卦象分析看，虽然坎阳陷于二阴之中，震之阳又陷于坎之下，但卦气还是要动。"处乎险而能动"，才会有"大亨贞"的结局。屯卦在乾、坤始交之时，尽管"处于郁塞未通的状态"，但雷雨毕竟要降临大地，阴阳毕竟要和洽，万物终归是要呈现出欣欣向荣的一派生机的。

屯卦之初九，其德可以有为，但时机未到。至六二，其时多艰难，最宜等待。及至九五，"膏泽未得远施，宜积极主动，力争春屯。"对于各爻而言，时机最为重要。节卦九二也应该明白适时变通的道理。

### 凶

**余治平**：追问九二的"凶"，如果回看节卦的下卦兑，也不失为一条很好的解释路径，甚至还可以回答初九为什么会"无咎"。作为八经卦的兑，"既有喜悦之意又有摧毁之意，初九'当位'有'应'，知艮阻而'自贞'（符合'节'的卦时）。"

初九在正确的位置、正确的时间做出了正确的选择，即"不出户庭"，所以它就没什么过错。而九二则不同，"不当位"，并且，还"无应"，所处形势显然对自己不利。

而更要命的则是，因为它身兼下互卦震卦的主爻之职，又不得不动，"执意妄动（违背'节'的卦时）"。而根据下四爻连互结构不动的规律，"动必凶"，这个时候还是潜伏着危险的。

### 失时极也

**余治平**：接下来分析节卦九二的《象传》："不出门庭，失时极也。"

这里的"时"，为卦时，或卦气运行的时间节点，延伸为时机、时刻、气候、火候。按照《推卦易知录·常用易学概念解释》的说法，"时，指时机，又指时间；卦爻辞的吉凶随卦爻象所处的时机的不同而变化。当适应时的时候，则卦爻辞才是吉利的，当不适应的时候，则卦爻辞就是不吉利的。"

"时"，是《周易》的一个重要问题，关涉颇多。《周易》重时，追求时中，创造必要的条件，强调要抓住适当的机会。《周易》卦辞、爻辞的吉与凶，一般都是由卦象、爻象所处的时机决定的，卦气、爻气的运行，如果时机恰当，火候适中，则所得吉利，反之则凶险。

"极"，高亨说："极，最甚也。"极，显然是一种不可继续运转下去的最后边际状态。凡事走至极端则为尽头，不可以再增一分，加一点。而这恰恰又是包括《周易》在内的所有儒家经典一直所力图避免的境地。

刘牧："初未履中道，犹可待焉。二已履中当行，失时则为极。极，甚也。"（《周易义海撮要》）

节卦既反对放任自流、肆意妄为的"不节"，又反对拒绝日用、抵制消费的"苦节"，两个极端都不可取，要不得。没有节制和拘于节制，皆失之中正之道。

来知德解"极"似乎比较切合《象传》的本义。"至也，言失时之至，惜之也"，显然指九二爻过分丧失时机，耽误时间，丢失机会，也太多了，而不是一般的浪费，实在太可惜了。可见，节不失时，当进则进，是九二爻的根本要求。为什么说九二爻"失时"，失得太离谱了呢？来知德解释说："初与二，小象皆一意，惟观时之通、塞而已。"

**黄忠天**：另《周易集解》引虞翻"极，中也"，则"失时极"解为"失时中"之道，亦可备一说。

**余治平**：初九、九二两爻在爻象上都是阳、刚之属，其性并无区别，但在爻时上却有很大的不同，即，初九在户庭，九二在门庭。初九时为塞，九二时则通。塞时不动，可以免于罪咎，动也没用；而通时不动，则自陷凶险，不动也错。所以来知德才说："初，时之塞矣，故'不出户庭，无咎'；二，时之通矣，故'不出门庭，凶'。"而引申至古代士子政治生涯的设计与规划，来知德则要求"可仕则仕，可止则止"，并且还举例说："孔子为圣之时，而禹、稷、颜回同道者，皆一意也。"

人若想成就节制之德，不仅需要我们在理性上去认识和研究各种机缘出现的可能条件与概率，甚至经常还需要我们积极主动地去构建环境，创造氛围。

时不我待，过时则不宜，程颐说："所以凶也，失时、失其宜也。"如果条件不成熟，急也没用。而如果坐失良机，后悔也来不及了。

**黄忠天**：李光地云："节卦六爻皆以泽水二体取义。泽者止，水者行，节虽以止为义，然必可以通行而不穷，乃为节之亨也。初二两爻，一在泽底，一在泽中。在泽底者，水之方潴，不出，宜也。在泽中，则当有蓄泄之道，不可闭塞而不出也。"李光地结合卦象与爻位做了缩结，为九二"不出之凶"，找到象的依据，可供参考。

郭雍说："初为不当有事之地，而二以刚中居有为之位，其道不可同也，故初以不出户庭为知塞，而二以不出门庭为不知通，知塞故无咎，不知通，则有失时之凶矣。"可见易道变动不拘，惟变所适的精神。

节卦九二"不出门庭"，与乾卦九二"见龙在田"，时当发舒，故出潜离隐，诚可相发。因此，节卦九二，当动不动（二三四互震有动象；二变则下卦为震，亦有震动之象），"不出门庭"，自然是不合时宜。

杨万里《诚斋易传》云："初，处士。二，大臣也。身为大臣，上逢九五阳刚中正之君，谓宜佐其君，制数度，以节天下之欲；议德行，以节其君之欲，此其时不可失也。今乃下同初九处士之节，私淑门庭之内而已，一何不广也，故凶。故公孙弘之布被，节则节矣，于穷奢之主，虚耗之民，何裨焉？"公孙弘在汉代虽位居三公，俸禄，但他生活节俭，盖的是布被，吃的普通饭菜，但却不足以影响君民，杨万里引之借以说明公孙弘之"失时"。毕竟九二在其位，谋其政，有责任，与初九无位大不同！

**余治平**：政客节俭，有的是真的，有的则是做秀。就像汉以孝治天下，一时间天下就冒出那么多孝子，搭个草棚住在父母的墓地上，结果却生了多少个儿子，贻笑后世。

（整理者：黄仕坤 中国人民大学哲学院硕士生）

# 节可免过 不节则祸
## ——节卦六三明解

时间：2016年12月08日21: 30 — 22: 37

## 【明解文本】

**六三：不节若，则嗟若，无咎。**

**《象》曰："不节"之嗟，又谁咎也?**

## 【讲课内容】

**余治平：** 高亨说："若，语气词。""嗟，叹也。"整个爻辞的意思是："人不节俭则穷困，穷困则嗟叹，嗟叹则悔改，将无咎矣。"人一旦失去节制，就会很快陷入贫穷潦倒的地步，到了这个时候就只能剩下"自己为什么不能节制一点呢"的后悔和哀叹了。

六三爻辞为什么一上来就说"不节"呢? 程颐解六三曰："六三不中正，乘刚而临险，固宜有咎。然柔顺而和说，若能自节，而顺于义，则可以无过。不然，则凶、咎必至，可伤嗟也。"显然，六三爻有缺点，也有优点。其缺点为"乘刚"，即以阴凌阳；"临险"，即直接面对上坎陷阱。应该说，就凭这两个缺点便足以招致祸害。《周易全解》说六三在下体，是"以柔节刚"的，其"不节"是因为它"过乎中而不正"以及"乘刚临险"。然而，所幸的是，六三非阳，即有"柔顺"之德；又因为位处下卦兑之上爻，并且是兑的主爻，先天具有"和说"之功用，能够顺应道义大体，所以才免于过错。虽然不知节制，却也还能够"嗟伤以自悔"，自己晓得错在哪里并改错，说明还没完全坏死、烂透。金景芳、吕绍刚的《周易全解》于此竟称"《易》是补过之书"，足见对六三爻是贬中有褒，打了又揉，依然是以正面教育为主，意在治病救人。来知德说："兑为口舌，又坎为加忧，又兑悦之极则生悲叹，皆嗟叹之象也。"在《八卦广象》中，兑为口舌，坎为加忧。来知德在这里还只是泛泛议象而已，不落具体。兑通悦，但不可大悦，人在乐极生悲过后，也就只剩下一种感叹的心情而已。"用财，恣情忘费则不节矣；修身，纵情肆欲则不节矣。"来知德的这句话，说得非常棒。

这一句则显然还是兑悦太过则有可能乐极生悲之义的延伸。基本生活用品的使用，如果听任性情的无限发挥，而不顾珍惜自然资源，无疑是一种不理性、不节制的表现。身心修炼过程中，如果放纵欲望，肆意妄行，乃至胡作非为，说明还不懂得限制自己。人是需要约束才能够成其为人的。一味任性，一味纵情，人则与禽兽无异。节是人之为人的一大标志。节是教化的结果。

沿着这一思路，来知德进而把"嗟"解释成"费财""纵欲"的情感结果。"嗟者，财以费而伤，德以纵而败，岂不自嗟？"费财而导致身伤，纵欲而导致德败，唯一可以肯定的就是"自嗟"，即自己还知道错，知道错在哪里，说明还有改过自正的机会与可能。"若"这个语气词也是"财以费而伤，德以纵而败"之后的一种情感结果。来知德说："若，助语辞。自作之孽，何所归咎。"自己如果没有限制自己、约束自己的内在要求，别人则是无论如何都强加不到你头上去的。"费财""纵欲"是你自找的，没人能拦得住你。所以说，嗟是自嗟，怨不得人。来知德批评六三曰："六三当节之时，本不容不节者也。但阴柔不正，无能节之德。不节之后，自取穷困，惟嗟叹而已，此则不能节者也。"

六三直接面对坎卦，本该有所节制，却因为居处兑卦之上，喜悦之极，而不能自已，把持不住。当节不节，或者节得不好、节得不到位，都是没有"能节之德"的表现。从"不节"，到"穷困"，再到"嗟叹"，这期间隐藏着一根逻辑的链条，是必然的。只不过，普通人不知道、没掌握罢了。

"占者至此将何咎哉！故无所归咎。"所谓"无咎"，并不是没有过错，而是指"无所归咎"，即自己不能节制自己，就不要怪罪于别人了，自作自受，咎由自取，又怨得了谁呢！

六三"无咎"的消极结果，还可以从爻变的过程演绎而出。

朱启经指出，"因其能'嗟若'警戒，六三爻变，变为乾，阳居阳位'当'而有'应'"，所以才能免于罪罚。六三面临坎卦，应当警惕从事。来知德说："九三重刚不中，上不在天，下不在田，宜'有咎'矣。而乃'无咎'，何哉？盖既'重刚'又'不中'，刚之极矣。以时论之，盖危惧之时也。故九三因其时而兢惕不已，则德日进，业日修，所以虽处危地亦无咎矣。"九三不在中位，又处于上卦、下卦交接之际，以刚接刚，隐患颇多，但因为其爻时处于过渡之期，既能够主动"兢惕不已"，又能够不断上进，孜孜矻矻，才致于免除罪罚。

六三爻"嗟若""无咎"的结局，结合爻位、爻象、爻德追究其根据，大致可以归纳出四点：首先，作为下卦兑象"悦"的主爻，爻气从初九演绎到六三，已呈现喜悦之极，有可能乐极生悲，所以才需要节制自己。其次，六三位处节卦之时中，理当恪守节制之道，不可得意忘形。再次，六三也是下卦兑象"毁折"的主爻，喜欢整事，也不懂节制自己，约束言行。最后，兑又有口舌之象，口舌出言语，节卦六三在爻变之后，而为需卦，其下卦为经卦乾。九三处"多凶"之位，爻辞曰："君子终日乾乾"，《象》辞解曰："虽危无咎"，至多只是"嗟若"罢了。

需卦九三的爻辞曰："需于泥，致寇致。"其《象传》曰："需于泥，灾在外也。自我致寇，敬慎不败也。"灾害起于外卦，对于九三而言，已经祸在眼前。阳居三位，当得其正，乾乾惕若，敬而又慎，所以能够不败于寇，占不得凶。节卦六三《象传》曰："不节之嗟，又谁咎也。"程颐解曰："节则可以免过，而不能自节，以致可嗟，将谁咎乎？"不节的原因在于六三自己，发展到可悲可叹的地步，又怨得了谁呢。因为咎由自取，跟别人没有半点关系，所以就得自己承担起责任来，自己醒悟，自己悔恨，然后再近些自己改正。责任主体完全在自己一边。别怪罪到别人头上。《周易全解》说："虽不节，却知其不节而自悔，又谁而咎之！"错误是自己犯的，知错悔改了就好。允许人犯错误，也要允许人改正错误，是君子就不必再苛责下去了。

**黄忠天：**自王弼以来，解此爻者，或受六三《小象》"不节之嗟，又谁咎也"的误导，遂解为"无所归咎"。明何楷《古周易订诂》则于此亦不以为然，谓"诸卦爻辞言无咎者，九十有九，多补过之辞，解（卦）三爻又谁咎，语与此同，然爻辞未尝有无咎字"。何楷认为，在诠释爻辞"无咎"二字时，不应受《小象》的影响。可见，王弼以降，受爻辞的影响，将"无咎"解为"无所怨咎"，的确是有待商榷的。余老师讲得深，我只是就"无咎"有意见。三爻居下卦之上，在《易经》中，往往象征转折点。泰卦九三"无平不陂，无往不复"。大畜以初九（利已）、九二（舆说輹）的蓄止，到九三则已然不蓄（良马逐），节卦六三亦然。由初九、九二的节止之象（不出门户），至六三则转向不节，颇合于俗话所说"事不过三"。临卦六三失临之道，然"既忧之"则可"无咎"；节卦六三失节之道，然苟能"嗟若"，亦可"无咎"，《系辞传》云"无咎者，善补过也"，诚然。

## 【讨论内容】

### 【自我节制】

温海明：追求外物而放弃人之常情，不知节制，就会越来越危险。

黄忠天：王弼于"无咎"解为"无所怨咎"，程颐、朱熹皆从之。惟张载反对其说，谓王弼于此无咎，别立一例，认为宜依旧例，解为"但能嗟其不节，有补过之心，则亦无咎"（《横渠易说》）。

温海明：善补过还是有救。

王力飞：无咎，是因为"则嗟若"的原因，有个自我调适。

温海明：自我调整，知道节制，不背离人之常情，可以避免潜在危险。

**【不悔趋祸】**

温海明： 三爻之位，对于潜在的危险要非常小心。

余治平： 是的。六三自悔就是小心的表现。所以，高亨也说："追悔是改过的动力，能改过，有谁责罚之哉，故将无咎也。"对知错、将欲改过的人责备太甚，极容易催生逆反心理，折回头去捍卫自己最初的行为选择，并且为之极力辩护，因而把罪犯推上绝路，导致他们一条路走到黑，破罐子破摔。

温海明： 自己背离人之常情不知节制，如果能够意识到危险已经如影随形，主动节制还来得及。

余治平： 自悔，就有反省了。调整一下心态还是有救的。

温海明： 对于担心不知节制的六三的劝说，其实是一门高深莫测的学问。

余治平： 来知德对六三《象传》却又别解，或可予以参考。他提醒说："此与解卦小异，详见解卦。"

温海明： 可是六三如果越走越远怎么办？六三自以为在追求自我实现怎么办？

姚利民： 上临互坎，不忘初心，无咎也。

王昌乐： 人之节也是"发乎情止乎礼"的体现。

余治平： 上坎压住它呢，大可放心。《周易》之解卦，坎下震上，水上有雷。其六三爻辞曰："负且乘，致寇至，贞吝。"这里，"负"指小人之事，"舆"则指君子之器。从爻象上分析，六三乘九二而负九四。而九四爻，不中不正，乃小人；九二位得中，是君子。

温海明： 六三也要自己能够看到危险即将来临啊，别人告诉他往往是徒劳的。

余治平： 解卦六三《象传》曰："负且乘，亦可丑也。自我致戎，又谁咎也。"按照来知德的解释，"谁咎"，是"我之咎"，而"非人之咎"。

**【不明天道，人情皆苦】**

余治平： 同人卦《象传》也有："又谁咎也"，是讲"人谁有咎我者也"，亦即，没有谁能够追究于我。

温海明： 六三本身被巨大的危险压得喘不过气来，反思能力基本丧失殆尽了吗？

余治平： 六三位居兑上，还是相对活泼的。而这里的节卦则是"又谁咎也"，说的是"无所归咎于人"，亦即怨不了别人。这是"又谁咎也"在解卦语境里，与在节卦中的一点不同。

温海明： 六三自己即将跳入大火坑，别人劝还往往没有用，甚至可能逆反，偏跳给你看。

余治平： 其实，来知德说到最后，却又混同了起来。"无所归咎于人"的责任主体是自己，而"无所归咎"于六三，其所指却已经是别人了。

王昌乐： 现实有这样的例子，撞了南墙也不回头。

温海明： 六三活泼聪明言语灵巧，所以面对巨大的危险还自以为是，不知节制，自己想跳火坑，不听劝阻硬要跳进去还能怪谁？危险降临时六三悔哭有多大用？

黄忠天：　自然是无用。但嗟若而非泣血，嗟若就有救，光泣血是没用。

温海明：　不顺天道，面临危险不知节制，不听劝阻没有自我意识，就越来越没救。

黄忠天：　《易》为君子谋！看《易经》的还是有救，不看的还是无救。

刘久红：　生于忧患，死于安乐。

黄忠天：　再好的道理没有理会，也是枉然，《庄子·天地》："大惑者终身不解。"

温海明：　自己没有理会，怎么劝说都是徒劳。

黄忠天：　儒家分人四等，惟上智与下愚不移！

余治平：　六三的确也是转折点，前面二爻不出户、门，后面三爻就安节、甘节、苦节了。三、六封顶，皆有峰回路转的转折之象。

温海明：　六三已经在节制与不节制的十字路口，只有六三自己反身自省才有救。

黄忠天：　节卦愈到后面愈精彩，有六三的反省，才有后面的安节、甘节、苦节。

余治平：　大家不妨对对号，看自己目前的生活在哪个"节"上？不节、安节、甘节、苦节乎？

温海明：　六三在十字路口最迷茫，最彷徨，最需要自我反思。

余治平：　甘节极美。

黄忠天：　节之义大矣哉！苦节中有境界。

温海明：　人间的节制就是顺从天道的节奏啊，背离人情，不知节制，就是面临危险而没有自我意识，对天道的节奏没有参悟之感。

王力飞：　节卦是很有意思的一卦，对人性的刻画非常到位。

黄忠天：　自己给自己背的"苦节"，有时虽苦，但往往不以为苦，最后，反倒甘甜了！但自己给别人背的"苦节"，那才是"苦"，却是不人道的。所以，节的"中"很重要，合于节度，当作一种全民规范与节制，自然适用全体。但苦节就最多就只能留给自己了。

（整理者：李芙馥　中国人民大学哲学院博士生）

# 安分守节 畅达无碍

## ——节卦六四明解

时间：2016年12月09日21：30 — 22：53

**【明解文本】**

**六四：安节，亨。**

**《象》曰："安节"之亨，承上道也。**

**【讲课内容】**

**余治平**：六四的爻辞只有三个字："安节，亨。"

关于"安"，甲骨文、金文、篆文皆从女坐在宀（即房屋）下之状，表示"静如处女"之意。故《说文·宀部》曰："安，静也，从女在宀下。"屋里有女则为安，否则，日子就不好过了。屋里有猪就是家，屋里有女人，就安。"安"的引申义则为心甘情愿，自得自足，适宜于，习惯于，等等。《孟子·离娄下》曰："君子深造之以道，欲其自得之也；自得之，则居之安。"于是，"安"就是一种心安理得、心甘情愿、心平气和、志得意满的精神状态。安，与人们的观念、态度、思想认识密切相关。

高亨解曰："节，俭也"，俭则为减省而不繁、克扣而不大方、薄约而不丰厚、贫乏而不富有、朴素而不奢华等。"安节"，就是安于节，亦即，甘于减省，十分情愿过清贫的日子，在贫乏而不富有的生活中并不觉得难受。

"亨"，高亨一如既往地将之解释为"享"，即指"祭"，并且还说："筮遇此爻，可举行享祭。"可惜，于爻位、爻象、爻德并无根据，故不从。

节卦之爻气运行到四位，为什么能够"安"？究竟是什么因素催促其能够"安"下来的呢？程颐解曰：（六四）"以阴居阴，安于正也。当位为有节之象，下应于初。四，坎体，水也。水上溢，为无节；就下，有节也。如四之义，非强节之，安于节者也，故能致亨。节以安为善，强守而不安，则不能常，岂能亨也？"这里，六四爻以阴居处于四位，也属阴，"以阴居阴"，同性相近，同性相乐，所以才可以在正位上心安自得地节制欲望。当位，说明恰逢其时，到位不越位，得位不虚位，因而也是一种有节的表现。六四上承于九五，下应于初九。而六四在节卦的卦体结构中，居上卦，但却处上卦之始。坎体，在《八卦广象》中则为水。水往上溢，是无节的表现；而向下流淌，则属于有节的行为。水往下流，自然而然，但如果非得要越过势能，往上翻腾，则显然是一种欲望太甚的逆天行为。

而从卦变、爻变的角度予以分析就可以发现，六四虽身处坎之始位，但却是上互卦艮的中爻，并且，直接上承节卦九五爻，而节卦九五爻既是节卦的卦主，同时又是上互卦艮的主爻，实力倍增，坚挺雄厚，不可撼动。在《八卦广象》中，艮则为山。六四上承九五之君，而且关系还很直接，不需要中介牵线搭桥，不需要转弯抹角，所以它上面是有靠山的。有靠山了，心里就当然踏实了，所以便可以安安静静、不急不躁地节制下去。有实力强大的人在后面撑腰，节制得即便损失太大，也不愁补偿不回来。

在程颐看来，"安节"不是"强节"，二者有着本质的不同。节制自己以心甘情愿为最好，人唯有经由"安节"，才能致亨达顺。勉强自己节制，偶尔装出一副能够约束住自己的样子，或者，借助于外在强制手段而使内心欲望有所收敛，这些做法都不可能长久，更不可能顺利达到节制自己的目的。所以，《周易全解》亦曰："所谓安节，不是勉勉强强以为节，是循乎成法，制节谨度以为节。"来知德解曰："安者，顺也，上承君之节，顺而奉行之也。"六四爻位，可以顺承九五之君之旨意，心甘情愿地遵照执行。

"九五为节之主，当位以节，中正以通，乃节之极美者。"九五是中正之君，也是节卦的主爻，具有统领天下各方之威权与能力；以阳之身、刚之德而居处于上卦坎之中位，又是上坎的主爻，亲比于六四、上六两个阴爻，可谓和和美美，其乐融融。节卦九五是整个《周易》三百八十四爻之中，非常难得的"极美之爻"，值得赞颂和表彰。"四最近君，先受其节。不节之节以修身、用财言者，举其大者而言耳。若臣安君之节，则非止二者。"显然，结合六爻的卦体结构，君在上，臣在下，至六四则最靠近于九五。六四整天在君王手下干事，伴君如伴虎，如果在思想上不懂得首先节制自己，在行为上又不能够有效约束自己，那就等于在玩命啊。

程颐解曰："四顺承九五刚中之道，是以中正为节也。"节之道，唯在"中正"。因为有中正，所以就能够持平，因而就可以避免产生偏激、烦躁、没耐心之类的坏心情。六四之于九五，有顺承才能心气平和。六四柔顺居正，"有水流平地安澜之象，故不但有节，且为安节。"

来知德说："盖节者，中其节之义。在学为不陵节之节，在礼为节文之节，在财为撙节之节，在信为符节之节，在臣为名节之节，在君师为节制之节。故不止于修身、用财。"节制有道，当以中正不偏为要，这是节的首要含义，它可以渗透并体现在各行各业的不同人群身上。

"中其节之义"落实于制礼作乐及其推行过程中，则可以删繁就简；落实于财物的使用方面，则可以减省俭约；落实于人与人之间诚信关系上，则可以赢得符节一般忠心与可靠；

而落实于臣下侍奉君上的政治实践中，则可以让臣下更具有清廉的名节；落实于君师太傅的身上，则一定会更加有效地节制自己，约束自己。节卦的价值和意义于此大显。

### 安节

**余治平**：那么，安节，凭什么能够收获"亨"的结果呢？来知德回答说："六四柔顺得正，上承九五，乃顺其君而未行其节者也。故其象为'安'，其占为'亨'。"这里显然是基于六四爻象、爻德、爻位的原因分析。

六四是阴爻，其性温顺、柔弱，居处上卦之始，阴爻得四位，下应初九之阳，上承九五之君，以阴奉阳，以柔顺刚，因为还没有真正实现或完成对自己私欲膨胀的有效把控，亦即还处在施行过程之中，六四虽然靠近九五，但自身毕竟还不是九五，节卦唯九五中正，所以，六四才需要保持并安于节制状态，真心诚意地接受一切规章制度、纪律条例的约束。

而六四的爻变则为《周易》之兑卦。兑为泽卦，有相互润泽、相互给予喜悦、刚柔相济之象。其卦辞曰："兑，亨，利贞。"其《象》曰："兑，说也。刚中而柔外，说以利贞，是以顺乎天而应乎人。"

在《孟氏逸象》中，兑则为朋，为友，得人之象也。来知德解曰：兑卦"阳刚居中，中心诚实之象。柔爻在外，接物和柔之象。外虽柔说，中实刚介，是之谓说而贞，故'利贞'。"

兑卦九四爻辞有曰："商兑来宁，介疾有喜。"其《象传》曰："九四之喜，有庆也。"所以说，兑卦就是一个喜卦，福庆之征兆，已经显然。

### 承上道也

**余治平**：六四《象传》曰："安节之亨，承上道也。"正如《周易全解》所说，"六四能安节，能致亨的原因不是一个，最为重要的是它上承九五刚中之道以为节。"

六四安节、致亨既因为爻象，也因为爻德，也因为爻位，因而是各种因素综合作用的结果。但在《象》看来，能够发挥决定性影响的还是直接上承了九五。来知德说："承上道，即遵王之道。"

没有九五的亲比、感通，没有君上援之以手，或者，跟九五的关系不铁，交往不直接，六四的爻象、爻德、爻位、爻气……即便再好，也不可能获得一个"亨"的良好结局。

**黄忠天**：《周易》卦爻辞中出现"安"字，仅有三处。一处在坤卦卦辞"安贞吉"，一处在讼卦九四"不克讼，复即命渝，安贞吉"，一处即在节卦六四"安节"，此三处均与臣道有关。

《易经》中的"安"字，均有安顺之意。来知德云"安者，顺也。上承君之节，顺而奉行之也"，《程氏易传》"节以安为善，强守而不安，则不能常"。水，上溢为无节，就下为有节。六四，坎体最下，象为泽底之水，不泛不溢，安于接受节制，故曰"安节"。亦非强安，故能亨。

节卦除了"中正以通"的"中道"外，"当位以节"的"当位"也是很重要的，六爻基本上当位则吉，不当位则凶（上六例外，宜另案讨论），本卦二、三两爻不当位，宜其有凶，惟六三最后能以"伤嗟自悔"而免于凶咎。六四以阴居阴，为当位有节之象，故能致亨。六三居下之上，得位者也。四居近君之位，亦为有位之人。得位、有位之人而能"安节"，尤为难能可贵。

"承上道"，即《尚书·洪范》"无有作好，遵王之道"之意。"上道"者何？自然是九五的"中正之道"。"承上道"点出了上行下效，如果九五未能以节为甘，则六四未必能安节。可见在上位者的重要性，所谓"兵随将转"。

**余治平：**按照来知德的理解，"承上道"就是"遵王道"，这是臣下应尽的职责，不得含糊。法家的君臣一伦严格要求臣下绝对服从于君上，这样才能保证和提高耕战效率和行政威权，但儒家却始终不乏"从道不从君"的呼声和呐喊，君权与道义之间于儒、法两家轻重有所不同，甚至有着重要区别，不可不鉴。

## 【讨论内容】

**余治平：** 六四爻的核心是心安于节。

**元　融：** 六四与初九有应，上承九五，故有"安节"之语！上坎下兑，阴阳交流，故亨。

**余治平：** 节卦阴爻，六三、上六都不行，只有六四行。关键是上面有人。

**元　融：** 下有初九相应，上有九五提携，上下能量互通，才有安。兑下坎上，三阴三阳，六三不节，则嗟；六四的智慧明显高出六三一筹。不经历挫折，怎么能总结出节卦的智慧。没有羑里的囚禁，自然没有《周易》的璀璨。

**刘久红：** "安节"，是心守住，自节自用，不外求。

**余治平：** 节制有道，当以中正不偏为要，这是节的第一义，特别重要。节卦，归根到底是一句话：严格要求自己。

（整理者：秦凯丽　中国人民大学哲学院硕士生）

# 节而能中 当位以通
## ——节卦九五明解

时间：2016年12月10日21：30 — 22：38

## 【明解文本】

九五：甘节，吉，往有尚。

《象》曰："甘节"之吉，居位中也。

## 【讲课内容】

**余治平**：甘，甜味。《诗经·邶风·谷风》曰："谁谓荼苦，其甘如荠。"甘，也常被引申指美味、美好。《春秋左传·昭公十一年》："今币重而言甘，诱我也。"甘，还可以指情愿、乐意。《诗经·齐风·鸡鸣》："虫飞薨薨，甘与子同梦。"

九五之甘，来知德解曰："甘者，乐易而无艰苦之谓。"九五语境里的甘，显然是在描述那种对节制自己、约束自己已经达到一种很感兴趣、有快乐、很轻松的境界，而并没有任何凄苦、艰难的感觉。以节为乐，不节不乐；节以生活，生活为节，这应该成为节卦最高的追求和理想。

至于甘的卦象来源与爻象根据，按照来知德的爻变分析，"坎变坤，坤为土，其数五，其味甘，甘之象也。"

九五爻变之后而成《周易》临卦。临卦的卦体结构为内兑外坤，泽上有地，其卦象有居高临下、以尊临卑、监察、统治之义。"临处在十二消息卦，有'阳长阴消'的'往上发展'的趋势"。临卦的上卦为坤，在《八卦广象》中，坤则为土。而土，主信，其性重，其质厚，于数则为配五，于五味则配甘。

来知德说："凡味之甘者，人皆嗜之。下卦乃悦体，又兑为口舌，甘之象也。"人皆喜欢甘甜美味，嗜之如命。节卦的下卦为兑，兑在《八卦广象》中则为泽、为口舌。泽有甘泽、恩泽之义，口舌则有味觉之福。兑既然位于节卦之内，则寓意可能甘节，不以节苦，毋宁以节为甘，或甘于节制，或乐于自守、自敛、自控。

节卦各爻都在讲节，但爻气运行到九五则自有不同。九五之节具有它自身的特殊性。

来知德说："诸爻之节，节其在我者，九五之节，以节节人者也。"初、二、三、四、上这五爻是在讲如何自我限制，自我约束，对己不对人。而作为统领各爻的主爻，九五的任务和使命则主要是限制别人，约束天下臣民，使之不过度、不奢靡、不越礼。初、二、三、四、上这五爻的节制主体与节制对象是重合的，都是自己本人。而九五爻的节制主体与节制对象却是分离的。在九五这里，节制的实施主体是自己，而把别人当成了实施节制的对象。因为爻位的局限性，决定了初、二、三、四、上这五爻不可能拥有九五之尊的威权，它们能做的就是节制好自己，毋使私欲膨胀。而只有九五爻才可以掌握权柄，立法警示，令行禁止，而形成天下共节的有利局面。这样就可以理解程颐所说"在己则安，行天下则说从"一句话的真实含义了。其实，九五是阳爻，其性刚健，又得正位，显然是有节制天下的号召力和动员力的。

所以，作为君上，当为不为，尸位素餐，或有为乱为，罔顾法度，乃至倒行逆施，肯定是不对的，一旦错失良机，就难免耽误国族前程，则注定是千古罪人。

## 吉

**余治平：**关于"吉"，来知德解曰："吉者，节之尽善尽美也。"节卦各爻自始至终都在讨论如何节制的问题，到了九五，因为位当、时中，方才能够"尽善尽美"，迎来了节制自己、约束自己的最佳状态。

注解六四的时候，来知德也说过，九五既能够"当位以节"，又能够"中正以通"，进而以"节之极美"之辞予以称颂，欣赏、褒扬之情溢于言表。九五之爻象、爻德的确也值得来知德这么极力称赞。

"九五为节之主，节之甘美者也。故占者，不惟'吉'，而且'往有尚'。"主爻终于没有辜负整个节卦的期待和委托，劝导"苦节""不节"，引领"安节"，走进"甘节"，反对奢靡，抵制浪费，立法制度，倡导一种清廉俭约、量入为出、日用适当的生活方式，为本人、为天下人成就出节制私欲、约束言行的一番伟大功业，其结果不单吉庆有利，而且还会赢得万众尊重，流芳百世。所以，程颐才会说，九五"以此而行，其功大矣"。

### 往有尚

**余治平：**至于"往有尚"一句，为什么非得"往"而不是其他呢？往，去也。其象来自于九五的爻变。来知德从爻变角度予以分析曰："临卦六三，居悦体之极，则求悦乎人，故'无攸利'。"这里，"攸"，原本是水流的样子，《说文·攴部》："攸，行水也。"引申指疾走貌，《孟子·万章上》："攸然而逝。"

临卦之六三爻，居处下兑之顶，但其上还有坤地乘着、压抑着，此时此刻，它只有坦然面对，接受现实。其爻辞曰："甘临，无攸利。既忧之，无咎。"心甘情愿地面对将要来临的一切变化，并且从中寻找乐趣。因为位置不对，硬着头皮跟上司来往，也不会得到什么好处。目前能做的事情就是知危而忧，多用心谋划一下未来，不宜莽动，则可免于灾难。但到了节卦九五爻，情势则为之大变，来知德说："节之九五居悦体之上，则人悦乎我，故'往有尚'。"

九五登临君位，下乘兑卦，爻气大变，众爻皆想取悦于我，这个时候如果能够主动与他们交往，则一定能够赢得更多的尊重和爱戴。所以，这里的"尚"，就可以埋解为崇尚、尊重。一如程颐所说"嘉尚"。来知德还说："'往有尚'者，通也。数、度、德、行皆有制，议而通之天下矣。正所谓当位以节，中正以通也。"

九五为什么能够"通"呢？九五是节卦外卦坎的主爻，一阳统领二阴，下乘六三之阴，乘兑卦之悦，以其阳刚之德而可以与诸阴爻感应、通合，又因为其已得君上之位，所以主动出击，率先示爱，则无往而不利。位尊九五，国主之象，号令所出，宰制万民，所以才能够制定和颁布臣子民众日常生活数、度、德、行的标准和规范，天下奉行不殆，因而可以呈现一派昌明和谐的治理景象。

**黄忠天：** 一方面可能也有在其位则谋其政，有不可不往者。

**余治平：** "议"字，根据于下卦兑，在《八卦广象》为口舌之象，口舌出言语。可见，九五之君也善言语，口才应该是不差的。来知德指出，九五"往有尚"还可以归因于它敢于创新，有法后王的精神，能够"立法于今"，规范百姓日用生活的数、度、德、行，不仅使当下民众有纲常可依，而且也可以"垂范于后"，泽及子孙遗嗣，为百代所取法。

**黄忠天：** 有其德有其位者。

### 居位中也

**余治平：** 九五的《象传》曰："甘节之吉，居位中也。"九五因为居中而得位，因为得位而甘节，乐于守节，乐于克制自己。其实，九五"甘节"的原因不止得位这一点，还有"正"，以阳、刚之身亲临九五尊位，有资本，有实力，不心虚，不胆怯，这就是得正。得位并且得正，才能够做到"甘节"，才能够有效保证对自己私欲的节制和把控。

《象传》中为什么明显漏掉了来自"得正"方面的原因和规矩呢？来知德解曰："中可以兼正，故止言中。"原来，在"中"的概念意旨里已经涵摄了"正"的思想成分。中可以包括正，正在中之内，而不在中之外。时中有正，正表时中，时空交融，合二而一。中可以包括正，但反过来则不行，程颐说："节以中为贵，得中则正矣"，得中就可以得正，但得正确未必得中，因为"正，不能尽中也"。

**黄忠天：** 中则必正，正不必中。此伊川名言。

**余治平：** 时可融空，空不摄时。九五爻的核心就是以节为甘，甘于节制，而不是以节为苦，才能获得吉利。

## 【讨论内容】
### 【"甘节"】

黄忠天： 我们也可以单就九五立场谈"甘节"，九五居尊位，势可为恶而不为，势可不受节制而甘受节制，并以此为美，这是何等的难得！

张弛弘弢：此语可解二、五两刚相敌"失时"之"凶"了。

黄忠天： 九五虽居尊位，从爻位上来看，似指对领导者而言，但《易经》非为特定之人设教，而是适用于每一个人。在人的一生中，总有他最得意的时位，处斯时斯位，是否能恪遵人的本份，甘受社会的规范，节制自己的私欲，行在公义的道路？倘能如此，亦可称为能"甘节"了。

余治平： 程颐开始这么说的，"节自己"加上"节天下国家"。

谢金良： 中与正有别。

余治平： 在九五这里，这么理解也通。

张弛弘弢：九五之甘，皆因得正履中。

### 【"居中"】

谢金良： 程颐、李光地等人的说法，都是认为居中之爻，其吉一般胜过居正之爻，但不是包括。

黄忠天： 每一时代都有其所谓的正，但此正未必在所有的时代都行得通，惟中字例外，中者宜也。

余治平： 六四正而不中。

谢金良： 既以变言《易》，何中何正都不重要了。

刘久红： 中正，守中。

余治平： 但中、正终归还有一个相对规定的，否则就容易说滑边了。

谢金良： 按义例，中指二、五爻。正指当位之爻。言中包括正，难免歧义吧？

黄忠天： 程子的中，未必尽指二五。可以把"中"字解为中道、合宜，如"君子而时中之中"。

余治平： 程颐说："节以中为贵，得中则正矣"，得中就可以得正，但得正确未必得中，因为"正，不能尽中也"。这句话只针对九五有效。

温海明： 《彖传》："刚柔分而刚得中。"当从卦变来理解。

### 【"往"】

元　融： 往字，不好解释，需要梳理，坎中一阳从何出来？

黄忠天： 六四得爻位之正，而非爻位之中，所以不从"中"字说，但在此能正，自是亦合于中道了。

余治平： 往，来自九五爻变，临卦有解释。

元　融：爻变，如何理解为好？

余治平：爻变，还是很重要的。尽管有不少周易学者极力否定爻变，但无论如何，卜筮过程中，通过爻变，我们看到了许多原先看不到的内容。起卦亦然。不知爻变，无以分析命理。譬如，你起一卦，如果不懂爻变，就只能略知事之一二。但如果精通爻变，则会看到许多。

黄忠天：吉凶见乎爻。

温海明：都有理，看哪个解释力强。

元　融：往和来，如何在变化中体现？

余治平：来知德注里能找到启发，从爻变临卦六三得知其原委。此外，义理才需要解释，但玩象数则能够看到许多新东西。

（整理者：孙世柳　中国人民大学哲学院硕士生）


# 有节有度　过犹不及
## ——节卦上六明解

时间：2016年12月11日21：30—22：27


【明解文本】

上六：苦节，贞凶，悔亡。

《象》曰："苦节，贞凶"，其道穷也。


【讲解内容】

余治平：高亨解释说："人节俭为苦，则必奢侈而陷于穷困，甚至为奸恶以满其欲，故所占之事凶。"至于"悔亡"二字，高亨以为的"衍文"，因为与"贞凶"的意思相矛盾，而且"《象传》作者所据经本似无'悔亡'二字"。

　　苦节

余治平：关于"苦节"的来源，来知德解曰："'苦节'，虽本文王卦辞，然坎错离上，正居炎上之地。炎上作苦，亦有苦象。"节卦上坎的错卦则为离，在《八卦广象》《梅花易数·八卦万物类占》中，离为火。"火曰炎上"，而炎上则五味配苦，火之象。

上六处于卦之巅顶，极亢之位。从爻象、爻位上分析便可以看出，上六以阴爻居处六之阴位，自觉其正，以为很"当"，却无意中乘了九五之尊，以阴柔凌刚强，所以其结局不能不"凶"。

节卦上六爻变为中孚卦，《周易》之第六十一卦。中孚的卦体，兑内巽外，风行泽上，寓意风在每年相同的时间从泽上吹来，所以被称为"信风"。中孚爻辞曰："利涉大川，利贞"，指利于跋涉山水险阻，利于恪守正道。其上九，居处天位之上，已呈风中飘摇之象。其爻辞曰："翰音登于天，贞凶。"翰音为鸡，鸡飞上天，怎么会没有危险呢！《象传》亦曰："何可长也。"而究其本心，上九可谓笃信不疑，却不知是自己迷信太过，中毒太深。

节卦上六之"苦节"，也因对节制之道无比服膺，深信不疑，矢志不移，而几乎陷入一种走火入魔、扭曲人性的变态情形。而从义理上分析便可发现，上六其实就是克制自己、约束自己做得已经过了头，没有把握和控制好节的尺度，把自己弄得穷途末路，结局很凶险。然而，它不为自己所面临的凶险而感到后悔，依然厉行节制，几乎已经到了克扣自己、亏待自己的地步。现实生活中的守财奴，往往都非常节俭，节俭到连正常的消费活动都被一律取消了，柴米油盐都自己动手，拒绝商品交换，只要能够守住自家的财，即便饿死冻死，也无怨无悔。

### 贞凶

**余治平**：来知德解曰："'贞凶'者，虽无越理、犯分之失，而终非天理、人情之安也。盖以事言，无甘节之吉，故"贞凶"。以理言，无不节之嗟，故'悔亡'。《易》以祸福配道义，而道义重于祸福，故大过上六'过涉灭顶无咎'。而此曰'悔亡'，见理之得失重于事之吉凶也。"

作为节卦爻气运行到巅峰的时期和阶段，上六虽然能够非常有效地节制住自己的欲望，约束住自己的言行，但错误只在于太过执着了，太玩命了，以至于走向寡欲、绝欲的一端。一味地杜绝欲望、拒斥欲望，而不是适度开放欲望、有频率地调节欲望、合情合理地引导欲望，进而把自我内在的欲望转化成为德业精进的动力，其结果必然是凶险的。

上六对自己的节制，很合法理，也恪守了本分，可以说是中规中矩，遵照律令，没有任何逾越、违犯之处，几乎是没有任何毛病的节制，也好像是一种很值得大力弘扬和推广的自我节制。然而，在来知德看来，这样的节制却要不得，因为它与天道有所不符，与人情有所不融。人活世上，吃喝拉撒睡，这种最基本的生存欲望就必须获得满足，否则，人就失去了生存基础，没法活了。

人欲的适当满足是一种人情，让人活着，维持住一个最基本的生理体征，这是人性自然，也是天道必然。不符合天理的节制，没有人情味的节制，都不是节卦想要的节制，都不可能达到《周易》节制自己、约束自己的目的。

### 悔亡

**余治平：**接下来的问题是，既然"贞"的结果都已经是"凶"了，那么，"悔"最终又怎么会"亡"呢？

上六因为对自己的节制做过了头，所以从事情本身的角度看，没有像九五爻那样能够以节制自己、约束自己为乐趣，反倒把节制自己、约束自己当成一件很苦的差事，那就必然导致一种凶险的结局了。但是，从纯粹道理的角度看，上六也没有六三爻那样"当节不节"的伤嗟，最终也就没有什么遗憾和悔恨的了。来知德解曰："上六居节之极，盖节之苦者也。故有卦辞'苦节'之象。节既苦矣，故虽正不免于凶。然礼奢，宁俭，而悔终得亡也。"

上六不知错在哪里，所以也就不会懊恼不已。对于一个既没有反思能力、也没有懊恼情绪的人来说，他（她）会后悔吗，又有什么值得他（她）后悔的呢！

在来知德看来，《周易》一书的撰作及其文本诠释所始终遵守的一个重要原则就是，"以祸福配道义"，并且，"道义重于祸福"。感性的祸福必须跟抽象的道义相结合，形而下者必须借助于形而上者才能够获得升华，所有现实的利害关系只有放置到天道的大秤上才能计算出它们的真正分量。这个世界上，从来就没有什么绝对的祸福、利害与得失，只有把仁道礼义赋予、注入到它们的身上之后，它们便才有所谓的价值。

**刘久红：**节，当有礼有节有度的节，过犹不及。毕竟生活不只是活着，否则岂不了无趣味？

**余治平：**《周易》大过卦，上兑下巽，风上有泽。其上六爻辞曰："过涉灭顶无咎"，徒步过河，水漫头顶，非常凶险，但却没有什么可指责和批评的。

因为大过卦中爻强盛有力，连续四阳，坚挺刚健，上六根本无法匹敌，情势使然，无可奈何，完全不是上六个体人为因素造成的。而节卦上六最终的结局是"悔亡"则因为自己"苦节"，杜绝欲望，亏待自己，还没有半点怨悔，完全是自己个人的原因。可见，"理之得失"无疑要远远重于"事之吉凶"。

### 苦于节必入穷途

**余治平：**上六爻的《象》曰："苦节，贞凶，其道穷也。"关于"道穷"，《象》辞里之前已经有过交代，其义大致为，苦节，无论是苦苦地节制自己、苦苦地约束自己，还是以节为苦、不把限制自己当乐趣，作为其必然结果，都只能是穷途末路。程颐曰："节既苦，而贞固守之，则凶。盖节之道，至于穷尽矣。"苦节已经把节制之道推行到了尽头，按照这样的节制方法，人们肯定不能再节制下去了，那就只能回过头去继续放纵自己，肆意妄为，暴殄天物，直至把自然生态都破坏光，毁灭整个地球。而这岂不是《周易》节卦的失败和我们人类的悲哀吗！

高亨说："悔亡，是衍文。"似乎也有道理。《周易》一书中，吝与悔常相对应。悔，属阳、属刚、属动；而吝则属阴、属柔、属静。吝、悔性质不同，完全相反、相冲。《周易全解》曾总结说"刚过为悔，柔过为吝"。这样，如果从吝、悔书例的情况看，节上六属阴，属柔，也属静，似不应有"悔"，故"悔亡"二字亦有可能是"衍文"。

**黄忠天：**高亨之说，可为一解，但不必然！

**余治平：**节贵乎中，不节之节与过度之节、节得不够与节得过头一样失败。任何过犹不及的失度之节都不值得倡导。这是上六的教训。《周易》所追求、所认可的一定是恰当的节，是节之适节。

## 【讨论内容】

黄忠天：　关于"贞凶悔亡"，《程氏易传》谓"固守则凶，悔则凶亡"。不过，来知德则云："贞凶者，虽无越理犯分之失，而终非天理人情之安也。盖以事言，无甘节之吉，故贞凶。以理言，无不节之嗟，故悔亡。"两人解释，有些不同。安节、甘节、苦节三者之中，虽然以甘节为尽善尽美矣。然若就节制的强度、持久度等等来说，要以苦节为最难能。苦节就个人言，或凶。就社会群体言，以其能有节度，或无害于众，可以无悔矣！《象》曰："'苦节，贞凶'，其道穷也。"本卦只有六三不节，尚可因嗟叹而无咎，何况上六之苦节，如何得其凶？

　　　　　　向来经典中强调敦品励行，都着重于要求自己，而非要求他人，如《大学》"克明峻德，皆自明也"、晋卦《大象》"君子以自昭明德"，对于节卦上三爻在上位者皆以安节、甘节自勉。因此，我个人体悟苦节，亦应指的是个人，而且，上六已在卦外，是自苦，而非虐苦他人者。没有人喜欢选择苦节的方式来过活，不是每一个人都能"当位以节，中正以通"。苦节不得节道之正，自然是贞凶。但当苦节降临身上，无可逃避时，要么选择坦然以对，忍辱负重，茹苦含辛。要么便结束生命，解脱痛苦的负担。

　　　　　　节卦的甘、苦，表面看来，两者相反。但甘苦有时为一事之两面。其中固有不足为外人道者，旁人视之为"苦"，就当事人而言，却可能甘之如饴了。因此，苦节与甘节，有时只在一念之间。爱新觉罗·毓鋆的守节，合于天理人情，只是苦了自己，但既"无悔"，也为自己赢得了"无愧"二字。耶稣受难十字架上，虽苦于身心摧残而不合节道之正，但无怨无悔，因为其中有神的"爱"。父母为子女牺牲奉献，虽苦其一生亦不合于节道之正，但无怨无悔，因为其中有父母的"爱"。醉后方知酒浓，"爱"后方知情深，始信苦中原来包含着甘甜。

　　杨万里云："夫卦象之辞，圣人不以苦节绳天下也。上六之辞，君子以苦节绳一身也。以苦节绳天下不可，以苦节绳一身又不可，是退夷齐而进伯有、石崇也，岂惟易赘也，节之卦可废矣！"

刘久红：　如人饮水冷暖自知，自我节制甘苦心愿。

元　融：　爻，身居坎中，安节，甘节，苦节，有时也是人生难以回避的选择，卧薪尝胆，也是苦节。悔亡，也是无奈选择。苦节，也是一种选择，当山穷水尽之时，明知贞凶，形势凶险，也要苦节中寻求变化。结局，悔亡，不是无悔，而言悔亡，心有不甘，也要忍了。

## 【"凶"】

余治平：　如果"节卦至上六苦节，更显境界"，那么，凶从何来？贞何以凶？根据在哪里？

黄忠天：　来知德说得好，凶对个人或可谓之，对全体则未必。

姚利民：　上六虽贞凶，但吉人自有天相，个人愚见。

元　融：　六爻，全卦之极，身居坎上，可言贞凶。

黄忠天：　凶是相对于吉言，上六时也、命也，其凶亦是命也。而且凶的定义，从每个人的立场角度都不同。时空改变，定义也不同，后之视今，未必如今之视古。

刘久红：　上六，时也、命也、运也！行到如此水穷处，可有峰回路转时？

元　融：　安，甘，苦，顺序递进，确实需要体悟。联系卦象，下兑上坎，阴阳对等，上下皆节之象。上六贞凶，也可以说明只节流不开源是有凶的，上六神通广大，还是要想办法的。

刘久红：　不设答案，自寻自己路，爻爻都是警示语，卦卦都是修德路。

元　融：　"苦节，贞凶"，物质世界，控制欲望也只是一种原则，迎难而上，奋勇争进，才是正选。

刘久红：　"穷则变，变则通，通则久。"

元　融：　上六，是对知节守节者的警示。初爻，不出门，躲避，无咎。二爻，有知识，有能量，再躲避，有凶，大学没毕业，适当啃老，没有咎害，大学毕业再啃老，就不合时宜了。互艮，为当止之象，不知节，安节，甘节。上六，靠节的一招打天下，是有凶的。

## 【总结】

余治平：　我最后再总结几句节卦的核心理念——节之中正。节卦的必要依托制度以节。按照节卦的要求，节制自己、约束自己的正确方法和路径是当节则节（初九）、安节（六四）、甘节（九五）。至于节之失时（九二）、当节不节（六三）、苦节（上六），则都是必须要努力避免的。

黄忠天：《易》全书一言以蔽之，不过追求一个"中"字。

余治平：中国历史上，儒家很早就提出了通过礼而节制日用的要求。《论语·学而》中，孔子要求为政者"节用而爱人"，包注："节用不奢侈，国以民为本，故爱养之。"这里，"节用"已经构成了"爱人"的前提，是君王推行民本政治的一个重要预设条件。

　　《论语·学而》中，有子说："礼之用，和为贵。先王之道，斯为美，小大由之。有所不行。知和而和，不以礼节之，亦不可行也。"礼主敬，分别不同人群，维护社会秩序。施行礼，重在和谐。过往先王在施行礼的过程中都能以和谐为最高的审美标准，把和镶嵌在礼中，使礼呈现出和的状态。所以在他们那里，事情无论大小巨细，都能够从礼而发，由和而出。仅仅停留在、或满足于对和的认识层面，缺乏必要的实际行动，甚至勉强制定一礼予以推行、或为了和谐而和谐，却不晓得、更做不到用必要的礼去规约自己的欲望，节制自己的行为，那就行不通了。钱穆注曰："节，限别义。如竹节，虽一气相通，而上下有别。父子夫妇，至为亲密，然双方亦必有别，有节限，始得相与成和。"

　　礼与节通，甚至节就是礼的别称。正是通过礼节，人才使自己变成社会的人，使自己成为有道德价值和伦理意义的人。面对人欲横流、私意泛滥，君子应该能够借助于礼限制自己、克服自己。

　　荀子是一位非常重视节用的儒学思想家，他的主张即便在今天仍具有一定的参考作用和借鉴意义。《荀子·天论》曰："强本而节用，则天不能贫。"治国当以农桑产业为本，加强之，稳固之，以使邦、民衣食无忧。与此同时，还应该限制财物使用，教导民众节俭生活，不奢靡，不浪费，这样，即使老天爷都无法让邦国和民众陷入贫穷的境地。《荀子·乐论》："饮酒之节，朝不废朝，莫不废夕。"饮酒适量，以早上不耽误上早朝、晚上不耽误休息为标准和原则。

　　这些有关于节制的思想资源，可以帮助我们更好地理解《周易》的节卦，从而帮助我们发现节制文化、知止文化在古代中国是具有极为深厚的精神基础的。节制自己，约束自己等于向善的生活方式；放纵欲望，任性而为等于趋利的生活方式。

（整理者：贡哲　中国人民大学哲学院硕士生）

（本卦校对：吴争先　中国人民大学哲学院硕士生）

时　　间：2016年12月12日 21：30 —— 22：52
导读老师：赵建功（华中科技大学哲学系副教授）
　　　　　寇方墀（独立学者，师从余敦康先生学易多年）
课程秘书：孙世柳（中国人民大学哲学院硕士生）

天道刚中　人道信诚
——中孚卦卦辞明解

## 61 中孚卦

**兑下巽上**

【明解文本】

中孚：豚鱼，吉。利涉大川，利贞。

《彖》曰："中孚"，柔在内而刚得中，说而巽，孚乃化邦也。"豚鱼，吉"，信及豚鱼也。"利涉大川"，乘木舟虚也。中孚以利贞，乃应乎天也。

《象》曰：泽上有风，中孚。君子以议狱缓死。

【讲课内容】

**赵建功：**我们接着节卦，来看中孚卦的卦辞、《彖传》及《大象传》。《序卦传》曰："节而信之，故受之以中孚。"崔憬曰："节以制度，不伤财，不害民，则人信之，故言节而信之，故受之以中孚也。"孔颖达曰："信发于中，谓之中孚。"

　　"孚"是《周易》中的一个重要观念，在卦爻辞中出现四十余次。"孚"，《说文》《尔雅·释诂》均训为"信"。《周易·观》"有孚颙若"，马融释曰："孚，信。"《说文》"信，诚也""诚，信也"。《杂卦传》曰："中孚，信也。"《彖传》亦以中孚卦为信。

　　中孚卦是《易经》中明确强调诚信的典型一卦。契约，化解诚信危机。要解决危机，还是要靠《易经》和中华传统文化啊！孔子曰："人而无信，不知其可也"，"自古皆有死，民无信不立。"中华民族文化的源头，诚信乃为人之本。

卦辞有许多解释。

孔颖达曰："信发于中，谓之'中孚'。鱼者，虫之幽隐。豚者，兽之微贱。人主内有诚信，则虽微隐之物，信皆及矣。莫不得所而获吉，故曰'豚鱼吉'也。"

丁易东《周易象义》曰："豚鱼，今之江豚是也。豚鱼知风，豚鱼之出，则泽上有风之兆也，所谓石燕飞而雨至、江豚出而风生也。江豚，东南之所常见，惟西北则多不之闻，故先儒或析豚鱼为二物，非也。江豚，泽将有风则出，无风则不出，最信者也，故中孚取象焉。"

有人说，内心诚信，以豚鱼之类的薄物祭神，也一样吉利。王引之曰："物之微者多矣，何独取豚鱼为象？豚鱼无知，可以爱物之仁及之，不可以化邦之信及之也。窃疑豚鱼者，士庶人之礼也。《士昏礼》：'特豚合升去蹄，鱼十有四。'……《楚语》：'士有豚犬之奠，庶人有鱼炙之荐。'《王制》：'庶人夏荐麦，秋荐黍。麦以鱼，黍以豚。'豚鱼乃礼之薄者，然苟有中信之德，则人感其诚而神降之福，故曰'豚鱼吉'。言虽豚鱼之荐亦吉也。'信及豚鱼'者，及，至也，至于豚鱼之薄而信亦章也。"

这是三个主要说法，大家认为哪个更好？好像都有道理。《系辞传》曰："唯变所适"，《易经》解释也是如此，没有一定的标准，关键是要契理契机，随机应变。

刘向《新序》："钟子期曰：'悲在心也，非在手也，非木非石也，悲于心而木石应之，以至诚故也。'"人君苟能至诚动于内，万民必应而感移，尧舜之诚，感于万国，动于天地，故荒外从风，凤麟翔舞，下及微物，咸得其所。《易》曰："中孚，豚鱼吉。"此之谓也。这可以为孔颖达之说添一佐证。

**寇方墀**：补充卦辞、彖传的译文与解读：

[译文]《彖传》说："中孚"，柔顺在内而阳刚居于中位。喜悦而逊顺，诚信可以感化邦国。"诚信感化了小猪小鱼必然吉祥"，是因为诚信惠及了小猪小鱼。"利于涉过大河"，是说就像乘着船腹虚空的大木舟可以渡过大河。内心诚信以利于守正，这样可以与天地相应。

[解读]心中诚信到了能感化小猪小鱼的程度，这样必然能获得吉祥，可以排除困难成就大事。当然，前提是守正才会有利。诚信的德行可以教化民众，内心慈柔谦虚，对外诚实守信，做事中道不失，刚直守正，于是上下和悦顺畅，不会出现争端和巧诈，这样笃实守信的品德和敦厚诚实的作风，甚至施及到了那些至为细小微贱的事物，因此必然会吉祥。拥有这样的品质，就如同乘着木舟航行在水泽之上，即便途中遇到险难也能安全渡过（中孚卦中，上体巽为木，下体泽为水，有船行水上之象；又中孚卦的整体卦象恰如一艘船腹虚空的大船，以此可以渡过大河）。这样诚信而守持正固的美德，应合于天道：真诚自然、中正而信、光明无私。

《大象传》的译文与解读：

[译文]《大象传》说：泽水上和风吹拂无所不至，有中心诚信之象；君子看到这样的卦象，于是在讨论刑狱时心怀忠诚恻隐之心而宽缓死刑。

[解读] 泽是安静的，泽水上面有风吹来，泽水为风所动，就如同人的心在虚静的时候会感受到外物细微的变化。君子从这个现象上体会到万物有其情，必当中心虚静以真诚守信对待万物，才符合天地万物之情。应用到社会政治中，对那些触犯了刑律的人，在判决前要进行充分的合议讨论，尽量把可疑的证据查实，不能轻率地予以定罪；对判决的死刑，当从缓执行，尽量找出可以使之不死的因素。这是君子在尽心尽力地尊重生命，诚意寻求缓于执刑的忠诚恻隐之心。

【讨论内容】

【"信"与"中"】

张吉华：　关键是何为信？

赵建功：　中孚，孚在中。孔颖达曰："信发于中，谓之中孚。"

张吉华：　是中于孚，还是孚在中？

赵建功：　是否是说"内心诚信"？

张吉华：　中国文化就讲一个"中"字，十六字心诀之核心。

刘久红：　心中有诚信，行动有约束。

赵建功：　两位所言甚是！所以中华传统文化乃是尚中的文化！无过无不及，中！

姚利民：　中字怎么感觉像小过卦，小过为大坎、为心，核心为中。

赵建功：　朱熹弟子请教："中孚，'孚'字与'信'字恐亦有别？"朱子答曰："伊川云：'存于中为孚，见于事为信。'说得极好。"因举字说："'孚'字从'爪'，从'子'，如鸟抱子之象。今之'乳'字一边从'孚'，盖中所抱者实有物也。中间实有物，所以人自信之。"

王昌乐：　中孚，信也。

王庆东：　鸟之孵卵皆如其期，不失信也。

刘久红：　竹板剖开，为节，是凭据。

姚利民：　虚怀若谷，虚就是实，真信也。

赵建功：　程颐、朱熹两位理学大师讲得真好！再看《象传》。中孚卦内部中间两爻为阴柔之爻，外面四爻为阳刚之爻，九五、九二为阳刚之爻，分别居于上下卦的中爻位，故曰"柔在内而刚得中"。中孚卦下兑上巽，兑为泽、为悦，巽为风、为逊，和悦而谦逊，"诚信发于内，则邦国化于外"，君王诚信、和悦而谦逊，可以感化邦国民众，故曰"说而巽，孚乃化邦也"。"豚鱼吉"，信及豚鱼也。内心诚信至极，才能感化异类的豚鱼，如此自然是吉了。

张弛弘弢：明儒何楷曰："江豚，泽将有风便浮出水面，有南风则口向南，有北风则口向北，舟人称为风信。"

赵建功：宋儒丁易东《周易象义》、吴澄《易纂言》也有相同说法。这一解说值得重视。"利涉大川，乘木舟虚也"：中孚卦下兑上巽，兑为泽、为水，巽为风、为木，木在水上，正象木船，中孚卦六三、六四两个阴爻在中间，阴性虚，且卦象全体也是中虚的，木船虚可载人，故曰"'利涉大川'，乘木舟虚也"。"中孚以利贞，乃应乎天也"：内心诚信之所以是吉利的占问，是因为诚信乃顺应天之正道，《中庸》曰："诚者，天之道也；诚之者，人之道也。"

刘久红：诚意动天。

（整理者：孙纯明 中国人民大学哲学院硕士生）

# 诚中形外 不必他求
## ——中孚卦初九明解

时间：2016年12月13日 21：30—22：58

【明解文本】

初九：虞吉，有它不燕。

《象》曰：初九"虞吉"，志未变也。

【讲课内容】

赵建功：程颐先生是理学大家，也是义理易学的重要代表人物。我们看他解释节卦后为中孚的内在义理。

程颐："《序卦传》：'节而信之，故受之以中孚。'节者，为之制节使不得过越也，信而后能行，上能信守之，下则信从之，节而信之也，中孚所以次节也。为卦泽上有风，风行泽上，而感于水中，为中孚之象。感谓感而动也。内外皆实而中虚，为中孚之象。又二五皆阳中实，亦为孚义。在二体则中实，在全体则中虚，中虚，信之本；中实，信之质。"

中虚，信之本；中实，信之质。

朱子曰："只看'中虚''中实'字，便见本、质之异。中虚，是尤事时虚而无物，故曰中虚；若有物，则不谓之中虚。自中虚中发出来皆是实理，所以曰中实。"朱子又曰："中虚，只是自家无私主，故发出来无非真实。才有些私于中，便不虚不信矣。"可见，诚信的前提是无私，要做到诚信多难啊！

而"中虚"又更有一番意趣！《重定周易费氏学》引曾国藩曰："人必中虚，不着一物，而后能真实无妄。盖'实'者，不欺之谓也。人之所以欺人、所以自欺者，以心中别着私物也。不欺者，心无私着。是故天下之至诚，天下之至虚者也。灵明无着，物来顺应，是之谓虚，是之谓诚而已矣。"

《中庸》曰："诚者，天之道也；诚之者，人之道也。"

《乾卦九二爻辞》曰："闲邪存其诚。"

子贡问政。子曰："足食，足兵，民信之矣。"子贡曰："必不得已而去，于斯三者何先？"曰："去兵。"子贡曰："必不得已而去。于斯二者何先？"曰："去食。自古皆有死，民无信不立。"（《论语·颜渊》）

可见，诚信是为人之本，"人而无信，不知其可也。" 诚于中，自然形于外，不必他求。所以中国文化强调内在超越，西方文化主张外在超越。这是中西文化的根本差异。

**寇方墀**：初九爻辞和《象传》的译文与解读：

［译文］初九：安乐吉祥，如果别有他求则不会安宁。

《小象传》说："初九安乐吉祥"，是因为心志没有改变。

［解读］虞：古同"娱"，安乐。燕：安宁，安逸。初九在中孚卦之初，刚居阳位，阳刚守正，是一位心存诚信，无待于外，安于处下的君子。初九自修明德，内强素质，不期许和依赖于外在的力量，自信自立，志向坚定不移，安守自己的本分，平安喜乐，因而初九能够获吉。假若初九心有所动摇，变动了心志，转而去上求于六四，这就是向外别有他求，就不得其安宁了。中孚卦六爻，都不取外应，而是提倡孚信于中，无待于外。初九安处于下，不假它求，是非常吉祥的。

［例解］颜含是东晋的一位元老级的重臣，当时有一位精于卜卦的名士郭璞表示要为颜含卜一卦，颜含说："年在天，位在人。修己而天不与者，命也；守道而人不知者，性也；自有性命，无劳蓍龟。"意思是说："寿命多长看老天，官位多高看自己。修行而老天不给，那

是命；坚守原则而不被人们了解，那是个性；我自有我的命运和个性，不需要求神问卦。"这正是一个德智双修者的立身之道：防范邪僻，内存诚信，自修守道，纯一笃志，自然吉祥。

**张弛弘弢：**虞，度也。中孚为信守中道，信守自我内心修持之事，所以六爻之关系，只取近比而不取远应。初九与六四有应，远应与否，需要度量才得吉。

（整理者：张馨月 中国人民大学哲学院硕士生）

# 鸣鹤在阴 其子和之
## ——中孚卦九二明解

时间：2016年12月14日21：30 — 23：14

## 【明解文本】

**九二：鹤鸣在阴，其子和之。我有好爵，吾与尔靡之。**

**《象》曰："其子和之"，中心愿也。**

## 【讲课内容】

**寇方墀：** 我们先分析一下爻象：就整体卦象来看，中孚卦有端正、平衡、稳定而内部虚空之象。以上下两体卦象而言，兑下巽上，风吹拂于泽水之上，风入泽，泽纳风，彼此贴切相感，有互信之象。

从爻象看，整卦上下各有两阳爻，中间两阴爻居卦的中心，有虚心守中谦逊之象，虚中才能受人，这是诚信的根本，而中孚卦上下两体的中爻二、五爻都是阳爻，有信实、中道之象，中实才能以诚待人，自信才能信人，这是诚信的实质。

从卦德看，上顺下悦，彼此真诚呼应，相互信任。在中孚卦中，卦为"中孚"，而真正做到"中孚"的爻就是九二。九二爻居于下卦中位，品质阳刚、信实而立身处事中道不偏；居于兑体，不忧不惧，德性内充，自悦于道，有君子之象。

苏轼在其《东坡易传》中盛赞此爻："此中孚也，而爻未有能中孚者也，中孚者必正而

一、静而久，而初九、六四、六三、上九，有应而相求，九五无应而求人者也，皆非所谓正而一、静而久者也，惟九二以刚履柔，伏于二阴之下，端悫无求而物自应焉。故曰：'鸣鹤在阴，其子和之。'鹤鸣而子和者，天也，未有能使之者也。'我有好爵，吾与尔靡之'，有爵者，求我之辞也，彼求我而我不求之之谓也。"苏轼遍观六爻，发现中孚卦中真正能做到"中孚"的只有九二。

我们读《易》皆知"有应""有比"一般来说是好的条件，在其他大多数卦中，往往以爻与爻之间相应为佳，但在中孚卦中，爻之间以无应为正，中孚"无应"代表着中心诚信，无所偏私，内修德行，不向外求。

初爻与四爻相应，因此初爻"有它不燕"，四爻仅得"无咎"；三爻与上爻相应，因此，三爻"或泣或歌"，上爻"贞凶"。惟九二与九五都是阳刚而居中，两不相应，九二守内无求于外，"正而一、静而久"，因其德行高尚，人所求之。九五"有孚挛如"，以诚信外求于人，仅得"无咎"。

所以，苏大学士言："惟九二以刚履柔，伏于二阴之下，端悫无求而物自应焉"，是真正体现"中孚"之德的人。

对九二的爻象有大体了解之后，我们来看一下爻辞、象辞：

九二爻辞出现了"鹤"。古人取象，有其极妙的寓意，比如乾卦中的龙、坤卦中的马、履卦中的虎、颐卦中的龟、睽卦中的鬼、渐卦中的鸿雁以及小过卦中的飞鸟、未济卦中的小狐狸，都有其特定的象征意义，这些物类的形象、品格、习性与该卦的卦义、爻义往往密切相合，生动形象而蕴义无穷，具有象思维的启示作用。

来看鹤这种鸟，在中国文化传统意象中，鹤代表着超凡脱俗、飘逸清灵、安静高洁、长寿吉祥，所以，人们喜欢称"鹤"为"仙鹤"，有神仙之气，用来类比于人时，常象征那些德高而隐的隐士，描述其自在的状态就称为"闲云野鹤"。

中孚卦的九二爻辞甚美，南宋的修辞学大家陈骙于《文则》中云："《中孚》九二曰：'鸣鹤在阴，其子和之；我有好爵，吾与尔靡之。'使入《诗·雅》，孰别爻辞？"

意思是说，九二爻辞这几句话若放到《诗经》中去，谁能看出不是诗句而是爻辞呢？而《诗经》中也确有描述鹤鸣的诗句，《诗·小雅·鹤鸣》："鹤鸣于九皋，声闻于野""鹤鸣于九皋，声闻于天"，鹤在大泽中鸣叫时，它的声音清越远扬，声闻于野，声闻于天。

下面我们来分析一下爻辞中各物象分别是指什么，或者说象征什么？

"鸣鹤在阴，其子和之"，这里的"阴"是指什么地方，古来各注家有不同的说法，略作陈述如下：

1. "阴"指何处?

（1）山阴。

《说文》："阴，暗也。水之南，山之北也。从阜，从侌。"按《说文》的说法，山北水南为阴。

黄寿祺《周易译注》："鹤，喻九二；阴，山阴，喻九二处两阴之下；其子，喻九五。这两句说明九二阳刚居中，笃实诚信，声闻于外；九五处上，亦以诚德遥相应和。"

尚秉和："震为鹤，为鸣，为子，阴山阴，二至五正反震，下震鹤，鸣于山阴，三至五震反，如声回答，若相和然，故曰其子和之。其子谓覆震，非互震，判然二物也。……而三至五亦正反艮，艮纳丙为山阳，下二至四艮覆，则山阴矣。"

以上两家，一以义理解，一以象数解。以义理解为山阴的依据，当从《说文》而来；以象数解的依据则是尚氏的用互、用覆之法："艮纳丙为山阳，下二至四艮覆。"

（2）林阴、树荫。

王夫之："鹤，高洁之鸟，阳之象也。阴，林荫之下。二虽居中，而在下卦，故为阴。"

杨庆中："阴，树荫。爵：酒器，此处指酒。靡：《集解》引虞翻'靡，共也。'"

以上两家，没有说明来由，阴就言为树荫，我们看到中国画中，往往画松鹤延年，鹤在松树之下，或是因为有这个习以为常的印象，就直接将"阴"解为树荫了。

（3）三、四爻重阴之下。

王弼："处内而居重阴之下，而履不失中，不徇于外，任其真者也。立诚笃至，虽在暗昧，物亦应焉。故曰'鸣鹤在阴，其子和之'也。不私权利，唯德是与，诚之至也。故曰我有好爵，与物散之。"

胡瑗："今九二以刚阳之德居兑之体，在中孚之中而有由中之信，以及于下上无其应，无所私系在三四重阴之下，处幽暗之中而不失其信，是以声闻于外至于天下，同类之人以孚信应之，若鸣鹤之在阴而其子自然应和。"

金景芳："鸣鹤指九二自身。它在六三、六四二阴之下，故云在阴。"

以上三家，是就爻位而言，上有三、四两爻为阴爻，九二居其下，故称阴。但将鹤在阴和九二处重阴之下混在一起说，似有形象和抽象相混之弊，"鹤鸣在阴"，应是就物象世界而言，三、四两爻之阴是在抽象的卦爻画中。

以这样相混和的方式解说"阴"的还有杨诚斋，但他的解读不是"重阴之下"。

（4）以阳处阴。

杨诚斋："'鹤'，祥禽也，以喻九二之贤也。'在阴'以阳处阴也。'其子'，同类也。"意思是，九二阳爻居于阴位，"处阴"即"在阴"。

（5）夜半之时。

虞翻：靡，共也。震为"鸣"，《讼》离为"鹤"，坎为阴夜，"鹤知夜半"，故"鸣鹤在阴"。《周易集解纂疏》李道平疏："'靡，共也'，本孟喜《易注》。互震善鸣为'鸣'。《讼》互离为飞鸟，故为'鹤'，又全体似离，亦为'鹤'。坎在子中为阴夜。'鹤知夜半'，《淮南子》文。夜半，故'鸣鹤在阴'。"

以上以"夜半"为解。现在人们很少能够看到鹤了，据说，大自然中的鹤确是在半夜鸣叫，尤其是月明之夜，其声愈发清越高远。而虞翻、李道平以中孚卦全体似离卦，互离为坎来解为"阴夜"，并以《淮南子》的"鹤知夜半"佐证此解。

（6）幽深之处。

孔颖达："'鸣鹤在阴，其子和之'者，九二体刚，处于卦内，又在三四重阴之下，而履不失中，是不徇于外，自任其真者也。处于幽昧，而行不失信，则声闻于外，为同类之所应焉。如鹤之鸣于幽远，则为其子所和，故曰'鸣鹤在阴，其子和之'也。'我有好爵，吾与尔靡之'者，靡，散也，又无偏应，是不私权利，惟德是与。若我有好爵，吾原与尔贤者分散而共之，故曰'我有好爵，吾与尔靡之'。"

程颐："二刚实于中，孚之至者也，孚至则能感通。鹤鸣于幽隐之处，不闻也，而其子相应和，中心之愿相通也。"

孔颖达从爻位处于三四重阴之下，推出鹤处于幽昧，并不将现象世界和抽象世界混作一谈。程颐以幽隐之处解"阴"，这种解法较好，不必太过拘囿于"象"，要"得意而忘象"，无论是山阴、树阴、重阴之下还是阴位，都是言其处境是"阴"，幽隐、幽昧，就足以代表鹤的处境了。

2. 其子是谁?

对于"子"有不同的说法，大略有"小鹤""儿子""同类"之说，而在卦爻之中，多认为是指初九。"我""吾"，均指九二。

3. "爵"指什么?

（1）解为"酒"，是大多数注家的解释，也非常惬意，是像鹤一样的隐士所喜爱之物。

黄寿祺："爵，《说文》：饮器。《说文通训定声》：凡酒器亦总名曰爵"，此处借指酒，故《折中》云'好爵，谓旨酒也'；'尔'指九五。"

（2）好的德行。

朱熹："好爵，谓得中。靡与縻同。言懿德之人所好，故好爵虽我之所独有，而彼亦系恋之也。"

（3）尊贵之主。

王夫之："'好爵'，可好之爵，谓六三与二相比，而奉二为主以尊贵之。"

（4）天爵。

胡瑗："我有好爵，吾与尔靡之者，言圣贤之人，既以诚信达于天下，上下自然以诚信相交，故与之共天爵，共天禄，而无所离间。"

我们认为，胡瑗"天爵"之意出于《孟子·告子上》："有天爵者，有人爵者。仁义忠信，乐善不倦，此天爵也；公卿大夫，此人爵也。"

（5）爵位，即人爵。

杨诚斋："盖有此爵禄者，我九五之君也。不私此爵禄于己，而乐与群贤共之者，九二中心之至愿也。"

4．"靡"的解法。

分别有"系属""分散""共有"等解，大体不外"分享"之义。

下面我们对爻辞、象辞进行一下翻译和解读：

[**译文**]九二：鹤在幽阴之地鸣叫，它的同类声声应和，我有醇美的酒浆，愿与你共饮欢畅。《小象》曰："它的同类声声应和"，是发自内心的真诚意愿。

[**解读**]九二处于六三、六四重阴之下，却能够阳刚笃实，不失中道，内心坚定，不求于外，是一位真诚信实的君子，即便居于幽隐暗昧的地方，不闻于世，其美德也会得到远方同道的呼应，彼此心愿相通。

如果用于为政，九二则是不私于权利、以德化民的刚中大臣，至诚无私，以中心诚信之德执政待人，有美酒愿与民众共享，有好处愿广施于大众，民众也会以诚信来拥护和爱戴他，这是彼此心中的愿望。

鹤是飞禽中吉祥高逸者，它的鸣叫清越朴实，是贤士君子的化身。"其子"指与它同声相求的同类。《系辞传》写道："鸣鹤在阴，其子和之。我有好爵，吾与尔靡之。子曰：'君子居其室，出其言善，则千里之外应之，况其迩者乎？居其室，出其言不善，则千里之外违之，况其迩者乎？言出乎身加乎民，行发乎迩见乎远。言行，君子之枢机。枢机之发，荣辱之主也。方行，君子之所以动天地也，可不慎乎？'"

所以，九二内心刚实孚信、对外中道待人的美德是把握了言行的枢机，是君子行于天地间的立身之本。

[**例解**]儒家学说在秦代遭到重创，秦始皇焚书坑儒，儒学博士逃难避世。及汉兴，亦设博士之官，安抚儒生。汉高祖曾起用叔孙通制定朝仪，之后"孝文帝本好刑名之言，及至景，不任儒者"（《史记·儒林列传》），儒生一直没有受到重用。再后来"窦太后又好黄老"，诸博士不仅难以儒业得幸，而且还有触犯忌讳之虞，众多儒生因此逃离朝廷。

董仲舒在此期间亦韬光养晦，政治上一无建树。但他并不是消极遁世，而是谨慎地观察现实，潜心研究百家学说，他要构建一个前所未有、兼容诸子百家的新儒学体系，以适应西汉社会大一统的局面，以求积极有为之效。他虽在家潜心学问，却有生徒不断慕名而来，他亦乐于私相传授，彼此应和，颇具"鸣鹤在阴，其子和之"的气象，他因此为汉朝培养准备了一批推行儒学的人才。《汉书·董仲舒传》记载他这段时间"三年不窥园"，专心于学问。后来，时机成熟，他应时而出，向汉武帝献上"大人三策"，汉武帝采纳了董仲舒的建议，施行了"罢黜百家，独尊儒术"政策，将儒学作为正统思想，从此汉代思想界树起了儒学的权威，产生了中国特有的经学传统。

（整理者：黄仕坤　中国人民大学哲学院硕士生）

# 心役于物　不能自安
## ——中孚卦六三明解

时间：2016年12月15日21：30—22：51

【明解文本】

六三：得敌，或鼓或罢，或泣或歌。

《象》曰："或鼓或罢"，位不当也。

【讲课内容】

寇方墀：中孚卦，六三以阴居阳，不中不正，说明它内心柔弱，外表刚强，做事易走极端，又极不稳定；以柔乘于两刚爻之上，与上九相应，在兑之极，说明它自不量力，又急于取悦于上九，向外汲汲以求。居于三爻之位，本就是个极为尴尬的位置，动则得咎，中孚卦是第六十一卦，一路读来，三爻多凶，已多有见证，如果三爻会唱歌，它一定会唱"为什么受伤的总是我？"中孚卦是个讲信修睦的卦，中孚的第三爻在这样的卦时下，却既不讲信，也不修睦，而且三爻真的唱歌了。

背景介绍完毕，电影开始上演。

**[注释]**《说文》曰："敌，仇也。"《尔雅》："敌，匹也。"罢：音pí，古同"疲"，累。

**[译文]** 六三：遇到了敌人，有时鼓舞，有时颓废，有时哭泣，有时歌唱。

《小象传》说："有时鼓舞，有时颓废"，是因为居位不当。

1.六三遇到了"敌"，"敌"是谁?

（1）"敌"是六四。

王弼："三居少阴之上，四居长阴之下，对而不相比，敌之谓也。以阴居阳，欲进者也，欲进而阂敌，故'或鼓'也。四履正而承五，非己所克。故'或罢'也。不胜而退，惧见侵陵，故'或泣'也。四履乎顺，不与物校，退而不见害，故'或歌'也。不量其力，进退无恒，愆可知也。"（孔颖达、余敦康先生亦持此见）

六三质柔弱而用刚强，向前进取，遇到和自己同类的敌人六四，于是大张旗鼓向六四宣战，六四阴居阴位，为人安静守正，上承九五。看到六四有九五的支持，六三知道没有获胜的可能，只好作罢，但由于已经挑起了与六四的对立，六三非常害怕六四会回过头来进行打击报复，越想越怕，吓得直哭。还好，六四是一位君子，根本不与它计较，六三发现没有危险之后又高兴起来，唱歌庆祝。这六三，不自量力，进退无恒，把自己折腾得疲惫不堪。

（2）"敌"是九五。

苏轼："六三履非其位，虽应在上九，而上九非下我者也，上不求三而三求之，求之必过五，五无应而寇我，故曰得敌也。得敌而躁，躁而失常，故或鼓或罢，或泣或歌。"

六三没得到正位，就想去争取权位，外在条件只有上九可以相应，于是想上求于上九，但要想上求于上九，就必须经过九五，九五不与六三相应，发现六三这样追逐名利的小人，就进行严正的阻拦和打击，六三遇到了九五这样的对手，焦躁不安，因压力太大而精神失常。

画外音："中孚六三"版的《罗生门》。

（3）"敌"是上九。

朱熹："敌，谓上九，信之穷者。六三，阴柔不中正，以居说极，而与之为应，故不能自主。而其象如此。"（程颐、金景芳先生亦持此见）

上九，一个极端无信的人。此处"敌"的意思是"匹"，即相匹、相应。"敌"为什么会是"匹"？就文字解释而言，"匹"和"敌"都有"相当"的意思，《尔雅》："敌，匹也。"就现实而言，那些关系亲密的人往往被称作"冤家"，因为情感的投入与受伤的程度成正比，从这个角度而言"匹"也是"敌"。六三自身不中不正，本质阴柔，与上九为应，

"以居悦极"，喜欢得不得了，汲汲外求于上九，而上九"翰音登于天"，根本不可靠。六三的处境类似于比卦六三的"比之匪人，不亦伤乎"，中孚卦六三不能自主，向外索求，由于自身不中不正，又因品质柔弱极不自信，价值取向就会偏失，就很容易走错路，选错人，其与上九相应，喜怒哀乐均依赖上九，一会兴高采烈，一会垂头丧气，一会儿哭，一会儿笑。就像《庄子·齐物论》中"朝三暮四"故事里的猴子，"名实未亏，而喜乐为用"，真是可恨可笑又可怜。

2. 是什么导致了六三如此"无常"？

中孚卦六三爻的内容讲的是个悲剧，形成这个悲剧的根本原因是什么呢？是什么导致了六三如此"无常"？

其实，世上芸芸众生，有多少人的身上有着中孚六三的影子。

李光地："人心动于外，则忧乐皆系于物，鼓罢泣歌，喻其不能坦然自安，盖初九虞燕之反也。"人心随外物而动，患得患失，宠辱若惊，汲汲以求，疲惫不堪，失去了安然自足的本性，人生成为一场苦旅，皆源于失己外求，欲望蒙蔽了心灵。

黄寿祺："六三不当位，自树其敌，遂有'鼓''罢''泣''歌'之象。正如人心不诚，私念杂起，往往左多方钻营，言行无常，但终究徒劳无益。《周易折中》引李牧曰：'人惟信不足，故言行之间变动不常如此。'"

六三自身不诚，被私心杂念所驱使，为了一己之私，多方钻营，为了目的不择手段，言行无常是其表现，但"机关算尽太聪明，反算了卿卿性命"，最终不过一场空罢了。李牧所言的"人惟信不足"，这个"信"，可以分三个向度理解：自信、信人、为人所信。六三首先不自信，不自信就会怀疑、恐惧，于是很难信人，既不自信，又不信人，也就不可能为他人所信，其生存状态和其结局是可想而知的了。当然，仅仅只看到六三无常，还不是众生相，我们来看，还有别的解读。

3. 谁在击鼓唱歌，谁在颓废哭泣？

荀爽："三四俱阴，故称'敌'也。四得位，有位故鼓而歌，三失位无实，故罢而泣之也。"

六四是六三之"敌"，六四得位，得位很高兴，因此"鼓而歌"。六三失位，失位很悲伤，因此"罢而泣"。真是"月儿弯弯照九州，几家欢乐几家愁"啊！然而，如此说来，六四和六三竟是一样的觉悟，只不过一个是暂得之，一个是暂失之而已，仍然在"朝四而暮三"的剧情之中打转罢了，就好像有一个"魔咒"，世人都被罩在了里面。

4. 拿什么来拯救你？

悲剧演到此处，有些"四大皆空"的意味，难道要一悲到底？

不然。《易》曰："其出入以度，外内使知惧。又明于忧患与故，无有师保，如临父母。初率其辞，而揆其方，既有典常。苟非其人，道不虚行。"（《系辞传》）

读《周易》，可以使人深明将来的忧患和往昔的事态，虽然没有师保的监护，却好像面临父母的教诲。处事之初要寻求卦爻辞的意义，而当熟悉了它所指示的方法后，就可以掌握其中的规律而找到行动的指南了。如果没有贤明的人去弘扬推行，那么易道就不会凭空运用到实际生活中。这个被施了"魔咒"的人世间，需要贤明的人立身行道、启发拯救。

那么如何拯救"六三"？

王夫之："四与三比，本无相敌之情，而三为躁进之爻，与四异体而不亲，见为敌也，甫相得而即相猜。'鼓'，进而攻之；四不与竞，乃'罢'。既诎于四而不得进，则'泣'，已而为二、五之刚，以正相感，则抑洽比于四，而悦以'歌'。无恒之情不易孚，殆豚鱼耳。而终为刚中所縻系而保其信，无恒者且孚焉。九二之德盛矣哉！"

即便是像六三这样无恒之人，做了许多错事，搅得四邻不安，九二、九五也没有放弃对它的拯救。虽然"无恒之情不易孚"，刚中君子则以正相感、以信相待，九五洽比于六四，九二感化了六三，最终使六三迷途知返，无恒者也有了"信"。君子之德风，小人之德草，中孚九二就是那个"苟非其人，道不虚行"的行道之人，体现了君子贤士的盛德光辉。王夫之《周易外传》说："夫欲施信于天下，则内不失己，外不废物，以作之量。""内不失己，外不废物"，这就是践行"中孚"的法门。

"中孚六三"这部电影演完了，有了一个还算不错的结局，下面我们作一个影评吧。

[解读] 六三以阴爻居于阳位，自身不得中正，做事偏激，将自身轻信牵系于上九，内心没有坚守的原则与信念，不能自信充实于内，而是以阴柔善依附的本质偏听偏信于外，中无定见，为外物所牵，殊不知盲目追随的目标却正在使其失去自我，对方成了自己保有自信的敌人。在对方的牵引下，一会儿激动，一会儿颓废，一会儿哭泣，一会儿歌唱，其忧乐动静都系于所依赖的目标，如同一具被牵着线的木偶，完全不能自主，这实在是很可悲的事。明达的君子是不会这样做事为人的，君子内心充实自信、对外物及私欲有清醒的认识和淡泊的态度，这才是人真正的自我救赎之路。

[例解] 唐代的洞山良价禅师写的一首偈子说："切忌从他觅，迢迢与我疏，我今独自往，处处得逢渠。渠今正是我，我今不是渠，应须恁么会，方得契如如。"

"信"其实是一种能力，这份能力源于内心的淡泊与自足，对外物淡泊，对内充实自足，就会自然拥有自信。人如果将心外系于外物、他人身上，那么自己就变成了牵线木偶，随着外物或他人的动作而动作，完全不由自主，就很容易出现"或鼓或罢，或泣或歌"的被动状态，外物就成了自己的"遥控器"，即庄子所言的"役于物"，人只有内心自主，不为外物所动，才能自信自爱、圆满自足，从而也能够信人并为人所信。先自救，然后能救人。

### 【讨论内容】

姚利民： 对于六三来说，九二是离她最近的善知识，向下走靠近善知识，组成小小的阴阳泰卦，才能否极泰来。

寇方墀： 六三回头，就是九二。卦时是中孚，这是六三的幸运。

温海明： 史诗巨片，倾情奉献！

（整理者：李芙馥 中国人民大学哲学院博士生）


# 花未全开 月未满圆
## ——中孚卦六四明解

时间：2016年12月16日21：30 — 22：51


### 【明解文本】

六四：月几望，马匹亡，无咎。

《象》曰："马匹亡"，绝类上也。


### 【讲课内容】

寇方墀： 先看爻象：中孚六四已进入上体巽卦，阴爻居阴位，上承九五，下应初九，说明六四本性安静守正，体巽柔顺，以阴顺阳，无所偏失。唯一不足之处是与初九相应，在中孚卦中，"有应"就代表有所牵系和外求，不能守中身内，孚信不够圆满。这是中孚六四的大体情况。

下面来看爻辞：

爻辞中出现了月亮，而且是"月几望"。先来看一下"望"字：

**甲骨文　　金文　　小篆**

"望"字本义是人站在土地上睁大了眼睛向远处望，有盼望远方亲人归来之意。《说文》："望，出亡在外，望其还也。"后来在金文中右上角画了个月亮，《释名》："月满之名也。月大十六日，小十五日。日在东，月在西，遥在望也。"农历十五，早上太阳出来的时候，太阳在东边，月亮在西边，遥遥相望；黄昏太阳西沉的时候，月亮从东方升起，与夕阳遥相对望，日月同辉。子夜时，月亮盛大丰盈高悬于中天，清辉皎洁。中孚卦六四爻说"月几望"，是说月亮将要到满圆了，但还有没完全盈满。

对于"月几望"，象数派用其特有的解法分析解读：

虞翻："讼坎为月，离为日。兑西震东，月在兑二，离在震三。日月象对，故'月几望'。乾坎两匹马。初四易位，震为奔走，体遁山中，乾坎不见，故'马匹亡'。初四易位，故'无咎'矣。"在讲九二爻时，就提到虞翻说讼卦离为"鹤"，是因为他认为中孚卦是由讼卦变化而来，是讼卦的初爻与四爻互换位置的结果，于是成为中孚卦。

以虞翻上述对中孚卦六四爻的解法，爻辞中的"月、望、马、亡"在这两个卦的变化及其互体中都能找到。这是象数派解卦的方式与旨趣，与《左传》中一些筮例的解读方式相类。

我们还是来看参考资料里的义理解读，这里面会有几个问题需要分析：

1. "月几望"是指六四的哪个层面？

（1）处境。

程颐："四为成孚卦之主，居近君之位，处得其正而上信之至，当孚之任者也。如月之几望，盛之至也。已望则敌矣，臣而敌君，祸败必至，故以几望为至盛。"

金景芳："'月几望'实际上是比喻六四的处境。六四近之君，得到九五的信任，其地位是极高的，如同月亮要满盈尚未满盈。这是最好的。"

以上两家意见是说六四的地位高、处境优越，又得到九五的充分信任，类似于月亮接近圆满的状态。

（2）位置。

朱熹："六四，居阴得正，位近于君，为'月几望'之象。"

朱子的意思是，君位为"望"，六四居阴得正，如同月亮，其位置接近君位，所以称"月几望"。位置与处境有所不同，处境是综合的，包括九五对六四的态度，而位置是仅就其居位而言。

（3）德行。

王弼："居中孚之时，处巽之始，应说之初，居正履顺，以承于五，内毗元首，外宣德化者也。充乎阴德之盛，故曰'月几望'"。

王弼的意思是说，六四处在中孚的卦时，端止得位，上承九五，居近君大臣的位置，辅佐九五；处于巽体之初而相应于兑体初九，行为巽顺柔和，以德化民，待上下以诚，其德行达到了阴柔巽顺之盛，就像月亮接近于圆满，所以称六四为"月几望"。

（4）状态。

苏轼："初九以应而从我，九五以近而挛我，一阴而当二阳之求，盛之至也，故曰'月几望'。"六四作为一个阴爻，初九和九五都来相求，等着六四表态，这真是炙手可热，盛之至也，所以是"月几望"的状态。但这个状态同时会带来烦恼，那就是：选谁好呢？

看得出，"月几望"已经道出了六四的各方面的综合处境是接近于圆满了，要地位有地位，要德性有德性，上信任，下支持，真如一轮明月接近满圆，但"水满则溢，月满则亏"的古训使得"月几望"这句话虽然美丽却隐含了一份担忧：照这样发展下去，满了溢了，是要有祸咎的啊！那么，如何才能防止水溢月亏的结局呢？爻辞后半句："马匹亡，无咎"，意思是"马匹亡失掉，没有祸咎"。

2. "马匹"何指？

（1）初九。

程颐："孚道在一，四既从五，若复下系于初，则不一而害于孚，为有咎矣。"

朱熹："马匹，谓初与己为匹，四乃绝之，而上以信于五，故为马匹亡之象。占者如是，则无咎也。"

程、朱皆认为守信要专一，六四以阴承于九五之阳，就应该专一不二，要断绝与初九相应匹配的关系，尽忠诚于九五。

（2）六三。

孔颖达：" '马匹亡，无咎'者，三与己敌，进来攻己，己若与三校战，则失其所盛，故弃三之类，如马之亡匹；上承其五，不与三争，乃得无咎，故曰'马匹亡，无咎'也。"

王夫之："两马为'匹'，谓四匹三也。阴党盛则与阳亢。四柔退而不与三同其躁忌，'马匹亡'矣。"

孔、王认为六四承九五之阳，专静守一，不必理会六三的骚扰，不与同为阴类的六三相争，以免失掉自身的盛德，这样可得无咎。

（3）九五。

苏轼：“月几望者，非四之所任也，故必舍五而从初，如有二马而亡其一，然后无咎。类，五也。四与五皆异也，故得称类。”苏轼认为，六四在“月几望”的位置上保持无咎太难了，不如激流勇退，笑傲江湖，初九唤我，我就去与初九相伴，舍九五而去哉！

苏轼之意也可以这样理解：当九五之君与初九之民利益发生冲突时，矛盾集中在六四身上，都来争取六四的支持，需要六四来做决断。六四该如何取舍？留给大家思考。

李光地理所当然地取九五而舍初九。李光地：“《易》中六四应初九，而义有取焉者，皆上不遇九五者也。如六四遇九五，则以从上为义，而应非所论，《易》例皆然，而此爻尤明。盖孚不容于有二，况居大臣之位者乎？‘月几望’者，阴受阳光，承五之象也。‘马匹亡’者，无有私群，远初之象也。”李光地认为，作为大臣，维护君主的利益是理所应当，凡是与初九相应取义的，那都是没被九五赏识，赏识了且成为了大臣，当然要尽职尽责支持君主。

（4）泛指群、党。

杨诚斋：“六四以阴居阴，以顺居下，处己而不盈也，不曰诚其身乎？以一阴承九五，孤进而不党也，不曰诚于君乎？人知以盈自裕，莫知以盈自怵；人知以党自助，莫知以党自蠹。六四不盈如月之近于望，不党如马之亡其匹。其中心之诚，人信之，君信之，又何咎矣。”

杨诚斋的意思是，身在中孚的六四，先诚其身，后诚于君。什么叫作诚于君？就是要明白盈有亏的潜在隐患，有朋党的人，明白有朋党可以助己，也要明白有朋党也会蠹己，得益就会受害，有利就会有弊。六四不盈不党，亡其“匹”，还会有什么咎害呢？

3. 关于“类”。

从上面对“匹”的分析可知，当“匹”取六三时，是以同为阴爻为类。当取初九时，是以阴阳相应为类。当取九五时，以同属异体为类。

根据“匹”的不同，“绝类上”也就有不同的解法：当“匹”为初九、六三时，“绝类上”就是断绝朋党、同类的敌人而向上投靠九五。当“匹”为九五时，“绝类上”就是断绝与上面九五的关系。

还有一个有趣的解读，周振甫在其《周易译注》中解此爻辞和象辞说：“过了月半，马匹跑掉，无害。‘马匹亡’，杜绝类似上次的事。”意思是说，上个月过了月半的时候，把马给跑丢了，这个月又到月半了，一定要杜绝类似上次丢马的情况再次发生。这是一种农耕或牧民生活的解读。

《周易》中有“月几望”的爻辞共三处：小畜卦的上九、归妹卦的六五和中孚卦的六四。虽然都是“月几望”，其爻辞的判断却大不相同，分别是“征凶”“吉”“无咎”。

宋代王应麟在《困学纪闻·易》中对此进行总结道："《小畜》上九，'月几望'则凶，阴亢阳也。《归妹》六五，'月几望'则吉，阴应阳也。《中孚》六四，'月几望'则无咎，阴从阳也。曰'几'者，戒其将盈，阴盈则阳消矣。"

王应麟从阴阳爻的关系进行解读，然而，从爻象上来看，《小畜》上九是阳爻，不存在"阴亢阳"，相对于《小畜》上九来说，卦中唯一的阴爻六四是以阴承阳的，而且六四是"上合志也"，九五给了它毫无保留的支持，所以六四没有阴亢阳。《小畜》上九的"征凶"应是与上九爻与整个卦的关系和其所处的时位有关。

省去论证部分，我们直接得结论：

1. 《小畜》上九"征凶"，是提醒事情即将圆满的时候要知退知止，不要再按前阶段的路径继续前行。"征凶"，是警诫之辞。

2. 《归妹》六五之"吉"，是因为六五居尊守柔，恪守中道，注重德行，居于中位，谦下柔和，以柔中与九二刚中彼此相应，所以"吉"。

3. 《中孚》六四之"无咎"，我们通过前文分析和对爻辞、象辞的翻译、解读进行了解和总结：

[**译文**] 六四：月亮将要满圆，匹配的良马亡失，没有咎害。

《小象传》说："匹配的良马亡失"，是因为脱离了所有的朋党而向上去辅助九五。

[**解读**] 月几望：是指月亮即将圆满但尚未充盈。匹：匹配。六四已进入上体的巽卦，柔居阴位，当位得正，上承于九五，是行为端正、行事巽顺的近君大臣，受到九五的信任与器重，其地位和光芒如月亮将要圆满，月在未盈满的时候是最好的时刻，因为如果盈满就面临亏损，能够达到和保持这样光辉却不盈满的状态，当然是与六四经得起考验的至忠至诚分不开的，六四在位极人臣的时候，能够自觉主动地脱离所有的朋党同类，使与自己匹配的"良马"亡失，专一至诚地辅佐九五，从而也得到了九五的信任，彼此互信加深，没有咎害。

[**例解**] 有一首禅诗是这样写的："花未全开月未圆，寻花待月思依然，明知花月无情物，若是多情更可怜。"

"花未全开月未圆"，是禅宗推崇的一种境界，也是中国传统文化里被广为认同的最佳境界。因为，花一旦全开，马上就要凋谢了；月一旦全圆，马上就要缺损了。而花未全开，月未全圆，让人仍可有所期待，有所憧憬。这种人生的境界，有节制、收敛的追求，有欣然、美好的希望。追求最美好的目标，但又不能完全达到目标，这样可能永远保持进步和上升的态势。有两种途径可保持这种状态，一条途径是让目标无限高远，永远可望而不可及；另一途径是减损已经拥有的东西让自身总是与圆满相差一段距离。结合中孚卦的六四爻辞，六四采取的是第二种途径，里面含有适时而止、适时减损之意，"马匹亡"，主动地自我减损，有光辉而不盈满。这也是"中孚"之德的一种体现。

**温海明：** "明知花月无情物，若是多情更可怜。"很有情怀和意境。

**寇方墀：** 那是对花月的悲悯，禅师替花月惋惜又庆幸。有这样的情怀，便是美好。惠子与庄子无情之辩或可言此况味。

（整理者：秦凯丽　中国人民大学哲学院硕士生）

# 诚信相交　团结紧固
## ——中孚卦九五明解

时间：2016年12月17日 21：30 — 22：52

## 【明解文本】

九五：有孚挛如，无咎。

《象》曰："有孚挛如"，位正当也。

## 【讲课内容】

**寇方墀：** 今天我们共同学习和讨论中孚卦的九五爻。在中孚卦中，九五要统领协调全卦，处理好与上下各爻的关系，面对不同阶位、不同性格的各爻，想要达到"有孚挛如"，不是容易的事。正所谓"独善易，协群难"。

王夫之设身处地为九五进行了一番考虑。

王夫之："五刚中居尊，可以为上之主，而孚于同，以感于异者也。虽上亢而不受其孚，而五之诚信已至，足以挛系乎四而使之安，故无咎。三、四非乘权之中位，阴之情岂能晏然处之而不争哉？二縻之，五挛之，乃以感异类而说以异。乃二得初之承，而五不能平上之亢，则二易而五难。孚异尚易，而孚同愈难。伊川不能得之于苏氏，赵鼎不能得之于张浚，亦自处于无咎而可耳。"

王夫之的意思是说，九五阳刚居于尊位，本是上九爻的君主，以诚信对待卦中的阳爻，以感通去感化卦中的阴爻。虽然上九阳刚亢进不接受九五的诚意，但由于九五的诚信做到了位，亦足可以将阴爻六四维系住，使它安守职分，所以整体局势还算安好，没有祸患。三爻、四爻没有得到中位，难免会有争斗，儿二爻感化了六三，九五爻维系了六四，以喜悦、巽顺的态度感通三、四爻，这才使"中孚"的局面安稳下来。

可是，还有初九和上九两个阳爻，怎么办？

同是阳爻，难以感通，相较而言，九二很容易地就得到了初九的顺承呼应，而九五却没有能够摆平上九阳刚亢进，这足以说明二爻容易而五爻难。由九五与上九两个阳爻这种极难沟通的关系推展开去，还可以得出一个规律："孚异尚易，孚同愈难。"不同专业、不同领域、不同学科之间彼此进行沟通、达至孚信还算容易，而相同领域、相同专业、相同的学科之内的沟通和互信却显得愈加困难。

比如"伊川不能得之于苏轼"。由于我们多次引用程颐与苏轼的《易传》，对他们都很敬仰，王夫之既然在此处提到了他们两人的矛盾，以此来说明"孚同愈难"，我们就把他两人最明显的一次冲突叙述一下：林语堂先生写的《苏东坡传》记载了这件事，哲宗元祐元年（1086年）九月，司马光去世，丧礼由理学家程颐主办，那天正好是神宗灵位送入太庙的斋戒之日，全体官员都要遵礼去斋戒。朝廷百官在太庙中大典完毕后，苏东坡带着翰林院及中书省的同仁前往拜祭故相国司马光，程颐在司马府门口阻拦不让进门，说你们没读过《论语》吗？里面有句话是"子于是日哭，则不歌"。既然早晨大家在太庙唱了歌，听了奏乐，在同一天怎么能哭丧呢？苏东坡觉得程颐太过刻板迂腐，立刻回答说："《论语》上并没说'子于是日歌，则不哭'。"率领大家进了门。当大家祭拜完毕后，没看到司马光的儿子出来回礼接待客人，一问原来是程颐说儿子如果真孝，应当是悲痛得不能见客人才是，不让司马光的儿子守灵待客，而在丧礼上儿子向客人还礼的这个风俗已经沿用了几百年。苏东坡当着全体官员的面嘲笑道："伊川可谓糟糠鄙俚叔孙通。"大家哄堂大笑，程颐满面通红。这句话，在苏东坡和二程这一派之间，播下了仇恨的种子。

苏轼与程颐虽都是君子，但性格迥异，苏轼为人通脱豁达，不拘形式，率性自然。程颐则坚守规范，认死理，为人拘谨，不容变通，两人同朝为官，矛盾日深，使洛蜀党争愈演愈烈，这也是苏轼后半生一再被贬的原因之一。

以前我们只引用两位思想家的思想，今天我们看到了他们活着时候的生命状态，也就可以理解为什么每个时代的知识分子想要达成共识是一件很难的事。即便他们都是君子。

下面，回到文本解读，我们对爻辞进行一下白话翻译和解读：

［**译文**］九五：用诚信紧密连结，没有咎害。《小象传》说："用诚信紧密连结"，是因为九五居位正当。

［**解读**］九五居于尊位，阳刚中正，有至诚至信的品格。作为居于君位的领袖，九五以至诚至信的心广系天下，天下亦以诚信相应，如风行泽上，"孚乃化邦"，社会上下以信相交，诚信相通，这是圣明君主的为君之道，将天下人心以诚信牵系在了一起，如此美好的社会形态，自然正当而没有咎害。

［**例解**］历史上的圣帝明王，都是能够以至诚至信广系天下的人，尧舜禹汤，文武周公，无不是以德化民，从而"孚乃化邦"，使上下同德，和风畅达，天下人心以诚信相牵系，自信信人，九州祥和。那是令先秦时期那些心忧天下的哲人们向往和怀念的"黄金时代"。

## 【讨论内容】

元　融：上巽，为绳直，互艮为手，手拿绳子捆紧！正反巽，正反艮，"有孚挛如"，九五居中，上下一心，无咎。

姚利民：中孚兵符也，上下一合，取信后，可以调动军队战斗。

元　融：志气，志变气随。

温海明：兵符说明深度信任，心相系如手捆扎实。

赵建功：藕益大师《周易禅解》："阳刚中正，居于尊位，德位相称，天下信之，挛如而不可移夺者也，然亦止尽中孚之道而已，岂有加哉？故但曰无咎，亦犹圆满菩提、归无所得之旨欤？"藕益大师《周易禅解》是援佛解易的代表作，大家可以参考。清黄元御《周易悬象》："九五下与九二，两中皆实，有信孚之成，挛如不解，有孚挛如，上五下二，位正当也。"

（整理者：孙世柳 中国人民大学哲学院硕士生）

# 信非所信 不可长久
## ——中孚卦上九明解

时间：2016年12月18日21：30—22：49

【明解内容】

上九：翰音登于天，贞凶。

《象》曰："翰音登于天"，何可长也？

【讲课内容】

**寇方墀：**中孚卦上九爻，先看爻象：上九已居于中孚卦最上爻，且以阳刚而处巽体之极，乘于九五之上，说明它信终转衰，过分外显，阳亢刚躁，已非中孚之道。

下面看爻辞和象辞：

对于"翰"的解释，大体有"高、高飞、飞且鸣、鸡的硬羽"等，"翰音"也就是"翰"发出的声音。

1. "翰"指高飞。"翰音"是"音飞而实不从"。（王弼、程颐）声音很高，实体却远不能及。

2. "翰"指"鸟羽之高飞也""飞且鸣者也"。（胡瑗、苏轼）边飞边发出鸣叫。

3. 巽为鸡，"翰"指鸡的长而硬的羽翮，"翰音"是"鸡振其羽翮而后出于声也"。（朱震）鸡翅振动发出的声音。

4. "翰音"就是指鸡。"鸡曰翰音，乃巽之象"。（朱熹）

《礼记·曲礼下》："凡祭宗庙之礼，牛曰一元大武，豕曰刚鬣，豚曰腯肥，羊曰柔毛，鸡曰翰音。"后因以"翰音"为鸡的代称。

5. "翰"指高。"鸡鸣必振其羽，故有翰音之象。夫豚鱼知风，鹤知夜半，鸡知旦，皆物之有信者，故《周礼》鸡人亦取孚义。然鸡能鸣不能上飞，叫旦虽不失时，欲使羽翰之音，登闻于天，岂能久乎。孟子所谓声闻过情者也。"（李道平）鸡司晨，早上打鸣可以，但是如果进行高天飞翔比赛，那它不可能长久。

综上，无论"翰音"是指鸟飞的声音还是鸡叫的声音，"翰音登于天"均有言过其实、声闻过情之义。

结合中孚卦的卦时，有从不自信到自信、信人，再到为人所信的过程，到达上九却成为自信过度而自负、为了使人相信而虚饰造作的转变，"信"是良德，但不知变通就会信非所信（朱熹语），导致为信而信。

《论语·阳货》："好信不好学，其蔽也贼"，固"信"而不知虚心学习和变通，就会因求信过度而成恶德。本身能力达不到，却要固执这份"信"，就会变成"伪"，虚声高调，虚张声势，不可能长久。

[译文]上九：鸡飞上了天，坚持这样做必然凶险。《小象传》说："鸡飞上了天"，这怎么可能长久呢。

[解读]鸡飞上了天，这是不可能长久的事，坚持这么做必然凶险。上九居信之极，信极则衰。巽有鸡之象，在上体巽之极，所以有登于天之象，鸡本不具备登天的本领，但却高调居上，不知变通，实情与名位极不相符，这种自信是完全不符合实际的妄想，且其虚张声势、欺世盗名，已无诚信可言，上九如不及早醒悟，其结果只能是凶。

[例解]战国时期，公元前286年，宋国首都睢阳城墙拐角处麻雀巢里，发现一只刚孵出来的雏鹰，巫师卜卦对这个异乎寻常的现象推断吉凶，巫师说，小生大，乃反弱为强，是成为霸主的先兆。宋王偃听后大为兴奋，挥师出击，灭滕国、打薛国、攻齐国夺五城、击楚国取土地三百里、打败魏国，同时跟齐、魏对抗。一连串惊人的军事胜利，提升了他称霸的自信心。为了加速建立霸权，他用弓箭射天，用长鞭扑地，表示敢向神灵挑战。他把祭祀天地祖先的祭坛（社稷）摧毁，表示他连鬼也不在乎。各诸侯国目睹这个没落的暴发户的作为，在惊愕之余，给宋国起了个"桀宋"的绰号，形容它已变成一个暴虐的国家。齐国看出了宋国自取灭亡的征兆，率先对宋国发动攻击，宋国军民溃散，首都陷落。宋王偃逃奔魏国，死在温城。宋国自西周封国至灭亡历时八百二十七年，彻底宣告灭亡。

上九爻解读完毕，整个中孚卦也就讨论结束了，下面我们对中孚卦进行一下总结：

[小结]本卦阐明了"信"的原则。孔子说"人而无信，不知其可也"，人要是没有诚信，不知道他还可以做什么。中孚卦卦辞强调：以诚信守正之德广及于众，甚至对那些微小的生物也不失信，拥有这样的德行必然吉祥，即使遇到危险也会如同乘着木舟渡河一样，能够化危为安。

卦中六爻，阐释了具体情况下如何"信"的问题，包括如何自信、信人和为人所信的原则：居于下位或与人交往之初，要修养充实自己诚信的德行，不可盲目轻信而向外索求，轻信依赖于外在的力量是不明智和危险的；有了美好的才德品行，但尚不被理解和重视而自处于幽隐之处的时候，要相信"德不孤，必有邻"，坚守笃实诚信的品格，言行都不失诚信本色，必然会有同道来相应；信的根本是要自信，如果内心没有中正诚信的原则，没有对自身道德、能力的自信，就会被外物影响和牵累，以致烦恼无穷，因此，要找回自主和自信，向内修德；当与人合作或辅佐领导做事的时候，专一不私是忠诚守信的基础，不结党营私，以至诚大公之心辅明君做信合天下之事；领导者当以诚信发于中，而德政形于外，广施诚信，方可以取信于民，从而凝聚人心，形成上下诚信的社会共同体；人的自信和取信于人一定要符合实际，如果盲目自信，好高骛远，或言过其实，欺世盗名，就走向诚信的反面，最终将自食苦果。综而观之，信是一种能力，自信才能信人，互信才能发展，而自信的前提是充实中正、道德自律。

今天中孚卦的讲读结束，方墀填词《风入松·读中孚卦》，与师友共享：

### 风入松·读中孚卦

和风顺雨古边城，泽水载船行。

燕儿恋子孵巢内，安然卧，寸寸柔情。

鸣鹤清音幽谷，好爵与友相倾。

夜来月映万川盈，弃马且独行。

泣歌击鼓非常事，此何如，心澈诚明。

一点存存真意，中孚万物生生。

（整理者：贡哲 中国人民大学哲学院硕士生）

（本卦校对：王鑫 中国人民大学哲学院硕士生）

时　　间：2016年12月19日21：30—22：49
导读老师：梅珍生（湖北省社会科学院哲学研究所所长、研究员）
　　　　　章伟文（北京师范大学哲学与社会学学院教授）
课程秘书：贡　哲（中国人民大学哲学院研究生）

飞鸟遗音　小过宜下
——小过卦卦辞明解

## 62 小过卦

艮下震上

【明解文本】

小过：亨，利贞。可小事，不可大事。飞鸟遗之音。不宜上，宜下，大吉。

《彖》曰：小过，小者过而亨也。过以利贞，与时行也。柔得中，是以小事吉也。刚失位而不中，是以不可大事也。有飞鸟之象焉。"飞鸟遗之音。不宜上，宜下，大吉"，上逆而下顺也。

《象》曰：山上有雷，小过。君子以行过乎恭，丧过乎哀，用过乎俭。

【讲课内容】

**章伟文：**《周易》以阴为小，以阳为大，小过卦四阴二阳，故谓之小过。阴阳贵在中和，阳强而阴弱，阴四阳二，阴阳反而能和，故小过卦言亨，亨即通达！

于事理言，某些事可以稍过，如过恭、过谦、过俭之类，因其时而异，然皆以不失其中为要！男女虽授受不亲，然嫂溺必援之以手，此可证小过卦利贞之义。利贞即谓虽小有所过，然其目的实在于得其正。此卦二、五阴柔居中，可济小事。阳爻中，三重刚失中，四不得其位，故难成大事！《说卦传》谓艮可象黔喙之属，即鸟之象，小过卦下艮上震，艮为鸟、震为动，乃鸟飞之象。又震为声，鸟飞而有声，故说飞鸟遗之音。或者三、四、五互兑为口，二、三、四互巽为声鸣，四、五、上震象代表为上，初、二、三艮为止，乃有兑口中发出巽鸣之声，此声虽在上，其音乃止于下，故亦可言飞鸟遗之音！五、上二阴乘于阳刚之上为逆，初、二二阴承于阳刚之下为顺，《周易》以阴承阳为合于正道，以阴乘阳为违背正道。于此言之，故说不宜上、宜下！从鸟之性而言，穷上则无所居栖，处下则可以得栖之所而居，得其居则安乐，此亦证明不宜上，宜下。王弼以道家思想注《易》，水善处下，故几于道。以此明不宜上、宜下之意！程颐、金景芳则以过恭、过哀、过俭为宜下，反之，过慢、过易、过奢，则为上，此则不宜！

**梅珍生：** 刚才章老师讲到："从鸟之性而言，穷上则无所居栖，处下则可以得栖之所而居，得其居则安乐，此亦证明不宜上，宜下。"这讲得很好。我觉得从"小过"的互卦中也可以看出"宜下，不宜上"。在"小过"卦中，下卦艮为鸟，中间的互卦为：下巽木，上为兑金。所谓"宜下"是说：艮鸟若过二三四爻所构成的巽卦的话，鸟息木上，宜也。所谓"不宜上"是说：艮鸟若过三四五爻所构成的兑卦的话，鸟遇刀斧之金（兑），自是自寻死路。本卦卦辞与《象传》充满着朴素的辩证法，至少揭示了生活中的五对矛盾。

一是阐明了"小过"与"大过"的相互转化。明明有"小过"，凭什么因"过"而"亨"？看卦象："小过"卦象的互卦包含着"大过"的卦象。这昭示了什么？一个人若知道"小过"中蕴含着大的灾难，因"小过"而警觉，这是"小过亨"的原因吧。《系辞》里讲："吉凶者，言乎其失得也；悔吝者，言乎其小疵也。无咎者，善补过者也。"善补小过，则亨，不善补小过，那么，"小过"则演变为"大过"，导致大的系统性灾难的发生。

二是辨析了日常之"小"与经常之"大"不容混淆。如果从"践礼"与"循礼"的角度看，"小过"即是对于"礼"的小过越。日常生活中的失礼正是可以容忍的"可小事"。日常生活中，各种小过越、小犯规、小失礼总是很多的。小事可以有"小过"，所谓"金无足赤，人无完人"，要做到生无"小过"，其惟圣人乎！

反正我们凡俗之人，总在人生的荆棘路上磕磕绊绊的，难免"小过"不断。"不可大事"也可以看作对于"礼，经国家、定社稷、蓄民人、利后嗣者也"的根本制度的坚守，不容僭越。何谓大事？《左传·成公十三年》云："国之大事，在祀与戎"，今人一般将"祀与戎"理解为祭祀与战争，其实这里更可能是指祀礼与军礼，均属礼制范畴，具体落实为祭祖、祭社之礼，都与祭祀相关。也就是小的礼节可以容有"小过"，大本大根则"不可"。大小之辨不容质疑。

三是辨析了"小过"之"大吉"在于"上"与"下"的界限不容凌越。《象传》里说："飞鸟遗之音，不宜上，宜下，大吉，上逆而下顺也。"孔颖达在《周易正义》里疏解："飞鸟遗之音，不宜上，宜下"时指出："大吉者，借喻以明过厚之行，有吉有凶。飞鸟遗其音，声哀以求处，过上则愈无所适，过下则不失其安，以譬君子处过差之时，为过厚之行，顺而立之则吉，逆而忤鳞则凶，故曰飞鸟遗之音，不宜上，宜下，大吉。顺则执卑守下，逆则犯君凌上，故以臣之逆顺，类鸟之上下也。"

四是体现了"变易"与"守常"的统一。《象传》里讲："过以利贞，与时行也。"那么，小的过越，正是对落后于时代要求的陈规陋习的突破。程颐《易传序》："易，变易也，随时变易以从道也。"他对于"小过"的解释正体现了这一原则："过者，过其常也。若矫枉而过正，过所以就正也。事有时而当，然有待过而后能亨者，故小过自有亨义。利贞者，过之道利于贞也。不失时宜之谓正。过，所以求就中也。"

五是体现了"刚柔"互补。《象传》讲："柔得中，是以小事吉也。刚失位而不中，是以不可大事也。"刚柔在易传中是一对基本矛盾。

## 【讨论内容】
### 【小过之"时"】

**姚利民：** 中孚最后一爻说明不宜上，宜下，所以接着有小过卦。

**章伟文：** "不可大事"也可以看作对于"礼，经国家、定社稷、序民人、利后嗣者也"的根本制度的坚守，不容僭越。也就是小的礼节可以容有"小过"，大本大根则"不可"。大小之辨不容质疑。《象传》里讲："过以利贞，与时行也。"那么，小的过越，正是对落后于时代要求的陈规陋习的突破。

**梅珍生：** 所以，小过卦也体现了"与时行"的创新要求。小过积大过，"积善之家必有余庆"。

**王昌乐：** 《管子》：鸟之飞也，必还山集谷，不还山则困，不集谷则死。下为艮，上为雷，宜下。

**常伟东：** 小过是对"常"的不伤大雅的过越，所以亨。

**李桂祥：** 祀与戎，祀可以理解为礼、为法制，戎为军事。那么用现代的观点说就是法制与军事，内制与外制。还是要合时，例如：至日，王不省方。

（整理者：孙纯明　中国人民大学哲学院硕士生）

# 当止而动 则为妄动
## ——小过卦初六明解

时间：2016年12月20日21：30—22：32

【明解内容】
初六：飞鸟以凶。
《象》曰："飞鸟以凶"，不可如何也。

【讲课内容】
**章伟文**：小过卦下艮为止，上震为动；于常规当止之时，而有所动，此则为小有所过，故谓之小过。如《孟子》中所云：男女授受不亲，此为常规之止；然嫂溺而援之以手，此则为时宜之震动。虽小有所过，此过实出于利贞之目的！

以象言之，雷在山上，雷震响于空谷之上，回音益愈于常，故有小过之象。礼乃常规，然现实中欲更好地循礼而行，过之反而能够得其中。所以，一方面可以要求言必信、行必果；在某些时候，又可以言不必信、行不必果！此不必信、不必果，即为小过，也就是说，可以小有所过。然之所以不必信、不必果，因为义所在。若脱离义与道，此则为妄！"不可大事"，乃在于小过不能违背大义与道，也即大原则是不可以违背的。所以，小有所过是可以的，但必须配义与道！

初六之所以凶，乃在于它在当止之时不止，妄与上卦震体主爻九四相应，于当止时而动，其凶可知。艮象黔喙之属，本有鸟象，艮为止，此鸟本当安止；然初六以阴居阳，不得其位；上应九四，四乃震动之主，故飞鸟之象成。于当止之时，却妄动而飞，不得其所，故凶！故《象》曰："不可如何。"愚意以为：因初六于当止之时而不止，违背义与道，其行不可如何！艮止而不动，震动而不止；当止则止，当动则动，若当止而动，如初六之爻，则为妄动，故言其凶！

上震为动、下艮为止，动而合于礼，此为行过乎恭；三、四、五互兑为毁折，二、三、四互巽为号，有丧过乎哀象；二、三、四为巽，巽为百工匠人，代表技艺，初、二、三为艮止，合而言之，有用过乎俭象！

**梅珍生**：刚才章老师讲了"初六飞鸟以凶"，只因是妄动所致，我来讲几句。飞鸟以凶，因不动所致。初六：飞鸟以凶。 为什么会这样？我们可以看看中孚卦："上九，翰音登于天，贞凶。《象》曰：翰音登于天，何可长也！"是说鸡登于天，欲高飞而凶，因为鸡是无法高飞的。我们知道小过卦的主要易象是飞鸟，何以飞鸟处初六却凶呢？这可以从六爻的功能来说明。《系辞传》里说："《易》之为书也，广大悉备。有天道焉，有人道焉，有地道焉。兼三才而两之，故六。六者非它也，三材之道也。"显然每卦中的初、二爻代表的是地道，三、四爻代表的人道，而五、六爻代表的是天道。如果这个解释成立，那么，"初六：飞鸟以凶"不是飞鸟之"飞"，而在于"飞鸟""艮"止于初爻之"地"，飞鸟当"飞"而不飞，止于地，会有什么后果？肯定要招致网罗。小过卦（上震下艮）初六一动，则艮（鸟）变为离，离则为网罗，鸟入罗网，岂不凶哉！

　　如果把每卦的六爻看做一个生存的场所，那么每一爻所处的位置，就代表了它在一卦中的"当位"与"不当位"，"有应"与"无应"的情况。也代表了不同力量的结合对整体环境的影响。王夫之在《周易内传》里，解释"初六：飞鸟以凶"时，认为："初、上在外，张翼欲飞之象。阴盛而偕二、五以翔，逆理而行，害及天下，故凶。'以'者，谓以飞故凶。"对于"象曰：飞鸟以凶'，不可如何也"，则认为："明非飞鸟之凶，而遇之者凶也。妻挟夫，臣挟君，夷狄挟中国，不可复制，示占者宜早为之防。""明非飞鸟之凶，而遇之者凶也。"这里提供了一个理解六爻关系的思路。我们可以把六爻之间的关联，看做是个体特定的生存境遇，在这个境遇中，有阻有应，有助我的贵客，有压制他人、搞小动作的小人。遇到不对眼的人，自然"凶险"。尚秉和的《周易尚氏学》认为："艮为鸟，四虽有应，二得敌，应予阻隔，又失位，故'凶'。"王夫之就是把初六、上六的阴爻看做是六二、六五中位的阴爻作为集合在一起，小过卦的生存境遇中，所有的人都只能服从这"四阴"的力量。从小过卦象上看，"阴盛而偕二、五以翔，逆理而行，害及天下，故凶"。

　　推天道落实到人事上看，恰如"妻挟夫，臣挟君，夷狄挟中国"，在这样的生存境遇中，岂有不凶之理？显然，王夫之认为"初六，飞鸟以凶"的"遭凶"主体是与初六相关场域中所有对象，初六则是"致凶"的主体。

　　马振彪在《周易学说》里，引用项安世、刘沅、郑杲诸家之说，都指初六飞鸟以凶，是因为不当飞而飞，所致之"凶"。那么，"凶"的主体是"飞鸟"自身。这里的解释就又回到了章老师的解释了。

　　怎么看待这些相互矛盾的解释呢？其实，这正是解释学的一个基本特征。董仲舒讲"《诗》无达诂，《易》无达占，《春秋》无达辞"，尽管前人的解释多数都是相互矛盾的，甚至相反的，但在各自的解释系统中，都具有自身的合法性。

## 【讨论内容】

温海明： 如何于矛盾中梳理出合理的思路是最难的，初六取鸟象有离有艮等。鸟到底是飞还是不飞？是飞合理还是不飞合理？不能简单说都有理。

姚利民： 初六与上六为太极中生两仪，如反客为主，行拳必败。

李桂祥： 谈点我的看法，"离""雈"这两个字有鸟象，但第二个字是用网捕鸟，并且初六变化后为离，二三四五有坎象。"罒"这个字就是网。

王力飞： 陈凯东老师直接说"艮为鸟"。

温海明： 有说离为鸟，鸟象难取。

王力飞： 艮为黔喙之属，见《说卦传》。

李桂祥： 从"离"字和"雈"字的构字法来看，本身就是鸟。

王力飞： 一个飞走了，一个被网住了。

李桂祥： 大雁的雁，里面的就是一种短尾鸟，和离，雈字形都与鸟有关。

王力飞： 有翻译认为黔喙是凶猛的禽鸟。

温海明： 也有说黑嘴动物。

王力飞： 猛禽之类。

李桂祥： 黔喙是肉食动物。

王力飞： 喙，多用于鸟嘴。置喙，跟鸟似的插嘴。

李桂祥： 不要用现代的解释古代的。喙，从字形上分析也和鸟关系不大。喙，一定和象有关，大抵是长嘴猪。

梅珍生： 艮的初六若动，则变离——（雈）罗网，凶啊！

王力飞： 飞鸟以凶，和小过的关系在哪？

梅珍生： 飞鸟之动遭凶，即过所致。

王力飞： 我也感觉，但是不动或许更麻烦。

梅珍生： 小过，亨利贞，三好，却没有"元"，何也？初六，凶啊。

王昌乐： 动在险乎中。

温海明： 初六一动就凶，自投罗网。

李桂祥： 离为鸟，往前飞，大象有坎，故凶。

温海明： 上六被网住，初六反正动不动，飞不飞都凶。

（整理者：张馨月 中国人民大学哲学院硕士生）

# 小过当位 过而得之
## ——小过卦六二明解

时间：2016年12月21日21：30 — 22：41

## 【明解内容】

**六二：过其祖，遇其妣。不及其君，遇其臣，无咎。**

**《象》曰："不及其君"，臣不可过也。**

## 【讲课内容】

**章伟文**：于小过之时，事可过于常！如六二之过祖遇妣，遇臣不及君之类，皆可得其无咎。

正常情况下，祖尊于妣，君尊于臣；于小过之时，则可以稍过之而无妨！过在于利贞，在于合其时宜。六二与六五，二阴相敌；于小过之时，不宜上、宜下；按常规，二当往应五，故二过三、四往应五，此即过祖而遇妣；然二、五敌应，故不及其君；二转而上承三、四，此则为遇其臣。二过三、四往应五，为过祖遇妣；五不与二应，二转而上承三、四，故不及其君而遇其臣。此不合正常之规，乃有所过失；然六二居中处正，进退皆合于道，故虽不合常规，仍然可得无咎！不及其君，如上之解；其原因在于臣不可过，此臣大概指九三、九四。九三重刚不中，九四阳居阴而失位，下卦为艮止，此为六二不及其君的外在原因。内在原因当然归咎于二与五同阴相敌。由此内外之因，则二不及五，臣不及君。虽六二费尽心力，过祖遇妣，终只能得"无咎"而已！

此处纠结的地方在于取象，因历史上的注家对何爻代表祖，何爻代表妣，何爻代表君，何爻代表臣，有不同看法。我个人认为，于小过之时，本就应该突破常规，根据时宜而求利贞。过祖遇妣、不及君而遇臣，于常规皆有所过，然此过是以六二之中正为前提的，故虽过而可得无咎！至于孰为祖、妣、君、臣，于象上似乎可以不必深究。但是，虽说得其义而象在其中；然必于象之上方说得《易》，否则尽可以说理，然此理非《易》理矣！

**梅珍生**：确实，我们看看，谁是祖，谁是妣，谁为君，谁为臣，前人把小过六爻找个遍。王弼："祖，始也，谓初也。妣者，居内履中而正者也。过初而履二位，故曰过其祖而遇其妣。"我倾向于王弼的说法，初六为祖。阳之在上者，父之象；尊于父者，祖之象。四在三上，故为祖。王夫之以为：五、上以阴居天位，有鬼神之道焉，故为"祖""妣"。上，祖也；五，妣也，"遇其祖"。尚秉和以为：艮为祖，二承三故"过其祖"。巽为妣，二当巽初，故"遇其妣"。 不管谁是祖妣，但过其祖，犹不及其君，都是与关键的人物未曾遇合，而所遇合的都是关键的身边人，所以无咎。所以从爻的位置看，王弼应该是对的。

我以为六二爻昭示这么个道理：六二，曲线办事、巧找门路、巧找方法。投机取巧，门路不正，小过。不找周公，找周母，所谓"过其祖，遇其妣"；不找县官，与县官却相见甚欢，这样做，肯定也没有问题啊，无咎。正与现代找门路的思维相合！

## 【讨论内容】

温海明： 反正能够碰到重要人物边上的人，路路通。

梅珍生： 过遇，不及遇，所"遇"者，都是重要人物的身边人。

温海明： 有说祖父去世了，所以没碰到。

梅珍生： 完全同意。

温海明： 那有说国君死了，碰不到，有理？

王力飞： 找不着主角，就找经常和他在一起的配角，关键是明白找人干啥，能把事办了就成。如果办事最后演变成了找人，那就真的过了。

温海明： 还有说秘书挡驾，不让见领导。

梅珍生： "不及"，与"过"，虽都是未相见，"不及"还未到。

王力飞： 放在"小过"的背景之下是，找的人就是找不到，没关系，找他身边人，大事不成，但小事能办好。故无咎。这和卦辞内容也是呼应的。

温海明： 因为小过了一点，人就找偏。

王力飞： 错过了。小的错过，看啥事。高精度的技术活儿，偏了一点点也麻烦，做大事，偏了一点点也为过。

温海明： 历代找"象"何止小过。找人也要尽量精确瞄准。虽然小过一点点没太大关系。

王力飞： 大过，是祭祀和草垫之间的差距，老夫和女妻之间的差距，大梁和柱子之间的差距，老妇和士夫之间的差距。小过，是祖父和祖母之间的差距，君王和臣仆之间的差距，飞鸟和穴兽之间的差距。这些关系看明白了，过代表什么就不会跑偏了。

梅珍生： 所以，不欲观象！"是故触类可为其象，合义可为其证。义苟在健，何必马乎？类苟在顺，何必牛乎？"

温海明： 王弼扫荡象数，估计就是被类似这样的爻烦透了。

（整理者：黄仕坤 中国人民大学哲学院硕士生）

# 防恶止心 以远戕害

## ——小过卦九三明解

时间：2016年12月22日21：30—22：42

【明解内容】

九三：弗过防之，从或戕之，凶。

《象》曰："从或戕之"，凶如何也！

【讲课内容】

**章伟文：** 于小过阴盛阳衰之时，不宜上、宜下，九三处上下卦之间，以阳居阳，有躁动之性，若上应上六，则为妄动，有戕之之凶！三、四、五互兑为毁折，四、五、上车有震，亦武之象！危哉！小过四阴擅权，二阳局促于四阴包围之中，可小事、不可大事，九三重刚不中，于当止之时，躁动而妄应上六，则可能遇戕之之患！因九三为下卦艮止之主爻，于当止之时止，于当动时动，皆可得利贞！就九三言，本身为阳爻，又处三之阳位，且居于上、下卦交替之际，妄动的可能性大。故爻辞戒其勿过，当防有兑之毁折、震之威武加于己身！当然，程传以三往应上，当防四之戕；又以四往应初，当防三之戕，故皆言弗过！正常情况下，一般为阴往应阳，阴依于阳；然于小过阴盛之时，出现了反常，即阳往应阴，若三应上、四应初之类。然此应不为《易》所认可，故三、四两爻皆戒之弗过，或防之、或遇之，但不当应之！若君子之远小人，不恶而严！于《周易》卦之六爻而言，三之位常为危殆之地；若以三才言之，三、四为人位，由此也反映出人事之不易！老子言：人法地、地法天、天法道、道法自然，老子说天地不仁；孔子说天何言哉！天道、地道，本皆自然；唯人道不易，私心、妄想太多，常陷于无明而犯大错。无善无恶心之体，无善无恶则心体光明，如《大学》所说之"明德"，明德若明，则无颠倒梦想，可以得大自在！而无戕之之凶。

**梅珍生：** "从或戕之"，杨增新的这一说法，颇值得关注："小人宜防不宜从，从之未有不遭其戕者。不独忌我为戕，即爱我、用我亦为戕，故所从不可不慎也。"戕有多种：有捧杀、有棒杀。"从"谓二阴从三后也。三以阳居阴上，为艮止主爻，故可以妨阴之过，而唯恐其不防。其实，"弗过"也可以是九三弗过九四。过九四，九三、九四、六五则为兑，为戕。尚秉和《周易尚氏学》称：四遇敌故"弗过"。艮为守、为坚，下有群阴承之，利于防守，故曰"防之"，与《渐》九三，《蒙》上九"利御寇"义同也。

## 【讨论内容】

**姚利民：** 人所处之地为火宅。看似温泉（小过为坎为水），其实坎也是相当凶险，可以这样理解否？小过等于放大的坎。

**常伟东：** 小过就像"大号的坎"。

**温海明：** 这一爻有事实判断和应然判断之区别，不同讲法都有。三四五互兑，是已经受伤？还是可能受伤？解法不同。

**梅珍生：** "从之（四）或戕，坚守九三"，切记"弗过"。

**温海明：** 从《象传》看，已经受伤，而且蛮严重。

**王昌乐：** 《象》曰："从或戕之"，不一定就是事实。

**姚利民：** 心受伤了？

**温海明：** 理解为可能受伤怎么办好一些。

**梅珍生：** 谁该弗过？该防谁？从谁？谁戕谁？满满的疑问。

**王昌乐：** 六二解法太多，影响到了九三。

**温海明：** 九三不要越过，是不应该越过九四；没越过，是九三事实上没有越过九四。九三应该防柔爻没有防住？九三从九四？还是从上六？还是二阴从九三？主语应该是九三？

**王昌乐：** 九三没有防住初六、六二，"弗过防之，从或戕之"，跟着就越过了，所以失位失正。九三弗过就是小过，九三过在过刚，防恶就在于阴胜阳，不能硬碰，阴在上，要戒躁。从或戕之，如果戒不住防不住自己，从而继续越过九四与阴相对，那就大凶了。象再一次提醒九三，一定要防止。九三防止，有两个一防止恶为上，一防止己过刚为恶。九三与上六相应，所以有越过之险，上六为阴，阳刚好动为之所陷溺，不顾一切越过九四、六五，此大凶。总之九三防恶止心，修身为正当从己先。

（整理者：李芙馥 中国人民大学哲学院博士生）

# 防患守正 以应万变

## ——小过卦九四明解

时间：2016年12月23日21：30 — 22：58

**【明解内容】**

九四：无咎，弗过遇之，往厉必戒，勿用，永贞。

《象》曰："弗过遇之"，位不当也。"往厉必戒"，终不可长也。

**【讲课内容】**

**梅珍生：** 何谓九四"无咎"？九四是阳爻处在柔位。王夫之说："当阴过于盛之世，阳宜静处于内以待其定。三刚而躁进，以与阴相持，故或戕之。"这要求我们要善于辨识周遭的环境和时势，九四就是好的榜样。王夫之说："四以刚居柔，守正而不争，故无咎。"所以，不要学那些死磕的死缠烂打之人。

王夫之从九四自身的特质与所居之位的反差，对九四所提出的道德化要求，"守正而不争"就是一种应然的表述，有能力的九四，居于柔位，从哪里可以看出它能够且已经做到了"守正而不争"呢？果能如此，当然"无咎"。尚秉和的《周易尚氏学》认为："四临重阴，利往，故'无咎'。"重阴指六五、上六，尚秉和认为"无咎指上行"。尚秉和是从九四与重阴的可能性关系入手，得出九四"无咎"的结论。九四之"刚"承奉六五、上六之"柔"，体现了九四刚不以"刚"凌"柔"，自然可以"无咎"。何况《易》中之位是九四为臣，六五为君呢？王夫之所谓："当阴过于盛之世，阳宜静处于内以待其定。"在小人当道的社会里，君子所为，当如小过之九四爻。九四："以其不能过也，而上承六五以与之遇，庶几抚之使顺。"如果我们认可六爻之位是对于宇宙间人事、万物及其相互关系（或位置）的"拟议"，那么，这种道德化的阐释，还是很有道理的。马振彪《周易学说》中，引用马其昶的说法，认为"四应初六，合宜下之道。故无咎"。这是易学中最为基本的判断。即使认为"四临重阴，利往，故'无咎'"，强调以象为据的尚秉和，也同样认为"四应初六"的。无论是利往的上行，还是应初六的下行，都可以得出"无咎"的结论。

何谓"弗过遇之"？谁"弗过"？九四"弗过"六五而已。马振彪认为："五君位，四臣位，守贞而遇君则可，恃刚而轻往刚危，必不善终。"这也是九四"上行"的状态描述，也是卦爻辞中"不宜上"之所指。尚秉和在《周易尚氏学》中，对本爻的解释，则揭示了九四"下行"的"弗过遇之"的原因。"四应在初，遇谓遇三也。三为四敌，故戒以弗过，然而遇之。"

"往厉必戒"何谓也？九四所"往"之处，传统解释中，一样存在"上行"、与"下行"两个解释方向。王夫之认为："五且居尊拥盛，而未即合，则往且危而不容不戒，能戒则免于危矣。"这是以九四往六五为"厉"，强调九四的上行方向。强调所"往"向"下行"方向的，如马其昶认为：九四"以失位之刚在上，虽应下而情亢，故又有往厉之戒"。主张字字皆有象的尚秉和认为："往，厉者，谓往应初而厉也。往应初，则三戕之，故'厉'。厉则宜有所戒，勿用而贞定自守可也。""厉"之根源，在于九三隔绝九四与初六之"应"。

何谓"勿用"？我们都欲求"被用"，被重用，但身处"三、四进退危疑之地"，求"用"岂是处世之道？孔子早言："危邦不入，乱邦不居。""天下有道则见，无道则隐。""邦有道，贫且贱焉，耻也；邦无道，富且贵焉，耻也。"所以，《易》的告诫是"勿用"。王夫之以为："'勿用'焉，乃以永保其正。盖求胜不能，求合不易，自守以免咎，处于不足之势者，其道然也。"承"厉"而来，"厉则宜有所戒，勿用而贞定自守可也。"（尚秉和语）马振彪《周易学说》引陆希声的说法，"勿用，戒辞。所以深思远虑，以保永久之贞。"又引张浚曰："勿用，静也，如乾初九之勿用。""勿用"有时也很好！

何谓"永贞"？四以刚居柔，不恃刚，永守其贞，不失于己，亦不屈于人，正可保吉祥。五君位，四臣位。守贞而遇君则可，恃刚而轻往刚危，必不善终。九四处"危疑之地"，所应该做的只是静以守正而已。

何谓"遇之"？马振彪《周易学说》引李士珍观点，认为此爻昭示了君臣（人际）的遇合之道："遇合之道，必出于正。合不以正，后必不终。当阴过乎阳之时，不可前往求悦于阴，当静守其正也。"这就是说，一旦我们在生活中落入"刚居柔位"的境地之时，我们要安于"柔位"，切不可屈身悦世、曲学阿世，始终要以正行事。即使是在雾霾与砂砾的笼罩中，依然要不失自身"守正"的光辉。亦如马振彪的《周易学说》引述杨增新所言："过遇，非匿怨而友也，非枉尺直寻也，非同流合污也。不失色于人，不失言于人，不失礼于人，不伤于物，故物莫之伤。"身处"危疑之地"，静以守正，永保我堂堂正正做人的本色！这大概就是小过九四给予我们的启示。

## 【讨论内容】

**姚利民：** 一旦我们在生活中落入"刚居柔位"的境地之时，我们要安于"柔位"，切不可屈身悦世、曲学阿世，始终要以正行事。

**元　融：** 小过，四阴决阳之卦，升、小过、萃，二阳的三重奏；小过之二阳失尊、失中，并肩而立，允厥执中，如临深渊，战战兢兢，可保无忧；克制自己的欲念，坚守兄弟道义，形势艰险，三凶四无咎，三位需要抵抗初爻二爻的进攻，四爻要取悦五上二阴爻的压力，不容易啊！小者过也，阴的力量太大了些，难过难过。

**王力飞：** 提供一下个人见解：（在稍稍错过的情况下）无咎，弗过遇之（正好把握住了那个度）。往厉（再向前一步就有危险）必戒（必须告诫自己，帛《易》"戒"作"革"，可解为必生变化）。勿用（别这么干），永贞（永远保持不过遇之的状态）。个人以为"九四"为最佳状态。

**王昌乐：** 九四，阳爻阴位，震之下，艮之上，小过之中，与初相应，与六五相比。两阳陷于众阴之中。

**姚利民：** 占卜如占得九四，说明此人极为明智，心印已握。

**常伟东：** 我个人意见，前面的阐释侧重"过"字多一些，侧重"小"字少了一点。阳为君子，阴为小人。六二、六五均小人居要位，勉力为之，也不能办成大事业，仅能满足于小成而已。再引申出去，人须有自知之明。若自身能力等确实不足，就不应过于强求大成。谨慎守位，反而不会招致不好的结果。这也就是本卦"宜下不宜上""利小事不利大事"的内涵之一。

（整理者：秦凯丽　中国人民大学哲学院硕士生）

# 柔过处尊 恩施未行

## ——小过卦六五明解

时间：2016年12月24日21：30 — 22：38

【明解内容】

六五：密云不雨，自我西郊。公弋取彼在穴。

《象》曰："密云不雨"，已上也。

【讲课内容】

**梅珍生**：何谓"小过"之"小"。抬头望天，"密云不雨，自我西郊"，好一片黑云压城！《易》中这相同的词句出现了两次，第一次是在前面的小畜卦辞中出现过。这就不得不使人看看他们之间的关系。有清代经学家许桂林据此以为："小畜卦辞、小过六五皆云自我西郊，自言所守之土皆于名'小'之卦。"这一解释，为现代易学大家马振彪的《周易学说》所呈现、所采信，是不是这样，大家可以思考。

何谓"密云不雨"？从卦象上看，尚秉和《周易尚氏学》以为，《文言传》以坤为云，那么，这里的"五上重阴，故曰'密云'"。又因为卦象中"兑为雨，风火在下，故'不雨'"。李士鉁更明确地指："五为天位，互兑为聚水。水聚天上。故密云而不雨。下有巽风散之，亦'不雨'象。"马其昶称："已上，谓阴已上挤，本可致雨，以下为二阳所阻，巽风荡之，但为密云而已。"我们再对照小过卦画，看看所谓兑、巽之所在。"小过"的互卦中，二三四爻构成的是巽卦，巽为风。三四五所构成的是兑卦，兑为雨。风吹雨散，所以，"密云不雨"不仅是对自然现象的描述，更是对卦爻所构成的万物之间关系的说明。如果把眼光放远一点，从初六到六五这五爻所构成的两卦看，初六、六二、九三的艮卦，与三四五构成是兑卦，他们之间的关系，也会导致不雨。王弼所言，就是如此："六得五位，阴之盛也。故密云不雨，至于西郊也。夫雨者，阴在于上，而阳薄之而不得通，则烝而为雨。今艮止于下而不交焉，故不雨也。"泽动于上，艮止于下，不雨象。艮为静，懒得与兑泽相交，致使阴阳不和，难以成雨。

"自我西郊"何谓也？按照《易》的象数派的解释，如尚秉和《周易尚氏学》所称，本卦三四五爻构成的互卦为兑。"兑西震东，言此密云起自西郊而东行也。"马振彪《周易学说》引虞翻的注释是："兑为西。"引刘沅的解释是："兑在西方，爻变为乾，在外卦，象西郊。我由震言之，兑在震西，自东而西为阳则易雨，自西而东为阴则难雨。"再看看卦画中的"郊"何在？这些解释，比程颐的解释，如"五以阴柔居尊位，虽欲过为，岂能成功？如密云而不能成雨。所以不能成雨，自西郊故也"，应该更有说服力些。

"公弋取彼在穴"何谓也？尚秉和《周易尚氏学》把这里的每一个都转化为《易》象，小过的卦体中，上卦为震，"震为公、为射，故曰'公弋'。弋者系绳于矢以射鸟，乃不射鸟而以弋取彼在穴之艮狐，胡能得利？"五应在二，二巽为绳，艮为矢，以绳系矢，弋象也。好复杂吧？呵呵。更复杂的象，尚秉和也给我们找出来了："而艮为穴为狐，艮手为取，穴居之物，岂能弋取？言二不应五，有如此也。"所以，看到别人说得头头是道的象，其实是隐约之象吧？

小畜卦辞为："小畜，亨。密云不雨，自我西郊。"卦辞往往代表一卦的主要含义，这两处相同之辞，使得有的学者认为："小畜一卦之体，当小过一爻之义也。"可见小过六五爻是辞约义丰的。六五爻显示的自然之理，在王夫之看来，就是"阴阳和则雨；阴亢而不受交于阳，云虽密，不能雨也"。六五爻昭示的人道法则，就是王弼所认为的："施之于人，是柔得过而处尊，未能行其恩施，广其风化也，故曰'密云不雨，自我西郊'也。"

也就是柔处尊位，却不肯施恩于众。"公弋取彼在穴"则预示着六五爻之才德与所居尊位之间的匹配失衡，即是通常所讲的"德不配位"。王弼以为："小过之时，为过犹小，而难未大作，犹在隐伏。以小过之才，治小过之失，能获小过在隐伏者，有如公之弋猎，取得在穴隐伏之兽也。""以小过之才，治小过之失"就像"公弋取彼在穴"一样，难有所得、所成的。王夫之对此也感叹："以阴暗居天位，凝而不散，四虽欲与遇，终不可得而和也。""阴邪盛而志士（九四）徒劳"。盼雨、望雨以慰民之所望，恰恰是在五之位尊者应该回应的期盼。孔颖达引申此爻中"雨"的含义为："雨者，以喻德之惠化也。除过差之道，在于文德，怀之，使其自服；弋而取之，是尚威武，尚威武即'密云不雨'之义也。"

## 【讨论内容】

梅珍生： 小过之"过"，既是二、五之间不应，不能形成合力，也可以是六五"取彼"方法不当之"小过"也。估计尚秉和自己也乱了。王夫之认为："弋本以射飞鸟，而施之于穴，固不能入。"射鸟之"弋"，以致射"洞穴"之物，确实也不用奇怪。方法不对，自然劳而无功。正如《焦氏易林》所谓："操笱搏狸，荷弓射鱼。非其器用，自令心劳。"

温海明： 应该是洞深不见底，所以要射箭，还要用手去捞。

梅珍生： 想想也是，用捕鱼的笱去搏击狐狸，用射狐狸的弓去射鱼，怎么可能有收获呢？但是，会不会有"公弋"恰为飞鸟，飞鸟被击中而落入"穴中"呢？"公""取彼"飞鸟"在穴"呢？

温海明：　"公弋"恰为飞鸟，飞鸟被击中？卦象上有根据吗？如果这样理解，似乎违背了传统语言习惯，合乎文言习惯的句式应该为"取彼于穴"，而非"公弋取彼在穴"。

梅珍生：　假设之辞了。

温海明：　小过卦取象很复杂。想射入海底捞月捞针，小过！

元　融：　小过，四阴取阳，互巽为绳，大卦为坎，为弓，为穴，六五携四阴取二阳如探囊取物；三四五互兑，二阳承阴，六五喜悦在心，密云不雨，杀机四伏，难，难，难为二阳。弋与平安，相得益彰，互相映衬，也是一景。

（整理者：孙世柳　中国人民大学哲学院硕士生）

# 骄亢求胜　过不知限
## ——小过卦上六明解

时间：2016年12月25日21：30—22：58

## 【明解内容】

上六：弗遇过之，飞鸟离之，凶，是谓灾眚。

《象》曰："弗遇过之"，已亢也。

## 【讲课内容】

梅珍生：　第一，"弗遇过之"，何谓也？上六"弗遇"谁呢？上六按卦理当与九三相应，事实上它们两者之间可有"助应"？可否相互支持？难！造成这种"难应"局面的原因是什么呢？一些学者以为的"六五"爻作怪，如尚秉和的《周易尚氏学》称："'弗遇'言为五所格，应三难也。"上六与六五爻的性质为同类，同为阴，同类相斥，六五阻止上六与九三相应，也是世之常理。正因为上六被六五所阻，所以，王夫之认为："'弗遇'，终绝阳而不相下也。"也有一些学者认为是上六自身动而变阳，与九三相失"无应"。如马其昶认为："阴阳之气，同类则相拒，异类则相感。上变阳则与三相失，弗能亲遇，但有过之而已。先曰弗遇，见上本有可遇之道，其弗遇也，其自为之也。"上六与九三不遇，正是上六自身的原因，怪不得别人的。所以，李士珍认为："阴居极上，独远乎阳，故弗遇乎阳而反过之。"不"遇"反"过"，在上六就过头了，最终只能就此"别过"！大家看看，上六也是怪可怜的，绝阳无应！求"遇"终不得"遇"，孤独终老，一任己行，"过之"！"过"六五而已。尚秉和认为："乃竟过之，是无心相值，不虞之祸。"刻意不与六五相协、相合，必然要招致灾祸。身处上六，在小过卦中已是一卦之极，处此位而不知警醒，招灾惹祸，势所难免。

　　第二，"飞鸟离之"何谓也？上六爻中，鸟从何来？尚秉和的《周易尚氏学》认为："盖艮为鸟，上卦艮覆，鸟首向下有坠象。""艮覆"说得很玄，其实，上卦"震"就是"艮覆"。我们站在上六之位，看上六、六五、九四三爻所构成之卦，恰为艮卦。所以，尚秉和认为："艮为刀兵，正坠兵刃之上，离罹通，遭也。遭此意外之祸，故'凶'也。"程颐认为："六阴而动体，处过之极，不与理遇，动皆过之，其违理过常，如飞鸟之迅速，所以凶也。"

　　上六动则为"离"。上六爻动变为火山旅。下艮上离，艮为鸟，离为火，飞鸟扑火，岂不"凶"哉？马振彪《周易学说》引沈该之言："卦变为旅，旅上为鸟焚其巢。"鸟焚其巢，或死，或失其所居，何其凶也！马振彪又引余芑舒之言："离，如鸿则离之之离。"离，就是我们通常所说的"离开"。飞鸟过之，就是动而离开上六之位。王夫之《周易内传》认为此处之"'离'，丽也，当也"。也就是"飞鸟离之"，乃飞鸟当"弗遇过之"的时候，正是"凶险"之时。

　　第三，"是谓灾眚"何谓也？《说文》里："眚，目病生翳也。"范成大《晚步宣华旧苑》诗有："目眚昏花烛穗垂。"《广韵》称："眚，过也。"飞鸟扑火，烈焰熊熊，岂能逃脱"目病生翳"之"眚"？程颐认为："是谓灾眚，是当有灾眚也。既过之极，岂唯人眚？天灾亦至，其凶可知，天理人事皆然也。"清代学者刘沅说："灾，天殃；眚，人祸。是谓灾眚，欲人之畏灾眚而自警。"天殃人祸相类相连。有时候，看起来是天殃，实际却是小人不知收手惹祸而成。

## 【讨论内容】

　　**梅珍生：** 王夫之认为："'过之'，势已过而又自骄亢以求胜也。此则鸟飞而上，逆之极也。"

温海明：不该错过时就不要错过，否则就只有小过。

梅珍生：王夫之对上六逆势而"自骄亢以求胜"之飞鸟，是很惋惜的。王弼将此情此景落实到人事上，指出："小人之过，遂至上极，过而不知限，至于亢也。过至于亢，将何所遇？飞而不已，将何所托？灾自己致，复何言哉！"

温海明：过了就算了，小过就是。

梅珍生：小过得过且过。

温海明：亢过就不好过了。

梅珍生：很对，亢过为难！

刘久红：过犹不及，悔之晚矣！

温海明：小过就要既济，所以小小地得过且过，也就快要成功啦！

梅珍生：所以，孔颖达说："以小人之身，过而弗遇，必遭罗网。其犹鸟飞而无托，必离缯缴……过亢离凶，是谓自灾而致眚。"

闫睿颖：无路方悔，可已无回头路。

温海明：日子还是要过，小小地过就好。

王力飞：灾，房下失火。眚，熏了眼睛。

刘久红：伤同类，自危也。

温海明：小小心心地在街上走过都好凶险。

梅珍生：小过小沟！小心阴沟翻船。

刘久红：防不胜防之感。

温海明：如飞蛾扑火，小心过路都有天灾人祸。

梅珍生：上六不知自警，正处在"已上""已亢"之境。不知戒"过"，却强力扩张自我的欲求，幻想世界顺从我的心愿，甚至以为只要自我有决心，就能成。

温海明：一不小心就走在人生边上。

梅珍生：人生边上好，合"宜下"之道。刘沅说："盖阴之在上，戒其过盛也。宜下不宜上，君子处小人多之时，固当让卑；小人当党类盛众之时，又岂可自逞乎？"

刘久红：妄想的上六危矣。

温海明：经常小过终酿大过。

梅珍生：若以为"过"踏自然之道与人事规则，总可以无往而不胜，凶矣哉！

温海明：人要接地气，小小过好。

梅珍生：王夫之认为："翱翔天位之上，肆志以逞，故害及天下。"上六飞高了更麻烦。老子言："善下莫若水，水善利万物不争"，正是懂得宜下之道的缘故吧。

温海明：飞不高就更不要想飞得更高。

梅珍生：　从飞鸟之象中，也许我们可以得出"凡事宜下顺人情，不可上逆天理"的结论。在小过卦中，初六居艮之下，则当知其所止。

温海明：　学《易》小小过着，蛮好。

梅珍生：　爻言飞鸟以凶，正是不肯居下而欲据乎上，显然违背了"不宜上宜下"之义。

刘久红：　宜下顺人情。

梅珍生：　过自己的小日子！

王昌乐：　苍天直上云万里，抬头不过三尺高。

梅珍生：　程颐认为："居过之终，弗遇于理而过之，过已亢极，其凶宜也。"总之，上六蕴含着"自警其过"之义。正如马振彪所言："阴之在下卦者不欲其过。阴之在上卦者则戒其过盛，最合宜下不宜上之说。""自警其过"不正是小过卦的外应。

元　融：　上六和九四互印互参，会有所得；一个是"弗遇过之"，一个是"弗过遇之"；哪里有迫害，哪里就有反抗，各有各的主意；小过之过，是一种态势，四阴决阳的态势，九四想要扭转态势，上六坚定地维持态势；"遇"和"过"，只是各自的手段，各自有各自的阵营，上六胜利在望，却也疲态尽显，到手的鸭子不要飞了，飞了可就转凶了，咬紧牙关，顶住。

刘久红：　小小过，以取中得正，与天道符合。

温海明：　上六扛不住了。

元　融：　不求有功，但求无过。

（整理者：贡哲　中国人民大学哲学院研究生）

（本卦校对：龚莲伊　中国人民大学国学院硕士生）

時　　間：2016年12月26日21：30 — 22：33
导读老师：孙福万（国家开放大学教授）
　　　　　何善蒙（浙江大学人文学院教授）
课程秘书：孙世柳（中国人民大学哲学院硕士生）

水火相交　万事皆济
——既济卦卦辞明解

## 63 既济卦

离下坎上

【明解文本】

既济：亨小，利贞。初吉终乱。

《彖》曰："既济，亨"，小者亨也。"利贞"，刚柔正而位当也。"初吉"，柔得中也。

"终止则乱"，其道穷也。

《象》曰：水在火上，既济。君子以思患而豫防之。

【授课内容】

**孙福万**：既济卦，事之既成也，和未济卦是一对儿。水火相交各得其用，六爻相应各得其正，故为既济。这是六十四卦中，唯一一个六爻都得位的卦，按说是很好的。看起来很美，实际上不妙——这就是《易经》的妙处。

　　关于这个"济"，好像有两种说法：一是，济者，济渡之名，既者，皆尽之称，万事皆济，故以"既济"为名。因为"涉川为济"嘛。但也有人说，水在火上，有炊爨之象，饮食以之而成，性命以之而济，故曰既济。好像都有道理。但从爻辞来看，主要讲的是过河。其中都暗含着水火既济，后来的《参同契》，对此发明很多。

　　《象传》说"水在火上"，则水火有相济之功，但是水火毕竟又有相克之患。盖水能灭火，火亦能干水。思其患而预防之，则两相为用而不相为害。以此推之于天下事，莫不如此也。水、火，都是厉害的角色，两者闹在一起，调和不好，就会出大事。


## 【讨论内容】
### 【断句】

元　融：断句为"亨小，贞吉"？还是"亨，小贞吉"？

孙福万：亨小，所以"利贞"？

何善蒙：我自己倾向读为"亨，小贞吉"。

孙福万：断句确有不同。

温海明：两种断句都有理。

孙福万：这也是《易经》有趣之处。

罗仕平：也许可以根据不同实际问题来断？

何善蒙：是的，只是解释上的略微有差别。

张吉华：亨，指一种阳爻行为，单独断开为句，恰当。亨而有小，其小利贞，故亨应断开。

何善蒙：不过，我觉得需要说的是，前人很少断在亨，比如正义，以亨小为说。这个时候解释上就是从既济的意义延伸出来，因为既济了，所以，小也亨了。但是，如果从卦象上来看，似当以亨，小利贞比较好讲，因为直接反映的是卦象。

孙福万：从《象传》来看，断句为"小利贞"，是不是有问题？或者，起码《象传》的作者不是这样断句的？

何善蒙：《象传》是断小。"亨小，利贞。"

张吉华：小者亨也，应是指亨之者为小，即小是指一个行为主体？

元　融：下卦为离，为火，和乾卦能量级别还是有差。


### 【"亨小"】

孙福万：为什么讲"亨小"？朱子《本义》作"小亨"。因为既济之终，即未济之始，犹日中则昃之意，故亨亦小也。

温海明：柔爻为小。

何善蒙：小人嘛。

罗仕平：但都乘刚。

元　融：君子豹变，大人虎变，小人看重形式。

温海明：凌驾在刚爻之上，过了。

何善蒙：其实乘刚也可以看作是内在的不完美。

孙福万：六爻都是阳在阴下，故亨者小。

何善蒙：但是，即便乘刚，还都是当位有应，故为既济。

罗仕平： 好在都还是既中且正，正反角逐了。

【"初吉终乱"】

孙福万： "初吉终乱"，多少大英雄，难过此关！

何善蒙： 善终是多么难啊。

张吉华： 因亨而小之者利贞，贞而吉，问题是为何吉而终乱？

何善蒙： 离下坎上事皆济，刚柔得位利贞地，安不思危吉还乱，泣！

孙福万： 居安思危，概括得好！又内卦离明，外卦坎险，亦"初吉终乱"之象。

罗仕平： 《既济》《未济》互为综错。

孙福万： 内三爻皆既济之象，即"初吉"也。外三爻渐入于未济，即"终乱"也。
《既济》《未济》两卦关系极为密切。

张吉华： 又内卦离明，外卦坎险，亦初吉终乱之象。

罗仕平： 事情还真是常常辩证，防其满极。

温海明： 《象传》说柔爻得中，刚开始蛮好，后来终止就乱，感觉是柔到顶了。

【水火相济】

温海明： 水火相济为用，阴阳和乐为要把握好动态平衡，可是随时随地都可能失衡。

孙福万： 米兰·昆德拉的小说《生活在别处》很认真地讨论了诗人的死法：是死于
水？还是死于火？

张吉华： 在水火相对之时，思之以豫！

王昌乐： 水决则火灭，火炎则涸，相交之中相害之机伏焉，也相用。

温海明： 我们既不死于水，也不死于火，我们在水火之间求生机。

王昌乐： 日月为用，乾坤为炉，生命之机，其用为神。

罗仕平： 中道不易，还是需要阴阳和乐的智慧。

【既济与美】

温海明： 《既济》每爻都当位，看起来很美。

罗仕平： 《既济》《未济》这对收尾卦，作《易》者当真是用心良苦呀。

何善蒙： 看上去很美，名字也很美，道理也很美。

孙福万： 看起来很美，实际上不妙——这就是《易经》的妙处。

温海明： 这卦序不是挺好的吗？为什么那么多人想方设法要推翻重来？以为自己新排
的卦序比古人更完美？

刘久红： 既有柳暗花明村，也有行到水穷处。

何善蒙： 大凡世上之事皆美的很少。而且，能久美的更少。

王昌乐： 充实之为美。

罗仕平： 好像美却不见得真那么美。

何善蒙： 而且，美也不是一个既定的事实，它在变。充实就是变化中的。

温海明： 《既济》是好像美到极致，马上就要变。

罗仕平： 也许美需要一定缺憾来衬托。

何善蒙： 世事古难全，既济终不妙。

罗仕平： 要"利涉大川"也不那么容易。

何善蒙： "利涉大川"，似乎都还不错。这人啊，一过了河，人心就散了。

罗仕平： 居安很难思危。

何善蒙： 所以过河好玩，齐心过河。过了之后不好玩，套路很深。

罗仕平： 炼丹的原理也藏于此，过河常常浪漫，过完常常涣散。

孙福万： 《既济》《未济》二卦皆有坎体。坎在内有险为《未济》《既济》，坎在外则无险为。

温海明： 过了河继续齐心协力好难。

（整理者：孙纯明 中国人民大学哲学院硕士生）

# 未成既成 慎之又慎
## ——既济卦初九明解

时间：2016年12月27日21：30 — 22：43

【明解文本】

初九：曳其轮，濡其尾，无咎。

《象》曰："曳其轮"，义无咎也。

【讲课内容】

何善蒙： 懒也有好处，就是不会太着急，今天这个初九就是不着急，所以无咎。这里用曳轮、濡尾，大体就是不要着急的意思。因为初九跟六四正应，照道理很容易着急。

**孙福万：** 同时，我还觉得，这个初九，还是个很努力的人。不对，很努力的狐狸。虽然濡其尾，还是很努力曳其轮。

虽然未济卦直接说到了狐狸，既济卦没有直接说狐狸，但从其爻辞看，一般认为还是说狐狸。据说狐狸善于渡水。郦道元《水经注》曾引《述征记》云："盟津、河津恒浊……寒则冰厚数丈。冰始合，车马不敢过，要须狐行。云此物善听，冰下无水声乃过。人见狐行方渡。"所以未济卦以狐狸过河设喻，并不是没有依据的。且据云狐狸之老者多疑，并不轻于渡水，而狐狸之小者则非，往往见水即喜，故往往不能成功也。

杭辛斋《学易笔谈初集》曾谈到："水火《既济》、火水《未济》之两卦，皆取象于狐。"（引者按：既济卦虽未直接谈狐，但其初九爻辞有"濡其尾"语，故大部分《易》学家认为此所言亦狐也）"夫《既济》《未济》，非道家之乾坤，《参同契》之关键乎？乃文王作《象》，周公系《爻》，皆取象于狐，则狐之性灵形体，必于人近。或其体内有特异之机能，合于水火之作用，有非为人所及者，故能事半而功倍。古圣必已确知其故，因以系诸《离》《坎》交构之两卦，非偶然也。"另杭辛斋还说，其曾就此问题询问过日耳曼人沙某，据沙某讲，西方人对狐狸之大脑构造亦感到困惑云云。

《周易》最后两卦取向于狐，颇耐人寻味！马振彪说："《既济》之道在于防，《未济》之时在于慎。""既济之中含未济，不防则败于垂成；未济之中含既济，不慎则不能转乱而为治。"（《周易学说》）我们知道，在中西文化当中，狐狸并不单纯是妖媚小人的形象，它还有智慧、智者的一面，但即便智慧如狐狸，也会面临未济卦所描写的"汔济"而"濡尾"之险情，亦令人为之长叹矣。故本人以为，圣人以小狐狸过河设喻，当正如马氏所言，乃在于警戒吾辈当事情未成和既成之际，均应慎之又慎方为上上之策也。

陈梦雷对本爻的解释："初应六四，坎有轮象。轮所以行，曳之则不行矣。初九当济之初，守正而不轻进，有曳其轮之象。坎为狐，初在一卦之后，又有尾象。狐必揭其尾而后济，濡尾则不掉，不速济也。以刚在下，有濡其尾之象。徐进而不躐等，无咎之道也。"

潘雨廷先生对本爻的解释："黄鸟有丘隅之止，君子得既济而定。定则明，明则见几，见几乃安。安于初位之本，庶免有涯随无涯之殆。《易》曰：'曳其轮，濡其尾，无咎'，谓有所归也。"这和何善蒙说的"慢慢来"，应该是一个意思。

## 【讨论内容】
### 【"曳"】

**温海明：** 被牵扯住了，慢慢来。

**何善蒙：** 被什么牵住呢？我觉得三个东西牵住了，一个是初的位置，比较谨慎；一个是当位，比较正；一个是外卦是坎险，不能去。因此，无论自身出发，还是外在因素判断，都是不去的。

温海明：　一开始车轮就被牵住了。小狐狸尾巴都湿了，过河实在是危险啊。

何善蒙：　《既济》《未济》以小狐狸来说事，特别形象。

元　融：　坎为弓轮，为曳马，为水。

何善蒙：　坑无处不在，即便巧如小狐狸，又奈何？还是悠着点。

【"濡其尾"】

何善蒙：　人家尾巴都湿了，过个河容易嘛，作为小狐狸，能不忧伤一下嘛。

温海明：　水漫金山，太危险了。

何善蒙：　湿尾巴对小狐狸来说，很严重。

刘久红：　渡河之险。

何善蒙：　关键是明水已经濡尾了，暗水还不知道会怎样呢？人生多难，渡河不易。

温海明：　要做好防水底盘再过河。尾巴一湿，等于底盘进水了，太危险了，怎么渡河啊。

罗仕平：　更得做好防患了。

何善蒙：　底盘千万不能沾水，所以，要谨慎；而初九有谦恭之象，阳处初位，在阴之下。要渡河了，先加固底盘，《既济》的初爻很关键。

元　融：　那就是拽住衣带不让走？

【"亨小"】

罗仕平：　哪里来的衣服？

王力飞：　提拉起衣带过河，湿了下面的衣摆。"轮"，帛易作"纶"，有人说是衣服的前摆。还有人说是衣带。

闫睿颖：　"濡尾"，这词真形象。不急不慢，按自己的节奏来。

刘久红：　烤火干了再走。

何善蒙：　大体来说，初九是守成之象。当位，居初，有谦恭稳重之态，故而可以守成。对于既济来说，守是相当的难，也是必须要去努力做的。所以，爻辞和《象传》的解释基本一致，都是主慢慢来，不着急之意。《象传》说义无咎也，侧重强调的是初九的这种"拖延症"是合适的，是恰当的行为选择。

刘久红：　阳爻阳位，得位。

温海明：　守成时候，越慢越好。

孙福万：　何老师说，初九是慢慢来的意思，很受启发。

【狐】

孙福万： 未济卦说的就是"小狐"。

温海明： 风高浪急，更显小狐狸英雄本色。那是大家一起拖车过河。

何善蒙： 所以，肯定是小狐狸，不是老狐狸。

孙福万： 这里肯定也是小狐。但言"小狐"，不言"老狐"，肯定是作者经过认真考虑的。

温海明： 小狐狸对过河比较新鲜，过了再说，老狐狸就疑神疑鬼。

孙福万： 此外，据说狐狸的智商很高，中国古典文学中多有狐狸修炼成仙的事，虽不可信，但或有据。

何善蒙： 不仅比较新鲜而且还臭美，所以，尾巴湿了就不走，虽然喜欢水。但是，就算濡首，也要有个好看的姿势。

温海明： 狡猾如狐狸，是狐狸灵性通人。

何善蒙： 以狐之灵性通天地之道？还是在说一个小狐狸的故事？哎呀，太有套路了。

温海明： 套路太深，感觉提升到狐狸的灵性，疑神疑鬼，慎之又慎，就是学《易》达到高境界。

孙福万： 成与不成，全在慎之又慎。

温海明： 胆大心细才能过河，古人过河是极度危险之事。

王力飞： 那时没有好船和好桥。

罗仕平： 唯一非吉则利的也就谦卦了。

何善蒙： 今晚的主题，如何从一只美丽的小狐狸来理解易道。

孙福万： 所以"利涉大川"，就是很好的占辞了。

何善蒙： 这个跟《系辞》说的"作易者其有忧患乎？"有一定关联。

温海明： 今天过河如履平地，哪知古人过河时风雨飘摇的艰辛，得随时准备喂鱼才行。

何善蒙： 可能是大洪水时代的阴影吧。河伯还要娶亲呢，哪能让你这么容易过。

温海明： 到了《既济》之时，得分分钟像过河一样小心翼翼，但也要有小狐狸敢于过河的魄力，不经历风雨怎么见彩虹。

（整理者：张馨月 中国人民大学哲学院硕士生）

# 中道贞正　失而复得
## ——既济卦六二明解

时间：2016年12月28日21：30 — 22：37

【明解文本】

六二：妇丧其茀，勿逐，七日得。

《象》曰：“七日得”，以中道也。

【讲课内容】

孙福万：“茀”到底是什么？好像有两种解释。一种说是车蔽，一种说是头饰。还是以车蔽为正宗。

　　二、五本正应，但当《既济》之时，九五刚中之君，反有中满之势，不能下贤以行其道。又坎为盗，故有“妇丧其茀”之象，言失其所以行也。离为中女啊，妇女出门，丢了车蔽，或者头饰，在古代，肯定不能出门了。

　　上卦为《坎》，下互亦为《坎》，六二前边有两个强盗啊，丢东西，是必然的。好在六二居中，又为离，心里是亮堂的，心中有数，也不去追逐，静以俟之，后来就没事了——是有人把偷的东西送回来了吗？

　　我认为这个“七日得”的“得”，也未必是有人将被偷或抢的东西送回来了，而是心中自得的意思。

【讨论内容】

【“七日”】

孙福万：　对这个“七日得”，应该是卦历六爻复于二，正为七位。中正之道不可终废，二历七数，中正自在，与五必有合也，故有“勿逐，七日得”之象。

刘久红：　七天太久，一天都不能不打扮。

孙福万：　总觉得“七日得”应该和复卦的“七日来复”有点关系。只要复归人的本心、善心，就有得了。

何善蒙：　七作为周期之数，应该比较明显。

孙福万： 有人说，离为日，历爻位一周，回到本爻，正好七日。六二自有可得之道，历一周则自得也。刚开始不高兴，心里转了一圈，不以丢点东西为念了，就又高兴了起来。故称"七日得"。

罗仕平： 刘一明《周易阐真》："七日者，火之数，炼己而火返真，以明破险，借险生明，取坎中之阳，填离中之阴，水火相济，不待勉强，自然而然，此以阴而求阳相济也。"

孙福万： 七是个神秘数字。上帝创造世界也在第七天休息。我们中国有个创世神话，则把正月初七叫人日——咱们中国人是人文主义者，没有神本的概念。反正说法很多，各取所需吧。哪种说法都不能定于一尊。潘雨廷先生说："事之始成，已纤毫无缺乎？国政初定，能百废俱兴乎？间或未备，理当渐足。如有王者，惟日臻美善斯已矣。《易》曰'妇丧其茀，勿逐，七日得'，谓大纲既立，细目将济，何必逐哉？曰'七日得'者，有俟乎自悟耳。"（《黼爻》）

元　融： 虞翻认为，《既济》从泰卦变化而来，泰五之二，六二本为坤卦中爻，六五之尊，和九二换位，乾坤皆变，妇首更换之象，互坎为盗，故云"妇丧其茀"；原来二爻到了九五，不要担心，也不用追逐，自己会回来的，乾阳"七日来复"。

孙福万： "勿逐"是很高的境界。追求异性也要记住，"勿逐"才是最厉害的"追"。对于象数，也要"勿逐"，逐得太厉害，就把自己绕进去了。潘雨廷先生是重象数的，但他写《黼爻》，就把象数都去掉了，写得非常简洁明白。


【"得"】

何善蒙： 这个"得"，以"自得"解释挺好，因为心里明白故自得。非送回来，强盗不会那么好。

孙福万： 是，应该是六二不以失去为失去，这样反而是在品德上有"得"了。德者得也，实际上收获更大！

何善蒙： 如果历六爻为复的话，那就是说，这个六二被盗之后，把所有的都历察（怀疑）了一遍，想想怪谁也不好，算了，谁也不容易啊。

孙福万： 不是有"楚人失弓，楚人得之"的典故吗？这个妇女的心态蛮好。但也可能这个妇女品德太好了，感化了强盗，那强盗后来改邪归正！二、五本来相应啊，这也可能是"七日得"的一种情况。


（整理者：黄仕坤　中国人民大学哲学院硕士生）

# 刚强威武 振衰拨乱
## ——既济卦九三明解

时间：2016年12月29日21：30 — 22：30

## 【明解文本】

九三：高宗伐鬼方，三年克之，小人勿用。

《象》曰："三年克之"，惫也。

## 【讲课内容】

**何善蒙：** 九三爻的特点是阳刚当位，过对于后面"伐"来说，也是需要的。不过，这个九三也是堪忧，往前是坎，互卦是坎中，可谓内外皆难。因为过刚所以有伐之象，也因为过刚，故能克之，虽然是三年。所以，虽然是既济九三，但是，面临重险，殊为不易。

　　九三这个爻大概就是说这么几个事情吧。首先，要行正道（当位）；其次，要有魄力（伐）；第三，要坚持（三年）；第四，世事多艰（既济双坎）；第五，人要做点事情，不容易，费心费力。

**孙福万：** 其实程子讲得很好："九三当既济之时，以刚居刚，用刚之至也。既济而用刚如是，乃'高宗伐鬼方'之事。高宗必商之高宗。天下之事既济，而远伐暴乱也。威武可及，而以救民为心，乃王者之事也。惟圣贤之君则可，若骋威武，忿不服，贪土地，则残民肆欲也，故戒不可用小人。小人为之，则以贪忿私意也，非贪忿则莫肯为也。'三年克之'，见其劳惫之甚，圣人因九三当既济而用刚，发此义以示人为法为戒，岂浅见所能及也！"

　　李光地说："既济、未济皆以'高宗'言者，高宗商中兴之君，振衰拨乱，自未济而既济者也，既济于三言之者，卦为既济，至于内卦之终，则已济矣，故曰克之者，已然之辞也。未济于四言之者，卦为未济，则至外卦之初，方图济也，故曰'震用'者，方然之辞也。既济之后，则当思患而预防之，故'小人勿用'，与师之戒同。"

## 【讨论内容】
### 【"鬼方"】

　　**何善蒙：** 高宗能把鬼方征服，也是很辛苦的，所以，《象传》说"惫"。做事情不容易，做好事情，更不简单。既累心，有费力，只有大人能搞定了。

孙福万： 是啊，一般人是搞不定的。据说后来鬼方跑到很远的地方去了。

何善蒙： 有鬼的地方，一般认为就是商边上的少数民族政权。

孙福万： 从历史的角度，甲骨文的角度，研究这段史实的，好像很多。

何善蒙： 据说跑西伯利亚了，还真对得起高宗打三年啊。好像王国维写过一篇文章。

张丰乾： 王国维写过《鬼方昆夷狁犭考》。

孙福万： 像古史辨派，根本就不承认象数和文辞之间有什么联系。

何善蒙： 其实，看到过很多好玩的说法。有人说鬼方，那肯定是尚鬼，尚鬼就跟楚国有关系，还有人说，鬼方大概是印欧人种。

孙福万： 周人、商人都尚鬼。

罗仕平： 甲骨文里貌似有不少类似部落。

【 "三年" 】

罗仕平： 天地之间，万物相感而生。那三年是哪里来？马恒君讲是泰二五互换隔三位。

何善蒙： 我觉得这个三就是高宗伐鬼方的历史事实描述。至于隔三位，个人觉得有些过了。有不少人做过讨论过古籍中三的意义、用法。太拘泥象数可能会失去古人的纯真。

孙福万： 有的如果从象数上找不到根据，其实就没必要硬找，有一段时间我很喜欢尚秉和先生的书，他对每个字都要找到象数根据，当时觉得也很好玩。

张国明： 三爻居离卦，离为三。

孙福万： 他很推崇《焦氏易林》。北京的常秉义也讲这个。

元　融： 泰五之二，乾卦九二到九五，下乾为君，伐边远之地，三年乃成，互离为三。

温海明： 看来把卦爻辞讲明比伐鬼方难多了。

（整理者： 李芙馥　中国人民大学哲学院博士生）

# 生死绝境 戒惧以对
## ——既济卦六四明解

时间：2016年12月30日21：30—22：38

## 【明解文本】
六四：繻有衣袽，终日戒。
《象》曰："终日戒"，有所疑也。

## 【授课内容】
**孙福万：** 今天讨论六四，"四多惧"，而且是六四。好像六四从来都是不吉利的。繻作濡。衣袽，以塞舟之罅漏者。就是船漏水了，用旧衣服去塞。四在坎下，坎为水，就像船漏水一样。当《既济》之时，六四以柔居柔，爻辞告之，要不忘戒惧，早做准备。这个"终日戒"，很符合《易经》的精神。

　　《象》曰："终日戒，有所疑也。"《程氏易传》："终日戒惧，常疑患之将至也，处既济之时，当畏慎如是也。"李简曰："终日戒，谓备患之心，无时可忘也。"也有其他解释，不取船漏水之象。按船漏水的解释，这个"繻"，就是濡，就是渗水。

## 【讨论内容】
## 【"繻"】
　　**罗仕平：** 有解"繻"为帛繻。解为濡正好可以跟濡尾濡首对照。
　　**张吉华：**《说文》"繻缯彩色"。
　　**孙福万：** 有人说，这个六四处在两坎中间，寒冷啊。但六四和九三、九五又为离，又是火。所以有人说，"繻有衣袽"就是在衣服里再絮上繻，穿得暖暖和和的意思。这里，"繻"，就是某种丝织品了。
　　**王昌乐：** "繻"：华美的衣服、细密的衣服、湿了的衣服，渗漏。
　　**元　融：**《既济》，你中有我，我中有你，三阴对三阳，互相纠缠，难解难分。联系上下卦，六四很纠结。
　　**张吉华：**《说文》释"繻"，主要是释之缯之彩色。
　　**元　融：** 九四没有变化，奈何环境变化无端，该如何是好？终日戒备，有所怀疑也。

六四爻辞很是精妙，有繻，曾有体面的生活；衣袽，最终梦想破碎；全卦居上，日子也是艰难，中产小资，面临经济的变化，也是颇有无奈。

孙福万： 衣袽，是个什么东西？能完全补住这条破船吗？

温海明： 布头、抹布、败衣？

孙福万： 补船时，破布的确是有用的。让人想起李鸿章，力挽狂澜的晚清重臣。

## 【"终日戒"】

元　融： 乾为衣，故繻；袽，败衣也；乾二之五，衣象败裂，故称繻有衣袽！同时泰卦上坤，为布，六五之二，坤象亦破裂，繻有衣袽，为双坎，故有终日戒象。

罗仕平： 下面也是水，漂在水上，上面也是水，中间开漏了。万年船不好使呀。终日戒之。

王昌乐： 慎终如始，则无败事。

孙福万： 整部《易经》就是告诉人要处处小心谨慎的，不管形势好，还是不好，总要小心谨慎。小心驶得万年船。

罗仕平： 又是典型的动辄得咎。

孙福万： 但这样不免太累。苏东坡说："'衣袽'所以备舟隙也，卦以济为事，故取于舟。"

罗仕平： 嵇康越名教而任自然就丢了性命。

温海明： 太潇洒代价很大。

王明丽： 六四柔弱之性，不足以备患谋久，更是不知如何筹划备急。《既济》过中，将乱之际而不能谋治。

温海明： 太弱了，不配当救火队员。

孙福万： 是啊，这个六四太弱了。要想补船之漏，恐怕不容易。六四出离入坎，此济道将革之时。济道将革，则罅漏必生。四坎体，故取漏舟为戒。"终日戒"者，自早至晚，不忘戒备，常若坐敝舟而水骤至也，唯此可以免覆溺之患。

元　融： 不是我不明白，而是这个世界变化快。阴居阴位，谨慎戒备，度过难关。渡河一半，还是需要戒惧有加为好。

温海明： 海水与火焰之间，要么死在这头，要么死在那头，横竖都是生死绝境，只有穿过水与火的考验才能重生。

元　融： 火入水底，凝神入气穴，水底阳自生。

（整理者：秦凯丽　中国人民大学哲学院硕士生）

# 修德致敬 福留后世
## ——既济卦九五明解

时间：2016年12月31日21：30 — 22：42

**【明解文本】**

九五：东邻杀牛，不如西邻之禴祭，实受其福。

《象》曰："东邻杀牛"，不如西邻之时也。"实受其福"，吉大来也。

**【授课内容】**

**孙福万：** "禴祭"似乎有说夏祭的，有说春祭的？但总之是薄祭。一般说东邻指的是殷商，西邻指的是周部落。

意思大概是：别看你献上那么大的祭礼，还不如我献的薄礼，只要心诚就行。礼之用，时为大。何况神也不好收买的。殷商尚鬼，淫祀之风很盛啊，而周尚德，主张简朴。

姬昌那时候就反"四风"了。

**【讨论内容】**
**【"时"】**

**温海明：** 《象传》强调"时"，今天的时就很特别。

**何善蒙：** 难道是因为过年？可惜春节没有到，用那么大的礼不合适。

**孙福万：** 时，很重要。学习《易经》的人要学会得时。

**吴祖松：** 时机应该是礼的要求，和具体情况的合适。比如礼的很多规定，灾年，祭祀要节俭。

**温海明：** 今天跨年，应该薄祭一下，有福就行，何况有万福。

**王明丽：** 是的，殷纣王杀气盛，周文王克己用礼。杀牛属是厚祭，以其失德，不如西禴祭至薄，实受其福。

**温海明：** 很应景啊，简朴不要紧，心诚则灵，对神对人都差不多。九五可以祭祀，但要特别注意时机。

**张弛弘弢：** "东邻，阳也，谓五；西邻，阴也，谓二……盛不如薄者，时不同也。"（程颐）

**王明丽：** 此时《既济》已过中，又陷于险中，凡事当就简，才是九五刚明之主。

**【"禴祭"】**

何善蒙： 九五照理是中正有应，为什么爻辞会这么说呢？

孙福万： 萃卦也谈到"禴"："孚乃利用禴。"

王明丽： 于既济之时，又处九五至尊，有能力办事，因袭旧章而已，虽郊特牲，用天子之祭也算是合礼制，然与此处坎陷之来，当因时制宜而大事用简。

何善蒙： 嗯，九五很特别，是王者，所以要告诫一下。还有就是九五在坎险之中。

罗仕平： 莫非指东邻尚在，虽失德但仍是最大祭司，西邻尚未得时，还是先悠着点，薄祭意思下就好。

张弛弘弢：政治解读：东，商也；西，周也。

何善蒙： 还有人以六四和上六指西、东。

罗仕平： 也有说离东坎西。

何善蒙： 君主坐北朝南，君人南面，君临天下，只有东西邻。

王明丽： 东邻为九五，西邻为六二，《既济》以六二之用为得福。

孙福万： 李光地不同意此说。李光地说：当受报收功，极炽而丰之时，而能行恭敬撙节退让明礼之事，此其所以受福也。与泰三"于食有福"同，皆就本爻设戒尔，若以西邻为六二，则受福为六二受福，《易》无此例。

罗仕平： "极炽而丰之时，而能行恭敬撙节退让明礼之事，此其所以受福也。"闯王之流忍不住过皇帝瘾儿很快也成了历史。

何善蒙： 李光地说得有道理，其实不能用六二来比附。整个既济卦总体都是要防患守成。九五是极盛之况，君主之位，所以理解为告诫之意比较恰当。按照《象传》的解释，就是随时的意思。所以，东西不要做实指为好。

孙福万： 李光地《周易折中》引王申子曰："言人君处既济如未济，而后有受福之实。"不然，虽极其丰盛，而济道衰矣。薄祭不是无祭，还得有实物。比如到亲戚家串门，一点东西不带，光说心诚，大概也不行。

罗仕平： 完全无祭也过了，但就怕祭而无祭，荀子就把祭祀仅降格为礼节文貌之盛。

王明丽： 主要此已经处于险陷中了，如殷纣王的骄淫奢靡，自取其灾。

元　融： "东邻""杀牛""西邻""禴祭"，《象》的根据很隐晦。

孙福万： 是的，很隐晦，完全坐实，有问题。

王明丽： 以牛祭，天子郊特牲。离卦也有蓄牝牛。

元　融： 《既济》内涵互卦《未济》，三阴三阳，泰五之二而得。泰卦，上坤，牛象；互震，东象，祭祀之象；互兑，西方。卦变之后，坤象折断，"东邻杀牛"；上坎，禴祭之象。泰二之五，五爻居尊位，"实受其福"。这个是随时之意。九五王者至尊地，杀牛何不及禴祭？随时方得受万福。

（整理者：孙世柳　中国人民大学哲学院硕士生）

# 惧以终始 履险如夷
## —— 既济卦上六明解

时间：2017年01月01日21：30—22：43

## 【明解文本】

上六：濡其首，厉。

《象》曰："濡其首，厉"，何可久也？

## 【讲课内容】

**孙福万：** 上六朱子直接讲的是"狐"。《周易本义》："既济之极，险体之上，而以阴柔处之，为狐涉水而濡其首之象。占者不戒，危之道也。自己主动濡首，孰奈我何！"程《传》："坎险之极，固不安而危也。济取水义，穷至于濡首，危厉可知。"

《周易折中》引朱震曰："以画卦言之，初为始、为本，上为终、为末。以成卦言之，上为首为前，初为尾为后。"所以既济初爻讲"濡其尾"，上爻言"濡其首"。

朱子说："占者不戒，危之道也。"如果我们"惧以终始"、事事戒慎，就没有问题。

程子说："既济之极，固不安而危也，又阴柔处之，而在险体之上。坎为水，济亦取水义，故言其穷至于濡首，危可知也。既济之终，而小人处之，其败坏可立而待也。"而关键更在于，我们都是君子，所以，必然是：履险如夷。惧以终始。君子遇到这种情况，最多就是打湿点头发。

是君子都没有问题，都不会有"厉"！头发打湿了，更帅，胜似闲庭信步。《周易折中》引胡瑗曰："物盛则衰，治极必乱，理之常也。上六处既济之终，其道穷极，至于衰乱，如涉险而濡溺其首，是危厉之极也。皆由治不思乱，安不虑危，以至穷极而反于未济也。"所谓"初吉终乱"，正应在此爻。

这是本卦最后一爻。

## 【讨论内容】

**常伟东：** 《既济》上六，再进则凶，自然不可持久了。

**孙福万：** 但你不是"首"吧？挨"濡"的是"首"，你也不用害怕，《未济》上爻讲

"饮酒濡首"，本爻没讲是饮酒。最多是呛了口水吧。还有这个"厉"，虽然厉害，比"凶"的厉害程度要差不少。

**何善蒙：** 身处上六多险地，濡首既济成未济，忧患得终长久。

**孙福万：** 王申子说："不言凶而言厉者，欲人知危惧而速改，则济犹可保。"圣人之苦心如此。如果哪位朋友今年万一遇到"濡其首"的情况，就想想王申子的这句话吧。

**常伟东：** 厉有"凶险"义，但程度不重，犹可保全。

**元　融：** 《既济》上坎下离，大水淹没头顶，危险。

**孙福万：** 初九，初阳，上六，终阴，初吉终乱。本质是很好的，奈何表达有误，让人误会，又怪得了谁呢？内在本来光明，却偏偏展现危险的一面，内外不统一，言行不一致，是有危险的，是很严肃的，是不能持久的，怎么办呢，问问自己着急过河干什么呢？

**何善蒙：** 所以，厉有警诫义。凶就玩完了。

**孙福万：** 警告一下，知错就改，改了就是好同志。你们有错误的，看在本爻的份上，就都改了吧。

**温海明：** 过河也要慢慢过。

**孙福万：** 《小象》听上去口气重些，但无论如何，也就是一个"濡其首"，毕竟不是大过卦的"过涉灭顶"。

**常伟东：** 这也算是做"小象"者未完全体悟爻辞真意的一个小例子吧。

**温海明：** 极度危险之时，更见起死回生之气度和魄力！

**何善蒙：** 总结一下：既济卦说的是，既济不是一个固定不变的状态，而是应当不忘初心，在忧患中维系，所谓"作《易》者其有忧患乎"的最典型的表达。

（整理者：贡哲　中国人民大学哲学院硕士生）

（本卦校对：裴健智　中国人民大学哲学院硕士生）

时　　间：2017年01月02日21：30—22：31

导读老师：张国明（沈阳大学文化传媒学院副教授）

　　　　　张克宾（山东大学易学与中国古代 哲学研究中心副教授）

课程秘书：张馨月（中国人民大学哲学院硕士生）

同舟共济　贞下起元

——未济卦卦辞明解

## 64 未济卦

**坎下离上**

【明解文本】

未济：亨。小狐汔济，濡其尾，无攸利。

《彖》曰："未济，亨"，柔得中也。"小狐汔济"，未出中也。"濡其尾，无攸利"，不续终也。虽不当位，刚柔应也。

《象》曰：火在水上，未济。君子以慎辨物居方。

【讲课内容】

张国明：本周是六十四卦大收官。按理，既济卦很好，功成名就，大圆满的结局，符合国人的思维与期待。可《易》的作者，却要在《既济》之后，以《未济》收尾。《序》曰："物不可穷也，故受之以未济终焉。"这可能反映了易作者深刻的太极思维，既济，类比某事完成，多好，可一事成就，新事又来。世界原本如此。再者，既济功成，人易居功持慢，自我膨胀。认为火水二卦为何取名《未济》？盖火上炎，而水下润之故。天水《讼》如此，天地《否》亦如此。从各爻看，六爻皆失正，都不在自己的位置，都站错了位。各正性命，才能"保和太合"。从卦，从爻看，皆为未成之意。卦名为何不叫未成，而名未济，有一个济字呢？

先解释卦辞：亨，既然各言各事，为何亨？亨者，六爻虽不当位却有一个好的状态。六爻皆有应一也。一二爻、三四爻、五上爻间均为阴下阳上的相济格局。单个看问题不小，但两两组合为吉。小狐象何来？坎为水为盗，盗多敏感多疑，有狐疑之象。汔，一说几近，一说水涸。王弼、干宝等认同水涸说，多数人认同几近说，故几近说应更合理。小狐年轻，有理想，有热情，确实也几近成功。但终因能力有限，靠自身力量是无法完成渡河的。不论哪爻皆失位。小狐不行，老狐也不成。非组合不成，必须联合邻爻、应爻共成之。刚柔应，阴阳合，是本卦的最大优势。个人英雄主义，小事可以，渡大河是不成的。如果一再逞强，"濡其尾"还是小事，"濡其首"可能亦不免了。更何谈攸利呢？

《象传》强调什么？慎。慎什么？单人不成，怎么办？《易》曰："方以类聚，物以群分，吉凶生矣。"居方就是找同志，找组织，"西南得朋，东北丧朋"。

解《易》应如何解？居方的前提是什么？辨别，总得分清敌我友。当然，辨物，分清敌我友不易，因为易为表象所迷惑，所以前提一个字：慎，要"戒慎乎其所不睹"，放下以往的成功经验，放下自我的傲慢，放下对人力的推崇，回归团队，回归天地自然中的一分子，辨好方向，找好各自的位置。只有辨物居方，才能正确认识自己，才能打造团队力量，才能顺应天地之道，才能涉越大川。

**张克宾**：未济非不能济，而是能济而尚未济。所以，未济因能济而亨。未济，即大事未成之时也。小狐汔济，汔者几也。小狐即将渡水成功，濡湿了尾巴，则功败垂成，无所利也。所以《象传》说"不续终也"，不能坚持到最后。卦辞意在告诫欲成大事，当敬慎为本，不可轻忽。为什么说小狐呢？大概未济卦六爻皆不正，六五柔弱，其本身力量不强，如小狐一般欲渡水而力量有限。

未济卦，柔得中，又刚柔相应，故终能济之。我理解，卦辞大概是说像小狐这样冒进，就不能成功。应当以慎辨物居方才行。

## 【讨论内容】
### 【和衷共济】

温海明：六十四卦马上就讲完了，结果发现即使结束也还没有讲完，讲不完。

刘久红：周而复始。

罗仕平：有尽即落有边，无尽方能生生不息。"日新之谓盛德，生生之谓易"。

元　融：《既济》互卦含有《未济》，《未济》又内涵既之因，相互为根，永无穷尽。

温海明：火向上水向下，上下分离。

罗仕平：方向不一样。

元　融：艰难在前，往险在内。

温海明：　内险。

张国明：　一起过河需要和衷共济！

温海明：　各正性命，都要重新站位。

刘久红：　还要有过河的决心。

罗仕平：　《周易阐真》："然曰未济，是未至于济，非绝不能济，特人未求其济耳。若求其济，亦终能济，是以未济而有亨道也。"

温海明：　渡过去了？还是渡了，但不够成功？好比考试，是不及格？还是及格了，但很勉强？好像还是刚好及格吧。过了，勉强及格，不错啦。

罗仕平：　全都相应，和衷共济。

元　融：　三阳失位，承阴，未济时分。阳爻失位，未济之情尤甚。一颗险心，需要外在光明之内照。

温海明：　险虽在前，但心被照亮，就感觉安全多了。"此心光明，亦复何言。"

罗仕平：　此心光明，去除狐疑，则终能渡河。

## 【"慎辨"渡河】

张克宾：　从卦辞和传文看，能不能济，似乎不是狐疑不狐疑的问题，而是敬慎不敬慎。

温海明：　一起过河既要敬慎，又不可狐疑。

张国明：　《象传》强调什么？慎。慎什么？

刘久红：　辨物居方。

罗仕平：　水火属性要慎辨。《周易禅解》："物之性不可不辨，方之宜不可不居，故君子必慎之也。如火性炎上，水性润下，此物之不可不辨者也。炎上而又居于上，不已亢乎？是宜居下以济水；润下而又居于下，将安底乎？是宜居上以济火，此方之不可不居者也。如水能制火，亦能灭火；火能济水，亦能竭水；又水、火皆能养人，亦皆能杀人。以例一切诸物无不皆然，辨之可弗详明，居之可弗斟酌耶？"

张国明：　当然，辨物，分清敌我友不易，易为表象所迷惑。所以前提一个字：慎。

刘久红：　避开表象看本质，寻到同道中人。

元　融：　各自发挥自己的优势，放下争议，共谋发展。

温海明：　刚柔相应，阴阳相合才能渡过。

张国明：　只有辨物居方，才能正确认识自己，才能打造团队力量，才能顺应天地之道，才能涉越大川。

温海明：　真是大家和衷共济，一起渡大河的真经。

（整理者：王璇　中国人民大学哲学院硕士生）

# 挑战自我 敬慎知限

## —— 未济卦初六明解

时间：2017年01月03日21：30 — 22：28

## 【明解文本】

初六：濡其尾，吝。

《象》曰："濡其尾"，亦不知极也。

## 【讲课内容】

**张国明：** 我们共同研讨未济初爻。初爻的爻辞："濡其尾，吝。"这个爻辞和卦辞相同，我们很熟悉。何以有"濡"象呢？坎之初。何以有尾呢？上为头，初为尾嘛。何以言吝呢？性为阴爻，才质能力有限，渡必有险。何以知其必动？上有应。身居阳位。初爻为小狐，小狐自然好动。看动物世界，常见小动物因好奇外界而莽动。未济之时，水火方向相反，愈是两头，愈是相反，愈是离水火相济甚远。

**张克宾：** 朱震说："以画卦言之，初为始为本，上为终为末，以成卦言之，上为首为前，初为尾为后。既济，初无咎，上厉，初吉而终乱也。未济，初吝，上无咎，初乱而终吉也。"

## 【讨论内容】
## 【"不知极"】

温海明： 小狐狸不习水性，冒进啦，过了极限了。

张国明： 我觉得可能是极限之意。

王明丽： 不知止，几次欲涉济，皆不成。以至于濡其尾，无功也。

张国明： 小狐不知自己能力的极限所在，不知深浅。

张克宾： 未济似乎不是不知止，而是居始而不慎其所为。

张国明： 小狐辨物（河）的能力达有限，离开安居之方（窝），不慎而致险。

张克宾： 不敬慎，不能量己之力，故不知止，而有冒失。不敬慎是面对问题从自身找出的原因。不知止是不敬慎在行为上的表现。

张国明： 可能看成年狐狸渡水，自己亦想尝试。不想能力未逮，虽尽全力，亦止汔济而已。为好奇心所驱，在不了解自己能力极限前提下，贸然行动。

陈佳红： 不知极就是不明察形势，不知道停止，非往前走不可。

温海明： 刚开始的时候就应该慎重，非动不可可能就过了。

罗仕平： 勇于敢则死，君子勇于有所不为，有所慎为。

姚利民： 还好，初六小孩子还有九二监护，不至于太糟糕。

张国明： 正是这样，小狐之父母及时监护，见危则援，故只咎而已。

温海明： 小狐狸尾巴湿了，是游泳水平还不行，没控制好。

张国明： 即使强壮如狮子，幼少时期亦是危厉重重，可不慎乎？

【知限行命】

温海明： 每时每刻有变动就有危险，其实生命真正的成长不正是在不断挑战自我的极限过程当中吗。既要挑战自我，又要知道限度，一方面既不知道自己几斤几两，需要证明一下。该知道自己的极限，该止就止。

张国明： 正是如此。挑战自我，但要知界，界即极限。

温海明： 挑战自我和知道极限其实是有点矛盾的，每个人都不同程度有这样的问题。

罗仕平： 知界限则能乐天知命。

温海明： 狐狸没湿过尾巴，怎么知道自己的极限？敬畏水，面对水当然要谨慎，但到底还下不下水？

罗仕平： 神力如秦武王举鼎也暴毙了，宿命与胜命。

温海明： 有些朋友永远不下水，所以尾巴从来不湿。生命就像一场玩水的游戏，有些人成了弄潮儿，有些人一直没有下水过。一般人就在沙滩和潮头之间，寻找明白自己的极限和分寸。

（整理者：张馨月 中国人民大学哲学院硕士生）

# 靖难在正　然后得吉
## ——未济卦九二明解

时间：2017年01月04日21：30 — 22：35

【明解文本】

九二：曳其轮，贞吉。

《象》曰：九二"贞吉"，中以行正也。

【讲课内容】

张国明：未济卦九二爻。曳，拖曳，使车不得前行。轮，车轮。何以有轮？坎卦为轮。

张克宾："曳其轮"一般两种解释，一种如《周易正义》，说是"言其劳也"，意思是说九二为拯救危难，度过难关，费心费力。据此，"曳其轮"是拖曳着车轮，努力前进。另一种以为"曳其轮"是不使其猛进，要谨慎守正。两种解释，我倾向第一种。因为九二阳爻，处下卦之中，又处坎体，正是使大事得成之力量，如九二不奋力以济险难，更待何人何时。

【讨论内容】

【"曳其轮"】

温海明：　坎为弓轮。九二为坎卦主爻，阳为动，车子能动的自然是车轮。故九二有车轮之象。

张国明：　曳之象如何而来？

王昌乐：　六五。

张国明：　六五是九二的应爻，上有应，应该前进呀，所以非因六五。

王昌乐：　九二中道。

张国明：　中道，何以止步不前呢？

王昌乐：　老师在说初六啊。

张国明：　初六，有道理。初六与九二比附有情，九二不能不管初六呀。昨天我们已经分析，初六已经处于危险之中了。

罗仕平：　车掉水沟了？

张国明： 坎为沟。一是因初六得照顾。二是因坎卦本身就有陷溺之意。

## 【"贞吉"】

罗仕平： 逆水行车，且要照顾小狐，自己虽行，但得执守中道，以防翻车？

张国明： 中道分析，也在理。二为坎卦主爻，正在险中。一般心态都是急于出险，九二有中德，故不急。

罗仕平： 逆水行车？

张克宾： 《象传》说，"中以行正也"。必须前行啊。

张国明： 九二走的中道不轻易冒险，同时又心系弱者，不愿独出。正是"中以行正也"！

王昌乐： 九二不是不走，也不是急走，看看情况，找找方法，顺着小坎往前走，拉着走的也要找好支点，好用力，刚健柔顺配合到位，方向明确，内心中正，方法得当，贞吉。

张克宾： 这里也有些实际问题要搞清楚，渡水"曳其轮"究竟是怎么回事，是拖着使前进，还是拖着使其稳当慢点，还得请教古车骑方面的专家。

（整理者：黄仕坤 中国人民大学哲学院硕士生）

# 才弱难济 征外则凶
## ——未济卦六三明解

时间：2017年01月05日21：30 — 22：41

## 【明解文本】

**六三：未济，征凶。利涉大川。**

**《象》曰："未济，征凶"，位不当也。**

## 【讲课内容】

张国明： 今天共同研讨第三爻了。"未济，征凶。"为何言未济呢？三以阴柔之质，用刚涉险，自是不成之象。三爻已是有位之人，非初爻可比，具备较强的能量场了，已非小狐了。六三身在坎中，已见离明。嫌九二走得太慢，审时度势决定渡河。然自身柔弱，又失中用强，终未能济。问题来了，这个三爻济渡失败后，如何选择？她是否会放弃？求助九四，她看不上九二，她居坎之极，已有出险的有利条件，又外临离明，看到了光明。我猜，她失败后不会止步不前。

她的有利条件，我们数一数：其一，位于坎之三爻，险地之末，离岸边近了！其二，不得正，不安于现状，有渡河的强烈愿望；其三，上比九四，阴阳相比得邻之助；其四，上临离卦，已近光明；其五，上九有应，上面有人呼唤。如此，虽凶亦为，一为再为，终必涉川成功。

凶，如何？征凶。不征亦是凶呀！不征陷于险。同样凶，何不征之？我想到了陈胜吴广起义。三爻有地位，有视野，有格局，有勇气，故"利涉大川"。很多学者认为：在"利涉大川"前应加一"不"字，我觉不加字，亦可通。置于险地，反而需要六三这样敢冒险征凶的。

## 【讨论内容】

陈鹏飞：　每一爻都不得位，却都有援应，未济而又有希望，很有魅力的一卦。

刘久红：　危险与机遇并存。呼叫九四，阳爻与阴爻搭配。

张国明：　三爻有地位，有视野，有格局，有勇气，故"利涉大川"。

张克宾：　《周易折中》说："此爻之义，最为难明。"何以未济？容易解释，六三阴柔而居阳，处下卦之上，在坎体之中，其才不足以济也。但"征"和"涉川"，似乎都克胜险难之义，一凶，一利，意思相反。不好解了。朱子提出，或许是利涉大川前，遗漏一个"不"字。但出土的简帛本均无"不"字。看来添"不"字，不可行。未济卦这里加不加，则纯是文本问题，于《易》义无大牵涉。我们看王弼的注，说征凶是因为六三以不正之身，力不能济，而求进焉，丧其身，故征凶。这可以讲通。但说利涉大川，是六三弃己委二，所以可以涉大川。这就是曲折作解了。

罗仕平：　王弼也迫不得已，绕路说《易》了。

吴祖松：　六三阴柔而不当位，独力难以涉险，然未济有可济之道，险终有出险之理，当资人力以求济，以其阴柔乘九二之刚，应上九之援，得阳刚之助，亦可以出险而有功。六三虽弱，然以利涉大川而望之，明共克时艰乃在于同心之助。

张吉华：　川为水，喻阴爻位，大川指几个阳爻征进，因其阳进犹退，故形成几个阴爻之事。动态观之，阳爻动进犹如一叶方舟流动在水面上，故曰涉水行川之事。

张克宾：　从卦爻象关系上，尽可以解释何以征凶，何以利涉大川，但是如何顺当平直地疏通看似矛盾的两句话？这个问题，我们不应轻易忽视。要不然，古人也不说，此爻意义最为难明了。朱子注"征"是陆行，"涉川"是水行，企图纾解两者的冲突。但意思似乎还是没讲透。

## 【冲决心网】

温海明：　看来六三征伐确实是非常危险但可能有利于克服大难的事。

张克宾：　征是指征伐异己，六三才弱位不正，不具备行征伐的德与位，到九四爻伐鬼方就能胜。利涉大川是指克服自身存在的难题。二者是一外一内之别。伐外则凶，排除自身的难题则吉。

罗仕平：　冲决罗网要冲决心网。

温海明：　这是正道，心的突破最难了。

张克宾：　这是就爻辞意义的一点浅见。至于说如何在卦爻关系中解释其背后的局势，诸位都解释得有理。

吴祖松：　利涉大川是指克服自身存在的难题。想到了红军四渡赤水。正因为力量小，征伐有危险，才几渡大江，摆脱了敌人，没有正面地去征这也是一种思路。

元　融：　六三，面临重坎，一二三爻坎，三四五爻互坎，身居坎中，未济，前进有凶。三上有应，上九，刚爻在呼唤，利涉大川。危机，危中有机遇，度过危险，机遇自然现前。

温海明：　度过危机要有胆气，有应援，有拼劲。

（整理者：李芙馥　中国人民大学哲学院博士生）

# 刚居明位 破昧有功
## ——未济卦九四明解

时间：2017年01月06日21：30 — 22：37

【明解文本】

九四：贞吉，悔亡。震用伐鬼方，三年，有赏于大国。

《象》曰："贞吉悔亡"，志行也。

【讲课内容】

张国明："震用伐鬼方"这个爻辞在既济九三爻已见过了。既济卦与未济卦互为综卦，既济的九三就是未济的九四。

何以言"伐"。倒过来看，既济的上爻就是未济的初爻，既济三爻就是未济四爻。征伐，多阳刚的词汇，盖九四有位又是阳爻之故。另，离卦有戈兵之象，九四已入离卦，故言征伐。

暗昧之象从何而来？来自坎。水火不容。光明所至，怀远四方。

何以有震象？如四爻变则二三四成震卦。另震为动，四爻居天地之间，处或爻之位。或之者，疑之也。乾之四爻或跃之龙，亦是动感十足之象。四爻为离明之初，火势必炎上，你想让四爻低调，他做不到。

另，爻际组合甚关键。四五爻为阳下阴上组合，此为不稳定组合，即今天的动感组合。以文明伐野蛮边国——鬼方。文明的历史就是一部征伐史。在征伐中，中华文明的范围不断扩展。鬼方，未开化之地，文明以外的边地。暗昧不明。

何以有三年之象？离为三。

征伐结果会如何呢？会不会征凶呢？爻辞言有赏。看全卦，不吉之根在水火不交，以初、上为代表，爻辞皆不吉。而二三四五爻则相对较好。尤其是三四爻应是最近于水火相济，因而最有可能成功。三爻因自身才能有限又有盲动之忧故征凶，然终涉大川。四爻则自身能量大大增强，又是阳爻又处于离明之位，以上伐下，以明征暗，自会成功。三爻阴处阳位，急于涉险，初次必败。四爻，阳处阴位，稳扎稳打，历时三年，终获成功！

张克宾：补充一下：未济九四，阳爻居阴位，失位故有悔也；但处坎险之上，入离卦文明之初，其体刚健，志在克险渡难，故能守正得吉，而悔亡。因贞吉，而得悔亡也。

古人总结说：未济卦下三爻，在坎险之中，意在戒其慎；上三爻在离明之中，意在勉其行。

我认为，这个说法还是很有道理的。未济九四伐鬼方和既济九三伐鬼方，有一个很大的不同，既济是高宗伐鬼方，未济则不是。三年有赏于大国，显然是说因伐鬼方有功，而被封赏。既济卦下三爻，其义多吉，是大事得成之初也，故其九三以殷高宗伐鬼方事，以表大功告成之象。未济卦上三爻，多勉其行，九四处大事将成之初，故说震用伐鬼方，以表勉力成功之象。

既济，大事已成，故说高宗伐鬼方，帝王大业也。未济九四，大事趋成，故说震用伐鬼方。震，扬其威也。但施伐的不是高宗了，而是臣下。从大的取象上来说，九四伐鬼方成功，意在表明大事即将告成。到了六五和上九，又开始讲如何维系此功业了。

## 【讨论内容】
**【雷霆震伐】**

元　融：高宗，武乙伐鬼方；季历伐鬼方，历史各有其表。

吴祖松："贞吉，悔亡"，自治也，伐鬼方，治人也，先自治而治人，三年有赏于大国，言其持久用功也。有赏于大国，言所讨伐之事，非奉王命，而不受天子之赏。

元　融：既济，高宗伐鬼方。未济，震用伐鬼方。两卦互覆卦，下伐上，上伐下，各得其妙。

吴祖松：既有赏于大国，自然是讨伐成功的。

元　融：上下卦，有互离，互坎，刀兵之象。

吴祖松：九四阳刚，方出于险，居位不正，易于疑悔不前，畏难避事，圣人勉之以贞，则其能于柔静处思其动，以震用伐鬼方，以雷霆之势，三年而有功。想起了诸葛亮和姜维，孔明能尽臣职，奋发进取，六出祁山，虽终未成功，亦能自保。姜维虽数伐中原，终受猜忌，因自保而屯田于沓中，同为九四，其机不同。

（整理者：秦凯丽　中国人民大学哲学院硕士生）

# 柔顺文明 君子之光
## ——未济卦六五明解

时间：2017年01月07日21：30－22：43

【明解文本】

六五：贞吉，无悔。君子之光，有孚，吉。

《象》曰："君子之光"，其晖吉也。

【讲课内容】

张国明：爻辞"有孚"，中孚即是大离，孚亦是光。当然更多人认同孚者信也。

光热何来？光热火也，火源在木，木能生火。蒙字为草木，为光热之源。离有文明之象，文明之源之根在博学，不学不足以为君子。中国流行十二生肖。有两个生肖五行为火。君子之光，源于何处呢？源自中心有爱。

乾为大明，乾者创生之力也。创生一者元也。什么是光，爱是光，爱体现于何处？所谓小人赠物，君子赠言。

张克宾：九四伐鬼方，大事将成，或者说是成大事之臣。六五则大事已成，是主大事之君。未济，六五爻说"贞吉，无悔"，九四爻说"贞吉，悔亡"。两个不一样。九四尚有忧悔，因贞吉而无。六五则"贞吉，无悔"。六五居中应刚，下比九四，其光焕发，又能以信实之德，处事应人，故其光芒四照。中国文化崇尚光明由此可见。

总体而言，未济卦至六五，大事初成，其要在于虚心处上，居中用刚，以信实为德则吉。王弼认为，未济卦六五柔顺而文明，居尊位，使武以文，御刚以柔，正是君子之光。他使武以文，应该是针对九四的伐鬼方而言的。

【讨论内容】

张国明：由独乐乐到众乐乐的演进。今日讲的爻辞：君子之光。我发现一个有趣的现象，《易》理在北京中国人民大学"周易明解"群线下聚会中的生动体现，即物以类聚。今日在现场许多单看名字就闪闪发光的老师和群友。有请他们登场展现君子之光。君子之光，无所不照。

何善蒙：　首先是我们的群主温海明老师：明出海上，光映大地。

张国明：　郑朝晖老师，晖者太阳之光也。曾凡朝老师，朝，日出之光也。朝，里面也有日月二字，都是君子之光，文明之光。成就君子，自内而光。

吴祖松：　张文智老师，文者离也，智者知日也，文人的光芒不正是君子之光嘛！

曾凡朝：　文属南方火，智属北方水，和今天讲的卦很吻合。

张国明：　现场还有一位重量级老师：傅爱臣。爱，自有光嘛！

吴祖松：　尚旭老师，旭者日光之照也。

张国明：　现场还有许多群友名字亦为君子之光增光添彩。离者鸟也，鸟者飞也。大离者，大鸟也，力飞也。有请王力飞学友。火赖木生，木生火旺。火之母在木，地支寅、卯两字属木。我们来看一个字：柳。木字加卯字呀！这就不能不提为明解群付出大量时间心血的学友：孙世柳。裴健智：智者，知日也，知者君子之象，日者光辉之象。君子之光嘛！孙纯明：纯者，纯洁雅致，君子之象也。明者，日月之光也。纯明，正是君子之光嘛！陈志雄：志者，士子之心也。士子，君子之象也。心者，光明之象也！亦是君子之光嘛！张倩：倩者，丽也。丽者，离也。离者，明也。亦是君子之光呀。

谢金良：　君子之光久红永红，易学之道海明国明。

张国明：　谢者，寸言以立身者也，立何言？金玉良言也。金玉良言不就是君子之光嘛。

吴祖松：　红也是南方火之颜色，文明之象。

（整理者：孙世柳　中国人民大学哲学院硕士生）

# 信之无疑 乐享其成
## ——未济卦上九明解

时间：2017年01月08日21：30 — 22：23

## 【明解文本】

上九：有孚于饮酒，无咎。濡其首，有孚失是。

《象》曰："饮酒濡首"，亦不知节也。

## 【讲课内容】

**张克宾**：未济上九爻辞的意思，承接六五爻的意思而来。六五爻"震用伐鬼方，三年有赏于大国"，是大事已成；上九爻"有孚于饮酒"则是大局已定，当自省其所作所为，而以诚信、坦诚之态度切实去面对所立之功业，这样饮酒而庆贺之，自然无咎。如果过分逸乐，不能面对实情而迷失自我，则所立之功业难免有倾覆之忧。未济上九，已然转为既济，既济之时要"思患而豫防之"。

## 【讨论内容】
## 【"有孚于饮酒"】

**张国明**："饮酒"，现场①大家正在饮酒，我本人也喝了不少。为什么要饮酒？

**张克宾**：未济之终，大局已定。所以，王弼说："未济之极，则反于既济也。"大局既定，居上者可以乐享其成矣，故饮酒以庆之。

**元　融**：一二三爻，下坎，三四五互坎，重坎，酒象具足。

**张国明**：三百八十四爻最后一爻嘛，必须得喝点。

**秦凯丽**：上九，阳居重坎之上，深得酒之妙意。

**张国明**：朋友有孚嘛！孚就是感情深嘛。交流感情，释放诚信。没什么过错，无咎也。

**张克宾**："有孚"，王弼以为，居上者处事用人得当，可信之而无疑。程、朱均以为此孚是自信。那究竟是信人还是自信，抑或其他呢？

---

① 北京中国人民大学"周易明解"群线下聚会现场。

张国明：　孚，为阳护阴之象。六五上九组合即为有孚之象。爪以护子之象。

李桂祥：　孚信互为体用，孚为体，信为用。信为孚的外在表现。

寇方墀：　《酒诰》："文王诰教小子有正有事，无彝酒。越庶国，饮惟祀，德将无醉。惟曰我民迪小子惟土物爱，厥心臧。聪听祖考之彝训，越小大德。"

尚　旭：　《杂卦传》："未济男之穷也。"未济卦三阳皆失位，男子志穷之象。六爻自然也失位。

寇方墀：　请问"有孚于饮酒"是对酒讲信用吗？为什么会濡到首？

张国明：　我的理解是用酒表达信任对方。

元　融：　上九爻辞有酒水甚好之感，主家兴致很高，搬来一缸酒，要喝好，要小心，不要跌倒，小心别掉进缸里，慎重啊。

## 【"濡其首"】

史少博：　"上九"处卦之极，物极则必反。第六爻的位置是阴位，这爻是阳爻，阳爻在阴位，不当位，如果上九爻动变则为阴爻为正位，则上卦由离卦动变成了震卦，震为舟，离为木中虚，坎为流水，故有浮。浮同孚，为有孚。坎为酒，故合起来为有孚于饮酒。震为动为小过，坎为匪，匪同非，故为无过，即为无咎。震为长子为君为首。上互卦坎也为流水，与震已重一爻，故为濡其首。上震下坎为阴阳失配离心之式，凶、失。故为有孚失是。

张国明：　上九失位，阳爻的问题易失中而过。应是酒喝多了，容易头重脚轻，走路不稳，跌落水中，有孚之友及时救出。

元　融：　下卦有坎，互卦为坎，重坎之上，有道之士，得坎之利益，防坎之害。

张弛弘弢：濡，游也；到，达也；首，乾也。六十四卦，一封闭的循环系统。贞下起元，卦下起卦。未济最后一爻，必游回乾卦初九，继续循环，此天之道也。

尚　旭：　上九失位，但高出五爻，离与乾同官，乾为头，故六爻只是濡首。

张克宾：　既济卦从四爻开始讲戒，五爻开始讲时，到了上爻事穷当变，以至于处于危困之中，故有"濡其首，厉"之象。未济卦四爻讲"悔亡"，五爻讲吉，乃是大事渐成之良好局面，到上爻大局已定，可饮酒庆贺了（或可说是以行饮酒礼祭祀天地祖宗了），但须居安思危，如过分逸乐，则也会有渡河濡首般的危险。未济上六的"濡其首"还是在渡水的语境说的，而不是说喝酒过多濡湿其首。

张克宾：　既济卦与未济卦之上爻都说濡其首，意蕴有何异同？

秦凯丽：　既济卦，是水没头顶，未济，防备没顶之忧。

## 【酒欢有德】

元　融：　明解群最后一爻，胜利在望，载歌载舞，小心不要乐极生悲。

刘增光： 《周易》里边涉及酒的是否和礼仪有关系？

秦凯丽： 酒以载义。

孙福万： 《战国策》中，鲁共公曾引大禹之言："后世必有以酒亡其国者。"可见饮酒不知节制之害亦大矣！故古人有"酒以合欢，酒以成礼，过三爵则为非礼"之说。

刘增光： 既醉以酒，又饱以德，儒家还是比较推崇酒的。

孙福万： 《论语·雍也》"子曰：'觚不觚，觚哉！觚哉！'"也可以和本爻互参。《皇疏》引王肃云："当时沉湎于酒，故曰'觚不觚'，言不知礼也。"

张国明： 离为礼仪，饮酒即礼。然上爻已至离之极，又非中失正，表现在酒礼中行为略过头，失当，失是！

李桂祥： 酒后无孚，离变震因酒而变。

刘增光： 酒和德二者合一才好。

孙福万： 据说古礼对酒器之容量均有明确规定，一升曰爵，二升曰觚，三升曰觯（zhì），四升曰角，但到了孔子的时代，人们已经不遵守这个规定，虽然拿的是觚，但其容量却如三升之觯或四升之角，故而孔子发此感叹。《皇疏》曾引蔡谟云："酒之乱德，自古所患，故《礼》说三爵之制，《尚书》著明《酒诰》之篇，《易》有濡首之戒，《诗》列《宾筵》之刺，皆所以防沉湎。"《周易》末卦为未济卦，其上九爻辞云："有孚于饮酒，无咎。濡其首，有孚失是。"《象》曰："饮酒濡首，亦不知节也。"蔡谟所言"濡首之戒"，即此也。孔子所居之世，礼节尽失，人们惟沉湎于感官之乐，诚可悲也。

李桂祥： 中孚失是，上九变上六中孚没了。

孙福万： 饮酒当然是和自己信任的人在一起，但如果饮酒以至于搞得满头大汗，弄得脑袋湿漉漉的，或者脑袋都栽到了酒缸里，那就不是信任别人的问题了，而是不知节制了，就有问题了。

元　融： 全卦三阴三阳，全卦失位，上卦为离，为明，为礼，上九居于局外，清醒自守。

【贞下启元】

尚　旭： 未济六爻皆不当位，故而常变。《序卦传》："物不可终穷，故受之以未济。"易兼常变，不易为变，变易为常。既济卦者，定也，不易也。未济卦者，不穷也，变易也。未济到底要变易到何处呢？

秦凯丽： 上九，未济之终，三百八十四爻之末，阳居卦尾，为结局画上圆满句号！未济末爻，揭示了新的开始。

张国明： 大结局圆满应该饮酒，然此之终即彼之始。新的一轮即将开始！

元　融：　未济，是一个循环的结束，更是一个新的阶段的开始，新的开始，向着新的
　　　　　目标迈进，新生活，在等待。

温海明：　未济，上卦为离，光明照亮来路！上爻推移，卦变为解，遇坎而解！正应
　　　　　"周易明解——易学与哲学"微信学习群完美收官之作！

（整理者：贡哲　中国人民大学哲学院硕士生）

（本卦校对：秦凯丽　中国人民大学哲学院硕士生）

# "周易明解"群64卦导读老师（2024年5月）

1. 林文钦（前台湾高雄师范大学国文系教授）

2. 章伟文（北京师范大学哲学学院中国哲学与文化研究所所长、教授）

3. 孙福万（国家开放大学教授、中国传统文化研究中心主任）

4. 李尚信（山东大学易学与中国古代哲学研究中心常务副主任、教授）

5. 曾凡朝（齐鲁师范学院教授）

6. 余治平（上海交通大学哲学系教授）

7. 谢金良（复旦大学中国语言文学系教授）

8. 何善蒙（浙江大学哲学学院教授）

9. 冯国栋（浙江大学古籍研究所教授）

10. 郑朝晖（广西大学国学研究中心主任、人文学院教授）

11. 史少博（西安电子科技大学教授）

12. 梅珍生（湖北省社会科学院哲学研究所所长、二级研究员）

13. 黄忠天（台湾清华大学兼任教授，台湾高雄师范大学经学研究所前所长）

14. 刘　震（中国政法大学人文学院副院长、哲学系系主任、教授）

15. 赵建功（华中科技大学哲学系副教授）

16. 张国明（沈阳大学文法学院副教授）

17. 辛亚民（中国人民大学国学院副教授）

18. 于闽梅（中国社会科学院大学文学院副教授）

19. 张文智（山东大学易学与中国古代哲学研究中心副主任、教授）

20. 张克宾（山东大学易学与中国古代哲学研究中心教授）

21. 张丰乾（西安外事学院教授）

22. 蒋丽梅（北京师范大学哲学学院教授）

23. 翟奎凤（南京大学哲学系教授）

24. 刘增光（中国人民大学哲学院副教授）

25. 谷继明（同济大学人文学院副院长、哲学系主任、教授）

26. 宋锡同（华东师范大学哲学系教授，党群佛教文化研究所研究员）

27. 刘正平（杭州师范大学人文学院副院长、教授）

28. 孙铁骑（吉林师范大学马克思主义学院副教授）

29. 孙钦香（江苏省社会科学院哲学与文化研究所副研究员）

30. 吴　宁（中山大学博雅学院副教授）

31. 寇方墀（河北美术学院老庄文化研究中心教授）

32. 尚　旭（独立学者，拂镜台文化创始人）

33. 温海明（中国人民大学哲学院教授）

# "周易明解"群64卦导读安排

**上经**

2015年

| | | | | | |
|---|---|---|---|---|---|
| 一 | 乾 | 10月12日—10月18日 | 张克宾 | 辛亚明 |
| 二 | 坤 | 10月19日—10月25日 | 何善蒙 | 翟奎凤 |
| 三 | 屯 | 10月26日—11月01日 | 冯国栋 | 章伟文 |
| 四 | 蒙 | 11月02日—11月08日 | 刘 震 | 刘增光 |
| 五 | 需 | 11月09日—11月15日 | 曾凡朝 | 赵建功 |
| 六 | 讼 | 11月16日—11月22日 | 林文钦 | 刘正平 |
| 七 | 师 | 11月23日—11月29日 | 张国明 | 余治平 |
| 八 | 比 | 11月30日—12月06日 | 何善蒙 | 刘增光 |
| 九 | 小畜 | 12月07日—12月13日 | 张克宾 | 郑朝晖 |
| 十 | 履 | 12月14日—12月20日 | 冯国栋 | 吴 宁 |
| 十一 | 泰 | 12月21日—12月26日 | 刘 震 | 于闽梅 |
| 十二 | 否 | 12月27日—01月03日 | 曾凡朝 | 章伟文 |

2016年

| | | | | | |
|---|---|---|---|---|---|
| 十三 | 同人 | 01月04日—01月10日 | 张文智 | 余治平 |
| 十四 | 大有 | 01月11日—01月16日 | 何善蒙 | 寇方墀 |
| 十五 | 谦 | 01月17日—01月23日 | 余治平 | 刘增光 |
| 十六 | 豫 | 01月25日—01月31日 | 林文钦 | 章伟文 |
| 十七 | 随 | 02月01日—02月14日 | 张国明 | 孙福万 |

| 十八 | 蛊 | 02月15日—02月21日 | 张克宾 | 寇方墀 |
|---|---|---|---|---|
| 十九 | 临 | 02月22日—02月28日 | 张文智 | 刘正平 |
| 二十 | 观 | 02月29日—03月06日 | 赵建功 | 吴 宁 |
| 二一 | 噬嗑 | 03月07日—03月13日 | 冯国栋 | 郑朝晖 |
| 二二 | 贲 | 03月14日—03月20日 | 张国明 | 于闽梅 |
| 二三 | 剥 | 03月21日—03月26日 | 曾凡朝 | 赵建功 |
| 二四 | 复 | 03月28日—04月03日 | 何善蒙 | 辛亚明 |
| 二五 | 无妄 | 04月04日—04月10日 | 曾凡朝 | 章伟文 |
| 二六 | 大畜 | 04月11日—04月17日 | 张文智 | 孙铁骑 |
| 二七 | 颐 | 04月18日—04月24日 | 张国明 | 孙福万 |
| 二八 | 大过 | 04月25日—05月01日 | 林文钦 | 孙钦香 |
| 二九 | 坎 | 04月02日—05月08日 | 张丰乾 | 刘正平 |
| 三十 | 离 | 05月09日—05月15日 | 赵建功 | 于闽梅 |

## 下经

| 三一 | 咸 | 05月16日—05月22日 | 何善蒙 | 孙钦香 |
|---|---|---|---|---|
| 三二 | 恒 | 05月23日—05月29日 | 张克宾 | 尚 旭 |
| 三三 | 遁 | 05月30日—06月05日 | 寇方墀 | 翟奎凤 |
| 三四 | 大壮 | 06月06日—06月12日 | 张文智 | 辛亚明 |
| 三五 | 晋 | 06月13日—06月19日 | 李尚信 | 余治平 |
| 三六 | 明夷 | 06月20日—06月26日 | 曾凡朝 | 蒋丽梅 |
| 三七 | 家人 | 06月27日—07月03日 | 张国明 | 赵建功 |
| 三八 | 睽 | 07月04日—07月10日 | 孙福万 | 刘正平 |
| 三九 | 蹇 | 07月11日—07月17日 | 冯国栋 | 郑朝晖 |
| 四十 | 解 | 07月18日—07月24日 | 张丰乾 | 于闽梅 |
| 四一 | 损 | 07月25日—07月31日 | 章伟文 | 孙铁骑 |
| 四二 | 益 | 08月01日—08月07日 | 刘 震 | 刘增光 |
| 四三 | 夬 | 08月08日—08月14日 | 张国明 | 翟奎凤 |
| 四四 | 姤 | 08月15日—08月21日 | 何善蒙 | 辛亚明 |
| 四五 | 萃 | 08月22日—08月28日 | 章伟文 | 孙钦香 |
| 四六 | 升 | 08月29日—09月04日 | 林文钦 | 余治平 |

四七　困　09月05日—09月11日　寇方墀　于闽梅
四八　井　09月12日—09月18日　张克宾　孙铁骑
四九　革　09月19日—09月25日　赵建功　吴　宁
五十　鼎　09月26日—10月02日　谷继明　孙钦香
五一　震　10月03日—10月09日　李尚信　刘正平
五二　艮　10月10日—10月16日　孙福万　张文智
五三　渐　10月17日—10月23日　冯国栋　宋锡同
五四　归妹　10月24日—10月30日　郑朝晖　辛亚民
五五　丰　10月31日—11月06日　谢金良　蒋丽梅
五六　旅　11月07日—11月13日　张国明　史少博
五七　巽　11月14日—11月20日　张丰乾　曾凡朝
五八　兑　11月21日—11月27日　林文钦　孙铁骑
五九　涣　11月28日—12月04日　张文智　于闽梅
六十　节　12月05日—12月11日　余治平　黄忠天
六一　中孚　12月12日—12月18日　寇芳墀　赵建功
六二　小过　12月19日—12月25日　梅珍生　章伟文
六三　既济　12月26日—01月01日　何善蒙　孙福万

2017年

六四　未济　01月02日—01月08日　张国明　张克宾

附录
三

# 《明解周易的当代意义》学术研讨会暨
# "周易明解"群线下聚会

  2017年1月8日，《明解周易的当代意义》学术研讨会暨"周易明解"群线下聚会在中国人民大学逸夫会议中心第一会议室召开，国际易学联合会荣誉会长王国政先生、国际易学联合会俄罗斯籍副会长安德烈先生、国际易学联合会副会长、北京大学马克思主义学院执行院长孙熙国教授、国际儒学联合会秘书长牛喜平先生、山东大学易学研究中心常务副主任李尚信教授、国际易学联合会会长助理樊沁永博士、四海孔子书院院长冯哲先生、华夏出版社副社长陈振宇先生先后发表讲话。会议由国际易学联合会秘书长、中国人民大学哲学院温海明教授主持。

《明解周易的当代意义》学术研讨会暨"周易明解"群线下聚会
2017.1.8·中国人民大学

国际易学联合会荣誉会长王国政先生代表现任会长孙晶先生表示，易学联合会要走国际化和联合当代易学界的发展路线，"周易明解"这个学术共同体做出了很好的尝试，因为大家都正在努力处理好三个关系：一是古代经典与当代诠释的关系，二是易学义理与术数之间的关系，三是国内易学推广与国际易学传播的关系。来自俄罗斯远东科学院的安德烈副会长表示，很高兴看到中国的中青年易学家们聚在一起讨论当代易学的发展，也请大家关注俄罗斯易学界对《周易》和太极拳的最新研究。孙熙国副会长认为，"周易明解"群如此聚集当代易学界的顶级学者一起解读卦爻辞，可能是具有历史意义的论学盛会，而且将来的成果也很可能具有划时代的价值，从论学之初，"周易明解"学术共同体试图打通古今各家注本，经传互证，侧重易学义理的诠释，没有神秘主义倾向，在处理易学与哲学的关系方面，诸位学者做出了有益的尝试。国际儒联秘书长牛喜平先生指出，易学的国际化与儒学的国际化密不可分，所以国际儒联和国际易联应该携手并进推进易学与儒学的国际化，也应该加强易学与儒学之间的交流与对话。山东大学《周易》研究中心李尚信教授作为参与导读的学者认为，该学术共同体高手云集，俨然占有当代易学界的半壁江山，而且群里师友彼此切磋，大家共同进步，非常受益，很多解释通俗晓畅，对易学史上很多聚讼纷争的问题做出了当代的回应，无论是从结果上还是从方法上都有超越。该群培育了一批易坛新秀，为易学界的发展注入了新鲜血液，为下一步易学的发展打下了坚实的基础。国际易学联合会会长助理樊沁永博士致谢与会专家的参与及提交的学术论文，希望学界一起为办好《国际易学研究》辑刊而努力。四海书院院长冯哲先生认为《周易》是中国传统文化的源代码，他乐见"周易明解"群首轮导读的圆满结束，希望下一步能够帮助"周易明解"群落地，进一步推动经典传播和文明对话，推进这一件既有现实意义也有历史意义的事情。华夏出版社副社长陈振宇先生回顾了之前多年支持国际易联出版《国际易学研究》辑刊的历程，期待与易联进一步合作，并带来该社出版的马恒君《周易》著作分赠与会代表。

　　在上午的专家发言中，复旦大学谢金良教授指出，"周易明解"群是当代易学研究的新高地，为易学界带来了全新的气象，他指出"周易明解"学术共同体做到了《周易》研究界的很多"前所未有"：比如线上线下同时讲课，讨论学习，各个不同的易学门派摒除门户之见共同参研，连续坚持四百多个日日夜夜，从未间断，当代几乎从未有这么多教授一起解读《周易》，而且讲稿正在编辑整理，有望出版。他觉得明解的"明"妙就妙在可解与不可解之间，期待苟非其人，道不虚行，大家一起把明解群实现的责任感和担当感继续下去。浙江大学何善蒙教授也讲到，没想到明解群能够延续到今天，成为当代易学界最有趣和有意义的学术高地之一。山东大学《周易》研究中心的张文智教授推崇《易经证释》，认为《周易》就是一门改命的学问，古人学习《周易》真诚感天，今天我们学习《周易》也要有这样的诚敬才行。齐鲁师范大学曾凡朝教授感叹明解群虽然坚持一年多很不容易，但大家还是一起坚持下来了，对于学习《周易》的学术共同体的建立是一个里程碑式的事件，培育了一批能够担当易学传播使命感的老师和学生，培养当代人通过学习经典，领悟大道而成就自己的小我成为大我，实现"各美其美，美美与共"的境界。广西大学郑朝晖教授回顾了历代《周易》注疏和哲学思想发展之间的关系，他指出，每隔一千年左右，对《周易》的新诠释必将带动中国哲学的新发展，第一个千年是商周文化融通，第二个千年是道家文化与儒家文化的融通，第三个千年是中国哲学与佛教思想的融通，第四个千年是中国哲学与西方思想的融会贯通。所以我们这个时代需要新的诠释思路、新的方法论和新的经典系统，我们需要有能力和魄力担当文化诠释与传承的新一代传道者，而"周易明解"群无疑是为播种文化传承的慧苗做出了历史性的贡献。长白山师范学院的孙铁骑老师说，明解群运用现代技术手段，汇集学术界和民间的易学家们一起学习64卦，对于帮助大家明解《周易》哲理，为人们生活造福都有贡献。

在下午的专家发言中，青年政治学院的于闽梅教授认为《易》可以晚一点接触，要在玩中学《易》，要义理、象数并重，注重同时代的文献资料。沈阳大学的张国明教授接着上午老师关于"明解"的"明"继续说，太明不好，明是过程不是结果，1月8日最后一天讲《未济》上九爻，说明解释仍将无穷无尽。明解群能够坚持下来，与应合乾卦创生之本，赋予乾阳之气的温老师的坚持很有关系，他能够为而不宰，甘当捧人角色，"见群龙无首古"。明解群推崇百家争鸣，不崇"看齐意识"，符合"天德不可为首"的道理。比大师更重要的是一大批如饥似渴的学《易》学生团队，体现出"坤厚载物，德合无疆"的德性。明解群的明解符合《周易》的思维方式，"寂然不动，感而遂通"，"寂然"是乾坤的完美结合，充满无限能量。国家开放大学的孙福万教授指出，《易经》是哲学，有独特的思维方式，独特的人文精神。《易经》介乎罗素所谓"哲学、宗教、科学"三者之间，更多的是哲学。他主要谈了"变通明玩"四个字，并提出感想与建议，认为明群应该坚持学术本位，回答社会关切，经世致用，可以做点事情，比如考虑如何落地的问题。在中国人民大学刘增光老师谈了自己学习《周易》的经历和体会之后，来自北京的寇方墀老师认为，对于明群的发展，方向比速度更重要。《周易》是拿来用的，可以帮助人们找到时位作决策，能够明体达用，经世致用，解决困惑。有时候不以个人吉凶祸福去做，所以要有担当精神，今天我们面临国学的全面复兴，要从卜筮或宗教、哲学、历史、科学等角度来理解《周易》，作为现代学《易》者，大家应轻装上阵，"明"解《周易》。来自北京的尚旭老师也谈了自己的学《易》经历，以及自己从事《周易》实践的经验等。

国际易联常务副秘书长庞薇、群友郑静、萧金奇、赵安军、张弛弘弢等先后发言，对"周易明解"群的发展提出了很多中肯的建议。本次线下聚会是与国际易学联合会和中国人民大学孔子研究院联合举办的，是在侯川、林正焕、尚旭、傅爱臣、陶安军、黄胜得、赵薇、程姝、瞿华英、刘娜、元融、闫睿颖、陈鹏飞、刘久红、姚利民、张倩、张楚歌、陈佳红、刘京华、张静、靳君、罗仕平、王眉涵、刘世猛、陈沅、臧永志、石彩霞、李永红、刘云、李云、黄汉礼、常会营、施星辉、王鹏、郑智力、王鉴石、乔蓓、柴方吕、苏伯亚、柯仁昌、许超哲、徐东、郑强、韩毅、王力飞等几十余位热心群友的支持下才得以成功举办的，群友们的热心支持也是对诸位学界前辈公益讲学的诚挚表达。

【聚会花絮】

1月8日线下聚会最后在多位导读老师和群友们的热心参与之下圆满结束。导读老师寇方墀填曲一首：

《山坡羊·读未济卦》

临河回顾，波翻云聚，当年鬼方知何处？

曳其轮，濡其尾，漫漫浮沉求济路。

风雨怎堪成险阻？

难，心不移；易，志更笃！

聚会之际，有太一道院院长黄胜得先生祝福：

周易明解精修群。

为国为民培菁英。

以易以明教群伦。

众英得理布四海。

以理服人行天下。

理正气神显道光。

道光普照万物祯。

学生孙世柳（孙百心）有《学易词》：

四百日夜群芳聚，众明易夕惕若厉。

先师往去拜今师，慕后生何等福气。

自壮求学路漫漫，朝夕一爻通周易。

恩师诱导启来路，有朝中华惊天地。

复旦大学谢金良教授发表了一篇联名诗，以金玉良言话群英，得到聚会群友普遍点赞：

旭日东升天微明，

元融宁静护易行。

胜得内丹传福万，

恒君正宗立门庭。

少博命理启文智，

善蒙良言见金奇。

朝晖增光德正焕，

铁骑安军傅爱臣。

熙国喜平安德烈，

凡朝尚信哲利民。

张弛力飞曾振宇，

奎凤未至先克宾。

丽梅闽梅寇芳墀，

庞薇赵薇瞿华英。

候川昌乐王国政，

明群久红樊沁永！

奉天承运，国明福成，元亨利贞，保定永红。

谢教授又和多位老师一起和诗一首：

海内存知己，明群共利贞，

温温伏羲易，存存炎黄情。

蒙蒙探赜隐，静静待国明，

燕山已远去，复旦重光明。

良言即真金，蒙正自成善，

正蒙有张子，明解待诸公。

诸位师友解读和赋诗幽默风趣，才华横溢，给明解群的聚会增色不少。